DIRK LAABS

Der deutsche Goldrausch

Die wahre Geschichte der Treuhand

Pantheon

MIX
Papier aus verantwortungsvollen Quellen
FSC® C014496

Verlagsgruppe Random House FSC-DEU-0100
Das für dieses Buch verwendete FSC®-zertifizierte Papier
Pamo House liefert Arctic Paper Mochenwangen GmbH.

Der Pantheon Verlag ist ein Unternehmen der
Verlagsgruppe Random House GmbH.

Erste Auflage
Februar 2012

Umschlaggestaltung: Büro Jorge Schmidt, München
Lektorat und Satz: Ditta Ahmadi, Berlin
Druck und Bindung: GGP Media GmbH, Pößneck
Printed in Germany
ISBN: 978-3-570-55164-6

www.pantheon-verlag.de

Inhalt

Prolog
Die »freie Babelsberger Höhe«

6. Oktober 1989, Vorabend des vierzigsten Jahrestages der DDR. In einem verwilderten Garten in Potsdam trifft sich wie jeden Freitag eine kleine Gruppe von Wissenschaftlern und Dissidenten. Seit die herrschende Sozialistische Einheitspartei Deutschlands (SED) die Kommunalwahlen im Mai massiv gefälscht hat, ist das Land in einer schweren Krise. Die Proteste gegen das Regime werden heftiger und sind immer besser koordiniert. Die Männer in dem Garten treiben den Widerstand gegen die SED mit voran. Im Gegensatz zu den meisten Bürgerrechtlern sind die Mitglieder der »Freien Forschungsgemeinschaft Selbstorganisation«, so nennt sich der Think Tank, Funktionsträger im DDR-Staat. Hans-Jürgen Blüher etwa ist Chef des DDR-Verbandes der Genossenschaftsbanken, Rainer Schönfelder Software-Entwickler beim führenden ostdeutschen Computerhersteller Robotron. Dazu kommen einige Anwälte, ein Chemiker und Dr. Wolfgang Ullmann, der einzige Kirchenfunktionär der Gruppe.

Der Garten in Potsdam, zwei Kilometer südlich der Glienicker Brücke in der Nähe eines Bahndamms gelegen, gehört dem Physiker Gerd Gebhardt, mit seinen 39 Jahren nur wenige Monate jünger als die DDR. Er ist ein aufstrebender wissenschaftlicher Star. Neben seiner Arbeit im Hygiene-Institut hat er jahrelang an seiner Doktorarbeit getüftelt. Darin analysiert Gebhardt den Energieverbrauch des Landes und sagt für das Gebiet der DDR im Jahr 1988 einen »Evolutionsbruch« – eine tiefe Krise des Systems – voraus. Selbst die NATO wird auf seine Arbeit aufmerksam und lädt Gebhardt zu einem Symposium ein. Die Staatssicherheit startet daraufhin den »Operativen Vorgang Lärm« – die Überwachung des Staatsfeindes Gerd Gebhardt.[1] Der Garten, den Gebhardt die »freie Babelsberger Höhe« nennt, eignet sich mit seinen alten Garagen und Lauben ideal als Horch- und Spähposten für die Agenten.

Die Stimmung in der »Forschungsgemeinschaft« ist angespannt. Vor zwei Tagen hat die Reichsbahn Züge mit mehr als 7000 Flüchtlingen aus der Prager Botschaft durch den Hauptbahnhof in Dresden geleitet. Mehrere Tausend Menschen protestierten währenddessen vor dem Bahnhof, versuchten die Gleise zu stürmen und auf die versiegelten Züge zu springen. Sie warfen die Scheiben der Haupthalle ein und zündeten Böller. Die Polizei drängte die Demonstranten ab und verhaftete 1300 Menschen in nur einer Nacht. Mehr Menschen sind in der DDR nur bei den Juni-Aufständen 36 Jahre zuvor weggesperrt worden. Die westdeutsche »Tagesschau« berichtet an diesem Freitag, dass in Dresden ein Mensch getötet worden sein soll.[2]

Gebhardt und seinen Mitstreitern stehen die Ereignisse auf dem Platz des himmlischen Friedens in Peking vier Monate zuvor vor Augen, als die kommunistischen Machthaber die Armee auf Demonstranten losließen. Die Soldaten der Volksarmee hatten damals Hunderte Demonstranten erschossen, erschlagen oder mit Panzern überrollt. Ausgelöst hatte die Eskalation der Besuch des sowjetischen Staatschefs Michail Gorbatschow in der chinesischen Hauptstadt. Nun ist Gorbatschow zu Besuch in Ost-Berlin. Er ist Ehrengast bei den Feiern zum vierzigsten Jahrestag der DDR. An diesem Morgen traf der sowjetische Staatschef in Berlin-Schönefeld ein. Die Stimmung im ganzen Land ist seitdem angespannt wie nie zuvor. Die Wissenschaftler halten eine Eskalation für möglich. Wenn es blutig wird, dann heute oder morgen am Rande der großen Militärparade in Ost-Berlin. Auch Leipzig, das Zentrum der Bürgerrechtsbewegung, könnte ein Brennpunkt werden. Die Bürgerrechtler fragen sich: Wäre Gorbatschow fähig, nach all den Reformen, die er seit 1985 initiiert hat, die Sowjetarmee in der DDR gegen die Bürger zu mobilisieren? Wenn Gorbatschow stillhält, ist die SED dann nicht am Ende? Und wer übernimmt dann die Macht im Land? Sie, die Reformer?

Schließlich meldet sich der Mann des Geldes, der Banker Hans-Jürgen Blüher, zu Wort: »Wollen wir mal sehen, wie lange die Sowjetsoldaten die Ordnung aufrechterhalten und ab wann ein Hundert-DM-Schein das Kommando übernimmt. Man stellt sich ja vor, eine Invasion erfolgt durch eine Armee. Aber es könnte auch sein, dass die Soldaten Markstücke und die Unteroffiziere Zehn-Mark-Scheine sind. Dann gibt's die Offiziere, das sind die Fünfzig-, Hundert- und Fünfhundert-Mark-Scheine. Diese Armee steht jetzt an der Grenze und wird von den DDR-Bürgern gerufen: ›Kommt zu uns.‹« Was, wenn die D-Mark-Armee tatsächlich das Kommando übernimmt? Wie schützt man sich vor einer solchen Invasion?

An diesem Oktobertag nimmt die »Forschungsgemeinschaft« die Arbeit an einem Papier auf, in dem sie exakt voraussagt, was in den nächsten Jahren in der DDR passieren wird. Und vier Monate später wird Gebhardt auf der freien Babelsberger Höhe ein Konzept in seinen Computer tippen, das die Gründung einer Art Superbehörde vorsieht: eine »Treuhandanstalt«, die das Volkseigentum der DDR-Bürger vor der Invasionsarmee D-Mark retten soll.

1989
DER VERRAT

Im Säuseln der Schilfhalme, im leisen Rauschen der Bäume, im Murmeln der Bäche konnte man nur folgende Worte erkennen, die bald noch so entfernte Echos wiederholen sollten: Gold! Gold! Gold!

Abenteuer Goldrausch –
Erinnerungen von Théophile de Rutté

In der Nacht zum 3. Dezember 1989,
Berlin, Grenzübergang Invalidenstraße

Der Oberst der Staatssicherheit, Alexander Schalck-Golodkowski, sitzt mit seiner Frau Sigrid im Fond einer russischen Limousine. Es ist eine eiskalte Nacht. Vor dem Grenzübergang Invalidenstraße hat sich ein Stau gebildet.[1] Die Mauer ist zwar seit gut drei Wochen faktisch offen, aber noch wird jede Ausreise von den DDR-Grenzbeamten kontrolliert.

Schalck ist eine Schlüsselfigur des Systems, ein Oberst der Staatssicherheit. Er kann im Gegensatz zu gewöhnlichen DDR-Bürgern auch vor dem Mauerfall in den Westen reisen, wann immer er will. Erst am Vormittag ist er zu Verhandlungen mit dem westdeutschen Innenminister Wolfgang Schäuble nach Bonn geflogen. Doch in dieser Nacht wartet er wie alle anderen DDR-Bürger im Stau an der Invalidenstraße auf seine Abfertigung. Seine Freunde im Zentralkomitee der SED, so fürchtet er, haben sich von ihm abgewandt.[2] Er will kein Aufsehen erregen, wenn er seine Heimat, die DDR, in dieser Nacht für immer verlässt. Er kennt viele Geheimnisse. Die Nachricht von seiner Flucht würde das kommunistische Regime weiter destabilisieren.

Schalck hat seiner Partei über dreißig Jahre lang Geld beschafft, das sie dringend braucht, um sich an der Macht zu halten. Denn während die DDR der Welt auf den Massenveranstaltungen der Freien Deutschen Jugend (FDJ) und der SED Ordnung, Organisation und Berechenbarkeit vorgaukelt, regiert hinter den Kulissen das Chaos. Immer fehlt irgendetwas: Eisenerz, Autoreifen, Schrauben. Die Staatsführung muss ständig Löcher stopfen und improvisieren. Dabei wollte die sowjetische Regierung nach dem Zweiten Weltkrieg erreichen, dass die Staaten im kommunistischen Block sich untereinander selbst versorgen: Die Sowjetunion liefert die Energie, im Gegenzug produziert die DDR etwa Bahnwaggons und Schiffe; ein Tauschhandel, der ohne Geld funktioniert, so die Idee. Nur benötigt man für den Bau von Schiffen viel Stahl, und davon gibt es in der DDR nicht genug. Also muss das kleine Land Stahl auf dem Weltmarkt kaufen. Dort wird in US-Dollar abgerechnet. Westgeld hat die DDR aber noch weniger als Rohstoffe.

Dieses Geld besorgt eine Sonderabteilung, die Schalck 1967 gründet: die Kommerzielle Koordinierung (KoKo). Die KoKo verkauft im Westen alles, was Schalck an DDR-Waren bekommen kann: Antiquitäten, Mastschweine, Billigmöbel. Oft veräußert die Abteilung die Güter unter dem Herstellungspreis, also mit Verlust, nur um an Westdevisen zu kommen. Es ist fast so, als hätte der Schwarzmarkt nach dem Zweiten Weltkrieg nie geschlossen – nur sind jetzt nicht Zigaretten, Schnaps und Konserven um jeden Preis in Ost-Berlin gefragt, sondern D-Mark und US-Dollar.

Schalck ist zwölf Jahre alt, als der Zweite Weltkrieg zu Ende geht. Als Teenager lernt er den Mangel kennen, und er begreift, dass man improvisieren muss, um an lebenswichtige Waren heranzukommen.

Schalcks Vater, einen staatenlosen Immigranten aus Russland, verschlägt es nach dem Ersten Weltkrieg nach Berlin. Er kämpft für die Wehrmacht, kehrt aus dem Krieg zurück nach Berlin. Dort muss er sich auf der sowjetischen Kommandantur melden – und taucht nie wieder auf.

Alexander Schalck wächst als Halbwaise im Ost-Berliner Treptow auf. Er passt sich den neuen Zeiten an, macht eine Lehre in den Elektro-Apparate-Werken Teltow, die von den Sowjets enteignet und übernommen worden sind. Als Mitglied der Freien Deutschen Jugend verteilt er Flugblätter der SED in West-Berlin. Seine Karriere in der Partei beginnt. Im Juni 1953 verteidigt er mit den Panzern der Sowjetarmee das Haus der Ministerien gegen protestierende Arbeiter.

Er studiert Außenwirtschaftshandel, promoviert und tritt eine Stelle im Ministerium für Außenhandel und innerdeutschen Handel an. Hier findet Alexander Schalck seine große Aufgabe: die Devisenbeschaffung.

Er steigt zum Staatssekretär auf, ist aber tatsächlich mächtiger als die meisten Minister der DDR.

Schalck organisiert nicht nur Westgeld für die DDR, sondern auch Westtechnologie, die er wiederum aus den Devisenerlösen bezahlt. Denn das kleine Land braucht nicht nur Rohstoffe, sondern auch moderne Maschinen, später Computer und Speicherchips. Dabei sollen die strengen NATO-Embargogesetze gerade verhindern, dass Hightech-Güter in die DDR gelangen. Die westlichen Staaten wollen – zumindest ist das ihre offizielle Position – den Export von technologisch fortschrittlichen Entwicklungen jeder Art in die DDR unterbinden, da sie fürchten, dass die moderne Technologie im Waffenbau Verwendung finden könnte. Schalck umgeht das Embargo mit Hilfe westdeutscher Firmen.

Der Handel zwischen den deutschen Staaten ist seit dem Mauerbau so zwar komplizierter, aber für viele westdeutsche Unternehmen auch lukrativer geworden. Darauf setzt Schalck.

Weder die ostdeutsche noch die westdeutsche Öffentlichkeit soll erfahren, welche Rolle der Staatssekretär wirklich spielt: Zum einen hilft er Firmen in der Bundesrepublik, westdeutsche Gesetze zu brechen, zum anderen belegt die Existenz seiner Abteilung KoKo, dass das System der DDR sich nicht selbst tragen kann. Also muss Schalck ein Phantom und seine Arbeit ein Geheimnis bleiben. Bis zum Herbst 1989.

Ende Oktober, nach dem Sturz Erich Honeckers, tritt Schalck erstmals öffentlich auf. Er ist Gast in einer Talkshow des DDR-Fernsehens zum Thema »Leistungsgesellschaft DDR«. Er erweckt den Anschein, als wolle er sich für ein höheres Amt im Staat positionieren und die Tatsache nutzen, dass sein Gesicht nicht mit den Machenschaften der SED verbunden wird. Was er wirklich für die DDR getan hat, verrät er nicht. Kurz darauf, am 4. November 1989, ist er wie knapp eine Million DDR-Bürger auf dem Ost-Berliner Alexanderplatz. Die Menschen demonstrieren gegen die SED und für freie Wahlen, Presse- und Reisefreiheit. Schalck wird von einem ostdeutschen Fernsehteam entdeckt und befragt. Der »geheimnisvolle Staatssekretär«, wie er vorgestellt wird, hält sich weiterhin bedeckt.

Auch Detlef Scheunert, persönlicher Referent des Ministers für Schwermaschinenbau, ist auf dem Alexanderplatz. Obwohl er für den Staatsapparat der DDR arbeitet, kennt er nur Gerüchte über die KoKo. Scheunert steht vor einer glänzenden Karriere und ist trotzdem mit einem Kollegen aus dem Ministerium zu der Demonstration gekommen. Ein Umbruch steht bevor, das spürt er. Scheunert, 29 Jahre alt, ist ein groß gewachsener Mann mit dunklen Haaren, Brille und Schnauzbart. Er hat ein gewinnendes Lächeln, und das braucht er auch, um seine Freunde zu versöhnen, wenn er mal wieder laut und deutlich seine Meinung vertreten hat. In vielen Gesprächen, die er mit Bekannten in seinem Stadtteil Friedrichshain führt, spürt Scheunert, dass die Menschen von dem Regime der SED endgültig genug haben und sich eine neue, andere DDR wünschen. Durch seine Arbeit im Ministerium kennt er die Lage der DDR-Wirtschaft und weiß, dass sich etwas ändern muss.

Für Scheunert war es ein weiter Weg bis ins Ministerium. Er stammt aus einem kleinen Ort in Sachsen, im Dreieck Leipzig – Dresden – Karl-Marx-Stadt gelegen,[3] »hinter den sieben Bergen«, wie er sagt. Seine Kindheit verlebt er auf einem Bauernhof. Nachdem die Sowjetarmee 1945 Hunderte sächsische Junker hingerichtet hatte, standen viele Höfe leer, Land lag brach. Sein Vater pachtet nach dem Krieg zu seinem eigenen Hof mehrere Äcker und Höfe hinzu. So wächst Detlef Scheunert auf dem Hof einer Junkerfamilie auf. Der Besitzer ist von den Russen ermordet worden, die Witwe kann den Hof allein nicht führen. Unter der Bedingung, dass sie in dem Gutshaus bleiben darf, kann Scheunerts Vater den Hof pachten.

Scheunert senior, ein massiger Mann, Weltkriegsveteran, streng, unerbittlich, ehrgeizig, überlässt die Erziehung der drei Söhne seiner Frau. Doch tatsächlich prägt vor allem die Witwe den jungen Scheunert. Sie darf als Pensionärin ungehindert reisen, auch nach dem Bau der Mauer. Oft fährt sie nach Hamburg und bringt dem Jungen Bücher und Zeitschriften aus dem Westen mit. Obwohl er »hinter den sieben Bergen« lebt, ist er besser informiert als manche DDR-Bürger in den Großstädten. Die Witwe vermittelt ihm die Lebens- und Gedankenwelt einer Unternehmer- und Großgrundbesitzerfamilie. Sie erzählt ihm von Freiheit, Privateigentum, Verantwortung. Sie sitzen in seinem Kinderzimmer, 75 Quadratmeter groß, hohe Decken, stuckverziert, Holzdielen, während um sie herum das Haus verfällt und der bröckelnde Putz unter Efeu versteckt werden muss. An das Gutshaus grenzt ein Schweinestall, ein Misthaufen mitten im Hof verpestet die Luft.

Weltläufigkeit vermitteln ihm auch die politischen Dissidenten aus der Stadt. Die schickt die Partei zur Strafe regelmäßig aufs Land, damit sie auf den Äckern Sachsens ihre politische Einstellung überdenken. Der junge Detlef lernt so renitente vietnamesische Studenten, Literaten und Professoren aus Ost-Berlin kennen, die mit vielen Büchern im Gepäck auf dem Hof aufkreuzen.

Die Mauer kennt er nur vom Hörensagen, er fühlt, erlebt und sieht sie nicht. Ihm setzt der Hof Grenzen; der ist weit entfernt vom nächsten Ort Döbeln. Wenn die Besucher weg sind, macht Detlef die Einsamkeit zu schaffen. Sein Bruder ist zehn Jahre älter und selten zu Hause, der mittlere Bruder ist als kleines Kind in einem Teich auf dem Hof ertrunken. Auf Detlef wird nun besonders aufgepasst. Er soll nicht in der riesigen Scheune spielen, er könnte im frisch gemähten Weizen ersticken. Meist ist er allein – »mit 150 Tieren«, wie er sich erinnert.

Im Kindergarten bekommt er den Spitznamen »der Boss« wegen seines Auftretens oder weil sein Vater der wichtigste Mann im Dorf ist, da ist sich der junge Scheunert nicht sicher. Seinen Vater kennt jeder in der Gegend. Der hat so viel Land hinzugepachtet, dass er Ende der fünfziger Jahre zum ersten Mal anständig verdient. Er beschäftigt viele Bauern und Landarbeiter aus der Umgebung. Doch immerzu versucht die SED ihn zu überreden, seinen Grund und Boden freiwillig abzugeben und sich »kollektivieren zu lassen«. Scheunert erinnert sich an Erzählungen von Lastwagen, vollbesetzt mit Männern, die rote Fahnen schwingen.

Der Vater weigert sich hartnäckig, wie viele andere Bauern auch, sein Land abzugeben. Vergebens. 1960 beschließt die SED, Eigentümer von landwirtschaftlichen Gütern per Gesetz zu enteignen. Aus Scheunerts Höfen wird eine LPG – eine Landwirtschaftliche Produktionsgenossenschaft. Der Vater muss wieder selbst die Schweineställe ausmisten und Kühe melken. Seine ehemaligen Angestellten, die proletarisierten Bauern, lernen schnell, dass es kein Privateigentum mehr gibt. Produktionsmittel darf nur noch der Staat besitzen. Detlefs Schulkameraden rupfen das Obst von den Bäumen auf dem Familiengrundstück. »Ich habe dann gefragt: ›Warum tut ihr das? Das ist doch gestohlen, das ist doch gar nicht euer Eigentum. Ihr könnt doch nicht einfach kommen und das wegnehmen.‹ Dann kriegte ich ein Grinsen zur Antwort: ›Die Zeiten sind vorbei, das gehört jetzt allen‹«, erinnert sich Scheunert.

Dass das Eigentum freigegeben ist, dass sich jeder bedienen kann und Diebstahl nicht mehr geahndet wird, empfindet der kleine Junge als bedrohlich. Die Familie Scheunert passt sich auch nach der Enteignung nicht an. Da der Großvater Scheunert in russischer Kriegsgefangenschaft war, ist die Mutter glühende Kommunistenhasserin. Einmal erleidet sie beim Anblick roter Bettwäsche – der Farbe der Kommunisten – einen Nervenzusammenbruch. Ihre Kinder bringt sie in einem weit entfernten Kloster zur Welt, denn die Krankenhäuser in der Umgebung werden von den neuen Herren, den Kommunisten, beherrscht.

Obwohl sie enteignet sind, gilt der junge Scheunert weiterhin als Sohn eines »Großgrundbesitzers«. Er soll nicht zum Gymnasium zugelassen werden, so will es die örtliche Parteivertretung. Allerdings kennt der Vater den Schulrat des Kreises. Sie waren zusammen in Stalingrad eingekesselt, und das zählt in Sachsen mehr als die Partei. Detlef kann das Abitur ablegen und studiert anschließend auf Empfehlung des Vaters halbherzig Maschinenbau in Dresden, »denn zwei mal zwei ist auch im Sozialismus vier«. Doch dann muss er zur Armee. Er, der einen Tag vor seinem 23. Geburtstag schon das Maschinenbaudiplom in der Tasche hat, soll Wache an der Grenze schieben. Nur mit Glück entkommt er diesem Dienst. Der Lkw, der ihn zur Grenze fahren soll, ist voll, er darf wieder absteigen, kommt stattdessen nach Leipzig.

Improvisation, Willkür, Zufall in allen Lebensbereichen und allerorten. Er verliebt sich in eine Berlinerin. Nun will er unbedingt nach Berlin. Zuvor hat er von New York und London geträumt, aber in Ost-Berlin wäre er immerhin nahe am Westen.

In der Armee spürt er, was er immer und überall spürt: Er ist ein Außenseiter. Ständig bekommt er Ärger und weiß gar nicht, warum. Ein Offizier umgarnt ihn. Ob er nicht Karriere machen will in der Armee, in diesem Staat? Ob er nicht dazugehören will? Er ist doch intelligent, ehrgeizig, begabt. Ein Macher-Typ, nein? Will er nicht mit anpacken? Ja, Scheunert will irgendwo dazugehören und unabhängig werden von seinem Vater. Er muss sich positionieren in diesem Staat, da ist er anderer Ansicht als sein Vater. Der hat noch vor wenigen Monaten gesagt, die DDR sei am Ende: »Du wirst schon sehen, Ende der 1980er ist alles vorbei, die kriegen nicht mal mehr die Versorgung mit Grundnahrungsmitteln geregelt.« Scheunert hat nur ungläubig gelacht.

Er sagt ja. Zur Gruppe. Zur Armee. Zur Offizierslaufbahn. Zum Staat. Zur Partei.

Die Förderung kann beginnen.

Zu welchen Mitteln sein Staat wirklich gegriffen hat, um wirtschaftlich zu überleben, begreift Scheunert erst drei Tage vor dem Mauerfall. Das Magazin »Der Spiegel« erwähnt den Namen Schalck dreimal in einem Absatz der Titelgeschichte »Ist die DDR noch zu retten?«. Zum ersten Mal erfährt die west- und ostdeutsche Öffentlichkeit von der Abteilung KoKo, von angeblicher Steuerhinterziehung und von kriminellen Geschäftsmethoden. Der Artikel bleibt vage, doch zwei Wochen später ändert sich das.

In einer mehrseitigen Hintergrundgeschichte wird das Magazin deutlicher. Plötzlich scheint das Blatt fast über alles Bescheid zu wissen: Schalcks Rolle, seine Schlüsselstellung, die Adresse seiner Villa in Ost-Berlin, die Namen der KoKo-Tarnfirmen in Deutschland und Liechtenstein, es wird sogar der Verdacht geäußert, dass die Abteilung KoKo Mitarbeiter in Westdeutschland habe ermorden lassen. Quellen werden nicht genannt. Nur eine Institution im Westen weiß zu diesem Zeitpunkt tatsächlich Genaueres über Schalck und die KoKo: der Auslandsgeheimdienst, der Bundesnachrichtendienst (BND). Der BND hat die Abteilung KoKo seit den 1970er Jahren systematisch unterwandert. Vor allem KoKo-Mitarbeiter aus der DDR, die im Westen Tarnfirmen führen, werden rekrutiert, darunter die Unternehmer Günter Asbeck und Peter Kamenz. Kamenz setzt sich 1988 ab und sagt bei der Behörde umfassend über die KoKo-Geschäfte aus. Viele der Informationen des BND tauchen in dem Artikel des »Spiegel« ungefiltert auf.[4]

Detlef Scheunert liest den Artikel und ist schockiert. Er erfährt, dass Schalck nicht nur dem Staat gedient, sondern auch Schmuck und Luxusgüter für die SED-Funktionäre und deren Ehefrauen besorgt hat – bezahlt aus den Erlösen von Gütern, die er im Westen unter Wert verkaufte. Und er machte, was den Referenten ganz besonders empört, das Eigentum von DDR-Bürgern, die in den Westen geflüchtet waren, zu Geld. Dass Schalck den SED-Funktionären Schmuck besorgt, in einer Villa lebt, macht Scheunert ebenfalls wütend. Er hat mit seiner Frau und den beiden Kindern in den letzten Jahren als Bediensteter des Staates zwar in gesicherten Verhältnissen gelebt, befand sich aber permanent auf der Jagd nach Windeln für das Baby, nach Farbe für die erste Wohnung, nach Nägeln, Pinseln, Kochtöpfen.

Die Veröffentlichungen über Schalck verändern auch die Diskussionen unter Scheunerts Nachbarn. Sie haben genug. Dieser Staat soll verschwinden. Sie wollen nicht mehr auf Reformen und einen Neuanfang warten, sie wollen nur noch weg, am besten in den Westen. Auch Scheunert überlegt, die DDR zu verlassen, doch das will er seiner jungen Familie nicht zumuten. Er vertraut darauf, dass er in einem reformierten Staat eine Rolle spielen kann, er hat das nötige Wissen und die richtige Ausbildung.

Doch seit dem Mauerfall verliert seine Partei Tag für Tag an Macht. Die Menschen haben keine Angst mehr von dem Apparat. Bei Rostock entdecken Bürger am 2. Dezember eine Lagerhalle der KoKo-Firma IMES.[5] Sie stürmen die Halle. Sie ist voller Waffen, Munitionskisten, Sprengstoff. Hat die DDR etwa mit Waffen gehandelt? In wessen Auftrag? Wer in der SED wusste davon?

Scheunert wurde in der Armee wie in der Partei stets mit ein und derselben Frage diszipliniert: »Bist du gegen den Frieden?« Die DDR, das war das Bollwerk gegen den Faschismus, gegen die Kalten Krieger aus Bonn und Washington. Die Nationale Volksarmee (NVA) war eine Friedensarmee. Man war arm, ja, aber stand man nicht auf der richtigen Seite? Auf der des Friedens? Und jetzt das: Der Staat handelt im großen Stil mit Waffen. Der Name Schalck fällt. Er ist der Drahtzieher, heißt es. Entsetzen in der DDR. Wenige Stunden nach dem Sturm auf das Waffenlager setzt sich Schalck nach West-Berlin ab. Die Grenzer an der Invalidenstraße halten sein Auto nicht auf und lassen ihn passieren.

Die Mauer ist weg, der *Consiliere* der DDR, Oberst Alexander Schalck-Golodkowski, auch. Zurück bleiben ein verunsicherter Staatsapparat und Scheunert mit seiner Familie. Ein Kollege fragt: »Und, haust du auch ab? Denk darüber nach!« Doch er wüsste nicht warum. Er hat nichts zu verbergen, glaubt er.

Die Bürgerrechtler, die 1989 die Macht der SED gebrochen haben, zerstreiten sich über ihre nächsten Schritte. Ihre Vertreter werden in Leipzig ausgepfiffen. Die Menschen skandieren: »Wir sind ein Volk«, nicht mehr »Wir sind das Volk«.

Die kleine Welt der DDR gerät aus den Fugen. Polnische Händler strömen nach Ost-Berlin und verkaufen dort Westwaren. Ostdeutsche bringen ihr Geld nach West-Berlin oder arbeiten dort schwarz. Westdeutsche lassen sich quasi umsonst im Osten die Haare schneiden, Ostkunden werden nicht mehr bedient, weil sie kein Westgeld haben, die Kombinate werden von den eigenen Mitarbeitern geplündert. Der neue Ministerpräsident der DDR, Hans Modrow, besucht die Elektro-Apparate-Werke in Teltow, wo einst Schalck gelernt hat. Er sagt, die DDR-Regierung würde es nicht dulden, dass die Waren von hier aus in den Westen geschmuggelt und dort verramscht würden. Man werde durchgreifen. Aber die alte Angst vor dem Staat ist verflogen. Die Menschen schmuggeln und verhökern Ostware, wie es bis vor kurzem Schalck im Auftrag der SED getan hat.

4. Dezember 1990,
Berlin, Haus der Elektrotechnik

Einen Tag nachdem sich der KoKo-Chef Schalck abgesetzt hat, wird in einem Hinterhof des Bürohauses am Alexanderplatz 3 ein Mann von Protestlern gestellt. In dem Büroriegel gegenüber vom »Hotel Stadt Berlin« ist das Ministerium für Elektrotechnik und Elektronik untergebracht. Ein Arm des Staatsapparats, mit dessen Unterstützung Schalck Waren in die DDR schmuggelte. In dem Haus sind viele Mitarbeiter untergebracht, alle gehören zur Hauptabteilung XVIII/VIII des Ministeriums für Staatssicherheit (MfS). Diese ist offiziell für den »Schutz der DDR-Volkswirtschaft« verantwortlich. Sie vor allem brachte die Embargoware der KoKo in die DDR. Leiter der Abteilung ist Oberst Artur Wenzel. Er schleppt am späten Abend mehrere Koffer zu seinem Auto. Doch am Hinterausgang schieben Bürgerrechtler Wache. Sie kontrollieren das Gepäck und finden über 700 000 Mark West, zwei Goldbarren und 150 000 Ostmark. Herbeigeeilte Volkspolizisten können den Oberst nur mühsam aus den Händen der Bürgerrechtler befreien.

Am Morgen des 6. Dezember 1989 wird Artur Wenzel tot in seiner Zelle aufgefunden, erhängt am Fenstergitter.

Wenzels Stellvertreter Willi Koch setzt sich daraufhin in den Westen ab und nimmt Kontakt zum BND auf. Geld hat er nicht im Gepäck, aber Akten und Disketten, auf denen die wichtigsten Aktionen seiner Abteilung im Ausland gespeichert sind. Zudem die Namen von 13 000 Personen, die mit der Abteilung zusammengearbeitet und Embargogüter für die DDR organisiert haben. Nur Koch war auf die Idee gekommen, den Kofferraum von Wenzels Lada zu durchsuchen, der hinter dem Ministerium am Alexanderplatz geparkt war. Dort findet er das Material und sagt wenig später umfassend beim BND aus.

Sieben Monate später, im Sommer 1990, werden westdeutsche Manager ihre Autos auf demselben Parkplatz abstellen. Denn dann wird die Treuhandanstalt in das Haus der Elektrotechnik einziehen und am Alexanderplatz ihre Arbeit aufnehmen. Detlef Scheunert wird hier als einziger Ostdeutscher direkt beim Vorstand arbeiten. Ende 1989 hofft er auf ein freies Leben, auf einen Neuanfang. Der Kollaps der DDR macht ihm keine Angst. Er ist jung, kennt sich aus, hat Einblicke, man wird ihn brauchen, auch in einem neuen Staat.

Dass sich zu viele Männer mit Koffern in den Westen abgesetzt haben, weiß Scheunert nicht.

Auch Schalck bringt Koffer voller Informationen über den Westen mit in den Westen. Zurück lässt er seine wichtigste Mitarbeiterin, Waltraud »Traudl« Lisowski, die wie Scheunert bald für die Treuhandanstalt arbeiten und die DDR-Wirtschaft »privatisieren« wird.

Einen Neuanfang für die beiden deutschen Staaten kann es nicht geben, die Geschichte geht einfach über den Bruch hinweg. Die alten Schulden, die Verpflichtungen und die Verstrickungen bleiben. Im neuen Jahr, dem Schicksalsjahr 1990, werden sie auch das neue Deutschland prägen. Eine Stunde null gibt es nicht. Die alte Macht wird von neuen Mächten abgelöst. Ein Verteilungskampf hat begonnen, obwohl das alte Regime noch nicht vollständig abgetreten ist.

1990
DIE JAGD

Natürlich sitzen die [westdeutschen Unternehmen] wie die Falken auf den Mauerzinnen, um sich auf die Beute zu stürzen. Marktwirtschaft erst einmal in Gang zu bringen heißt aber auch, daß man die Beutejäger ein bißchen gewähren läßt.

WOLFGANG KARTTE
Chef des Bundeskartellamts

Ihr seid auf mich angewiesen, denn ich bin reich und ihr seid arm. Schließen wir also ein Abkommen miteinander. Ich werde euch die Ehre gewähren, mir gefällig zu sein, unter der Bedingung, daß ihr mir das wenige gebt, was euch bleibt, für die Mühe, die ich auf mich nehme, um euch zu befehlen.

JACQUES ROUSSEAU
Politische Ökonomie (1755)

Bedingungslose Kapitulation

30. Januar 1990,
Moskau

Das Ende der DDR wird an einem Vormittag fast beiläufig im Moskauer Kreml verkündet. Der DDR-Ministerpräsident Hans Modrow, seit November 1989 im Amt, besucht an diesem Dienstag den sowjetischen Staatschef Michail Gorbatschow. Der küsst und umarmt Modrow vor laufenden Kameras herzlich. Dann antwortet er noch vor dem offiziellen Gespräch mit Modrow auf die Frage eines Journalisten zur Lage im geteilten Deutschland: »Niemand stellt die deutsche Einheit prinzipiell in Frage.«

Eine Sensation. Auch Hans Modrow ahnt, was der Satz bedeuten könnte: das schnelle Ende seines Staates, der DDR. Auf einer Pressekonferenz bemerkt er später an diesem Tag: »Niemand soll davon ausgehen, dass es sozusagen hier um eine Erscheinung geht, die einfach nur das Aufnehmen des Einen zum Anderen [bedeutet].«

Gorbatschow hatte schon bei seinem Besuch in Ost-Berlin im Oktober 1989 den Eindruck vermittelt, als wolle er die DDR nur noch loswerden. Vor der Neuen Wache war er spontan auf westliche Reporter am Straßenrand zugegangen und hatte gesagt: »Ich bin sicher, dass das Volk [hier] selbst bestimmen wird, was in seinem eigenen Land notwendig ist.« Auf die Frage, ob er die Situation der DDR als gefährlich einschätze, antwortete er: »Ich denke nicht. Mit unseren Schwierigkeiten kann man das gar nicht vergleichen. Uns kann man schon mit nichts mehr in Erstaunen versetzen. Wir sind da schon gestählt. Gefahren warten nur auf jene, die nicht auf das Leben reagieren.«[1]

Dass der Kremlchef die DDR nun, vier Monate später, freigibt, kann diejenigen, die schon damals genau hingehört haben, nicht mehr überraschen. Angst hatte die westdeutsche Regierung während der letzten Monate nur noch vor den sowjetischen Truppen im Ostteil Deutschlands gehabt, dagegen schon lange nicht mehr vor dem SED-Regime. Dennoch äußert sich die Bundesregierung an diesem Tag nicht offiziell – kein Triumphgeschrei, nicht einmal eine Stellungnahme für die »Tagesschau«. Die Bundesregierung ist überrumpelt und macht den Eindruck, als stünde sie unter Schock.

Am Tag des Modrow-Besuchs in Moskau lädt Bundesfinanzminister Theo Waigel von der CSU die Währungsexperten seines Ministeriums zu einer Tagung in die bayerische Landesvertretung in Bonn ein. Das Thema: die verfassungsrechtlichen Aspekte und Kosten einer möglichen Wiedervereinigung. Waigel hat seinem Staatssekretär Horst Köhler bereits vor drei Wochen den Auftrag erteilt, mit den Planungen einer Währungsunion zu beginnen.[2] Die Ministerialen verfolgen während ihrer Klausur die Nachrichten aus Moskau und begreifen: Jetzt ist der Zeitpunkt gekommen, die Gedankenspiele in die Tat umzusetzen. Am Abend ruft Köhler einen seiner Abteilungsleiter an, den 44-jährigen Thilo Sarrazin. Köhler erklärt ihm, dass er ab sofort eine Arbeitsgruppe leite, die das Angebot einer Währungsunion so schnell wie möglich konkretisieren soll. Der Kanzler wisse Bescheid und wolle, dass der Plan umgesetzt wird.

Öffentlich hat das Bundesfinanzministerium bis dahin immer ausgeschlossen, dass die westdeutsche D-Mark in naher Zukunft offizielles Zahlungsmittel in Ostdeutschland sein wird. Köhler hatte Sarrazin zwar schon vor Wochen aufgetragen, die Einführung der D-Mark in der DDR gedanklich durchzuspielen, ihm aber gleichzeitig eingeschärft, dabei keine »Papierspur zu hinterlassen«, das sei »viel zu gefährlich«; es dürfe auf keinen Fall der Eindruck entstehen, dass man der politischen Einheit mit einer Währungsunion zuvorkommen will.[3] Erst am Vortag hat Sarrazin den ersten offiziellen Vermerk über eine mögliche Währungsunion an seine Vorgesetzten weitergereicht. Dieses Konzept, vierzehn Seiten lang, macht seitdem in der Regierung die Runde.

Hinter verschlossenen Türen denkt man im Finanzministerium tatsächlich seit dem Fall der Mauer über eine gemeinsame Währung nach. Schon im Dezember kommt es zu Geheimtreffen zwischen Horst Köhler und DDR-Politikern, die dem Staatssekretär offenbarten, dass die DDR 40 Milliarden D-Mark Auslandsschulden hat. Von da an ist Köhler auf der Suche nach Konzepten und einer Strategie, mit der diese Krise gelöst oder gar genutzt werden kann. Einer seiner wichtigsten Vordenker wird der drei Monate vor Ende des Zweiten Weltkriegs im ostdeutschen Gera geborene Thilo Sarrazin. Der studierte Volkswirt arbeitete in verschiedenen Bonner Ministerien, bis er unter der Regierung Schmidt 1975 ins Bundesministerium der Finanzen berufen wird. Einige Jahre wird er zum Internationalen Währungsfonds in Washington abgeordnet, kehrt dann aber zurück ins Finanzministerium. Obwohl er ein eingefleischtes SPD-Mitglied ist, übersteht er den Machtwechsel 1982. Anfang 1990 leitet er das Büro »Nationale Währungsfragen« der Abteilung »Geld und Kredite«. Mit dem Mauerfall wird dieses Referat förmlich über Nacht zu einem der wichtigsten im Finanzministerium und Sarrazin zum DDR-Experten.

Das Thema DDR beschäftigt Sarrazin seit dem Studium. Hin und wieder hält er sich zu Verwandtenbesuchen dort auf. 1971 wird sein Onkel nach einem solchen Zusammentreffen in Rostock verhaftet. Fortan bleibt Sarrazin der DDR fern, liest sich sein Wissen über den Osten nun aus Büchern an. Bereits Ende 1989, wenige Wochen nach dem Mauerfall, hält er in einem Vermerk fest, dass er eine Währungsunion mittelfristig für unumgänglich hält.[4] Das Hauptproblem seien die DDR-Übersiedler. Als Familie können sie im Westen bis zu 1000 D-Mark an Sozialhilfe bekommen – das sind umgerechnet, je nach aktuellem Kurs, bis zu 7000 Ostmark. Warum sollten Ostdeutsche unter diesen Voraussetzungen in der DDR bleiben und dort weiter für viel weniger Geld arbeiten, fragt Sarrazin in seinem Papier.

Seit Anfang 1990 tauchen hin und wieder Delegationen aus dem ostdeutschen Finanzministerium bei Krisensitzungen in Bonn auf. Sarrazin ist bei diesen Treffen fast immer dabei. Der erste offizielle Besuch der Kollegen aus Ostdeutschland am 12. Januar ist für ihn ein Schock. Aus den Ausführungen der Beamten schließt er, dass die DDR kein funktionierendes Steuersystem hat. Keine Finanzämter, kaum Finanzbeamte. Der ostdeutsche Staat versuchte sich hauptsächlich durch Unternehmenssteuern zu finanzieren: Macht ein Kombinat, ein Volkseigener Betrieb oder eine Fabrik Gewinn, schöpft der Staat diesen komplett ab. Wollen die Unternehmen investieren, müssen sie Kredite aufnehmen, also Schulden machen. Rücklagen können sie so nicht bilden. Die Bürger entrichten dagegen nur sehr geringe Steuern, tragen also kaum zum Staatshaushalt bei. Es gibt keine brauchbare Steuerverwaltung und kein nennenswertes Steuerrecht in der DDR, konstatiert Sarrazin.[5]

Genaue Daten bekommt er von den Kollegen aus der DDR noch nicht, aber er errechnet aufgrund seiner aktuellen Informationen, dass der Kapitalstock der DDR »veraltet ist« und den Unternehmen 1,45 Billionen D-Mark an Kapital fehlen, weil seit dem Krieg kaum in die Industrie investiert werden konnte.[6] Unternehmen mit riesigem Investitionsbedarf, dazu kaum Steuereinnahmen und kein funktionierendes Steuersystem – das wäre nach seiner Einschätzung die Ausgangslage für die Währungsunion.

Das Experiment würde teuer werden, aber Sarrazins Analyse bedeutet auch, dass Bonn am längeren Hebel sitzt und mit der D-Mark ein sehr effektives politisches Instrument einsetzen kann. Am 29. Januar prognostiziert der Volkswirt in seinem internen Vermerk, dass die Währungsunion bereits zum 1. Januar 1991 kommen könne, man müsse dafür aber bei der DDR-Regierung eine Bedingung unbedingt durchsetzen: »Die D-Mark kann nur im Austausch gegen einen vollständigen Systemtransfer hingegeben werden.«[7]

Sarrazin kalkuliert, dass sich die Bundesregierung eine Umstellung der Währung zu einem Kurs von 1 zu 1, was das Bargeld betrifft, leisten könne. Er rechnet bei einer Umstellung des Systems der DDR auch mit einer großen Zahl von Arbeitslosen – 1,4 Millionen Arbeitslose würden zunächst ungefähr 10 Milliarden D-Mark an Arbeitslosenunterstützung kosten. Die »Freisetzungen« nach den zu erwartenden Unternehmenszusammenbrüchen werden groß, »aber letztlich doch begrenzt sein«, vermutet er.[8] Im nächsten Schritt müsse man der DDR-Regierung allerdings klarmachen, dass umfassende Reformen vonnöten sind. Später kann man den Ostdeutschen dann die Bedingungen für die Einheit diktieren, so der Tenor zwischen den Zeilen der Sarrazin-Vermerke aus dem Ministerium.

31. Januar 1990,
Ost-Berlin

Der westdeutsche Verleger Dieter von Holtzbrinck und sein Blatt »Wirtschaftswoche« laden zu einem »deutsch-deutschen Wirtschaftsdialog«. Im »Palast-Hotel«, direkt gegenüber vom Berliner Dom an der Spree, geht es um die Zukunft der DDR-Wirtschaft.[9]

Auf dem Podium sitzen die neue DDR-Wirtschaftsministerin Christa Luft, Generaldirektoren von großen ostdeutschen Kombinaten und Oppositionspolitiker wie der Rechtsanwalt Wolfgang Schnur vom Demokratischen Aufbruch. Sie diskutieren mit westdeutschen Konzernführern, unter ihnen Dieter Spethmann, der Thyssen-Chef, Herbert Zapp, seit 1977 im Vorstand der Deutschen Bank, und Detlev Karsten Rohwedder, Vorstandsvorsitzender des Stahlkonzerns Hoesch. Rohwedder hat wenige Tage zuvor in einem Interview über die Wirtschaft in der DDR gesagt: »Wir sind in den Startlöchern. Es gibt kaum ein großes Unternehmen, in dem sich nicht ganze Stäbe damit befassen.«[10] 600 Manager, Industrielle und Wirtschaftswissenschaftler aus dem Westen verfolgen die Diskussion im »Palast-Hotel«. Die Situation der DDR-Wirtschaft verschlechtert sich fast täglich. Arbeitskräfte wandern seit der Maueröffnung in den Westen ab, zudem hat die Sowjetunion vor gut zwei Wochen dem Ostblock die wirtschaftliche Grundlage entzogen.

Die sozialistischen Staaten in Europa sind seit 1949 in einem Rat für gegenseitige Wirtschaftshilfe (RGW) zusammengeschlossen. Im RGW organisieren die Mitglieder, wer welche Ware zu liefern hat und was die Staaten jeweils im Gegenzug dafür bekommen sollen. Um zu verhindern, dass alle das Gleiche produzieren, versucht der Rat durchzusetzen, dass sich jedes Mitglied auf bestimmte Produkte spezialisiert.[11]

Doch nun hat die Sowjetunion bei einem RGW-Treffen in Sofia drei Wochen zuvor die Grundlage des Rates aufgekündigt: In Zukunft sollen die Mitglieder für das sowjetische Erdöl zahlen, und zwar in US-Dollar, nicht in Ostmark oder Transferrubel. Das bedeutet de facto das Ende des Tauschhandels und der Planwirtschaft. Diese Entscheidung der sowjetischen Führung setzt die DDR-Regierung enorm unter Druck. Ihr fehlen die Devisen, um das Erdöl zu bezahlen. Eine Zeit lang hatte die DDR-Regierung das Erdöl aus der Sowjetunion ja sogar an den Westen verkauft, um Devisen einzunehmen. Diese Quelle ist nun versiegt. Die DDR braucht Hilfe und neue Partner.

Christa Luft verspricht im »Palast-Hotel« Reformen mit dem Ziel, eine soziale und ökologisch ausgerichtete Marktwirtschaft in der DDR zu etablieren, schränkt aber sofort ein: »Marktwirtschaft ja, aber bei Dominanz gesellschaftlichen Eigentums.«[12] Die Gewerbefreiheit bliebe darüber hinaus eingeschränkt. Westdeutsche Unternehmen dürften sich an ostdeutschen Firmen beteiligen, aber in der Regel nicht mehr als 49 Prozent der Anteile erwerben. Doch »selbst wohlwollende Zuhörer ... hören kaum noch hin«, schreibt die »Wirtschaftswoche«. Einige Zuschauer aus dem Westen lachen, schreien, buhen und pfeifen.[13]

Der Hoesch-Chef Rohwedder geht danach »aufs Ganze« und macht klar, dass das Privateigentum im Zentrum der neuen Wirtschaftsordnung stehen müsse: »Ich glaube, dass es in dieser Frage keine Kompromisse geben kann.«[14]

Die Ostdeutschen auf dem Podium erwidern, dass doch die Effizienz wichtiger sei als die Eigentumsform. Solche Aussagen erwecken bei westdeutschen Beobachtern den Eindruck, dass die Wirtschaftsministerin und die Oppositionspolitiker auf dem Podium überfordert sind. Sie scheinen keine genauen Vorstellungen davon zu haben, wie sich die DDR aus der wirtschaftlichen Krise herausarbeiten kann. Luft wirke nach einem Vierteljahr im Amt »müde und verbraucht«, bemerken sie, zu kraftlos für echte Reformen, die sie seit ihrem Amtsantritt immer wieder versprochen hatte. Angeblich kämpft sie auf dem Podium mit den Tränen, nachdem sie heftig von Rohwedder und Spethmann kritisiert worden ist.[15]

Der Generaldirektor des VEB Möbelkombinats Berlin, Henri Berger, räumt ein, dass er noch kein Manager sei, aber er wolle es werden; die Bundesrepublik sei zur Hilfe verpflichtet, sagt er. Von einer Verpflichtung will der Thyssen-Chef Spethmann indes nichts wissen: »Investitionen müssen sich rechnen, so einfach ist das.«[16]

Nach der Diskussion hört ein Reporter, wie ein westdeutscher Gast am Buffet im Flur des »Palast-Hotels« bei einem Glas Weißwein und Cocktailhäppchen sagt, in der DDR müsse erst die gesamte Wirtschaft kaputtgemacht und »wie bei uns« danach wieder neu aufgebaut werden.[17]

1. Februar 1990,
Ost-Berlin

Das Schweigen der Bundesrepublik seit der Ankündigung von Michail Gorbatschow, die Deutschen sich selbst zu überlassen, nutzt der DDR-Ministerpräsident Hans Modrow. Er stellt zwei Tage nach seiner Rückkehr aus Moskau der Presse einen Plan vor, an dessen Ende die deutsche Wiedervereinigung stehen soll – Titel: »Für Deutschland einig Vaterland«.

Selbst Zeitungen aus dem Axel-Springer-Verlag sind begeistert. Die Schlagzeile der »Bild«-Zeitung am nächsten Tag lautet: »Beschlossen: Deutschland! 1. Schritt: DDR bekommt fünf neue Bundesländer. 2. Schritt: Gemeinsame Deutsche Mark«.[18] Allein auf der Neutralität Deutschlands beharrt Modrow weiterhin, was Bundeskanzler Helmut Kohl umgehend moniert. Ansonsten äußert sich der Bundeskanzler nicht zu dem Plan.

Das Vorpreschen Modrows macht die Berater von Helmut Kohl tatsächlich sehr nervös. Am 2. Februar wird im Bundeskanzleramt ein Papier erarbeitet, das dem Kanzler klarmacht: Er muss jetzt reagieren. »Inzwischen ist eine Situation eingetreten«, heißt es da, »in der Zurückhaltung von unserer Seite eher negative Auswirkungen haben dürfte. Insofern empfehlen wir, dass Sie sich – wie seinerzeit schon beim Zehn-Punkte-Programm – wieder ›an die Spitze der Bewegung‹ setzen … Es darf nicht der Eindruck entstehen, dass wir uns von der deutschlandpolitischen Entwicklung ›überrollen‹ lassen … Auch für unsere künftigen Partner in der DDR ist es von wahlentscheidender Bedeutung, ihrer eigenen Wählerschaft möglichst bald ein griffiges, allgemein verständliches Konzept für einen raschen Neuaufbau der DDR-Wirtschaft präsentieren zu können … Unser Ziel sollte es sein, dass sie bereits im angelaufenen DDR-Wahlkampf auftreten können mit der ebenso einfachen wie durchschlagenden Aussage: ›Dieses Konzept wollen wir sofort nach dem 18. März gemeinsam mit Helmut Kohl in die Tat umsetzen.‹« Dann zitieren die Berater Ludwig Erhard, dessen Strategie vom September 1953 kopiert werden soll – inklusive Währungsunion: »›Als erste Maßnahme wird sich eine Währungsneuordnung in der Sowjetzone, d.h.

eine Einbeziehung in unser Währungssystem, als unerläßlich erweisen.‹ … Es ist schon bemerkenswert, dass sich die hiesige SPD erbschleicherisch auf genau diesen Satz beruft, um ihr eigenes Konzept zu legitimieren. Eine Kopie der Erhard-Rede, die von ihrer Aktualität nur wenig eingebüßt hat, ist zu Ihrer Information beigefügt. Man könnte sie als ›Steinbruch‹ für Ihre eigenen Reden verwenden.«[19]

3. Februar 1990,
Davos (Schweiz)

Einen Tag später reist der Bundeskanzler zum Wirtschaftsforum nach Davos. Nach einem Gespräch mit dem Ministerpräsidenten Modrow am Rande des Treffens verkündet Helmut Kohl, die DDR brauche rasche Wirtschaftshilfe, und zwar noch vor der Wahl am 18. März, da nur so der »Übersiedlerstrom« gestoppt werden könne. Über den Deutschland-Plan von Hans Modrow habe man nicht gesprochen.[20] Von den konkreten Planungen für eine Währungsunion sagt Kohl Modrow nichts.

Am nächsten Tag gibt Bundesfinanzminister Theo Waigel dem »Süddeutschen Rundfunk« ein Interview. Darin sagt er: »Wenn man eine währungspolitische Neuordnung in der DDR auf einen Schlag verwirklichen möchte, dann könnte nur die Einführung der DM in der DDR in Frage kommen.«[21] Ein Testballon. Zum ersten Mal befürwortet ein Mitglied der Regierung offen eine baldige Währungsunion. Waigel hatte sieben Tage zuvor noch das genaue Gegenteil gesagt: Eine Währungsunion komme viel zu früh und würde die Stabilität der D-Mark gefährden. Diese Einschätzung ist nun, eine Woche später, bereits Geschichte.[22]

Am folgenden Tag ist Helmut Kohl in Berlin. Am Abend trifft er sich mit Vertretern der Ost-CDU, des Demokratischen Aufbruchs und der Deutsche Sozialen Union im Gästehaus der Bundesregierung in Dahlem. Die drei Parteien vereinbaren, gemeinsam als konservatives Bündnis »Allianz für Deutschland« in den DDR-Wahlkampf zu ziehen. Die CDU-West, die lange nach einem Partner gesucht hatte, den sie bei den Volkskammerwahlen in der DDR unterstützen könnte, hat ihn nun gefunden.

Jetzt braucht die »Allianz« noch »die durchschlagende Aussage«, wie die Vordenker im Bundeskanzleramt gefordert haben. Einer der wichtigsten Berater von Helmut Kohl, Horst Teltschik, telefoniert am Morgen mit Gerhard Mayer-Vorfelder, Landesminister in Baden-Württemberg für Kultur und Sport. Dabei verrät der Minister dem überraschten Teltschik, dass sein Ministerpräsident Lothar Späth in einer Regierungserklärung am folgenden Tag die Währungsunion fordern wolle. Kohl reagierte »etwas gereizt« auf Späths Vorpreschen, wie Teltschik festhält – der Baden-Württemberger hatte ihn im Jahr zuvor noch stürzen wollen. Teltschik, Kanzleramtsminister Rudolf Seiters und Kohl entscheiden daraufhin: Die Ankündigung der Währungsunion vor der Moskau-Reise des Kanzlers am Wochenende könne man riskieren, Kohl solle die Währungsunion fordern und dies nicht dem Ministerpräsidenten aus Baden-Württemberg überlassen.[23]

So überrascht Helmut Kohl die CDU-Bundestagsfraktion in Bonn an diesem Nachmittag, indem er erklärt, was er in Davos mit »sofortige Wirtschaftshilfe für die DDR« wirklich gemeint hat: »Ich glaube, wir müssen jetzt an die DDR herantreten und einfach sagen, daß wir bereit sind, mit ihr unverzüglich in Verhandlungen über eine Währungs- und Wirtschaftsunion einzutreten.«[24] Das ist kein Testballon, sondern ein faktisches Angebot. Und eine sensationelle Nachricht. Der Kanzler überrumpelt damit viele seiner eigenen Minister und brüskiert die Bundesbank, die von Kohls Schritt und den Strategiespielen Sarrazins im Finanzministerium nichts weiß.

Der Bundesbankchef Karl Otto Pöhl hält die Währungsunion zu diesem Zeitpunkt für volkswirtschaftlichen Wahnsinn. Er wird am selben Tag von Reportern nach einem Treffen mit dem DDR-Staatsbank-Chef gefragt, ob eine Währungsunion denkbar wäre: »Kommt überhaupt nicht infrage, ausgeschlossen!«, antwortet Pöhl und warnt davor, »die Wiedervereinigung mit der Notenpresse zu finanzieren«.[25]

Den konservativen Parteien in der DDR werden in Umfragen weniger als 10 Prozent der Stimmen prognostiziert, der SPD dagegen eine absolute Mehrheit. Der Runde Tisch hatte am Tag zuvor die westdeutschen Parteien gebeten, sich aus der Volkskammerwahl herauszuhalten.[26]

Doch nun wird die Währungsunion Tagesgespräch, die Pläne Modrows für die Einheit rücken in den Hintergrund. Die entscheidenden Tage im Kampf um die Zukunft der DDR sind angebrochen, die D-Mark ist in Stellung gebracht, die Waffe mit der größten politischen Durchschlagskraft. Eine Woche später taucht auf der Montagsdemonstration in Leipzig ein Plakat auf mit der Aufschrift: »Kommt die D-Mark bleiben wir / Kommt sie nicht geh'n wir zu ihr!« Damit ist entschieden, in welche Richtung sich die Dinge entwickeln werden. Tatsächlich hat die Bundesregierung der DDR die D-Mark angeboten, bevor sie in Ostdeutschland nachdrücklich auf der Straße gefordert wurde.

9. Februar 1990,
Stuttgart

In der Öffentlichkeit betonen konservative Politiker die existenziellen wirtschaftlichen Schwierigkeiten der DDR. Am offensivsten äußert sich Lothar Späth, Präsidiumsmitglied der CDU, in einem Zeitungsinterview am Tag vor der Reise des Kanzlers nach Moskau.

»SPÄTH: Die Währungsunion hat überhaupt nur Sinn, wenn sie gleichzeitig mit der Wirtschaftsgemeinschaft verwirklicht wird. Das heißt, daß die DDR alle unsere maßgeblichen Wirtschafts- und Eigentumsgesetze übernimmt …

Stuttgarter Zeitung: Das heißt, daß Sie die bedingungslose wirtschaftliche Kapitulation der DDR einfordern.

SPÄTH: Ich sage mal ganz brutal: ja.«[27]

Die Festung DDR wird über die Presse sturmreif geschossen. Gegen Mittag desselben Tages lädt Horst Teltschik die wichtigsten Hauptstadtjournalisten zu einem Hintergrundgespräch ins Kanzleramt. So hält es der wichtigste außenpolitische Berater Helmut Kohls vor jeder großen Reise des Kanzlers. Die Journalisten dürfen ihn zitieren, jedoch nicht namentlich nennen.

Teltschik erklärt den Pressevertretern, um was es in Moskau gehen wird: »Im Mittelpunkt werde die Lage und Entwicklung in der DDR stehen. Die Dramatik der dortigen Ereignisse werde im Ausland, so auch in der Sowjetunion, aus unserer Sicht noch immer nicht in ihrer vollen Dimension erkannt. Es gehe jetzt darum, das drohende Chaos, das auch Gorbatschow immer befürchtet habe, zu verhindern.«[28]

Dann wird Teltschik gefragt: Was heißt eigentlich »dramatische Ereignisse« in diesem Zusammenhang?

Teltschik erklärt, was die Bundesregierung befürchtet: »Erstens den drastischen Verfall jeder staatlichen Autorität in der DDR; Entscheidungen der Modrow-Regierung würden immer seltener exekutiert. Zweitens den drohenden wirtschaftlichen Kollaps; es zeichne sich ab, daß die DDR in wenigen Tagen völlig zahlungsunfähig sein und erhebliche Stabilitätshilfen benötigen werde. Drittens die Übersiedlerzahlen, die im Februar erneut höher sein würden als im Januar; in der DDR-Führung gebe es Stimmen, die bereits daran zweifelten, ob die Wahlen im März noch erreicht werden könnten.«[29] Selbst Ministerpräsident Modrow habe Kohl auf dem Wirtschaftsgipfel in Davos vor kurzem gesagt, es könne sein, dass die DDR sehr schnell

»vor der Tür« der BRD stehe. Die Journalisten tragen diese Hintergrundinformationen in die Welt, ohne den Namen Teltschik zu nennen.[30]

Einen Tag später reist Helmut Kohl nach Moskau, um die ersten Details der Wiedervereinigung mit Gorbatschow zu verhandeln.[31]

Gerd Gebhardt verfolgt die politische Entwicklung besorgt. Am häufigsten tauscht er sich mit dem Chemiker Matthias Artzt aus, der ebenfalls die Arbeit der Forschungsgruppe wesentlich vorantreibt. Die beiden sind ein ungleiches Paar. Matthias Artzt, glatt rasiert, kurze Haare, die der Mode folgend im Nacken etwas länger sind, wirkt sehr viel jünger als Gerd Gebhardt mit seiner Halbglatze. Gebhardt trägt einen langen Bart, ist stämmiger als Artzt und um einiges impulsiver. Er denkt schnell und spricht noch schneller, so als könne er seine Gedanken der Welt gar nicht schnell genug mitteilen. Artzt dagegen ist ein eher bedächtiger Typ, der langsam redet und noch im Sprechen nach besseren Formulierung zu suchen scheint. Wie unterschiedlich ihre Charaktere auch immer sein mögen, beide verfügen über die Beharrlichkeit und die Ausdauer, die nötig sind, um über Probleme gründlich nachzudenken. Sie haben die Dynamik, die jetzt einsetzt, schon Ende des letzten Jahres vorausgesehen. In einem Papier für die große Demonstration am 4. November 1989 in Ost-Berlin schrieben sie damals: »Herzchirurgie bei offenen Adern ist aussichtslos. Insofern wird über die historische Perspektive der DDR durch das potente Nachbarsubjekt BRD entschieden werden: Es allein könnte den ›Blutverlust‹ kompensieren durch geeignete ›Tropf-Transfusionen‹. Andernfalls hätte es sich desavouiert: die Durchführung der ›Operation‹ vereitelt, die Weichen auf eine schlichte, irreversible Kolonisierung gestellt. Statt von Wieder- oder nationaler Neuvereinigung, würde die Geschichtsschreibung einst von ›Vereinnahmung‹ in der vom Volk in der DDR unverschuldeten Stunde der Schwäche sprechen müssen!«[32]

All das droht einzutreten.

An diesem Freitagabend wird die »Tagesschau« mit der Meldung vom bevorstehenden Bankrott der DDR eröffnet. Doch nicht dieser erste Bericht veranlasst Artzt und Gebhardt zu handeln, sondern eine kurze Stellungnahme des US-Außenministers James Baker. Baker sagt am Rande des Treffens bei Gorbatschow: Es ginge jetzt auch darum, dass ein vereintes Deutschland in die NATO komme.[33] Artzt und Gebhardt beschließen daraufhin, umgehend zu handeln. Ihren Staat, die DDR, wird es in wenigen Monaten nicht mehr geben, da sind sie sich nun sicher, denn selbst der Erzfeind aus dem Kalten Krieg traut sich inzwischen in Moskau das Maximale zu fordern:

die NATO-Mitgliedschaft eines vereinten Deutschlands. Die Sowjetunion schreckt niemanden mehr ab und kann die schnelle Wiedervereinigung nicht mehr aufhalten.

Der Think Tank, dem Artzt und Gebhardt angehören, hat seit dem Treffen im Oktober immer wieder die politische Entwicklung diskutiert. Im Winter treffen sich die Forscher meist in Berlin-Mitte bei Matthias Artzt in der Chausseestraße 107.

Die hohen Wände in Artzts Studierzimmer sind vollgestellt mit Bücherregalen und Vitrinen, neben den Schreibtisch ist ein geblümtes Sofa gezwängt, dazu ein Tisch, an dem die Forscher die Zukunft der DDR diskutieren. Um sie herum bricht das SED-Regime Stück für Stück zusammen. Staatsratschef Erich Honecker muss zurücktreten und wird schließlich sogar verhaftet. Sein Nachfolger Egon Krenz kann sich nur kurze Zeit halten. Stasi-Zentralen werden gestürmt, ein »Zentraler Runder Tisch« eingerichtet, freie Wahlen versprochen. Die SED nennt sich nun PDS.

Für die Freie Forschungsgruppe ist das nicht genug. Die Wissenschaftler haben ein schwerwiegendes und bislang weithin verkanntes Problem ausgemacht, das mit dem möglichen Einmarsch der »D-Mark-Armee« zusammenhängt: die ungeklärte Rolle des Eigentums in der DDR.

Offiziell gibt es in der DDR das »Volkseigentum« – alle Geschäfte, Fabriken und fast alle landwirtschaftlichen Betriebe gehören dem Namen nach dem Volk: Es sind »Volkseigene Betriebe«, kurz VEBs. Doch es gibt keinen Anteilsschein, der den Besitz des einzelnen Bürgers belegen würde, kein Papier, mit dem er oder sie zu einer Bank gehen könnte, um etwa einen Kredit abzusichern. Der Begriff ist vor allem Propaganda, ein Kampfbegriff. Das Volkseigentum ist letztlich Eigentum des Staates DDR. Die SED und die Massenorganisationen haben einiges an Besitztümern, belegt durch Eigentumsurkunden, doch die Betriebe und Fabriken drohen in der Übergangsphase bis zur deutschen Einheit herrenloses Eigentum zu werden. Das ist das eine Problem. Ein weiteres würde mit der Wiedervereinigung auftreten. Die Bundesrepublik Deutschland kennt nämlich kein Volkseigentum. Was würde dann aus diesem Eigentum werden, wem würde es nach einer Wiedervereinigung gehören?

Artzt und Gebhardt denken noch weiter: Wenn die Marktwirtschaft in der DDR eingeführt wird, wie können sich dann die DDR-Bürger ohne Kapital an dem neuen Wirtschaftssystem beteiligen? Kapitalismus ohne Kapital – wie soll das funktionieren? Wie sollen sie Eigentümer werden? Woher soll das Startkapital für das neue Deutschland kommen? Fragen über Fragen.

Die beiden Wissenschaftler registrieren, dass diese rechtlose Situation schon Konsequenzen hat und sich viele Kader auf ihre ganz eigene Weise auf den Kapitalismus vorbereiten: Die Betriebsleiter, quasi die Geschäftsführer der Volkseigenen Betriebe, schließen bereits eigenmächtig Verträge mit westlichen Firmen ab. Bis zu 49 Prozent der Betriebe können sie aufgrund eines neuen Joint-Venture-Gesetzes schon seit Januar verkaufen.[34] Nur wo bleibt dabei das Volk? Wer kontrolliert, ob bei den Verkäufen alles mit rechten Dingen zugeht? Ausgerechnet die alten Kader?

Die Gruppe hat sich inzwischen offiziell als Verein eintragen lassen. Ein befreundeter westdeutscher Anwalt erklärt bei dieser Gelegenheit, was passiert, wenn der Verein sich auflöst. Dann fällt das Eigentum an den Staat, es sei denn, der Verein hat zuvor einen Nachlassverwalter bestimmt, der das Vereinseigentum nach der Auflösung verwaltet. Von diesen Bestimmungen geht die Gruppe fortan bei ihren Überlegungen aus. In den Augen der Forscher ist die DDR – quasi ein großer Verein – selbstständig und muss es auch bleiben. Nur dann können die Bürger – also die Vereinsmitglieder – auch weiterhin entscheiden, was mit dem Eigentum in Ostdeutschland geschehen soll.

Während Helmut Kohl in Moskau ist, verbringt Gerd Gebhardt das Wochenende in Babelsberg, wo er an einem kleinen Sekretär im ersten Stock seines Hauses die Gedanken des Think Tanks zusammenfasst. Gebhardt ist das einzige Mitglied der Gruppe, das einen Computer und einen Nadeldrucker besitzt. Also schreibt er den Entwurf, der die Einsetzung eines Nachlassverwalters für die DDR vorsieht. Am Montag soll das Gruppenmitglied Wolfgang Ullmann das Konzept bei den Verhandlungen am Runden Tisch durchbringen. Ullmann hat sich Ende Januar als Minister ohne Geschäftsbereich von Ministerpräsident Modrow in die Verantwortung nehmen lassen und damit der Forschergruppe einen direkten Zugang, wie man hofft, zur Macht verschafft.

Gebhardt druckt schließlich folgenden Text aus:

> Vorschlag der umgehenden Bildung einer Treuhandgesellschaft (Holding) zur Wahrung der Anteilsrechte der Bürger mit DDR-Staatsbürgerschaft am »Volkseigentum« der DDR
>
> Offenbar ist statt einer deutschen Fusionslösung eine baldige Angliederung der DDR an die Bundesrepublik Deutschland wahrscheinlich geworden. Damit 40 so schrecklich fehlgeleitete Lebensjahre voller

Arbeit und Mühen für die Bürger der DDR nicht gänzlich ergebnislos bleiben, wird der o.g. Vorschlag unterbreitet. Durch die sofortige Schaffung der o.g. Kapital-Holding-Treuhandgesellschaft als neues Rechts-Subjekt würde dafür Sorge getragen werden, daß das in Volksbesitz befindliche Eigentum – soweit es sich als demokratisch legitimiert bzw. durch Kriegsergebnisse zustandegekommen erweisen wird – in der DDR nicht herrenlos wird und einfach verloren geht (an wen mit welcher Berechtigung?).

Die Verlustgefahr resultiert daraus, daß die Rechtskonstruktion »Volkseigentum« nicht im Grundgesetz der Bundesrepublik Deutschland, dessen Geltungsbereich ja vermutlich auf das Territorium der DDR ausgedehnt werden wird, enthalten ist.

Deshalb muß umgehend das Volkseigentum in eine Form transformiert werden, die den Rechts- und Eigentumsformen der Bundesrepublik entspricht.

Als erste Handlung müßte diese Holding-Gesellschaft gleichwertige Anteilsscheine im Sinne von *Kapitalteilhaber-Urkunden* an alle DDR-Bürger emittieren. Ausgabe-Stichtag sollte der 18.3.1990 sein, um die Legitimitäts-Kontinuität aus der Vergangenheit in die Zukunft zu gewährleisten.

Die Rechtskonstruktion sollte sich am Modell der Nachlaßverwaltung eines Erblassers zugunsten der legitimen Erbberechtigten orientieren und sollte bewußt an dementsprechende Rechtssätze des Bürgerlichen Gesetzbuches der Bundesrepublik angepaßt werden.

12. Februar 1990,
Berlin-Pankow

Der Runde Tisch tagt zum zwölften Mal, diesmal im Schloss Schönhausen, einem Gästehaus der DDR-Regierung. Die Einrichtung eines sogenannten Runden Tisches hatte es erstmals im Februar 1989 in Polen gegeben, als Kirche, Regierung und Opposition zu Gesprächen zusammenkamen. Der Runde Tisch ist auf den ersten Blick ein großer Erfolg für die Bürgerrechtler. Obwohl das Gremium nicht demokratisch legitimiert ist, diskutiert die sozialistische Regierung seit Dezember an verschiedenen Orten mit der Opposition, wie es mit der DDR weitergehen soll.

Heute sitzen die Teilnehmer im Viereck an Konferenztischen. Achtzehn Parteien müssen untergebracht werden: die Ex-SED, die sich vor wenigen Tagen in PDS umbenannt hat, daneben die CDU-Ost und die anderen

Blockparteien, ferner die vielen neuen Oppositionsparteien, die sich in den letzten Monaten gegründet haben, etwa das Neue Forum, Demokratie Jetzt, der Demokratische Aufbruch.

Vom Kopfende aus moderieren Kirchenvertreter die Diskussion. Oft haben die langen Tagungen etwas von einer Schlichtung, ausführliche Wortmeldungen wechseln sich mit noch längeren Gegenstellungnahmen ab. Hammer und Sichel im Ehrenkranz, silberfarben, hängen an der Wand und schweben über allem.

Am Runden Tisch wurden bereits der Termin sowie die Bedingungen für die ersten freien Wahlen in der DDR ausgehandelt. Hier diskutiert man aber auch über die Abwicklung des DDR-Inlandsgeheimdienstes, die Zukunft der Armee und über eine neue Verfassung für die DDR. Viele Bürgerrechtler halten den Runden Tisch für eine Nebenregierung, doch noch immer entscheidet in letzter Konsequenz der Ministerrat der DDR.[35]

Bislang gingen alle Teilnehmer der Runde davon aus, dass man über die Zukunft der DDR als souveränen Staat verhandle, doch die Schlagzeilen vom Wochenende über den drohenden Bankrott und die anhaltende Ausreisewelle der Ostdeutschen haben Spuren hinterlassen. Die Bürgerrechtler am Tisch sehen niedergeschlagen und müde aus. Einige kämpfen seit Jahren gegen das SED-Regime. Sie hatten gehofft, nun eine demokratische DDR gestalten zu können. Doch dafür scheint keine Zeit zu sein. Die wirtschaftliche Situation des Landes setzt den Runden Tisch unter Druck.

Reinhard Schult vom Neuen Forum gibt noch kurz vor Sitzungsbeginn ein Interview. Schult hat sich seit den 1970er Jahren in der Opposition der DDR engagiert. Er wurde inhaftiert, weil er »illegale Literatur« verbreitet haben soll. Vor wenigen Wochen hat er zum Sturm auf die Stasi-Zentrale in der Normannenstraße aufgerufen. Der ARD sagt er am Morgen: »Ich hab so ein bisschen das Gefühl, dass es nicht um eine Vereinigung, sondern um einen Anschluss geht. Ich fühle doch so, dass wir hier mehr über den Tisch gezogen und nicht als Partner betrachtet werden.«

»Können Sie das konkret machen?«, fragt der Reporter nach.

»Ich denke, dass seit Monaten diese Kampagne läuft, die den Eindruck erweckt, als wenn die DDR kurz vor dem Zusammenbruch steht. Aus meiner Sicht ist das nicht so. Aus meiner Sicht ist es zwar so, dass wir hier eine Krise haben, die aber primär politischer Natur ist, dadurch natürlich rückwirkt auch auf die wirtschaftliche Situation und überhaupt auch auf die psychologische Situation in dem Land. Ich denk' aber, dass hier noch nicht alles Schrott und marode ist, sondern dass wir noch eine ganze Menge an Pfunden haben, mit denen wir wuchern sollten – und wir sollten uns hier nicht unter Preis verkaufen.«[36]

Die Sitzung beginnt. Der wichtigste Tagesordnungspunkt ist die Reise des Ministerpräsidenten Modrow nach Bonn am folgenden Tag. Der Runde Tisch will ihm Leitlinien an die Hand geben. Auf keinen Fall soll er kapitulieren. Doch Modrow muss die Regierung Kohl um viel Geld bitten, da die finanzielle Lage der DDR bedrohlich ist. Die KoKo-Quelle ist versiegt. Der Zusammenbruch des RGW erschüttert die Industrie, die förmlich über Nacht von einer Plan- auf eine Marktwirtschaft umgestellt werden muss. Und für die laufenden Gehälter ist auch kein Geld mehr da. 15 Milliarden D-Mark hätte der Runde Tisch gern von der Bundesregierung.

Einige Bürgerrechtler haben bereits begriffen, dass die westdeutsche Regierung weniger der aktuellen DDR-Regierung helfen, sondern vielmehr schnell eine Währungsunion durchsetzen will. Konrad Weiß, Mitglied der Oppositionsgruppe Demokratie Jetzt, wendet sich während der Fernseh-Live-Übertragung vom Runden Tisch an die westdeutschen Bürger: »Wir bitten alle sozialgesinnten Menschen in der Bundesrepublik Deutschland und in West-Berlin um Solidarität. Verhindern Sie mit allen demokratischen Mitteln, dass durch einen Einmarsch der West-Mark die demokratische Entwicklung in unserem Land abrupt unterbrochen wird.«[37]

Die Bürgerrechtler können sich zumindest über den Runden Tisch noch Gehör verschaffen. Die Versammlung erarbeitet eine Erklärung, in der die sofortige Verhandlung über eine Währungsunion ausgeschlossen wird, da es »Kräfte in der BRD gebe, die bewusst auf eine Verschärfung der Krise in der DDR hinwirken«. Die Währungssouveränität solle man auf keinen Fall aufgeben, heißt es in dem Papier. Man gibt sich kämpferisch.

Doch wie Thilo Sarrazin in Bonn ist vielen Oppositionellen am Runden Tisch klar: Die entscheidenden Tage im Poker um die Macht im neuen Deutschland beginnen jetzt, und sie haben die schlechteren Karten.

Am frühen Abend ist Gerd Gebhardt an der Reihe. Der Vorschlag, eine Treuhand zu gründen, ist der letzte Tagesordnungspunkt der Sitzung. In der Konferenzpause zieht er sich in eine der hinteren Reihen zurück, geht den Text noch einmal durch; nervös blättert er in den Papieren. Die Zuschauerreihen um ihn herum bleiben leer, von der Niedergeschlagenheit und Untergangsstimmung im Saal scheint er nichts mitzubekommen.[38]

Ein Kirchenvertreter kündigt Gebhardt an: »Als Letztes müssen wir noch aufgreifen, was Herr Dr. Ullmann hier heute Vormittag vorgeschlagen hat, und zwar ging es darum, eine Treuhandgesellschaft zur Wahrung der Anteilsrechte der Bürger am Volkseigentum der DDR zu bilden. Das ist die Vorlage 12/29, die heute Vormittag auch ausgeteilt worden ist. Darf der Beauftragte das kurz erläutern? Gibt's Widerspruch? Nein? Danke. Bitte.«

Gerd Gebhardt ist an der Reihe.

»Mein Name ist Gerd Gebhardt, ich spreche als unabhängiger Wissenschaftler, und das vorgeschlagene Modell ist das Ergebnis langer Überlegungen und Abstimmungen mit sehr vielen Experten. Es geht um den Vorschlag der umgehenden Bildung einer Treuhandgesellschaft – Holding – zur Wahrung der Anteilsrechte der Bürger mit DDR-Staatsbürgerschaft am Volkseigentum der DDR …« Gebhardt liest vor, was er tags zuvor geschrieben hat. Der Runde Tisch, ermattet von der Diskussion über die Währungsunion und die Reise der Regierung am nächsten Tag nach Bonn, nimmt den Vorschlag einstimmig an. Auch die Vertreter der Modrow-Regierung stimmen zu. Das DDR-Fernsehen hat sich da bereits ausgeblendet.

Die Idee der Treuhand ist in der Welt. Die Regierung der DDR hat nun die Aufgabe, sie mit Leben zu füllen.

Nachdem der Runde Tisch der Installation einer Treuhand zugestimmt hat, konkurrieren zwei gegensätzliche Ideen miteinander: Auf der einen Seite das Konzept einer Treuhandanstalt, die das Volkseigentum verwalten und Anteilsscheine am Volksvermögen an die Bürger ausgeben soll. Das setzt voraus, dass der Staat DDR auch weiterhin souverän über seine Währung und das Eigentum in Ostdeutschland bestimmt. Dagegen steht auf der anderen Seite die Strategie der Bundesregierung, nach der eine schnelle Währungsunion vorgesehen ist und gleichzeitig das Volkseigentum als Pfand für diesen riskanten Schritt herhalten soll.

13. Februar 1990,
Bonn

In Hintergrundgesprächen und Interviews mochte die Bundesregierung die DDR als verlorenen Staat und Hans Modrow als besiegten Ministerpräsidenten bezeichnen. An diesem Dienstag wird er aber noch einmal wie ein Staatsgast mit allen Ehren empfangen. Roter Teppich auf dem Flughafen. Limousinen-Kolonne. DDR-Fähnchen. Begrüßung durch Helmut Kohl vor dem Bundeskanzleramt. Gruppenfoto. Dann Gespräche hinter verschlossenen Türen.

Thilo Sarrazin hat das Treffen mit vorbereitet. Er weiß, die DDR braucht die D-Mark, um ihre Probleme zu lösen, daher wird sie fast alles tun müssen, was die Bundesregierung fordert. Die Bundesregierung kann die nächsten Schritte diktieren.

Sarrazin hat einen Text verfasst, der die Grundlage für die Gespräche mit der DDR-Regierung bildet. Darin steht: »Ordnungspolitische Fehlentwicklungen« darf die Bundesregierung nicht zulassen, damit folgendes Szenario verhindert wird: »Die DDR bekommt die D-Mark, aber sie behält noch ein bisschen Planwirtschaft.« Sarrazin und die anderen Gesprächsteilnehmer im Finanzministerium machen sich keine Illusionen: Die Einführung der D-Mark in der DDR wird mit gewaltigen Transferleistungen verbunden sein. Diese Leistungen müssen daher in ein von Grund auf reformiertes System fließen, sie dürfen nicht »in dem bestehenden planwirtschaftlichen System versickern«.[39] Das Finanzministerium setzt auf einen Systemtransfer und damit auf eine Schocktherapie.

Die Korrespondenten in der Hauptstadt erwarten dagegen noch immer, dass in der abschließenden Pressekonferenz die Bereitstellung eines Hilfspakets für die DDR verkündet wird. Die Hinweise Kohls in der Woche zuvor, dass man der DDR die Währungsunion anbieten werde, hält man für Wahlkampfgetöse. Der große Saal der Bundespressekonferenz in Bonn – das »Aquarium« – ist dennoch überfüllt an diesem Nachmittag.[40] Reporter aus aller Welt warten gespannt. Kohl und Modrow kommen über die Wendeltreppe in den Saal, vorneweg Modrow, dann Kohl. Doch fortan wird nur noch der Bundeskanzler das Tempo vorgeben.

Als Kohl auf dem Podium vor der Weltpresse Platz nimmt, scheint er vor Selbstvertrauen zu strotzen und den ganzen Raum auszufüllen. Den neben ihm sitzenden Modrow nimmt man dagegen kaum wahr. Einige Bundesminister stehen dicht gedrängt hinter dem Kanzler.

Kohl sagt bestimmt: »Die Einheit ist jetzt möglich, und es liegt jetzt an uns, an den Deutschen, ob wir diese Chance beherzt und besonnen ergreifen.« Soforthilfe für die DDR dürfe man nicht erwarten, denn: »Wir gehen einen ganz wesentlichen Schritt weiter. Ich habe Ministerpräsident Modrow und seinen Regierungsmitgliedern das Angebot unterbreitet, sofortige Verhandlungen zur Schaffung einer Währungsunion und Wirtschaftsgemeinschaft aufzunehmen. Zu diesem Zweck soll eine gemeinsame Kommission mit Experten gebildet werden, die ihre Gespräche unverzüglich beginnt. Wir haben verabredet, dass diese Gespräche bereits in der nächsten Woche beginnen können. Das heißt, wir wollen hier handeln ohne jeden Zeitverzug.«

Es ist, als hätte Kohl einen Putsch verkündet. Der Wunsch des Runden Tisches, souverän zu bleiben, selbst handeln zu können, wird einfach ignoriert. Auch in dem Gespräch zuvor mit der ostdeutschen Delegation ist er darauf nicht eingegangen. Die Bundesregierung diktiert der DDR-Delegation die Bedingungen. Die Bürgerrechtler, die in die Regierung eingebunden sind, empfinden das als Demütigung. Für diese Feinheiten interessiert man sich in Bonn jedoch nicht.

Modrow bleibt als Erwiderung nur ein erster Nachruf auf die DDR: »Ich muss gerade jetzt daran erinnern, da die Einheit Deutschlands näher rückt: Möge man nie vergessen, dass vom Volk der DDR in die Vereinigung nicht nur die bittere Niederlage des realen Sozialismus eingebracht wird, sondern auch jenes stolze Wort: ›Wir sind das Volk.‹ Wer heute rasch und gern nur von einer instabilen DDR und deren schwierigen Wirtschaft spricht, muss sich am Ende auch befragen lassen, ob man den Preis der Vereinigung nicht zu sehr zu Lasten des Volkes drücken will.«

Die Regierung Kohl verliert auf der Pressekonferenz kein Wort darüber, dass die Einführung der D-Mark zwangsläufig das Ende der souveränen DDR bedeutet. Und der Kanzler schweigt öffentlich dazu, was er für die Währungsunion im Gegenzug fordern wird.

Thilo Sarrazin will an diesem Tag in den Gesprächen mit der DDR-Delegation zum ersten Mal mit einem Thema konfrontiert worden sein, das er bis dahin nicht bedacht hat: die Eigentumsfrage, also: Wem gehört die DDR? Und wem wird sie in Zukunft gehören?[41] Wolfgang Ullmann sitzt in Bonn mit am Verhandlungstisch, immerhin ist es ihm gelungen, dieses Thema auf die Tagesordnung zu bringen. Aber eine Antwort, was Bonn mit dem Volkseigentum plant, hat Ullmann nicht bekommen. Am Abend gibt er tapfer Interviews, in denen er den Tag in Bonn wohlwollend bewertet. Aber der klein gewachsene Theologe mit der hohen Stirn, den vielen Falten, dem fliehenden Kinn, dem bekümmerten Blick und den hängenden Mundwinkeln sieht geschlagen aus, als er in die Kamera spricht.

Matthias Artzt und Gerd Gebhardt, Ullmanns Mitstreiter, halten trotz des Fiaskos in Bonn nicht alles für verloren. Sie arbeiten weiter daran, ihre Idee zu verbreiten. Von der kompromisslosen Linie des Finanzministeriums können sie zu diesem Zeitpunkt noch nichts wissen.

Die »Berliner Zeitung« veröffentlicht am nächsten Tag ihr Papier vom Runden Tisch: »Spektakulärer Vorschlag einer Forschergruppe: Rettet eine Holding das Volkseigentum?«[42] Einer anderen Zeitung sagt Gebhardt: »Doch es steht zu erwarten, dass bei einem grundsätzlichen Ja zu unserem Vorschlag sofort Kapitalanbieter Schlange stehen werden …«[43]

Wie gefährdet das Eigentum der DDR ist, ahnen Artzt und Gebhardt nicht. Zwei Wochen zuvor, einen Tag nach Modrows Moskau-Reise, wurden in Berlin bereits entscheidende Weichen gestellt.

Edgar Most, seit kurzem stellvertretender Chef der DDR-Staatsbank, trifft am 31. Januar zum ersten Mal einen Vertreter der Deutschen Bank aus Frankfurt.[44] Most ist Mitglied der SED und wird demnächst fünfzig Jahre alt. Der große, füllige Mann erinnert mit seinem massigen Kopf von weitem an Helmut Kohl. Er stammt aus einem kleinen Ort bei Eisenach in Thüringen, seine Vorfahren waren Bauern und Bergleute. Most interessiert sich jedoch vor allem für die Welt des Geldes. Er lernt das Bankgeschäft von der Pieke auf und übernimmt, gerade 26 Jahre alt, eine Staatsbankfiliale in Schwedt. Dort wird ein großes Chemiewerk gebaut, Most zahlt die Gehälter aus.

1975 geht er als Sektorenleiter der Staatsbank nach Berlin und steigt im DDR-Bankensystem immer weiter auf. Im Herbst 1989 erkennt er die Zeichen der Zeit: Er stimmt auf dem Sonderparteitag für die Auflösung der SED.[45] Most registriert, wie danach um ihn herum das alte Regime an Macht verliert. Er begreift, dass er schnell handeln muss. Sein Plan: Er will die DDR-Staatsbank eigenmächtig privatisieren, ehe es zu spät ist. Die Mitglieder der Belegschaft, die mitziehen wollen und bereit sind, die »Selbst-Privatisierung« mitzutragen, will er in dem neuen Unternehmen anstellen.

Most arbeitet heimlich an den Plänen für diese neue Bank. Seine Kollegen dürfen davon nichts erfahren. Der eigentliche Chef der Staatsbank, Horst Kaminski, ist oft in Bonn, wo er über die Währungsunion im Bundesfinanzministerium verhandelt. So hat Most seine Ruhe. Den Partner und Berater für sein Projekt hat er schon im Blick: Er setzt auf die größte deutsche Geschäftsbank, die Deutsche Bank. Bilanzsumme 1989: 344 Milliarden Mark. West. Staatshaushalt der DDR 1989: 269 Milliarden Mark. Ost.[46]

An diesem 31. Januar trifft Most in Berlin mit Axel Osenberg zusammen, in der Deutschen Bank zuständig für die DDR und Osteuropa.[47] Osenberg stammt aus dem Osten, ging jedoch nach dem Abitur in den Westen. Die beiden sprechen über die Möglichkeit eines Joint Ventures; die Wiedervereinigung, da sind sich beide sicher, steht nach den jüngsten Äußerungen Gorbatschows unmittelbar bevor. Sie verabreden einen Termin. Most soll den Vorstandssprecher der Deutschen Bank, Hilmar Kopper, am 11. Februar im West-Berliner Steigenberger-Hotel in der Nähe der Gedächtniskirche persönlich treffen. Es ist derselbe Tag, an dem Gerd Gebhardt in Babelsberg den Text für den Runden Tisch entwirft. Das Gespräch zwischen Kopper und Most und die vielen, die noch folgen sollen, sind »streng geheim«.[48]

Die DDR-Staatsbank ist nur auf den ersten Blick mit der Deutschen Bundesbank im Westen zu vergleichen. Sie ist zwar auch eine Notenbank und damit für den Zahlungsverkehr und für das im Umlauf befindliche Geld zuständig, darüber hinaus wickelt die Staatsbank jedoch den Zahlungsverkehr eines jeden Volkseigenen Betriebes ab. Sie ist das Gedächtnis der sozialistischen DDR-Wirtschaft. Wer Zugriff auf diese Bank und das Wissen ihrer 14 000 Mitarbeiter hat, kontrolliert das Innerste der ostdeutschen Volkswirtschaft.

Nach dem Treffen mit dem Deutsche-Bank-Chef Kopper forciert Edgar Most den Plan, das Know-how und das Personal aus der Staatsbank herauszulösen und eine neue Bank mit Hilfe der Deutschen Bank zu gründen. Genau davor hatten Artzt, Gebhardt und die anderen in der Forschergruppe Angst: Ein SED-Kader verkauft eigenständig Volkseigentum.

Most arbeitet den Rest des Februars daran, seinen Plan durchzusetzen. An der DDR-Staatsbank selbst darf sich die Deutsche Bank, wegen der staatlichen Hoheitsrechte, nicht beteiligen, an einer Neugründung aber schon, das erlaubt das neue Joint-Venture-Gesetz.

An den Wochenenden im Februar bespricht Most die Details mit den Vertretern der Deutschen Bank. Meist fliegt er nach Frankfurt am Main, wo er den Vorsitzenden Kopper und die Bankvorstände trifft. Da Most kein »Reisekader« ist, lernt er erst bei diesen Besuchen den Westen kennen. Wenn er unter der Woche mit der Deutschen-Bank-Zentrale etwas zu besprechen hat, ruft er seine Kontaktpersonen im Westen über ein Armeefeldtelefon an. Damit seine Anrufe nicht auffallen, fährt er zuvor in seinen Schrebergarten oder versteckt sich in einem Feld. Den Apparat, ein Modell der Bundeswehr, hat die Deutsche Bank zur Verfügung gestellt. Most vertraut darauf, dass seine Gespräche nicht abgehört werden können.[49]

Der Name der neuen Bank fällt Most im Flugzeug während einer seiner vielen Reisen ein: Deutsche Kreditbank AG. Auf den Kaufpreis haben sich die Partner auch schon geeinigt: Für 49 Prozent der Anteile, für die 122 Bankfilialen in bester Lage und für das Know-how soll die Deutsche Bank keine müde Mark zahlen. Sie verpflichtet sich lediglich, in die Infrastruktur der Bank zu investieren.[50] Einer der größten Deals der Vereinigung vollzieht sich schnell und geräuschlos im Verborgenen. Ende Februar, nach nur einem Monat, ist alles geklärt. Jetzt müssen die Geschäftspartner nur noch die freien Wahlen zur Volkskammer abwarten, um das Geschäft endgültig abschließen zu können und es so aussehen zu lassen, als hätten die ostdeutschen Bürgervertreter dem Transfer aus freien Stücken zugestimmt.

Windhundrennen

15. Februar 1990,
Babelsberg

Dass Edgar Most und die westdeutschen Banker so vorsichtig sind, zahlt sich aus: Die PDS, noch an der Regierung, scheint nicht zu bemerken, was aus der DDR-Staatsbank werden soll. Die Bürgerrechtler Matthias Artzt und Gerd Gebhardt treibt unterdessen ein weiteres Problem um: Ihnen ist klar, dass die Treuhand eine mächtige und sehr große Behörde werden muss. Wie kann man verhindern, dass dieser Apparat in einem Sumpf von Korruption versinkt?

Artzt und Gebhardt haben westdeutsche Korruptionsfälle vor Augen, den Flick-Skandal und vor allem den Fall »Neue Heimat«. Vorstandsmitglieder des gewerkschaftseigenen Wohnungsbaukonzerns bereicherten sich über Jahre auf Kosten der Mieter und führten das Unternehmen in den Ruin. Wenn mäßig bezahlte Manager über milliardenschwere öffentliche Aufträge entscheiden oder unkontrolliert Zugriff auf ein großes Vermögen haben, muss es zwangsläufig zu Korruption und Missbrauch kommen, fürchten Artzt und Gebhardt.

Die Geschäfte der Treuhand müssten unter der Aufsicht eines unabhängigen Schiedsrichters abgewickelt werden, glauben sie, so wie Wahlbeobachter in jungen Demokratien prüfen, ob alles mit rechten Dingen zugeht. Sie tragen den Kirchen im Westen ihr Anliegen vor – die lehnen ab. Zu heikel. Schließlich schreiben sie auf Empfehlung von Carl Friedrich von Weizsäcker an den Lutherischen Weltbund (LWB) in Genf. Der LWB vertritt sechzig Millionen Christen weltweit, die sich der lutherischen Tradition verpflichten fühlen. Sein Motto in den 1980er Jahren ist schlicht: »Gottes Erde. Land für alle«.[1] Der Weltbund wirft schon seit langem vor allem der Weltbank und dem Internationalen Währungsfonds vor, dass sie die Konzentration der Macht in den Händen der Reichen förderten.

Der LWB erklärt sich bereit, den beiden Bürgerrechtlern zuzuhören, und lädt sie nach Genf ein. Es ist Matthias Artzts erste Reise in den Westen.

19. Februar 1990,
Genf

Die Stadt im äußersten Südwesten der Schweiz an der Grenze zu Frankreich verkörpert die Schweizer Neutralität wie kaum ein anderer Ort. Der Hohe Flüchtlingskommissar der Vereinten Nationen (UNHCR) und das Internationale Rote Kreuz haben hier ihr Hauptquartier, die UN hat ebenfalls einen Sitz in der malerisch am Fuß der Alpen gelegenen Stadt. Genf ist zudem einer der wichtigsten Finanzplätze Europas und eine der teuersten Städte der Welt.

Auch Japans größtes Finanzinstitut, die Nomura Corporation, hat ihr Europa-Büro in Genf. Der Konzern ist eine Mischung aus Versicherung, Wertpapierhändler, Investmentbank und Großaktionär von vielen japanischen Industrieunternehmen.

Nomura kann sich mit den großen US-amerikanischen Banken messen und gilt als eine der größten Anlageberatungsfirmen der Welt. Anfang des Jahres sind die japanischen Konzerne auf dem Sprung. Sie wollen auch endlich in Deutschland aktiv werden, in den USA haben sie schon Immobilien und Konzerne in großem Stil aufgekauft.[2] Sony hat gerade Columbia Pictures übernommen, das Rockefeller Center gehört dem Konzern Mitsubishi, Tiffany wurde ebenfalls von einem japanischen Investor aufgekauft. Kredite sind billig in Japan, zudem haben die Pensionsfonds eine enorme Menge Geld angesammelt, das investiert werden will.

An der »Deutschland AG« beißen sich die Japaner lange Zeit die Zähne aus. Die Aktien der großen Unternehmen sind nicht im Streubesitz, die großen deutschen Konzerne schwimmen selber im Geld und müssen ihre Anteile nicht verkaufen. Das ist umso ärgerlicher für die Japaner, weil die deutschen Aktien, wie Nomura-Analysten errechnet haben, dramatisch unterbewertet sind. Siemens und Daimler-Benz würden ihren wahren Wert und damit den tatsächlichen Wert ihrer Unternehmen verschleiern.[3]

Die desolate Lage der DDR eröffnet den japanischen Investoren neue Perspektiven: Ostdeutschland könnte so etwas wie eine Hintertür werden, um in die EG hineinzukommen, und gleichzeitig eine Art Brückenkopf zum russischen Markt bilden.

Takashi Sato ist der europäische Statthalter von Nomura in Genf. Überraschend ruft ihn Anfang Februar ein Mitarbeiter der »Financial Times« an: Zwei Abgesandte des Runden Tisches in Berlin seien in Genf auf der Suche nach Investoren für die DDR. Ob Mr. Sato die beiden treffen möchte?

Sato möchte.

Die beiden Forscher Matthias Artzt und Gerd Gebhardt sind beeindruckt von Genf, obwohl einige der tristeren Straßen abseits der noblen Boulevards am Ufer des Genfer Sees sie sehr an Karl-Marx-Stadt erinnern.

Artzt und Gebhardt eilen von einem Treffen zum nächsten. Sie möchten von Wirtschaftswissenschaftlern wissen, ob ihre Treuhandidee funktionieren kann, sie tragen Vertretern des Lutherischen Weltbundes auf einer Anhöhe über der Stadt ihr Anliegen vor: Wäre der Weltbund bereit, als Schiedsrichter die Entscheidungen der Treuhand unabhängig zu beurteilen? Die Gesprächspartner können sich das vorstellen, gerade erst hat man Wahlen in Namibia beobachtet.

Die Forscher haben noch einen weiteren Auftrag zu erfüllen, der ebenfalls schwer wiegt. Wolfgang Ullmann hatte eines Abends in der Chausseestraße gefragt: »Und was machen wir jetzt mit Leuna?«

Das riesige Chemiewerk südlich von Halle wurde von dem Chemiekonzern BASF während des Ersten Weltkriegs in nur neun Monaten errichtet. 1990 hat das Werk noch 30 000 Mitarbeiter, die ganze Region hängt an dem Volkseigenen Betrieb Leuna-Werke »Walter Ulbricht«. Doch Leuna ist eine Dreckschleuder. Es verseucht die Umgebung mit giftigen Gasen und hat einen gigantischen Investitionsbedarf. Man braucht Kapital, um das Werk und die Arbeitsplätze zu retten, das wissen Artzt und die anderen.

Um nicht noch abhängiger von der Bundesrepublik zu werden, will die Babelsberger Gruppe nicht nur westdeutsche, sondern auch internationale Investoren ansprechen. Das Finanzzentrum Genf scheint dafür der ideale Ort. Gunther Breitling, ein Freund der beiden Berliner Wissenschaftler, der das Anzeigengeschäft der »Financial Times« in Genf koordiniert, verschafft den beiden einen Termin mit Takashi Sato.

Sato lädt die Besucher aus Ost-Berlin in den Genfer Yachtclub ein. Die Société Nautique de Genève am Ostufer des Genfer Sees hat weltweit Ruder- und Segelregatten gewonnen. Wer hier mittags speisen darf, gehört in Genf dazu. Am Eingang hängt ein Schild »Club Privée«. »Wie bei uns«, sagt Artzt zu Gebhardt, als sie eintreten, »da gibt es jede Menge Einrichtungen, zu denen nur Parteimitglieder Zutritt haben«.

Im ersten Stock nehmen Sato, der »Financial Times«-Mitarbeiter Breitling sowie Artzt und Gebhardt an einem Tisch am Fenster Platz. Die Masten der Yachten verstellen den Besuchern den Blick auf die idyllische Genfer Silhouette.

Breitling sagt zu den Ostdeutschen: »Der Deal, den ihr hier verhandeln wollt, ist mit Sicherheit größer als all die anderen Geschäfte, die hier gerade besprochen werden.«

Artzt und Gebhardt erhoffen sich, dass Nomura in die DDR-Wirtschaft massiv investiert. Wenn die Treuhand Eigentümerin und Verwalterin des Volkseigentums ist, dann darf sie auch Anteile an ausländische Investoren verkaufen. Sato ist zunächst sehr zurückhaltend, die beiden haben das Gefühl, dass er ihnen nicht traut. Zwei DDR-Wissenschaftler, ohne Fax-Gerät, der eine auf seiner ersten Westreise, suchen Investoren und neue Eigentümer für Großteile der DDR-Wirtschaft? Wiederholt fragt er: Haben die beiden wirklich das Mandat und die Macht, für ihren Staat zu sprechen? Die Macht liegt in der DDR, das hat man auch in Genf mitbekommen, auf der Straße. Aber haben Artzt und Gebhardt sie in der Hand? Ja, beteuern sie, die haben wir und der Runde Tisch.

Im Laufe des Gesprächs taut Sato auf und erklärt Artzt und Gebhardt die Wirtschaftswelt, die sich 1990 immer mehr globalisiert, vernetzt und internationalisiert: »Jedes Unternehmen hat drei Werte. Da ist der Substanzwert, der ist bei Ihrer Industrie null oder vielleicht sogar im Minus. Eine Eröffnungsbilanz brauchen wir da nicht zu machen. Zweitens gibt es den Marktwert, den können wir momentan nicht einschätzen. Aber es gibt einen dritten Wert, und der interessiert uns sehr, das ist der Opportunitätswert. Das heißt, wir bekommen nach dem Ende des Ost-West-Konflikts eine verstärkte Globalisierung. Deswegen wäre es für uns jetzt sehr interessant, in Ostdeutschland zu investieren und Co-Eigentümer zu werden, denn in der DDR gibt es jede Menge gut ausgebildeter Fachkräfte.«

Genau darauf hatten Artzt und Gebhardt gehofft. Die DDR-Volkswirtschaft hat einen Wert. Könnte man durch internationale Investoren Kapital nach Ostdeutschland holen? Könnte man unabhängig von Westdeutschland bleiben, das wirtschaftliche Schicksal selbst bestimmen?

Sato legt nach: »Es geht nur darum, diese einmaligen Positionen zu besetzen. Man muss nach Europa hineinkommen, Eigentumstitel erwerben, was nicht so ohne weiteres möglich ist, und kann dann aus dieser Position heraus die Märkte in Europa bedienen. Ein Windhundrennen um die besten Plätze in Ostdeutschland hat bei Ihnen begonnen.«

Aber dann: »Das wird aber nicht funktionieren, die westdeutschen Konzerne werden das nicht zulassen. Die Verbände und die Bundesregierung ebenfalls nicht. Wir würden auch bei uns niemanden hereinlassen. It's a closed shop.«

Damit ist alles gesagt. Man bleibe in Kontakt, verspricht Sato.

Artzt und Gebhardt sind trotzdem euphorisch. Sie fühlen sich, als stünden sie hoch auf einem Drahtseil, den Wind steif im Gesicht. Die beiden Abgesandten des Runden Tisches verstehen sich als legitime Vertreter der ganzen DDR. Sie wollen nicht nur Vorschläge machen, sondern auch dafür sorgen, dass sie in die Tat umgesetzt werden. Dass sie – ähnlich wie andere DDR-Akteure – auf eigene Faust handeln, weil sie das Mandat des Runden Tisches sehr weit fassen, sehen sie nicht.

»Niemand anders hat sich in dieser Zeit mehr um die Wirtschaft unseres Landes gekümmert, wir wollten nur helfen«, sagt Gebhardt später.

Auf dem Rückflug werden sie bei ihrem Zwischenstopp in Zürich ausgerufen. Ein Anruf für Herrn Artzt. Das Gespräch wird zu einer Telefonzelle des Flughafens durchgestellt. Sato ist am Apparat: »Ich habe mit Tokio gesprochen. Wir wollen investieren. Sie hören von uns.«

Breitling hatte den beiden noch gesagt: »Wenn die Japaner wirklich interessiert sind, dann wird etwas passieren, das werdet ihr merken.«

Artzt und Gebhardt bitten den Mann von der »Financial Times« schließlich, ein Schild in sein Genfer Büro zu hängen mit der Aufschrift »DDR International. Open for business and investments«.[4]

In Ost-Berlin wartet ein Auto des staatlichen Fernsehens der DDR, des Deutschen Fernsehfunks (DFF), wie der Sender seit kurzem wieder offiziell heißt, am Flughafen. Matthias Artzt und Gerd Gebhardt werden direkt zu der Diskussionsrunde »Zur Sache« in ein Studio gefahren. Thema der Sendung: »Wem gehört das Volkseigentum?«

Um die Moderatorin Katrin Müller und ihre Gäste liegen überdimensionierte, zerknüllte, graue DDR-Mark-Scheine aus Pappmaschee herum, hinter der Runde leuchtet, in grellem Blau, ein Hundert-Mark-Schein aus dem Westen. Müller heißt die Fernsehzuschauer willkommen zu der Sendung, »in der es heute die Frage zu klären gilt: ›Wem gehört das Volkseigentum?‹, beziehungsweise, rettet eine Holding-Gesellschaft unser Volkseigentum? Wir stehen also vor der Aufgabe, eine adäquate Rechtskonstruktion zu finden, um unser Volkseigentum zu retten, ja vor dem so genannten Ausverkauf zu bewahren.«[5] Gebhardt, noch unter den Eindruck der Genf-Reise und dem Treffen mit Sato, antwortet selbstbewusst: »Das Volkseigentum gehört natürlich uns, dem Volk. Es geht also nur noch um die Frage, wie können wir es in unseren Besitz bringen. Volkseigentum, da kann sich jeder etwas drunter vorstellen, das sind die großen Fabriken, die Ländereien und nicht zuletzt diese Kamera, wo ich wieder dieses kleine Schild entdecke: Volkseigentum.

Bisher hat sich niemand so recht damit identifizieren können, und niemand glaubte, dass es ihm gehören könnte. Die Zeit ist reif, wir können es jetzt bekommen. Woraus besteht überhaupt ein Problem [sic], dass es nicht uns gehören könnte, das ist die Ausgangsfrage. Es muss angenommen werden, dass es unser legitimes, moralisches Recht ist, dass wir es bekommen.« Dann fügt er noch an, es gehe natürlich nicht darum, dass die Treuhandholding Eigentum komplett verkauft, sie solle vielmehr ausländische Investoren für die DDR-Wirtschaft interessieren, die »auf dem Marktplatz DDR vertreten sein möchten«.

Der DDR-Wirtschaftsjournalist Lutz Rackow hakt nach: »Herr Gebhardt, es sind also Werte da, diese Werte gilt es zu sichern und in einen Fonds einzubringen, und von diesem Fonds kann man Anteilsscheine an die Bevölkerung ausgeben, ist das richtig interpretiert?«

Das sei richtig, antwortet Gebhardt und fährt fort: »Dieser Besitztitel würde garantiert werden durch eine Urkunde. Wenn wir [die] Marktwirtschaft einführen wollen, dann muss natürlich das Volkseigentum zum Kapital gemacht werden, und wir alle müssen Besitzer werden.«

Am Ende der Sendung meldet sich der DDR-Ökonomieprofessor Rudolf Streich zu Wort: »Die Umwandlung in Kapitalgesellschaften, die Bildung einer Holding etwa nach österreichischem Vorbild, die Mitwirkung von Aufsichtsräten – ja. Aber die kostenlose Ausgabe von irgendwelchen Anteilsscheinen, die keinen klar bemessbaren Kapitalanspruch verkörpern, das halte ich für eine Illusion, das ist – nehmen Sie es mir nicht übel – Stuss.«[6]

Die Anteilsscheine Stuss. So ähnlich sieht das auch Detlef Scheunert, Referent des Ministers für Schwermaschinenbau. Seit Ende 1989 beobachtet er, wie die DDR-Wirtschaft zerfällt. Welche Werte sollte man hier noch verteilen können? In seinem Ministerium kämpft man verzweifelt gegen das Chaos an. Doch Scheunert und seine Kollegen spüren deutlich: Sie haben kaum noch Autorität. Wenn sie die Betriebe besuchen, werden sie beschimpft, die Arbeiter fordern Reformen, mehr Gehalt und drohen ihnen manches Mal sogar Prügel an. Die Betriebsleiter begreifen schnell, dass ihnen im Ministerium niemand mehr helfen kann. Viele qualifizierte Mitarbeiter suchen sich eine neue Arbeit im Westen. Wer bleibt, will in D-Mark bezahlt werden, doch die Betriebsleiter haben kein Westgeld, nicht einmal Ostgeld. Die Betriebe begleichen ihre Rechnungen untereinander kaum noch. Sie nehmen sich die Waren gegenseitig nicht mehr ab, obwohl sie dazu per DDR-Gesetz eigentlich verpflichtet sind.

Ostdeutsche Textilläden weigern sich, ostdeutsche Produkte zu ordern, denn die liegen wie Blei in den Regalen und sind noch dazu viel teurer als die Ware aus Asien. Die gibt es seit kurzem überall in der DDR zu kaufen. Die Betriebe in der DDR waren gezwungen, miteinander zu handeln, doch diesen Zwang spüren sie nicht mehr.

Bis Ende 1989 war das anders. Die Betriebsleiter wussten genau, wie sie sich in der starren staatlichen Struktur zu verhalten hatten. Sie mussten der Kombinatsleitung Bericht erstatten, darüber standen das Industrieministerium und die Plankommission. Daneben gab es die Partei, die Gewerkschaft, die militärischen und paramilitärischen Einrichtungen im Betrieb. Die Strukturen suggerierten Halt und Planbarkeit. Nun ist all das beinahe über Nacht verschwunden. Der Leiter ist allein in seinem Betrieb, und Berlin, die Ministerien, die Parteiführung, sie alle sind weit weg.

Viele der jüngeren Mitarbeiter des Ministeriums diskutieren nun offen. Früher rutschte dem einen oder anderen nach zu viel Bier oder Schnaps schon mal die Wahrheit heraus, doch nun halten sie sich auch nüchtern nicht mehr zurück: Man braucht dringend Hilfe. Am besten aus dem Westen. Am besten sofort. Kapital. Technologie-Know-how. Vertriebskompetenz. Zugang zu den Weltmärkten. Das erhofft sich auch Detlef Scheunert. Ohne Westdeutschland hat man keine Chance, da sind sich die meisten Technokraten im Ministerium einig. Er beobachtet, dass auch die Generaldirektoren und Betriebsleiter der volkseigenen Kombinate und Firmen das ähnlich sehen.

Scheunert entgeht bei seinen Firmenbesuchen nicht, dass sich viele Betriebsleiter auf die Westhilfe einlassen. Für gewöhnlich beginnt es damit, dass der Westberater sagt: »Vor allem braucht ihr doch Hilfe mit dem Marketing und dem Vertrieb, nein? Da schicken wir euch jemanden. Der hilft euch.« Der potenzielle westdeutsche Konkurrent hat nun Zugang zu der Kundenkartei des DDR-Betriebs und kann sich einen Überblick über den Zustand der Firma verschaffen. So erkennt er schnell, welcher Mitarbeiter in dem Betrieb kompetent und wertvoll ist. Viele der Arbeiter werden von Westfirmen abgeworben. »Industriespionage par excellence«, denkt Scheunert.

Hin und wieder trifft Scheunert auch auf gescheiterte Existenzen aus Köln, Düsseldorf oder Stuttgart, die im gemieteten Mercedes über das ostdeutsche Land fahren. Der eine oder andere hat gerade einen Konkurs in Westdeutschland hingelegt und versucht nun, billig einen Betrieb im Osten zu kaufen. Das Ministerium muss das machtlos mit ansehen.

22. Februar 1990,
Ost-Berlin

Wolfram Krause ist lange Zeit Kreissekretär der SED und damit ein Spitzenfunktionär. Mehrere Jahre ist er einer der Lenker der staatlichen Plankommission, dem wirtschaftlich mächtigsten Apparat der DDR. Die Plankommission soll für den Ministerrat die Volkswirtschaft steuern. Krause erkennt von Mitte der 1970er Jahre an immer klarer, dass seine Kommission zunehmend die Kontrolle über die Wirtschaft verliert. Er schreibt einen Brief an das Zentralkomitee (ZK) der SED, in dem er auf Diskrepanzen im Wirtschaftsplan für das Jahr 1979 hinweist. Die geplante Produktion reiche nicht aus, um den ebenfalls vorausgeplanten Verbrauch an Konsumgütern und Investitionsmitteln zu decken. Versorgungsengpässe seien unumgänglich.

Den Brief empfindet man im ZK als respektlos.[7]

Krause fällt in Ungnade und wird in die Bezirksleitung Berlin abgeschoben. Dort arbeitet er als Referent des SED-Bezirkschefs. Ein Absturz. Im Dezember 1989 fasst er seine Gedanken über die dringend notwendigen Reformen der DDR-Wirtschaft in einem Artikel für das »Neue Deutschland« zusammen. Danach ist er wieder gefragt. Die neue Wirtschaftsministerin Christa Luft setzt ihn als Staatssekretär ein.

Am 22. Februar erhält Krause den Auftrag, die Idee einer Treuhandanstalt umzusetzen.[8] Er hat bereits mit Kollegen darüber nachgedacht, wie man das Volkseigentum vor den eigenen Landsleuten, die es verkaufen, und vor westdeutschen Aufkäufern schützen kann. Doch die Gruppe um Ullmann kommt ihm in der Öffentlichkeit zuvor. Da die PDS aber noch an der Regierung ist, kann sie ein entsprechendes Gesetz gestalten. Diese Chance nutzt Krause. Er stellt eine Arbeitsgruppe zusammen, die bis zur Volkskammerwahl ein Treuhandgesetz verfassen soll.

Wolfgang Ullmann, der Minister ohne Geschäftsbereich, informiert Matthias Artzt und Gerd Gebhardt, wie die Eckpunkte des Gesetzes aussehen sollen. Von Anteilsscheinen ist keine Rede mehr, und die Eigentumsfrage ist ebenfalls nicht klar geregelt. Die beiden drängen auf einen Termin bei der Wirtschaftsministerin Christa Luft. Die wird in diesen Tagen so kurz vor der Wahl von Beratern belagert und lässt sich von den beiden nicht mehr umstimmen.

Artzt und Gebhardt entgleitet der Zipfel der Macht, den sie in den Händen zu halten schienen.

Am 1. März stellt Wolfram Krause seinen Gesetzentwurf dem Ministerrat um Hans Modrow vor. Dreißig Minuten wird der Vorschlag diskutiert und dann angenommen. Wem was in der DDR gehört, legt das Gesetz nicht fest. Minister Ullmann äußert deshalb Bedenken, kann sich aber nicht durchsetzen. Das SPD-Mitglied Walter Romberg, ebenfalls seit kurzem Minister, sieht das Thema bei Ullmann in guten Händen und stellt keine Fragen.

So kurz vor den Wahlen hat niemand Zeit, den Prozess aufzuhalten und prinzipielle Probleme zu diskutieren. Krause soll nun ein Statut für die Treuhand ausarbeiten. Klar ist bisher nur, dass die neue Behörde alle DDR-Betriebe in Kapitalgesellschaften umwandeln soll, damit diese überhaupt an der Marktwirtschaft teilnehmen können. Alle Anteile an den Firmen soll die Treuhand halten.

In Ost- wie Westdeutschland nimmt kaum jemand die Geburt der Treuhand zur Kenntnis. Der Wahlkampf in der DDR beherrscht die Schlagzeilen. Die Aussichten für den Wahlbund der Konservativen – der ehemals SED-treuen Blockpartei CDU-Ost, dem Demokratischen Aufbruch und der Deutschen Sozialen Union (DSU) – haben sich nur unwesentlich verbessert.

Bundeskanzler Helmut Kohl kämpft daher selbst um Wählerstimmen im Osten. Er geht auf Tour. In Chemnitz spricht er vor 200 000 Menschen und macht deutlich, dass die DDR von seiner Regierung kein Geld mehr bekommt, solange sie von Sozialisten regiert wird. In den nächsten Tagen spricht er vor Hunderttausenden DDR-Bürgern in verschiedenen ostdeutschen Städten.

Gegen diese CDU-Wahlkampfmaschine müssen die Wissenschaftler Artzt und Gebhardt mit ihrer Idee von den Anteilsscheinen am Volkseigentum antreten. Sie beraten das Neue Forum, haben aber für sich selbst Parteimandate abgelehnt. Sie wollen unabhängig bleiben und aus dieser Position heraus den Wählern klarmachen, dass jeder DDR-Bürger Anteilsscheine am »Volkseigentum« bekommen muss, damit er eine Chance in der Marktwirtschaft hat.

Auch Werner Schulz vom Bündnis 90, das aus dem Neuen Forum hervorgegangen ist, kämpft mit dem Konzept »Anteilsscheine für jeden Bürger« um Wählerstimmen. Er erinnert sich später: »Eigentum verpflichtet, das ist der Grundsatz der sozialen Marktwirtschaft. Wir wollten diesen Grundsatz mit Leben erfüllen, indem wir Eigentum unter die Leute bringen. Aber die schauten uns dann doch verblüfft an: ›Was, ich soll was bekommen? Wie viel denn? Ist das denn überhaupt so viel wert?‹ Wenn man dann die Diskussionen auf den Marktplätzen geführt und gesagt hat: ›Na liebe Frau, die Wohnung, die Sie jetzt haben, die werden Sie nicht mehr mit 23 Mark Miete bezahlen können. Es wäre doch sehr gut, wenn die vier Leute in der Familie ihr Kapital zusammenlegen und diese Wohnung mit diesen Kapitalanteilsscheinen erwerben, dann sind sie zumindest die eine Sorge los, dass sie ihre Wohnung nicht mehr bezahlen können.‹ Das leuchtete dann eher ein, so nach dem Motto: ›So ist das gedacht. Ja, davon habe ich überhaupt noch nichts gehört. Wieso kommt das nicht in der Zeitung, im Fernsehen?‹ Wir mussten dann sagen: ›Wir sind gerade erst gestartet, wir haben leider noch keine große Zeitung, und diejenigen, die das Fernsehen haben und die großen Zeitungen, sind daran nicht interessiert.‹«

Im DDR-Fernsehen stößt der Vorschlag allerdings durchaus auf Interesse. Schulz, Artzt und Gebhardt bekommen hier sogar Schützenhilfe. In einer Talkshow tritt ein schillernder und erfolgreicher westdeutscher Vermögensberater auf: Albrecht Graf Matuschka.[9] Der Graf gründete Ende der 1960er die Matuschka-Gruppe in München und legte – unabhängig von den großen Banken – das Geld vieler reicher Deutschen an. 1990 gilt er noch immer als Star der Anlagebranche. Matuschka stammt aus Berlinchen bei Frankfurt an der Oder und wuchs in Potsdam auf, wo sein Vater, ein Wehrmachtsoffizier, eine Wohnung hatte. In der Sendung gibt sich Matuschka als engagierter Vertreter der ostdeutschen Interessen. Er sagt »wir«, wenn er über die Ostdeutschen redet. Der Graf ist ein schlanker Mann mit hochgezogenen Schultern, langen, vorstehenden Zähnen. Seine Haare sind nicht akkurat frisiert. Seit seiner Kindheit ist er auf Krücken angewiesen. Er wirkt wie ein Wissenschaftler und nicht wie ein erfolgreicher Anlageberater.[10] Die Wirtschaftspresse hat viele Bezeichnungen für ihn: »liebenswerter Chaot«, »Finanzmagier«, »Guru«.

Matuschka sagt in der Sendung: »Brauchen wir nicht zusätzlich zur Währungsreform eine Kapitalreform? Denn wenn man das wörtlich nimmt, wir sind das Volk, haben wir ja eigentlich 40 Jahre hart gearbeitet für eine Zwangssparkasse, die Vater Staat gehört. Aber wer ist denn der Staat? Das ist das Volk und das sind wir. Daher glaube ich, dass wir mit einer Kapitalreform dem Bürger zeigen können, dass er über Besitz oder Eigentum verfügt. Denn im Grunde genommen gehört ihnen ein Sechzehnmillionstel dieses Staates.«

Die Redaktion hat für die Show eine Volksaktie aus Pappe gebastelt, die immer wieder eingeblendet wird. »Diese Aktien bekommen Sie nicht geschenkt, sondern Sie haben sie in 40 Jahren härtester Arbeit erarbeitet. Nur der DDR-Bürger bekommt sie, denn der hat doch gearbeitet. Wir wollen doch nicht das Volksvermögen der DDR morgen verschenken«, sagt Matuschka: »Wenn der Bürger das versteht, dann hat er kein Interesse, zum Beispiel in die Turnhalle nach Stuttgart zu gehen. Die verschenken doch was, wenn sie rübergehen. Da brauchen wir gar nicht die Zustimmung vom Westen, das können wir aus der DDR selbst heraus machen.«

Schließlich legt er den Finger in eine westdeutsche Wunde: Könnte man nicht so auch viel effizienter und unabhängiger als die Bundesrepublik die Wasser- und Energiewirtschaft in Ostdeutschland organisieren?

Jede Aktie hätte verschiedene Coupons, die wiederum einen Anteil an verschiedenen Kombinaten darstellen. Die würden viele Interessenten kaufen wollen – Matuschka nennt in der Sendung auffallend oft Investoren aus Japan. Der Wert der Coupons könnte sich verzehnfachen und irgendwann bei 400 DDR-Mark liegen.

Der Moderator fragt verblüfft: »Gibt es dafür Bespiele?« Matuschka antwortet: »Ja, Hunderte, Hunderte. Wir reden nur über bestehende Dinge. Nichts Neues, in den Finanzen gibt es nie was Neues. Stellen Sie sich mal vor, wie viele ausländische Unternehmen es gibt, die manchmal denken, wie schwierig es ist, in die Bundesrepublik reinzukommen.«

Matuschka scheint die Idee von Artzt und Gebhardt unterstützen und ausländischen Unternehmen den Eintritt nach Ostdeutschland verschaffen zu wollen. Zu Graf Matuschkas Finanziers gehört in der Tat zu dieser Zeit die Nomura Corporation aus Tokio. Über die Volksaktie ein Großteil des ostdeutschen Eigentums aufkaufen zu können – die japanische Investmentbank hat dieses Konzept, wie es scheint, noch nicht aufgegeben.

Die Volksaktie wird Thema im ostdeutschen Wahlkampf. Die SPD und die PDS plädieren auf einmal auch für Beteiligungsmodelle, die dem Matuschka-Konzept ähneln. Damit die jedoch tatsächlich funktionieren können, müsste die DDR unabhängig bleiben und eine zweite Chance bekommen. Die deutsche Einheit müsste warten. Doch die Mehrheit der Menschen in der DDR scheint nicht mehr die Energie aufzubringen, weiter unabhängig vom Westen zu bleiben.

So schleppt sich das Land zur freien Wahl am 18. März, die eigentlich ein Triumph der Demokratiebewegung werden soll. Aber mit jedem Tag, der vergeht, bis klare Verhältnisse in der DDR herrschen, gewinnen die externen Kräfte an Einfluss. Die Parteien, Konzerne und Berater aus dem Westen versuchen, vollendete Tatsachen zu schaffen.

9. März 1990,
München

Das Prinzregententheater hat einen solchen Andrang selten erlebt. 1400 Gäste aus Deutschland und der ganzen Welt sind geladen, Bundespräsident Richard von Weizsäcker sitzt in der ersten Reihe: Die Allianz-Versicherung feiert heute ihren hundertsten Geburtstag.

Zunächst wird der »Barbier von Sevilla« gegeben, anschließend kümmern sich über hundert Hostessen bei mehreren Banketten um die Gäste in den Festsälen. Der Vorstandsvorsitzende der Allianz AG Holding Wolfgang Schieren, der den Konzern seit zwanzig Jahren führt, hält eine Rede. Die Allianz verwalte Kapitalanlagen im Wert von 130 Milliarden D-Mark und gehöre zu den größten Immobilienkonzernen des Kontinents, sagt er stolz. Das reiche der Allianz aber noch nicht, man wolle weiter wachsen. Firmenübernahmen und neue Partnerschaften in der ganzen Welt kündigt Schieren an. Der Versicherungskonzern mache demnächst Geschäfte in Russland, Thailand, Japan, Griechenland – und in der DDR. Gerade am Tag zuvor habe man die Erlaubnis erhalten, in Ost-Berlin eine Repräsentanz zu eröffnen.[11]

Damit untertreibt Schieren maßlos. Er selber erteilte am 14. November 1989, also fünf Tage nach dem Fall der Mauer, dem Chef der Lebensversicherungssparte, Uwe Haasen, telefonisch den Auftrag, in der DDR die »Staatliche Versicherung« zu akquirieren.[12] Seit dem Telefonat arbeitet Haasen, der aus Ostdeutschland stammt, an der Übernahme der »Staatlichen Lebensversicherung«. Die »Staatliche«, wie sie Allianz-Mitarbeiter bald nennen, ist – natürlich – Monopolist auf dem ostdeutschen Markt.

Haasen versucht, den Anwalt Wolfgang Vogel als »Türöffner« zu engagieren. Vogel ist auch in Westdeutschland bekannt, weil er die Freikäufe von Häftlingen aus der DDR organisierte. Doch Vogel fällt als Unterhändler aus, da er ist inzwischen verhaftet wurde.[13]

Also bearbeitet Haasen die Versicherung direkt. Zunächst trifft er nur die Stellvertreter des Generaldirektors, doch im Januar gelingt es ihm, Schierer mit dem Chef der »Staatlichen«, Günter Hein, zusammenzubringen. Man verhandelt in den nächsten Wochen und einigt sich schließlich darauf, dass die Allianz exklusiver Partner der »Staatlichen« wird. Andere Interessenten aus Westdeutschland, der Schweiz und England blocken Hein und sein Stellvertreter Ullrich ab.

Der stellvertretende Generaldirektor Günter Ullrich trägt Ende Januar den Vorschlag, die Allianz als Partner ins Boot zu holen, dem DDR-Finanzministerium vor. Das stimmt zu.

Zur Überraschung der Allianz läuft bis hierhin alles glatt.[14] Der Chefunterhändler der Allianz, Haasen, vermutet, dass der fortschreitende Zersetzungsprozess der »Staatlichen« es den Westdeutschen so leicht gemacht habe. Die DDR-Versicherung muss ihren Kunden und Mitarbeitern schließlich eine Perspektive bieten.[15] Und auch der Generaldirektor und seine Stellvertreter brauchen demnächst Jobs.

Anfang Februar gibt der Vorstand der Allianz-Holding grünes Licht für das Projekt. Schieren betont auf der Vorstandssitzung, dass die Allianz der einzige westliche Partner der »Staatlichen« werden müsse. Ein Konkurrenzkonsortium aus fünf westdeutschen Versicherern ist bereits ausgestochen worden.

Mehrere Arbeitsgruppen werden gegründet, die das Geschäft vorbereiten. Schließlich schafft der Ministerrat der DDR am 8. März die gesetzliche Grundlage für den Handel: Die Arbeit der staatlichen Versicherung wird auf marktwirtschaftliche Prinzipien umgestellt. Zum 1. Mai wird sie in eine Aktiengesellschaft umgewandelt, an der eine ausländische Firma bis zu 49 Prozent halten darf.

Zu diesem Zeitpunkt steht schon fest, dass das die Allianz aus München sein wird.

12. März 1990,
Leipzig

Die Leipziger Messe findet zwei Mal pro Jahr statt, im März und im Herbst, und dauert dieses Jahr bis zum Samstag vor der Wahl. Sie ist das Schaufenster der sozialistischen DDR-Wirtschaft. Hier versucht die ostdeutsche Industrie, einen Weltstandard zu präsentieren, den sie nur auf wenigen Gebieten wirklich erreicht. Die Westindustrie zeigt sich, um Geschäfte im Osten zu machen. Tausend Aussteller kommen dieses Jahr aus Westdeutschland, ein Rekord.[16] Die Ausstellungshalle ist überbucht.

Die Messe im März 1990 erlebt die letzten Tage der sozialistischen DDR. Noch immer ist völlig offen, wer die Wahl am kommenden Wochenende gewinnen könnte und was aus der DDR wird. Und es ist ungewiss, wie schnell und unter welchen Bedingungen die Einheit kommt.

Seit der Ankündigung Helmut Kohls, dass die D-Mark auch in die DDR kommt, hat sich Leipzig radikal verändert. An den Häuserwänden hängen Plakate, auf denen westdeutsche Politiker zu sehen sind, auf den Straßenbahnen klebt Werbung für westdeutsche Produkte, in der ehemaligen Kantine der Stasi-Zentrale hat ein Ehepaar aus Rheinland-Pfalz eine Kneipe eröffnet. Die Straßen sind voller westdeutscher Autos der Marken BMW, Daimler, Audi. Siemens hat Hochglanzprospekte einfach vor dem Haus der Mode auf die Straße kippen lassen.

Über der Stadt kreisen Hubschrauber, die Vorstandsvorsitzende zum Messegelände fliegen.[17] Dort präsentieren sich die Branchengrößen aus dem Westen mit aufwändigen Ständen. Sie sind in Lauerstellung, wollen Kontakte knüpfen, Informationen sammeln, die kommenden Mächtigen beeindrucken. Thyssen präsentiert seine Magnetschwebebahn Transrapid als Modell in einem Plexiglas-Kasten, vor dem die Besucher ehrfürchtig verharren. SEL Alcatel führt Computer vor, die automatisch Produktionsabläufe in Fabriken steuern können – ohne dass Arbeiter nötig wären. Mannesmann-Vertreter berichten auf der Messe über das Mobilfunknetz, das ihr Unternehmen mit Erlaubnis der Deutschen Post aufbauen darf – »D2« soll es heißen. Der Generaldirektor eines Werkzeugmaschinenbau-Kombinates wird am Rand der Messe gefragt, ob er sich von den Westdeutschen vereinnahmt fühle: »Das ist keine Frage des Gefühls. Wir werden vereinnahmt.«[18]

Auch der Stahlkonzern Krupp ist in Leipzig, angeführt von seinem Vorstandschef Gerhard Cromme, der in Westdeutschland als der Inbegriff des ehrgeizigen und gnadenlosen Managers gilt. Vor drei Jahren hatte er, soeben erst auf den Posten des Vorstandschefs gelangt, die Schließung des Stahlwerks in Duisburg-Rheinhausen angekündigt und damit den Abbau von 6000 Arbeitsplätzen. Die Proteste bewegten ganz Westdeutschland und wurden auch in den Sendungen des DDR-Fernsehens gezeigt, und zwar als Beispiel dafür, wie gnadenlos der Klassenfeind mit Arbeitern umspringt. Cromme hat das ebenso wenig beeindruckt wie die Eier, mit denen er in Duisburg beworfen wurde, oder die Drohung der Stahlarbeiter: »Du eiskalter Hund. Wir machen dich fertig!«[19]

Auf der Leipziger Messe empfängt er am Krupp-Stand Ministerpräsident Modrow und dessen Wirtschaftsministerin Christa Luft. Der Ansturm der Fotografen und Kamerateams ist enorm, als die Delegation der DDR-Regierung und der Tross des Krupp-Chefs aufeinandertreffen. Die SPD-Politiker Walter Romberg und Matthias Platzeck stehen am Rand. Eben hat Cromme noch den Redefluss von Johannes Rau, SPD-Ministerpräsident in Nordrhein-Westfalen, unterbrochen, weil er selbst dringend etwas in die Fernsehkameras sagen will: »Die Chancen sind größer als die Risiken, und deshalb braucht die Bevölkerung keine Angst zu haben, denn man sieht es ja am Beispiel der Bundesrepublik, wohin die soziale Marktwirtschaft führen kann.«[20]

Nun steht der wesentlich kleinere Modrow vor ihm. Der DDR-Ministerpräsident sieht blass und müde aus. Er wirkt wie ein Besucher auf exterritorialem Gelände. Cromme dagegen ist in seinem Element. Er redet fast fiebrig von oben auf Modrow ein: »Herr Ministerpräsident, es sind Zeiten des Umbruchs, und in Zeiten des Umbruchs sind Informationen und Diskussionen, Erfahrungsaustausch von großer Bedeutung. Wir erwarten einfach, dass der Informationsaustausch diesmal für uns besonders interessante Aufschlüsse geben wird. Wir stellen uns vor, dass wir jetzt in relativ kurzer Zeit – die ersten Dinge laufen jetzt schon auf der Leipziger Messe – zu Abschlüssen kommen werden. Da ist natürlich für uns besonders interessant: die engen Beziehungen der Firmen der DDR zu den Firmen im RGW-Raum.«

Modrow blickt müde auf und dreht sich leicht zur Kamera. Dann sagt er in Richtung Bonn: »Ich glaube, in der Politik wird im Moment viel Wahlkampf betrieben. Herr Seiters erklärt, dass Herr Modrow etwas bremst, Herr Modrow hat überhaupt nichts zu bremsen, im Gegenteil. Man möge sich mal anschauen, was in den zurückliegenden Wochen an Gesetzgebungen geschehen ist, um marktwirtschaftliche Bedingungen und Voraussetzungen zu schaffen.«

Der geschlagene Politiker Modrow scheint die Aufregung um ihn herum gar nicht mehr zu verstehen. Sozialisten haben schon seit Wochen in Leipzig nichts mehr zu sagen. Die deutsche Industrie hält sich ungeduldig an Modrow, weil in wenigen Tagen ein Nachfolger von der freien Volkskammer gewählt werden wird. Einerseits ist die Zeit des Übergangs ideal für Geschäfte auf dem kleinen Dienstweg, andererseits mögen Investoren rechtlose Zeiten nicht, und sie können erst recht nicht leiden, wenn sie nicht wissen, wer nach der Wahl die politischen Entscheidungen treffen wird.

Man will nicht auf das falsche Pferd setzen.

Auch die Deutsche Bank ist noch vorsichtig. Sie hat ebenfalls einen Stand auf der Messe, bietet Crashkurse für Existenzgründer in der DDR an: Doch der große Deal mit der bald ausgeschlachteten Staatsbank und Edgar Most läuft weiter still im Hintergrund. Most ist mit Hilmar Kopper, dem Vorstandsvorsitzenden, und anderen Managern der Deutschen Bank in einem Privatjet nach Leipzig gekommen. Auch dieser Flug bleibt geheim. Zur Messe fährt man in getrennten Limousinen zu verschiedenen Veranstaltungen.[21] Der Vertrag über die teilweise Übernahme der Belegschaft, des Wissens und der Filialen der wichtigsten DDR-Bank ist bereits aufgesetzt. Am Tag nach der Wahl soll er in Kraft treten.

Der junge Detlef Scheunert ist ebenfalls auf der Messe. Einige seiner Kollegen haben sich bereits aus Berlin abgesetzt. Sie befürchten, für eine weitere Karriere in einer freien DDR oder gar in einem vereinten Deutschland »zu kontaminiert« zu sein.

Scheunert dagegen ist guter Dinge. Er ist jung, kennt das System und hat lange für die DDR, »dieses kleine Scheißland«, gekämpft, das seine Heimat ist. Das kann kein Vergehen sein, denkt er. Als Referent des Ministers bleibt er im Hintergrund, trägt Taschen, wird Augen- und Ohrenzeuge, ohne sich die Hände schmutzig machen zu müssen. Seine Karriere in der sozialistischen DDR hätte er nur verhindern können, wenn er großen Unsinn gemacht hätte, aber die Wende ist rechtzeitig gekommen. »Perfektes Timing«, denkt er.

Scheunert lebt mit seiner Frau, seinem Sohn und der Tochter in einer Ost-Berliner Wohnung, für die er keine hundert Ostmark bezahlen muss. Die wird er auch in Zukunft irgendwie aufbringen können. Auch er hört die Versprechungen der konservativen, marktwirtschaftlich orientierten Parteien im Wahlkampf überall.

Bei Einheit Wohlstand, heißt deren Parole verkürzt.

14. März 1990,
Leipzig

Am Abend des vierten Messetags ist der Bundeskanzler in der Stadt. Es ist sein sechster und letzter Auftritt in diesem Wahlkampf. Die internationale Presse wittert schon einen massiven Stimmungsumschwung zugunsten der konservativen Parteien, was sie vor allem auf die bisherigen Auftritte Kohls zurückführt.[22] Die Umfragen der Demoskopen aus Westdeutschland deuten dagegen noch immer auf eine Wahlniederlage der Konservativen hin.

Kohl spricht auf dem Karl-Marx-Platz[23] zwischen der Oper und dem Gewandhaus, dort, wo erst zwei Tage zuvor die letzte Montagsdemo stattgefunden hat. Von diesem Platz waren im Herbst die Leipziger Montagsdemonstrationen ausgegangen, die schließlich das ganze System erschütterten.

Von Revolution ist am Montag nicht mehr viel zu spüren. Eine Ballooning GmbH aus Baden-Baden versucht, einen riesigen blauen Europa-Ballon neben dem Gewandhaus aufzublasen, der nicht straff werden will. Heinrich Lummer aus West-Berlin spricht über die Einheit Deutschlands, Republikaner verteilen Flugblätter, Skinheads verbrennen Werbebroschüren der SPD und des Neuen Forums, die Mitteldeutschen Nationaldemokraten skandieren »Deutschland den Deutschen! Ausländer raus!«, andere

Demonstranten kommen über den Stadtring und rufen: »Haut den Roten auf die Pfoten, Helmut Kohl, das tut wohl!«[24]

Bürgerrechtler, die für eine behutsame Annäherung an Westdeutschland oder die Eigenständigkeit der DDR als demokratischer Staat plädierten, werden ausgepfiffen oder ignoriert. Westdeutsche Besucher am Rande der Demonstrationen versuchen zu ergründen, was aus der DDR wird und wie man hier in Zukunft Geschäfte machen kann.

20 000 Schaulustige sind am Montag gekommen, heute, am Mittwoch, wollen fast 250 000 Menschen Helmut Kohl hören. Da es keine Zoll- oder Gewerbekontrollen mehr zu geben scheint, sind westdeutsche Bier- und Bratwurststände überall in der Stadt. Die Straßen Leipzigs sind am Abend zugemüllt. Ein Becher westdeutsches Bier kostet fünf Mark Ost.

Eine Kapelle auf den Treppen der Oper spielt »Ein Jäger aus Kurpfalz«, als der Bundeskanzler Kohl sich mit seinen Leibwächtern vom Süden her über den Platz durch die Menge der Oper nähert. Er schüttelt Hände, man will ihn berühren. Die Menge skandiert »Helmut! Helmut! Helmut!« Plakate werden in die Höhe gereckt: »Helmut Kohl, unsere Alternative zu 57 Jahren Barbarei«; »Helmut Kohl, Du bist die Hoffnung für Millionen. Wir wollen in einem Deutschland wohnen. Wir haben lange genug geschmachtet. Am Sonntag werden die Roten entmachtet.«[25]

Kohl wirkt angespannt, als er zum Balkon der Oper emporsteigt. Die letzten Tage drohten den Erfolg seiner Aufholjagd zu gefährden. Er hat die Endgültigkeit der Oder-Neiße-Linie, der Grenze zu Polen, bei einem Auftritt mit dem US-Präsidenten George H.W. Bush in Frage gestellt: Ein gesamtdeutscher Souverän müsse über das Schicksal der Grenze entscheiden. In Ost und West ist man gleichermaßen entsetzt. Kohl ist mit dieser revanchistischen Position in die Defensive geraten. Noch schlimmer: Der Spitzenkandidat des Demokratischen Aufbruchs, Wolfgang Schnur, ist am Tag zuvor als Spitzel der Stasi entlarvt worden. Mit 18 Jahren hatte er begonnen, als bezahlter IM zu arbeiten. Er galt als Spitzenquelle.[26] Schnur musste schon den Runden Tisch wegen Korruptionsvorwürfen verlassen, wurde aber dennoch weiterhin als möglicher DDR-Ministerpräsident gehandelt. Kohl spielt diesen GAU vor seinem Auftritt in Leipzig auf einer Pressekonferenz herunter.

Die Menschen vor der Oper scheinen nicht sonderlich daran interessiert, wer der neue Spitzenkandidat der Allianz für Deutschland wird. Sie sind hier, um Kohl zu feiern. Detlef Scheunert ist nach Messeschluss in die Innenstadt gefahren, um Kohls Rede zu verfolgen. Sein Minister hatte gesagt: »Jetzt kannste mal sehen, wie die im Westen das Ding umdrehen.«

Doch Kohls Rede stockt. Der Strom fällt immer wieder aus. Der Kanzler macht Witze: »Jetzt sind wir wieder beisammen, und der letzte Stasi-Bohrer hat doch keine Wirkung gehabt.« Seine Rede scheint mehr an das Ausland gerichtet zu sein, er versucht die Scherben zu kitten, die seine Oder-Neiße-Bemerkung hinterlassen hat. Im Hintergrund steht vor dem Gewandhaus eine Gruppe von Gegendemonstranten, die Kohl während der gesamten Rede auspfeift.

Ganz zum Schluss sagt Kohl etwas Verblüffendes: »Ich kann Ihnen kein Versprechen abgeben, wie es manche tun zu dem Thema Währungsumstellung, weil wir mitten in den Verhandlungen sind und weil ich es nicht mag, dass Versprechungen abgegeben werden vor der Wahl, die nach der Wahl nicht eingehalten werden.«

In Cottbus versprach er wenige Tage zuvor, die Sparguthaben würden bei der Währungsunion selbstverständlich im Verhältnis 1 zu 1 umgestellt werden.[27] Und nun das. Doch die Menschen scheinen dieses Hin und Her gar nicht zu registrieren, ihrer ausgelassenen Stimmung tut die Kehrtwende keinen Abbruch. Schließlich sagt Kohl: »Herr Modrow wollte über 15 Milliarden, und mir wurde vorgeworfen, ich würde die Menschen aufgeben hier in der DDR, das genaue Gegenteil ist der Fall. Ich war nicht bereit, gutes Geld in ein schlechtes System zu investieren.«

Frenetischer Jubel brandet auf, »Helmut«-Sprechchöre erheben sich. Lauter werden die Menschen an diesem Abend nicht mehr sein. Der Kanzler der Bundesrepublik Deutschland hat soeben verkündet, dass er die DDR die nächsten Monate ausbluten lassen wird.

Detlef Scheunert glaubt, dass es bei den Sportpalast-Veranstaltungen in der Nazi-Zeit ähnlich gewesen sein muss. Die Menschen sind wie berauscht, sie skandieren wieder »Helmut! Helmut!«. Immer wieder spricht der Kanzler sie als »liebe Landsleute« an. Landsleute, wer hätte die Ostdeutschen sonst so genannt, fragt sich Scheunert und hört Kohl sagen: »Ich bin sicher, dass wir in wenigen Jahren unter der Voraussetzung einer vernünftigen Politik hier in Leipzig, in Sachsen und überall in der DDR erleben werden, dass auch hier ein Wirtschaftswunder möglich sein wird.« Und dann sagt er noch: »Es stehen Tausende von Unternehmungen in der Bundesrepublik bereit, weltweit operierende Konzerne und kleine Handwerksbetriebe, hierher zu kommen, wenn die Rahmenbedingungen stimmen.«

In Wahrheit sind die Konzerne schon lange da. Nicht nur die Deutsche Bank hat ihren Deal mit der Kreditbank von Edgar Most detailliert vorbereitet. Auch Siemens hat ein Büro »Verbindungsstelle DDR« in Berlin, das

Dossiers über interessante Ostbetriebe führt.[28] Der größte deutsche Elektronikhersteller konnte so bis zur Leipziger Messe bereits Verträge mit 26 ostdeutschen Unternehmen abschließen. Bisher hat das Unternehmen aus München gerade einmal Waren im Wert von 200 Millionen Mark in die DDR eingeführt. Das soll sich schnell ändern. Die Siemens-Strategen wissen zudem, dass die Infrastruktur, die Kraftwerke, die Telefonnetze in der DDR modernisiert werden müssen. Das sind Kerngebiete des Konzerns, der jedes Jahr über 60 Milliarden D-Mark umsetzt. Man hat bereits mit DDR-Ministerien ausgehandelt, in mehreren Städten das Telefonnetz auszubauen.

An Siemens wird auch die neue DDR-Regierung nicht vorbeikommen: Es gibt nur zwei Standards für Telefonvermittlungssysteme im Westen. Einen davon hat Siemens entwickelt. Der Konzernchef Karlheinz Kaske erwähnt in Interviews, dass es die wichtigste Aufgabe für die DDR-Regierung sei, das Telefonnetz auszubauen.[29] Er versichert, sein Konzern sei zunächst auch mit Beteiligungen von 24,5 Prozent an DDR-Unternehmen zufrieden. Mit mehreren Fabriken des Computerherstellers Robotron habe man Verträge abgeschlossen, darüber hinaus mit mehreren anderen Kombinaten, die Werkzeuge oder Nachrichtentechnik herstellen. Auch mit Handelsgesellschaften, die DDR-Produkte ins Ausland vertreiben, kooperiert Siemens bereits.[30]

Nach der Messe bleibt Siemens in Leipzig. Im ehemaligen Volkseigenen Betrieb Starkstrom-Anlagenbau wird ein Büro eröffnet für das »Entscheidungsgremium zur Kooperation Siemens AG/Starkstrom-Anlagenbau GmbH«. Siemens will sich den VEB, der auf Kraftwerksbau spezialisiert ist, ganz genau ansehen.

Kaum ein Konzernvorstand in der Bundesrepublik hat nicht sofort begriffen, was der Fall der Mauer für das Geschäft bedeutet und was zu tun ist. Volkswagen hat den Bau eines Werks angekündigt. Thyssen hat bereits mehrere Kooperationsverträge abgeschlossen, darunter mit dem lukrativsten Unternehmen der DDR, dem Außenhandelsbetrieb Metallurgiehandel, der das Stahlgeschäft der DDR im Ausland abwickelt, über erhebliche liquide Mittel verfügt und einen Umsatz von 34 Milliarden Ostmark ausweist.

Die großen westdeutschen Energiekonzerne sind bereits seit Dezember 1989 aktiv. Da nicht auszuschließen ist, dass die Kraftwerke einzeln verkauft werden, haben westdeutsche Konzerne die Betriebsleiter vieler Werke Weihnachten 1989 zu privaten Feiern eingeladen, um sie an die potenziellen westdeutschen Partner zu binden. Die Preussag AG mietet Busse, mit denen sie

Emissäre in den Osten schickt. Sie besuchen ein Kraftwerk nach dem anderen und versuchen, die Kraftwerksleiter auf ihre Seite zu bringen.[31]

Unmittelbar nach dem Mauerfall fahren Aufkäufer der westdeutschen Handelsketten durch die DDR und kaufen Großimmobilien auf. Ein Beauftragter der Realkauf-Kette sichert sich mit Hilfe des Generaldirektors des Kombinats WtB (Waren des täglichen Bedarfs) die Rechte an sieben großen Immobilien in Leipzig.[32] Eine Tochterfirma des Energiekonzerns VEBA – Raab Karcher – erwirbt ein Exklusivrecht in den größeren Städten Mecklenburg-Vorpommerns: Nur Raab darf hier Baumärkte errichten.

Die westdeutschen Konzerne nutzen das Machtvakuum aus, bevor die Wahlsieger die Situation beeinflussen können und die Treuhandanstalt überhaupt etabliert werden kann.

Offiziell sind zum Zeitpunkt der Leipziger Messe bereits 140 Unternehmen über 1100 Kooperationen mit DDR-Firmen eingegangen. Abgerechnet wird bereits in D-Mark. Der Export Westdeutschlands in die DDR ist in den ersten Monaten 1990 leicht gestiegen, aber der »Big Bang« wird erst nach der Währungsunion erwartet. Die Exporte in die DDR bringen es bis dahin nur auf etwas mehr als drei Prozent am Gesamtvolumen des Westhandels.

Selbst wenn die ostdeutschen Bürger noch Jahre brauchen, bis sie das westdeutsche Niveau erreichen, ist im März 1990 bereits klar, dass der DDR-Binnenmarkt 100 Milliarden Westmark schwer werden wird. Schon jetzt konsumieren die Ostdeutschen Waren im Wert von über 120 Milliarden Ostmark.[33] Da will jeder Konzern mitspielen.

Am Mittwoch, noch während der Leipziger Messe und rechtzeitig vor der Wahl, kündigt die Allianz-Versicherung in Ost-Berlin an, im Mai 49 Prozent des DDR-Versicherungsmonopolisten zu übernehmen. Die »Staatliche Versicherung« hat 1989 sieben Milliarden Mark Ost an Prämien eingenommen und einen Gewinn von 1,7 Milliarden Mark Ost gemacht.[34] Der Kaufpreis wird später verhandelt. Der stellvertretende Generaldirektor Günter Ullrich und der Allianz-Mann Uwe Haasen geben gemeinsam eine Pressekonferenz. Das entsetzt die Konkurrenz und erstaunt die Öffentlichkeit. In der ostdeutschen »Berliner Zeitung« wird spekuliert, dass die Vorverträge ungesetzlich erkauft worden seien. Den Vorwurf muss die Zeitung zurücknehmen, nachdem sich der Generaldirektor Hein beim DDR-Presseamt über »diese Art der Berichterstattung«[35] beschwert hat.

Die westdeutschen Versicherungskonzerne, die nicht zum Zug gekommen sind, protestieren bei der Bundesregierung. Einige FDP-Mitglieder sind gegen den Allianz-Deal. Doch der Münchner Versicherungskonzern weiß den Bundesfinanzminister Theo Waigel auf seiner Seite. Er wird die Vorstandssitzung der Allianz am 20. März besuchen. Trotz kartellrechtlicher Bedenken sei er zu der Überzeugung gelangt, dass die »Staatliche« im Wettbewerb mit der westdeutschen Versicherungswirtschaft nur überleben könne, wenn sie einen starken Partner wie die Allianz an ihrer Seite habe.[36]

15. März 1990,
Ost-Berlin

Matthias Artzt, Gerd Gebhardt, Werner Schulz und Wolfgang Ullmann kämpfen in den letzten Tagen vor der Wahl verbissen für ihre Idee. Noch fordern die Bürgerrechtler Anteilsscheine am Runden Tisch ein. Artzt und Gebhardt diskutieren mit dem Staatssekretär Wolfram Krause über das Treuhandstatut. In dem – jedoch nicht im Treuhandgesetz – wird festgehalten: Es wird Vermögensurkunden geben.

Diesen Punkt erläutern Krause und Ullmann gemeinsam auf einer Pressekonferenz. Man schätze das Vermögen der DDR auf 650 Milliarden Ostmark. An 25 bis 30 Prozent der Industrie wolle man die Bürger in Form von Aktien beteiligen. Ein Anteil hätte dann den Wert von 40 000 Ostmark, erklärt Ullmann der Presse.

In einem Volksentscheid soll die DDR-Bevölkerung über die Verwendung des Volksvermögens entscheiden. Die anwesenden Westjournalisten stellen skeptische Fragen zu den Anteilsscheinen: Wie könne man denen einen Wert beimessen? Ullmann hat keine Antwort parat. Das werde sich ergeben, sagt er. Wolfram Krause gibt sich dagegen selbstbewusst: Selbstverständlich würden dieser Prozess und die Treuhand vom Parlament kontrolliert.[37]

Drei Tage später dürfen die DDR-Bürger zum ersten Mal frei wählen. Sie entscheiden indirekt auch über das Schicksal der Ideen von Ullmann und Krause.

Die freie Volkskammerwahl und die drohende deutsche Einheit bereiten dem Oberst des Ministeriums für Staatssicherheit, Herbert Köhler, große Sorgen. Er sieht für sich kaum eine Chance in einer DDR, in der das Neue Forum gemeinsam mit der SPD das Sagen hat.

Köhler hat dreizehn Jahre lang, bis 1987, die Gegenspionage der Hauptverwaltung Aufklärung (HVA) des MfS geleitet. Während seiner Dienstzeit hat er regelmäßig Kontakt mit dem dortigen leitenden KGB-Mann, Wladimir Putin. Nun will er weg aus Dresden. Anfang Dezember ist seine Dienststelle von Bürgerrechtlern gestürmt worden.[38] Ein Militärstaatsanwalt und westdeutsche Radioreporter waren dabei. »Stasi-Nazi«, »Volksverräter«, »Stoppt die Aktenvernichtung«, brüllten die Menschen. Sein damaliger Chef, Generalmajor Horst Böhm, wird am selben Abend unter Hausarrest gestellt und muss seine Pistole abgeben. Ende Februar vergiftet sich Böhm in seiner Wohnung mit Gas.[39] Köhler beerbt seinen Chef und wird für kurze Zeit Chef der Dresdner MfS-Hauptverwaltung. Zu retten ist jedoch nichts mehr.

Köhler nimmt daher Kontakt zu einem alten Bekannten auf, dem Unternehmer Martin Schlaff aus Wien. Schlaff macht seit den 1980er Jahren Geschäfte mit der DDR. Unter anderem hilft er der SED, das Embargo der NATO-Staaten zu umgehen. Schlaff bietet dem Stasi-Oberst Köhler an, ihn in Wien aufzunehmen. Hier kann er in einem von Schlaffs Unternehmen alles über die Marktwirtschaft lernen. Er soll zu einem Manager ausgebildet werden und später, wenn es die Bedingungen zulassen, in Ostdeutschland oder andernorts ein Unternehmen führen.

Zwar gibt es in der DDR eine Anordnung, die regelt, was die Kader, die Mitglieder der Stasi und des Militärs, zu tun haben, wenn der »Klassenfeind« die Macht an sich reißt.[40] Im Jahr 1989 werden darüber hinaus Pläne entworfen, die vorsehen, dass die Stasi-Mitarbeiter zivile Firmen gründen sollen, um nach einem Machtwechsel versorgt zu sein und sich in einem neuen Staat etablieren zu können. Doch obwohl Oberst Köhler selbst an diesem Notfallplan mitgearbeitet hat, hält er sich nicht an ihn. Er versucht noch vor der Wahl, ehe der ostdeutsche Staat endgültig verloren ist, seine eigene Existenz zu sichern – wie viele seiner Kollegen aus dem Ministerium für Staatssicherheit auch.

Oberst Köhler nimmt das Angebot des Unternehmers Martin Schlaff an und fliegt zwei Tage vor der Wahl nach Wien. Von der österreichischen Hauptstadt aus wird er 170 Millionen Mark der DDR, über die verschiedene Firmen des Martin Schlaff verfügen, in ostdeutsche Objekte investieren.[41]

Die Lobby

19. März 1990,
Ost-Berlin

Am Tag nach der Wahl setzen Edgar Most und die Deutsche Bank unbemerkt von der Öffentlichkeit den ersten Punkt ihres Plans um. Most unterschreibt die Gründungsurkunde der Deutschen Kreditbank AG. Acht Tage später beantragt der Vorstand der Deutschen Bank bei der Staatsbank – oder was davon übrig ist –, 49 Prozent der Anteile der neuen Bank zu übernehmen. Die Mehrheit darf Most der Deutschen Bank zu seinem Leidwesen nicht übertragen. Wie von ihm geplant, wurde zuvor eine Befragung der Staatsbank-Mitarbeiter organisiert, nachdem Most der Belegschaft in verschiedenen Ansprachen deutlich gemacht hatte, dass die Neugründung einer privaten Kreditbank ihre Arbeitsplätze sichern würde. Die Bankangestellten stimmten dem Schritt mehrheitlich zu.[1]

Die nächsten Tage verbringen Edgar Most und Mitarbeiter der Deutschen Bank damit, bei der amtierenden sozialistischen DDR-Regierung durchzusetzen, dass die Schulden der Betriebe – fast 200 Milliarden Mark Ost –, die technisch bei der Staatsbank angesammelt sind, nicht auf die Kreditbank übertragen werden. Später geht die DDR-Regierung mit dieser Position tatsächlich in die Verhandlungen mit der Bundesrepublik. Die Deutsche Bank soll in eine Neugründung ohne Altschulden einsteigen können.[2]

In der Öffentlichkeit verrät Edgar Most weiterhin nicht, dass er schon lange mit der Deutschen Bank einig ist. Auf die Frage eines Reporters, ob es eine »kapitalmäßige Verpflichtung zwischen der Deutschen Kreditbank und einer ausländischen oder bundesdeutschen Bank« gebe, antwortet er: »Zum Zeitpunkt der Gründung nicht, aber als Perspektive ist das nicht ausgeschlossen.«[3]

Gut eine Woche später wird diese Perspektive Realität. Edgar Most und der Vorstandssprecher der Deutschen Bank, Hilmar Kopper, verkünden ihren Coup öffentlich. Most notiert: »Es folgte ein Aufschrei. Der Aktienkurs der Deutschen Bank stieg binnen kürzester Zeit.«[4]

Doch nun meldet sich die westdeutsche Konkurrenz. Der West-Berliner Chef der Dresdner Bank, Rudi Puchta, nimmt zu Most Kontakt auf. Er will für sein Institut ein Stück vom Kuchen abhaben und droht mit dem westdeutschen Kartellamt. Schließlich sei Ostdeutschland die Heimat seiner Bank. Hektische Verhandlungen beginnen.

Edgar Most hängt eine große Karte der Staatsbank auf und markiert darauf mit blauen und grünen Fähnchen, welche Filialen an die Dresdner und welche an die Deutsche Bank gehen. Puchta soll ein Drittel der Filialen bekommen. Das ist diesem zu wenig. Er will die Hälfte und droht erneut mit dem Kartellamt. Most stellt ihm ein Ultimatum: ein Drittel oder nichts. Schließlich gibt Puchta nach. Kurz vor dem Ablauf des Ultimatums wenige Wochen später schickt er einen Fahrer mit dem Vertrag, den sämtliche Vorstände der Dresdner Bank unterschrieben haben. Das Geschäft ist vollzogen.[5] Beide Banken haben für die Filialen der ostdeutschen Staatsbank bis dahin keinen Pfennig gezahlt; ein Kaufpreis wurde noch nicht ausgehandelt. Die Banken versprechen lediglich, dass sie 12 000 ostdeutsche Arbeitsplätze sichern. Doch das ist eben nur ein Versprechen; einklagen kann Most diese Jobs nicht. Ihm dagegen wurde bereits ein Posten bei der Deutschen Bank zugesichert. Die Verhandlungen zwischen Most und seinen westdeutschen Partnern werden nicht schriftlich dokumentiert und können später von unabhängigen Prüfern kaum nachvollzogen werden.

Einen Deal, wie ihn Most und die Deutsche Bank eingefädelt haben, sollte eine Treuhandanstalt eigentlich verhindern, doch die nimmt erst einen Tag nach der Wahl ihre Arbeit auf. Drei Tage zuvor hat sie überhaupt erst ein Statut erhalten. Chef der Treuhand wird Peter Moreth, Mitglied der liberalen Blockpartei LDPD (Liberal-Demokratische Partei Deutschlands). Unter Modrow ist er stellvertretender Ministerpräsident und Minister für örtliche Staatsorgane, inklusive der Staatssicherheit. Moreth wird von der Regierung an den Runden Tisch abgeordnet, wo er viele Bürgerrechtler kennenlernt und von der Treuhandidee hört. Am Runden Tisch präsentiert er sich als fairer Vermittler.[6]

Nun soll Moreth die Treuhand aus dem Boden stampfen. Im Wesentlichen rekrutiert er das Personal aus den ehemals SED-dominierten Ministerien für Industrie und Wirtschaft sowie aus der Plankommission. Die Zentrale der neuen Behörde wird in den Räumen des ehemaligen Außenhandelsministeriums gegenüber der sowjetischen Botschaft untergebracht. Der noch amtierende Außenhandelsminister Gerhard Beil stellt dort Räume zur Verfügung. Noch braucht die Treuhand wenig Platz. Sie wird von der Öffentlichkeit kaum beachtet.

Aus den Wahlen geht überraschend die CDU-Ost als großer Sieger hervor. Sie allein konnte ohne ihre Partner der Allianz für Deutschland über 40 Prozent der Stimmen gewinnen. Die Bürgerrechtsparteien und die SPD werden vernichtend geschlagen. Die PDS erringt mit 16 Prozent mehr Stimmen als alle Parteien der Bürgerrechtsbewegung zusammen und nur fünf Prozent weniger als die SPD.[7] Otto Schily von den Grünen hält stumm eine Banane in die Kameras, als er gefragt wird, warum die DDR-Bürger sich so entschieden hätten.[8] Der West-Berliner Bürgermeister Eberhard Diepgen dagegen jubelt laut: »Das bedeutet das Ende der DDR.«

Die Aufgabe, die Einheit auszuhandeln und die DDR endgültig abzuschaffen, fällt nun dem CDU-Spitzenkandidaten und Wahlsieger Lothar de Maizière zu.

De Maizière, seit ein paar Tagen 50 Jahre alt, arbeitet seit 1975 als Anwalt. Seit 1956 ist er Mitglied der CDU, eine der vier Blockparteien in der DDR. Ende 1989 wird er Vorsitzender der Partei. Es gibt einen Gegenkandidaten, aber der will für das Parteiamt seinen Beruf nicht aufgeben. 92 CDU-Mitglieder stimmen für de Maizière, das reicht.[9] Die CDU-Ost hat kurz nach dem Mauerfall keinen großen Zulauf.

Bei seinem ersten Besuch in Bonn Anfang Januar 1990 steht de Maizière im Regen vor der Tür der Parteizentrale im Konrad-Adenauer-Haus und wartet vergeblich darauf, dass man ihn abholt. Erst Fritz Holzwarth, ehemals Bürochef von Heiner Geißler und jetzt Chef der Abteilung Wirtschafts- und Gesellschaftspolitik der CDU, wird auf ihn aufmerksam und bittet ihn herein. Bis zu Helmut Kohl dringt de Maizière an diesem Tag zwar nicht vor, aber er kommt mit Holzwarth ins Gespräch. Holzwarth zieht fortan die Strippen in de Maizières Wahlkampf. Er schreibt an dessen Reden mit, stimmt die Strategie ab, sortiert unter den vielen westdeutschen Beratern jene aus, die sich aufdrängen. Holzwarth selber spricht über seine Rolle im Wahlkampfteam von Lothar de Maizière nicht öffentlich. Der westdeutsche Einfluss soll nicht zu deutlich werden.

Noch am Vorabend des Wahltags können sich weder de Maizière noch Holzwarth vorstellen, dass der CDU-Spitzenkandidat tatsächlich Ministerpräsident der DDR werden könnte. Doch das ist nach dem deutlichen Wahlergebnis unumgänglich. An dem Anwalt führt kein Weg mehr vorbei, auch wenn der Bundeskanzler ihn noch immer nicht ernst zu nehmen scheint. De Maizière mag Kohl ebenfalls nicht. Als der asketische Ostdeutsche Helmut Kohl zum ersten Mal trifft, beobachtet er verwundert, wie der Bundeskanzler zwölf Stück Kuchen verschlingt.[10]

Mit Hilfe von Holzwarth und anderen CDU-Strategen aus dem Westen schmiedet de Maizière Pläne für die Währungsunion und die Einheit. Doch die Koalitionsverhandlungen erweisen sich als äußerst kompliziert, schließlich muss sich die ehemalige SED-loyale Blockpartei CDU mit der in der DDR verbotenen SPD zusammenraufen.

In der Zwischenzeit führt die Regierung Modrow die Amtsgeschäfte weiter und kontrolliert damit auch die Treuhand. Anfang April arbeiten 72 Mitarbeiter in der Zentrale, die 15 Außenstellen sind nur spärlich besetzt. Betrieb für Betrieb sollen die Mitarbeiter der neuen Behörde die sozialistischen Einheiten in Gesellschaften mit beschränkter Haftung (GmbH) und in Aktiengesellschaften umwandeln: 7894 Volkseigene Betriebe, so die erste Bestandsaufnahme, müssen auf einen Schlag umgewandelt werden. Das bedeutet vor allem: viel Papierkram für Beamte, die bis dahin die Pläne der sozialistischen Plankommission umgesetzt haben. Nun sollen sie über Nacht die Marktwirtschaft in der DDR einführen.

12. April 1990,
Ost-Berlin

Für Detlef Scheunert brechen neue Zeiten an. Mit seinen Kollegen im Ministerium für Schwermaschinenbau verfasst er nach der Wahl einen Bericht. Sie wollen den neuen Herren das Ministerium ordnungsgemäß übergeben. Alle, die bis dahin ihren Posten nicht verlassen haben, schreiben mit an dem Bericht, der die chaotischen Zustände in vielen volkseigenen Kombinaten der DDR beschreibt. Dann warten sie auf ihre neuen Herren. Preußisch. Diszipliniert. Geordnet.

Lothar de Maizière hat fast vier Wochen gebraucht, um die Partner seiner Regierungskoalition auf ein Programm festzulegen. Der CDU-Vorsitzende hat eine große Koalition mit der SPD, der »Allianz« und liberalen Parteien gebildet. Zunächst ändert die Regierung die Struktur der Ministerien. Die vielen Ministerien, die für die Industrie zuständig waren, werden zu einem einzigen Wirtschaftsministerium zusammengefasst. Chef des neuen Ministeriums wird Gerhard Pohl, CDU-Mitglied, Volkskammermitglied schon unter der SED, ehemals in einem Feintuchwerk in der Lausitz als Ingenieur und stellvertretender Leiter tätig.

Scheunert rechnet täglich mit seinem Rauswurf, immerhin ist er NVA-Offizier und ein SED-Spitzenkader in spe. Doch er darf bleiben. »Die Gnade der späten Geburt«, denkt er. Ihm wird ein Referentenposten beim Wirtschaftsminister für die neu gewählte Volkskammer angeboten. Scheunert findet das spannend. Eine parlamentarische Demokratie, die ihren Namen zu verdienen scheint, beginnt mit dem Tag nach der Volkskammerwahl. Da will er dabei sein.

Scheunert freut sich auf den neuen Posten, auf die neuen demokratischen Zeiten. Ihn stört auch nicht, dass er in seinem Freundeskreis »Wendehals« genannt wird. Mit solchen Freunden hat er bald keinen Kontakt mehr. Eben hat er noch für die »Roten« gearbeitet, und jetzt arbeitet er für die »Schwarzen« und ist schon wieder oben. »Wie kann das sein?«, fragen sich die ehemaligen Freunde. Scheunert ignoriert die Vorwürfe und stürzt sich in die Arbeit.

Vor der neuen Volkskammer liegt eine gigantische Aufgabe: Zum einen haben die Wähler sich klar für eine schnelle Einheit entschieden, die parlamentarisch vorbereitet und abgesegnet werden muss. Zum anderen will sich die neue Volkskammer als frei und unabhängig erweisen, die DDR demokratisieren, neue und gerechtere Gesetze erlassen. Wenigstens in den letzten Monaten ihrer Existenz wollen die Volkskammer-Abgeordneten rechtsstaatlich handeln.

Dessen ungeachtet vertieft sich die Krise der DDR-Wirtschaft. Nur weil es ein neues Parlament gibt, bezahlen die Betriebe noch lange nicht ihre wechselseitigen Rechnungen oder widerstehen Betriebsleiter den Avancen westdeutscher Investoren und Berater. Im Gegenteil: Die Zahl der Joint Ventures nimmt nach der Wahl weiter zu. Einige Generaldirektoren und Betriebsleiter versuchen sogar, die Kombinate oder Volkseigenen Betriebe auf sich selber übertragen zu lassen und deren Eigentümer zu werden.[11]

Detlef Scheunert beobachtet in den nächsten Wochen mit Interesse die Versammlung von Theologen, Wissenschaftlern, Künstlern, Publizisten, Ärzten, Diplomingenieuren, Lehrern und Handwerksmeistern, die die Volkskammer bilden. Die Abgeordneten sind vom ersten Tag an völlig überfordert, ist sein Eindruck. Die frischgebackenen Parlamentarier haben weder wie er auf einer staatlichen Führungsakademie gelernt, wie man Abläufe strukturiert und große »Organisationseinheiten« führt, noch kennen sie das wirkliche Ausmaß der Krise der DDR-Wirtschaft. Die vielen kleinen Tricks, mit denen über Jahre die Bilanzen geschönt wurden, die Nebenkassen, die Produktionsengpässe, die Lieferdeals mit dem Westen, für den man Elektrogeräte und Kleidung produzierte. Diese Waren wurden dem Klassenfeind unter Produktionswert verkauft, weil man dringend Devisen brauchte. Das war für Scheunert der Alltag. Für viele Angeordnete ist dieses Chaos neu.

Noch mehr wundert sich Scheunert über die Westdeutschen, die in der Volkskammer überall präsent sind. Die Ost-SPD wird vor allem von der Ruhr-SPD beraten. Die Volkskammer-Präsidentin Sabine Bergmann-Pohl hat Berater aus dem Westen, die nebenan in einem eigenen Büro sitzen. Die CDU, die FDP, die Grünen – alle Parteien aus dem Westen haben Einflüsterer geschickt. Doch nicht nur politische Berater lernt Scheunert kennen, auch Konzernlobbyisten laufen ihm über den Weg. Er erkennt die Westdeutschen »nach fünf Sekunden« an der Kleidung, an den teuren Anzügen und den feinen Lederslippern aus Italien. Sie sitzen in der Lobby der Volkskammer, stehen in den Fluren, teure Aktentaschen in der Hand, und reden auf die neuen Abgeordneten ein. Manche Ostdeutsche fallen durch bunte Krawatten zu grauen Anzügen aus 55 Prozent Polyester auf, »Made in Yugoslavia«.

Scheunert staunt, dass sich die Abgeordneten der DSU bald über Dienstwagen freuen dürfen – brandneue Audis –, die der Autohersteller aus Ingolstadt zur Verfügung stellt. Die westdeutschen Konzerne und ihre Verbände wollen nichts dem Zufall überlassen. Die Geschäfte, die sie seit Ende 1989 in der DDR angebahnt haben, sollen weiter laufen. Sollte es Probleme durch die neue Volkskammer geben, dann wollen sie rechtzeitig im Bilde sein. Die frei gewählte Volkskammer sollte zum ersten Mal unabhängig sein. Nun ist sie zwar nicht mehr dem Einfluss der SED, dafür aber dem der Lobbyisten und Berater aus dem Westen ausgesetzt.

Reinhard Höppner, Abgeordneter der SPD und gerade zum Vizepräsidenten der Volkskammer gewählt, macht ähnliche Beobachtungen wie Scheunert. Schon vor seiner Volkskammer-Zeit hatte er beobachtet, wie sich Interessengruppen aus dem Westen in der DDR ausbreiteten. Nicht nur den Parteien, auch den Industrie- und Handelskammern, den Lions- und Rotary-Clubs, Verbänden wie dem BDI (Bundesverband der Deutschen Industrie) oder dem VDI (Verein Deutscher Ingenieure) sowie den Gewerkschaften schien plötzlich zu dämmern, wie schnell die Wiedervereinigung kommen könnte. Überall in Ostdeutschland wurden Büros eröffnet und Seminare veranstaltet. »Wer zuerst kommt, mahlt zuerst. Da hat es einen Wettlauf gegeben«, so Höppners Analyse.

Höppner, dem Mathematiker aus Ost-Berlin, gefällt der Einfluss der vielen Westdeutschen nicht. Einem Jour fixe mit einem Westberater, der ihm erklären soll, wie man ein Parlament organisiert, entzieht er sich beharrlich. Ohne Frage ist vieles, was die frisch gewählten Abgeordneten zu entscheiden haben, völlig neu für sie, und sie sind dankbar für die Hilfe – in vielen Fällen auch Höppner. Dennoch fühlt er sich den Ratschlägen der Westdeutschen oft hilflos ausgeliefert, weil man sich ihnen nicht selten wider besseres Wissen ergeben muss. »Wir konnten neue Gesetze in der Volkskammer erlassen, soviel wir wollten: Die Gesetze West hatten sich schon lange ausgebreitet«, wird er später sagen. Oft erkennen die Abgeordneten gar nicht, welcher Berater an welcher Schraube gedreht und wem er was eingeflüstert hat. Am aktivsten ist der Lobbyist der großen Energiekonzerne aus dem Westen. Detlef Scheunert nennt ihn in Anlehnung an seinen Namen insgeheim »Schleimle«.

Der Energiesektor ist wie alles andere in der DDR-Wirtschaft staatsmonopolistisch organisiert. Fünfzehn Energiekombinate produzieren mit Braunkohlekraftwerken und zwei Kernkraftwerken den Strom für das ganze Land, gelenkt von einer gemeinsamen Führung. Für die westdeutschen Energiekonzerne ist das optimal: Kann man die Kombinatsführung unter Kontrolle bringen, hat man das gesamte Energiegeschäft des Landes im Griff.

Kartellierte Strukturen sind den Konzernen im Westen durchaus bekannt: Der Strommarkt in der Bundesrepublik wird von einem Oligopol beherrscht. Acht Anbieter haben fast die gesamte Produktion und die komplette Verbreitung der Energie unter ihrer Kontrolle. Wettbewerb gibt es kaum, die Anbieter haben sich abgesprochen, wer wo produziert und den Strom dann verteilen darf. Und das soll im wiedervereinigten Deutschland überall so sein. Konkurrenten aus dem In- oder Ausland kann man nicht brauchen. Lobbyisten wie »Schleimle« reden daher den Abgeordneten ein, dass im Energiesektor alles rasch geregelt werden müsse, sonst drohten den Ostdeutschen Stromausfälle und sie würden im Winter frieren.[12]

Doch die westdeutschen Stromkonzerne sind sich nicht auf ganzer Linie einig. Die drei größten Stromanbieter, das sind die VEBA-Tochter PreussenElektra, RWE und die Bayernwerk AG,[13] haben sich zu einem Konsortium zusammengeschlossen, das den Energiesektor in der DDR komplett unter seine Kontrolle bringen und die fünf kleineren Anbieter ausschließen will. Das Konsortium setzt die Volkskammer und die neue DDR-Regierung im großen Stil unter Druck: Die großen Drei müssen den Zuschlag bekommen, sonst sei die Energieversorgung der DDR nicht gesichert.

Werner Schulz hat sich das anders vorgestellt. Er ist seit den sechziger Jahren aktives Mitglied der Bürgerrechtsbewegung. Seit dem Prager Frühling 1968 hat er immer wieder das SED-Regime kritisiert. Er ist in der Umweltbewegung aktiv und hat anders als etwa Gerd Gebhardt von der Forschungsgruppe keine akademische Karriere in der DDR machen können. Weil er gegen den Einmarsch der Sowjets in Afghanistan protestierte, wurde ihm seine Stelle an der Universität kurz vor der Abgabe seiner Dissertation gekündigt.

Schulz hatte gehofft, dass in einer demokratischen DDR die Wirtschaftspolitik transparenter sein würde als in Westdeutschland, hatte geglaubt, dass sich die Politik nach diesem einmaligen Neuanfang den Interessen der Konzerne nicht unterordnen müsse. Mehr Wettbewerb, ja, mehr freie Marktwirtschaft sollte es in der DDR geben. Und nun muss er mit ansehen, wie die Lobby der Volkskammer von Konzernvertretern belagert wird, wie man den Abgeordneten »Flöhe ins Ohr« setzt.

Schon am Runden Tisch hatten ihn die Vertreter der westdeutschen Banken gestört, die plötzlich am Rande der Sitzung auftauchten, sich vorstellten und ihre Kärtchen verteilten, »man könne ja mal reden, man solle in Kontakt bleiben«. Die Banken, so scheint es ihm, sind immer als Erste dort, wo es etwas zu verteilen gibt; sie scheinen die feinsten Antennen zu haben, die registrieren, wenn sich die Machtverhältnisse ändern und irgendwo Geld zu machen ist.

Auch Matthias Artzt von der Forschungsgruppe hatte auf eine freie Marktwirtschaft gehofft, an der die DDR-Bürger mit ihren Anteilsscheinen beteiligt sein würden. Doch nun muss er von Gerd Gebhardt, der inzwischen als Berater für verschiedene Parlamentarier arbeitet, erfahren, wie die westdeutschen Stromkonzerne Fakten geschaffen haben. Gebhardt hat vor wenigen Tagen mit einer Volkskammer-Delegation das Energiezentrum in der Karl-Liebknecht-Straße besucht. Von hier wird der Strom in einige Stadtteile von Berlin verteilt. Die Führung durch die Schaltzentrale übernimmt der Staatssekretär Uwe Pautz. Pautz hat einst selbst in einem Braunkohlekraftwerk gearbeitet, ist Mitglied des Demokratischen Aufbruchs, sitzt am Runden Tisch und will trotzdem vor allem eines: die schnelle Einheit.

Staatssekretär Pautz führt der Delegation vor, wie effizient alles sein werde, wenn die großen Drei aus dem Westen die Stromverteilung übernehmen. Die Konzerne würden der DDR damit einen »Riesengefallen« erweisen. Gebhardt fragt daraufhin: Und warum hat man den Konzernen die Netze gleich mit versprochen? Weil auch das effizienter sei, antwortet der

Staatssekretär, man habe damit endlich den fürchterlichen Zentralismus beseitigt.

Dann zeigt Pautz, um den Fortschritt zu illustrieren, der Delegation die Schaltzentrale des Zentrums: Die Schaltkästen sind schon abgebaut. Die Versorgung kann nur noch durch den Westen und die Stromriesen, die dort das Netz kontrollieren, sichergestellt werden. Die DDR ist jetzt bereits abhängig von den großen Drei aus dem Westen. Tatsächlich wollen die westdeutschen Stromkonzerne das Verteilungsnetz kontrollieren, um Schritt für Schritt auch den Osten Europas zu erobern. Das wollen Schulz und andere Volkskammer-Abgeordnete nicht akzeptieren. Sie beschließen, gegen die Stromkonzerne anzukämpfen.

Der Goldrausch, der die deutschen Konzerne seit dem Mauerfall erfasst hat, wird allmählich offenbar und öffentlich diskutiert. Anfang April gibt der Chef des westdeutschen Kartellamts, Wolfgang Kartte, dem Magazin »Der Spiegel« ein Interview. Er wird gefragt, ob er sich den Übergang zur Marktwirtschaft in der DDR so chaotisch vorgestellt habe. Kartte antwortet: »Ich habe doch Ludwig Erhard gelesen. Er hat 1953 schon geschrieben, daß ein bißchen Chaos nötig ist, wenn aus der Asche kommunistischer Mißwirtschaft eine Marktwirtschaft entstehen soll ... Chaotisches ist hüben wie drüben im Gange, sozusagen Wild-West und Wild-Ost. Man muß das laufen lassen, wir sollten das in Kauf nehmen.«

Kartte setzt darauf, dass sich der Markt zunächst selber reguliert: »Wir sollten nicht überall zu fummeln und alles zu regeln versuchen. Marktwirtschaft kann sich nur bilden, wenn sie von unten her wächst. Wir sollten natürlich auch in der Wettbewerbspolitik immer versuchen, den GAU, den größten anzunehmenden Unfall, zu verhindern. Andererseits muß man auch den Mut haben, viele Dinge laufen zulassen. Wir sollten uns aber eine Distanz zu diesem fruchtbaren, zu diesem kreativen Chaos bewahren. Wir stehen nämlich vor einer völlig anderen Situation als 1948 in der Westzone, als alle arm waren. Jetzt haben wir auf der einen Seite die arme DDR, auf der anderen den großen reichen Bruder, der helfen kann.«

Der Chef des westdeutschen Kartellamts bekennt aber, dass er kaum Einfluss auf die Situation in der DDR hat: »Wir beobachten mit Argusaugen, was sich drüben tut, und wir verfolgen auch, welche Auswirkungen das auf den Wettbewerb in der Bundesrepublik hat. Nach unserem geltenden Kartellgesetz ist die DDR für uns noch Ausland. Wir können also drüben mit unserem Gesetz nicht einmarschieren.«[14]

Kann der Westen nicht? Die Bundesregierung tut genau das. Nicht nur die Konzernlobbyisten und die Parteiberater aus dem Westen sind in die DDR eingefallen, auch die Beamten aus Bonn kommen lange bevor die Wiedervereinigung ausgehandelt ist.

17. April 1990,
Ost-Berlin

Bundesinnenminister Wolfgang Schäuble reist mit Hans Tietmeyer, einem beurlaubten Mitglied des Bundesbank-Vorstandes und Berater des Kanzlers, zum DDR-Ministerpräsidenten Lothar de Maizière. Schäuble soll herausfinden, wie viel Geld die DDR von der Bundesregierung erwartet. Der Innenminister notiert: »Es war Lothar de Maizière genauso klar wie Tietmeyer und mir, daß mit Einführung der Westwährung die DDR-Betriebe schlagartig nicht mehr konkurrenzfähig sein würden.«[15]

Öffentlich macht die Bundesregierung diese Erkenntnis nicht. Im Gegenteil: Wenige Tage zuvor hat Helmut Kohl bei der 125-Jahr-Feier des Chemieriesen BASF gesagt: »Wie in der Bundesrepublik kann auch in der DDR die soziale Marktwirtschaft aus dem Nichts funktionieren.«

Das Buch des Jüngsten Gerichts

19. April 1990,
London

Philip Wright beginnt seine Karriere als Verkäufer staatlicher Betriebe in seiner Heimat England. Eigentlich ist er gelernter Buchhalter, doch sein Arbeitgeber Price Waterhouse erweitert in den achtziger Jahren das Geschäftsfeld und organisiert die Privatisierung staatlicher Unternehmen im Königreich. Mit dem Amtsantritt Margaret Thatchers 1979 hatte die Tory-Regierung begonnen, Staatsbeteiligungen abzustoßen: Krankenhäuser, die Telecom, Bergwerke, Anteile an Computerfirmen, Flughäfen und Raumfahrtkonzernen sowie an British Petroleum (BP). Mehr Wettbewerb, niedrigere Kosten will man offiziell durch die Verkäufe erreichen; inoffiziell geht es um schnelles Geld für den Staat und die Einschränkung der gewerkschaftlichen Macht.[1]

Philip Wright macht unter anderem aus staatlichen Busunternehmen – davon gab es etliche in England, Wales und Schottland – private Firmen. Er hilft dabei, sie an Investoren zu verkaufen. Wright organisiert die Privatisierungen erfolgreich und lernt viel darüber, wie man Staatsbeteiligungen in private Unternehmen umwandelt.

Ende der Achtziger verabschiedet sich der Ostblock langsam vom Sozialismus. Ungarn macht den Anfang. Wright fliegt nach Budapest und berät die dortige Regierung, wie man am effektivsten die Planwirtschaft auf ein kapitalistisches System umstellt. Er wird schnell ein gefragter Ansprechpartner in den ehemals sozialistischen Ländern. In all diesen Ländern träumt man davon, schnell ein Teil der globalen Marktwirtschaft zu werden.

Die neue DDR-Regierung fragt im Frühjahr 1990 um Rat. Wright und sein deutscher Kollege Kilian Krieger können sich daher frei in der Volkskammer bewegen. Sie sprechen vor den Ausschüssen des Parlaments und haben regelmäßig Termine mit Mitgliedern der Regierung de Maizière.[2]

Wright lernt auch Vertreter der westdeutschen Regierung kennen. Er ist beeindruckt und überrascht, wie pragmatisch die Deutschen sind. Sie wissen, dass ein gigantischer Eigentumstransfer bevorsteht, und sie sind bereit, eventuelle Probleme bei diesem Prozess zu akzeptieren. Wichtig ist ihnen, dass alles möglichst schnell geht. In England würde der Prozess nach Wrights Einschätzung sehr viel länger dauern; man würde versuchen, jedes Detail zu bedenken, damit das Verfahren fair und geordnet ablaufen kann, und darüber sehr viel Zeit verlieren.

Wright wundert sich, dass die zentrale Frage – wie können die Ostdeutschen, Menschen ohne Kapital, am Kapitalismus teilnehmen, Eigentümer werden – überhaupt nicht diskutiert wird. Es scheint den Deutschen wichtiger zu sein, dass alle Gesetze, die an den Sozialismus erinnern, so schnell wie möglich abgeschafft werden. Ähnlich war es in Ungarn. Dort entschied die Regierung, die Bevölkerung nicht an den ehemaligen Staatsbetrieben teilhaben zu lassen. Voucher oder Anteilsscheine wurden zunächst nicht ausgegeben, stattdessen wurden die Unternehmen innerhalb weniger Monate an international operierende ausländische Konzerne verkauft.[3] Die Verkäufe lösten einen wirtschaftlichen Boom aus und machten zumindest einige Ungarn reich.

Philip Wright ist nicht nur Buchhalter, sondern auch studierter Historiker. Ostdeutschland nach dem Mauerfall erinnert ihn an die Epoche von Wilhelm dem Eroberer.

Herzog Wilhelm II., geboren in der Normandie, griff Ende des 11. Jahrhunderts England mit 600 Schiffen und 7000 Soldaten an. Seine Armee vertrieb, tötete und enteignete den eingesessenen angelsächsischen Adel. An seine Stelle setzte »Wilhelm der Bastard«, wie die Angelsachsen ihn nannten, normannische Ritter als Lehnsherren ein. Die neuen Eigentums- und Lehnsverhältnisse wurden in einem Buch festgehalten. Jeder Besitztitel, jedes Grundstück, jedes Schloss wurde darin aufgelistet; jede Legitimation von Landbesitz entsprang fortan allein diesem Lehnsregister – bis heute. Das Register bekam einen martialischen Namen: *Domesday Book* – Buch des Jüngsten Gerichts. Jede Regelung darin war unantastbar und sollte bis zum Jüngsten Gericht gelten.

Wright ahnt im Frühjahr 1990, dass Ostdeutschland etwas Ähnliches bevorsteht.

Die Bürgerrechtler haben zu diesem Zeitpunkt den Kampf um das »Volkseigentum« trotz der krachenden Wahlniederlage noch nicht aufgegeben, im Gegenteil: Er scheint ihnen jetzt noch wichtiger, denn nichts hat sich geändert. Der Ausverkauf der lukrativen Teile der DDR-Wirtschaft wird nicht gestoppt, da immer noch niemand zuständig ist.

Anfang April sind Wolfgang Ullmann, Gerd Gebhardt und Matthias

Artzt Gäste einer Talkshow in einer Kneipe in Prenzlauer Berg. Das Thema lautet: »Die Verwandlung des Volkseigentums«. Der designierte DDR-Wirtschaftsminister, ein Westdeutscher, verspricht den Bürgern Anteile an ihren Wohnungen. Ein Vertreter des neuen Verbandes der Volksaktionäre e.V. tritt als »Eigentümervertreter« auf. Matthias Artzt verweist darauf, dass man nur einen Teil des Gemeinschaftseigentums an den Staat und Stiftungen geben wolle, der Rest solle in Form von Anteilsscheinen oder »Schecks« an die Ostdeutschen verteilt werden, schließlich gehöre das Volkseigentum den DDR-Bürgern schon.

In der Kneipe wird geraucht und Bier aus großen Krügen getrunken. Ein Mann in einer schwarzen Lederjacke ruft aus dem Hintergrund: »Wie lange gehört uns det?« Ein Kellner, der neben der Theke steht, schaut interessiert in seine Richtung. Der Mann ruft noch einmal: »Wie lange?«

Gerd Gebhardt sitzt nicht in der Runde, sondern an einem Tisch am Rande. Er trägt einen dunkelgrauen dreiteiligen Anzug mit roter Krawatte. Er raucht, meldet sich erregt zu Wort, springt auf und sagt: »Ich bin einer der Erfinder …, eines der Mitglieder der freien Forschungsgemeinschaft. Es ist bisher nur der erste Schritt erfüllt, nämlich dass die Treuhand eingeführt ist. Das birgt eine große Gefahr. Denn jetzt haben sich GmbHs gegründet, oder die VEBs wurden in Aktiengesellschaften umgewandelt. Und jetzt ist völlig unklar, wer nun der Besitzer ist. Und jetzt muss der zweite Schritt kommen. Denn so, wie es jetzt ist, erwecken viele bisherige SED-Direktoren und ihre Parteisekretäre, die sich …« – Beifall, »Genau!«-Rufe, die Zuschauer klopfen auf die Tische – »… die sich zu Gesellschaftern ernannt haben, die verhalten sich, als seien sie die Besitzer und feuern ihre Konkurrenten und die, die fähig sind. Und das darf nicht sein! Das darf nicht sein! Deshalb [jetzt] Schritt zwei, Ausgabe der Anteilsscheine für jeden DDR-Bürger.«

Das Publikum übertönt seine letzten Worte, so laut klatschen, rufen und klopfen die Leute in der Kneipe.[4]

25. April 1990,
Ost-Berlin

Viele DDR-Bürgerrechtler sind Akademiker und Kirchenmitglieder. In diesen Nischen konnten sie ihre Kritik an dem System formulieren, offener sprechen. Als Akademiker kam man überdies an kritische Bücher aus dem Westen heran und war, wenn man Glück hatte, über geistige Entwicklungen in der Welt informiert. Auch die neu gegründete SPD-Ost ist keine Partei der Arbeiter, sondern eine Plattform für Wissenschaftler und Theologen.

Der neue DDR-Finanzminister Walter Romberg von der SPD ist einer dieser unabhängigen Geister. Er ist Physiker, dazu Professor der Mathematik, und er engagiert sich in der Kirche. Bis zur Wende arbeitet er in einem Mathematik-Verlag. Romberg trägt eine schwarze Hornbrille, ist schlank und hoch aufgeschossen, auf Augenhöhe mit Bundeskanzler Kohl. Er hat viele Kontakte in Entwicklungsländer und steht dem Währungsfonds und der Weltbank kritisch gegenüber. Romberg und andere Mitglieder der neuen Regierung dachten noch im März, dass sie zwei Jahre Zeit haben würden, ein Konzept zur Strukturanpassung der DDR-Wirtschaft zu entwickeln. In Bonn, das spürt der Minister Romberg nun fast jeden Tag, sieht man das ganz anders. Dort will man, dass die Regierung in Ost-Berlin die gesamtdeutschen Verträge möglichst schnell durchwinkt.

Offiziell beginnen die Verhandlungen über die Wirtschafts- und Währungsunion an diesem Mittwoch in Ost-Berlin. Walter Romberg hat jedoch bereits kurz nach seinem Amtsantritt von westdeutschen Beamten vorformulierte Gesetzestexte zur Wirtschafts- und Währungsunion auf seinem Schreibtisch vorgefunden. Diese Texte solle er zum Bestandteil des Staatsvertrages machen, so die Aufforderung aus Bonn.[5] Dabei muss Romberg sich erst einmal in westdeutsches Recht einarbeiten, denn das soll er ja mit der Währungsunion in der DDR einführen. Auf der westdeutschen Seite gibt es dagegen eine große Schar von spezialisierten und erfahrenen Juristen. Romberg ist kein ausgebuffter Politprofi, aber er ahnt, dass seine Regierung dem nichts entgegenzusetzen hat.[6]

Den Vertragstext hat eine Hundertschaft von Bonner Beamten seit Ende März schon zu großen Teilen verfasst, wie Thilo Sarrazin zufrieden festhält,[7] denn Bundesfinanzminister Theo Waigel hatte das Gesetz am 27. März in Auftrag gegeben. Sarrazin und andere aus dem Bonner Ministerium fürchten allerdings, dass ein fertiger Vertrag bei der neuen DDR-Regierung als »Verhandlungsdiktat« wahrgenommen werden könnte,[8] und beschließen kurzerhand, die Ostdeutschen anzulügen: Es gebe bisher nur Überlegungen auf Beamtenebene, lautet die offizielle Sprachregelung.

Sarrazin hat inzwischen errechnet, dass die Bundesrepublik nach einer Vereinigung jedes Jahr wohl 100 bis 150 Milliarden D-Mark aufwenden muss, um Ostdeutschlands Wirtschaft und Infrastruktur wieder aufzubauen. Die Maschinen, die Fabriken, den »physischen Kapitalstock« hält er für »reinen Schrott«. Sein Chef Horst Köhler lässt den entsprechenden Vermerk in der Schublade verschwinden. Für Sarrazin ist trotzdem klar: »Wir bezahlen alles, also bestimmen wir alles.«

Reinhard Höppner, Vizepräsident der Volkskammer, registriert, dass nicht mehr »Berater, sondern Befehlshaber« aus dem Westen in Ost-Berlin auftreten. Bei manchen Sitzungen, erfährt Höppner, entziehen westdeutsche Beamte dem Finanzminister Walter Romberg das Wort.[9] Romberg macht sich bereits eine Woche nach seiner Vereidigung in Bonn unbeliebt, weil er öffentlich anmerkt, dass 70 Prozent der Unternehmen in der DDR nach der Währungsunion nicht mehr lebensfähig seien.[10]

Wie es um die DDR-Wirtschaft steht, ist längst kein Geheimnis mehr. Bereits im Laufe des März werden präzise Zahlen öffentlich: Ausgerechnet der Bericht der DDR-Staatsbank ist durchgesickert.[11]

Die DDR ist im Ausland mit 34 Milliarden D-Mark verschuldet, die ostdeutschen Betriebe haben 200 Milliarden DDR-Mark Schulden. Thilo Sarrazin und die Beamten des Bundesfinanzministeriums wissen bereits seit März, dass die Schulden noch viel höher sind. Dennoch wiegelt der Bundesfinanzminister Theo Waigel in der Öffentlichkeit ab: Noch immer hätte die DDR-Regierung nicht alle Unterlagen vorgelegt, man kenne keine genauen Zahlen.[12]

Die Regierung in Bonn mauert, denn in Deutschland herrscht schon wieder Wahlkampf. Anfang Mai sind die ersten Kommunalwahlen in der DDR und zudem Landtagswahlen in Nordrhein-Westfalen.

30. April 1990,
Ost-Berlin

Walter Romberg erlebt in den Verhandlungen um den Staatsvertrag zur Währungsunion die Umsetzung der Strategie, die sich Thilo Sarrazin ausgedacht hat: »Alles oder Nichts. Wir geben Euch kein Geld, wenn Ihr uns nicht die Souveränität über die Währung abtretet und unser Wirtschaftskonzept übernehmt«, fasst Romberg zusammen.[13] Er hat das Gefühl, dass die Westdeutschen so auf das Tempo drücken, weil sie fürchten, dass Gorbatschow noch vor der Vereinigung gestürzt werden könnte.

Einen entscheidenden Punkt konnten die Finanzbeamten aus Bonn jedoch noch nicht ausgestalten: das Treuhandgesetz. Einige Mitglieder der DDR-Regierung und auch viele Abgeordnete halten an verschiedenen Bedingungen fest, die schon Matthias Artzt und Gerd Gebhardt vorgeschlagen hatten: Die Treuhandanstalt soll dezentral organisiert sein, sie soll vom Parlament kontrolliert werden, es sollen große Aktiengesellschaften gebildet werden, was wiederum nach westdeutschem Gesetz garantiert, dass die Belegschaft im Aufsichtsrat vertreten ist.

Auch die Anteilsscheine sind noch nicht vom Tisch. Das ist nicht im Sinne des Bonner Finanzministeriums. Dort strebt man den vollständigen Transfer des westdeutschen Systems an, und das sieht meist keine Teilhabe der Belegschaft am Betrieb vor, es sei denn, die Mitarbeiter kaufen Aktien des eigenen Unternehmens. Aber wie sollen DDR-Bürger sich das leisten?

An diesem letzten Tag im April meldet sich der Chef der Treuhandanstalt Peter Moreth zu Wort. Bisher hat er sich aus Diskussionen herausgehalten. Nun geht er in die Offensive und gibt der westdeutschen Tageszeitung »Die Welt« ein Interview. Moreth weist darauf hin, dass sich westdeutsche und ausländische Unternehmen auch nach Vollzug der Wirtschafts- und Sozialunion nicht beliebig an den Kombinaten und Volkseigenen Betrieben beteiligen können: »Wir teilen dieses Volksvermögen auf. An die Bürger der DDR geht sicher die Hälfte. Nur der Rest steht zum Verkauf.«[14] Den Wert des Staatsvermögens gibt Moreth mit 1000 Milliarden Ostmark an: »Nach der Währungsunion wird er bei 300 Millionen DM liegen.« Es gebe zwei Möglichkeiten, die DDR-Bürger daran zu beteiligen: Die Treuhand gibt Anteilsscheine aus, die jeder DDR-Bürger erwerben kann. Die Treuhand gewährt Rabatte »abhängig von der Zahl der Jahre, die der Anteilskäufer in der DDR gearbeitet hat«. Drei Jahre lange dürften die Anteile nicht verkauft werden. »Das Interesse ist schon jetzt groß«, sagt Moreth der Zeitung.

Darüber hinaus sollen die Arbeiter Belegschaftsaktien an ihren eigenen Unternehmen kaufen können – ohne Rabatt. An den verbleibenden 50 Prozent des Volksvermögens dürfen sich dann auch ausländische Unternehmen beteiligen: »Wer am meisten zahlt, erhält den Zuschlag.« Die provozierendste Idee des Treuhandchefs wird im letzten Absatz zitiert: »Das Geld will Moreth nicht an das Finanzministerium überweisen. Seine Idee ist vielmehr, die Treuhand zu einer (staatlichen) Beteiligungsgesellschaft weiterzuentwickeln, die mit Rat und Kapital sanierungsfähige Unternehmen unterstützt.«

Bonn droht die Kontrolle über das Volksvermögen zu verlieren. Das kann sich die westdeutsche Regierung nicht gefallen lassen.

Detlef Scheunert vertritt als Referent des Wirtschaftsministers oft auch die Staatssekretäre und seinen Minister im Wirtschaftsausschuss der Volkskammer. Er ist dabei, wenn um das Treuhandgesetz gerungen wird und die westdeutschen Berater auch in diesem Bereich Einfluss zu nehmen versuchen.

Eines Tages wird er zu Peter Moreth geschickt, um mit dem Anstaltschef Details zum Treuhandgesetz zu besprechen. Als Scheunert Moreths

Büro betritt, sitzt der hinter einem leeren Schreibtisch: »Junger Mann«, begrüßt er ihn, »ich glaube, Ihnen hat keiner gesagt, dass ich kaltgestellt bin. Ich bin die falsche Adresse. Ich weiß gar nichts.« Moreth hatte sein letztes Interview als Treuhandchef gegeben.

10. Mai 1990,
Ost-Berlin

Peter Moreth wird offiziell als Treuhandchef entlassen. Lothar de Maizière lässt verlauten, Moreth habe noch sozialistischen Ideen nachgehangen. Vorübergehend übernimmt Wolfram Krause, der die Treuhand mit entwickelt hat, die Geschäftsführung. Die Nerven liegen blank. Auch beim DDR-Finanzminister. Walter Romberg liefert sich an diesem Donnerstag eine Redeschlacht mit seinem Kabinettskollegen Günther Krause, von westdeutschen Politikern der »kleine Krause« genannt, in der Volkskammer. Der parlamentarische Staatssekretär Krause erklärt dem Plenum, wie schlecht es um die DDR-Wirtschaft steht, und präsentiert dabei Zahlen, die selbst der Finanzminister Romberg noch nicht kennt.[15] Nur 32 Prozent der Betriebe arbeiteten rentabel, so Krause. Die Verschuldung der DDR werde bis Ende des nächsten Jahres auf 120 Milliarden D-Mark anwachsen. Die Euphorie ist verflogen.

Am Wochenende verliert die CDU die Landtagswahlen in Nordrhein-Westfalen und in Niedersachsen, wo der Kandidat Gerhard Schröder den langjährigen Ministerpräsidenten Ernst Albrecht stürzt. Die SPD hat jetzt die Mehrheit im Bundesrat.

14. Mai 1990,
Ost-Berlin

Am Montagmorgen tagt der CDU-Vorstand. Helmut Kohl fordert nach der Sitzung zum ersten Mal gesamtdeutsche Wahlen im Dezember oder Januar. Bisher waren nur in der Bundesrepublik Wahlen für Ende des Jahres geplant. Doch die Wirtschaftsdaten in der DDR werden immer bedrohlicher. Die Presse kommentiert Kohls Schachzug: »Wählen bevor es zu spät ist.« Noch käme die CDU auf 51 Prozent bei gesamtdeutschen Wahlen, wenn am nächsten Sonntag gewählt werden würde.[16]

DDR-Finanzminister Walter Romberg trifft an diesem Tag seinen westdeutschen Gegenpart Theo Waigel zum ersten Mal – bislang hatten immer die Verhandlungsteams den Staatsvertrag vorbereitet, die Chefs der Ministerien verhandelten nicht direkt. Das erste Treffen der beiden soll zugleich das letzte vor der Unterzeichnung des Vertrages zur Wirtschafts- und Währungsunion am Freitag sein: Doch es kommt zum Eklat. Romberg stellt sich quer. Waigel und sein Stab wollen eigentlich nur wissen, wie der DDR-Haushalt im Jahr 1990/91 aussehen wird, um die Kosten, die auf Westdeutschland zukommen, durchrechnen zu können. Romberg dagegen will Prinzipielles ansprechen. Thilo Sarrazin kommt Romberg »aufs Äußerste belastet« vor. Wie soll ein Mathematikprofessor, Wissenschaftler und »Idealist mit hohem Verantwortungsgefühl« so kurzfristig Entscheidungen treffen, die von historischer Bedeutung sind, fragt er sich.[17] Der DDR-Finanzminister tut ihm leid. Sarrazin arbeitet lieber mit den alten Kadern zusammen, die sind in seinen Augen »ausgeschlafen«, »wendig« und »sprechen die Sprache der Macht«. Dass die Macht jetzt sehr schnell an die Westdeutschen übergehen wird, haben die Kader im Gegensatz zu Romberg längst verstanden, so Sarrazins Eindruck.

Romberg spricht unter anderem lange über die Treuhand, welche Rolle sie haben soll, wie sie ein Instrument zur Gesundung der Wirtschaft werden kann. Zahlen will er nicht herausgeben, ohne vorher seinen Ministerpräsidenten gefragt zu haben.[18] Die Gespräche werden abgebrochen, die Vertragsunterzeichnung ist in Gefahr.

Einen Tag später verständigt sich die Koalition in Bonn auf die Eckpunkte der Wirtschafts- und Währungsunion. In diesem Zusammenhang kritisiert Helmut Kohl den DDR-Finanzminister Walter Romberg scharf, der die Finanzlage der DDR nicht ausreichend offengelegt habe.[19]

Am Donnerstag, 24 Stunden vor der Vertragsunterzeichnung, erscheint der DDR-Finanzminister erneut in Bonn und legt die Zahlen auf den Tisch. Romberg gibt endgültig nach.

18. Mai 1990,
Bonn

Ein klarer, wolkenloser Frühlingstag. Am Nachmittag versammeln sich das Bundeskabinett, der Ministerrat der DDR sowie zahlreiche Gäste im Gobelinsaal des Palais Schaumburg, in dem bis in die siebziger Jahre das Kanzleramt untergebracht war. Der Staatsvertrag zur Wirtschafts-, Währungs- und Sozialunion, wie er schließlich heißt, soll heute von den beiden Finanzministern am Schreibtisch Konrad Adenauers unterzeichnet werden. Der DDR-Finanzminister Walter Romberg ist zur Räson gebracht worden, wie Thilo Sarrazin mit Genugtuung zur Kenntnis nimmt. Niemand steht dem Vertrag mehr im Weg.

In der Nacht hat das Bundesfinanzministerium die letzten offenen Punkte formuliert, festgehalten in der »Anlage IX« des Vertrages: Darin verpflichtet sich die DDR, in ausreichender Zahl und Größe Grundstücke in Gewerbegebieten zur Verfügung zu stellen, die auch von Westdeutschen als Eigentum erworben werden können. Die DDR werde im Übrigen, heißt es weiter in der Anlage, Volkseigenen Betrieben das Eigentum an den Betriebsgrundstücken überlassen. Wer also in der DDR einen Betrieb kauft, erwirbt auf jeden Fall auch das Grundstück, auf dem dieser steht.[20] Von Anteilsscheinen der DDR-Bürger steht in der Anlage nichts.

Die Zeremonie dauert knapp eine Stunde. Zunächst spricht Helmut Kohl, dann Lothar de Maizière. Der DDR-Ministerpräsident hat seine Rede kaum beendet, da drängt Helmut Kohl seinen Finanzminister Waigel zur Unterschrift.[21] Es »vollzieht sich etwas Großartiges, immer noch kaum Begreifliches«. Kaum jemand bleibt während der Zeremonie »unberührt«, notiert Sarrazin später.[22] In Anlehnung an die Bibel fügt er hinzu: »Die meisten von uns wussten, es würden schwere Zeiten kommen. Gleichwohl, in diesem Moment schien sich die Zukunft in den lichten Farben des Frühlingshimmels draußen im Park zu öffnen. Wir schauten zurück auf das vollbrachte Werk und dachten, dass es gut war.«

Mit der Unterschrift von Walter Romberg unter den Vertrag, den zum großen Teil Bonner Beamte verfasst haben, ist besiegelt, dass die DDR nicht mehr souverän über die eigenen Finanzen und die eigene Währung bestimmen kann. Walter Romberg empfindet die Unterschrift als einen »Akt der Unterwerfung«.[23] Seit gut vier Wochen ist er DDR-Finanzminister und verliert nun fast all seine Macht. »Wir sind gejagt worden«, sagt er später.

Diese Jagd ist nun fast vorbei.

Doch der sehr weit gehende Staatsvertrag regelt nicht, wie die Treuhand, das wichtigste Instrument des Bundesfinanzministeriums in der DDR, in Zukunft organisiert sein soll.

Frankfurt am Main,
am selben Tag

Eine merkwürdige Gruppe trifft sich an diesem Freitag im Nervenzentrum des deutschen Bankwesens: Aus Ost-Berlin sind zehn ostdeutsche Wirtschaftspolitiker angereist, die auf zehn westdeutsche Bankiers treffen. Es geht um die Treuhandanstalt.

Die DDR-Delegation hat einen Entwurf des Treuhandgesetzes mitgebracht, den das Direktorium der Anstalt erarbeitet hat.[24] Von den Vorschlägen des gefeuerten Treuhandchefs Peter Moreth ist nichts mehr übrig. Unter anderem sieht der Entwurf vor, dass die Volkskammer Anteile von ostdeutschen Kapitalgesellschaften zu festgelegten Quoten verkaufen darf. Die Bankenvertreter machen in dem Gespräch deutlich, dass ihnen das nicht reicht. Sie wollen, dass das Treuhandstatut vom März, das Wolfgang Ullmann vorgestellt hat, durch ein neues Gesetz abgelöst wird. Das soll zwingend eine klare und liberale Grundlage für die schnelle Privatisierung des Volkseigentums schaffen – ohne Quoten und Beschränkungen. Die westdeutschen Banker betonen gegenüber der DDR-Delegation, dass andernfalls kein westdeutsches Unternehmen oder Finanzinstitut in der DDR investieren wird.[25]

Zwei Tage zuvor, am 16. Mai, hat der DDR-Ministerpräsident Lothar de Maizière von westdeutschen Bankern dieselbe Botschaft empfangen: Investition nur, wenn die Investoren die Mehrheit der Unternehmen übernehmen dürfen. Außerdem solle man die Beteiligungen der Treuhand nicht in Form von Aktiengesellschaften organisieren, das würde zu viel Mitbestimmung der Belegschaften möglich machen.[26]

Um die Dinge voranzutreiben, entwirft eine Arbeitsgruppe der Banken übers Wochenende ein eigenes Papier, das die Forderungen und Ratschläge der potenziellen westdeutschen Kapitalgeber zusammenfasst. Am Montag trifft man sich in Bonn. Die Delegation aus Ost-Berlin besteht nur noch aus zwei Unterhändlern: Wolfram Krause und Staatssekretär Martin Dube aus dem DDR-Wirtschaftsministerium. Dube ist ein Kollege von Detlef Scheunert und Mitglied des Demokratischen Aufbruchs.

Die beiden Ostdeutschen sitzen in Bonn sechs Westdeutschen gegenüber. Eingeladen hat der Wirtschaftsrat der CDU – eine Lobbygruppe deutscher Unternehmer, die zentrale Interessen ihrer Klientel bei der CDU durchzusetzen versucht. Rüdiger von Voss, der Geschäftsführer des Rates, leitet das Treffen. Anwesend sind außerdem ein Vertreter des Kanzleramts, ein Beamter aus dem Bundesfinanzministerium, ein weiteres Mitglied des Wirtschaftsrates, ein Anwalt aus einer Münchner Kanzlei und der Bankier Eberhard Weiershäuser. Weiershäuser wurde von den Geldhäusern zum Verhandlungsführer der bundesdeutschen Banken in Sachen Treuhand bestimmt. Er ist ein erfahrener Mann. Vor Jahren hat er die überschuldete Neue Heimat in eine Treuhandgesellschaft überführt. Er gehört dem Wirtschaftsrat der CDU an und strukturiert im Hauptberuf das Kreditgeschäft für die Privatbank Schröder, Münchmeyer, Hengst & Co. (SMH).[27]

Die SMH und ihr Angestellter Eberhard Weiershäuser übernehmen die Federführung bei der Beratung der DDR-Regierung in Sachen Treuhandgesetz. Weiershäuser legt den beiden Ostdeutschen zunächst sein Thesenpapier vor. Es ist gerade anderthalb Seiten lang. Darin heißt es klipp und klar im ersten Satz: »Ohne Klärung des Eigentums keine Finanzierung. Ohne Finanzierung keine Restrukturierung der DDR-Wirtschaft.«[28] Zumindest der erste Satz entspricht ziemlich genau dem Grundgedanken der Forschungsgruppe um Ullmann, Artzt und Gebhardt.

Gegen die Institution Treuhand haben die westdeutschen Banker nichts, im Gegenteil. Die Überschrift des Thesenpapiers von Weiershäuser lautet: »Treuhandanstalt = die schicksalhafte Schlüsselrolle in der Umstrukturierung der DDR-Wirtschaft«.

Und weiter: »Das Modell der Treuhandanstalt ist der einzige Lösungsansatz, wenn richtig gemanagt. Nur höchste Qualität von Managern und Beamten garantiert Erfolg (Trümmerhaufen abgehalfterter Ex-SED-Beamter ist ein Todesurteil für die Treuhandanstalt und den Privatisierungsprozess). Jedem Industriesegment ist ein unabhängiger Industrie-Experte höchsten Kalibers aus Westdeutschland (in Ausnahmefälle aus EG-Staaten) zur Seite zu stellen.

Eine so strukturierte Treuhand …

– maximiert die Erlöse aus dem Verkauf des ›Volksvermögens‹
– und minimiert dadurch gleichzeitig die ›Kosten‹ und Folgekosten für die BRD.«

Noch etwas anderes sieht der Banker voraus: Kriminalität. Daher fordert er in seinem Papier: »Dem AR [Aufsichtsrat] untersteht eine starke unabhängige Kontroll-(Revisions-)Truppe, um die ›Unsauberkeiten‹ in diesem hochbrisanten Prozess zu minimieren.«

Offenbar macht sich Eberhard Weiershäuser schon jetzt um das Ansehen der Institution Treuhand Sorgen: »Die Treuhandanstalt muss von einem angesehenen DDR-Manager/Politiker geführt werden.«[29]

Die westdeutschen Banken haben durch ihren Verhandlungsführer und dessen Papier ihre Position klar bestimmt. Der Grundstein für das Treuhandgesetz ist gelegt, das von Juli an die Arbeit der mächtigsten Behörde der Nachkriegszeit legitimieren wird.

Das deutsche Buch des Jüngsten Gerichts kann geschrieben werden.

Das Recht des Stärkeren

Ende Mai 1990,
Essen

Kupferdreh ganz im Südwesten von Essen ist eine der schönsten Ecken der Stadt. Hier lebt Michael Rottmann in einem schmalen Reihenhaus, 100 Meter neben der Autobahn 44. Mehr als das Haus mit der bräunlichen Fassade und dem kleinen Garten hinter dem Lärmschutzwall kann sich der Ingenieur Rottmann nicht leisten.

Rottmann ist 47 Jahre alt, mit einer Schulleiterin verheiratet und für die ganz große Karriere eigentlich schon zu alt. Mitte der 1980er verliert der Diplomingenieur zum ersten Mal seinen Arbeitsplatz, als sein Arbeitgeber Pleite geht. 1985 kommt er als freier Berater beim Anlagenbauer Babcock in Oberhausen unter. Später wird er fest angestellt, leitet eine Abteilung, hat Prokura und plant den Bau von Kraftwerken. Rottmann stammt aus Genthin in Sachsen-Anhalt, doch seine Familie verschlägt es in den Westen. Er studiert nach einem eher mäßigen Schulabschluss in Gelsenkirchen. Zeitlebens scheint er seinen Vater, unter dem er leidet, durch seine Karriere beeindrucken zu wollen – so die Einschätzung seiner damaligen Ehefrau.

Rottmanns Arbeitgeber, Babcock, hatte einst auch höhere Ziele. Der Konzern ist eines der DAX-Gründungsmitglieder und gehört damit zu den dreißig größten Firmen in Deutschland. Doch seit zwei Jahren erhalten die Aktionare keine Dividende mehr.[1] Trotzdem hat der Konzern in den letzten Jahren in ganz Deutschland Unternehmen dazugekauft.[2] Babcock baut Kernreaktoren, Müllverbrennungsanlagen und Braunkohlekraftwerke in aller Welt und ist bereits in den ostdeutschen Städten Cottbus und Frankfurt an der Oder aktiv. Die Oberhausener beschäftigten 30 000 Mitarbeiter und machen über sechs Milliarden D-Mark Umsatz. Aber sie haben sich auch in teure Auslandsgeschäfte verstrickt. Kunden in Kuwait, Saudi-Arabien und Irak zahlen die Rechnungen nicht. Mit der Sowjetunion macht man ebenfalls Geschäfte, doch momentan ist die Konzernleitung vorsichtig. Das Land steht vor dem Bankrott, die Unternehmen dort können keine Sicherheiten mehr bieten.[3]

In dieser schwierigen Situation schickt das Unternehmen Michael

Rottmann in den letzten Maitagen nach Ost-Berlin. Er soll sich eine ostdeutsche Firma, eine potenzielle Neuerwerbung, gründlich ansehen. Das Kaufobjekt: der ehemalige Volkseigene Betrieb Deutsch-Sowjetische Freundschaft – Wärmeanlagenbau, nun Wärmeanlagenbau Berlin GmbH (WBB).

Rottmann ist füllig und nicht der sportliche Typ, tritt aber in Ost-Berlin dynamisch und raumgreifend auf. Er verbringt viel Zeit in der WBB-Zentrale in Berlin-Mitte – ein mächtiger Altbau am Ufer eines Seitenarms der Spree mit 300 Räumen. Die Leipziger Straße ist gleich um die Ecke. Rottmann lernt die Geschäftsführung und einige andere Mitarbeiter von WBB kennen. Fast 1300 Menschen arbeiten in den verschiedenen Büros und Werken des Volkseigenen Betriebs in der ganzen DDR. WBB hat fast alle Heizkraftwerke in der DDR gebaut – und repariert. Die Firma ist somit im Wesentlichen ein riesiges Ingenieur- und Planungsbüro. An den vielen Fernwärmeleitungen in der DDR arbeiten die WBB-Mitarbeiter ebenfalls mit. Wenn es die »deutsch-sowjetische Freundschaft« verlangt, muss WBB auch Kraftwerke an der Erdgaspipeline im Osten der UdSSR bauen.

Einige WBB-Mitarbeiter freuen sich über den Besuch aus dem Westen. Sie wollen, was vielen der anderen DDR-Kombinate und Betriebe schon gelungen ist, schnell einen westdeutschen Investor finden. Dazu braucht man vor allem Vetriebs-Know-how und Zugang zu den westdeutschen Märkten.

Die WBB-Generaldirektoren gewähren dem Mann aus Oberhausen Einblick in die Buchhaltung der Firma. Rottmann erkennt schnell, dass der Volkseigene Betrieb WBB Werte von mehreren Hundert Millionen Ostmark in den Bilanzen versteckt hat. In ganz Ostdeutschland besitzt die Firma Immobilien und Grundstücke von großem Wert, unter anderem in der Berliner Wallstraße, wo sich die Zentrale befindet, und ein Areal in der Leipziger Innenstadt.

Der Konzernzentrale in Oberhausen meldet Rottmann seine Entdeckung nicht. Diese verborgenen Werte des WBB könnten seine Chance sein, doch noch die ganz große Karriere zu machen, aus dem Reihenhaus herauszukommen und es allen zu zeigen, die an ihm gezweifelt haben.

1. Juni 1990,
Bonn

Die Lobbygruppen der westdeutschen Unternehmen sind nicht untätig. Rüdiger von Voss, der Bundesgeschäftsführer des Wirtschaftsrats der CDU, hat verschiedene westdeutsche Wissenschaftler und einen weiteren Banker gebeten, ein Treuhandgesetz zu entwerfen: »Das Ganze wurde nicht öffentlich gehandelt, sondern war streng vertraulich. Wir haben aber nie Druck ausgeübt, sondern waren eines der Gesprächsforen«, so von Voss.[4] Da einer der beteiligten Wissenschaftler aus Bielefeld stammt, heißt das Beratungspapier »Bielefelder Konzept«.[5] In dem Entwurf wird vorgeschlagen, die Treuhand öffentlich-rechtlich zu organisieren, um sie staatsfern zu halten. Die einzelnen Unternehmensgruppen sollen in Aktiengesellschaften zusammengefasst werden. So wäre zumindest nach dem Gesetz die Mitsprache der Belegschaft sichergestellt. Die Autoren schreiben in dem Papier: »Die Problemstellung ist von kaum zu überschätzender Komplexität. Das betrifft sowohl den Umfang als auch die organisatorischen, rechtlichen und wirtschaftlichen Probleme. Es geht letztlich darum, das größte ›Unternehmen‹ der Welt zu organisieren.«[6]

In einem weiteren Papier, das im Bonner Bundeskanzleramt in Zusammenarbeit mit dem Bundeswirtschaftsministerium entsteht, halten die Beamten fest: »Die Mitwirkung des Parlaments läßt sich durch eine kontinuierliche Unterrichtung im Rahmen eines besonderen Parlamentsausschusses (z.B. Unterausschuss des Haushaltsausschusses) sicherstellen.«[7]

Das Parlament soll also nur unterrichtet werden, zustimmen muss es nicht.

Wolfram Krause liest die Konzepte. Er leitet in Ost-Berlin die Arbeitsgruppe, die das Treuhandgesetz formulieren soll. Anfang Juni, zehn Tage nach dem Treffen mit der Runde aus Regierungsbeamten und Finanzexperten in Bonn, hat Krause einen ersten Entwurf fertiggestellt. Der Text spiegelt deutlich den Einfluss der westdeutschen Berater wider: »§ 1: Das volkseigene Vermögen ist zu privatisieren … § 1, Absatz 2: Der Ministerrat trägt für die Privatisierung und Reorganisation des volkseigenen Vermögens die Verantwortung und ist der Volkskammer rechenschaftspflichtig … § 2, Absatz 2: Die Treuhandanstalt unterliegt der Aufsicht des Ministerpräsidenten.«[8]

Auch Fritz Holzwarth, der persönliche Berater von Ministerpräsident Lothar de Maizière, hat an dem Papier mitgearbeitet.[9] Krause, Holzwarth und zwei ostdeutsche Juristen treffen sich dazu meist im Ministerratsgebäude in der Klosterstraße. Oft stößt auch Thomas de Maizière zu der

Runde. Er hat sein Büro im selben Gebäude. De Maizière ist der Cousin des ostdeutschen Ministerpräsidenten, gerade 36 Jahre alt und ebenfalls Anwalt und CDU-Mitglied – allerdings ist der junge de Maizière in Bonn geboren und im Westen aufgewachsen.[10] Als Schüler ist er in die CDU eingetreten. In den letzten fünf Jahren hat er ein Grundsatzreferat der Senatskanzlei des Landes Berlin geleitet.[11] Nun hilft er als DDR-Staatssekretär seinem Onkel dabei, das Büro des Ministerpräsidenten aufzubauen und die gesetzliche Grundlage für die Treuhand zu schaffen.[12]

Am 1. Juni leitet die Arbeitsgruppe den Entwurf dem Wirtschaftsministerium in Bonn zu. Am 6. Juni, einem Mittwoch, diskutiert der DDR-Ministerrat das Gesetz.[13] Einen Tag später wird der Text der Volkskammer zur Beratung vorgelegt.[14] Die Abgeordneten erhalten ihn erst am Tag vor der Debatte, also sehr viel später als die Beamten in Bonn. Der Entwurf des Treuhandgesetzes soll dennoch im Eiltempo durch die Volkskammer gebracht werden. Wer alles daran mitgearbeitet hat, erfahren die Abgeordneten nicht.

7. Juni 1990,
Ost-Berlin

Gerade einmal zehn Tage bleiben dem Parlament, um das Gesetz durch alle Lesungen zu bringen. Die Treuhand wird aller Voraussicht nach die nächsten Jahrzehnte in Ostdeutschland beeinflussen, ihre gesetzliche Grundlage soll aber schon in gut einer Woche verabschiedet werden. Dieses Tempo kritisiert vor allem Günter Nooke, Mitglied von Bündnis 90: »Das hier vorgelegte Gesetz ist aus mehrfacher Sicht unakzeptabel, man könnte auch sagen, ein Skandal. Wie wir schon vor Wochen gesagt haben und nach den allerersten Entwürfen des Staatsvertrages befürchteten: ... [das ist] eine Volksenteignung in nie dagewesenem Ausmaß.« Gelächter bei den Mitgliedern von CDU und Demokratischem Aufbruch.[15]

Nooke fährt fort: »Das Ergebnis ist ein Volk von Sozialhilfeempfängern und Angestellten.« Erneutes Gelächter bei den konservativen Parteien. »Ich vertrete hier eine Bürgerbewegung. Und Bürger ist man, wenn man Eigentum hat. Die Eigentumsfrage muss geklärt werden, und genau das ist nicht passiert ... Weil man sich davor scheut, die Eigentumsfrage zu klären, macht man ein schlechtes Treuhandkonzept nach dem anderen.« Noch bestünde die Chance, Japaner und Nordamerikaner zu überzeugen, in Ostdeutschland zu investieren, so Nooke.[16] Man müsse ihnen nur deutlich machen, dass in der DDR »diese Verquickung zwischen Politik und Wirtschaft« aufgehoben ist. Das vorliegende Gesetz bewirke jedoch das Gegenteil: »Mit dieser Verfilzung sind die Gefahren einer jeden Bürokratie verbunden. Organisierter Ineffizienz und – was noch weitaus schlimmer ist – der Korruption werden Tür und Tor geöffnet ... Hier geht es um viele 100 Milliarden D-Mark, andernorts in der freien Welt werden schon für eine halbe Million Menschen umgebracht. Wir müssen uns als Parlament erst einmal die Gefahren bewusst machen.« Das Parlament hat keinen Zugriff auf die Treuhand, und die Anstalt haftet für ihren Vorstand – der völlig falsche Weg, so Nooke: »Das Treuhandgesetz lässt vermuten, dass es nur zu einer Liquidierung der Unternehmen kommt, also dass man sie bewusst in [den] Konkurs fährt und billig anbietet ... So kann man mit der Riesenmenge Volkseigentum nicht verfahren. Hier sind wohl die Interessen der zukünftigen Käufer: Die wollen mehr billige Konkursmasse übernehmen und nicht verwerten und damit wirtschaften.«

Am Ende erwidert ein CDU-Abgeordneter: »Herr Nooke, diese Regierung hat die Konkursverwaltung von 40 Jahren SED-Regime übernommen, und ein Konkursverwalter verfügt nicht über Vermögen, sondern er hat Schulden zu tilgen.« Nooke antwortet: »Die Ansichten hierzu sind verschieden in der internationalen Welt des Kapitals.« Der Protokollant vermerkt erneut: Heiterkeit im Plenum.[17]

Auch Reinhard Höppner von der SPD, einer der Vizepräsidenten der Volkskammer, liest den Gesetzentwurf mit Interesse. Er erkennt ein simples Prinzip: Das Treuhandgesetz orientiert sich am westdeutschen Konkursrecht. Die Treuhand soll als Konkursverwalter eingesetzt werden, die Unternehmen zu Geld machen, notfalls liquidieren, und wenn es dann noch geht, Arbeitsplätze retten. Schon bei der Währungsunion war Höppner aufgefallen, dass Bonn bei dem Projekt »Deutsche Einheit« wie eine Bank agiert – kühl rechnend und kalkulierend. Die Einführung der D-Mark ist eine Art Darlehen für die DDR, das der untergehende Staat bis zur Einigung bekommt; dafür will die »Bank Bundesrepublik« im Gegenzug eine Sicherheit: das ostdeutsche Staatsvermögen, das sogenannte Volkseigentum. Aus Bonner Sicht gehört dieses Vermögen nach der Einigung sowieso Gesamtdeutschland, deshalb muss die Bundesrepublik schon jetzt die Kontrolle über dessen formale Eigentümerin, die Treuhandanstalt, bekommen. Ein falsch formuliertes Gesetz darf diesem Ansatz nicht im Wege stehen.

8. Juni 1990,
Ost-Berlin

In den letzten Monaten hat sich die Welt von Alexander Schalck radikal verändert. Nach seiner Flucht stellt sich der Chef der KoKo den westdeutschen Behörden, wird inhaftiert, aber nach wenigen Tagen aus der Untersuchungshaft entlassen. Schließlich hat sich Schalck dem BND als Quelle zur Verfügung gestellt. Dort wird er nun als »Schneewittchen« in den Akten geführt. »Schneewittchen« soll helfen, Wissenslücken zu schließen, die der BND in Sachen KoKo noch hat.

Offiziell wurde Schalcks alter Apparat, die KoKo, von der PDS-Regierung in Ost-Berlin bereits aufgelöst. Im April gründet der Ministerrat noch unter der Führung von Hans Modrow eine neue Firma: die Berliner Handels- und Finanzierungsgesellschaft (BHFG). Die Neugründung soll die Firmen der KoKo im Ausland weiterführen, gegebenenfalls verkaufen und den Gewinn an die DDR-Staatskasse abführen. So die Theorie.

Die Firma gehört zu einem Teil der Treuhandanstalt. Mit Wissen der Treuhandführung gründet die Berliner Handels- und Finanzierungsgesellschaft eine Tochterfirma: die Effect Vermögensverwaltungsgesellschaft mbH. In beiden Firmen arbeiten im Frühjahr 1990 noch immer vorwiegend ehemalige Mitarbeiter der KoKo, darunter eine der engsten Vertrauten von Schalck: Waltraud Lisowski.

Lisowski führt dreizehn Jahre lang die Abteilung II –»Firmen im nichtsozialistischen Wirtschaftsgebiet« – der KoKo. Als alleinige Geschäftsführerin der »Effect« ist sie nun offiziell im Auftrag der neuen Regierung dafür zuständig, DDR-Volksvermögen im Ausland zu sichern und zu verkaufen. Sie muss dafür nicht einmal umziehen: Die neue Firma hat ihr Büro im selben Haus wie die KoKo, in der Wallstraße 17–22 in Berlin-Mitte, unweit des Gendarmenmarktes. Dass eine der wichtigsten Mitarbeiterinnen Schalcks noch immer direkten Zugang zu dem KoKo-Vermögen hat, erfährt der BND im Juni. Kaum hat Lisowski die Arbeit bei der »Effect« aufgenommen, trifft sie sich mit ihrem ehemaligen Chef Schalck auf dem Flughafen in München-Riem, wo die beiden beraten, wie man bei dem Verkauf der SED-Firmen im Ausland vorgehen soll. Auch das erfährt der BND.

Eine Woche nach dem Treffen mit Waltraud Lisowski entwirft »Schneewittchen« an einem unbekannten Ort einen Brief an Bundesinnenminister Wolfgang Schäuble. Alexander Schalck verrät in dem Schreiben, was er mit Lisowski vorhat und welche Firmen besonders wertvoll sind. Er schreibt:

Herrn Bundesminister Dr. Schäuble – nur persönlich … Nach meinem Weggang aus der DDR wurde durch die Staatliche Finanzrevision der DDR … auch der Bereich der Arbeitsgruppe Betriebe – (Ltg. Traudchen Lisowski) revidiert. Offensichtlich in voller Übereinstimmung zwischen Hans Modrow und Gregor Gysi wurde in einem Protokoll vereinbart, daß alles finanzielle Vermögen und die Betriebe in der BRD sowie Beteiligungen im Ausland als Staatsvermögen behandelt werden.

Seit dem 8. Juni 1990 wurde im Auftrag der Treuhand AG die Effekt Vermögensverwaltungs GmbH, Geschäftsführer Traudchen Lisowski, gebildet. In die Effekt V. Verwaltungs GmbH wurden neben allen GmbH in der BRD (s. Bericht v. Dez. 1988) auch die Befisa (93 %) (Gesellschafter Manfred Seidel, Geschäftsführer Ottokar Hermann) und ihr Vermögen eingebracht. Desgleichen die 40 %tige Beteiligung (Manfred Seidel) an der Intrac/Lugano-Schweiz[18] – Diese Gesellschaft könnte, wenn sie nicht vor 1991 verkauft wird, einen Erlös von 80 – 100 Millionen DM einbringen. In der detaillierten Erfassung des Kapitals fährt Frau Lisowski und Prof. Dr. Gerstenberger (als Berater) in der Woche vom 19.06.1990 – nach Lugano … Frau Lisowski hat von Jochen Steyer strengstes Verbot, mit ehemaligen Mitarbeitern des Bereiches über ihre jetzige Tätigkeit zu sprechen … Im Interesse des Quellenschutzes bitte ich, die Information streng vertraulich zu behandeln.

Schalck bittet den Präsidenten des Diakonischen Werkes, Karl-Heinz Neukamm aus Bayern, den er schon seit einigen Jahren kennt und dem er vertraut, den Brief an Schäuble zu übergeben. Dem BND lässt Schalck eine Abschrift zukommen, da es, so Schalck, nicht von Nachteil sei, wenn der Präsident des BND in etwa über den gleichen Kenntnisstand wie der Minister verfügt. Fast scheint es so, als wolle Schalck den Minister genau anzeigen, um welche Firmen sich seine Vertraute Lisowski von nun an kümmert – damit man sie dabei in Ruhe lässt. Zwei Wochen später registriert der BND, dass Neukamm den Brief an Schäuble weitergeleitet hat.

17. Juni 1990,
Ost-Berlin

Zum ersten Mal in der deutschen Geschichte halten die Abgeordneten von Volkskammer und Bundestag eine gemeinsame Sitzung ab. Die mehr als 900 ost- und westdeutschen Parlamentarier versammeln sich an diesem Sonntagmorgen im Berliner Schauspielhaus und gedenken des Aufstands vom 17. Juni 1953.[19] Auch an diesem Tag regt sich Widerstand: Demonstranten, darunter Mitglieder der PDS, haben sich auf dem Gendarmenmarkt vor dem Theater versammelt. Sie singen die »Internationale«, werfen Böller und Farbbeutel und skandieren laut: »DDR – unser Vaterland«. Bundesfinanzminister Theo Waigel quittiert das am Rande der Veranstaltung mit dem Satz: Er werde alles dafür tun, »dass dieses politische Gesindel nie wieder die Macht in Deutschland bekommt«.[20] Schon im Wahlkampf hat er die der CSU nahestehende Deutsche Soziale Union (DSU) gedrängt, eine harte Linie zu fahren, vor allem gegen die ostdeutsche SPD.

Die meisten Abgeordneten von Bündnis 90 bleiben der Feierstunde fern. Werner Schulz ist gekommen, muss aber wie alle Abgeordneten nach der Veranstaltung rasch zu einer Sondersitzung in die Volkskammer. Das Treuhandgesetz soll dort endlich verabschiedet werden. Im Palast der Republik, ein Stück weit die Straße Unter den Linden hinunter, jenseits der Schlossbrücke, kommt es aber anders. Die DSU-Fraktion stellt um 14 Uhr einen Antrag: Die DDR solle sofort auf der Grundlage von Artikel 23 des Grundgesetzes der Bundesrepublik beitreten. Keine Verhandlungen oder Zwischenlösungen mehr: Einheit sofort. Zwei Drittel der Abgeordneten stimmen zu, dass der Antrag auf die Tagesordnung kommt.[21] Reinhard Höppner glaubt, dass die konservativen Abgeordneten den Bundeskanzler Kohl beeindrucken wollen, der auf dem Zuschauerrang sitzt.[22] Zunächst zeichnet sich eine Mehrheit für den Antrag ab, der aufgeregt diskutiert wird. Schließlich gelingt es dem DDR-Ministerpräsidenten Lothar de Maizière und dem SPD-Fraktionsvorsitzenden Richard Schröder aber, eine sofortige Abstimmung über den Antrag zu verhindern. De Maizière argumentiert, dass noch nicht alle internationalen Verhandlungen abgeschlossen seien, die Sowjetarmee habe schließlich noch immer Truppen in der DDR. Der sofortige Beitritt und damit die Einheit als Sturzgeburt berge eine große Gefahr. Der Antrag wird abgelehnt.

In der Nacht zuvor hat Wolfgang Ullmann sich mit der Arbeitsgruppe um Wolfram Krause im Wirtschaftsausschuss noch einmal beraten. Lothar de Maizière kommt hinzu. Er will, dass der Entwurf, den sein Cousin Thomas, Fritz Holzwarth und Wolfram Krause mit Hilfe westdeutscher Berater geschrieben haben, am nächsten Tag vom Parlament verabschiedet wird. Er droht sogar das Gesetz zurückzuziehen, schließlich könne er die Treuhand auch weiterhin mit Ministerratsbeschlüssen steuern.[23] Bis zum Start der Währungsunion bleiben nur noch dreizehn Tage. Die Gegner des Gesetzes im Ausschuss geben schließlich nach, können aber noch einige Änderungen durchsetzen. Das Gesetz sieht nun erstens vor, dass die Treuhand nach einer gewissen Frist verkauften Grund und Boden nachbewerten kann, und zweitens, dass Vermögen und Rechte der Treuhandanstalt auf die neuen Bundesländer in Ostdeutschland übertragen werden – Ergänzungen, die dem Bundesfinanzministerium in Bonn nicht gefallen können.

Am Nachmittag diskutiert die Volkskammer das Gesetz. Reinhard Höppner und andere Abgeordnete kritisieren, dass der Text bislang noch nicht handwerklich sauber gearbeitet ist. Die aktuelle DDR-Verfassung, so die Abgeordneten, lasse gar keine Verkäufe von ostdeutschem Eigentum zu, obwohl der Staatsvertrag zwischen der DDR und der Bundesrepublik das längst vorsieht. Jetzt muss also auch noch die Verfassung geändert werden. Die Zeit wird knapp. Ein Zusatzartikel zur Verfassung, der es ausländischen Investoren ohne Einschränkung erlaubt, Eigentum an Grund, Boden und Produktionsmitteln zu erwerben, wird schließlich mit Zwei-Drittel-Mehrheit angenommen.[24] Dann geht alles sehr schnell. Um halb zehn am Abend wird das Gesetz angenommen.

Detlef Scheunert verfolgt die hitzige Diskussion, die im Plenum und in den Ausschüssen über das Treuhandgesetz geführt wird. Er selbst ist im Wirtschaftsministerium an der Erarbeitung von Vorschlägen für das Treuhandgesetz beteiligt. Noch glaubt man dort, Einfluss auf die Formulierung des Gesetzes ausüben zu können. Man möchte die Treuhand dezentral organisieren und die Länder stärker in die Verantwortung nehmen. Man will nicht alles zentralistisch organisiert sehen wie unter der SED. Scheunert kann seinen Teil zu solchen Überlegungen beitragen, da sein Ministerium noch nicht starr strukturiert ist. Wirtschaftsminister Gerhard Pohl scheint überfordert und ist oft nicht im Büro anzutreffen. Scheunert vertritt ihn deshalb regelmäßig im Wirtschaftsausschuss des Parlaments – obwohl er eigentlich nicht das Mandat dazu hat. Doch die Abgeordneten in der Volkskammer haben andere Sorgen. Sie müssen wie am Fließband Gesetze beraten, ein Zuhörer mehr oder weniger in einem Ausschuss fällt da nicht ins Gewicht. Allein im Monat Juni muss das DDR-Parlament so viele Gesetze erlassen wie der westdeutsche Bundestag in einer ganzen Legislaturperiode.

Eines Tages bittet der Ausschussvorsitzende, Jochen Steinecke von der Liberal-Demokratischen Partei Deutschlands (LDP), Scheunert um einen Gefallen. Da er ohnehin nichts im Ausschuss verloren habe, könne er sich doch um einen Experten aus Westdeutschland kümmern. Der Mann soll als Gast im Ausschuss sprechen, doch man sei noch mit einem anderen Tagesordnungspunkt beschäftigt und hänge im Programm hinterher.

Scheunert trifft den Mann in der Lobby. Der stellt sich als Detlev Karsten Rohwedder vor. Aus der Tagesordnung – es geht wieder um das Treuhandgesetz – schließt er, dass Rohwedder mit der Treuhand zu tun haben muss. In einem Nebenzimmer erzählt Scheunert dem Gast von seiner Arbeit, seiner Herkunft, seiner Karriere in der DDR. Rohwedder hört aufmerksam zu, und Scheunert begreift bald, dass einer der wichtigsten Stahlmanager Westdeutschlands vor ihm sitzt, niemand anderes als der Chef des Hoesch-Konzerns in Dortmund. Rohwedder erzählt, dass er als Aufsichtsratsvorsitzender der Treuhandanstalt im Gespräch ist. Fast eine Stunde sitzen die beiden zusammen. Beim Abschied sagt der Hoesch-Chef: »Gucken Sie mal nach vorn. Die DDR ist pleite, sie wird der Bundesrepublik beitreten, es ist aus, Schluss, vorbei. Und was machen Sie jetzt?«

Scheunert ist ratlos: »Mal gucken, weiß ich noch nicht.« Rohwedder macht dem jungen Referenten einen Vorschlag: »Kommen Sie zu mir, ich brauche junge Leute. Sie sind ja wie gemalt. Sie sind jung, Sie sind politisch nicht belastet. Sie können von uns lernen, wie diese Marktwirtschaft funktioniert, und wir lernen von Ihnen, wo hier die Minen liegen.« Scheunert ist elektrisiert.

Detlev Karsten Rohwedder mischt sich seit Anfang des Jahres immer wieder in die Diskussion um die Zukunft der Wirtschaft in Deutschland ein, so wie er es auch bei der Diskussion Ende Januar im Ost-Berliner »Palast-Hotel« getan hat, als er die PDS-Wirtschaftsministerin Christa Luft attackierte.

Nach Helmut Kohls Ankündigung vom Februar, die Währungsunion doch kurzfristig einzuführen, warnt er: »Das Projekt birgt ein hohes Risiko, wenn sie [die DDR-Betriebe] schockartig dem internationalen Wettbewerb ausgesetzt werden. Das könnte zu großer Arbeitslosigkeit führen.« Der Patient DDR befinde sich auf der Intensivstation, es müsse ein Sauerstoffzelt über ihn gespannt werden, und er müsse »ganz behutsam an die normale Atmosphäre gewöhnt« werden. »Man darf den Patienten nicht ans offene Fenster rollen«, dann drohe eine Lungenentzündung. Rohwedder schlägt einen »großzügigen und sozialorientierten Währungskurs vor. Die Unternehmen in der DDR müssten einen Wettbewerbsvorteil bekommen, wenn sie ihre Waren gegen Devisen verkaufen wollen.[25] Für die westdeutsche Industrie, das sagt er klar, sei die Wirtschafts- und Währungsunion dagegen ein »warmer Regen« für Umsätze und Erträge.[26]

Rohwedder, Stahlmanager und trotzdem SPD-Mitglied, impulsiv und meinungsstark, ist schon immer ein Freund des offenen Wortes und der

Metapher gewesen. Er benutzt gern Bilder, um komplizierte wirtschaftliche Zusammenhänge zu verdeutlichen. Mit seiner Warnung im Februar ist er nicht durchgedrungen. Sie hat ihm aber auch nicht geschadet, denn momentan wird in Bonn und Ost-Berlin oft über ihn gesprochen. Nachdem klar ist, dass die Währungsunion am 1. Juli 1990 kommen und man die Kontrolle über die Treuhand ausüben wird, sucht die Bundesregierung nach einem Präsidenten für die Behörde, der die Geschäfte eines solchen Mammutapparates führen kann. Aber auch der DDR-Ministerpräsident lässt einen Kandidaten suchen. Er bittet seinen Berater Fritz Holzwarth, sich umzuhören. Der nimmt im Mai ebenfalls Kontakt zu Rohwedder auf.[27]

Als Leiter des wirtschaftspolitischen Büros der CDU in Bonn kennt Holzwarth die Szene der Manager und Wirtschaftsbosse gerade in Nordrhein-Westfalen genau. Rohwedder scheint der perfekte Kandidat zu sein. Er ist SPD-Mitglied, Stahlmanager, ehemaliger Staatssekretär, Wirtschaftsprüfer, Sanierer – und überdies in Ostdeutschland geboren, wie er selber oft betont. Tatsächlich ist er 1932 in Gotha zur Welt gekommen, doch er lebte dort nur vorübergehend. Detlev Karsten Rohwedder wurde während eines Besuchs seiner hochschwangeren Mutter bei ihren Eltern geboren, die in Thüringen einen christlichen Verlag führten. Seine Kindheit verbrachte er in Berlin – sein Vater war Luftwaffenoffizier und arbeitete in Hermann Görings Reichsluftfahrtministerium an der Wilhelmstraße, wo 1991 die Zentrale der Treuhand einzieht. Als Berlin bombardiert wird, lebt er einige Zeit in Thüringen.

Nach dem Krieg eröffnet die Mutter, eine gelernte Buchhändlerin, mit ihrem Mann eine Universitätsbuchhandlung in Mainz. Der junge Rohwedder, das jüngste von drei Kindern, erhält nach dem Abitur in Rüsselsheim ein Sprachstipendium der französischen Regierung. Später studiert er in Mainz und in Hamburg Jura. In Hamburg-Altona leben seine Großeltern väterlicherseits in einer kleinen Wohnung, nachdem der Großvater mehrere Bauernhöfe in Dithmarschen verspielt hat und völlig verarmt ist. Die Zeit in Hamburg und die schleswig-holsteinischen Wurzeln prägen Rohwedder genauso wie das Berliner Umfeld. Er trägt gern dunkelblaue Anzüge mit goldenen Knöpfen, wie sie Hamburger »Pfeffersäcke« bevorzugen. Manchmal spricht er das »G« am Ende der Worte wie »ch« aus, als sei er in Norddeutschland groß geworden, dann sind die Dinge »nötich«; aber er kann auch schnodderig sein wie ein Berliner Kohlenkutscher und ähnlich unverblümt.

In Hamburg lernt der junge Student seine spätere Frau Hergard kennen. Beide machen den Assessor in Mainz.[28] 1960 geht er als Stipendiat der Ford

Foundation an die Universität in Berkeley. Die Zeit in Kalifornien prägt den jungen Aufsteiger. Ihm gefällt der Pragmatismus der Amerikaner, die Art, wie die Firmen dort Geschäfte machen. Der Staat greift nicht ein, die Steuern sind niedrig. Ein US-Magazin beschreibt ihn später als »entwaffnend amerikanisch direkt und flexibel«, zugleich sei er von »teutonischer ›Toughness‹«.[29]

Nach seiner Rückkehr aus den USA wird Rohwedder wissenschaftlicher Assistent an der Forschungsstelle für Atomenergierecht in Mainz. Er verlässt den Wissenschaftsbetrieb bald wieder und wird Wirtschaftsprüfer bei der Kontinentalen Treuhandgesellschaft in Düsseldorf. Schnell steigt er zum Abteilungsleiter auf, 1965 wird er sogar Teilhaber. Rohwedder lernt in dieser Zeit auf einer Party den legendären Bundeswirtschaftsminister Karl Schiller kennen.[30] Die beiden mögen sich. Unvermittelt bietet Schiller dem Wirtschaftsprüfer den Posten eines Staatssekretärs an. Rohwedder denkt nur, »mich hätt'n Häschen geleckt«.[31] Er nimmt an. Zwei Monate vor dem Dienstantritt im Ministerium wird er Mitglied der SPD, wenige Tage vor der Bundestagswahl, nach der Willy Brandt Kanzler wird.[32]

In der SPD gehört Rohwedder schnell zur Gruppe der unerschütterlichen Marktwirtschaftler um Karl Schiller, Helmut Schmidt und Klaus von Dohnanyi. Für die Karriere in Bonn verzichtet er auf ein Drittel seines Einkommens. Er ist gerade 37 Jahre alt, als er Staatssekretär wird, und fällt am Rhein nicht nur wegen seiner Jugend auf. Rohwedder trägt Anzüge, die sich sonst nur Broker in New York schneidern lassen, und überragt die meisten seiner Gesprächspartner um einige Zentimeter. Der Quereinsteiger leitet die Abteilungen E, II, III und IV und ist damit unter anderem für Kohle, Stahl und die Europäische Wirtschaftsgemeinschaft (EWG)[33] zuständig.

Rohwedder hat zunächst große Probleme, sich im Beamtenapparat zurechtzufinden. Die »dickichtartige Undurchdringlichkeit« ist ihm fremd, das Zusammenspiel der verschiedenen Ministerien ist für den Neuling nur schwer zu durchschauen. Er braucht Zeit, um »diese Gemengelage, dieses Geschiebe unterschiedlicher Interessen und kaum erkennbarer Einflüsse« zu verstehen. Seine Art, die als »arrogant«, »elitär« und »hochfahrend« beschrieben wird, hilft ihm dabei nicht. Doch er lernt, das Ministerium zu lenken.[34] Die Presse attestiert ihm schon nach wenigen Monaten im Amt »eine aufregende Reaktionsgeschwindigkeit«.[35]

Unter anderem verhandelt Rohwedder mit England über die Aufnahme des Königreichs in die EWG, erlebt 1973 die Ölkrise und ihre Auswirkungen. In dieser Zeit baut er gute Kontakte zu den westdeutschen Energiekonzernen auf. Rohwedder ist zudem Stammgast auf der Messe in Leipzig. Er lernt alle Tricks des innerdeutschen Handels kennen, gilt als gewiefter Unterhändler und als Experte, wenn es um die komplizierten Wirtschaftsverhandlungen mit der DDR geht, die immer auch hochpolitisch sind.[36] In diesen Verhandlungen kann er durchaus diplomatisch sein, sonst nicht immer seine Stärke, ist er doch manchmal »zynisch, aber immer zündend«.[37]

Neun Jahre ist Rohwedder im Ministerium, und er bleibt auch, als der FDP-Politiker Otto Graf Lambsdorff sein Chef wird. Doch Ende 1978 will er sich verändern. Er bittet Bundeskanzler Helmut Schmidt um eine neue Aufgabe, doch der hat nichts für ihn. Also stellt er sich »auf den Markt«. Die Deutsche Bank bietet ihm den Posten des stellvertretenden Vorstandsvorsitzenden bei der Hoesch AG an. Die Deutsche Bank besitzt ein großes Aktienpaket an Hoesch und stellt dort den Aufsichtsratsvorsitzenden. Rohwedder nimmt an. Ein Angebot des Energieversorgers VEBA hat er zuvor abgelehnt, weil er, der lupenreine Marktwirtschaftler, nicht in der Führung eines Konzerns arbeiten will, der sich zum Teil noch in Staatsbesitz befindet.

Er weiß, dass das Hoesch-Angebot »eine vergiftete Offerte« ist. Die Stahlbranche befindet sich in einer existenziellen Krise. »Als ich kam, war die Firma eigentlich am Ende«, sagt er später.[38] Rohwedder soll den Dortmunder Stahlkonzern profitabel machen; vor allem Hoeschs größter Partner, ein holländischer Stahlriese, verliert viel Geld. Kaum jemand traut dem ehemaligen Staatssekretär zu, dass ausgerechnet er Hoesch retten kann, einen Konzern dieser Größe hat er schließlich noch nie geleitet, noch nicht einmal ein mittelständisches Unternehmen.

Doch Rohwedder wird bald oberster Hoesch-Chef, stößt die holländische Firma ab und macht wieder einen bescheidenen Gewinn mit dem Stahlproduzenten aus Dortmund. Er strukturiert das Unternehmen um, weg von der reinen Stahlproduktion. Zuvor muss er jedoch viele Tausend Stahlarbeiter entlassen oder in den Vorruhestand schicken. Er schließt die riesigen alten, ineffizienten Walzwerke; von den drei Hoesch-Werken in Dortmund bleibt nur eines übrig. Es ist ein harter Schlag für die SPD-Hochburg, dass ein Sozialdemokrat die Kündigungen ausspricht. Rohwedder wird als »Arbeiterkiller und Existenzvernichter« beschimpft.[39]

Als Rohwedder Anfang 1979 in den Hoesch-Konzern eintritt, hat dieser 28 000 Mitarbeiter. 1987 sind es nur noch halb so viele. Weitere 4000 müssen in den folgenden Jahren gehen.[40] Ständig muss er sich mit der IG Metall auseinandersetzen, die gegen jede neue Entlassungswelle oder Umstrukturierung protestiert. Rohwedder erwidert auf Kritik an seinen Maßnahmen trocken: »Entweder hätten alle ihre Arbeitsplätze verloren oder nur die Hälfte.«[41]

Bei einer der vielen Protestveranstaltungen übergeben ihm Gewerkschaftsvertreter einen Spaten als Symbol: Er soll endlich ein neues, modernes Stahlwerk bauen. Rohwedder, im blauen Maßanzug mit hellen Streifen, nimmt den Spaten, stellt seine Lederschuhe auf das Blatt und lächelt den protestierenden Arbeitern zu und sagt: »Ich bin nicht bei der Bundesbahn und ich bin hier kein Schaffner, der einen Zug abfahren lässt, ganz egal in welche Richtung. Ich überlege es mir sehr genau und sehr sorgfältig, wofür wir hier Geld investieren, um die Arbeitsplätze zu erhalten.«

Richtig wütend wird er nur, wenn die IG Metall die Verstaatlichung der Stahlkonzerne fordert. Die Unternehmen wüssten schließlich am besten, wie man das Geschäft betreibt. Der Staat müsse sich da raushalten. Einmal sagt er während seiner Hoesch-Zeit: »Ich bin ein Bundeskanzler, auf den alle hören.«[42] Auch gegenüber der Bundesregierung nimmt er kein Blatt vor den Mund. Die lasse zu, dass die anderen Stahlkonzerne in der EWG viel mehr Subventionen als die deutschen Hersteller bekommen. Noch mehr hadert er mit seiner Partei. Ende der 1980er Jahre schließt er einen Parteiaustritt nicht mehr aus; selbst eine von der SPD geführte Regierung mit absoluter Mehrheit »würde er nicht begleiten«, die politischen Positionen gefallen ihm nicht. Dass die SPD-Führung ernsthaft über eine Koalition mit den Grünen auf Bundesebene nachdenkt, findet er »indiskutabel«.[43]

Rohwedder hat bei Hoesch alles erreicht. Doch sein Ehrgeiz scheint nicht gestillt. Anfang 1990 bringt er sich im Zusammenhang mit neuen Aufgaben ins Gespräch. Er liebt das Spektakuläre und fühlt sich zu Höherem berufen, bemerkt eine Zeitung.[44] Wenn es irgendwo brennt, dann will er dabei sein. Und in Ostdeutschland brennt es an allen Ecken und Enden, das ist Rohwedder schon seit Ende 1989 klar.

Die Entscheidung, ihm den Posten des Treuhandchefs anzutragen, fällt in Bonn, ausgerechnet in dem Büro des Wirtschaftsministeriums, in dem Rohwedder neun Jahre lang gearbeitet hat.[45] Sein Nachfolger im Ministerium, Dieter von Würzen, bespricht sich Mitte Mai mit dem Staatssekretär aus dem Bundesfinanzministerium Horst Köhler, dem Chef von Thilo Sarrazin und Johannes Ludewig, einem der Wirtschaftsberater des Kanzlers. Alle drei sind jeder für sich auf den Namen Rohwedder gekommen. Sie beschließen, den Mann von Hoesch umgehend zu fragen, ob er Präsident der Treuhand werden will. Doch die Deutsche Bank ist nicht einverstanden. Sie will, dass Rohwedder den Stahlkonzern Hoesch weiter über Wasser hält. Schließlich wird er als Vorsitzender des Verwaltungsrates vorgeschlagen. Der Kanzler stimmt dem Vorschlag zu.[46] Rohwedder stürzt sich unverzüglich auf die neue Aufgabe; seinen Posten bei Hoesch behält er offiziell. Er hofft, die Treuhand in sechs Monaten strukturiert zu haben und dann nach Düsseldorf zurückkehren zu können.

Detlev Karsten Rohwedder tritt nach seinem Gespräch mit dem jungen Detlef Scheunert im Wirtschaftsausschuss der Volkskammer auf und beeindruckt fast alle Abgeordneten. Er nimmt sie mit seiner direkten und offenen Art gefangen. Rohwedder will die Abgeordneten überzeugen, die Treuhand nicht dezentral zu organisieren. Auf keinen Fall dürften die Länder zu viel Mitsprache bekommen – die Treuhand sei dann nicht zu führen. Das leuchtet den Abgeordneten ein.

Werner Schulz dagegen missfällt der Einfluss von Rohwedder. »Er hat vor allen Dingen die CDU-Leute eingeschüchtert, so nach dem Motto: ›Wenn ihr das nicht so macht, wie ich euch das sage, und ich weiß, wovon ich rede, dann ist euch nicht zu helfen. Wollt ihr wirklich in diesem Schlamassel bleiben? Dann müsst ihr das [nur] so machen, wie hier so ein paar Dahergelaufene das vorschlagen. Aber ich kann euch sagen, wie es wirklich geht. Ich bin ein Sanierer.‹ Er hatte auch noch so ein bisschen den SPD-Schein, damit konnte man sagen, das ist keiner direkt vom Großkapital. Er hat natürlich sehr prägenden Einfluss genommen, dass die Treuhand so aufgezogen wird, wie er sich das vorstellt.«[47]

18. Juni 1990,
Wandlitz

Die Topmanager der westdeutschen Energiekonzerne treffen sich mit DDR-Funktionären im »Internationalen Jugendzentrum Bogensee« in Wandlitz, einem kleinen Nest, in dem bis vor wenigen Monaten viele SED-Funktionäre lebten. An dieser Klausurtagung nehmen auch Betriebsräte und die Generaldirektoren der Energiekombinate teil. Man will darüber beraten, was mit der Stromwirtschaft in der DDR passieren und welcher Teil den sechs anwesenden Stromkonzernen aus Westdeutschland in der DDR-Energiewirtschaft zugeschlagen wird.[48] Doch das ist Zeitverschwendung, denn die drei größten westdeutschen Energieversorger – RWE, Bayernwerk, PreussenElektra –, die ebenfalls mit Managern in Wandlitz vertreten sind, haben sich bereits drei Tage zuvor darauf verständigt, ein Kartell zu bilden. Kleinere Mitbewerber aus dem Westen wollen sie in der DDR nicht zulassen. Sie wollen den Markt komplett unter sich aufteilen.

Die Kartellmitglieder haben bereits einen Vertrag entworfen und der DDR-Regierung vorgelegt. Die soll die Risiken der Altlasten übernehmen und die Westkonzerne davon freistellen, die Belegschaften komplett übernehmen zu müssen. Zudem soll die Regierung Ausgleichsleistungen an die Energie-Unternehmen garantieren, wenn »auskömmliche Preise ... im Markt nicht durchsetzbar sind«.[49] Doch der Vertrag wird öffentlich. Ein Konkurrent spricht von einer »handstreichartigen Aktion«, Wolfgang Kartte, der Präsident des Bundeskartellamts, von einem »Supergau«.[50]

21. Juni 1990,
Ost-Berlin

Einen Monat, nachdem DDR-Finanzminister Walter Romberg den Staatsvertrag zur Wirtschafts- und Währungsunion unterschrieben hat, sollen die Volkskammer und der Bundestag zustimmen. Der Bundestag debattiert vierzehn Stunden, nimmt den Vertrag dann an. Wenig später stimmt der Bundesrat zu.[51] In der Volkskammer verläuft die Debatte »geschäftsmäßig-lustlos«, die Parlamentarier scheinen »durch die flüchtige Befassung mit den einzuführenden Gesetzen schon ausgelaugt«, wie ein Beobachter schreibt. Ministerpräsident de Maizière meldet sich nicht zu Wort, seine Minister ebenfalls nicht. Der streitbare Günter Nooke äußert zuvor in einem Interview, dass der Staatsvertrag »ein Freibrief zur Totalenteignung« der DDR-Bevölkerung sei.[52] Richard Schröder von der Koalitionspartei SPD sagt dagegen in der Debatte, es handle sich um »den zweiten Akt unserer Revolution«. Gregor Gysi von der PDS erwidert: »Prozesse, die sonst Jahre dauern, wurden mit dem Staatsvertrag über Nacht vollzogen«; unter dem Motto »keine Experimente« werde jetzt »das größte Experiment eingeläutet, das je stattgefunden hat«.[53] Der Bürgerrechtler Hans-Joachim Tschiche kritisiert: »Wenn man am Abend zwei Kilo Steuergesetze aus der Bundesrepublik auf den Tisch bekommt, ist es ausgeschlossen, am nächsten Tag kompetent darüber zu entscheiden.«[54]

Der Staatssekretär und Fraktionsvorsitzende der CDU in der Volkskammer, der »kleine« Günther Krause, bleibt gelassen. Er erwarte ein rasches Wirtschaftswachstum. Das von der Treuhandstelle als Treuhandvermögen verwaltete ehemalige Volkseigentum sei eine entscheidende Grundlage des »Wohlstands für alle«, so Krause. »Wohlstand für alle« war einer der Wahlslogans seiner Partei im Wahlkampf zur Volkskammerwahl.

Der Staatsvertrag wird mit 302 zu 82 Stimmen angenommen.[55] Im Artikel 10, Punkt 6, erinnert noch ein einziger, komplizierter Satz an die Ideen der Bürgerrechtler: »Nach einer Bestandsaufnahme des volkseigenen Vermögens und seiner Ertragsfähigkeit nach seiner vorrangigen Nutzung für die Strukturanpassung der Wirtschaft und für die Sanierung des Staatshaushalts wird die Deutsche Demokratische Republik nach Möglichkeit vorsehen, dass den Sparern zu einem späteren Zeitpunkt für den bei der Umstellung 2 zu 1 reduzierten Betrag ein verbrieftes Anteilsrecht am volkseigenen Vermögen eingeräumt werden kann.« Diesen Satz hätten auch die Bonner Berater formuliert, weil sie schon ahnten, dass vom Volksvermögen nichts übrig bleibt, so Wolfram Krause später.

Das Bundesfinanzministerium hat, wie von dem Strategen Sarrazin geplant, das »Volkseigentum« der DDR noch vor der Wiedervereinigung unter seine Kontrolle gebracht und nun, wie es scheint, eine Sicherheit für die kommenden horrenden Kosten in der Hand. Die Währungsunion kann kommen. Die Volkskammer hat die Satzung der Treuhand zwar noch nicht bestätigt, dennoch soll die Anstalt auf Grundlage des neuen Gesetzes im Juli ihre Arbeit aufnehmen.

Sarrazin fasst diese Phase später für sich so zusammen: »Ich war kein Getriebener, ich war Treibender. Und zwar deshalb, weil ich mit dem mir angeborenen Maß an Zynismus und Kälte plus Sachverstand plus intensiver Sachbeschäftigung ganz klar und ohne Wunschdenken gesagt habe, wie es weitergehen würde. Ich habe die Vorgänge zudem abgestuft, stets schrittweise gedacht. So nach dem Motto: Zuerst einmal bekommen wir die DDR an die Angel und schaffen vollendete Tatsachen in Richtung deutsche Einheit. Ich habe also alles getan, um diesen Prozess zu fördern. Als das dann erledigt war, die Treuhand existierte und unsere Überlegungen aufgegangen waren, habe ich gesagt: Jetzt wickeln wir das ganze Zeug möglichst schnell ab.«[56]

26. Juni 1990,
Ost-Berlin

Der Allianz-Versicherungskonzern aus München ist am Ziel. Nach monatelanger Lobbyarbeit wird heute der Kaufvertrag unterschrieben und notariell beglaubigt: Die Mehrheit der ehemaligen Staatlichen Versicherung der DDR gehört vom 1. Juli an der Allianz.

Der Mann für das DDR-Geschäft, Uwe Haasen, und der Vorstandssprecher Wolfgang Schieren haben, seitdem der Vorvertrag im März 1990 öffentlich gemacht wurde, das DDR-Finanzministerium, das Wirtschaftsministerium, westdeutsche Politiker und die Treuhand bearbeitet, Widerstände überwunden. Die Kritik der westdeutschen Konkurrenz hat sie nicht aufgehalten, nur ein wenig behindert.

Die Allianz bezahlt 271 Millionen Mark für die 51 Prozent an der Deutschen Versicherungs AG, wie die »Staatliche« inzwischen heißt. Allerdings hinterlegt die Allianz den Kaufpreis als Bareinlage bei der »Staatlichen«, überweist also tatsächlich keine Mark an die Treuhand. Sie zahlt also weniger als einen Apfel und ein Ei, wie eine Zeitung kommentiert.[57] Das Geld wird direkt an die ehemalige »Staatliche Versicherung« überwiesen. Unter dem Strich bezahlt die Allianz also gar nichts für die Übernahme. Die Konkurrenten haben den Vorsprung der Allianz einfach nicht mehr aufholen können. Selbst der SPD-Finanzminister Walter Romberg plädierte am Ende für eine Übernahme durch die Allianz, es gebe keine Alternativen.[58]

Der Allianz-Konzern hat wie die Deutsche Bank bei der Staatsbank der DDR Zugriff auf die Filialen, die Kundenkartei, das Wissen der Mitarbeiter und die Immobilien der »Staatlichen«. Die Eröffnungsbilanz der ehemaligen Monopolversicherung wird nicht öffentlich gemacht. Für die Treuhand hat ein ehemaliger Mitarbeiter des Finanzministeriums die Versicherungsfusion betreut: Klaus Löscher. Die Zustimmung des DDR-Finanzministeriums war entscheidend, damit der Allianz-Deal überhaupt klappen konnte. Zwei Tage später bestätigt DDR-Ministerpräsident Lothar de Maizière, dass Detlev Karsten Rohwedder der Aufsichtsratsvorsitzende der neuen Treuhand wird.

30. Juni 1990,
Ost-Berlin

Hinter Edgar Most liegen hektische Wochen. Der Bundeskanzler hatte den DDR-Ministerpräsidenten gedrängt, ihn zu entlassen, und beinahe wäre der Chef der Deutschen Kreditbank tatsächlich seinen neuen Job gleich wieder losgeworden.[59] Most weigerte sich nämlich, am Tag der Währungsunion durch seine Bank D-Mark auszahlen zu lassen, solange nicht geklärt sei, wer die Altschulden der Kreditbank übernimmt. Die Kreditbank weist zunächst nur einen Teil der Altschulden der DDR-Staatsbank in der Bilanz aus.[60] Doch immer wieder dringt die DDR-Regierung darauf, nicht nur das Personal, sondern auch die kompletten Schulden zu übernehmen. Most will aber nicht. Sein Traum vom »Großbanker« wäre ausgeträumt, wenn seine neue Bank die Schulden am Hals hat.[61] Da die DDR-Unternehmen, wie schon Thilo Sarrazin verblüfft festgestellt hat, fast ihren gesamten Gewinn an den

Staat abführen mussten, konnten sie nur investieren, wenn sie Schulden machten. Die Kredite erhielten sie von der Staatsbank, insgesamt 200 Milliarden Ostmark. Darüber hinaus hat die DDR-Führung für den Wohnungsbau noch einmal 80 Milliarden Ostmark bei der Staatsbank aufgenommen. Nach dem Staatsvertrag zwischen der Bundesrepublik und der DDR sollen diese Schulden im Verhältnis 1 zu 2 umgetauscht werden. Für die Kreditbank bedeutet das, dass sie 140 Milliarden D-Mark an Krediten eintreiben muss, wenn sie tatsächlich die Schulden der Staatsbank übernimmt. Mit anderen Worten: Die DDR-Unternehmen wären mit 140 Milliarden D-Mark bei Most und seinen Partnern verschuldet.

Zwar ist es das Kerngeschäft der Banken, Geld für Zinsen zu verleihen, nur weiß Most sehr genau, dass mindestens 40 Milliarden D-Mark dieser Kreditsumme verloren sind. Diese Kredite wurden unter anderem chemischen Betrieben gewährt, die schon geschlossen sind oder unmittelbar vor der Schließung stehen.[62] Und nicht wenige verschuldete Betriebe aus anderen Branchen sind ebenfalls von der Pleite bedroht.[63] Most will unbedingt erreichen, dass seine Bank nur die Kredite behält, die eine gute Bonität haben. Für den Rest soll der Staat bürgen. Denn abgesichert sind die Kredite bei den DDR-Banken nur mit Spareinlagen. Das muss sich umgehend ändern, denn so würden, wenn die DDR-Bürger im Juli ihr Erspartes in bar abheben, hinter den Krediten, die bei seiner Bank aufgelaufen sind, keine Sicherheiten mehr stehen. Deswegen will Most keine D-Mark auszahlen. Der Kanzler wendet sich daraufhin an die Deutsche Bank. Die lässt ihren wichtigsten ostdeutschen Verbündeten nach Düsseldorf einfliegen. Der Deutsche-Bank-Vorstand Georg Krupp rät Most, vorsichtig zu sein: »Morgen früh wird Sie Ihr Ministerpräsident vorladen. Lothar de Maizière hat den Auftrag, Sie über Ihre Absetzung zu informieren.«[64]

Krupp eröffnet Most, dass die Deutsche Bank ein Rechtsgutachten über Mosts Position erarbeiten lasse; er sei ziemlich allein mit seiner Haltung. Most geht in die Offensive. Er präsentiert dem Vorstand ein Konzept: Wenn seine Bank schon die Kredite übernehmen soll, dann müsse sie auch das Vermögen bekommen und die Arbeit der Treuhand übernehmen: »Dann leitet unser Institut die Privatisierung der DDR-Wirtschaft. Ich würde Leute in führende Positionen bringen, von denen ich weiß, dass sie ihr Handwerk verstehen.« Im April, am Rande des Bankentages, hatte Most noch das genaue Gegenteil gefordert: Die Treuhand solle die Schulden übernehmen, wenn sie schon das Vermögen verwaltet. Die Dinge ändern sich schnell in der DDR, im Frühsommer 1990. Auch im Bankengeschäft.

Ost-Berlin,
in der Nacht zum 1. Juli 1990

Edgar Mosts Privatbank darf nicht die Arbeit der Treuhand übernehmen, gefeuert wird der ehemalige Staatsbanker aber auch nicht. Dem erzürnten Lothar de Maizière hat Most klargemacht, dass der Ministerpräsident ihn gar nicht entlassen kann, da die Kreditbank eine Aktiengesellschaft ist und eben nicht mehr mehrheitlich dem Staat DDR gehört.

Most kommt bei dieser Gelegenheit auf die Unternehmensschulden zu sprechen, wie sie entstanden sind und wozu ein Umstellungskurs der Verbindlichkeiten von 2 zu 1 führt: Ab dem 1. Juli werden fast alle DDR-Unternehmen technisch bankrott sein. Auch seine Kreditbank würde von den unbezahlten Krediten in die Tiefe gerissen werden. Most drängt den DDR-Ministerpräsidenten, bei der Bundesrepublik eine Staatsbürgschaft für alle Schulden der DDR-Kreditbank durchzusetzen.

Tatsächlich wird noch vor der Währungsunion eine Ministerratsvorlage in diesem Sinne ausgearbeitet. Die Bundesrepublik garantiert schließlich, dass keine DDR-Bank pleitegehen darf – auch nicht die Kreditbank von Edgar Most, obwohl sie mit der Deutschen Bank einen solventen Partner im Rücken hat. Keine westdeutsche Bank geht also bei ihren zukünftigen Geschäften mit DDR-Betrieben irgendein Risiko ein, denn der bundesdeutsche Staat bürgt für die ostdeutschen Schulden und für alle etwaigen Verluste der Banken.[65]

Nun strukturieren Most und seine Partner aus dem Westen die neue Bank so, wie sie es immer gewollt hatten: mit den Westdeutschen als Mehrheitspartnern. Die Deutsche Kreditbank gründet Tochterfirmen; an einer, der »Deutsche Bank – Kreditbank AG«, beteiligt sich die Deutsche Bank mehrheitlich. Mitarbeiter, Filialen, Know-how, all das gehört nun offiziell und legal der Bank aus Frankfurt am Main. Auch die Dresdner Bank bekommt ihren eigenen Kreditbank-Ableger. Ohne Mosts Hilfe hätte sie nicht schon so früh über ein derart dichtes und funktionierendes Filialnetz in der DDR verfügt.[66] Bezahlt haben die Bankenriesen aus dem Westen für dieses Geschäft bislang nichts. Ein Risiko ist auch nicht dabei: Die faulen DDR-Kredite bleiben bei der Holding, der Deutschen Kreditbank, Edgar Mosts Neugründung. Und für die bürgt der Staat.

Bis zur Währungsunion hat Most alle Hände voll zu tun. Offiziell ist er zwar Chef der Deutschen Kreditbank AG, benimmt sich aber wie ein Mitglied der Deutschen Bank.[67] An einem Abend kurz vor der Einführung der D-Mark in der DDR brüten Most und die Geschäftsleitung der Deutschen

Bank die Idee aus, am 1. Juli bereits um Mitternacht die Filialen zu öffnen.[68] Die Deutsche Bank würde also als erstes Institut in der DDR die D-Mark an ihre Kunden auszahlen.

Most und die »Deutsch Banker« entscheiden sich, im Zentrum der ostdeutschen Hauptstadt den Einzug der D-Mark nach allen Regeln der Kunst zu zelebrieren. Man will den ostdeutschen Sparkassen die Show stehlen. Die sind für 23 Millionen ostdeutsche Privatkonten zuständig, die alle auf D-Mark umgestellt werden müssen.[69] Die Sparkassen leisten damit die Kärrnerarbeit der Währungsunion; für eine Werbestrategie und Marketinggags bleibt ihnen da keine Zeit. Das wissen die Deutsche Bank und ihr assoziierter Mitarbeiter Edgar Most geschickt zu nutzen. Ab Mitternacht wollen sie mit der D-Mark locken. Das Westgeld wird den Ostdeutschen allerdings nur ausgezahlt, wenn sie vorher bei der Deuschen Bank ein Konto eröffnen.

Die Deutsche-Bank-Filiale am Alexanderplatz 6 ist im Haus der Elektrotechnik untergebracht, wo bis vor kurzem die Helfer von Alexander Schalck das Sagen hatten. In der lauen Sommernacht drängeln sich Tausende von DDR-Bürgern vor dem Gebäude. Hunderte von Trabis und Wartburgs schieben sich hupend Richtung Alexanderplatz. »Gleich sind wir alle Wessis«, sagt ein Mann in der Menge einem Zeitungsreporter.[70] Kurz vor Mitternacht wird die Stimmung zunehmend aggressiver, einige Menschen klettern unter das Vordach der Filiale, andere werden in dem Gedränge ohnmächtig. Die Polizei wird gerufen.

Punkt 24 Uhr werden die Türen geöffnet. Die Menschen drängen ins Innere. Über eine Wendeltreppe erreichen sie einen provisorischen, schlichten Schalterraum im ersten Stock. Hier können sie westdeutsches Geld von ihrem neuen Konto abheben. Verschwitzt halten die ersten Kunden die blauen Hundertmarkscheine in die vielen Kameras, die Fernsehteams aus aller Welt auf sie richten. Draußen stoßen einige mit Sekt an, feuern Silvesterraketen in den Himmel über Berlin-Mitte und singen »So ein Tag, so wunderschön wie heute«. Der Ansturm dauert bis sechs Uhr am Morgen.[71]

Die D-Mark-Armee steht seit dieser Nacht in Ost-Berlin. Die Marktwirtschaft hält an diesem Tag Einzug in der DDR. Die Treuhand ist ab 0.01 Uhr Eigentümerin aller Fabriken und Firmen des Landes. Sie ist damit Arbeitgeberin für mehr als vier Millionen Ostdeutsche. Erst in einer Woche wird die Treuhandanstalt unter der Aufsicht von Detlev Karsten Rohwedder in dem Gebäude am Alexanderplatz 6 ihre Arbeit aufnehmen.

Nach dem Urknall

9. Juli,
Ost-Berlin

An diesem Montag ist der erste offizielle Arbeitstag der neu strukturierten Treuhand. Doch Berlin und Deutschland haben heute anderes zu feiern. Am Vortag ist die Fußballnationalmannschaft nach einem späten 1 zu 0 über das Team Argentiniens Fußballweltmeister geworden. Der Trainer Franz Beckenbauer lässt sich zu der Bemerkung hinreißen, dass die deutsche Mannschaft, demnächst noch versärkt durch die ostdeutschen Spieler, auf Jahre hinaus unschlagbar sein werde. Das tue ihm leid für den Rest der Welt.

So siegessicher fühlen sich die Treuhandmitarbeiter an diesem Tag nicht. Da der Chef von Detlef Scheunert, Wirtschaftsminister Gerhard Pohl, das Gebäude in der Straße Unter den Linden für sich und sein Ministerium allein beansprucht, muss die Treuhand in das Gebäude am Alexanderplatz 6 ausweichen. Das Mobiliar in den Räumen ist abgenutzt, Schreibmaschinen müssen erst noch gekauft werden. Man verlegt sich auf die japanische Marke »Brother«, die ist am schnellsten zu bekommen. Die Filiale der Deutschen Bank einige Stockwerke tiefer ist besser ausgerüstet und schon länger arbeitsfähig. Man holt DDR-Handwerker, die sich inzwischen selbstständig gemacht haben, sozusagen von der Straße und lässt sie die Treuhandbüros renovieren. Als die wenigen westdeutschen Manager Flipcharts und Overhead-Projektoren fordern, müssen die ostdeutschen Haustechniker erst mal nachfragen, was das ist.[1]

Der Kampf um Mobiliar und Geräte ist noch eines der kleinsten Probleme. Schon in den ersten Tagen offenbart sich, wie schwierig die Aufgabe werden wird. Die Arbeitslosenzahl hat sich in den neun Tagen seit der Währungsunion fast verdoppelt: Inzwischen sind 220 000 Menschen in der DDR arbeitslos. Pro Woche kommen über 40 000 Arbeitslose hinzu.[2] Zudem haben die Firmen die Möglichkeit entdeckt, die Arbeiter »bei Kurzarbeit Null« nach Hause zu schicken. 500 000 entsprechende Anträge gehen allein im Juli ein. Zudem werden 100 000 ältere Arbeitnehmer in den Vorruhestand geschickt. Damit sind fast eine Million ostdeutsche Arbeitsplätze in den letzten Monaten verschwunden.

Am härtesten trifft die Manager der Treuhand eine Meldung, die sie am Ende der Woche erreicht: Die westdeutschen Gewerkschaften IG Chemie und IG Metall haben Lohnerhöhungen für die Arbeiter im Osten durchgesetzt. Diese bekommen fortan 25 bis 30 Prozent mehr Gehalt. Die Warnstreiks der vergangenen Wochen haben sich ausgezahlt.[3] Ein westdeutscher Funktionär der IG Metall bekennt in einem Zeitungsinterview, dass die Gewerkschaften Angst vor einer Billiglohnzone in der DDR hatten, denn die würde die Position der Westdeutschen in den Tarifverhandlungen schwächen.[4]

Einer der Wettbewerbsvorteile der DDR bricht nun weg: Ostdeutschland war ein Billiglohnland, in dem etwa das Versandhaus Quelle und Ikea einen großen Teil ihrer Möbel herstellen ließen. Das lohnt sich für die Hersteller bald nicht mehr. Zwei weitere Faktoren, die der DDR Wettbewerbsvorteile brachten, drohen ebenfalls verloren zu gehen: Energie und Grundstücke sind billig. Das wird sich ändern, wenn das westdeutsche Energie-Oligopol hohe Strompreise in Ostdeutschland durchsetzt und der erwartete Immobilien-Boom die Grundstückspreise in die Höhe treibt – so die Befürchtung einiger pessimistischer Treuhandmitarbeiter.

Vor fünf Tagen wurde Deltev Karsten Rohwedder vom DDR-Ministerrat offiziell zum Chef des Verwaltungsrats der Treuhand ernannt. Staatssekretär Günther Krause begründet die Entscheidung: Man habe einem Westdeutschen die Aufgabe übertragen, da die Regierung niemanden in der DDR gefunden hat, der die Anforderungen erfüllt.[5]

Rohwedder muss zunächst einen Präsidenten für die Treuhand finden, der die Anstalt durch den Alltag führt, vor allem aber muss er sich mit den Folgen der Währungsunion auseinandersetzen, vor denen er selber gewarnt hatte. Der Bundeskanzler und das Bundesfinanzministerium haben entschieden, dass die Ostdeutschen eine D-Mark für eine Ostmark bekommen. Hätte man die Ostmark realistisch, etwa zum Kurs von 1 zu 4 umgestellt, so die Befürchtung des DDR-Ministerpräsidenten Lothar de Maizière, drohten alle DDR-Bürger aufgrund ihrer niedrigen Löhne mit dem 1. Juli unter die Sozialhilfegrenze zu rutschen und erst recht nach Westdeutschland abzuwandern. Selbst die optimistischeren Analysten sagen der DDR voraus, dass sie einen marktwirtschaftlichen Urknall erleben wird, der für die seit Monaten geschwächte ostdeutsche Wirtschaft tödlich sein kann. Der Patient mit der Lungenentzündung ist ans Fenster gerollt worden.

Die DDR-Wirtschaft steckte seit Jahren in der Krise, da die Firmen nicht genug investieren konnten. Roboter und Computer wurden zwar produziert, aber Weltstandard erreichen die ostdeutschen Patente selten. Rationalisierungen bleiben aus, da die Arbeitskräfte fast nichts kosten. Über die schwer angeschlagene DDR-Wirtschaft zieht in Form der gemeinsamen Währung und dem Umstellungskurs von 1 zu 1 ein »perfekter Sturm« hinweg, der die ostdeutschen Betriebe zu Boden drückt.[6]

Von einem Tag auf den anderen müssen die DDR-Unternehmen die Gehälter in D-Mark auszahlen. Im Juni werden einem Arbeiter etwa in Leuna noch 1000 Ostmark überwiesen. Dafür hätte er auf dem Schwarzmarkt Anfang des Jahres mit viel Glück 200 Westmark bekommen. Am 1. Juli muss ihm die Geschäftsführung 1000 D-Mark zahlen, also faktisch das Fünffache. Dieser eine Arbeiter produziert aber keine Waren, die das Fünffache wert wären. Rohstoffe, Maschinen, Ersatzteile, für alles müssen die Betriebe das Zigfache bezahlen und an Kosten berechnen. Es rächt sich zudem, dass viele ostdeutsche Firmen Material horten, das sie jetzt bezahlen müssen.

Die DDR-Betriebe selbst verschärfen diese Situation noch, indem sie ihre Rechnungen untereinander nicht mehr bezahlen und sich an ihre letzten Geldreserven klammern. Ein Chemie-Unternehmen produzierte etwa im Juni Produkte im Wert von 36 Millionen Ostmark, aber von den Kunden wurden nur zwei Millionen bezahlt.[7] Viele osteuropäische Abnehmer, die bis dahin die Ware für Transferrubel bekommen haben, also für eine künstliche, reine Verrechnungswährung, müssen die Rechnungen nun in D-Mark begleichen und mithin sehr viel mehr für das Produkt bezahlen. Letztlich ist aber gar nicht der Preis der entscheidende Punkt, sondern die Qualität. Wenn etwa die ungarische Regierung Westdevisen für Linienbusse überweisen muss, dann kann sie auch gleich bei Westfirmen das vermeintlich bessere Produkt kaufen, erklärt sie den zuständigen DDR-Ministerien auf Anfrage.

Der britische Unternehmensberater Philip Wright von Price Waterhouse hatte den Deutschen ihren »Domesday« prophezeit – der 1. Juli 1990 ist der Tag des Jüngsten Gerichts für viele DDR-Firmen. Im Wortsinn. Wright weiß als Buchhalter: Die Zahlung der Schulden kann man aufschieben. Der »Killer« sind immer die laufenden Kosten oder, wie es Wolfram Krause sagt: »Die Altschulden haben niemand tot gemacht.« Die laufenden Kosten reißen die DDR-Firmen dagegen in die Tiefe. Die Treuhand ist zwar gesetzlich schon zuständig, aber noch gar nicht arbeitsfähig, als der »Währungssturm« über die DDR-Wirtschaft hinwegfegt.

Die Mitarbeiter der Treuhand begreifen schnell, was ihre Hauptbeschäftigung in den ersten Monaten sein wird: Geld ausgeben, um die DDR-Betriebe über Wasser zu halten. Die DDR-Firmen bestürmen die neu strukturierte Treuhand vom ersten Tag an: Sie brauchen dringend Geld, um die Gehälter zahlen zu können. 5000 Betriebe haben bis Mitte Juli schon Liquiditätskredite beantragt – am Ende des Monats werden es 7600 sein. Fast alle großen DDR-Betriebe wollen also von der Treuhand Geld.[8]

Sechzehn Mitarbeiter prüfen die Anträge, können aber gegen diese Flut nichts ausrichten. Vier Treuhänder entscheiden ad hoc, ob sogenannte Katastrophenfälle Geld bekommen, und wenn ja, wie viel. Schließlich findet man die Regelung, dass pauschal 41 Prozent des beantragten Geldes überwiesen werden.[9] Da die Zentrale nur über wenige Telefonleitungen und Faxgeräte verfügt, kann die Finanzabteilung nicht mit den Betrieben kommunizieren. Die wissen nicht, ob sie ihr Geld bekommen werden, und schicken Abgesandte nach Berlin zur Treuhand, um nachzufragen, wann die Mittel endlich fließen. In den Fluren der Treuhand stehen wütende Geschäftsführer und verzweifelte Bittsteller. Die Mitarbeiter der Kreditabteilung verteilen sich über ein Großraumbüro und zwei kleinere Zimmer. Das große Büro ist notdürftig durch Stellwände, die mit grellgrünem Stoff bezogen sind, unterteilt. Alles ist provisorisch, hektisch, die Mitarbeiter sind überfordert. Daher entscheidet sich der Treuhandvorstand bald, die Auszahlung der Kredite abzugeben. Infrage kommen dafür nur die Banken vor Ort.[10]

Viele Betriebe in Ostdeutschland kommen wegen der Kredite erstmals mit der Treuhand in Berührung. Sie erleben sie als ungerecht und unsortiert, da sie eben nur pauschal einen Teil des beantragten Geldes auszahlt.

Schon wenige Tage nach der Währungsunion geben auch Politiker der CDU zu, dass man die Folgen der Währungsumstellung unterschätzt haben könnte.[11] Tatsächlich wird, seitdem Helmut Kohl der DDR im Februar die D-Mark angeboten hat, über die Konsequenzen für die ostdeutsche Wirtschaft diskutiert. Ein enger Mitarbeiter von Lothar de Maizière sagt, dass die »DDR-Wirtschaft am Rande des größten Konkurses der Weltgeschichte« steht.[12] Der vollzieht sich nun vor aller Augen.

Den DDR-Bürgern ist nach wenigen Tagen Währungsumstellung klar: eine gemeinsame Währung bedeutet höhere Preise. Die Grundnahrungsmittel in den neuen, vom Westen gelenkten Supermärkten sind für sie viel zu teuer. Milch kostet mit 1,29 Mark fast doppelt so viel wie zuvor; ein Brötchen kostet nun 19 Pfennig West, statt 5 Pfennig Ost.[13] Auch die Abgeordneten der Volkskammer werden mit Klagen überhäuft. Sie reagieren, indem sie ebenfalls für den 13. Juli eine Anhörung ansetzen. Thema sind die geradezu explodierenden Lebenshaltungskosten.

Der Vizepräsident Reinhard Höppner empfindet die Anhörung als neuen Tiefpunkt in der kurzen Geschichte der frei gewählten Volkskammer. Die Tengelmann-Lobbyisten haben die Volkskammerpräsidentin Sabine Bergmann-Pohl von der CDU so lange »bequatscht«, bis der stellvertretende Geschäftsführer der Handelsgruppe Tengelmann, die unter anderem die Kaiser's Supermärkte betreibt,[14] zehn Minuten vor den Parlamentariern reden darf, was Höppner ärgert.

Franz Schmitz soll zur Preispolitik seines Konzerns sprechen.[15] Zunächst brüstet er sich damit, dass die Gruppe einer der größten Einzelhandelskonzerne der Welt ist. Dann erläutert er, wie vielen DDR-Industrieunternehmen man demnächst Ware abkaufen werde und wie die horrenden Preise, die das Parlament moniert, zustande kommen würden – nicht zuletzt sei die hohe Mehrwertsteuer, vom Parlament per Gesetz gefordert, schuld. Sicher, verdienen würde Tengelmann schon auch: »Ich bin der Vertreter eines privatwirtschaftlich organisierten Unternehmens, ich bekenne mich zum Gewinn, selbstverständlich beinhaltet der Verkaufspreis einen Gewinn, aber der Gewinn ist der Motor dessen, was man bewegen will. Ich gehöre zu den Optimisten, warten Sie's freundlicherweise ab, vertrauen Sie auf die [Markt]-Kräfte …, deswegen bitte ich Sie, versuchen Sie die Lage zu analysieren und nicht die Meinung über die Lage, die ich für unzutreffend halte, weiter zu publizieren.«

Auf die Rede erwidert ein wütender Werner Schulz: »Wenn wir die Debatte durch ein Ad-hoc-Hearing unterbrechen, dann bitte ich doch zu bedenken, dass wir ein Parlament sind, keine Lobby für Konsum und Tengelmann.« Erleichterter Beifall des Plenums. Doch die Abgeordneten wehren sich zu spät. Tengelmann und andere westdeutsche Supermarktketten haben den Markt in Ostdeutschland längst unter sich aufgeteilt und können die Preise diktieren.

In der Woche zuvor sind die Abgeordneten dagegen noch erfolgreich: Das Parlament beauftragt den DDR-Energieminister Karl-Hermann Steinberg, einen neuen Vertrag mit den westdeutschen Käufern der Einrichtungen des Energiesektors auszuarbeiten und zudem andere Stromanbieter zu kontaktieren. Auch Werner Schulz, unterstützt von der Forschungsgruppe um Matthias Artzt und Gerd Gebhardt, kann einen Sieg verbuchen, denn er bringt das Kommunalvermögensgesetz durch die Volkskammer. Das sieht vor, dass die Kommunen Teile des Eigentums erhalten, das komplett der Treuhand zugeschlagen werden sollte. Nun sollen sie doch über die Elektrizitäts-, Gas- und Wasserwerke verfügen. Ein solches Gesetz würde den westdeutschen Stromkonzernen einen Strich durch die Rechnung machen, die den neuen Markt im Osten komplett beherrschen wollen.

14. Juli 1990,
Ost-Berlin

Am Dienstag besucht Detlev Karsten Rohwedder die Treuhand am Alexanderplatz zum ersten Mal, am Samstag darauf stellt er sich der Belegschaft vor. Die Anstalt hat zu diesem Zeitpunkt nur gut hundert Mitarbeiter. Anschließend bespricht er sich mit Wolfram Krause, der noch immer bei der Treuhand arbeitet. Am nächsten Tag soll zum ersten Mal der Verwaltungsrat zusammentreten. Rohwedder hat keine Zeit zu verlieren.[16]

In dem Rat, der den Vorstand der Treuhand kontrollieren soll, werden unter anderen der Chef des Energieriesen VEBA, Klaus Piltz, der IBM-Boss Hans-Olaf Henkel und Horst Pastuszek, Geschäftsführer des Kaffeeherstellers Tchibo, sitzen. Piltz und sein Kollege von Tchibo sind zu diesem Zeitpunkt bereits intensiv in Ostdeutschland engagiert.[17] Auch Treuhandkritiker Günter Nooke hat es geschafft, in das Gremium gewählt zu werden. Lange wird er sich aber nicht dort halten.[18] Stellvertretender Vorsitzender des Verwaltungsrats wird Otto Gellert, Wirtschaftsprüfer und einflussreicher Steuerberater aus Hamburg und zudem ein enger Vertrauter von Rohwedder. Die beiden haben sich 1966 bei der Abwicklung eines Unternehmensverkaufs kennengelernt. Die Whiskey-Marke »Teachers« sollte den Besitzer wechseln. Rohwedder vertrat den schottischen Käufer, Gellert einen Hamburger Schiffsausrüster, der die Marke loswerden wollte.[19] Gellert sitzt zudem im Aufsichtsrat von Hoesch und hat Rohwedder dort als Vorstandsvorsitzenden erlebt.

Auf der ersten Sitzung des Verwaltungsrats gibt Rohwedder den Namen des Treuhandpräsidenten bekannt: Reiner Maria Gohlke, aktuell Vorstandsvorsitzender der Deutschen Bahn, soll das Alltagsgeschäft der Treuhand von nun an strukturieren.[20] Das Verwaltungsratsmitglied Hans-Olaf Henkel hat Gohlke ins Spiel gebracht. Dessen Name wird schon seit einigen Tagen in der Presse gehandelt.[21] Er bekommt 800 000 D-Mark Jahresgehalt; die Bahn hat ihm nur die Hälfte gezahlt.

In der ersten Woche will sich Rohwedder eigentlich darauf konzentrieren, weitere Mitglieder für den Vorstand der Treuhand zu gewinnen. Er hat sich bereits einige Absagen eingehandelt, unter anderen von einem Vorstand der Deutschen Bank. Doch die Krise der DDR-Betriebe spitzt sich so zu, dass er Ende der Woche nach Bonn fliegen muss, wo er sich mit dem Kanzlerberater Johannes Ludewig trifft.

Rohwedder erklärt Ludewig, dass der Kreditrahmen, den der Staatsvertrag vorsieht, bei weitem nicht ausreicht, um die ostdeutschen Unternehmen in den nächsten Wochen über Wasser zu halten. Der totale Zusammenbruch drohe.[22] Die Unternehmen begleichen die Rechnungen ihrer ostdeutschen Geschäftspartner schon längst nicht mehr, und viele zahlen nun auch keine Steuern mehr, da sie kein Geld in der Kasse haben.

Bald können die ersten Kombinate keine Gehälter mehr zahlen. Man stelle sich vor: 30 000 Chemie-Arbeiter in Leuna ohne Geld. Mitten in den Sommerferien. Was würde dann passieren? Eine Art Rettungsschirm muss her, um die Firmen flüssig zu halten. Auch muss dafür gebürgt werden, dass gelieferte Waren auf jeden Fall bezahlt werden. Rohwedder und die Beamten rechnen durch, welche Summe dieser »Schirm« abdecken muss. Die Treuhand ist für über vier Millionen Angestellte verantwortlich. Das sind geschätzt mindestens zehn Milliarden Mark an Gehältern jeden Monat. Hinzu kommen die Kosten für Rohstoffe und Materialen, die eingekauft werden müssen. So kommt die Gruppe in Bonn schließlich auf eine Summe von 100 Milliarden D-Mark, die sofort bereitgestellt werden müsse. 100 Milliarden D-Mark sind 1990 ein Viertel des westdeutschen Haushalts – eine damals »völlig unvorstellbare Größenordnung«, wie Wolfgang Schäuble später sagt.[23] Die Beschaffung des Geldes muss in einer »Nacht- und Nebelaktion« gelingen, wie sich der Rohwedder-Vertraute Otto Gellert erinnert.[24] Die Öffentlichkeit soll von der Dimension der potenziellen Ausgabe auf keinen Fall etwas mitbekommen.

Johannes Ludewig begleitet Rohwedder am folgenden Wochenende nach Ost-Berlin. Ludewig ist zum ersten Mal länger mit Rohwedder zusammen. Dieser wirkt auf ihn unbefangen und stets präsent, aber ganz besonders fällt Ludewig dessen jugendhafte Art auf. »Hallo hier bin ich«, ruft er Ludewig zu, als er ihn auf dem Flughafen entdeckt. Die beiden sind ein merkwürdiges Paar: Rohwedder überragt den kleinen Ludewig um gut zwei Köpfe.

Die Treuhandanstalt garantiert mit dem Bund im Rücken, dass die Liquiditätskredite zurückgezahlt werden. Die beiden diskutieren auf dem Flug lange über die Kreditklemme. In Ost-Berlin angekommen, fahren sie sofort zum Palast der Republik, wo sie sich zunächst im Büro des Ministerpräsidenten de Maizière einfinden. Danach erläutern sie den Ministern und Abgeordneten, wie der Rettungsschirm organisiert wird. Rohwedder steht anschließend mit Ludewig in der Lobby, spricht intensiv mit Günter Nooke und ruft Jochen Steinecke, den Vorsitzenden des Wirtschaftsausschusses, herbei.[25] Die Parlamentarier haben an diesem Sonntag noch 24 Tagesordnungspunkte abzuarbeiten: Sie debattieren und verabschieden weiterhin im Akkord Gesetze, von denen die meisten die Zukunft Ostdeutschlands prägen werden. Es werden Gesetze für die neuen Bundesländer und die Landtagswahlen diskutiert, ein Haushaltsplan und die Übertragung von DDR-Vermögenswerten in einen Stiftungsfonds müssen verabschiedet werden. Während sie tapfer dieses Mammutprogramm bewältigen, bricht um sie herum die DDR-Wirtschaft endgültig zusammen.

Rohwedder gelingt es, schließlich alle zur Zustimmung zu dem Rettungspaket zu bewegen. Er bittet die Akteure um strikte Verschwiegenheit. Zwar bürgt der Bund für Kredite bis maximal 100 Milliarden D-Mark, damit die Treuhandbetriebe in den nächsten Monaten mit Geld versorgt werden und die Gehälter zahlen können, aber wie schlimm es um die DDR-Wirtschaft steht, will die Bundesregierung in Bonn auch nach diesem Wochenende öffentlich nicht eingestehen. Bis zum Ende des Jahres wird in Deutschland jeden Monat irgendwo ein neues Parlament gewählt.

Am Mittwoch nach der Krisensitzung fliegt Rohwedder mit einigen Treuhandmitarbeitern nach Frankfurt zu einem Treffen mit den Chefs der großen deutschen Banken. Es muss geklärt werden, wie das viele Geld besorgt werden kann – und wer technisch in der Lage ist, es an die Betriebe auszuzahlen.

Die einzigen Institute, die das können, sind die Filialen der neu gegründeten Bankenfamilie von Edgar Most. Nur die Kreditbank und ihre Töchter, also letztlich die Ex-Staatsbank, haben überhaupt Filialen in den vielen kleinen Orten, wo die SED Industrien ansiedeln ließ. Außerdem will die Bundesregierung nicht vor den Augen der Finanzmarktakteure eine derart große Summe Geld aufnehmen. Die Zinsen für deutsche Staatsanleihen sind seit dem Mauerfall kontinuierlich gestiegen, und die meisten »Bonds«-Händler in diesem Sektor nehmen der Bundesregierung ihre Prognosen in Sachen Staatsverschuldung und Kosten der Währungsunion längst nicht mehr ab.[26] Schlechte Nachrichten würden die Staatsanleihen für den Bund noch teurer machen. Und hohe Zinsen treffen auch die westdeutschen »Häuslebauer« und andere Kreditnehmer.

Also helfen die Freunde von Edgar Most, die Dresdner und die Deutsche Bank.[27] Die beiden westdeutschen Banken organisieren kurzfristig bis zu 40 Milliarden D-Mark an den internationalen Finanzmärkten für die Liquiditätssicherung der DDR-Betriebe – ein Riesengeschäft. Denn die westdeutschen Geschäftsbanken nehmen für die Bereitstellung des Geldes den normalen Zinssatz, bis zu neun Prozent, im Osten oft auch 9,75 Prozent, also einen Risikozuschlag, obwohl es kein Risiko gibt.[28] Dank Edgar Most könnte die Deutsche Bank auf diesem Wege die nächsten vier Milliarden D-Mark verdienen.[29]

Die Bundesregierung bittet die Deutsche und die Dresdner Bank zudem, die Altschulden der Betriebe bis auf weiteres zu verwalten und einzutreiben. Rohwedder erhofft sich dafür ein Entgegenkommen der Banken beim »Aufbau Ost«.

23. Juli 1990,
Ost-Berlin

Das nächste Problem wird Rohwedder bald nach seinem Dienstantritt deutlich: Ostdeutsche Generaldirektoren haben mit Hilfe von Treuhandmitarbeitern Geschäfte mit Westdeutschen abgeschlossen, ohne dazu legitimiert zu sein. Es ist das Szenario, vor dem Matthias Artzt, Gerd Gebhardt und andere immer wieder gewarnt haben.

Rohwedder wird zugetragen, dass der Geschäftsführer der Interhotel-Kette auf eigene Faust versuche, mit der Steigenberger-Gruppe aus Frankfurt am Main einen Vertrag abzuschließen. Die Interhotels, vorwiegend für zahlungskräftige Kunden aus dem Westen gebaut, sollten Devisen bringen. Ihre Ausstattung ist zwar überholt, aber die Häuser sind in allen großen DDR-Städten in bester Lage gebaut worden. Da es viel zu wenig Hotels in Ostdeutschland gibt, haben sie potenziell einen sehr großen Wert. Am Abend wird in der DDR-Nachrichtensendung »Aktuelle Kamera« ein Interview mit Rohwedder ausgestrahlt. Man denke in der Treuhand darüber nach, die Interhotels an viele einzelne Anbieter zu verkaufen und nicht monopolistisch en bloc, sagt Rohwedder. Das hört man bei Steigenberger in Frankfurt nicht gern und handelt umgehend.

Am nächsten Tag lassen die westdeutschen Manager die Pachtverträge aufsetzen, damit sie noch am Nachmittag unterschrieben werden können. Der Notar wird von den Steigenberger-Managern um 14 Uhr in das »Grand Hotel« an die Ost-Berliner Friedrichstraße bestellt. 34 Verträge müssen vom Notar verlesen werden, für jedes Interhotel ein Pachtvertrag.[30] Der

Geschäftsführer der Interhotel-Gruppe, Helmut Fröhlich, unterbricht die Verlesung um 17 Uhr. Er müsse schnell zur Treuhandanstalt an den Alexanderplatz, erklärt er. Dort hat er einen Termin mit dem zuständigen Treuhandmanager.

Am Alexanderplatz erklärt der Treuhänder, Fröhlich habe drei Tage Zeit, das alternative Verkaufskonzept der Treuhand zu prüfen, dann müsse er dem Treuhandvorstand berichten, wie die endgültige Verkaufsstrategie aussieht. Andere Käufer dürfe er bis dahin nicht kontaktieren. Fröhlich verspricht, sich daran zu halten. Dann fährt er zurück ins »Grand Hotel«, wo er verkündet, dass seitens der Treuhand alle Probleme geklärt seien. Der Notar fährt fort mit der Verlesung der Pachtverträge. Fröhlich unterschreibt sie schließlich.

Drei Tage später liest Rohwedder in der Zeitung: Die Steigenberger-Gruppe pachtet alle Interhotels.[31] Er ist außer sich. Schnell findet man am Alexanderplatz heraus, dass zwei Treuhandbeauftragte dem Interhotel-Chef bei seinem Coup geholfen haben: der ehemalige DDR-Staatssekretär Manfred Domagk und der ehemalige Handelsminister Manfred Flegel. Sie haben den Deal abgesegnet.

Die Treuhand ficht den Vertrag an. Die Privatisierung wird gestoppt. »Wir können niemandem unter die Augen treten, wenn wir das akzeptieren«, sagt Rohwedder.[32] Er kann den Interhotel-Chef aber nicht fristlos entlassen, das kann nur die Eigentümerversammlung der Aktiengesellschaft, zu der die Hotels inzwischen zusammengefasst sind. Steigenberger ist sich keiner Schuld bewusst und besteht auf Einhaltung der Verträge, schließlich hätten zwei Treuhänder dem Deal zugestimmt.

Es wird nicht der letzte Fall dieser Art sein. Rohwedder und seinem Team wird bald das Muster klar: Die lukrativsten DDR-Unternehmen oder diejenigen mit Potenzial haben sich Investoren aus dem Westen, meist mit Hilfe von ostdeutschen Geschäftsführern, gesichert. Auf dem Rest und den Schulden bleibt die Treuhand – und damit der Staat – sitzen.

Dennoch hofft Rohwedder weiterhin, den Prozess der Privatisierung der DDR-Wirtschaft auch gestalten zu können und nicht nur auf Probleme reagieren zu müssen. Die Zeit in den USA hat ihn geprägt, er will eine freie Marktwirtschaft in Ostdeutschland etablieren, im engen liberalen Sinne, die seiner Meinung nach nur ihren Namen verdient, wenn sich keine Kartelle bilden und die Konzerne weniger Macht haben. Zu diesem Konzept gehört aber auch, dass der Staat sich aus der Wirtschaft so weit wie möglich heraushält. Deswegen drängt Rohwedder so auf den Verkauf der DDR-Unternehmen, solange diese von seiner Behörde kontrolliert werden.[33]

Doch er gibt auch etwas verloren: die Privatisierungen der Banken und der Energiewirtschaft. Diese Deals tasten die Treuhand und er nicht an. Vor allem von den Banken erhofft sich Rohwedder im Gegenzug Hilfe beim Aufbau einer wendigen, schlanken DDR-Wirtschaft. Sie sollen Risikokapital sammeln und per Kredit in die Wirtschaft Ostdeutschlands pumpen.

Vielen ostdeutschen Geschäftsführern drängt sich dagegen schon jetzt der Verdacht auf, dass die westdeutschen Investoren warten, bis die ostdeutschen Firmen zusammengebrochen sind, um dann die Reste für wenig Geld aufzukaufen.[34]

In der Nacht zum 30. Juli, einem Montag, verabschiedet die Volkskammer die Satzung der Treuhand. Auch hier können sich die Westdeutschen mit den meisten ihrer Forderungen durchsetzen.

1. August 1990,
St. Gilgen am Wolfgangsee (Österreich)

Der DDR-Ministerpräsident Lothar de Maizière besucht mit Günther Krause und seinem Berater Fritz Holzwarth Helmut Kohl an dessen Urlaubsort St. Gilgen.[35] Der Besuch sollte schon in der Woche zuvor stattfinden, wurde aber abgesagt, weil die Medien von der Reise erfahren hatten.

Den DDR-Ministerpräsidenten treibt die Sorge um, dass die Volkskammer per »Zufallsmehrheit« sofort der Bundesrepublik beitreten könnte und die DDR »regierungslos« wird. Spätestens nach dem 12. September wäre dieser Beitritt nicht mehr zu vermeiden – an diesem Tag soll der Zwei-plus-Vier-Vertrag unterschrieben werden.[36] Lothar de Maizière bittet Kohl, die ersten gesamtdeutschen Wahlen auf den 14. Oktober 1990 vorzuverlegen, dann könnte auch die Wiedervereinigung auf diesen Tag gelegt werden. Dafür muss der Bundestag in Bonn die Verfassung allerdings ändern, damit die Legislaturperiode um wenige Tage verkürzt werden kann. Wenn die Regierungskoalition dafür nicht die notwendige Zwei-Drittel-Mehrheit zusammenbekommt, solle Kohl ein konstruktives Misstrauensvotum stellen, was Neuwahlen möglich machen würde, so der Vorschlag des DDR-Ministerpräsidenten. Kohl, so Lothar de Maizière, stimmt zu. Am kommenden Freitag will der Ministerpräsident auf einer Pressekonferenz in Ost-Berlin dieses Vorgehen der Öffentlichkeit vorstellen.

Da die DDR-Regierungsmaschine wegen des Nachtflugverbotes nicht mehr starten darf, muss die kleine Gruppe um de Maizière im Ferienhaus Kohls übernachten. De Maizière schreibt: »Krause setzte sich ans Klavier und improvisierte. Mehrfach wurde das Deutschlandlied angestimmt ... Mir war weder nach Singen noch nach ausgelassener Fröhlichkeit. Ich begab mich zu Hannelore Kohl in die Küche. Wir unterhielten uns lange über familiäre Dinge, aber auch über ihre Stiftung, die sich mit Problemen der Verletzung des zentralen Nervensystems befasst.«[37]

Zwei Tage später, um 11 Uhr, gibt de Maizière die Pressekonferenz. Neben ihm sitzt die stellvertretende Regierungssprecherin Angela Merkel. Er verkündet, dass sich der Bundestag notfalls auflösen werde, damit man die Einheit schneller erreichen könne. Helmut Kohl lässt kurz darauf bei einem Besuch de Maizières und Holzwarths in Bonn durch seinen Kanzleramtsminister Rudolf Seiters mitteilen, dass man sich entschlossen habe, diesen Weg doch nicht zu beschreiten. Auch der Bundespräsident Richard von Weizsäcker habe Bedenken geäußert.

Lothar de Maizière schreibt dazu: »Ich habe dies als großen Vertrauensbruch durch den Bundeskanzler begriffen. Darüber hinaus hatte ich den Eindruck, dass der Ansehensverlust, der mir dadurch zugefügt wurde, von ihm sehr wohl einkalkuliert war. Später ist immer wieder behauptet worden, ich sei nach dieser Reise an den Wolfgangsee vollkommen verändert gewesen. Manche argwöhnten, Helmut Kohl habe mir meine Stasi-Akte vorgehalten. Kurz: ich sei depressiv geworden und hab nun völlig unter dem Einfluss der Bundesregierung gestanden. All dies ist unzutreffend, vielmehr wusste ich nun, dass ich weitgehend auf mich allein gestellt war.«[38]

Der Finanzminister Walter Romberg erinnert sich später, welche Folgen das Treffen noch hatte: »Für das Treuhand-Vermögen sollte eine von den fünf neuen Ländern getragene Institution verantwortlich sein. Ich bin bei meinem Regierungschef damit nicht durchgekommen. Lothar de Maizière machte mir unmittelbar nach seinem Treffen mit Helmut Kohl am Wolfgangsee klar, dass die Weichen anders gestellt waren.«

5. August 1990,
Ost-Berlin

Die Treuhand ist die einzige DDR-Behörde, die es nach der Wiedervereinigung noch geben wird, das geht aus dem Entwurf des Einigungsvertrags hervor, den Innenminister Wolfgang Schäuble und der Verhandlungsführer der DDR, Günther Krause, vorlegen.[39] Das Bundesfinanzministerium wird die Aufsichtsbehörde der Treuhand, die Volkskammer entsendet keine Verwaltungsratsmitglieder mehr. Ferner wird in dem Vertrag versichert: Das volkseigene Vermögen wird ausschließlich und allein zugunsten des Gebiets der derzeitigen DDR unabhängig von der »haushaltsmäßigen Trägerschaft« aufgewendet. Die Erlöse der Anstalt aus der Privatisierung werden nicht dem Bundeshaushalt zugeführt. Der Entwurf sieht darüber hinaus die Möglichkeit vor, den Bürgern ein verbrieftes Anteilsrecht am volkseigenen Vermögen zuzugestehen. Die Wirschaftsdaten der letzten Woche lassen allerdings darauf schließen, dass es wohl keine Erlöse geben wird und folglich keine Anteilsrechte einzulösen sind. Darauf gehen Schäuble und Krause in dem Entwurf jedoch nicht ein.

Zwischen den Vertragszeilen kann man lesen: Die Treuhand ist dem Parlament, später also dem Bundestag, keine Rechenschaft schuldig. Sie muss nur berichten. Allein das Bundesfinanzministerium übt eine direkte Kontrollfunktion aus. Es ist alles genau so, wie es schon der Entwurf der Beamten aus Bonn im Mai vorgesehen hat.

8. August 1990,
Bonn

Der Vorstandsvorsitzende der Deutschen Bank Hilmar Kopper lässt verlauten, dass er auf keinen Fall das Treffen verpassen wolle, zu dem der Bundeskanzler an diesem Mittwoch in Bonn eingeladen hat. Er habe sogar seinen Urlaub unterbrochen. Helmut Kohl hat die Chefs der großen westdeutschen Banken eingeladen. Das Thema: ein Appell des Kanzlers an die Banken, »großzügiger Kredite« an die DDR und die dortigen Unternehmen zu vergeben.[40] Koppers Antwort: Man habe doch schon auf eigenes Risiko 1,5 Milliarden an die DDR-Betriebe vergeben. Bei welchen sich dieses Engagement lohnt, weiß seine Bank ja dank Edgar Most. Dann überreicht Kopper dem Kanzler noch ein Papier, in dem von der Bundesregierung gefordert wird, endlich auch offiziell die Altschulden der Betriebe, die noch bei der Kreditbank von Edgar Most liegen, zu übernehmen. Die Bank müsse die Chance haben, als normale Bank zu agieren, also frische Kredite aufnehmen können, was sie bei den Milliardenkrediten in den Bilanzen nach internationalem Bankenrecht momentan nicht darf.

Im Staatsvertrag zur Währungsunion ist bereits festgelegt, dass der Bund für verlorene Kredite eintritt. Doch die Deutsche Bank will mit der Deutschen Kreditbank ohne Altlasten frei manövrieren können. Das Papier der Deutschen Bank, das Kopper dem Kanzler übergeben hat, wird an das »Handelsblatt« weitergereicht. Durch die Lektüre wird jedermann klar, dass Liquiditätsprobleme nicht nur drohen, sondern »akut sind«. Das Papier enthält also eine unausgesprochene Drohung: Die Bundesregierung sollte tun, was die großen Geschäftsbanken wollen, sonst könnten die Details der ostdeutschen Krise an die Öffentlichkeit kommen. Die Banken sitzen am längeren Hebel.[41]

Die Vertreter der Banken machen dem Kanzler und dem Bundesfinanzminister Waigel klar, dass sie kein Geld an den Osten geben, solange die Schulden- und Besitzverhältnisse der ostdeutschen Betriebe nicht geklärt sind. Doch die Eröffnungsbilanzen der DDR-Betriebe werden erst für Ende Oktober erwartet.

Den wenigen westdeutschen Treuhändern dämmert, dass sie von der westdeutschen Industrie und den Banken im Stich gelassen werden. Otto Gellert, der Verwaltungsratsvize, appelliert an die Solidarität der Westdeutschen und warnt: »Ich denke da nur an den Süden Italiens. Der DDR könnte etwas Ähnliches passieren. Man kann sich natürlich auch auf den Standpunkt zurückziehen, wenn in der Bundesrepublik eine Schicht mehr gefahren wird, ist der DDR-Markt versorgt. Dann müssen wir uns allerdings auch über die unabsehbaren Konsequenzen, das heißt: anhaltende Massenarbeitslosigkeit mit all ihren Folgen, im Klaren sein.«[42]

14. August 1990,
Ost-Berlin

Dass etwas seit dem Beginn der Wirtschafts- und Währungsunion falsch gelaufen ist, demonstrieren 50 000 ostdeutsche Landwirte auf dem Alexanderplatz. Einige Milchbauern haben ihre Kühe mitgebracht, die sie seit Tagen nicht gemolken haben und die nun vor Schmerzen brüllen. Niemand nimmt ihnen mehr ihre Milch ab. Das Handelssystem in der DDR ist teilweise schon zusammengebrochen. Die neuen Supermärkte sind in der Hand von Westketten und dürfen nur Ware aus dem Westen, aber kein Obst, Gemüse oder Saft aus dem Osten anbieten. Schweinefleisch kann nur noch zu Dumpingpreisen verkauft werden. Westdeutsche Käufer von Schlachtkühen würden die Not der Landwirte schamlos ausnutzen und Preise durchsetzen, die nicht mal die Kosten der Hersteller decken, klagen die Demonstranten.[43] Viele Milchlieferungen wurden von den Käufern seit Juni nicht mehr bezahlt. Auf einem Plakat steht: »Wer wird zur Schlachtbank geführt? Die Schweine oder wir?« Als der omnipräsente Staatssekretär Günther Krause auftritt und versucht, die Politik seiner Regierung zu erklären, treffen ihn rohe Eier. Noch richtet sich die Wut gegen die Volksvertreter, aber die Volkskammer wird ihre Macht bald verlieren, und dann werden sich die Proteste nur noch gegen die Treuhand richten.

Einen Tag später versucht DDR-Ministerpräsident Lothar de Maizière mitten in der tiefen Wirtschaftskrise seine Handlungsfähigkeit zu demonstrieren, indem er den SPD-Finanzminister Walter Romberg entlässt, mit dem er sich in den letzten zwei Wochen immer wieder gestritten hat.[44] Der Wirtschaftsminister Gerhard Pohl, so die offizielle Version, tritt aus freien Stücken zurück. Neue Minister will de Maizière bis zur deutschen Einheit nicht mehr ernennen. Die große Koalition in der DDR zerbricht endgültig.

Noch ist nicht entschieden, wann die DDR der Bundesrepublik beitritt. Doch die Volksvertreter, die Regierung und die Wirtschaft taumeln bereits dem Ende ihres Staates entgegen.

Am selben Tag veröffentlicht die Treuhand ihre erste Pressemitteilung. Sie ist in dem beschwichtigenden Ton verfasst, der typisch für die Verlautbarungen aus der Anstalt werden soll: »Die Anpassung und der Strukturwandel in der DDR-Wirtschaft kommen in Gang. Der von den Unternehmen jetzt angemeldete Liquiditätsbedarf beträgt lediglich noch die Hälfte der Juli-Anmeldungen. Für September ist bereits jetzt ein weiter rückgängiger Liquiditätsbedarf erkennbar. Der von der Treuhandanstalt zu verbürgende Liquiditätsbedarf wird sich ferner weiter verringern, wenn die normalen Bankfinanzierungen stärker anlaufen.«

Auf die »normalen Finanzierungen« durch die Banken wird die Treuhand jedoch noch sehr lange warten müssen.

20. August 1990,
Ost-Berlin

Gut einen Monat ist Reiner Maria Gohlke inzwischen Präsident der Treuhand, doch er kommt nie richtig in der Anstalt an. Dass er besessen ist von der Aufgabe, Ostdeutschland zu helfen, wie er selber sagt, nützt ihm nichts. Er reibt sich vom ersten Tag an auf. Sichtlich zermürbt äußerte er wenige Tage zuvor auf einer Pressekonferenz: »Die Treuhand versucht zu retten, was zu retten ist … kaum ein Betrieb in der DDR ist derzeit wettbewerbsfähig«, häufig werde die Anstalt improvisieren müssen.[45]

In einem Gespräch mit dem Magazin »Der Spiegel« versucht Gohlke sich entschlussfreudig, engagiert und optimistisch zu geben, doch ein Absatz in dem Artikel besiegelt das Ende seiner Treuhandkarriere. Das Magazin zitiert darin anonyme Quellen, die Gespräche mit dem Treuhandpräsidenten so beschreiben: »Sie erleben einen Gesprächspartner, der sich mitunter nicht einmal an den Grund des Gesprächs erinnert … Der Treuhand-Chef verwechselt oft selbst die wenigen Betriebe, die noch Überlebenschancen haben. Er habe selten einen so überforderten Menschen gesehen, erzählt ein Teilnehmer nach einem solchen Gespräch fassungslos.«[46]

Gohlke hinterlässt ein Rücktrittsschreiben auf seinem Schreibtisch, fährt ins Café Kranzler nach West-Berlin und kommt nicht mehr zurück. Rohwedder ist da schon unterwegs nach Bonn zum Bundeskanzler, um zu besprechen, wie es ohne Gohlke weitergeht. Rohwedder hat sich in den letzten Tagen immer wieder mit Gohlke um die Führungslinie der Treuhand gestritten. Sogar offiziell werden Differenzen zwischen Gohlke und dem Verwaltungsrat als Rücktrittsgrund genannt.

Es kommt so, wie es die Staatssekretäre der Regierung Kohl ursprünglich geplant hatten: Rohwedder übernimmt das Amt des Treuhandpräsidenten. Auf den Posten im Verwaltungsrat folgt ihm der Kaufhof-Chef Jens Odewald. »Das Ohr des Kanzlers«, wird man ihn bald nennen, denn Odewald sitzt unter anderem im Wirtschaftsrat der CDU, der am Treuhandgesetz mitgewirkt hat, und er ist ein enger Freund von Helmut Kohl.

22. August 1990,
Ost-Berlin

Eine der letzten Amtshandlungen des ehemaligen Treuhandpräsidenten Reiner Maria Gohlke ist die Bekanntgabe, dass Teile des Ferngasverbundnetzes der DDR für 450 Millionen an die westdeutsche Firma Ruhrgas verkauft worden seien. Der Verkauf wird im Gebäude des Ministerrats in Anwesenheit von DDR-Ministerpräsident de Maizière und Günther Krause unterzeichnet, die die Zeremonie mit trübem Blick verfolgen.

Der Vertrag, der heute unterzeichnet wird, ist dagegen von ganz anderem Kaliber. Die DDR-Regierung und westdeutsche Stromkonzerne haben darin festgelegt, wie der Energiemarkt der DDR in Zukunft organisiert wird. Auch Vertreter der Treuhand unterzeichnen den Vertrag, da sie am Rande in die Verhandlungen involviert waren. Die drei großen Konzerne – Bayernwerk, PreussenElektra und RWE – übernehmen danach 75 Prozent der Firma, die das Stromverbundnetz der DDR betreibt. Zudem kontrollieren sie die meisten Kraftwerke und regionalen Energiekombinate. Die konkurrierenden kleinen Anbieter aus dem Westen erhalten 25 Prozent der Anteile, damit sie Ruhe geben.

Das Kartell der großen Westfirmen darf damit 60 Prozent des gesamten Strommarktes der DDR unter sich aufteilen.[47] Das Kommunalvermögensgesetz, auf das Schulz so stolz ist, wird einfach ignoriert. Die westdeutschen

Konzerne müssen nur garantieren, dass sie kurzfristig 2,5 Milliarden D-Mark in die Netze und Kraftwerke investieren. Die Umweltaltlasten und die Kosten für die Stilllegung der Atomkraftwerke werden aus der Staatskasse bezahlt. Auch Innenminister Schäuble begrüßt den Vertragsabschluss.

Eine Zeitung kommentiert: »Die großen drei haben jetzt in weiten Teilen der bald verschwindenden DDR den elektrischen Durchgriff von der großtechnischen Stromerzeugung über die -verteilung bis hin zur Glühbirne. Selbst in der Bundesrepublik sind sie nicht in einer solchen komfortablen Situation.«[48] Es sei die Fortsetzung des Staatsmonopols mit anderen Mitteln. Ausländische Investoren erhalten keinen Zutritt zu dem Markt.

Der Chef des ostdeutschen Kartellamts, Reinhold Wutzke, hat im Juli gesagt, dass sich an der Privatisierung der Stromwirtschaft zeigen werde, welchen Stellenwert das Wettbewerbsgesetz und sein Amt in der Wirtschaft haben. Er schien sich keine Illusionen zu machen: »Es hat bislang nicht den Anschein, als ob wir sehr ernst genommen werden. Ich finde es schon bezeichnend, daß ich mir auf verschlungenen Wegen Kopien der Vertragsentwürfe beschaffen mußte. Weder das zuständige Ministerium für Umweltschutz und Energie noch die Firmen hielten es für nötig, uns die geplante Fusion anzuzeigen. Zweifel an der Gutwilligkeit der Zusammenarbeit kamen mir, als ich den Vertragsentwurf las. Darin sollte die DDR-Regierung den Firmen ausdrücklich die Genehmigung des Amtes für Wettbewerbsschutz garantieren … Ich würde ein solches Kartell verbieten.«[49] Doch Reinhold Wutzke wurde nicht gefragt.

23. August 1990,
Ost-Berlin

Die Volkskammer beschließt, dass die DDR der Bundesrepublik am 3. Oktober 1990 beitritt.

Die Schattentreuhand

12. September 1990,
Ost-Berlin

Seit Anfang des Monats arbeitet Detlef Scheunert bei der Treuhand. Er hätte auch mit Jochen Steinecke nach Bonn gehen und dort für die FDP arbeiten können. Von der politischen Ausrichtung her hätte ihm das gefallen, doch er wollte seine Familie nicht verpflanzen.

Und noch etwas hat ihn abgehalten: Der parlamentarische Betrieb in der Volkskammer enttäuscht ihn, zu sehr wurde er von westdeutschen Beratern und Einflüsterern beeinflusst. Nach all den Enthüllungen über die Eliten, denen er in der DDR gefolgt war, nach all den Korruptionsvorwürfen und den Geschichten über die »Stasi-Methoden« der DDR-Regierung hatte er so sehr das Bedürfnis nach »einer reinen, naiven Welt« verspürt, und dann musste er erfahren, dass auch in einem freien, demokratischen Parlament gekungelt wird. Scheunert kommt der politische Prozess schon wieder »so schmierig« vor. Also nimmt er das Angebot von Detlev Karsten Rohwedder an und stellt sich im August bei der Treuhand vor.

Scheunert hofft, direkt für Rohwedder arbeiten zu können, schließlich kennt er die Akteure, die Strukturen, die Zusammenhänge in der DDR. Sein großes »Asset«, das Pfund, mit dem er glaubt wuchern zu können, ist sein Wissen über die inneren Zusammenhänge im DDR-Staatsapparat: »Ich weiß, wer mich bescheißt und wer nicht«, denkt er. Doch seine Hoffnung wird enttäuscht. Erst später versteht Scheunert, dass man ihn aus politischen Gründen nicht in der Nähe von Rohwedder haben wollte. Ein SED-Spitzenkader, ein Offizier der Nationalen Volksarmee, direkt im Vorzimmer von Rohwedder – wie hätte das ausgesehen? Die Ablehnung »kratzt« ein wenig an ihm. Er beginnt zu begreifen, dass in der neuen Bundesrepublik und in der neuen Treuhand die Menschen aus dem Osten »Underdogs« sein werden, die sich unterzuordnen haben – »die neuen Neger«, wie es ihm entfährt.

Schließlich bietet man ihm eine Assistentenstelle beim Vorstand an. Scheunert ist inzwischen dreißig. Die meisten Assistenten sind sehr viel jünger und kommen ausnahmslos aus dem Westen, meist direkt von Universitäten mit elitärem Ruf. Er hatte gehofft, einen Sprung auf der Karriereleiter zu machen. Doch dazu fehlt ihm einiges: die Erziehung des Westens, die Netzwerke, die Kontakte. Und er hat keinerlei Ahnung von Betriebswirtschaftslehre, er weiß nicht, wie man ein Unternehmen in der Marktwirtschaft führt, es verkauft, saniert, umstrukturiert.

Und es kommt noch etwas hinzu: Obwohl Ost- und Westdeutsche dieselbe Sprache sprechen, verstehen sie einander oft nicht. Wenn ein Ostdeutscher »Bilanz« zieht, dann berechnet er zum Beispiel: Wie viele Steine brauche ich, um ein Haus zu bauen? 2500. Dann ist für ihn das Ergebnis der Bilanz: 2500 Steine, also immer positiv. Dass im Westen, in der Marktwirtschaft, Aktiva und Passiva gegenübergestellt werden und erst die Differenz das Bilanzergebnis ergibt, muss Scheunert wie die meisten Ostdeutschen erst lernen.

Doch in den ersten Wochen kommt es auf solches Fachwissen gar nicht an, das merkt Scheunert schnell. Am Alexanderplatz herrscht zunächst ein »konstruktives Chaos«. Schnelle Entscheidungen sind wichtig. Scheunert erinnert sich an den Spruch eines Kollegen aus dem Ministerium: »Wenn du den Überblick verloren hast, dann musst du wenigstens den Mut zur Entscheidung haben.«

Detlev Karsten Rohwedder stellt seit August ständig neue Mitarbeiter ein. Die irren nun durch die Flure auf der Suche nach Büros, Schreibtischstühlen, Sekretärinnen. Scheunert bemerkt, dass fast alle aus dem Westen kommen: »Man erkannte sofort West und Ost an der Kleidung, aber auch an der Körperhaltung. Während die Ostdeutschen doch eher von Skepsis geprägt waren, beobachtend und abwartend, kamen die westdeutschen Kollegen mit raumgreifender Dynamik daher, sehr bestimmend und siegesgewiss. Ich kann mich noch an den Spruch eines Vorstandes erinnern, der sagte: ›Na ja, in einem halben Jahr haben wir die ganze Sache hier im Griff.‹«

Mehrere Vorstände aus dem Westen konnte Rohwedder inzwischen zur Treuhand locken, darunter einen Manager von Daimler-Benz und einen bayerischen Spitzenbeamten aus dem Wirtschaftsministerium, Klaus-Peter Wild. Der Franke Wild soll der neue Chef von Detlef Scheunert werden.

Wild und Rohwedder kennen sich aus der Stahlbranche. Ende der achtziger Jahre hat Wild die »Maxhütte« in der Oberpfalz saniert, die in Konkurs gegangen war. Er bot das Stahlwerk damals dem Hoesch-Konzern und damit Rohwedder an. Der wollte mit der maroden »Maxhütte« zwar nichts zu tun haben, behielt aber Wild in Erinnerung, der ihn mit seiner peniblen, nüchternen und hartnäckigen Art beeindruckt hatte.

Als Wild im Sommer von einer Reise mit dem bayerischen Wirtschaftsminister aus der DDR zurückkommt, erwartet ihn seine Frau mit einer dringenden Nachricht: Ein Herr Rohwedder habe angerufen. Er solle sich melden, sofort, zu jeder Tages- und Nachtzeit. Wild ruft in Berlin an, Rohwedder sagt ohne Umschweife: »Kommen Sie zu mir, ich brauche dringend Leute, Ihr Ticket für den Flug um 7 Uhr 10 am nächsten Tag ist schon gebucht, wir können uns dann um 9 Uhr im ›Grand Hotel‹ an der Friedrichstraße treffen.« Widerstand zwecklos. Da sich Wild auf seinem Posten als bayerischer Beamter allmählich langweilt und ihn die Herausforderungen der deutschen Einheit reizen, fliegt er am nächsten Morgen nach Berlin. Nun gehört er zum Treuhandvorstand und verdient ein Vielfaches von dem, was er als Beamter in München nach Hause brachte.

Wild lernt Detelf Scheunert kennen, als dieser noch für das Wirtschaftsministerium in der Volkskammer arbeitet. Die beiden sprechen über Sachsen, Scheunerts Heimat. Der Bruder von Wilds Großmutter stammt aus der Gegend, Wild kennt die Ecke gut, er weiß von dem fruchtbaren Lössboden dort. Scheunert wird der Vorstandsassistent von Wild. Er ist der einzige Ostdeutsche, der direkt im achten Stock, wo die Vorstände ihre Büros haben, arbeiten darf. An seinem zweiten Tag in der Treuhand ist er gleich bei einem großen Treffen dabei. Eine japanische Delegation hat sich angekündigt: Die Investmentbank Nomura möchte über Investitionen in der DDR reden.

Scheunert sagt zu seinem neuen Vorstand: »Wie soll ich Ihnen hier helfen, ich kann kein Englisch.«

»Egal«, sagt Wild, »studieren Sie die Gesichter der Menschen, die Ihnen gegenübersitzen.« Scheunert, der zum ersten Mal Kontakt mit ausländischen Investoren hat, macht genau das und erkennt – nichts. Ein gutes Dutzend Nomura-Delegierte schlürfen laut ihren Tee und gucken unbewegt. Wild fragt, was sie denn kaufen wollen, man habe so einiges im Angebot: Werften, Chemiewerke, Hotels? Da schnippst der Vizepräsident mit den Fingern, ein Assistent von ganz rechts tritt nach vorn, verneigt sich mehrmals und rollt dann eine Karte auf dem Konferenztisch aus. Scheunert und Wild gucken interessiert auf das Dokument. Sie erkennen den Potsdamer Platz, das riesige, brachliegende Areal an der Berliner Mauer neben dem Brandenburger Tor. Die Nomura-Vertreter wollen den ganzen Platz kaufen. Scheunert hat das Gefühl, einem »Besuch von der Venus« beizuwohnen. Die japanische Delegation reist ohne Kaufvertrag wieder ab.

An jedem Tag wird Scheunert aufs Neue beeindruckt. Er lernt beständig etwas über die Marktwirtschaft, das neue System, hinzu. Nicht immer verlaufen die »Meetings« jedoch so kontrolliert wie der Besuch der Japaner.

Klaus-Peter Wild ist unter anderem für Pentacon zuständig, ein Volkseigener Betrieb aus Dresden, der die Praktica-Spiegelreflexkameras herstellt. Die Kameras sind im Westen sehr beliebt. Sie sind mechanisch, exakt, mit guten Objektiven der Firma Zeiss ausgestattet und dennoch preiswert.

Trotzdem sind die meisten Arbeiter im September auf Kurzarbeit gesetzt. Die Treuhand hatte nicht, wie von der Belegschaft erhofft, so viel Geld in den Betrieb geschossen, dass dieser normal weiterproduzieren konnte. Da die Betriebsleiter oder, wie sie nun heißen, Geschäftsführer es gewohnt waren, an die Zentrale Daten zu melden, die durchaus nicht der Wahrheit entsprachen, überweist die Treuhandzentrale pauschal nur einen Teil der geforderten Summe.[1] Niemand in der unterbesetzten Treuhand hat Zeit, jeden einzelnen Antrag zu prüfen. Scheunert kennt ein weiteres Problem der Firma noch aus seiner Ministerialzeit: Pentacon macht seit langem Verluste, was aber in der ostdeutschen Volkswirtschaft verschleiert wurde. Die Kameras wurden so billig an den Westen verkauft, dass sie die Herstellungskosten seit einem Jahrzent nicht mehr deckten. Billigfotoketten vertrieben die gut gemachten Kameras unter ihrem eigenen Namen im Westen, darunter die Kette Photo Porst.[2] Die Kameras werden in Dresden und andernorts noch immer in aufwändiger Handarbeit zusammengebaut, aber ohne digitalen Belichtungsmesser, der bei japanischen Modellen und westdeutschen Herstellern schon lange Standard ist. Das erfolgreichste Exportmodell basiert auf einer Entwicklung von 1978. Scheunert und Wild ahnen, dass Pentacon kaum zu halten ist, wenn man einen Preis verlangt, der die Produktionskosten deckt.

Die Pentacon-Betriebsräte sind mehrmals am Alexanderplatz, um mit Wild zu verhandeln. Westdeutsche Unternehmensberater klinken sich ein und entwickeln Zukunftskonzepte für Pentacon. Wild und Scheunert bleiben skeptisch. Auf dem Pentacon-Gelände in Dresden wird eine Puppe an einem Galgen aufgehängt, um ihren Hals ein Schild: »So wollen wir nicht enden.«[3]

Am Mittwoch, dem 12. September, halten die ersten ostdeutschen Arbeitnehmer nicht mehr still. Zunächst demonstrieren die Mitarbeiter der Interhotel AG auf dem Alexanderplatz vor dem »Hotel Berlin«. Dann wechseln die Demonstranten die Straßenseite. Sie wollen mit einem Verantwortlichen von der Treuhand sprechen. Die Verträge mit der Steigenberger-Gruppe liegen noch immer auf Eis, die Angestellten in den Hotels haben Angst um ihre Arbeitsplätze. Sie halten ein selbst gemaltes, schlichtes Plakat in die Höhe: »Sozialabbau + Unternehmenszerstörung = Treuhand«.

Ein Gewerkschaftsvertreter spricht in ein Megaphon: »Ich vermute, wenn die uns nicht einladen, werden wir uns eben selber einladen müssen.«[4] Die Menge klatscht, johlt und drängt dann in das Foyer am Alexanderplatz 6, wo sich vor gut zwei Monaten die Menschen schon einmal hineingeschoben haben, um sich bei der Deutschen Bank die ersten D-Mark-Scheine auszahlen zu lassen.

Die Interhotel-Mitarbeiter, in der Mehrheit Frauen, werden zum Büro von Detlev Karsten Rohwedder vorgelassen. Sie sammeln sich vor der Tür von Zimmer 847. Rohwedder tritt heraus, neben ihm Wild, in sich gekehrt und vorgebeugt. Die große Hornbrille ist ihm tief auf die Nase gerutscht. Wild ist dürr und groß gewachsen, hat schütteres graues Haar. Er blickt ernst auf die Versammlung im Flur. Dabei hält er mit der rechten Hand sein Revers fest. Er strahlt nicht so viel Selbstbewusstsein wie andere Vorstände der Treuhand aus.

Rohwedder erklärt den Besuchern ohne Termin: »Wir haben den Eindruck, dass die Verträge ganz außerordentlich vorteilhaft für den Steigenberger-Konzern sind und ganz außerordentlich nachteilig für die einzelnen Hotels, die zur Gruppe gehören. Ich glaube nicht, dass mit diesen Pachtverträgen die Sicherheit der Arbeitsplätze, um die es Ihnen ja geht, gewährleistet werden kann … Der Steigenberger würde derartig geringe Pachten an die Häuser zahlen, dass nicht erwartet werden kann, dass die Hotels in einem wettbewerbsmäßigen Zustand gehalten werden können, und das Ende eines jeden einzelnen Hotels können Sie sich ja ausrechnen. Das heißt also, diese Verträge, die geschlossen worden sind, sind ungleiche Verträge …« Rohwedder steht da in Oberhemd und Krawatte, ohne Sakko. Er verschränkt nun die Arme vor der Brust: »… und letztlich zum Nachteil der Treuhandanstalt, damit zum Nachteil des Volkseigentums …« Ein Mann schräg hinter Rohwedder schnaubt und sagt spöttisch: »Volkseigentum!«

Rohwedder dreht sich zu dem Mann um und erwidert: »Ja, ja, ja, das haben wir hier …, das steht im Gesetz, da brauchen Sie gar nicht zu lachen, gucken Sie mal lieber ins Gesetz.«

Ein Interhotel-Vertreter hebt nun das Megaphon und antwortet. Er spricht Wild direkt ins Ohr, die Stimme knarzt: »Seit mehreren Monaten fordern wir als Arbeitnehmervertreter von der Treuhandanstalt andere Konzepte. Solange die nicht vorliegen, stehen wir zu dem Steigenberger-Konzept.«

Rohwedder, an die Wand gelehnt, schwingt seinen Oberkörper nach vorn und antwortet: »Na, das tun Sie mal.« Die Menge klatscht, einige rufen:

»Jawohl! Jawohl!« Rohwedder fährt fort: »So, meine Damen und Herren, das war's. Ich kann nur sagen: Nur die allerdümmsten Kälber wählen ihren Metzger selber.«[5] Die Spitze geht im Tumult unter. Rohwedder wiederholt noch einmal: »So, das war's, mehr kann ich Ihnen heute Morgen nicht sagen, meine Damen und Herren. Wir handeln hier in Ihrem Interesse …«

Ein Protestler fällt dem Treuhandpräsidenten ins Wort: »Wir haben die Treuhand nicht gewählt! Die Treuhand bestimmt über unsere Köpfe hinweg.« Rohwedder, nun matter, hebt beschwichtigend die Hände: »Die bestimmt überhaupt gar nicht.« Er wendet sich ab und geht in sein Büro. Wild folgt ihm. Einer in der Menge murmelt: »Det kann doch wohl nich wahr sein.« Dann sagt ein anderer laut: »Das war nicht unser letztes Wort!« Die Tür zu Rohwedders Büro fällt zu.

Während der ganzen Zeit lehnt Detlef Scheunert an einer Wand und beobachtet die Szene aus der zweiten Reihe.

Die Treuhand wird beinahe vom ersten Tag an belagert. Keine andere staatliche Institution der DDR hat noch Autorität oder eine Zukunft. Die Regierung, das Parlament, die Ministerien – sie alle werden nur noch wenige Wochen existieren. Doch die Menschen in Ostdeutschland sehen seit Anfang des Jahres und vor allem seit dem 1. Juli, wie die Krise ihrer Wirtschaft immer bedrohlicher wird. Sie sehen ihre Existenz und Zukunft in Gefahr. Die Treuhand wird die Klagemauer, an der sie ihre Angst artikulieren. Sie sind es gewöhnt, dass staatliche Institutionen über jeden Bereich ihres Lebens entscheiden. Nun ist also eine Treuhand eingesetzt, die diese Rolle ausfüllen soll.

Doch die Treuhand ist nicht allmächtig. Wie Rohwedder sagte: »Die Treuhand bestimmt überhaupt gar nicht.« Detlef Scheunert und Wild wird das sehr deutlich im Fall Interflug, der staatlichen Fluglinie der DDR. Rohwedder will entsprechend seinem Credo, mehr Wettbewerb zu schaffen, die Fluglinie an einen ausländischen Investor verkaufen. Damit gäbe es neben der Lufthansa im Westen eine weitere deutsche Fluggesellschaft. Doch die Bundesregierung scheint ganz andere Pläne zu haben.

Viele DDR-Bürger sind sehr stolz auf ihre Fluglinie, die Ziele in der ganzen östlichen Hemisphäre anfliegt und zahlreiche Kader und Militärs beschäftigt. Die Linie setzt vor allem alte russische Maschinen ein. 1987 wird die Flotte mit drei Airbussen aufgestockt. Allerdings sind die Maschinen nur geleast. Zudem betreibt die Interflug den Flughafen in Schönefeld. Die Lufthansa und andere Fluglinien rechen damit, dass der ostdeutsche Flughafen in Zukunft eines der wichtigsten Drehkreuze Mitteleuropas wird.

Im März hat die Interflug-Belegschaft bereits einer Beteiligung der Lufthansa zugestimmt,[6] nun, im September, ist die Situation komplizierter geworden. Der größte europäische Konkurrent der Lufthansa, British Airways, will die Interflug auch übernehmen. Die britische Airline ist unter Maggie Thatcher privatisiert worden und sucht ein Standbein auf dem europäischen Kontinent. Das mitten in Europa liegende Schönefeld wäre ideal, auch weil die Fluggesellschaft das Recht zu verlieren droht, Berlin anzufliegen, wenn demnächst die Alliierten-Sonderrolle aufgehoben wird.

Obwohl der Bund 51 Prozent der Anteile an der Lufthansa hält und damit die Kontrolle über das Unternehmen hat, teilt die Bundesregierung nicht direkt mit, was sie von der Treuhand erwartet. Indirekt macht das Bundesverkehrsministerium den ostdeutschen Kollegen klar, dass man keine europäische Konkurrenz in Deutschland wünscht. Der Chef des DDR-Kartellamts, Reinhold Wutzke, erklärt: »British Airways ist auf der politischen Schiene weggeboxt worden. Das DDR-Verkehrsministerium hat Interflug Verhandlungen mit den Briten untersagt … da spielte wohl der Tatbestand vorauseilender Gehorsam eine Rolle. Politiker in Bonn und Ost-Berlin wünschen wohl eine einzige Fluglinie.«[7] Rohwedder steckt wieder tief im ministerialen Dickicht, das er selbst als »diese Gemengelage, dieses Geschiebe unterschiedlicher Interessen und kaum erkennbarer Einflüsse«, bezeichnet hat.

Der Lufthansa-Chef Heinz Ruhnau will vollendete Tatsachen schaffen und übernimmt einen Teil der ostdeutschen Airline und Belegschaft, ohne das mit der Treuhand abzustimmen. Die Interflug gliedert dafür die gesamte Fracht- und Passagierabwicklung des Flughafens Schönefeld in eine Neugründung aus. An der neuen Firma hält die Lufthansa von August an 49 Prozent. Die Lufthansa kontrolliert damit jeden Ticketschalter auf dem Flughafen. An ihr käme in Schönefeld niemand mehr vorbei.

Nun schaltet sich das bundesdeutsche Kartellamt ein. Es untersagt die Beteiligung der Lufthansa an dem Flughafen. Das Geschäft ist blockiert. Unterdessen brechen die Buchungen der Interflug ein. Es fallen inzwischen 30 Prozent weniger Dienstreisen und 50 Prozent weniger Reisebürobuchungen an. Die Wirtschaftskrise in der DDR wirkt sich auch auf die Fluglinie aus. 200 Millionen D-Mark Schulden werde das Unternehmen bis zum Jahresende machen, prognostiziert der Interflug-Buchhalter.[8]

Der Lufthansa-Chef Ruhnau erwartet, dass die Treuhand der Übernahme der Interflug-Techniker und Teile des Flughafens Schönefeld durch die Lufthansa zustimmen und damit sein Vorpreschen nachträglich legitimieren wird. Nur so könne sie die Verluste minimieren, glaubt Ruhnau. Doch der Treuhandvorstand und Rohwedder, die als offizielle Vertreter des Eigentümers der Airline die Verträge unterschreiben müssen, weigern sich. Der Lufthansa-Chef ist ebenfalls in der SPD und war zur gleichen Zeit Staatssekretär wie der Stahlmanager Rohwedder. Man duzt sich. Doch das ändert nichts. Die beiden brüllen sich auf dem Flur der Treuhand-Niederlassung an.[9] Rohwedder will an seinem Vorhaben festhalten, Wettbewerb in den Osten Deutschlands zu tragen. Er sagt in Interviews, dass man eine offene freie Marktwirtschaft anstrebe und keine gigantischen großen deutschen Monopole. Zudem würde ein so großer Markt durchaus zwei Fluglinien vertragen.[10]

Nun wird die Meldung gestreut, dass die Treuhand den Deal aufhalte und der Sicherung von Arbeitsplätzen im Weg stehe.[11] Dabei treffe das Bundeskartellamt die letztliche Entscheidung, das wiederum vom westdeutschen Wirtschaftsminister überstimmt werden kann.[12] Die Bundesregierung könnte eine prinzipielle Entscheidung treffen, tut es aber nicht, sondern hält sich in diesem Sommer zurück.

Das komplizierte Gerangel und Geschachere um ihre Fluggesellschaft verstehen die Interflug-Mitarbeiter nicht. Ständig gibt es neue Gerüchte und Konzepte um ihr Unternehmen. Konkret ist für sie nur das Angebot der Lufthansa. Schließlich richtet sich die Wut der Interflug-Mitarbeiter gegen die Treuhand, denn die hat im Gegensatz zum Bundeskartellamt und zur Bundesregierung Büros in Ost-Berlin, vor denen man demonstrieren kann.

An einem Tag im September stürmen die Interflug-Mitarbeiter das Bürohaus am Alexanderplatz. Sie gelangen ebenfalls in die oberen Stockwerke. Rohwedder ruft Klaus-Peter Wild, den zuständigen Vorstand, hinzu. Scheunert, der ihm folgt, sieht, wie die Betriebsräte den schmalen Flur entlangstürmen. Dann stehen die Interflug-Mitarbeiter den »dahergelaufenen Wessis« gegenüber, wie es Scheunert beschreibt. Sie sind aufgebracht, noch mehr aufgebracht als die Interhotel-Protestler; es scheint fast so, als wollten sie die Treuhänder verprügeln.

Zu seinem Entsetzen entdeckt Scheunert in der ersten Reihe einen Freund. Micha. Sie kennen sich vom Studium, vom Fußballspielen, ihre Frauen sind befreundet. Als sie sich im Flur der Treuhand gegenüberstehen, wird Scheunert klar, »was auf Deutschland zukommt«: »Man muss sich entscheiden, auf welcher Seite man steht. Es wird natürlich Gewinner und Verlierer geben. Es wird Leute geben, die notwendige, aber unangenehme Entscheidungen treffen und umsetzen müssen, damit dieses Land eine Chance bekommt. Es wird andere geben, die sich festhalten und die versuchen, die Strukturen irgendwie zu erhalten, und einfach kämpfen.«

Scheunert weiß in diesem Moment, dass er sich richtig entschieden hat: »Ich war mir nicht sicher und das konnte ich auch gar nicht sein, ob die Interflug überlebensfähig ist oder nicht. Ich wusste nicht, ob bei der Entscheidung vielleicht doch eine Rolle spielt, was die Lufthansa will. Aber mir war dennoch klar: Ich bin auf der richtigen Seite. Das hat das Verhältnis zu meinen Freunden in Ost-Berlin natürlich belastet. Die sahen in mir einen Typ, der zu schnell zur anderen Seite übergelaufen war. Das hat mir natürlich schnell den ungeliebten Status eines Kollaborateurs eingebracht. So was macht einen natürlich einsam.«[13]

Und noch etwas anderes wird ihm an diesem Tag im Herbst 1990 klar: Die Treuhandmitarbeiter und der Vorstand sind in dem Bürohaus am Alexanderplatz völlig ungeschützt. Der Pförtner hat die Protestler einfach passieren lassen.

Ohne Klaus-Peter Wild oder Rohwedder darüber zu unterrichten, trifft sich Scheunert am Abend mit seinem Freund Micha, dem Interflug-Betriebsrat. Er versucht zu erklären, dass Rohwedder und die Treuhand die Entscheidungen nicht allein treffen, dass mehr Wettbewerb langfristig für Ostdeutschland besser ist. Doch bei diesem Gespräch merkt er, dass er sich in der kurzen Zeit seit dem Mauerfall weit von den Freunden entfernt hat. Die haben bereits ein klares Feindbild: Die Westdeutschen sind gekommen, um sie zu zerstören. Und ihr wichtigstes Instrument ist die Treuhand. Zu diesem Zeitpunkt arbeiten offiziell elf Westdeutsche und 368 Ostdeutsche bei der Treuhand.[14]

13. September 1990,
Ost-Berlin

Heute soll der Chef der Treuhand vor der Volkskammer Rechenschaft über die Arbeit seiner Behörde ablegen. Die Abgeordneten reißen noch immer, kurz vor dem Beitritt zur Bundesrepublik, tagtäglich ein enormes Pensum herunter. 31 Tagesordnungspunkte stehen auf dem Programm.[15] Trotzdem wird Rohwedders Rede im Plenum mit Spannung erwartet. Wie bei den Konfrontationen mit Protestlern und Journalisten, die zunehmend zu seinem Alltag gehören, bleibt Detlev Karsten Rohwedder zunächst ruhig und bedacht, doch schließlich bricht seine flapsige Art durch: »Wenn ich einmal ganz speziell den heute in der Presse diskutierten Fall Interhotel herausgreifen darf, meine Damen und Herren, so möchte ich Ihnen sagen, daß die

Treuhandanstalt in dieser Angelegenheit, wie sie meint, die objektiven Interessen der Arbeitnehmer der Interhotel-Gruppe vertritt. Und im übrigen geht es darum, daß die Treuhandanstalt nicht bereit ist, eine oder zwei Milliarden Mark des uns anvertrauten Vermögens einfach durch die Finger gleiten zu lassen. Und die Schlußbemerkung hierzu: Dem Ganzen haftet eine gewisse Zwielichtigkeit und Anrüchigkeit an.«[16]

Rohwedder nimmt sich auch die Lufthansa vor, ohne sie direkt zu erwähnen: »Die Treuhand ist kein Basar, in dem das höchste Angebot über den Kauf entscheidet und sonst nichts ... Und es geht nicht darum, nun sehr schnell staatliche Monopole durch marktbeherrschende Unternehmen von außerhalb der DDR zu ersetzen.«[17] Mit Blick auf Europa sagt Rohwedder: »Ich glaube, daß wir ... gegenüber der Europäischen Kommission verpflichtet sind, auf eine Durchsichtigkeit und Nachvollziehbarkeit unserer Arbeit besonderen Wert zu legen.«

Am Ende gesteht der Treuhandpräsident vor dem Parlament seinen Gesetzesbruch ein: Er habe Abstand davon genommen, Treuhandaktiengesellschaften zu gründen, »weil mir klargeworden ist, daß die Entwicklung in der DDR darüber hinweggegangen ist«. Es wäre unendlich schwer geworden, diese »sehr, sehr großen Treuhandaktiengesellschaften personell zu besetzen ... Ich bekenne mich also zu der Nichterfüllung des Gesetzes und vertraue mich Ihrer Weisheit an, wie dieses Problem rektifiziert, korrigiert und in Ordnung gebracht werden kann. Ich habe neulich etwas lax gesagt: Erst kommt das Leben und dann die Paragraphen. Ich entschuldige mich vor dem Gesetzgeber für dieses Wort, aber es ist vielleicht nicht ganz falsch.«[18] Das Protokoll notiert Beifall von CDU, Deutscher Allianz und DSU.

Rohwedder ist der erste Westdeutsche, der zugibt, dass man einige Gesetze, die die Volkskammer in ihrer kurzen demokratischen Phase erlassen hat, nicht befolgen kann und will, dass man sich einfach über sie hinwegsetzt. Rohwedder gesteht dem Parlament schließlich: »Es ist eine Aufgabe von nahezu furchterregender Dimension.«[19]

Anschließend befragen die Abgeordneten den Treuhandpräsidenten. Rohwedder sitzt dabei ganz am Rand des Plenums, hantiert mit den beiden Brillen, die er bei sich trägt. Er verschränkt, wie er es oft tut, beide Arme vor der Brust und blickt in die Runde. Wolfgang Ullmann erinnert daran, dass seine Gruppe die Idee zur Treuhand gehabt habe; er erwähne das nicht, weil schon wieder Wahlkampf ist; er wolle vielmehr wissen, wann und wie das Volk an seinem Eigentum beteiligt werde. Rohwedder tritt noch einmal ans

Pult und antwortet: »Ich sehe das für eine überschaubare Zukunft überhaupt nicht. Ich glaube, daß die Beanspruchungen der Treuhandanstalt möglicherweise größer sind als die Mittel, die ihr durch Privatisierung und Verkäufe zur Verfügung stehen. Das ist nicht von ungefähr im Gesetz an die dritte Stelle gesetzt worden.«[20] Rohwedder erklärt damit, dass das Volk nicht an dem »Volkseigentum« beteiligt werden wird, weil die Schulden die Einnahmen übersteigen werden. Doch so kurz vor dem Beitritt der DDR zur Bundesrepublik nimmt die Öffentlichkeit das nicht wahr.

Ullmann hatte darüber hinaus gefragt, warum die Treuhand schon jetzt so ein schlechtes Image in der Öffentlichkeit habe. Auch darauf antwortet Rohwedder: »Ich glaube, sie [die Berichterstattung in den Medien] ist deshalb so ungünstig im Moment, weil die Erwartungen an sie die Wirkungsmöglichkeiten der Anstalt bei weitem übersteigen, sodaß eigentlich fast jedesmal Frustration und Enttäuschung eintreten muß.«[21] Und: »Es kommt ein weiteres hinzu, mein Damen und Herren, was ich hier nicht verschweigen will. Hier wird, was die Treuhandanstalt und die Verfolgung kommerzieller Interessen angeht, nun aber auch wirklich jede Scham beiseite gelegt, und wenn die Treuhandanstalt sich als weniger gefügig als erwartet zeigt, dann ist man ganz schnell dabei, den Journalisten seine Enttäuschung weiterzugeben. Es ist ein bißchen wie im Wilden Westen, und manche Leute nehmen sich gegenüber der Treuhandanstalt Unverschämheiten heraus, die in Westdeutschland schlechthin unmöglich wären. Aber das wird sich ja auch geben.« Vereinzelter Beifall.[22]

Rohwedder antizipiert in der Rede vor der Volkskammer bereits Probleme, die die Treuhand bis zu ihrem Ende beschäftigen werden. Im September 1990 hat er noch die Hoffnung, dass sie gelöst werden können und einige marktwirtschaftliche Träume wahr werden: »Die Beteiligung der DDR-Bürger – das zum Schluß – an Aktiengesellschaften oder Kapitalgesellschaften ist eine Wunschvorstellung der Treuhandanstalt. Wir haben ja nicht die Idealvorstellung, daß die Betriebe, die Gesellschaften hier in der DDR nun durch die Bank weg Tochtergesellschaften von ausländischen oder westdeutschen Gesellschaftern oder Konzernen werden.«[23] Rohwedder wird mit freundlichem Beifall verabschiedet.

Am selben Tag wird der Einigungsvertrag in der Volkskammer diskutiert. Werner Schulz stellt dabei fest: »Jetzt wuchert zusammen, was zusammenwachsen sollte. Der Beitritt nach Artikel 23 und der daran gebundene Einigungsvertrag markieren den Kohl-Weg zur deutschen Einheit, aus unserer Sicht ein Holzweg in ein noch nicht überschaubares Sorgental. Wir haben das Haus nicht in Ordnung gebracht, aber bereits Polterabend und Hochzeit bestellt.«[24] Über den Besuch von Rohwedder sagt er später: »Das ist ja auch einmalig, das kann man eben nur mit so einem Parlament machen, das noch nicht die Regeln so festgelegt hat, wie etwa der Deutsche Bundestag. Es wäre unvorstellbar, dass ein solcher Mann, dass ein Beamter, ein Regierungsangestellter oder jemand aus der Wirtschaft, im Bundestag eine Rede hält.«

Es ist die letzte Sitzung, die im Palast der Republik abgehalten wird.

Für ihre letzten Tage muss die Volkskammer in das Ministerratsgebäude umziehen. Der »Palast« ist mit Asbest verseucht. Weitere Sitzungen dort würden gegen die Arbeitsschutzverordnungen der Bundesrepublik verstoßen.

14. September 1990,
Ost-Berlin

Die Vereinigte Transport AG ist eine der ersten in der DDR gegründeten Aktiengesellschaften überhaupt. 56 ehemals »volkseigene« Kraftverkehrsunternehmen haben sich Anfang Juni zusammengeschlossen, 65 000 Mitarbeiter sollen unter dem Dach der AG arbeiten. Bis zu 80 Prozent waren die Lastwagen der verschiedenen Speditionen in der DDR ausgelastet. Allerdings sind nur 3500 der 25 000 Lastzüge so modern, dass sie auch in der neuen Zeit bestehen können.[25] Sie gehörten zur Firma Deutrans, die unter anderem sogenannte Cocom-Ware schmuggelte, also Güter, die auch militärischen Zwecken dienen können und daher nach den Richtlinien des Coordinating Commitee for East West Trade Policy (Cocom) nicht in die Länder des Ostblocks geliefert werden durften.

Die Chefs der verschiedenen Kombinate stellen sich indes schon im Januar auf diese Probleme und die Marktwirtschaft ein. Man engagiert Unternehmensberater und erhält einen Kredit von der Citibank. Doch bereits im Frühsommer wehrt sich die Konkurrenz im Westen. Diese AG habe als ehemaliger Staatsmonopolist eine marktbeherrschende Stellung, formuliert der »Güterfernverkehrsverband«. Diese Botschaft wird dem Bundesverkehrsminister Friedrich Zimmermann von der CSU eingehämmert.

Das Ministerium wendet sich wenig später an die Treuhand: Die Vereinigte Transport AG muss aufgelöst werden. Die Treuhandmanager rufen die Geschäftsführer der AG zu sich und teilen ihnen mit, dass sie ab jetzt nur noch als Liquidatoren ihre Holding abwickeln dürfen. Die Speditionen, Lastwagen und Busunternehmen müssen einzeln verkauft werden. Die Aktiengesellschaft wird offiziell am 14. September liquidiert.

Die DDR gibt es nur noch wenige Tage, doch in der Treuhand lebt sie fort. Detlef Scheunert fällt eines Tages auf, dass die ostdeutschen Mitarbeiter – viele wurden noch von Peter Moreth angestellt – jeden Morgen vor sieben Uhr zusammenkommen, lange bevor die Westdeutschen eintreffen, um sich zu »beraten«, wie es in der DDR heißt. Ehemalige Ministerialbeamte wie er, Technokraten, SED-Mitglieder, sitzen dann im Büro eines Professors, der in der DDR für die Textilindustrie zuständig war.

Ein ostdeutscher Kollege fragt Scheunert eines Tages, ob er nicht auch einmal zu einem dieser Treffen kommen wolle, schließlich arbeite er oben, im achten Stock. Scheunert sagt zu. Man trifft sich in einem Büro in der fünften Etage.

Bei diesen Zusammenkünften besprechen die Ostdeutschen, denen ein Vorstand aus dem Westen vor die Nase gesetzt wurde, ihre eigene Strategie. Sie diskutieren: Welches Kombinat braucht wie viel Liquiditätskredite? Welche Informationen muss man vor den Westdeutschen verbergen, damit nicht zu viele Unternehmen geschlossen werden? Man will um die eigene Volkswirtschaft kämpfen, den Informationsfluss steuern. Was kann man noch retten? Man ruft in den Betrieben an, um sie vor Aktionen der Treuhand – etwa der geplanten Kündigung eines Geschäftsführers – zu warnen.

Manchmal werden die Mitglieder der »Schattentreuhand« auch selber von ehemaligen Genossen angerufen, die nach dem Organigramm der Treuhand fragen, um sich besser zurechtzufinden, wenn sie dort geschäftlich zu tun haben. Man verweist dabei gerne auf alte Verpflichtungen.

Detlef Scheunert merkt, dass seine Anwesenheit den anderen unangenehm ist. Sie können nicht einschätzen, auf welcher Seite er steht, ob er »übergelaufen« ist. Sie wissen nicht, von welcher »Seite des Flusses« er kommt. Bis zu fünfzehn Mitarbeiter erscheinen zu diesen Treffen. Sie bilden das Rückgrat der »Schattentreuhand«. Scheunert ahnt, dass es nicht gut für die Treuhand ist, wenn oben der Westvorstand in die eine und unten die ostdeutschen Sachbearbeiter in die andere Richtung ziehen. Und Detlef Scheunert muss sich wieder entscheiden, auf welcher Seite er stehen und wo er im neuen Deutschland hingehören will.

Die alte Heimat

1. Oktober 1990,
Schwerin

Da die Monopolstrukturen der Staatskonzerne für die westdeutschen Firmen besonders reizvoll sind, überlässt auch die Tengelmann-Gruppe von Franz Schmitz nichts dem Zufall. Einer Direktorin der Schweriner »Handelsorganisation« (HO) garantiert man einen Arbeitsplatz, um sie auf die Seite von Tengelmann zu ziehen. Im Gegenzug bevorzugt sie Tengelmann bei der Vergabe der großen HO-Läden – den Supermärkten der Zukunft. Um ganz sicher zu sein, dass sie das ganze Supermarktgeschäft in Schwerin beherrschen werden, üben die Westdeutschen zudem Druck auf die Schweriner Außenstelle der Treuhand aus. Die Treuhänder machen das, was die westdeutsche Kette will: Von 150 HO-Verkaufsstellen in Schwerin werden lediglich 19 zum freien Verkauf ausgeschrieben. Der Rest wird zu einem großen Teil exklusiv an die Tengelmann-Gruppe verpachtet.[1] Von den 31 größeren HO-Kaufhallen im Bezirk bekommt Tengelmann 27. So kann der Konzern aus Mülheim an der Ruhr bald die Preise im Bezirk Schwerin bestimmen. Er hat sein Ziel erreicht: Das Staatsmonopol wurde durch ein Tengelmann-Monopol ersetzt. Nicht alle Konkurrenten von Tengelmann sind überzeugt, dass die Treuhand die Institution ist, die es zu beeinflussen gilt. So bezahlt die Edeka Handelsgesellschaft Nord einem Immobilienmakler aus Hamburg über 130 000 D-Mark Vermittlungsgebühr, damit der den Bezirksrat in Rostock dazu bringt, Edeka die lukrativsten HO-Märkte zu überschreiben.[2] Der Makler hat ebenfalls Erfolg.

Die Bezirksräte und die Treuhand – sie entscheiden im Spätsommer 1990 über das Schicksal der vielen kleineren Unternehmen in den fünfzehn Bezirken, in die die DDR bis vor kurzem aufgeteilt war. Diese Bezirke wurden von einem Bezirksrat regiert, dem wichtigsten Exekutivorgan am Ort. Als im März die Treuhand gegründet wird, schicken vor allem die »Räte« SED-Mitglieder aus ihren Reihen zu den Außenstellen der neuen Behörde. Das musste Ärger geben, denn viele der neuen Treuhänder, die nun den Staatsbesitz privatisieren sollen, haben bisher genau das Gegenteil gemacht: Als die SED 1972 auch kleine und mittlere Betriebe enteignen lässt, sind es die Räte, die diese

»Verstaatlichung« bürokratisch organisieren. Einer der SED-Kader sagt einer westdeutschen Wirtschaftsprüferin nach der Wende: »1972 ist überhaupt niemand enteignet worden. Der Staat hat die Firmen doch alle gekauft.«[3] Doch genau das hatte die Regierung nicht getan.

Der frei gewählte Bürgermeister Schwerins, Johannes Kwaschik von der SPD, beklagt bald, dass die örtliche Treuhand sich nicht in die Karten schauen lasse. Die Treuhänder würden tun, was sie wollen. Alles sei genau wie früher.

Die kommunalen Behörden können sich gegen die Phalanx der Handelsketten nicht durchsetzen. Vor allem die kleinen Lebensmittelhändler, die mit privat geführten Kaufmannsläden in der DDR überlebt hatten, haben gegen das Angebot und die Preise der großen Anbieter aus dem Westen keine Chance. Um mehr Wettbewerb in die Stadt zu bekommen, erwägt die Stadtverwaltung Schwerin sogar, Container und Zelte aufzustellen, um dort weitere Supermärkte Waren verkaufen zu lassen und somit ein Gegengewicht zu den neuen Monopolisten aufzubauen.[4] Weil die alten SED-Kader in der zuständigen Treuhand die Geschäfte von Tengelmann & Co. nicht aufgehalten, sondern sogar begünstigt haben, werden die Deals vor allem ihnen angelastet.

Der Treuhandchef Detlev Karsten Rohwedder nennt die Vorgänge »abenteuerlich«. In Schwerin sei Gefahr im Verzug, »da sind schlimme Sachen gelaufen«, sagt er. Die Treuhand will auch aufgrund des Vorgehens von Tengelmann in Schwerin alle laufenden Ausschreibungen im Handel stoppen.[5] Rohwedder hat nicht zuletzt wegen der schlechten Erfahrungen in Schwerin zunächst vor, die Außenstellen aufzulösen. Die großen Treuhand-Aktiengesellschaften sollen die Aufgabe der Außenstellen übernehmen, gesteuert von seiner Zentrale am Alexanderplatz. Doch Rohwedder muss erkennen, dass er nicht genügend Manager aus dem Westen für diese AGs zusammenbekommt. Da sein kleines Team in Berlin auf keinen Fall alle Betriebe in der Provinz im Griff behalten kann, entschließt er sich zu einer 180-Grad-Wende: Die Außenstellen werden nicht geschlossen, sondern ausgebaut. Wie er vor der Volkskammer erklärt, müssen diese jedoch erst einmal »gesäubert« werden: »Das bedeutet, daß wir die Außenstellen – oder wie wir gern in Anlehnung an den Großbankjargon sagen: die Niederlassungen – sehr pflegen, ausbauen, durchpusten, uns angucken, prüfen, personell neu besetzen und aus diesen Außenstellen wirklich vor Ort das machen, was die Wirtschaft erwartet«.[6]

Der Chef der Potsdamer Außenstelle wird bald beurlaubt, später der Leiter der Schweriner Treuhand gefeuert. Schließlich werden am Ende des Monats alle Spitzen der Außenstellen ausgewechselt.[7] Die meisten dieser alten SED-Kader rücken ins zweite Glied und müssen die Treuhand nicht für immer verlassen. Die Anstalt hätte sonst in ihren Filialen viel zu wenige Mitarbeiter.

Im Vorstand der Treuhand ist ein Neuzugang für die fünfzehn Niederlassungen zuständig: Birgit Breuel, Bankierstochter und abgewählte Politikerin aus Niedersachsen. Der Verwaltungsratschef Jens Odewald, mit dem sie befreundet ist, hat sie empfohlen. Erst am 24. September ist ihr Vater Alwin Münchmeyer, einer der bekanntesten Banker Deutschlands, im Alter von 82 Jahren gestorben. Viel Zeit zur Trauer bleibt der CDU-Politikerin nicht, als sie Anfang Oktober die Stelle in Ost-Berlin offiziell antritt.

Birgit Breuel muss die Führungsstellen in den Niederlassungen komplett neu besetzen. Die Außenstellen übernehmen jetzt die Hauptlast der Arbeit. Sie sind zuständig für 5700 Unternehmen. Breuel braucht auf einen Schlag mindestens 100 westdeutsche Manager für die Führungspositionen in den kleineren DDR-Städten. Schon im Sommer, als man noch davon ausging, dass Aktiengesellschaften gebildet werden, hatte der Münchner »Headhunter« Dieter Rickert im Auftrag der Treuhand Anzeigen geschaltet:

> Profis für die DDR! Eine Initiative der TREUHANDANSTALT, Berlin. Der DDR-Wirtschaft zu Wettbewerbsfähigkeit nach westlichen Maßstäben zu verhelfen, ist in unser aller Interesse. Ein wichtiger Schritt dazu ist die Privatisierung der früheren volkseigenen Betriebe und Kombinate. Für die praktische Durchführung benötigen die Treuhandanstalt der DDR und die von ihr zu gründenden Treuhand-Aktiengesellschaften Tatkraft und Erfahrung von unternehmerisch denkenden und handelnden Führungskräften. Die Positionen bei der Treuhand-Aktiengesellschaften sind mit einem Zeithorizont von 3–5 Jahren zu sehen.[8]

Diese Anzeige liest Klaus Klamroth in Heidelberg. Klamroth ist Maschinenbau-Diplomingenieur und hat es zum geschäftsführenden Manager gebracht. Er lebt mit seiner Frau in einem Flachbau an einem Hang in der Nähe des Neckars. Die drei Töchter sind schon aus dem Haus.

Klamroth sucht trotz seiner 57 Jahre noch immer das Abenteuer. Er fährt schnelle Autos und Motorräder, rast oft in Radarfallen. Er trägt gern dreiteilige Anzüge und Schuhe mit hohen Absätzen, wenn er größer wirken muss. Sein dunkles Haar ist grau und schütter geworden, doch noch ist er schlank und fühlt sich fit. Viele berufliche Chancen wird er nicht mehr bekommen, doch zur Ruhe setzen will und kann er sich noch nicht.

Bis vor vier Jahren hat Klamroth die Pfaudler Werke AG in Schwetzingen in der Nähe von Heidelberg als Vorstandschef geführt und war für 500 Mitarbeiter verantwortlich.[9] Seit dem 19. Jahrhundert stellt das Werk Spezialtanks für die Lebensmittel- und Chemie-Industrie her.[10] Das Unternehmen ist bereits einmal an US-amerikanische Investoren verkauft worden. Doch Klamroth darf bleiben. Als das Werk wieder zum Verkauf steht, sucht er sich eine Investmentbank. Er will Pfaudler selber übernehmen, denn er träumt schon lange davon, endlich Unternehmer – und Eigentümer – zu werden.

Doch erneut erhält ein »strategischer Investor« aus den USA den Zuschlag. Die neuen Eigentümer fordern von Klamroth, im großen Umfang Arbeiter zu entlassen. Das Unternehmen macht Verlust, Kurzarbeit wird angeordnet. Es gibt Gerüchte, dass die Amerikaner in Zukunft in Schottland produzieren werden. Klamroth weist darauf hin, dass die Hälfte des Aktienkapitals in Abfindungen fließen müsste; die Firma würde das finanziell nicht überstehen und müsste Konkurs anmelden. Der Aufsichtsrat entzieht Klamroth daraufhin das Vertrauen. Er wird fristlos entlassen. Klamroth verklagt seinen ehemaligen Arbeitgeber, verbringt viel Zeit im Gericht. Obwohl er schon Anfang fünfzig ist, findet er eine neue Geschäftsführerposition bei einer Tochterfirma des GEA-Konzerns.[11] Allerdings bekommt er dort weniger Geld, muss viel reisen, oft nach Asien. Kurz nach dem Massaker auf dem Platz des himmlischen Friedens ist er in China, wo er den Verband der europäischen Apparatehersteller vertritt. Eine merkwürdig gespannte Atmosphäre umgibt ihn dort. Er ist erleichtert, als die ostdeutsche Revolution unblutig endet.

Klamroth ist ein typischer Vertreter der baden-württembergischen Unternehmenskultur, Mitglied in europaweit agierenden Verbänden wie dem Verband des deutschen Maschinenbaus (VDMA) und dem Verein Deutscher Ingenieure (VDI). Hier knüpft er Kontakte zu den Vorständen großer Unternehmen, mit denen er sonst nicht zusammentreffen würde. Im westdeutschen Maschinenbau ist alles durchgeplant, sagt Klamroth: »Westdeutschland war kartelliert. Diese ganze Szene in der Industrie, in der Wirtschaft. Das war das Modell Deutschland. Jeder wusste, wo sein Platz ist, und zwar beide Seiten, Gewerkschaften und Arbeitgeber. In den Firmen war alles streng organisiert, und es wurde wenig Spielraum gelassen für Kreativität.« Auch deshalb liest er die Anzeige der Treuhand mit Interesse. Der Osten verspricht weniger Regeln, mehr Freiheit. Die Klamroths stammen aus Ostdeutschland, er selbst ist in Sachsen-Anhalt geboren. Seine Vorfahren kommen aus Halberstadt und haben dort jahrhundertelang als Kaufmannsfamilie den Ort mitgeprägt. Der Handel mit Futtermitteln, Saatgut und künstlichem Dünger hatte die Klamroths reich gemacht. Ein Familienoberhaupt wird im 19. Jahrhundert deshalb zum »königlichen Kommerzienrat« ehrenhalber ernannt.

Klaus Klamroth wächst noch in Halberstadt auf. Er ist eifriges Mitglied der FDJ, bekommt ein Abzeichen für besondere Bildung, die »Friedensmedaille«, und eine Taschenuhr als verdienter FDJler. Er spielt im Fanfarenzug unter dem Konterfei von Josef Stalin und am Geburtstag des Sowjetführers ein Stück aus der »Stalin-Kantate« auf der Trompete. Als sein Bruder das Abitur zu heftig feiert und Russischbücher auf einem Tennisplatz verbrennt, schickt die Familie die beiden nach West-Berlin. Die örtliche Kommunistische Partei bestraft im vorauseilenden Gehorsam vermeintlich regimefeindliche »Konterrevolutionäre«. Es war daher bereits zuvor unwahrscheinlich, dass die Klamroth-Brüder in der DDR zum Studium zugelassen würden.

Die neuen sozialistischen Herrscher können die Klamroths nur schwer einschätzen. Der Stammsitz der Familie ist das eindrucksvollste Haus in Halberstadt, groß wie ein Schloss, mit einem Wappen über dem Kamin, umgeben von einem Park, Reitställen, Tennisplatz. Die meisten Klamroths schließen sich 1933 mit Begeisterung der NSDAP an. Wenig später ziehen Klamroths Vater und dessen Bruder in den Krieg. Nach der verlorenen Schlacht von Stalingrad ändert sich die Einstellung der Klamroths zu Adolf Hitler. Klaus Klamroths Onkel Hans Georg – genannt HG – und ein Vetter zweiten Grades gehören zum Kreis der Offiziere, die sich zum Widerstand entschließen.[12] Der Vetter, Bernhard Klamroth, verheiratet mit einer Tochter Hans Georgs, ist einer der Offiziere, die den Sprengstoff für das Attentat am 20. Juli 1944 besorgen. Der Anschlag in der Wolfsschanze scheitert. Die beiden Klamroths werden verhaftet, wegen Hochverrats verurteilt und im August 1944 in Berlin-Plötzensee erhängt.

Klamroths Vater Kurt wird mit einem Strafbataillon an die böhmische Front versetzt, überlebt den Krieg und kehrt nach Halberstadt zurück. Dort muss er ohnmächtig zusehen, wie das Unternehmen der Familie Stück für Stück von der SED enteignet wird. Klaus Klamroth wird später von seinem Großvater als Verwalter des Familienunternehmens eingesetzt, kann aber vom Westen aus nicht mehr viel tun. Er macht in West-Berlin eine Lehre als Maschinenschlosser und beginnt mit dem Studium, als das »Wirtschaftswunder« schon im vollen Gange ist. An seinen ersten Arbeitsstellen nennen ihn die westdeutschen Kollegen nur »den Kommunisten«. Nun, 1990, will er zurück in die alte Heimat und bewirbt sich bei der Treuhand.

2. Oktober 1990,
Berlin

Am Tag vor dem Beitritt der DDR zur Bundesrepublik verkündet die Treuhand zum ersten Mal das Ende eines traditionsreichen DDR-Unternehmens: Pentacon soll abgewickelt und aufgelöst werden. In den Wochen zuvor haben Klaus-Peter Wild, Detlev Karsten Rohwedder und andere immer wieder über das Dresdner Unternehmen beraten und schließlich keine andere Möglichkeit gesehen.

Die Firma soll am 3. Oktober geschlossen werden. Der Stress ist schon so alltäglich und überwältigend, dass man bei der Treuhand zunächst gar nicht merkt, welchen Termin man sich da ausgesucht hat, erinnert sich Detlef Scheunert. Rohwedder entscheidet schließlich, dass die Abwicklung verschoben werden muss. Das Signal wäre verheerend. Man einigt sich auf den 2. Oktober als neuen Termin.

Einem neuen Kameramodell, das in den nächsten anderthalb Jahren entwickelt werden soll, gibt die Treuhand keine Chance. 1989 hat die Firma 290 000 Kameras produziert, von denen 250 000 ins Ausland exportiert wurden. Damit erreichte das Unternehmen einen Anteil von zehn Prozent am Weltmarkt. Allerdings kostet die Herstellung einer einzigen Kamera nach der Währungsunion 1000 D-Mark. Verkauft wird sie an die Händler für 200 D-Mark, also mit einem Verlust von 800 D-Mark. Wäre Pentacon schon 1989 in die freie Marktwirtschaft entlassen worden, hätte das Unternehmen in einem einzigen Jahr 232 Millionen Mark verloren, errechnen die Treuhänder.[13]

Als Konkursverwalter wird der Heidelberger Anwalt Jobst Wellensiek eingesetzt, einer der renommiertesten Spezialisten für Insolvenzen in Westdeutschland. Das Unternehmen soll in Gesamtvollstreckung gehen, wie es in der DDR heißt, und seinen Betrieb sofort einstellen. Wellensiek ist gerade auf dem Weg zum Gericht, um sich dort als Konkursverwalter bestätigen zu lassen, als ihn ein Anruf von Helmut Kohl erreicht: »Am Tag vor der Wiedervereinigung gibt es keine Gesamtvollstreckung eines so großen Betriebes«, sagt der Kanzler.[14] Er verlangt ein anderes Konzept. Die einzige Alternative, die Wellensiek und die Treuhand bieten können, ist die Liquidation. Das Wort klingt zwar brutaler, bedeutet aber, dass die laufenden Geschäfte noch abgewickelt werden, während bei einem Konkurs alle Ansprüche sofort abgeschnitten sind. Konkurs bedeutet auch, dass die Belegschaft leichter kündbar ist und die laufenden Geschäfte nicht mehr bedient werden. Die Pentacon-Werke hätten sofort ihre Produktion einstellen müssen.

Eine »Gesamtvollstreckung« ließ sich öffentlich nicht verkaufen, sagt

Wellensiek. Der Kanzler hat den richtigen Instinkt. Selbst die »Frankfurter Rundschau« kommentiert: »In der desolaten Situation, in der sich die ostdeutsche Wirtschaft befindet, gilt es zu retten, was zu retten ist. Das wäre aber bei einem Konkurs, der aller Voraussicht nach ohnehin mangels Masse abgelehnt worden wäre, nicht möglich gewesen ... In den kommenden Wochen wird Rohwedder in weiteren Fällen mehr Mut zu unangenehmen, aber längst überfälligen Entscheidungen aufbringen müssen. Auch wenn es der Bundesregierung mit Blick auf die anstehenden Wahlen nicht gefällt.«[15]

Doch es kommt anders, denn die Treuhand ist keinesfalls unabhängig von der Bundesregierung: Pentacon wird bis zur Wahl im Dezember die letzte große Liquidierung bleiben. Intern zirkuliert eine Liste mit den Namen von mehr als 300 Firmen, die von der Schließung bedroht sind, was die Treuhand öffentlich beharrlich leugnet.[16] Erst nach der Bundestagswahl werden die meisten Betriebe auf der Liste liquidiert, vermutet Wellensiek.

Ebenfalls am 2. Oktober trifft sich die Volkskammer zu ihrer 38. und letzten Sitzung. Im DDR-Staatsratsgebäude will man das Parlament und den eigenen Staat feierlich verabschieden. Es wird eine letzte, bittere Stunde für die Volkskammer. Die Namen von besonders aktiven Stasi-Zuträgern sollen im Parlament genannt werden. Die CDU-Fraktion ist strikt dagegen. Viele ihrer Abgeordneten trauen den Akten aus dem Ministerium für Staatssicherheit nicht und befürchten Rufmord. Dagegen tritt die Fraktion der Bürgerrechtler direkt vor dem Tisch der Volkskammerpräsidentin in einen kurzen Sitzstreik. Sie will die Veröffentlichung der Liste durchsetzen.[17] Joachim Gauck appelliert an die Versammlung: »Wir kommen nicht zu uns selbst, wenn wir vor uns weglaufen.«[18] Schließlich einigt man sich darauf, dass Wolfgang Ullmann die Liste nicht öffentlich vortragen wird.[19] Trotzdem nehmen nun viele der Verdächtigen im Plenum öffentlich Stellung.

Der Bauminister Axel Viehweger tritt ans Mikrofon und gibt zu, ein Informant der Stasi gewesen zu sein. Als ehemaliger Stadtrat für Energie in Dresden musste er »ganz offiziell« Meldungen über die Kohlelieferungen an die Stasi weiterleiten: »Als Dresdner gratuliere ich denen, die ihre weiße Weste organisiert haben.« Auch Karl-Hermann Steinberg von der CDU, der Minister, der den Energiedeal mit den westdeutschen Konzernen organisiert hat, wird als Inoffizieller Mitarbeiter (IM)[20] enttarnt. Gerhard Pohl, der ehemalige Chef von Detlef Scheunert, war ebenfalls ein IM, hat aber im Gegensatz zu Steinberg und Viehweger sein Mandat bereits zuvor niedergelegt. Jochen Steinecke, der Detlef Scheunert mit nach Bonn nehmen wollte, spricht über seine Zusammenarbeit mit der Stasi, ist sich aber keiner Schuld bewusst: »Ich würde mit dieser Vergangenheit jederzeit wieder in das Parlament gehen«, sagt er.[21] Steinecke ist zu diesem Zeitpunkt sogar noch Mitglied des Verwaltungsrats der Treuhand. Auch der DDR-Ministerpräsident Lothar de Maizière ist in den letzten Tagen in den Verdacht geraten, ein Inoffizieller Mitarbeiter der Staatssicherheit gewesen zu sein.[22]

Erst um 17 Uhr kann in der Volkskammer der offizielle Abschied beginnen. Reinhard Höppner, der Vizepräsident, kündigt an, dass er mit seiner »Mannschaft« am nächsten Morgen aufbrechen werde, um den Brocken, den Berg zwischen Sachsen-Anhalt und Niedersachsen, zu erklimmen. Eine symbolische Überwindung der deutschen Teilung. Zum Ende seiner kurzen Rede sagt er: »Wege entstehen nur dadurch, daß wir sie gehen, und allen, denen das zu pessimistische Töne sind, und die sich jetzt schon als Sieger feiern, möchte ich das jüdische Sprichwort sagen: Man fällt nicht, weil man schwach ist, sondern weil man meint, stark zu sein. Und für die Arbeit der Volkskammer gilt, was schon in den Sprüchen der Bibel steht: Wenn ein Mensch meint, fertig zu sein, steht er am Beginn. Und wenn er am Ziel ist, fehlt es an allen Enden – Danke schön.«[23]

Es ist Höppner, der um 18.45 Uhr die Tagung und damit die Volkskammer endgültig schließt.

3. Oktober 1990,
Berlin

Der Treuhandvorstand arbeitet auch am Tag der deutschen Einheit in den Büros am Alexanderplatz. Später will man im »Grand Hotel« und am Brandenburger Tor die Wiedervereinigung feiern. Doch zunächst können Rohwedder und die anderen das Bürogebäude nicht verlassen. Vor der Tür liefern sich Demonstranten Straßenschlachten mit der Polizei. Gegner der Einheit haben ein Auto in Brand gesteckt. Ein kleiner Polizeipanzer schiebt den Wagen aus dem Weg, kippt ihn auf die Seite. Steine fliegen, behelmte Polizisten verfolgen Demonstranten Richtung Hans-Beimler-Straße.[24] Elf Monate zuvor haben die Menschen auf dieser Kreuzung friedlich für eine demokratische DDR demonstriert.

Detlef Scheunert ist am Abend mit seiner Familie am Brandenburger Tor. Sie stehen auf der Westseite, zur Straße des 17. Juni hin. Ein Ost-Berliner klettert an einem Laternenmast empor und ruft: »Wenn jetzt die Klappe zugeht, sind wir dieses Mal auf der richtigen Seite!« Deutschland ist seit diesem Tag *ein* Staat. Die DDR existiert nicht mehr.

Ladenhüter

15. Oktober 1990,
München

Klaus Klamroth, der Heidelberger Manager, fliegt nach München. Um 18 Uhr soll er beim Headhunter Dieter Rickert vorsprechen. Auf dem Flug liest er den »Spiegel« und studiert einen Artikel über die Treuhand, der mit einem Gruppenfoto von den fünfzehn neuen Chefs der Niederlassungen aufgemacht wird. Noch weiß Klamroth jedoch nicht, wo er arbeiten wird.[1]

Birgit Breuel hat in nur wenigen Wochen die Leiter für die Niederlassungen gefunden. Die fünfzehn Männer aus Westdeutschland stellt sie zwei Tage nach der Wiedervereinigung der Presse vor. Man wolle, sagt Breuel, dass Entscheidungen fast ausschließlich vor Ort in den Niederlassungen getroffen werden, dort solle man »ganz schnell entscheiden und nicht bürokratisch handeln«.[2] Und: »Nur die großen Fälle bleiben der Zentrale vorbehalten.«[3] Beim Besuch einer Außenstelle sagt sie später, dass es eine Revision, eine Umkehr von Entscheidungen der Niederlassungsleiter, nicht geben werde.[4] Nur drei Prozent der Niederlassungsverkäufe lässt sich der Vorstand in Berlin später vorlegen.

Die neuen Chefs der Außenstellen stammen fast alle aus mittelständischen Betrieben. Sie müssen, so Breuel, als Erstes eine Bestandsaufnahme machen und entscheiden, wer von den ostdeutschen Mitarbeitern bleiben darf – ein Ausleseprozess. Dieses »Crash«-Programm sollen die Profis aus dem Westen den ostdeutschen Kollegen vermitteln. Der Personalplan sieht 480 Beschäftigte für die fünfzehn Niederlassungen vor. Insgesamt. Jeder Mitarbeiter – von der Sekretärin bis zum Chef – wäre damit rechnerisch für knapp zwölf Unternehmen zuständig. Anfang Oktober sind diese Stellen noch lange nicht besetzt. Bewerber fragen erst einmal nach dem nächsten Tennisplatz, den Schulen für die Kinder und der Höhe des Gehalts. Ein Treuhänder wird später – anonym – sagen, man habe daher »dem Leiter der Niederlassung zehn Sack Gold und den Ortsnamen gegeben, und der hat dann losfahren und Mitarbeiter rekrutieren müssen. Anfangs gab es dafür weder Reglements noch die Möglichkeit, Mitarbeiter und Interessenten in ausreichendem Maß zu kontrollieren.«[5]

Klamroth liest in dem »Spiegel«-Artikel von Karl-Heinz Rüsberg aus Bochum, dem Chef der Schweriner Niederlassung. Rüsberg war Chef eines Bochumer Getriebewerkes und ist in Frührente gegangen, um seine Mutter zu pflegen. Als diese nach einem Treppensturz stirbt, macht er sich auf in seine alte Heimat Ostdeutschland und organisiert in Wittstock Kurse: »Wir üben die freie Marktwirtschaft«.[6]

Der »Headhunter« Rickert empfängt Klamroth in seiner Villa in Grünwald. In den Räumen dominieren schwarze Ledermöbel und moderne Kunst. Rickert entschuldigt sich kurz nach der Begrüßung: Gerade gebe es eine Leitung nach Ost-Berlin, das müsse er ausnutzen; oft erreiche man die Treuhand gar nicht. Er telefoniert mit dem Personalvorstand der Treuhand, Alexander Koch, und stellt sich dazu einfach nur in die andere Ecke des Zimmers. Er bespricht mit dem Personalvorstand die Gehaltsstruktur der Treuhand. Klamroth kann alles verstehen. Jetzt weiß er, was er bei der Treuhand verdienen kann.[7] Nachdem er das Telefonat beendet hat, bietet Rickert Klamroth einen Posten in Schwerin an, dort, wo Karl-Heinz Rüsberg, der Bochumer, die Leitung übernommen hat. Doch Klamroth will lieber nach Halle, in die Nähe seiner Geburtsstadt Halberstadt. Rickert ist einverstanden, abschließend entscheiden werde jedoch Birgit Breuel persönlich.

18. Oktober 1990,
Berlin

Immer mehr westdeutsche Manager stellen sich bei der Treuhand ein. Manche sind sogenannte One-Dollar-Men, die nur für die Spesen arbeiten und aushelfen wollen. Sie haben oft eine lange Karriere im Westen hinter sich und treffen nun auf die seltsame Personalmischung am Alexanderplatz: Ehemalige ostdeutsche Beamte in Einheitsanzügen, junge Hochschulabsolventen mit gegeltem Haar, Sekretärinnen aus Ost-Berlin, die hohe Schuhe und kurze Röcke tragen – das vor allem sind die Urgesteine der westdeutschen Managerszene nicht gewohnt.

Egal ob sie aus Leverkusen oder Zwickau kommen, alle Treuhänder müssen sich mit der schlechten wirtschaftlichen Stimmung in der Ex-DDR auseinandersetzen. Zwei Wochen nach der großen Feier am Brandenburger Tor ist hier von der Einheitseuphorie nichts mehr zu spüren. Die Kritik an der Anstalt wird massiver. Überdies verschlechtern sich die wirtschaftlichen Rahmenbedingungen: Der Rohölpreis steigt wegen des drohenden Krieges in Kuwait und Irak auf ein Rekordhoch. Ein Barrel kostet an den Erdölbörsen 41 Dollar 15 Cents.

Den Treuhändern wird allmählich klar, wie kompliziert ihre Aufgabe ist. Viele ostdeutsche Betriebe benutzen westeuropäische Patente, die die Inhaber zurückziehen, da sie nun selber den Markt in Osteuropa beliefern dürfen. Zudem haben viele westdeutsche Unternehmen bereits die Vetriebsposten in den ehemaligen DDR-Betrieben mit den eigenen Leuten besetzt. Einige dieser Westfirmen drohen unverhohlen, dass sie alle Kunden mitnehmen, wenn sie die ostdeutschen Betriebe nicht selber übernehmen dürfen. Ein Treuhänder nennt das später den »Königsweg der Privatisierung«, da er so oft auf diese Weise erpresst wird.

Angesichts dieser Schwierigkeiten kommt es der Treuhand gerade recht, dass sie im Oktober drei große Privatisierungen innerhalb von zehn Tagen verkünden kann. Zunächst feiert man Investitionen von Daimler-Benz und BASF, heute wird ein Gemeinschaftsprojekt mit VW präsentiert. Endlich, so scheint es, besinnen sich zumindest die großen westdeutschen Konzerne auf ihre patriotische Pflicht, den neuen Bundesländern, wie sie jetzt heißen, zu helfen. Doch die Abschlüsse haben alle einen Haken: Zwar hat der Vorstand Klaus-Peter Wild Daimler-Benz bewegen können, in Ludwigsfelde auf dem Kombinatsgelände des Industrieverbands Fahrzeugbau (IFA) ein Lkw-Werk zu eröffnen, aber die Schulden, das Personal und die Umweltsanierung muss die Treuhand bezahlen. Der vor einer Woche von Birgit Breuel und Wild unterschriebene Vertrag sieht vor: Die Mercedes-Benz AG, größter Lastwagenhersteller der Welt, baut auf der grünen Wiese ein Lkw-Werk. Das wird jedoch erst 1994 fertig sein. Bis dahin werden auf dem Gelände der IFA kleinere Lastwagen für Mercedes-Benz montiert von Arbeitern des ehemaligen Kombinats. Die Mitarbeiter werden von einer Montagegesellschaft bezahlt. Die gründet die Treuhand mit einem Stammkapital von 100 Millionen D-Mark. An dieser Gesellschaft beteiligt sich Mercedes-Benz mit 25 Prozent, so dass das Unternehmen nicht für die Arbeitsverträge verantwortlich ist. Die 25 Prozent muss Mercedes-Benz erst am 1. Januar 1992 übernehmen.[8]

Seit dem Frühjahr hat Mercedes-Benz mit den verschiedenen Verantwortlichen in der Treuhand verhandelt. Die Position der Anstalt verschlechtert sich dabei ständig. Die Lkws des Kombinats finden kaum noch Abnehmer, obwohl die Preise von 75 000 auf 45 000 D-Mark gesenkt werden. 2000 Lastwagen stehen auf dem Gelände zum Verkauf, doch die ehemaligen Abnehmer aus Osteuropa kaufen lieber gebrauchte Fahrzeuge aus dem Westen. Der Plan, ein altes IFA-Modell mit einem Fahrerhaus von Mercedes auszustatten, ist ebenfalls gescheitert. Auch zwei anderen großen deutschen Konzernen kommt die Treuhand in den ersten Tagen nach der Wiedervereinigung weit entgegen: Die Volkswagen AG baut ein neues Werk in Zwickau, übernimmt aber weder die Schulden noch das alte Werk und die Kosten der Umweltsanierung. Der Chemiekonzern BASF darf zu den gleichen Bedingungen das Chemiewerk Schwarzheide übernehmen. BASF verlegt schon vor der Wende eine Produktleitung dorthin und macht gute Geschäfte. Die BASF-Manager wissen also ganz genau, wie es im Osten aussieht. Die ökologischen Altlasten dort wollen sie auf keinen Fall übernehmen.

Die Aktiengesellschaften Mercedes-Benz, BASF und VW sind ihren Aktionären verpflichtet, nicht dem deutschen Staat.[9] Daran erinnern sie die Treuhand in den vielen Verhandlungsstunden immer wieder. Der VW-Chef Carl Hahn ist in Chemnitz geboren. Er will das Engagement im Osten auch als patriotischen Dienst verstanden wissen; man übernehme ja später schließlich Tausende von Arbeitern. Hahn sagt aber auch: Andere Standorte in Europa hätten Zuschüsse von 75 Prozent geboten – »für Zwickau spricht gerade noch so viel, dass wir die Investition verantworten können«.[10]

Trotzdem muss die Treuhandführung diese Geschäfte als Erfolg verkaufen. Die Pressestelle der Anstalt gibt gemeinsam mit den Konzernen Mitteilungen heraus. Gedruckt auf Geschäftspapier von Mercedes-Benz kann man lesen: »Mercedes-Benz AG und Treuhandanstalt geben bekannt: Vertrag über Lkw-Produktion in Ludwigsfelde perfekt« oder, auf Treuhandpapier getippt: »Treuhandanstalt und VW geben bekannt: Errichtung des größten Industrieobjekts in der Ex-DDR vertraglich vereinbart.«[11] Aus den Pressemitteilungen geht allerdings nicht hervor, wie viel die Konzerne genau investieren wollen.

Detlef Scheunert muss mit ansehen, welche Folgen das Entgegenkommen der Treuhand hat. Die Investoren, die überhaupt Arbeitsplätze in Ostdeutschland versprechen, erwarten, dass ihnen der »rote Teppich ausgerollt« wird. Sie wissen, dass sie am längeren Hebel sitzen und in vielen Fällen die Treuhand der Bittsteller sein wird.

Die Einrichtung der Treuhand am Alexanderplatz spiegelt diese anfängliche Machtlosigkeit wider: Die Büros sind notdürftig renoviert, die Flurwände flüchtig weiß übertüncht, nur auf der Vorstandsetage stehen große Blumenvasen und wenige weiße Designerstühle. Die meisten Treuhänder müssen in Großraumbüros arbeiten, an alten Schreibtischen und auf verschlissenen Stühlen. Die Vorstände und ihre Assistenten sitzen in einem Raum, nur durch eine Pappwand voneinander getrennt. Selbst die Chefs von großen deutschen Unternehmen müssen auf einem alten Stuhl neben dem Schreibtisch des Assistenten Platz nehmen, während sie warten, dass der jeweilige Treuhandvorstand Zeit für sie hat. Viele Westdeutsche sind sichtlich pikiert, wenn sie nur mit Scheunert und nicht mit dem Vorstand Klaus-Peter Wild oder mit Rohwedder direkt sprechen können.

Die westdeutschen Großunternehmen sehen in der Treuhand schon zu diesem Zeitpunkt ein Instrument, das dazu dient, ihre Interessen durchzusetzen. Scheunert erkennt später: »Die Konzerne waren in ihrem Selbstverständnis, dass sie ja die ›master of the universe‹ waren, der Meinung: ›Kohl, wenn wir dir jetzt hier folgen und unseren schmutzigen, kleinen, stinkenden Hinterhof Ostdeutschland aufräumen, was natürlich bei unseren Muskeln überhaupt kein Problem ist, so was machen wir in ein paar Monaten, dann möchten wir auch Zugeständnisse haben.‹«

Vor allem das Verhalten der Geschäftsbanken, mit denen die Treuhänder ständig zu tun haben, verblüfft Scheunert: »Die Großbanken haben sich die gesamte Liquiditätssicherung der Treuhandanstalt, die vielen, vielen Milliarden, die in die ostdeutschen Betriebe liefen, mit einer Globalbürgschaft der Treuhandanstalt versüßen lassen. Das heißt: Keine große deutsche Bank hat je eine D-Mark im Risiko gehabt. Es war immer alles vom Bund per Globalbürgschaft abgesichert. Trotzdem hat man Marktzinsen verlangt, was unfair und unredlich war. Da hat sich die Politik über den Tisch ziehen lassen. Das hat der Treuhandvorstand auch so gesehen, aber keine Chance gehabt [das zu ändern].«

In der Nacht zum 19. Oktober 1990,
Berlin

Um 23.05 Uhr umstellen über hundert Polizisten das Karl-Liebknecht-Haus in der Kleinen Alexanderstraße 28. Hier hat die Parteizentrale der PDS ihren Sitz. Die Treuhand und der Alexanderplatz liegen nur knapp 200 Meter südlich. Unter Leitung von Oberstaatsanwalt Bernd Stange verschaffen sich mehrere Dutzend Beamte, darunter zwanzig Kriminalpolizisten, Zutritt und durchsuchen das Gebäude sechs Stunden lang.[12] Mehrere Reporter verfolgen die Polizeiaktion. Die Staatsanwaltschaft hat die Durchsuchung angeordnet, ein Richter wurde nicht gefragt.

Es sei Gefahr im Verzug gewesen, heißt es später. Ein ehrenamtlicher Kreisvorsitzender der PDS in Halle hat 107 Millionen D-Mark auf Konten im Ausland überwiesen. Damit habe man Forderungen der sowjetischen Firma »Putnik« in Moskau bezahlen müssen, sagen Vertreter der PDS später. Der Vorwurf der West-Berliner Staatsanwaltschaft lautet dagegen: Die PDS wollte das Geld dem Zugriff der Treuhandanstalt entziehen.

Das Vermögen der Ex-SED und der Blockparteien steht seit 1. Juni 1990 unter der Verwaltung der Unabhängigen Kommission zur Überprüfung der Vermögenswerte aller Parteien und Massenorganisationen der DDR (UKPV), die in enger Abstimmung mit der Treuhand herausfinden soll, was die Parteien besessen haben, was es wert sein könnte und wo das Vermögen – die Immobilien und das Bargeld – geblieben ist. Die Parteien dürfen keine hohen Rechnungen mehr bezahlen, ohne die Kommission zu fragen.

Der Vorsitzende der UKPV, Georg Reinicke, wird von zwei Westdeutschen unterstützt: einem Oberstaatsanwalt und einem Ministerialbeamten aus dem Bonner Verteidigungsministerium.[13] Sie finden heraus, dass die Parteien nicht einmal ihre Personalkosten mit den Mitgliedsbeiträgen hätten decken können. Das meiste Geld verdienten sie mit Firmen, die ihnen selber gehören, also offiziell kein »Volkseigentum« waren. Im Gegensatz zu allen anderen Unternehmen mussten diese Firmen ihren Gewinn nicht an den Staat abführen, sondern konnten ihn direkt und komplett an die Parteien überweisen.

Die Zuordnung des Parteivermögens ist kompliziert: 70 Prozent gehören eigentlich zum »Volkseigentum« und damit also seit Juli der Treuhand. Die Parteien sind hier »Rechtsträger« und dürfen das »Volkseigentum« nur nutzen. Allerdings haben die Parteien Grundstücke, die ihnen mitsamt Eigentumstitel gehörten, gegen reines Volkseigentum getauscht. Nicht wenige solcher vorteilhaften Tauschaktionen hat die SED vorgenommen: Wertlose Flächen in der Provinz gegen potenziell teure Immobilien in Berlin-Mitte.[14]

Nach der Wende hat die PDS darüber hinaus bereits 419,6 Millionen D-Mark an frühere Mitglieder zur Existenzgründung von GmbHs und Gewerbebetrieben ausgegeben, die offiziell als Darlehen bezeichnet werden. Noch wissen die westdeutschen Ermittler und der Kommissionsvorsitzende nicht, ob das legal war oder ob dieses Geld veruntreut worden ist.

Interpol und das Bundeskriminalamt haben die UKPV nun darauf aufmerksam gemacht, dass der Kreisvorsitzende der PDS versucht hat, 70 Millionen Mark in bar von einem der ausländischen Konten abzuheben.[15] Der Kommissionsvorsitzende schreibt umgehend einen Brief an die Treuhandanstalt: »Ich empfehle die sofortige Sicherstellung der genannten Beträge auf den beiden genannten ausländischen Konten der PDS bei der Deutschen Handelsbank.«[16] Die Treuhand wendet sich ihrerseits an die betroffenen Banken, die »Den Norske Creditbank« in Oslo und die »Middenstandsbank« in Utrecht, und bittet, das Geld auf den Konten einzufrieren. Die 107 Millionen D-Mark sind ein Viertel der Barmittel der PDS zu diesem

Zeitpunkt.[17] Die PDS behauptet, der ehrenamtliche Kassenwart habe nicht im Auftrag der Partei gehandelt.

Die Durchsuchung bei der PDS schlägt hohe Wellen. Die Polizei greife in den Wahlkampf ein und verletzte die Immunität von Bundestagsabgeordneten wie Gregor Gysi, heißt es.[18]

Waltraud Lisowski, die rechte Hand von Alexander Schalck, darf derweil weiter ungestört in der gut zwei Kilometer weiter südwestlich gelegenen Wallstraße arbeiten.

19. Oktober 1990,
Wien

Der Treuhandchef Detlev Karsten Rohwedder hat am Abend dieses Tages seinen ersten Auftritt im Ausland. Er spricht in Wien vor der österreichischen Bundeswirtschaftskammer über die Arbeit der Treuhand und den Zustand der DDR-Industrie. Die Kammer soll die Interessen aller Unternehmer in Österreich vertreten. Rohwedder will mit seinem Auftritt Investoren nach Ostdeutschland locken. Wenige Tage später reist er auch zu Gesprächen nach Frankreich.

Am Abend zuvor hat er mit Otto Gellert, dem Vize des Verwaltungsrates, überlegt, was man sagen könne: Wie viel ist die DDR-Wirtschaft wert? Es war wie in einem »Lotteriespiel«, erinnert sich Gellert.[19] Als Grundlage nehmen sie schließlich eine Zahl, die auf Wolfram Krause zurückgeht. Der SED-Ökonom ist inzwischen der Finanzvorstand der Treuhand. Der hat in den letzten Monaten den vorläufigen Wert der DDR-Wirtschaft errechnet.[20] Grundlage ist die Abschlussbilanz der Industriebetriebe der DDR zum 31. Dezember 1989. Anlagevermögen, Betriebsmittel, Kredite, Grundfonds, alles ging in diese Bilanz ein. Diese Daten durch drei geteilt – Grundlage war eben ein realistischer Kurs von D-Mark zu Ostmark von 1 zu 3 – legen Krause und sein Team als Ausgangspunkt fest. Der Wert der Grundstücke wird geschätzt. Sie benutzen dazu Vorlagen aus dem Westen, um einen Maßstab zu haben, was der Grund und Boden in Westdeutschland wert ist und einmal im Osten wert sein könnte. Das kommunale Eigentum, also Kraftwerke, Wasserwerke und so weiter, rechnet die Gruppe um Krause aus der Bilanz heraus.

Am Ende stehen unter dem Strich 600 Milliarden D-Mark. Seit November 1989 wird immer wieder geschätzt, was die DDR-Wirtschaft wert ist. Zwei Billionen, eine Billion, 500 Milliarden. Krause kommt auf 600 Milliarden, nur: Es ist eine Schätzung. Die Altschulden sind noch nicht komplett dagegengerechnet, der Grundstückswert ist eventuell zu hoch angesetzt – die Zahl ist nicht »fachlich belegbar«, im Grunde eine »Milchmädchenrechnung«, wie Mitglieder des Finanzteams selber sagen. Doch Rohwedder schnappt die Zahl in einer Sitzung auf. »Impulsiv wie er war und originell wie er sein wollte«, sagt ein Treuhänder später, benutzt er die Zahl an diesem Abend in Wien.

Die Treuhand ist seit Wochen in der Defensive, auch Rohwedder steht unter Druck – der Vorstand ist immer noch nicht komplett besetzt, die Verkäufe laufen nur schleppend. Da braucht man gute Nachrichten. Also sagt Rohwedder vor der Wirtschaftskammer in Wien: »Der ganze Salat ist 600 Milliarden Mark« wert.[21] Dass Rohwedder mehrmals zuvor offen geäußert hat, dass am Ende der Privatisierung der DDR-Industrie ein Minus bleiben wird, geht unter.[22] Die Zahl bleibt hängen. Man wollte eben Investoren locken und nicht verschrecken, man wollte Käufer finden, ihnen die DDR schmackhaft machen, sagt Otto Gellert später.[23] Rohwedder erklärt in Wien aber auch, deutlich, rotzig: 40 Jahre Sozialismus haben in der DDR mehr Schaden als der Zweite Weltkrieg angerichtet. Man müsse so schnell wie möglich alles loswerden und privatisieren.[24]

25. Oktober 1990,
Bonn

Bis zur ersten gesamtdeutschen Wahl im Dezember sitzen im deutschen Bundestag in Bonn inzwischen auch Abgeordnete der Volkskammer. Werner Schulz ist hier, Matthias Artzt und Gerd Gebhardt finden in Bonn kurzfristig Beraterjobs. Mehrere osteuropäische Botschaften fragen bei Artzt und Gebhardt an, darunter die tschechische, die sowjetische und die slowenische Vertretung. Sie wollen wissen, was es mit dem Anteilsscheinmodell auf sich hat. Die beiden treffen sich zu Gesprächen mit den Delegationen.[25]

Im Bundestag konstituiert sich an diesem Tag Ende Oktober ein Unterausschuss des Finanzausschusses, der für die Treuhandanstalt zuständig ist. Die Rechte der Mitglieder sind aber begrenzt: Sie können beantragen, Einsicht in die Akten zu bekommen, Einfluss auf den Haushalt der Treuhandanstalt haben die Parlamentarier jedoch nicht. Die Treuhand darf eigenständig Kredite aufnehmen, ohne dass der Bundestag den Geldfluss stoppen oder kontrollieren kann.[26] Die Treuhand kann so autonom handeln, wie es das Gesetz etwa auch der Bundesbank erlaubt. Diese Autonomie ist im Treuhandgesetz, dem Staatsvertrag zur Währungs- und Wirtschaftsunion und im Einigungsvertrag festgelegt. Das Konzept aus den Bonner Ministerien hatte es genauso vorgesehen. In der Presse wird das jedoch nicht immer richtig vermittelt. So titelt eine Zeitung: »Treuhand kommt unter die Kontrolle des Bundestages«.[27]

Die Treuhand scheint das Pech mit den Mitarbeitern nicht zu verlassen. Peter Langner, der Chef der Niederlassung Leipzig, gibt nach zwei Wochen aus »gesundheitlichen Gründen« auf. Da er seinen goldmetallicfarbenen Mercedes 380 bei der Leipziger Messe auf einem reservierten Parkplatz direkt an der Halle abstellen darf, nennt man ihn bald »Stasi-Peter«. Langner hatte sich wie Klaus Klamroth auf die Anzeige »Profis für die DDR!« beworben. Er ist einer von 40 Kandidaten, die von 4000 Bewerbern übrig bleiben – der Rest ist unbrauchbar oder springt ab.

Langner, geboren in Leipzig, ist seit 1970 bei einer US-amerikanischen Hightech-Firma in Frankfurt angestellt. Das US-Unternehmen entlässt ihn, weil er Material der Firma für den privaten Hausbau gestohlen haben soll. Seine zwei eigenen Firmen gehen bankrott. Wegen Konkursverschleppung kommt er im Frühjahr einige Tage ins Gefängnis, gegen Kaution aber wieder auf freien Fuß. Er bewirbt sich bei der Treuhand. Die Personalabteilung merkt nicht, um wen es sich da eigentlich handelt.[28] Tatsächlich wird gerade in den ersten Monaten bei den Westdeutschen fast gar nicht überprüft, ob sie vorbestraft sind oder schon mal ein Unternehmen in den Konkurs geführt haben. Die Ostdeutschen werden dafür umso genauer überprüft, sofern sie keine einflussreichen Kontakte haben. Scheunert, Ex-Parteimitglied, Ex-Kader, Ex-NVA-Offizier, fühlt sich, als sei er »der meistüberprüfte« Mensch im Land. Immer wieder wird er von einer Sonderprüfungsgruppe, die es innerhalb der Treuhand gibt, zu seiner Vergangenheit befragt.

Die »Seilschaften« innerhalb der Treuhand werden öffentlich als das größte Problem für die ostdeutsche Wirtschaft bezeichnet. Wolfram Krause wird als ehemaliges Mitglied der Plankommission in der Presse angegriffen, der Fall des als Verwaltungsratsmitglied vorgesehenen Jochen Steinecke wird immer wieder angeprangert.[29] Auch dass Birgit Breuel viele der ehemaligen Chefs der Treuhand-Außenstellen weiter beschäftigt, wird kritisiert. Die verteidigt sich: »Nicht jeder, der in der SED war, ist eine Seilschaft. Es finden zur Zeit Überprüfungen statt, dann werden wir nach Leistungen und Befähigung entscheiden und uns von ungeeigneten Mitarbeitern trennen.«[30]

Der ehemalige Generalsekretär der CDU, Heiner Geißler, wirft dem Stahlmanager Rohwedder in diesem Zusammenhang »Unfähigkeit und Versagen« vor.[31] Er fordert, dass Rohwedder zurücktreten soll, wenn er die »Seilschaften« nicht schnell in den Griff kriege. Der Bundeskanzler weist diese Kritik zurück, ebenso der Bundestagsunterausschuss.

Als Rohwedder einen Reporter des Magazins »Der Spiegel« auf ein Gespräch einige Stunden warten lässt, ist dort zu lesen: »Die Misere wird zunehmend Vorstandschef Detlev Rohwedder, 57, angelastet ... Die Kritik an Rohwedders Strategie und Führungsstil wächst ... Rohwedder mißtraut den Investoren und er mißtraut den Unternehmensführungen. Auch in den eigenen Reihen wächst der Unmut gegen Rohwedder. ›Wir wissen doch‹, klagt ein Sachbearbeiter, ›daß der uns für unfähige Ärsche hält – das steigert nicht gerade die Arbeitsmoral.‹«[32]

Tatsächlich verkauft man zu diesem Zeitpunkt fast gar keine Unternehmen. Wolfram Krause berichtet dem Verwaltungsrat Ende Oktober, dass man bisher nur 1,5 Milliarden D-Mark eingenommen habe. Rohwedder drängt die Teilnehmer der Sitzung, die Zahlen nicht öffentlich zu machen, denn wenn die Schwäche der Treuhand bekannt würde, »dann ist hier der Ofen aus«. Doch auch dieser Ausspruch kommt an die Öffentlichkeit.[33] Die Verwaltungsratssitzung verändert die Einstellung der Mitglieder in dem Gremium aber endgültig.[34] Allen ist nun klar, was für ein großes Verlustgeschäft die Privatisierung der ehemaligen DDR-Staatsbetriebe wird.

Rohwedder äußert Zweifel, ob er den Job länger als bis zum Jahresende ausüben soll. Freimütig gibt er zu: Er habe lediglich 70 Mitarbeiter, der harte professionelle Kern umfasse sogar nur 40.[35] Der erwartete »Ansturm« von westlichem Kapital ist ausgeblieben. Erste Gerüchte tauchen Ende Oktober auf, dass Birgit Breuel ihn sofort beerben wird. Er muss öffentlich dementieren, sagt aber, dass er seine Tätigkeit Ende des Jahres beenden und zurück zum Hoesch-Vorstand gehen werde.[36] Er wirkt angeschlagen: »Wer kauft heute schon eine Schwermaschinenfabrik oder ein Stahlwerk? ... Manche sind wohl der Meinung, daß das Gras, was aus den Ruinen sprießt, besonders grün sei. Mehrfach kam mir zu Ohren, hier müßte ein kreatives Chaos her, um dann neu aufbauen zu können. Meist sagen so etwas Ökonomen im öffentlichen Dienst. Diese Herren haben keine Ahnung davon, wie schnell man zwar einen 1000-Mann-Betrieb liquidieren kann, wie wahnsinnig schwer es aber ist, ihn wieder aufzubauen – mit erstklassigen Maschinen, Marktverbindungen, sicheren Arbeitsplätzen. Das Problem kenne ich aus dem Ruhrgebiet.«[37]

Klaus-Peter Wild, der fast jeden Tag bis tief in die Nacht arbeitet, trifft Rohwedder eines abends spät im Büro. Der Treuhandchef guckt ihn an und sagt: »Na, Herr Wild, das haben wir uns nicht so schwer vorgestellt, oder?«

Detlef Scheunert entgeht nicht, wie sehr der Vorstand, sein Chef Rohwedder und die anderen wegen der SED-Seilschaften unter Druck geraten. Immer wieder tauchen Namen von Treuhandmitarbeitern in der Presse auf: die SED-Regierungsmitglieder Klaus-Günther Sorg und Paul Liehmann arbeiten bei der Treuhand, ferner Wolfgang Rauchfuß, ehemals Minister für Materialwirtschaft und ZK-Sekretär.[38] Dass Liehmann in der Treuhand wie zu Zeiten der ungebrochenen SED-Macht wieder für die Textilwirtschaft zuständig ist, frustriert viele Ostdeutsche.

Scheunert entschließt sich, die »Schattentreuhand«, die Kader der SED, die sich jeden Morgen treffen, um die Treuhand selber mitzusteuern, bei Klaus-Peter Wild zu melden. Er will, dass die Strukturen in der fünften Etage aufgelöst werden.

Doch er kann sein altes Leben nicht einfach abschütteln. Eines Tages steht plötzlich ein älterer Mann in seinem Büro. Zunächst glaubt Scheunert, es handle sich um einen schlechten Traum. Der Mann ist Karl Nendel: »Ich hab diesen Typen mal bei meinem Minister kennengelernt, und da fiel mir etwas auf: Der kam rein und der Minister stand in dieser Sekunde auf. Ich kannte meinen Minister. Der sprang nicht wegen jedem Parteibonzen auf. Da hab ich gefragt: ›Wer ist das denn, der Nendel?‹ Da sagte mein Minister: ›Beim Nendel müssen Sie vorsichtig sein, das ist hier der Oberorganisator, Schalck ist der Ökonom und er ist der Techniker.‹ Der hat alles in seinen Händen gehabt. Der hat für die DDR-Elektrotechnik die Computer-Chips beschafft und so weiter. Das war das Blöde in dem System. Manche Leute hatten einen relativ niedrigen Rang, waren aber in Wirklichkeit hoch oben. Und wenn du das nicht wusstest, bist du richtig gegen eine Wand geknallt. Nendel war stellvertretender Minister, aber im zweiten Leben Oberst der Stasi. Das ist so ein Mensch, der immer im Schatten steht. Für den war die Diktatur wie gemalt.«

Ganz unverfänglich beginnt Nendel das Gespräch mit Detlef Scheunert. Schließlich kommt er zum Kern: Man wolle ihn nur wissen lassen, dass die alten Herren des Regimes mitbekommen haben, wo er sitzt, wenn sie vielleicht mal seine Hilfe brauchen könnten.

Nachdem Nendel gegangen ist, fragt sich Scheunert, woher der Stasi-Oberst weiß, wer er ist und wo er in der Treuhand arbeitet.

3. November 1990,
Berlin

An diesem Sonnabend, fast einen Monat nach dem Gespräch in München mit Dieter Rickert, ist Klaus Klamroth, der Maschinenbauer aus Heidelberg, bei Birgit Breuel zum Vorstellungsgespräch in die Treuhandzentrale eingeladen. Erst erklärt der Personaldirektor Hermann Wagner, was man von ihm erwartet, dann übernimmt Breuel und zeigt ihm auf einem Diagramm, wie die Niederlassungen organisiert werden sollen. Auf den Dokumenten sind mit Bleistift hinzugefügte Anmerkungen zu sehen.

Klamroth kann wählen, wie weit seine Befugnisse als Beteiligungsdirektor – so sein neuer Titel – gehen sollen, ob er etwa die Landwirtschaft und die Registratur der Niederlassung noch mit übernehmen will. Er will. Breuel erwähnt das gigantische Mengenproblem: 8000 Betriebe sind zu privatisieren, wenn die Kombinate neu strukturiert sind, werden es mehr als 10 000 sein. Sie fragt, warum er nach Ostdeutschland wolle. Wegen seiner Wurzeln, antwortet Klamroth.

Er erinnert sich, wie schnell es dann plötzlich ging und was Birgit Breuel noch sagte: »Wir brauchen Sie sofort. Draußen sitzt meine Sekretärin. Diktieren Sie ihr Briefe an Ihren Vorstandsvorsitzenden und an wen Sie noch wollen, damit Sie freikommen. Ich unterschreibe dann. Nehmen Sie sich Zeit. Die Sekretärin ist neu, die elektrische Schreibmaschine ist neu, das Tempo ist neu am Alexanderplatz 6. Das muss sich alles noch einlaufen.« Die Sekretärinnen wirken auf ihn an diesem Samstag noch etwas unsicher und fremd.

Klamroth notiert später: »Eine halbe Stunde, nachdem wir uns kennengelernt hatten, war ich per Handschlag eingestellt als Direktor für das Ressort Beteiligungen für die Niederlassung der Treuhandanstalt in Halle. Im Steglitzer Botanischen Garten, in dessen Nähe ich während meiner Studienzeit an der Technischen Universität wohnte, tiefes Durchatmen. Ich werde Direktor der Treuhandanstalt sein, einer Institution, wie es trotz allem später hieß, die hätte erfunden werden müssen, wenn sie nicht schon in den ersten sechs hektischen Monaten der Modrow-Regierung entstanden wäre.«[39]

Klamroth freut sich auf die neue Aufgabe in seiner alten Heimat: »Man kam jetzt in eine Situation, wo man Trampelpfade erst anlegen musste durch eine Wildnis, die nicht strukturiert war. Alles war neu, alles war frei, wir konnten anfangen.«

Was in den letzten Monaten schon alles in der Treuhand und in Ostdeutschland passiert ist, wie die Claims abgesteckt worden sind und vollendete Tatsachen den Alltag der Anstalt – und sein Leben – prägen werden, das ahnt Klaus Klamroth noch nicht.

14. November 1990,
Berlin

Die Mainzer Straße im Berliner Stadtteil Friedrichshain geht von der Frankfurter Allee ab, eine Magistrale, die Ost-Berlin schnurgerade durchschneidet. Fährt man auf der Allee immer geradeaus nach Westen, überquert man zunächst den Strausberger Platz, dann wird die Straße zur Karl-Marx-Allee und endet schließlich am Alexanderplatz, genau an der Treuhandanstalt. Die Strecke ist gerade dreieinhalb Kilometer lang, doch Detlef Scheunert hat das Gefühl, sich zwischen zwei Welten zu bewegen: Die eine Welt ist die Treuhand mit den neuen Managern aus dem Westen und den ständigen existenziellen Kämpfen um die DDR-Wirtschaft, die andere ist sein Zuhause in Friedrichshain, wo er mit seiner Frau, der kleinen Tochter und dem Sohn wohnt.

Die Wohnung hat Ofenheizung und ist 80 Quadratmeter groß. Scheunert hat sie mit seiner Frau und Freunden selber renoviert. Um die Ecke liegt die Mainzer Straße, keine 300 Meter lang, zwischen die Frankfurter Allee und die Boxhagener Straße gequetscht. In der Mainzer Straße stehen 28 Mietshäuser, die meisten Altbauten – unsaniert, bräunlich, verrußt, mit bröckelnden Fassade. Hinter der östlichen Seite erstreckt sich ein Friedhof. Unmittelbar nach der Wende standen viele Häuser in der Straße leer, die Ostdeutschen wollten entweder in den zugigen Häusern nicht mehr wohnen oder sind in den Westen gegangen.

Nun sind die Häuser wieder bewohnt – vor allem aus Kreuzberg kamen »Autonome« und besetzten sie. Für Scheunert, seine Familie und die Nachbarn sind die Hausbesetzer etwas völlig Neues. Die ostdeutsche Polizei lässt die Westdeutschen bis zum Beitritt gewähren, der Innenminister der DDR, DSU-Mitglied Peter-Michael Diestel, hatte sich geweigert, die Häuser räumen zu lassen.

An diesem Mittwoch ruft Scheunerts Frau im Büro am Alexanderplatz an. Es ist noch vor dem Morgengrauen, Scheunert ist soeben erst eingetroffen. »Es ist Krieg, Panzer fahren durch die Straßen«, hört er seine Frau am anderen Ende der Leitung schreien. Scheunert fährt sofort zurück.

Der Berliner Senat unter Führung der SPD hat die Polizei am Morgen geschickt, um die Häuser zu räumen. In den vergangenen Tagen wurden schon Gebäude in der Umgebung von den Beamten gestürmt. Als Sympathisanten gegen die Räumungen demonstrieren, werden Wasserwerfer eingesetzt. Die Besetzer der Mainzer Straße heben daraufhin mit einem gestohlenen Bagger Gräben aus und errichten Straßensperren aus Sofas, Reifen, Einkaufswagen, Müllcontainern. Schließlich wird eine Straßenbahn in Brand gesetzt.[40]

Um sechs Uhr morgens beginnt die Operation. 3000 Polizisten und zehn Wasserwerfer rücken an. Mehrere Hubschrauber kreisen über dem Viertel, müssen aber abdrehen, weil sie mit Leuchtspurmunition beschossen werden. Mitglieder des Sondereinsatzkommandos seilen sich von den Dächern ab, um in die Häuser zu klettern. Sie werden mit Brandsätzen beworfen. Später gibt ein Beamter scharfe Warnschüsse ab.[41] Nach zwei Stunden haben die Polizisten die Häuser unter Kontrolle. Sie nehmen über 300 Hausbesetzer fest. Zurück bleiben eine Straße in Trümmern, rauchende Barrikaden, ausgebrannte Trabis, verkohlte Häuserwände.

Die Scheunerts erleben an diesem Tag, wie hart der westdeutsche Staat durchgreifen kann, und sie lernen, »dass der Staat dafür einsteht, Eigentum zu schützen«, so Scheunert: »Denn hier hat ja jemand gekauft, und der wollte natürlich, dass sich sein Investment auch rentiert. Das war natürlich eine völlig neue Gedankenwelt. Da wurde auch viel diskutiert. Darf das denn die Polizei? Darf das denn der Senat? Das sind doch ganz nette Menschen. Es gab da sehr viele Sympathien, weil es natürlich ganz witzige Typen waren. Junge Leute, alle bunt angezogen, die lebten eigentlich in einer gewissen Symbiose mit den Einheimischen hier … Dann kam die Polizei, und der schöne Schein war vorbei.«[42]

19. November 1990,
Halle an der Saale

Klaus Klamroth soll am 1. Dezember in Halle anfangen. Heute besucht er die Stadt, in der er bald ein wichtiger Mann sein wird. Er ist geschockt. Das hatte er sich anders vorgestellt. Er schreibt in sein Tagebuch: »Ich sah Halle wieder, die Stadt, in der ich vor 40 Jahren als jugendlicher Sportler Wettkämpfe ausgetragen und an Lehrgängen teilgenommen hatte … Die Straßenzüge mit verworfenem Pflaster, 1990 gesäumt von den Autowracks der durch Westimporte ersetzten Trabbis, die Häuserzeilen mit den leeren Fensterhöhlen, der alles erdrückende Schmutz von jahrzehntelanger Braunkohleverbrennung, deren übel riechende Abgase aus tausenden von großen und kleinen Schloten ungefiltert in die dicke Luft aufstiegen, die grau in grau schon über allem lastete, machten krank. Hier lebten dreihunderttausend Menschen, so viel wie in Mannheim. Hier hatte die verblichene DDR nach ihren Statistiken sechzehn Prozent ihres Bruttosozialproduktes erwirtschaftet. Um Halle herum vergammelten die Reste der ehemals stolzen IG Farben, die immer noch über dreißigtausend Menschen auf ihren Lohn- und Gehaltslisten hatten. Als die DDR noch glaubte, sich mit dem ›kapitalistischen‹ Westdeutschland messen zu können, entstanden Halles Trabantenstädte Neustadt, in der am Ende einhunderttausend, und Silberhöhe, in der schließlich dreißigtausend Menschen lebten. Sie hocken eng nebeneinander in Plattenbauten und schauen im Geburtsjahr der deutschen Einheit auf verwahrloste und von Abfall übersäte Anlagen vor ihren Blocks hinunter, die zunehmend als Abstellplätze für Autos, an die in der DDR nicht zu denken war, zerfurcht werden.«[43]

20. November 1990,
Köln

Das Bundesamt für Verfassungsschutz in Köln (BfV) wurde 1950 als Inlandsgeheimdienst gegründet. Mit der Wiedervereinigung gehört Ostdeutschland zum »Inland«, und so schaltet sich das BfV nun auch in den Fall Alexander Schalck ein. Der BfV warnt das Bundeswirtschafts- und das Bundesfinanzministerium vor einer »Verschleierung von SED/PDS-Vermögen« durch Waltraud Lisowski. Das Amt hat erfahren, dass Waltraud Lisowski am 30. November 1990 gemeinsam mit dem Geschäftsführer einer SED/PDS-eigenen Firma aus Westdeutschland nach Wien zu einer Gesellschafterversammlung fliegen wird. Es müsse davon ausgegangen werden, so die Verfassungsschützer in ihrem Schreiben, dass bei der Gesellschafterversammlung »Maßnahmen getroffen werden, um die tatsächlichen Eigentumsverhältnisse ehemals SED-parteieigener Unternehmen im Bundesgebiet und im westlichen Ausland zu verschleiern«.

Damit auch jeder die Brisanz der Warnung verstehen kann, die zehn Tage vor dem Treffen ausgesprochen wird, fügt das Bundesamt für Verfassungsschutz noch hinzu: »Lisowski war Angehörige des ehemaligen Ministeriums für Außenhandel der DDR und enge Vertraute und Mitarbeiterin von Alexander Schalck-Golodkowski (vgl. die dortigen Vernehmungsprotokolle). Ihr Zuständigkeitsbereich umfasste die wirtschaftliche Steuerung derjenigen SED-parteieigenen Unternehmen, deren Gewinne zur Finanzierung der Deutschen Kommunistischen Partei eingesetzt wurden.«

Sechs Tage später erhält Bundesinnenminister Wolfgang Schäuble Post.

Dr. Fritz Homann vom Bundesministerium für Wirtschaft schreibt an Schäubles Ministerium: »Nicht aufgrund der zunehmenden Berichte in der Presse (Spiegel, Stern in jüngster Zeit), sondern insbesondere aufgrund von Beschwerden westdeutscher Firmen verweise ich auf die offenbar wieder zunehmenden Aktivitäten der früher dem Bereich Schalck zugeordneten Firmen mit Sitz in der Bundesrepublik Deutschland, mit Sitz in den neuen Bundesländern, aber auch mit Sitz in der Schweiz, Liechtenstein, Österreich usw. Es besteht ein dringendes Bedürfnis, möglichst schnell hier für Klarheit zu sorgen, ob und inwieweit diese Firmen dem Vermögen der PDS und damit der Treuhandanstalt zuzurechnen sind. In der Vergangenheit hat es dazu zahlreiche Hinweise unserer Dienste gegeben. Ich verweise insbesondere auf einen jüngsten Bericht des Bundesnachrichtendienstes vom 31. Mai 1990 … Zusätzlich auf einen Bericht des Bundesnachrichtendienstes VS-Vertraulich vom 13. November 1990.«[44] Der Bundesinnenminister reagiert nicht. An dem Arbeitsverhältnis der Schalck-Vertrauten Waltraud Lisowski bei der Treuhandtochter »Effect« ändert sich nichts.

20. November 1990,
Leipzig

Mitten im Wahlkampf und kurz vor der ersten gesamtdeutschen Wahl sagt Theo Waigel am selben Tag in der ZDF-Talkshow »Richtung Deutschland«, dass man die Kritik an der Treuhand nicht nur im privaten Kreis üben, sondern sie gern schriftlich an die Anstalt richten soll. Eine »Flut von Anfragen und Eingaben« bricht über die Treuhandanstalt herein.[45] Es muss eine Abteilung eingerichtet werden, die sich nur mit den Beschwerden befasst.

23. November 1990,
Essen

Michael Rottmann, der Babcock-Manager aus Essen-Kupferdreh, hat inzwischen eigene Pläne entwickelt. Seinem Arbeitgeber, der Babcock Aktiengesellschaft, geht es immer schlechter. Kündigungen und Kürzungen sind unaufschiebbar. Der Erwerb einer Firma in der DDR steht bei Babcock in Oberhausen nicht oben auf der Liste.

Der »Wärmeanlagenbau« (WBB) ist in der Zwischenzeit in eine GmbH umgewandelt worden. Die Belegschaft wartet ungeduldig auf einen Investor aus dem Westen. Es soll endlich losgehen mit der Marktwirtschaft. Einige WBB-Mitarbeiter gehen sogar zur Treuhandanstalt an den Alexanderplatz und bitten darum, dass ihre Firma endlich verkauft werden möge. Die

Geschäftsführer des Unternehmens, Dr. Peter Herzog *(Name geändert)* und Franz Kleinert *(Name geändert)*, haben Michael Rottmann inzwischen gut kennengelernt. Kleinert war Direktor für »Ökonomie und Produktion« bei WBB und arbeitete in dem VEB seit seiner Gründung 1969. Herzog kommt 1986 zu der Firma, arbeitet zunächst als »Gruppenleiter Preise« und steigt schließlich zum »Direktor für Materialwirtschaft« auf. Herzog und Kleinert haben mit dem Gedanken gespielt, WBB selber zu kaufen, aber dazu reichen ihre finanziellen Mittel nicht. Also entschließen sie sich im September, gemeinsame Sache mit dem Westdeutschen Michael Rottmann zu machen. Die drei wollen WBB kaufen.

Kleinert und Herzog geht es um einen gut bezahlten, sicheren Arbeitsplatz im neuen Deutschland, Rottmann will den Babcock-Chefs beweisen, dass er, der Mann aus dem Unterbau des Konzerns, selber einen Anlagenbauer führen kann. Doch auch Rottmann kann nicht genügend liquide Mittel auftreiben. Zudem würde er als Privatperson kaum den Zuschlag erhalten. Also wendet er sich an einen Freund in der Schweiz, den er seit längerem kennt. Der wiederum stellt den Kontakt zu einem anderen Schweizer Kaufmann her, der Anteile an einer kleinen Aktiengesellschaft, der Chematec AG, hält.

Der Freund und ein weiterer Kompagnon erklären sich einverstanden, dass die Chematec als »Strohfirma« fungiert und den »Wärmeanlagenbau« kauft. Ende November treffen sich Rottmann, Kleinert, Herzog, die beiden Schweizer und ein sechster potenzieller Teilhaber, der aber später abspringt, in dem Essener Reihenhaus neben der Autobahn.

Mehrere Tage berät die Gruppe im Keller von Michael Rottmann. Am Freitag setzt sie schließlich einen Partnerschaftsvertrag auf, der genau festlegt, wie sie die WBB unter ihre Kontrolle bringen und später aufteilen wird.[46] Die Vereinbarung sieht vor, dass die Zentrale der WBB an der Wallstraße, das Filetstück, als Hotel genutzt wird und die Immobilien der Firma gezielt vermarktet werden. In anderen Paragrafen wird festgehalten, dass auch weiterhin Kraftwerke gebaut werden.

Das Briefpapier des Käufers, der Chematec AG, hat Rottmann stapelweise im Haus. In seinem Arbeitszimmer in Essen-Kupferdreh treibt er allabendlich die Planungen zur Übernahme der WBB voran. Tagsüber geht er weiterhin seiner Arbeit bei Babcock in Oberhausen nach.

Winterbruch

3. Dezember 1990,
Teutschenthal

In der kleinen Stadt Teutschenthal, zwölf Kilometer westlich von Halle an der Saale. hat sich seit dem Sommer eine aufstrebende Beraterfirma etabliert. Sie nennt sich kurz KFP. Einer der Teilhaber ist ein ehemaliger Reiseleiter, einer Betriebswirt und der dritte Versicherungskaufmann. Alle drei stammen aus Westdeutschland. Ihren Sitz hat die KFP in der Feldstraße 5, in dem alten Haupthaus der Landwirtschaftlichen Genossenschaft »Lenin«.[1] Teutschenthal war bisher vor allem für sein Kali-Werk bekannt, das eine riesige Abraumhalde am Ortsrand hinterlassen hat. Die drei KFP-Eigentümer haben nun eine andere Möglichkeit gefunden, in dem Ort Geld zu verdienen: Sie haben sich darauf spezialisiert, bei der Sparkasse in Halle Kredite zu organisieren, hohe Kredite, ohne dafür Gegenleistungen, Eigenkapital oder Sicherheiten bieten zu müssen.

Bis zur Währungsunion war die Staatsbank von Edgar Most für die Kreditvergabe zuständig. Seit dem 1. Juli dürfen die Sparkassen in Ostdeutschland die Kredite selbst vergeben. Der Chef der örtlichen Bank und seine Sachbearbeiterin sind überfordert. Sie haben noch nie Kredite an Investoren, noch dazu aus dem Westen, in dieser Höhe bearbeitet. Für sie ist dieses Geschäft völlig neu. Sie wissen nicht, wie man überprüft, ob ein Grundstück wirklich beliehen werden kann oder nicht. Die drei KFP-Gründer bekommen bei einem Besuch in der Bank mit, wie leichtfertig die Mitarbeiter der Sparkasse bei der Vergabe von Krediten verfahren, als sie selber Geld für ihren kleinen »Gewerbepark« in Teutschenthal beantragen. Eine Geschäftsidee ist geboren.

Die drei schicken Kreditnehmer zu der Sparkasse in Halle. Der Chef Egon Rumpel und seine Mitarbeiterin Ines Schröter zahlen Kredite aus, ohne die vorgelegten Sicherheiten zu überprüfen oder eine Schufa- oder Creditreform-Anfrage zu stellen. Wann immer ein vermeintlicher Unternehmer verspricht, in der Region zu investieren und Arbeitsplätze zu schaffen, gibt es Geld. Zum Teil in bar. Immer mehr »Kunden« kommen, meist aus Westdeutschland, beantragen Kredite, bekommen Geld und verschwinden wieder. Sie vermitteln eine weltläufige Lässigkeit, tragen teure Anzüge und stoßen nach dem Geschäftsabschluss in der Bank mit Sekt an.

Innerhalb weniger Wochen hat die Sachbearbeiterin über eine halbe Milliarde D-Mark ausgezahlt, unter anderem 70 Millionen an einen norwegischen Piloten, der eine Fluggesellschaft namens German Air Carrier (GAC) gründen will und angeblich Geld braucht, um drei Flugzeuge zu kaufen. 64 Millionen Mark hat Stephan Grzimek bekommen, der Enkel des verstorbenen Tierfilmers, der ebenfalls eine Fluglinie gründen will, die von einem modernen Flughafen in Teutschenthal aus operieren soll, der noch gebaut werden muss. Zehn Millionen Mark werden einem Mann aus dem Westen ausgezahlt, der den Bankern weismacht, er stamme aus einer berühmten Flugzeugbauer-Familie und wolle mit dem Geld im ehemaligen Kulturhaus der LPG eine Großraumdisko eröffnen. Fünf Millionen bekommt ein Kreditnehmer aus dem Ruhrgebiet, der dort eine Trinkhalle betrieben hat und nun angeblich eine Fensterbaufirma gründen will.[2]

Über 70 Unternehmer, denen im Westen nicht einmal ein Kredit über 10 000 Mark gewährt worden wäre, bekommen in Halle die Summe, die sie wünschen. Es sind vorbestrafte Betrüger, notorische Bankrotteure und Männer ohne jede Sicherheit darunter, die der Sparkasse von simplen Geschäftsmodellen wie der Einrichtung einer Videothek bis zur Steinproduktion aus Wüstensand in Sachsen-Anhalt alles Mögliche unterbreiten.[3] Und die Sparkasse finanziert diese Luftschlösser. Das spricht sich in der Halbwelt Westdeutschlands herum. Die KFP lebt davon, dass sie die Kredite vermittelt und dann dafür eine Provision einstreicht. Im Herbst 1990 lässt die KFP sogar zu, dass sich weitere Firmen in der Gegend ansiedeln, die ebenfalls Kredite vermitteln und dafür wiederum eine Provision an die KFP zahlen. Der Sparkassenchef Egon Rumpel verabschiedet sich derweil in die Rente. Er ist 65 Jahre alt und glaubt, Halle auf einen guten Weg in die Marktwirtschaft geführt zu haben.[4]

Im Winter ist die Stadt Halle voll von Gangstern und Glücksrittern, angezogen von der wundersamen Sparkasse. Viele verprassen das frische Geld umgehend an der Hotelbar des Interhotel am Thälmannplatz. Seit die Bank nach der Währungsunion ihre Türen geöffnet hat, werden hier fast jeden Abend rauschende Feste mit Prostituierten aus Halle und Champagner aus dem Westen gefeiert. Demnächst werden hier auch viele von der Treuhand-Niederlassung angeheuerte Westdeutsche absteigen.

Der 3. Dezember 1990 ist Klaus Klamroths erster Arbeitstag in Halle. Am Abend zuvor hat Helmut Kohl die ersten gesamtdeutschen Wahlen gewonnen. Allerdings braucht er weiterhin einen Koalitionspartner, zu einer absoluten Mehrheit hat es nicht gereicht, was viele Spitzenpolitiker der CDU sehr enttäuscht. Sie empfinden das als Undank für den »Kanzler der Einheit«.[5]

Die Niederlassung der Treuhandanstalt in Halle residiert in einem Altbau am Alten Markt im historischen Stadtkern. Der große Marktplatz und das Zentrum der Stadt sind nur ein paar Schritte entfernt. Ende 1990 ist die Altstadt in einem erbärmlichen Zustand. Die SED-Führung hat so gut wie kein Geld in die jahrhundertealten Häuser gesteckt. Die brechen nun unter der Last ihres Alters zusammen; Ziegel fallen von den Dächern, Mauern stürzen ein, Fenster hängen schief in den Angeln. Für Klamroth sind diese Zerstörungen fast schlimmer als die Schäden, die durch die Bomben im Krieg angerichtet wurden. Klamroth hat als Kind miterlebt, wie die Fliegerstaffeln der Alliierten seine Heimatstadt Halberstadt bombardiert haben. Die Chemiewerke der I.G. Farben in Leuna lagen ganz in der Nähe und wurden häufig angegriffen. Oft musste Klamroth, gerade elf Jahre alt, vor Tieffliegern, die auf alles schossen, was sich bewegte, in Deckung gehen.

Über dreißig Jahre war Klamroth nicht mehr in Halle, »in dieser alten, wunderschönen Stadt«. Die Verwahrlosung der Altstadt schmerzt ihn, sie erscheint ihm unnötig und mutwillig. Bis vor kurzem war die Stadt noch Bezirkshauptstadt, hier war ein »Rat« angesiedelt. Dem Zentrum merkt man diesen Status nicht an. Nun ist in Halle wie überall in Ostdeutschland die Marktwirtschaft eingezogen. Die Währungsumstellung und das Geschäft mit dem neuen Geld haben die Deutsche Bank und die Bayerische Vereinsbank übernommen. Die »Vereinsbank« begnügt sich zunächst mit Behelfscontainern, baut aber eine große Filiale in der Bärgasse aus, gleich um die Ecke der Treuhand.[6] Die HO-Verkaufsstellen haben Edeka und der Rewe-Konzern unter sich aufgeteilt.

Um in das Büro der Niederlassung zu gelangen, muss Klamroth durch ein Tor treten, eine lange dunkle Einfahrt hinuntergehen, die in einem engen Hinterhof endet, in dem sich ein schmaler Aufgang zu einem Altbau befindet. Hier ist die Treuhand untergebracht. Klamroth ist ab heute der Beteiligungsdirektor. Alle Firmen, die noch nicht verkauft sind, unterstehen ihm. Er handelt im Auftrag der Bundesrepublik Deutschland, seit der deutschen Einheit auch offiziell Eigentümerin der ehemaligen Staatsbetriebe. Klamroth ist so eine Art Konzernchef und damit einer der mächtigsten Männer in der Stadt. Der Niederlassung sieht man das nicht an.

In den Hof ist mit der Treuhand Leben eingekehrt. Westdeutsche Bittsteller lungern vor dem Haus herum, sie stehen auf den Treppen, vor den Eingängen, in den Büros selber. Will Klamroth zur Toilette, muss er sich durch die Menge schieben. Die Büros liegen an einem langen Flur, links und rechts gehen die Türen ab. Auch Klamroth und die anderen Direktoren sind hier untergebracht. Der Chef der Niederlassung ist Dr. Michael Dickerhof, 54 Jahre alt. Er hat in den letzten zwanzig Jahren für verschiedene Unternehmen in Brasilien gearbeitet. Bei der Auswahl Klamroths durfte er nicht mitreden. Dickerhof ist der erste Westdeutsche in der Niederlassung. Er wird von Birgit Breuel als neuer Chef eingesetzt und muss als Erstes die alte Leitung degradieren. Entlassen werden die ehemaligen Kader nicht, aber sie müssen nun für ihn, den Westdeutschen, arbeiten.

Klamroth werden ein Büro und eine Sekretärin zugeteilt. Diese scheint von der neuen Schreibmaschine und dem Ansturm der Interessenten überfordert zu sein. Auch Klamroth arbeitet zunächst nur mit ehemaligen SED-Mitgliedern zusammen, von denen einige 1972 noch die Enteignung der letzten Firmen im privaten Besitz mit abgewickelt haben. Klamroth begreift schnell: Er ist auf die Kader angewiesen. Ohne ihr Wissen und die Kontakte zu den Verantwortlichen in den Betrieben kann er in Halle nichts bewegen.

Jeden Mittwoch um 14 Uhr setzen sich Dickerhof und Klamroth im Chefbüro mit den vier wichtigsten ostdeutschen Mitarbeitern zusammen. Die Sessel und Sofas sind alt, Klamroth empfindet sie als schäbig. Die ostdeutschen Treuhänder, die zum Teil jünger sind als Dickerhof und er selbst, kommen Klamroth vor wie Großeltern, die ihren Enkeln zuhören. Die westdeutschen Enkel kennen die Marktwirtschaft, ihre Trends, ihre Tricks, die neuen Regeln. Die ostdeutschen Großeltern, die von März bis September hier allein das Sagen hatten, wollen nun, dass man ihnen zuhört, ihre Ratschläge ernst nimmt und ihre Lebensleistung anerkennt. Doch dazu haben Dickerhof und Klamroth, die Abgesandten aus »dem gelobten Land«, keine Zeit.

Klamroth hat vom ersten Tag an ständig Termine, vor allem mit westdeutschen Investoren. Ein Mann aus Schleswig-Holstein steht am dritten Tag in seinem Büro. Er stellt sich vor als »Herr Iwanschitz«. Herr Iwanschitz will alle Baufirmen Halles kaufen und in die Marktwirtschaft führen. Ein schriftliches Konzept hat er nicht parat. Es geht um Firmen im Wert von mehreren Hundert Millionen Mark. Klamroth bittet den Mann, erst wiederzukommen, wenn er ein Konzept vorlegen kann. Das trifft wenige Wochen später bei Klamroth ein, ist aber wenig schlüssig. Als Herr Iwanschitz anruft, wimmelt Klamroth ihn ab.

Die ostdeutschen Geschäftsführer der vielen Hundert Firmen in Halle trifft Klamroth zunächst nur am Rockzipfel westdeutscher Berater. Fast jeder Betrieb hat in den letzten Monaten, freiwillig oder sanft überzeugt, einen Berater aus dem Westen angeheuert. Da es von der Treuhand Kredite, Geld und Unterstützung geben soll, belagern die ostdeutschen Geschäftsführer mit ihren Ratgebern aus dem Westen die Niederlassung. Man will Liquiditätskredite bewilligt haben, Geschäftsführer müssen begutachtet und Verkäufe an Westinvestoren genehmigt werden. Auch ein führendes Mitglied des Wirtschaftsrates der CDU taucht bei Klamroth im Büro auf: Dr. Herbert B. Schmidt, ein gebürtiger Ostpreuße, der bis vor kurzem in Katar tätig war. Er ist eine der führenden Figuren dieser konservativen Lobby, die seit den 1960er Jahren in der Bundesrepublik aktiv ist und das Gegengewicht zur Arbeitnehmerlobby in der CDU darstellt.[7] Auch Schmidt hat eine Geschäftsidee. Er will Klamroth davon überzeugen, mit seiner Hilfe per Auktion die vielen Unternehmen meistbietend zu versteigern. Klamroth verspricht, darüber nachzudenken.

An seiner neuen Wirkungsstätte in Halle, umgeben von einstürzenden Altbauten und bankrotten Betrieben, trifft Klamroth in den ersten Tagen vor allem Menschen aus dem Westen, die alle glauben, eine schnelle Mark in Halle machen zu können, vor allem mit Immobilien: »Wir sahen nur Schrott, aber diese Leute sind darauf spezialisiert, sich da mehr daraus zu erträumen. Die haben natürlich versucht, möglichst viele Grundstücke zu erwerben.«

Als Klamroth im Dezember nach Halle kommt, mehr als ein Jahr nach dem Fall der Mauer, sind schon Heerscharen von Westdeutschen in der Stadt: Gebrauchtwagenhändler, Anwälte, Berater, Banker. Die Magistratskanzlei des Bürgermeisters leitet ein 26-jähriger Bankkaufmann aus dem westdeutschen Hildesheim, der viele seiner Freunde und Familienmitglieder in städtischen Unternehmen untergebracht hat.[8] Für die Arbeit beim Magistrat der Stadt hat das aktive Mitglied der Jungen Union sein Betriebswirtschaftsstudium an der Gesamthochschule Paderborn unterbrochen. Nun verhilft er Parteifreunden zu Engagements in Halle. Einer Zeitung sagt der junge Banker, was er von den Menschen in Halle hält: »Die Leute haben keine Dynamik. Eine Portion Faulheit mischt sich mit einem Quentchen Angst und 40 Jahre verordneter Lethargie.«[9]

Klaus Klamroth beobachtet, dass manch einer, der noch nichts bekommen hat oder noch mehr haben will, in einem gemieteten Mercedes vor der Treuhand-Niederlassung schläft, um in der Früh der Erste in der Schlange zu sein.

18. Dezember 1990,
Berlin

Auch die Treuhandzentrale am Alexanderplatz wird zum Jahresende von Interessenten belagert. Allerdings sind die von anderem Kaliber. Unter anderem handelt es sich um einen der mächtigsten Stahlkonzerne der Welt, um eine Stasi-Seilschaft und um einen erfolglosen westdeutschen Manager, der in seinem Konzern nicht mehr versauern will, aber bereits jede Menge kriminelle Energie entwickelt hat.

Die Treuhand hat noch immer keine feste Struktur. Damit tut sich die Behörde schon deshalb schwer, weil nicht erprobte Fachleute, sondern immer mehr junge, unerfahrene Universitätsabsolventen direkt nach der letzten Prüfung zur Anstalt stoßen. Zudem tauchen jede Menge »Cowboys« auf, wie Detlef Scheunert sie nennt. Die langweilen sich in Großbanken und Konzernen und träumen davon, bei der Treuhandanstalt unbürokratisch und schnell entscheiden zu können. Das Tempo – und das Chaos – lockt sie. Sie ahnen nicht, dass ihre Aufgabe sehr bald darin bestehen wird, massenhaft Entlassungen in den Betrieben durchzusetzen. Und die Konzerne, die mit der Treuhand Geschäfte machen und Personal abstellen – man kenne ja die Unternehmen im Osten schon, man könne bei der Privatisierung helfen –, tun das letztlich im eigenen Interesse: Sie bringen ihre Manager genau dort in der Treuhand unter, wo sie den ostdeutschen Markt am besten beobachten können: Pharmamanager arbeiten beim Direktorat für Pharma-Unternehmen, Anlagenbauer im Anlagenbereich. Es kommen ständig so viele neue Manager hinzu, dass es für die Treuhand zunächst unmöglich ist, über alles die Kontrolle zu bewahren. Eines Tages geschieht es sogar, dass ein Mann, der eigentlich ein Unternehmen kaufen will, sich in einem Büro niederlässt und sich als Treuhänder ausgibt. Zwei Wochen fällt niemandem auf, dass der Mann gar nicht zur Treuhand gehört. Erst als das Büro anderweitig gebraucht wird, sucht der Gast das Weite.

Viele Investoren aus dem Westen wissen Ende des Jahres bestens Bescheid, wie die Treuhand funktioniert und wie schwach sie personell aufgestellt ist. Bald beginnt das neue Geschäftsjahr, man will keine Zeit mehr verlieren, deshalb gelangen nun zum Jahresende viele Verträge, die lange vorbereitet wurden, zum Abschluss.

Auch die Chematec AG, die »Strohfirma« von Michael Rottmann und seinen Partnern, reicht an diesem Dienstag offiziell das Angebot bei der Treuhand ein, die WBB GmbH zu übernehmen. Rottmann, der immer noch bei der Babcock in Oberhausen angestellt ist, hat für seinen Arbeitgeber bei der Treuhand schon ein Angebot für die WBB eingereicht. Babcock wollte jedoch nur 20 Prozent des Betriebs kaufen. Dass Rottmann zum zweiten Mal eine Bewerbung für dasselbe Unternehmen vorlegt, fällt bei der Treuhand nicht auf, da er seine Teilhabe an Chematec verschleiert. Dem Angebot ist eine Firmenpräsentation beigefügt: Die Chematec sei eine respektable Schweizer Aktiengesellschaft, habe über 300 Mitarbeiter und besitze »Hotels und Gewerbebetriebe« in Brasilien, heißt es dort. Rottmann hat den Text, der direkt an Rohwedder gerichtet ist, in seinem Reihenhaus verfasst. Für den Geschmack seiner Frau klang er zu pompös. Sie änderte den Text so lange, bis er nüchtern genug klingt.

Auch andere Investoren aus dem Westen wollen die WBB übernehmen. Sie haben es jedoch meist nur auf bestimmte lukrative Betriebsgrundstücke abgesehen. Gegen das Chematec-Angebot, das verspricht, das Gesamtunternehmen zu erhalten, haben sie schon deshalb keine Chance. Überdies versuchen Franz Kleinert und Peter Herzog, die ostdeutschen Geschäftsführer, andere Interessenten abzublocken. Sie wollen sichergehen, dass Chematec und damit Rottmann und sie selber zum Zuge kommen.

19. Dezember 1990,
Wien

Einen Tag, nachdem Rottmann sein zweites Angebot für den ehemals Volkseigenen Betrieb Wärmeanlagenbau abgegeben hat, bewirbt sich ein Wiener Unternehmen um den ehemals Volkseigenen Betrieb Holzhandel. Die ostdeutsche Firma hat Holz in großen Mengen in den Westen exportiert und besitzt mehrere wertvolle Grundstücke, auf denen unter anderem die geschlagenen Bäume gelagert werden können. Diesen Betrieb will die Robert Placzek AG aus Wien kaufen. Einer ihrer Verhandlungsführer ist Martin Schlaff. Die zuständige Treuhänderin, Christine Gräfin von Kageneck, findet den Wiener besonders höflich und hält ihn für »einhundertprozentig seriös«.[10]

Martin Schlaff kennt den Berliner Alexanderplatz, wo er in der Zentrale der Treuhand über den Unternehmenskauf verhandelt, sehr gut. Schlaff ist seit Jahren regelmäßig geschäftlich in Ost-Berlin. Ganz in der Nähe der Treuhand hat eine der Firmen, an denen er beteiligt ist, ein Büro. Schlaff ist in der 1980er Jahren ein wichtiger Zwischenhändler für die DDR, der enge Kontakte zur KoKo und zahlreichen ostdeutschen Betrieben aufgebaut hat. Hauptsächlich macht die Robert Placzek AG mit Textil- und Holzgeschäften ihr Geld. Daher lernt Schlaff bald auch das Unternehmen VEB Kombinat

Holzhandel in der DDR kennen. Von 1982 an importiert er immer wieder Holz aus der DDR und verkauft es in ganz Europa. Mal sind es reguläre große Holzbestände, mal ist es Bruchholz nach Waldbränden oder Stürmen. Schlaffs Firma bietet außerdem an, »Winterbruchholz« an steilen Berghängen zu schlagen und zu vermarkten. Zwischenhändler in Wien machen im Auftrag von Schlaff eine Fuhre Bruchholz zu »Nordischer Kiefer« und verkaufen sie dann teuer nach Mailand.

Einige ostdeutsche Geschäftspartner stoßen sich jedoch bald an Schlaffs Geschäftsmethoden. Seine Firma betrüge bei der Berechnung der Holzmenge, heißt es in verschiedenen Memos, die für die Staatssicherheit geschrieben werden. Konkrete Beweise bleibt der IM jedoch schuldig, so dass Schlaff nicht verurteilt werden kann. Schlaff versuche so viel Profit wie möglich für sein Unternehmen herauszuschlagen, lautet ein weiterer Vorwurf. Die Firma Placzek würde ständig behaupten, in den Waggons aus Ostdeutschland sei weniger Holz als bezahlt: »Ich habe den Eindruck, daß man heute schon wieder versucht, Chaos zu stiften, um im nächsten Jahr wieder eine günstige Ausgangsposition zu erhalten. [Es] muß festgestellt werden, daß bei allen anderen Firmen Reklamationen so gut wie gar nicht auftreten.«[11]

In Österreich wird Schlaff ebenfalls angefeindet, weil er mit dem billigen Holz aus der DDR die Preise ruiniert. Ein Konkurrent nennt ihn »einen weißen Juden«, der die DDR bald blamieren werde. Der Staatssicherheit steckt er, Schlaffs Firma würde sich selber als »Mafia Österreichs« bezeichnen.

Schlaffs Eltern lebten nach dem Zweiten Weltkrieg als jüdische Flüchtlinge in einem Lager für »Displaced Persons«. Danach zogen sie nach Wien. Sie blieben dort. Die beiden Söhne Martin und Jam wurden Anfang der fünfziger Jahre geboren. Martin arbeitete schon während des Studiums für das Handelshaus Robert Placzek, das sein Vater mit den Geschäftsmännern Ladislaus Moldovan und Friedrich Wiesel gegründet hatte. Die Firma beginnt als Großhandel für Textilien, Holz und Papier. Schlaff junior wird in den achtziger Jahren Teilhaber. Er versteht es, mit den ostdeutschen Kadern Geschäfte zu machen. Er lädt sie bei ihren Auslandsaufenthalten in teure Hotels ein. Man trinkt, isst und jagt zusammen. Schlaff macht sich ostdeutsche Freunde und Verbündete. Die braucht er auch. Der Mann aus Wien hat bald bemerkt, dass die verschiedenen Institutionen in der DDR zum Teil untereinander zerstritten sind. Einige führende Offiziere der Staatssicherheit trauen der KoKo von Alexander Schalck nicht und gründen eine Sondereinheit, die nur den Bereich von Schalck überwachen und absichern soll, obwohl die KoKo-Mitarbeiter meistens selber Mitarbeiter der Stasi sind. Dieser

»Arbeitsgruppe Bereich Kommerzielle Koordinierung« (AG BKK) fällt Martin Schlaff immer wieder auf. Die Agenten der AG wissen nicht so recht, wie sie den Österreicher einschätzen sollen. Seine augenscheinlichen Tricks, seine erfolgreichen Versuche, ostdeutsche Funktionsträger zu bestechen und für sich einzunehmen, werden genau registriert.

Innerhalb des DDR-Apparats gilt Schlaff den einen daher als »aufgeschlossener, agiler Geschäftsmann, der seine Arbeitsaufgabe exakt erkannt hat und sehr rationelles Denken in geschäftlichen Dingen an den Tag legt«; andere anonyme Quellen der Staatssicherheit drücken sich weniger vornehm aus und sehen in dem Mann einen Westler, der nur auf seinen Vorteil aus ist: »Schlaff konnte alles für uns besorgen, er hatte absolut keine Skrupel. Nur das Geld musste stimmen. Gesetze juckten ihn nicht.«[12]

Im Staatsapparat der DDR glaubt man trotzdem oder gerade deswegen, auf die Reputation und die Talente von Martin Schlaff nicht verzichten zu können. Vor allem die KoKo-Firma BIEG macht weiter Geschäfte mit Schlaff. Der Österreicher verfüge über Konten in der Schweiz und in Liechtenstein. Das sei hilfreich, heißt es in einigen Akten. Und Schlaff nutzt seine Kontakte bei der BIEG, um an seine Firma fingierte Rechnungen auszustellen, so kann er in Österreich Steuern sparen.

Von Mitte der achtziger Jahre an wird er immer häufiger herangezogen, Dinge zu beschaffen, die man in der DDR dringend braucht, aber nicht selber herstellen kann, oder Dinge, die, wenn es nach der NATO geht, gar nicht an die DDR geliefert werden dürfen. Wenige Jahre später stellen Informanten fest, dass es Schlaff geschäftlich sehr gut gehen muss, denn er kommt inzwischen mit dem eigenen Flugzeug in die DDR.

Der größte Auftrag des Händlers wird 1988 die Beschaffung einer kompletten Produktionsstraße für Festplattenspeicher, die kein DDR-Unternehmen herstellen kann. In die Planungen für diesen großen Deal platzt die Wende. Martin Schlaff nimmt sich Ende 1989 Herbert Köhlers und anderer Mitarbeiter der Staatssicherheit an, die er aus Ost-Berlin kennt, und bringt sie nach Wien. Ein Jahr später versucht er, von der Treuhand ein Unternehmen zu kaufen, das der Stasi-Oberst führen soll. Im November, nach dem Beitritt der DDR zur Bundesrepublik, geht Köhler zurück nach Ostdeutschland. Er arbeitet als Berater beim VEB Holzhandel und sieht sich den Betrieb ganz genau an, so wie es zig westdeutsche Berater und Glücksritter zu dieser Zeit in Ostdeutschland auch machen. Martin Schlaffs Bruder Jam besucht den VEB Holzhandel und macht sich ebenfalls ein Bild von den Liegenschaften und den Geschäften des Betriebs.[13]

Einen Tag, nachdem das Angebot aus Wien bei der Treuhand eingegangen ist, nimmt ein neuer Manager seine Arbeit bei der Treuhand auf: Peter Deparade. Er wird dem Team zugeteilt, das unter anderem entscheidet, wer den Holzhandel kaufen darf. Der 48-Jährige wurde in der Nähe von Halle geboren, lernte Dreher, studierte Volkswirtschaft und arbeitete später im Ministerium für »bezirksgeleitete Industrie und Lebensmittelindustrie«. Er wird mit dem Österreicher verhandeln. Der VEB Holzhandel war seinem Ministerium unterstellt. Die Robert Placzek AG hat gute Chancen, den Zuschlag zu bekommen: Der neue Treuhandmanager Peter Deparade hat einst für den Stasi-Oberst Köhler gearbeitet.[14]

Davon weiß Deparades Chefin, die Investmentbankerin Christine Gräfin von Kageneck, nichts. Überraschungen hat sie indes in den letzten Wochen genug bei der Treuhand erlebt. Mit geordneten Geschäften, wie sie sie bisher in ihrer steilen Karriere gewöhnt war, hat das nichts zu tun. Die Gräfin kommt Ende September als eine von wenigen westdeutschen Experten zur Treuhand nach Berlin. Sie ist kurz nach der Wende aus New York zurückgekehrt, wo sie viele Jahre gearbeitet hat. Ihr Chef bei der Dresdner Bank fragt, ob sie nicht für ein halbes Jahr zur Treuhand nach Ost-Berlin gehen wolle. Sie will. Sie wird von der Bank ausgeliehen, um der Treuhand zu helfen, gleichzeitig soll sie sich einen Überblick über das potenzielle Investmentgeschäft in Ostdeutschland verschaffen. Die Gräfin kann weniger gestalten als erhofft, denn der Job verlangt vor allem, »das Chaos zu managen«.[15]

Christine Gräfin von Kageneck leitet ein sogenanntes Privatisierungsteam, eine kleine Mannschaft von Treuhändern, die ehemalige Staatsbetriebe verkaufen soll. Nach Möglichkeit bestehen die Teams aus vier Personen: einem Juristen, einem Teamleiter und zwei Privatisierern, von denen meist einer aus dem Osten und einer aus dem Westen stammt. Wie gut und erfahren der jeweilige Anwalt ist, das stellt von Kageneck bald fest, ist reine Glücksache. Der Anwalt, der im Auftrag der Treuhand mit den Österreichern verhandelt, gehört zu den Unerfahrenen, so der Eindruck der Gräfin. Er hat den ausgebufften Wienern nichts entgegenzusetzen. Sie will sich daher die Verträge, wenn sie fertig sind, noch einmal ganz genau ansehen.

21. Dezember 1990,
Berlin

Die Thyssen AG ist Anfang der 1990er Jahre schon lange kein reiner Stahlkonzern mehr. Thyssen baut Raffinerien, Panzer, Containerschiffe, Wasserwerke, entwirft den Transrapid, handelt und lagert Schrott und ist überall mit von der Partie, wo man mit Stahl Geld machen kann. Die Thyssen-Gruppe setzt Anfang der neunziger Jahre 40 Milliarden D-Mark pro Jahr um und gehört zu den größten Unternehmen Europas.

In den letzten Jahren ist der Konzern jedoch immer wieder durch schlechte Nachrichten aufgefallen: Ende der Siebziger legen Mitarbeiter der Thyssen-Tochter »Rheinstahl Technik« einem Kunden im Iran gefälschte Rechnungen vor, um mehr Geld aus einem Projekt in Isfahan herauszuholen.[16] Rheinstahl baut dort mit US-Amerikanern eine Ölraffinerie. Es ist eines der ersten Raffinerieprojekte für Thyssen. Erst in den späten 1970er Jahren ist der Konzern in dieses Geschäftsfeld eingestiegen. Er guckt sich zunächst das Know-how von US-amerikanischen Partnern ab, bis er im Laufe der Jahre selber zu einem der größten Raffinerie-Anbieter der Welt wird.[17]

Während des Golfkriegs tauchen Berichte auf, nach denen Thyssen Rheinstahl 1981 und 1982 an einer Fabrik im irakischen Salman Pak, 30 Kilometer südlich von Bagdad, mitgebaut hat. In dem unterirdischen Labor mit dem Projektnamen »Diyala« wurden unter anderem chemische und bakteriologische Kampfstoffe entwickelt, die der Irak im Krieg gegen den Iran eingesetzt hat. Um an den Auftrag zu kommen, musste Thyssen eine Klausel unterschreiben, die besagt, dass das Unternehmen Israel wirtschaftlich boykottiert.[18]

Da es 1990 nicht strafbar ist, Abgeordneten des Bundestages Beraterhonorare zukommen zu lassen, bezahlen die verschiedenen Ableger des Thyssen-Konzerns ehemalige und aktive Politiker, um die eigenen Ziele besser durchsetzen zu können. Je nach Art des Beratungsvertrages erfahren die Vorstände der Thyssen-Tochter oder sogar der Aufsichtsratsvorsitzende alles, was die Berater über Honorare und Aufträge in Erfahrung bringen. Erst im September hat der Thyssen-Vorstand Jürgen Maßmann eine Party besucht, die ein Lobbyist des Konzerns in seinem Haus veranstaltete. Maßmann und der Lobbyist feierten mit potenziellen saudischen Käufern von Thyssen-Panzern. Der Irak hatte gerade Kuwait überfallen, Saudi-Arabien hat Interesse an Panzern von Thyssen, die chemische Waffen und Radioaktivität nachweisen können. Ein potenziell großes Geschäft, bei dem auch für den Thyssen-Vorstand Maßmann selber etwas abfallen soll.

Wie viele DAX-notierte Konzerne der Bundesrepublik sieht sich auch Thyssen bereits seit Anfang 1990 intensiv in Ostdeutschland um. Der Konzern schickt einen erfahrenen Mann in die DDR: Rolf-Jürgen Hannesen, 64 Jahre alt, Volkswirt, seit den 1950er Jahren bei Thyssen. Er hat schon fast jedes Land gesehen, er weiß, »wie, wo und an wen man die Stahl-Endprodukte« am besten verkauft. Kaum eine Großmesse, die er nicht besucht hat. Er hat im Laufe seiner Karriere Geschäfte in Algerien, China, Indonesien und in der Sowjetunion eingefädelt.[19]

Hannesen kennt sich in Ostdeutschland fast so gut aus wie in seiner Heimatstadt Köln. Er weiß, wer in der DDR etwas zu sagen hat, und kann schon vor der Wende Thyssen-Manager mit SED-Funktionären zusammenbringen. Seit der Wende ist er ständig in der DDR. Die vielen Visitenkarten, die er bei seinen Besuchen einsammelt, klebt er auf Papierbögen, um den Überblick zu behalten. Sein Büro hat Hannesen im Frühjahr im Leipziger »Hotel Merkur« aufgeschlagen, in einem Zimmer neben dem provisorischen Sitz der Dresdner Bank, die sich in einer Suite eingemietet hat.[20] Das Hotel wird wie die anderen »Luxushotels« von der Interhotel-Gruppe betrieben. Thyssen startet im Sommer »paarunddreißig« Projekte in der DDR, so Hannesen. Vor allem aber will der Stahlkonzern das lukrativste Unternehmen in der DDR unter seine Kontrolle bringen: den Außenhandelsbetrieb Metallurgiehandel (MH).

Das Handelsunternehmen macht 1989 mit seinen mehr als 3400 Mitarbeitern einen Jahresumsatz von 34 Milliarden Mark Ost. Es ist zu diesem Zeitpunkt eines der größten Stahlhandelsunternehmen weltweit. Der Metallurgiehandel kauft auf dem Weltmarkt die Rohstoffe für die Stahlwerke in der DDR. Im Gegenzug verkauft MH den Stahl, der in den Werken der DDR hergestellt worden ist, nach Osteuropa, aber auch in den Westen und erwirtschaftete damit einen Devisenüberschuss von 500 Millionen Mark – West.[21] Der Trick: Obwohl Stahl immer knapp ist in der DDR, verkauft MH einen großen Teil der Produktion aus den ostdeutschen Werken auf dem Weltmarkt zu Dumpingpreisen, um Devisen für die DDR zu erwirtschaften und so Haushaltslöcher zu stopfen. Konzerne wie Thyssen verkaufen den Stahl dann – veredelt – teurer weiter. Das Unternehmen gilt daher als das lukrativste DDR-Unternehmen überhaupt. Das wissen die Thyssen-Manager, schließlich gibt es seit langem Geschäftsverbindungen zwischen Thyssen und dem Metallurgiehandel. Man kennt sich von der Leipziger Messe.

Für den Metallurgiehandel ist beim Thyssen-Konzern das Tochterunternehmen Thyssen Handelsunion (THU) zuständig. Die THU ist unter anderem für den Verkauf von Stahl verantwortlich, aber auch für das profitable Raffineriegeschäft.[22] Der Chef der Handelsunion ist Dieter H. Vogel, seit 1986 bei Thyssen in Düsseldorf. Er ist als ehrgeiziger, ungeduldiger und knallharter Verhandler bekannt. Vogel ist ein aufsteigender Star unter den deutschen Managern und gilt als potenzieller neuer Vorstandsvorsitzender von Thyssen. Die Wirtschaftspresse liegt ihm zu Füßen: »Seine Schulaufgaben bei Thyssen hat Vogel bisher bravourös bewältigt ..., was kann Vogel da noch aus dem Ruder laufen?«,[23] fragt eine Zeitung ergeben. Vogel selber sagt später über sich, dass er immer von einem »wahnsinnigen Ehrgeiz besessen« gewesen sei.[24]

Der junge THU-Chef kümmert sich persönlich darum, den Metallurgiehandel unter die Kontrolle von Thyssen zu bringen. Er kommt mehrmals mit dem Generaldirektor des Unternehmens, Peter Welzel, zusammen – einmal, wie Hilmar Kopper und Edgar Most, am Rande der Leipziger Messe im März. Der ostdeutsche Welzel weiß um den aktuellen Marktwert seines Unternehmens und trifft sich auch mit anderen westdeutschen Investoren. Doch Vogel und seine Manager können ihn schließlich überzeugen, mit der Thyssen Handelsunion zusammenzuarbeiten.

Im April gründen der Metallurgiehandel und die THU ein gemeinsames Unternehmen: die Thyssen-Schulte Werkstoffhandel GmbH. Die neue GmbH bietet ein Netz von Lagerbetrieben an und übernimmt 1500 Mitarbeiter von Metallurgiehandel. Sie bleibt auch nach der Währungsunion bestehen. Thyssen übernimmt im Juli 50 Prozent des Joint Ventures mit der Option, den Anteil auf 74 Prozent zu erhöhen. Der Kaufpreis bleibt geheim. Den Clou notiert eine Zeitung im letzten Absatz: »Das bisherige Geschäft des VEB Metallurgiehandel in Berlin und Frankfurt/Oder wird auf die Thyssen Eisen- und Stahl GmbH, Berlin-West, übertragen.«[25] Thyssen hat also, genau wie die Deutsche Bank, spätestens von Juli an Zugriff auf das gesamte Wissen und die Geschäftskontakte der Firma Metallurgiehandel im Ausland. Die entsprechenden Akteure hat man mit eingekauft. Auch dieser Deal findet in der westdeutschen Presse mitten im Sommer 1990 keine Beachtung. Er geht im Trubel der Währungsunion unter.

Dieter H. Vogel ist stolz auf sein Werk. In einem Interview sagt er: »Wir gehören zu den mutigsten westdeutschen Unternehmen, die sich mit großen Schritten in die DDR gewagt haben.«[26]

Doch zum Jahresende ändert sich die Lage: Die Firma Metallurgiehandel ist nicht mehr so viel wert wie noch im März. Die Stahlwerke dürfen ihre Produkte inzwischen selber ver- und das Eisenerz direkt einkaufen. Durch die wirtschaftlichen Probleme in der Sowjetunion, den Kostendruck seit Einführung der D-Mark und den Zusammenbruch des Stahlmarkts in Osteuropa verliert der Deal viel von seiner Lukrativität. Der Rest des Metallurgiehandels hätte als eigenständiges Unternehmen keine Überlebenschance. Das kann Thyssen verschmerzen. Das Wertvollste – das Know-how – hat der

Konzern ja bereits abgeschöpft. Aber aus der Abwicklung des ehemaligen Staatsbetriebs will er nun auch noch ein Geschäft machen.

Thyssen bietet der Treuhand an, den Metallurgiehandel für die Anstalt abzuwickeln. Man kenne sich im Stahlgeschäft am besten aus und könne so am meisten Geld aus dem Geschäft ziehen. Die Treuhand muss sowieso die ganzen Verträge von Thyssen mit der Firma Metallurgiehandel neu aufsetzen, da sie ja zu 100 Prozent die Eigentümerin des Unternehmens ist. Ein neuer Vertrag wird ausgehandelt, der vorsieht, dass die Thyssen Handelsunion im Auftrag der Treuhand nun die Reste der Firma Metallurgiehandel abwickelt. Die Treuhand bezahlt Thyssen diese »Geschäftsbesorgung«: 25 Prozent des Abwicklungsgewinns oder mindestens 5 Millionen jährlich.[27] Zudem übernimmt Thyssen mit diversen Tochterunternehmen sämtliche Reste des ostdeutschen Betriebs, darunter das Gebäude der Hauptverwaltung in der Berliner Brunnenstraße. Die Risiken – Zahlungsausfälle durch Kunden von Metallurgiehandel etwa – deckt die Treuhand ab. Die sieht sich personell aber nicht in der Lage, diese Abwicklung selber zu übernehmen. Die Treuhandführung vertraut Thyssen – zu diesem Zeitpunkt – blind.

Der Deal ist so umfassend, dass eigentlich das Bundesfinanzministerium und der Treuhand-Verwaltungsrat zustimmen müssen. Doch die Zustimmung bleibt offiziell zunächst aus, das Bundesfinanzministerium hat noch nicht einmal die Abteilung besetzt, die die Treuhand überwachen soll. Trotzdem beginnen die Thyssen-Töchter nach dem Jahreswechsel mit der Abwicklung. In dieser turbulenten Zeit ist die Treuhand noch nicht in der Lage, den Konzernen, den Glücksrittern und den engagierten Investoren viel entgegenzusetzen. Die Treuhand konnte zwar inzwischen einen Kaufpreis für die Beteiligungen der Staatsbank mit den westdeutschen Banken aushandeln – doch die Deutsche Bank muss nur 310 Millionen D-Mark für die lukrativen Anteile zahlen. Für das Eintreiben der Altschulden stellt die Bank insgesamt 300 Millionen D-Mark in Rechnung, allein 123 Millionen im dritten Quartal 1990.[28] Die großen deutschen Unternehmen – Thyssen, Siemens, die Allianz, die Energiekonzerne – haben bereits alles, was sie wollen: die Kontakte, die Mitarbeiter, den Einblick in das Geschäft. Konkurrenz droht den westdeutschen Konzernen aus Ostdeutschland nicht mehr – und hat ihnen wahrscheinlich auch nie gedroht. Dieser Teil der Jagd ist vorbei. Doch selbst aus den Resten der ehemaligen Volkseigenen Betriebe versuchen Westdeutsche noch Geld zu ziehen – ob ein Weltkonzern wie Thyssen oder die Berater im Mietauto in Halle.

1991
DAS OPFER

Manche westdeutsche Unternehmen benehmen sich wie Kolonial-Offiziere. Die Ostdeutschen sind aber keine Fellachen, sondern Landsleute, die nach dem Krieg das kürzere Ende gezogen haben.

DETLEV KARSTEN ROHWEDDER
Treuhandpräsident

Der Tornado

2. Januar 1991,
Berlin

Das letzte Jahr und die ersten Monate der Treuhand sind nicht spurlos an Detlev Karsten Rohwedder vorübergegangen. Die schleppende Hilfe der westdeutschen Unternehmen, zu wenig Personal, zu viel schlechte Presse setzen dem selbstbewussten Treuhandpräsidenten zu. Dass die Treuhand zudem »als Watschenmann« aufgebaut worden ist, hat er längst erkannt. In einem Fernsehinterview sagt er: »Wir sind natürlich im Fadenkreuz … von allen, die frustriert sind, weil es nicht weitergeht: von früheren Eigentümern, die nicht richtig und schnell in den Besitz ihres früheren Vermögens kommen; Investoren sind sauer, weil sie die Grundstücke nicht kriegen. Und dann kommt natürlich noch eins dazu: Viele Leute haben in den letzten Monaten gemeint, die Treuhandanstalt sei so eine Art Selbstbedienungsladen, wo man hingeht und wo man billig ein Schnäppchen machen kann.«[1]

Rohwedder hat sich am Jahresende zudem wieder einmal mit der Bundesregierung gestritten. Dabei ging es vor allem um die offene Vermögensfrage. Noch immer hat die Regierung nicht klar geklärt, was mit Eigentum passieren soll, auf dem noch Altansprüche lasten. Die meisten Mitglieder der Bundesregierung sind jedoch trotz des drohenden Golfkrieges und der Krise in der ehemaligen DDR über die Jahreswende in den Winterurlaub gefahren. Nun handeln die Vertreter der Regierungsparteien verbissen die Details ihres Koalitionsvertrages aus, die aktuellen Probleme bleiben ausgelöst. In einem Interview macht sich Rohwedder Luft: »Das wirklich ernste Problem, an dem wir zu knacken haben, sind die ungeklärten Eigentumsverhältnisse in der ehemaligen DDR. Alles, was uns jetzt gehört und was wir privatisieren sollen, hat irgendwann einmal jemand anderem gehört … Freihändig und ohne Rücksichtnahme auf die früheren Rechtsverhältnisse können wir also überhaupt nicht privatisieren.«[2]

Im Juni 1990 hatte sich die Bundesregierung mit der Regierung de Maizière darauf geeinigt, dass nur Eigentum, das zwischen 1945 und 1949 enteignet worden ist, prinzipiell unangetastet bleibt. Für Firmen, die etwa 1972 verstaatlicht worden sind, gilt dagegen der Grundsatz, dass die Alteigentümer ihr Eigentum zurückbekommen. Nur wenn sie einer Entschädigung zustimmen, dürfen die Ostdeutschen, die etwa die Firma oder die Wohnung inzwischen besitzen oder betreuen, das Eigentum übernehmen. Mit anderen Worten: Rohwedder und die anderen Treuhänder wissen gar nicht, was und wie viel der Treuhand in Ostdeutschland eigentlich gehört. Also wissen sie auch nicht, was sie verkaufen dürfen.

Der Treuhandpräsident weist außerdem Anfang des Jahres in einem Interview darauf hin, dass die Ostdeutschen zu wenig Kapital haben, um Eigentum zu erwerben. Damit seien sie materiell unterlegen.

DIE WELT: Sie sprechen von materieller Inferiorität. Gibt es im Osten auch eine geistige Inferiorität? Sind die »Hirne«, die Denkwerkzeuge, beschädigt? Gibt es geistige Deformationen?

ROHWEDDER: … Wir haben es mit einem Prozess zu tun, der noch lange andauern wird. Leider habe ich nicht den Eindruck, daß den Westdeutschen die Heranführung der Ostdeutschen in der ehemaligen DDR an unsere Denkwelt ein brennendes Anliegen ist.

DIE WELT: Weil unsere Marktwirtschaft durch rationale Privatunternehmer und Privatkapitalisten vorangetrieben wird, wäre es da nicht sinnvoll, den ganzen Ramsch drüben so schnell wie möglich und koste es, was es wolle, zu verscherbeln, zu verschenken, ja sogar noch Geld hinterherzuwerfen?

ROHWEDDER: Das Tempo, das Sie damit meinen, hat sich die Treuhandanstalt auf die Fahnen geschrieben. Deshalb steht dieser Privatisierungs-, dieser Entstaatlichungsauftrag, ich sage die Kompression des staatlichen Bereichs auf einen unvermeidlichen Kern, an erster Stelle im Treuhandgesetz. Also uneingeschränktes Ja dazu …[3]

In der konservativen Presse mag er sich als unerschütterlicher Marktwirtschaftler geben, tatsächlich machen Rohwedder die Proteste gegen seine Privatisierungspolitik aber zunehmend zu schaffen. Es verletzt ihn, dass er die Menschen in Ostdeutschland nicht erreicht, dass er es nicht schafft, sie »mitzunehmen«, sagt er Vertrauten. Bei Hoesch war ihm das meist gelungen, egal wie hart die Einschnitte waren, die er durchsetzen musste. Er ist davon überzeugt, dass er nur seine patriotische Pflicht erfüllt, und versteht die harte Kritik an seiner Person daher nicht. Doch viele Journalisten und zu viele Menschen in Ostdeutschland nehmen ihm das nicht ab. Die einen sehen in ihm den »Schlächter«, die anderen einen Geschäftsmann, der sich profilieren will.

Im Bundesfinanzministerium in Bonn ist Ende 1990, kurz vor Weihnachten, ein Leiter für die Abteilung VIII gefunden worden. Diese Abteilung, die die Industriebeteiligung des Bundes kontrolliert, stand schon kurz vor ihrer Auflösung, da diese Beteiligungen inzwischen fast alle verkauft sind. Es gibt für die Abteilung VIII also kaum noch eine Verwendung. Nun aber wird sie reaktiviert und bekommt einen Chef von außen: Eckart John von Freyend. Intern, in den Bonner Ministerien selber, fand sich niemand, der die Abteilung VIII und damit die Treuhand kontrollieren wollte. Der mit einer großen Machtfülle ausgestattete Posten scheint heikel zu sein. Der Leiter dieser Abteilung ist nämlich, in Vertretung des Bundesfinanzministers, der eigentliche Chef der Treuhand. Wenn das Finanzministerium eine Entscheidung trifft, haben auch Rohwedder und sein Vorstand sie zu befolgen.

John von Freyend, Sohn eines Wehrmachtsoffiziers, 48 Jahre alt, ist seit zwanzig Jahren Funktionär und Lobbyist des BDI. Nach dem Studium nimmt er 1970 beim Bundesverband der Deutschen Industrie seine Tätigkeit auf. Er arbeitet für den Verband in Köln und Brüssel als Lobbyist und wird schließlich Mitglied der Hauptgeschäftsführung. Als ihm 1989 der Aufstieg zum Chef verwehrt wird, steigt er beim BDI aus und in den Verlag »Deutscher Wirtschaftsdienst« ein, der seiner Familie gehört. Darüber hinaus arbeitet er 1990 für die Matuschka-Gruppe. John von Freyend berät für die Münchner ein Konsortium von deutschen Mittelständlern, das sich um eine Mobilfunklizenz bewirbt. Den Zuschlag erhält am Ende der ehemalige Stahlkonzern Mannesmann.

Die Abteilung VIII hätte genug mit der Treuhand und dem Verkauf der DDR-Volkswirtschaft zu tun. Doch sie wird für ein weiteres Feld zuständig: die Privatisierung der Deutschen Post und vor allem die Ausgründung der Deutschen Telekom, die mittelfristig an die Börse gebracht werden soll.

Seitdem die Regierung Kohl 1982 in Bonn durch das Misstrauensvotum gegen Helmut Schmidt an die Macht gekommen ist, verfolgt die Koalition das Ziel, die Bundesbeteiligungen zu privatisieren. Zwei Tage nach der Bundestagswahl 1990 schreibt die Regierung in ihrem »Bulletin«: »Die vom Bundeskabinett 1985 gesetzten Privatisierungsziele wurden weit übertroffen. Das Bundeskabinett hat am 12. September 1990 beschlossen, die Privatisierungspolitik konsequent fortzusetzen ... In der Regierungserklärung von Bundeskanzler Dr. Kohl vom 4. Mai 1983 heißt es: ›Eine Wirtschaftsordnung ist um so erfolgreicher, je mehr sich der Staat zurückhält und dem einzelnen seine Freiheit läßt ... Wir wollen nicht mehr Staat, sondern weniger, wir wollen nicht weniger, sondern mehr persönliche Freiheit.‹ Das ist auch die

Maxime der Bundesregierung bei der Umstrukturierung der Wirtschaft im Gebiet der bisherigen DDR. Eine Politik der Entstaatlichung soll Unternehmen und Bürgern mehr Freiheitsraum geben.«[4]

Tatsächlich ist die Abteilung VIII zu diesem Zeitpunkt noch unterbesetzt. Gerade acht Beamte arbeiten dort. Der verantwortliche Bundesfinanzminister Theo Waigel hatte im Mai 1990 versprochen, dass man gemeinsam mit der DDR-Regierung dafür Sorge tragen werde, dass eine »schlagkräftige Beteiligungsverwaltung« aufgebaut wird.[5] Das ist noch immer nicht gelungen.

8. Januar 1991,
Bonn

In einer anderen Abteilung des Bonner Finanzministeriums befasst man sich auch im neuen Jahr mit Alexander Schalck und Waltraud Lisowski. Ein Vermerk wird angelegt, aus dem hervorgeht, dass Birgit Breuel als zuständiges Vorstandsmitglied der Treuhand mit den Angelegenheiten der SED-Firmen befasst ist. Das Ministerium will mit Frau Breuel besprechen, warum innerhalb der Treuhand nicht geklärt ist, wie man mit dem Bereich »Kommerzielle Koordinierung« umgehen will.

Doch Birgit Breuel handelt auch, nachdem das Memo aus Bonn in Berlin eingetroffen ist, nicht. Waltraud Lisowski arbeitet weiter für die Treuhand. Ein Konzept, wie die KoKo-Unternehmen durch die Treuhand entflochten werden sollen, liegt Anfang 1991 nicht vor.

Das gefällt einem Berliner Polizisten ganz und gar nicht. Man nennt ihn »Kugelblitz«, weil er eher rundlich ist und dennoch ein ganz eigenes, hohes Tempo hat, oder »Pistolen-Schmidt«, weil er schnell spricht, denkt und noch schneller seine Meinung sagt. Auf seinem Dienstausweis der Kriminalpolizei Berlin steht schlicht: Kriminalhauptkommissar Uwe Schmidt. Dicke Brille, dicker Bauch, kurzes Haar. Schmidt ist in Berlin seit dem Herbst 1985 eine lokale Berühmtheit. Er hat die SoKo »Lietzenburger Straße« geleitet. Diese Sonderkommission stößt auf Merkwürdigkeiten in der Berliner Baubranche. Schmidt und seine Kollegen finden heraus, dass der Baustadtrat Wolfgang Antes, Vorsitzender des CDU-Ortsvereins in Charlottenburg, bestechlich ist. Der CDU-Mann, gelernter Studienrat für Sozialkunde, lässt sich immer wieder kaufen. Will ein Investor zum Beispiel ein Café in der Nähe des Kurfürstendamms eröffnen, muss er Antes bezahlen.[6]

Anlass für die SoKo, gegen Antes zu ermitteln, ist letztlich ein Raubüberfall auf eine Tankstelle in Fellbach bei Stuttgart, bei dem eine junge Frau ermordet wird. Die Spur führt nach Berlin. Die drei Täter werden verhaftet. Es sind freigekaufte DDR-Häftlinge, die ihre Waffen von einem Berliner Schieber bekommen haben. Der Schieber packt aus und erzählt von einem weiteren Verbrechen: Er habe ein Gebäude an der Lietzenburger Straße abgebrannt, um Geld von einer Versicherung zu ergaunern. Die SoKo »Lietze« wird gegründet und sticht in ein Wespennest. Wolfgang Antes gerät ins Visier der Ermittler, als zwei Immobilienmakler, die man zu der Gruppe der Betrüger rechnet, aufeinander schießen und die SoKo »Lietze« in einem Büro des mutmaßlichen Schützen Notizen und Briefe findet, die Antes schwer belasten.[7]

Schmidt und seine Ermittler legen in monatelanger Arbeit einen tiefen Korruptionssumpf in der Berliner Baubranche frei. Ein Bauunternehmer hat Antes und alle anderen großen Parteien in Berlin mit Wahlkampfspenden versorgt. Der CDU schaden die Ermittlungen schwer. Die Partei verliert die Macht in Berlin an die SPD und die Alternative Liste. Doch nicht alle Beteiligten kommen vor Gericht. Die Staatsanwaltschaft einigt sich auf einen Deal mit Antes, um das Verfahren abzukürzen. Nach der Aufdeckung fasst Uwe Schmidt den Fall zusammen: »Wir sind auf so ziemlich alles, was das Strafgesetzbuch hergibt, gestoßen – außer der Vorbereitung eines Angriffskrieges.«[8] Wenn also ein Polizist auf die anrüchigen Geschäfte vorbereitet sein kann, die nach der Wende in Berlin eingefädelt werden, dann ist es Uwe Schmidt. Doch schon nach wenigen Monaten merken seine Kollegen und er, dass die normalen polizeilichen Mittel nicht ausreichen, um die Verbrechen zu stoppen. In Berlin sind Gangster aus der ganzen Welt unterwegs. Ex-Stasi-Agenten und Ex-SEDler zweigen Geld ab, altbekannte Betrüger und neue Talente wollen auch noch eine Mark verdienen. Daneben soll die Berliner Kripo die politischen Verbrechen der SED – Schießbefehl an der Mauer, Wahlfälschungen, Verhaftungen von Oppositionellen – aufklären. Schmidt hat das Gefühl, dass das Bundeskriminalamt ihm bei den vielen Fällen, die er zu betreuen hat, nicht helfen kann oder will. Auf jeden Fall hält das BKA sich nach seinem Geschmack zu vornehm zurück. So heftet sich Schmidt, auf sich allein gestellt, mit jungen Berliner Ermittlern an die Fersen von Schiebern, Treuhandbetrügern, Konzernen und Banden, die bei der Währungsunion, bei der Umstellung des Transferrubels und bei Geschäften mit der Treuhand unlauter Geld verdient haben und immer noch verdienen.

Die Ermittler stoßen bei ihrer Arbeit immer wieder auf Dokumente, die belegen, dass der BND und das BfV einen guten Überblick haben, wenn es um die Aktivitäten der KoKo von Alexander Schalck geht. Einem jungen

Beamten wird sogar gestattet, die Akten der Staatssicherheit, kurz nachdem sie sichergestellt worden sind, durchzusehen. Während er das tut, sitzt ein Bundesanwalt mit im Zimmer und kontrolliert, welche Dokumente eventuell unter Verschluss genommen werden müssen, weil sie die Sicherheit der Bundesrepublik gefährden könnten.

Aus Zeugenaussagen und Dokumenten schließen Schmidt und seine Beamten, dass Waltraud Lisowski eine zentrale Rolle für die KoKo gespielt hat. Sie sind überrascht, dass Schalcks Vertraute Ende 1990 noch immer für die »Effect« und damit für die Treuhand arbeitet. Schmidt wendet sich im Januar 1991 an die Behörde. Dort ist inzwischen eine Abteilung für das »Sondervermögen der Parteien« gebildet worden. Zwei Anwälte aus München sind für die SED und die KoKo innerhalb der Treuhand zuständig. Kugelblitz Schmidt warnt die beiden: Lisowskis Tätigkeit ist ein Risiko, Geld könnte verschwinden. Die beiden Anwälte reagieren auf die Warnungen von Uwe Schmidt nicht. Die Interessen der Treuhandmitarbeiter in der Abteilung »Sondervermögen« scheinen, wenn es um Alexander Schalck geht, anderswo zu liegen.

10. Januar 1991,
Berlin

Obwohl das Team um Christine Gräfin von Kageneck noch nicht entschieden hat, wer den ehemaligen VEB Holzhandel bekommen soll, arbeitet der Stasi-Oberst Herbert Köhler als Angestellter von Martin Schlaff in der Firma. Er bringt auch Besucher mit, darunter den ehemaligen SED-Oberbürgermeister von Dresden, Wolfgang Berghofer. Der hat Ende 1989 erfolglos versucht, mit anderen Abtrünnigen aus der SED in der SPD unterzukommen und dort eine neue politische Karriere zu starten. Nun betätigt er sich als Immobilienmakler. Das haben auch einige Mitarbeiter des Holzhandels mitbekommen. Sie fahren nach Berlin. In der Treuhandzentrale am Alexanderplatz treffen sie den Vertrauensbevollmächtigten, der Ende 1990 vom Vorstand eingesetzt worden ist. Der Mann soll Geschäfte unterbinden, bei denen Mitarbeiter der Staatssicherheit oder der SED verdienen.[9]

Die Besucher erzählen von ihrem Eindruck, dass Münchner Wirtschaftsprüfer bei ihrem Unternehmen »einen manipulierten, deutlich zu niedrigen Substanzwert ermittelt haben«.[10] Außerdem sei die Robert Placzek AG aus Wien als Bewerber begünstigt worden, da sie schon seit dem Sommer Einfluss auf den Holzhandel und seine Geschäftsführung ausübe und einen genauen Überblick darüber habe, was der Betrieb an Werten vorweisen kann.[11] Und auch das macht die Holzhandel-Delegation klar: Zu den Bedingungen, die der Placzek AG, wie es scheint, gewährt werden, wäre die Belegschaft bereit, das Unternehmen selber zu übernehmen.

Der Vertrauensbevollmächtigte nimmt die Sache auf. Das Privatisierungsteam um die Gräfin Kageneck wird von den Warnungen und dem Angebot der Holzhandel-Mitarbeiter jedoch nicht unterrichtet. Die Gräfin, für gewöhnlich außerordentlich hellhörig, wird später sagen: »Ich wußte nicht, daß zum Beispiel die Placzek-Holding da bereits mit Wirtschaftsprüfern rumgefummelt hat. Also dann, schwöre ich Ihnen, hätte ich die Dinge sehr, sehr kritisch beäugt, weil ich natürlich auch Fälle hatte, wo von Anfang an der einzigste [sic] potentielle Investor, den ich hatte, nach der Wende auf der Matte stand und seinen Wirtschaftsprüfer im Gepäck hatte. Bei solchen Dingen bin ich fast nie zum Abschluß gekommen.«[12]

16. Januar 1991,
Halle an der Saale

Klaus Klamroth bekommt Post von der Zentrale aus Berlin: »Sehr geehrter Herr Klamroth, im Hinblick auf die ungewöhnlich vielen, vielgestaltigen und schwierigen Aufgaben, die zwar gründlich, aber überaus zügig zu bearbeiten sind, stellen wir Sie von Rückgriffen für Schäden aus fahrlässigem Verhalten jeder Art bis zum 30.06.1991 frei. Ab 01.07.1991 gilt diese Freistellung nicht mehr für Schäden aufgrund grobfahrlässigen Verhaltens.«[13] Dieses Schreiben bekommen alle Mitarbeiter der Treuhand. Nun begreifen auch die Letzten, dass dieser Job nicht normal ist.

Die Treuhand-Niederlassung in Halle ist inzwischen umgezogen. Der Platz in dem Altbau am Alten Markt hat nicht mehr gereicht. Wie die Zentrale am Alexanderplatz in Berlin hat auch die Niederlassung Halle viele neue Mitarbeiter eingestellt. Fast alle stammen aus dem Westen. Aber es kommen auch einige Ostdeutsche hinzu. So lernt Klaus Klamroth, als er im Interhotel am Thälmannplatz wohnt, Sabine Silberberg *(Name geändert)* kennen, die gerade im Hotel auf die Kinder des Niederlassungsleiters Dr. Dickerhof aufpasst. Silberberg ist nicht zu übersehen: Knallrote, lockige Haare, grell lackierte Fingernägel. Eigentlich hat sie sich etwas anderes für die neuen Zeiten ausgerechnet, als Babysitterin wollte sie in ihrem Alter nicht mehr arbeiten. Vor der Wende hat sie den Intershop in dem Hotel geleitet, eine Führungsposition mit einigem Renomée in der DDR. Für die Sicherheit des Geschäfts war sie ebenfalls zuständig, die exklusiven Westwaren wurden gern aus dem »Shop« geklaut, auch von den eigenen Mitarbeitern.

Silberberg hat es in der DDR gefallen, obwohl sie viele »unsinnige Jobs« hatte. Bevor sie die Stelle im Intershop antritt, ist die studierte Ökonomin in einem staatlichen Planungsbüro angestellt. Dort soll sie den Arbeitskräftebedarf von Fabriken in der DDR vorausberechnen und hat den ganzen Tag nichts zu tun – die Betriebe kommen gut ohne ihre Daten aus. Die Stelle im Intershop gefällt ihr dagegen; als es mit dem Job und der DDR zu Ende geht, hofft sie für kurze Zeit, sich beruflich weiter verbessern zu können, immerhin, sie ist ja eine Führungskraft. Sie will mehr Geld und Verantwortung. Doch sie bekommt nur Vertreterjobs angeboten. Die lehnt sie ab und arbeitet weiter für die Interhotel-Gruppe. Doch die Intershops haben keine Geschäftsgrundlage mehr – Westwaren gibt es jetzt überall zu kaufen.

Die Hotelkette will ein Kasino in Halle eröffnen und schickt Silberberg deshalb 1990 in den Westen. Sie soll sämtliche Kasinos studieren und dort lernen, wie man ein Kasino aufzieht. Umsonst. Das Kasino wird nicht eröffnet, neue Stellen bekommt Silberberg auch nicht mehr angeboten, die Zukunft des Interhotels ist ungewiss. Ende 1990 sitzt sie, trotz ihrer Erfahrung, auf dem Trockenen. Sie nimmt schließlich das Angebot an, eine Assistentin der Treuhanddirektoren aus Westdeutschland zu werden. Das scheint zumindest ein sicherer Job zu sein. Anfangs denkt Silberberg über die Treuhänder aus dem Westen, die jenseits der Fünfzig sind: »Das ist dritte Garnitur, die jetzt hier rüberkommt. Die anderen haben ja einen tollen Job, die werden garantiert nicht nach Halle kommen. Die wollen jetzt eigentlich nur absahnen.«

Silberberg hilft, die Arbeit in den neuen Büros zu organisieren. Die Treuhand lässt sich auf der westlichen Seite der Saale nieder, in Halle-Neustadt oder »Ha-Neu«, wie die Hallenser die Neubausiedlung nennen. Hier bezieht die Filiale zwei Stockwerke in einem Plattenbau. Ha-Neu wird von fünf Hochhäusern dominiert, die auf engstem Raum parallel zueinander stehen. »Scheiben« werden diese dreißigstöckigen Häuser genannt. Zu DDR-Zeiten waren hier unter anderem ausländische Studenten untergebracht. Die Treuhand-Niederlassung zieht in die »Scheibe D«.

Ha-Neu war der Stolz der SED in Halle. Das Neubaugebiet wurde in den sechziger Jahren als »eine Stadt unserer Tage« vor allem für die vielen Zehntausend Arbeiter entworfen, die ein paar Straßenbahnkilometer weiter südöstlich in den Chemiewerken von Leuna arbeiteten. Die Neubauwohnungen boten Anfangs unvergleichlich viel Komfort: fließend Wasser und Zentralheizung. Viele Altbauten in der Innenstadt hatten das nicht zu bieten. Fast 100 000 Menschen lebten Ende der achtziger Jahre in Halle.

Nach der Wende geht es mit Ha-Neu rapide bergab. In Leuna werden 15 000 Arbeiter für immer nach Hause geschickt. Viele Bewohner von Ha-Neu lassen daraufhin ihre Wohnungen einfach zurück, reisen in den Westen aus oder suchen sich andernorts eine Wohnung. Die lokalen Zeitungen berichten nun, da es keine Zensur mehr gibt, vom weit verbreiteten Alkoholismus in Ha-Neu, von Selbstmorden, Mordfällen, Kindesmissbrauch, rechtsradikaler Gewalt. Schmugglerbanden verkaufen Zigaretten in der Fußgängerzone, die »Jugo-Mafia« betreibt illegale Spielsalons.

Die Treuhänder ziehen mit ihren Büros in ehemalige Wohnungen. Aus dem achten Stock haben sie einen Blick auf die »Scheibe nebenan« und den Parkplatz am Fuß des Hochhauses, wo sie – geschützt hinter einer Kette – ihre Westautos parken: Modelle von Audi, BMW, Mercedes und ein Porsche stehen da, inmitten von Ha-Neu. Auf den Straßen ringsherum parken Trabis, Wartburgs, zehn Jahre alte Golfs und Opels, gebraucht von Westdeutschen an die Hallenser verkauft.

Computer installieren, Kollegen anstellen, Liquiditätskredite auszahlen, so sieht der Alltag von Klaus Klamroth in Halle aus. Er hat viel mit den Filialen der westdeutschen Banken zu tun, die die Kredite für die Treuhand auszahlen und die Unternehmen vor Ort bereits kennen. Klamroth ist für fast 700 Firmen in Halle zuständig. Alle besuchen kann er nicht. Zunächst müssen alle ehemaligen Betriebsleiter offiziell zu Geschäftsführern ernannt werden, sie müssen Verträge bekommen, es müssen Bilanzen aufgestellt werden.

Klamroth versucht sich einen Überblick zu verschaffen, so gut es geht: Die Firmen, die ihm überantwortet sind, scheinen in einem schlimmen Zustand zu sein. Zweimal hatte er bisher – als Gläubiger – mit einer Insolvenz im Westen zu tun. Die beiden Unternehmer, die er in die Pleite gehen sah, schienen ihm im wesentlich besseren Zustand als alle ehemaligen Staatsbetriebe in Halle, deren Akten er studiert. Die Zahlen sprechen eine deutliche Sprache: Viele Unternehmen müsste man schließen oder mit großem zeitlichen und finanziellen Aufwand sanieren.

Immer mehr Kollegen aus dem Westen kommen in die »Scheibe D«, darunter junge, dynamische Berufsanfänger, die sich von der düsteren Lage nicht die Laune verderben lassen. Seit Dezember arbeitet ein Anwalt aus Süddeutschland in der Niederlassung. Er hat sein Büro ganz in der Nähe von Klamroth. Der Mann, Tim Olaf Alexander *(Name geändert)*, fährt Porsche und ist der Direktor für die »Privatisierung«. Er ist also für den Verkauf der Betriebe zuständig. Sabine Silberberg, die Assistentin, muss sich erst an diese

Westler gewöhnen, die in ihrem altem Interhotel wohnen, meist montags in der Früh anreisen und am Donnerstag zurück in den Westen fahren oder fliegen. Sie verabscheut die aalglatten Manager. Silberberg hat allerdings genug mit sich selbst zu tun. Da sie ein hohe Position im Intershop innehatte, wurde sie als »IM« von der Staatssicherheit angeworben. Sie hat trotzdem das Standardformular der Treuhand unterschrieben und versichert, dass sie nicht für die »Stasi« gespitzelt hat. Jeden Morgen, wenn sie ins Büro kommt, fürchtet sie aufs Neue, dass ihre westdeutschen Chefs sie nun doch durchschaut haben und sie gefeuert wird.

17. Januar 1991,
Bagdad

Das Ultimatum der Vereinten Nationen ist seit zwei Tagen abgelaufen, doch der irakische Machthaber hat seine Truppen noch immer nicht aus dem besetzten Kuwait abgezogen. In den Morgenstunden beginnt die »Operation Wüstensturm«. Mehr als zwanzig Staaten haben sich zusammengeschlossen, um die irakische Armee aus Kuwait zu verdrängen. Die erste Angriffswelle führt vor allem die US-Luftwaffe aus. Ihre ersten Ziele sind die Leitzentren der irakischen Luftwaffe und deren Flugzeuge. Der deutsche Privatsender RTL blendet vor Ablauf des Ultimatums einen Countdown neben seinem Senderlogo ein. Einen Tag nach den ersten Bombardements feuert die irakische Armee Scud-Raketen auf Israel ab. Am selben Tag wird Helmut Kohl erneut zum Bundeskanzler gewählt. Er ist jetzt seit über acht Jahren im Amt.

23. Januar 1991,
Köln

Im »Excelsior Hotel Ernst«, einem Fünf-Sterne-Traditionshaus direkt am Kölner Dom, trifft sich der Präsidialausschuss des Treuhand-Verwaltungsrates. Otto Gellert, der Freund von Detlev Karsten Rohwedder, ist dabei, ebenso Jens Odewald, der neue Chef des Verwaltungsrats und das »Ohr des Kanzlers«. Inzwischen sind auch die Ministerpräsidenten und Gewerkschaftsmitglieder in dem Gremium vertreten.

Das Bundesfinanzministerium schickt ebenfalls Vertreter in den Verwaltungsrat, darunter Horst Köhler.[14] Seit der Wende 1982 ist Köhler Staatssekretär in Bonn und hat seitdem verschiedene Abteilungen im Bonner Bundesfinanzministerium geleitet. Momentan führt er die Abteilung VI – Geld und Kredit. Die Treuhand und die Schulden, die sie macht und für die das Bundesfinanzministerium bürgt, betreffen Köhlers Arbeit also direkt.

Die Treuhandführung stellt ihre Pläne vor, man ist sich einig, dass schon bald Firmen geschlossen werden müssen. Köhler fasst seine Position in einem Satz zusammen: Es müsse »auch mal gestorben werden«.[15]

24. Januar 1991,
Ost-Berlin

In der Treuhandzentrale hat sich längst die Erkenntnis durchgesetzt, dass nicht alle Betriebe gehalten werden können. Schon im November 1990 wird daher eine Abteilung gegründet, die solche maroden Betriebe »abwickeln« soll. Geld wird also inzwischen nicht mehr nur ausgezahlt, um die Betriebe über Wasser zu halten, sondern auch, um sie geordnet zu schließen. Dafür muss die Treuhand unter anderem Abfindungen für die Arbeiter zahlen.

Die neue Abteilung wird in Ermangelung eines besseren Namens schlicht »Abwicklung« genannt. Niemand hat in der Treuhand Zeit, sich einen weniger aggressiven Namen auszudenken. Pietät glaubt man sich unter dem ständigen Entscheidungsdruck nicht leisten zu können. »Abwicklung« muss auch nicht das Aus für alle Arbeitsplätze bedeuten, denn es sollen diejenigen Teile aus zahlungsunfähigen Firmen herausgetrennt und Stück für Stück verkauft werden, die noch einzeln lebensfähig scheinen.

Chef der Abteilung wird Ludwig Tränkner. Eigentlich wollte der Münchner von der Treuhand die Parteizeitungen auf dem Land übernehmen und sie in Anzeigenblätter umwandeln. Sein Plan war, die Blätter in den Markt zu pressen, sie dann nach zwei Jahren mit der Treuhand zu verkaufen und den Gewinn mit ihr zu teilen. Diesen Plan stellt er Klaus-Peter Wild im Herbst 1990 vor, der aber, genauso wenig wie sonst jemand in der Treuhand, überhaupt einen Überblick hat, wie viele Zeitungen die Anstalt besitzt. Doch Tränkner hinterlässt Eindruck. Am nächsten Tag, morgens um 6 Uhr, wird er im Hotel angerufen, er soll noch einmal zum Alexanderplatz kommen.

Detlev Karsten Rohwedder findet Gefallen an dem lauten Tränkner, der über 100 Kilo wiegt, einen kurzen Bart trägt und sich ähnlich deutlich ausdrückt wie der Treuhandchef. Er macht ihm den Bereich »Abwicklung« schmackhaft: »Da, wo den anderen nichts mehr einfällt, können Sie zeigen, was Sie können und was Ihnen einfällt.« Tränkner kann dem Angebot nicht widerstehen, kündigt seinen Job und wird Treuhanddirektor, verantwortlich für die Liquidierung der Betriebe.

Tränkner war einst Reporter für »Die Zeit« und das Magazin »Stern« in Hamburg. Dann wechselte er die Seiten, wurde Geschäftsführer einer Tochter des Bauer-Verlages in Frankreich, wo er schließlich die letzten zehn Jahre bis 1990 gelebt hat. Nun hat er ein Büro am Alexanderplatz 6, düster, eng, merkwürdig geschnitten und mit Fenstern, die zu hoch in der Wand zu sitzen scheinen und wie Schießscharten wirken. Ende Januar entscheiden Tränkner und andere leitende Treuhänder, dass man den ehemaligen VEB Automobilwerk Eisenach abwickeln muss, der den Wartburg herstellt. Klaus-Peter Wild, der Vorstand, stimmt mit dem Direktor überein.

Das Bundesfinanzministerium hört von dem Plan und schickt eine ostdeutsche Kollegin zum Alexanderplatz. Sie lässt sich von Tränkner die Zahlen erläutern und sieht am Ende auch keine Zukunft für Wartburg.

Die Abwicklung beginnt.

Die Treuhand-Niederlassungen in den neuen Bundesländern wissen ebenfalls, dass man Firmen schließen muss. In ganz Ostdeutschland werden nun Firmen abgewickelt. Im thüringischen Suhl soll es das traditionsreiche Mofa-Werk Simson treffen. Obwohl die Zentrale und nicht die Außenstelle für die Fabrik mit über 1500 Arbeitern zuständig ist, richtet sich die Wut gegen die Treuhand vor Ort. Die verzweifelte Belegschaft geht auf Konfrontation zu dem Niederlassungsleiter Richard Brändle aus Baden-Württemberg.

Simson wurde von zwei jüdischen Brüdern gegründet. Die Firma stellt Motorräder und Waffen her, die sehr gefragt sind. Nach dem Krieg wird sie von der SED verstaatlicht und produziert unter anderem die »Schwalbe«, ein robustes, simples Mofa. Seit der Wende macht auch Simson wie viele andere Hersteller von Autos oder Motorrädern enorme Verluste. Die Treuhand will Ende Januar die Produktion einstellen lassen. Insgesamt 3500 Arbeitsplätze hängen an dem Werk.

An einem Wintertag stürmen die Simson-Arbeiter die Treuhand-Niederlassung in Suhl. Ein Fernsehteam dokumentiert den Vorfall.[16] Über 200 Arbeiter drängen sich in das eingeschneite Treuhandgebäude.

»Ja wo isser denn? Er war dagewesen. Er war doch schon unten!«, sagt ein Mann mit Spitzbart auf dem Flur.

»Is er die Treppe runter?«, fragt eine Frau.

»Fahnenflüchtig geworden! Der Sack!«, sagt ein Mann aus dem Hintergrund. Die Menge schiebt sich vor das Büro Brändles.

»Der ist abgehauen! Abgehauen! Die Drecksau!«, sagt eine Frau mit dicker Brille und weißem Schal. Schließlich tritt der Niederlassungsleiter doch aus seinem Büro heraus und vor die Menge.

»Sprechen Sie unten vor der gesamten Mannschaft, der ganze Betrieb ist unten …!«, fordert eine Frau in lilafarbenem Anorak.

»Bitte sorgen Sie ...«, sagt Brändle.

»Wir sorgen nicht ...«, antwortet die Frau. Die Menschen johlen.

Einer sagt: »Keinen Arsch in der Hose, ja! Wichser!«

Brändle: »... dann begeben Sie sich noch mehr außerhalb der Gesetze, und das will keiner hier. Das will ich nicht, das dürfen Sie auch nicht wollen.«

»Warum kommen Sie nicht runter und sagen den Leuten genau das, was Sie uns auch gesagt haben?«, fragt ein junger Mann mit hochgeknöpftem Jackenkragen. »Haben Sie keinen Arsch in der Hose oder was? Haben Sie Angst, dass die Leute Ihnen was tun? Will doch bloß jeder wissen, was hier los ist.«

Brändle antwortet: »Ich kann ihnen nicht mehr sagen als das, was ich hier im Augenblick gesagt habe.« Die Menge murrt.

Zwei Stunden später geht Brändle doch vor das Haus. Mit »Geleitschutz«. Die Menge pfeift und buht. Er hat mit der Zentrale am Alexanderplatz telefoniert. Ein Wagen der IG Metall mit Lautsprechern auf dem Dach parkt vor dem Eingang. Brändle nimmt ein Mikrofon: »Das Ergebnis der Verhandlungen ist Folgendes. Das Gesamtvollstreckungsverfahren, also Konkurs, wird zurückgezogen.«

Die Arbeiter klatschen und brechen in Jubel aus: »Bravo!«

»Wir haben einen Liquiditätskredit«, fährt Brändle fort, »der ausreicht, um die nächste Zeit überbrücken zu können.«[17]

30. Januar 1991,
Berlin

Tim Olaf Alexander, der neue Kollege vom Klaus Klamroth, ist an diesem Mittwochabend in Berlin. Er trifft sich mit dem Anwalt Kurt Dachsner *(Name geändert)*, den er bei der Abwicklung eines Konkursverfahrens in Baden-Württemberg kennengelernt hat. Im »Grand Hotel« an der Friedrichstraße, wo so viele Geschäfte angebahnt werden, essen die beiden Kollegen zu Abend. Alexander hat sich den Betrieb in der »Scheibe D« einen Monat lang angesehen. Die Treuhand in Halle ist noch im Aufbau, ständig stoßen neue Westdeutsche zum Team hinzu. Der Niederlassungsleiter Dr. Dickerhof ist kaum anwesend. Oft ist er verreist. Kurz: Man scheint dort machen zu können, was man will. Alexander erklärt Dachsner im Laufe des Abends, wie sie über die Treuhand-Niederlassung in Halle Millionäre werden können.

Der Privatisierungsdirektor Tim Olaf Alexander sitzt in Halle in einer Schlüsselposition: Er ist der Chefverkäufer der Niederlassung. Alexander kann den Verkauf der Firmen in Halle steuern und mitentscheiden, wer welches Unternehmen bekommt. Eine ideale Position, um Schmiergelder zu verlangen. Die will Alexander jedoch nicht selber eintreiben. Das soll der Anwalt Kurt Dachsner übernehmen. Er soll die Höhe des Kaufpreises für die Objekte und das Schmiergeld festlegen.[18] Damit sie nicht erwischt werden, brauchen sie noch einen Komplizen, einen Mann, der das Schmiergeld in Empfang nimmt, so dass sie selber, Alexander und Dachsner, im Hintergrund bleiben können. Ein alter Bekannter aus dem Stuttgarter Raum fällt ihnen ein: der gescheiterte Manager Werner Sauer *(Name geändert)*.

Das Ganze soll folgendermaßen ablaufen: Alexander wird Dachsner als Liquidator anheuern. Immer wenn ein Betrieb aufzulösen ist und Immobilien übrig bleiben, soll Dachsner in Aktion treten und Käufer finden, die bereit sind, Schmiergelder an sie zu zahlen. Dachsner ist einverstanden.

Alexander fährt zurück nach Halle. Am nächsten Tag, dem 31. Januar, stellt er seinen Komplizen Kurt Dachsner als Liquidator der Treuhand-Niederlassung Halle ein. Die Sache kommt ins Rollen.

Auch in Halle wächst die Belegschaft der Treuhand-Niederlassung schnell. Klamroth versteht sich gut mit dem Personaldirektor, einem BMW-Manager. Sie stehen beide am Ende ihrer Karriere. Einen weiteren neuen Mann stellt Klamroth selber ein: Bernd Capellen, Wirtschaftsprüfer aus dem Rheinland. Capellen, rundlich, fröhlich, schlohweiße Haare, kleine, blitzende Augen, ist eine rheinische Frohnatur. Sein Lebensmotto: »Jeder Jeck ist anders.«

Klamroth sitzt meist bis spät in die Nacht über den Akten, unterschreibt Verträge, trifft sich mit Geschäftsführern und hat noch immer kaum Zeit, die Betriebe, die er verantwortlich führen soll, anzugucken. Deshalb bekommt Capellen den Auftrag, sich in den Firmen umzusehen. Er soll eine Art Sheriff geben. Capellen, der im Klüngel des Rheinlands schon einiges erlebt hat, stößt umgehend auf Unregelmäßigkeiten. Klamroth erfährt durch Capellen von einem Unternehmensberater, der über Land fährt und für 6000 Mark pro Tag seine Dienste anbietet. Dabei sind seine platten Lehrsätze aus Büchern zusammengeschrieben: »Sie müssen mehr Umsatz zu einem besseren Preis machen!« Capellen warnt in der Presse vor dem Mann, der offenbar ein Betrüger ist. »Das waren keine Hilfesteller, das waren Glücksritter, die sind nach Halle gekommen mit gutem Anzug, gutem Auto, unheimlich selbstsicherem Auftreten. Die begegneten einem überall, ob das abends im Restaurant war, wo die große Show abgezogen wurde, oder bei der Treuhandanstalt. Hier im Osten fehlte den Menschen immer ein bisschen diese Selbstsicherheit.«

Eines Tages besucht Capellen einen Betrieb, der riesige Betonplatten für die Wohnsilos herstellt. Als er auf den Betriebshof fährt, fallen ihm holländische Lastwagen auf, die Stahlträger abstransportieren, die ursprünglich die Platten gestützt hatten. Ein Mitarbeiter des Betriebs hatte sich bestechen lassen und zur Seite geguckt, als die Lastwagen aus Holland anrollen, um den Stahl abzuholen.

Capellen kommt auch der Fall der Mitteldeutschen Beton- und Kieswerke zu Ohren: »Da kam dann jemand, der stellte sich vor als Mitarbeiter von der Treuhandanstalt. Er fragte aber eigentlich nur nach Immobiliengröße, welchen Wertansatz hat das Gelände. Da habe ich gesagt, der kann niemals von der Treuhandanstalt Berlin sein. Der müsste wenigstens einmal anstandshalber fragen: ›Wie viele Mitarbeiter hat die Firma? Was macht die Firma?‹ Dann habe ich einer Mitarbeiterin gesagt: ›Gucken Sie mal, mit welchem Auto der da ist.‹ Dann haben wir das Kennzeichen aufgeschrieben und siehe da: Es war ein Immobilienmakler. Dreist ohne Ende, hatte sich als Mitarbeiter der Treuhandanstalt vorgestellt, zufälligerweise nur die Visitenkarte vergessen.« In der Zentrale bekommt man einiges von Capellens Arbeit mit. »Der eine oder andere aus Berlin hat gesagt: ›Wenn Sie mal abends in Halle unterwegs sind, versuchen Sie immer mit dem Rücken zur Wand zu sitzen.‹«

In Berlin verzichtet der Treuhandpräsident Rohwedder in dieser Zeit manchmal abends auf seinen Wagen. Er übernachtet im »Grand Hotel« in der Friedrichstraße, dorthin will er lieber zu Fuß gehen, um in seinen wenigen freien Minuten frische Luft zu schnappen. Seine Leibwächter macht das nervös, denn ihr Chef ist auf der Straße nur schwer zu schützen. Rohwedder deutet eines Tages auf ein düsteres Haus auf der andere Straßenseite des Hotels, das aussieht, als hätte in dem Gebäude vor kurzem noch die Staatssicherheit residiert. Auch von dort könnten Attentäter auf ihn zielen, bemerkt er, und: Wenn jemand ihn wirklich erwischen will, hätte er sowieso keine Chance. Ungefähr zur gleichen Zeit wird ein enger Vertrauter Rohwedders von seiner Ehefrau gebeten, nicht mehr im Auto des Treuhandpräsidenten mitzufahren. Die Frau hat zu große Angst vor Attentaten.

13. Februar 1991,
Berlin

Detlef Scheunert in der Zentrale in Berlin spürt, wie der Druck zunimmt. Schon wieder demonstrieren Interflug-Arbeiter auf dem Alexanderplatz vor der Treuhand. Plakate werden gezeigt: »Treuhand = Mafia«, »Durch Treuhand veruntreut«; »2900 Arbeitslose mehr – Dank Treu(er) Hand(langer)«. Ein Demonstrant hält eine Puppe hoch, die eine Pilotenuniform und -mütze trägt. Um den Hals hat sie einen Strick gebunden. Auf einer schwarzen Fahne, die im Winterwind flattert, steht in roten, weiß umrandeten Lettern: »Treuhand«. Darüber ist wie auf einer Piratenfahne ein Totenschädel gemalt. Auch an diesem Tag drängen die Demonstranten ins Gebäude, wollen die zuständigen Treuhänder mit ihren Problemen konfrontieren, mit ihnen sprechen. Es ändert nichts. Wenige Tage später gibt die Treuhand bekannt, dass Interflug im April zum letzten Mal fliegen und danach endgültig vom Himmel verschwinden wird. Detlef Scheunert erinnert sich an die Zeit: »Es gab gerade in Sachsen und Thüringen Regionen mit bis zu 60 Prozent Arbeitslosigkeit. Die Zahl wurde politisch kaschiert, weil die Leute in Arbeitsbeschaffungsmaßnahmen, in Fortbildungsmaßnahmen und so weiter geparkt wurden. Deswegen waren die offiziellen Zahlen viel niedriger, aber die faktische Arbeitslosigkeit, die lag in dieser Größenordnung. Es gab Orte mit 90 Prozent Arbeitslosigkeit, für einige Monate.« Eine geheime Untersuchung der Treuhandanstalt prognostiziert sechs Millionen Arbeitslose bis Ende 1991. Die Zahlen werden nie veröffentlicht. Auch nicht intern.

Ende Februar scheint die Lage noch angespannter, so Scheunert: »Man hatte das Gefühl, dass die Politik im entscheidenden Moment die Treuhänder allein ließ. Vielleicht auch aus einer gewissen Überforderung heraus. Ich war mal im Finanzministerium, kam gerade aus einer Demonstration, hatte mehrere Unternehmen, wo gestreikt wurde, es gab sogar Hungerstreiks, also es brannte an allen Ecken und Enden. Dann kam ich nach Bonn wegen eines Privatisierungsfalles, den wir dort abstimmen mussten. Die Beamten brauchten allen Ernstes eine Stunde, bevor sie in die Tagesordnung eintreten konnten, weil sie sich nicht einigen konnten, wer zuständig war. Das war so weit weg und so unwirklich. Ich werde mich immer an das Plätschern eines kleinen Springbrunnens dort erinnern. Die Sonne schien, es war so eine Stille in dem Haus. Man hat nicht gedacht, dass es dasselbe Land ist. Ich habe gedacht, das ist ein anderer Planet – das kann nicht wahr sein, dass diese Leute die politischen Rahmenbedingungen definierten. Die konnten das gar nicht verstehen.« Scheunert sagt, es wäre anders gekommen, wenn die Regierung damals schon in Berlin gesessen und die Verantwortlichen erlebt hätten, wie es ist, »wenn dir verärgerte Arbeiter mit Stangen auf dein Autodach schlagen«.

Scheunert besucht viele der gefährdeten Betriebe, in manchen war er schon als DDR-Ministerialer zu Besuch. Doch er trägt eine andere Frisur, eine andere Brille, andere Anzüge. Er hat sich so verändert, dass er nicht erkannt wird. An einem Betriebseingang entdeckt er ein Schild: »Heimat, wir sind zum Kampf bereit!«

Scheunert erzählt: »Man wollte Widerstand leisten, aber man wusste auch nicht wie. Man wollte ja die Veränderung, man hat dafür demonstriert in Leipzig, man wollte den Zusammenschluss mit den reichen Brüdern und Schwestern. Man hat nur nicht geahnt, was die Folge ist. Die Gewerkschaften und westdeutschen Arbeitgeberverbände haben durch die Tarifsteigerungen von elf Prozent dafür gesorgt, dass die Wettbewerbsfähigkeit der ostdeutschen Betriebe endgültig kaputt gemacht wurde. Da haben Leute in Westdeutschland Angst gehabt, dass es möglicherweise ostdeutsche Betriebe gibt, die zu Konkurrenten werden.«

27. Februar 1991,
Berlin

Die zwei Schweizer Geschäftsführer der kleinen Aktiengesellschaft Chematec fliegen nach Berlin. Die Komplizen von Michael Rottmann sind am Ziel: Die AG hat den Zuschlag für den Wärmeanlagenbau bekommen. In der Treuhandzentrale unterschreiben die Schweizer den notariellen Kaufvertrag. Den Vertrag hat – wie bei dem Holzhandel-Deal – ein vierköpfiges Privatisierungsteam ausgehandelt, dem ein ostdeutscher und ein westdeutscher Verkäufer angehören. Den Ostdeutschen, Konrad Zwinscher, kennen die WBB-Geschäftsführer Franz Kleinert und Peter Herzog von früher. Zwinscher hat bis 1989 im DDR-Ministerium für Kohle und Energie gearbeitet.

Bei der Ermittlung des Kaufpreises helfen die Geschäftsführer. Sie haben im Vorfeld den Wert der Grundstücke geschätzt und eine Übersicht über die Barmittel der WBB erstellt. Der Treuhand melden sie jedoch nicht den tatsächlichen Wert. Im Januar haben sie der Treuhand mitgeteilt, dass eine Liquidierung der WBB mindestens 64 Millionen kosten würde. Es sei also viel billiger, die Firma an die Chematec abzugeben. Das Gutachten einer unabhängigen Wirtschaftsprüfungsgesellschaft holt die Treuhand nicht ein. Der Kaufpreis wird auf zwei Millionen D-Mark festgelegt. Die Chematec übernimmt zudem 31 Millionen Altschulden.[19]

Der Vertrag wird vom Sonderbevollmächtigten für den Bereich Energiewirtschaft, Dr. Hans-Peter Gundermann, im Namen der Treuhand unterschrieben. Gundermann hat zuvor unter anderem bei Mobil Oil gearbeitet. Der Manager handelt in dem Glauben, dass der Ertragswert der WBB unter dem Substanzwert des Unternehmens liegt, dass also der Ertrag, den der Investor mit dem Unternehmen in absehbarer Zeit erzielen kann, unter dem Wert aller Aktiva der Firma liegen wird. Den Vertrag liest er jedoch nicht selber, sondern vertraut seinem Privatisierungsteam.[20]

Der Kaufvertrag umfasst vierzehn Seiten. In der Präambel heißt es: »Die Vertragspartner sind sich darin einig, daß die Fortführung des Geschäftsbetriebes der WBB aufgrund der seit dem 01.07.1990 geänderten Rahmenbedingungen der überregionalen und kommunalen Energiepolitik und deren Auswirkungen auf die fünf neuen Bundesländer einer grundlegenden Reorganisation und Neuorientierung der WBB bedarf. Dies gilt umso mehr, als sich die Position der WBB auf dem eigenen Markt durch erwartete Neuaufträge nicht bestätigt hat.«

Der Vertrag sieht ebenfalls nur in der Präambel vor, dass die Chematec 750 der 1225 Arbeitsplätze erhält. Die Umsetzung dieses Passus ist jedoch nicht einklagbar. Zudem würde die Treuhand 60 Prozent des Mehrerlöses erhalten, wenn der neue Eigentümer die Grundstücke verkaufen würde. Der Vertrag lässt jedoch eine Lücke: An Tochterfirmen dürfen die Liegenschaften durchaus verkauft werden, ohne dass die Treuhand an diesem Verkauf mitverdienen würde. Tatsächlich hat die WBB in diesem Moment Immobilien im Wert von über 100 Millionen D-Mark in ihrem Besitz. Zudem wird die Allianz-Versicherung dem Unternehmen später ein Auftragsvolumen von einer Milliarde D-Mark attestieren. Konkret steht noch die Zahlung von 180 Millionen D-Mark aus einem Kraftwerksbau aus. Der Wärmeanlagenbau ist seit langem eine »fette reife Frucht«, wie es einer der Ingenieure formuliert.[21] Diese fette reife Frucht kann nun von der Chematec AG und dem westdeutschen Manager Michael Rottmann gepflückt werden. Wenig später kündigt Rottmann bei seinem alten Arbeitgeber Babcock in Oberhausen und zieht nach Berlin.

Vor knapp fünf Tagen haben Rottmann und seine Komplizen alle Chematec-Aktien gekauft. Jeder musste 240 000 Schweizer Franken bezahlen. Drei Tage darauf kauft die neu gegründete Aktiengesellschaft PCE, die ebenfalls ihren Sitz in der Schweiz hat, Rottmann und den anderen die Chematec-Aktien wieder ab – für fünf Millionen Schweizer Franken. Das Geld bringt die PCE auf, indem sie Grundstücke der WBB beleiht. Diesen ersten großen Zahltag hatten die neuen Eigentümer der WBB genau so in Rottmanns Essener Keller geplant.[22]

28. Februar 1991,
Berlin

Die Schließung der Wartburg-Werke hat vielen in der ehemaligen DDR klargemacht, dass sich der Wind gedreht hat und die Treuhand nun Ernst macht. Detlev Karsten Rohwedder und der Treuhandvorstand wollen sich der Kritik stellen. Sie berufen ein Treffen der Betriebsräte der größten ostdeutschen Unternehmen ein. Im Kongresszentrum schräg gegenüber vom Alexanderplatz 6, sprechen Treuhänder und ostdeutsche Arbeitervertreter mehrere Stunden lang miteinander. Der Treuhandvorstand sitzt an einem langen Tisch auf der Bühne, dahinter ein brauner Vorhang, vor dem ein großes Schild hängt, auf dem »Treuhandanstalt« steht. Sonst gibt es keine Dekoration.

Das Treffen zeigt den Treuhändern, wie schlecht die Stimmung in den neuen Bundesländern inzwischen ist. Vielen Betriebsräten geht es nur noch um die Höhe der Abfindung und die Ausstattung des Sozialplans.[23] Ostdeutsche bekommen oft nur ein Fünftel der Abfindung, die westdeutschen Arbeitern zusteht. Rohwedder sieht müde aus, er hat tiefe Augenringe, als er sagt: »Nehmen Sie mal die technischen Dinge beiseite, was nämlich der Kern der Sache ist: diese rasante und auch dramatische Veränderung der gesamten Lebensumstände und der Arbeitsumstände in der DDR. Diese Dinge, die wie eine Sturzflut über die Menschen gekommen sind, die sind für die Treuhand – für uns hier – ungeheuer schwer und eigentlich gar nicht aufzuhalten.« Er gönnt sich dann eine kleine Spitze in Richtung Bonn – die Treuhand sei hilflos gegen diesen Tornado an Vorwürfen, die überwiegend berechtigt sind: »Wir können nicht alles machen. Wir sind nicht die omnipotente Stelle. Wir sind nicht die Bundesregierung und auch nicht das Parlament. Aber wir sind natürlich schon der Transmissionsriemen, von der Realität der früheren DDR hin zu den politischen Entscheidungszentren in Bonn. An dieser Übersetzertätigkeit soll es nicht fehlen.«

Seit Anfang der Woche halten Arbeiter aus Neuruppin eine Mahnwache vor der Zentrale am Alexanderplatz. Sie demonstrieren gegen die Schließung der EPW (Elektro-Physikalische Werke), dem größten Leiterplattenwerk Europas.[24] Die IG Metall unterstützt die Arbeiter bei ihrem Protest.

Rohwedder sieht die Gruppe auf dem Rückweg zur Treuhand. Er bittet Mitarbeiter, Kaffee und Tee für die Protestler zu kochen. Die drei Thermoskannen will er persönlich zu der Mahnwache bringen. Es ist nach 19 Uhr, die Arbeiter stehen schon den ganzen Tag in der Kälte. Im Aufzug auf dem Weg nach unten erklärt er einem Assistenten: Das ist meine Führungsphilosophie – nach unten buckeln, nach oben treten.

Vor der Zentrale spricht Rohwedder mit den Arbeitern: »Die Kompliziertheit unserer Arbeit wird oft nicht richtig dargestellt. Viele glauben, die Treuhand sei für alles verantwortlich.« Die Betriebsräte zum Beispiel hätten ihn am Nachmittag bei der Konferenz »richtig an die Wand genagelt«. Dann muntert er die Arbeiter auf und verschwindet wieder in der Treuhandzentrale. Die Arbeiter sprechen danach mit einem Reporter der »Frankfurter Allgemeinen Zeitung«. Sie wollen mit der Mahnwache die Treuhand nicht provozieren, sagen sie, aber »sie wollen Hilfe in schwieriger Zeit«. Sie wissen, dass viele ihrer Unternehmen nicht konkurrenzfähig sind, dass Firmen geschlossen und Arbeitsplätze abgebaut werden müssen. »Arbeitslosigkeit sei ein schlimmes Los, das viele psychisch nicht verkraften. Es gehe dabei nicht primär um das fehlende Einkommen, sondern um den Lebenssinn und die Motivierung für die Zukunft ... Es werde viel über Geld geredet und zu wenig über Befindlichkeit ... Keiner, der an diesem Tag vor der Treuhand ausharrt, hat also die Illusion, für ihn könne alles beim Alten bleiben. Doch alle erwarten, daß die Treuhand sich auch für sie, die Arbeitnehmer verantwortlich fühlt und nicht nur für die Betriebe. Gleichzeitig wird aber eingeräumt, daß man damit möglicherweise die Anstalt überfordere.«

5. März 1991,
Bonn

Ein Referent in der Unterabteilung B der Abteilung VIII von Eckart John von Freyend schreibt einen vertraulichen Vermerk und prognostiziert Drastisches: »Gegenwärtig zeichnet sich die Gefahr ab, daß bei einem rein betriebswirtschaftlichen Vorgehen der Treuhandanstalt lediglich rund zwanzig Prozent der industriellen Arbeitsplätze im Beitrittsgebiet – das wären 700 000 von ehemals 3,4 Millionen Arbeitsplätzen in der Industrie – überleben. Eine weitgehende Deindustrialisierung des Beitrittsgebiets wäre in sozialer, ökonomischer und politischer Hinsicht nicht akzeptabel ... Jetzt tritt unternehmerische Verantwortung für die (noch) nicht privatisierungsfähigen Unternehmen in den Vordergrund, also die Sanierungsaufgabe.«[25]

Langsam stellt sich auch bei einigen Akteuren in Bonn die Erkenntnis ein, dass man mit der reinen Lehre nicht weiterkommt. Sieben Tage später feiert die Abteilung VIII im Bundesfinanzministerium eine Premiere: Seit Dezember hatte sie jede Privatisierung genehmigt, die meisten ohne Auflagen. Heute lehnt sie zum ersten Mal den Verkauf eines ostdeutschen Betriebs ab. Im Fall der Magdeburger Armaturenwerke MAW AG müssen die Abfindungen und die Sozialpläne für die Arbeiter nachverhandelt werden, so das Urteil der Beamten in Bonn. Bis August wird das Finanzministerium keine weitere Privatisierung ablehnen.

Das Attentat

18. März 1991,
Leipzig

Vor einem Jahr durften die Menschen in der DDR zum ersten Mal frei ihr Parlament wählen, nachdem sie monatelang vor allem in Leipzig gegen das SED-Regime demonstriert hatten. Nun gehen viele Ostdeutsche wie 1989 erneut auf die Straße, ebenfalls an einem Montagabend. Sie sind wütend über die Entwicklung ihres Landes in den letzten zwölf Monaten. Treffpunkt ist der Augustusplatz, wie der Karl-Marx-Platz in Leipzig inzwischen wieder heißt. Zu der Demonstration gegen Massenarbeitslosigkeit rufen Gewerkschaften, Kirchen und Bürgerrechtler auf. 30 000 Menschen kommen. Einige bringen Protestbanner mit, DDR-Fahnen finden sich nur wenige, von Nostalgie ist nichts zu spüren.

Ein Plakat klagt an, dass die Treuhand 300 Milliarden Mark Volksvermögen vernichtet hat – nur Hitler sei »größer«, mithin zerstörerischer gewesen.[1] »Wahlbetrüger fangen mit K an« heißt es auf einem anderen Transparent, und darunter stehen die Namen »Krenz« und »Kohl«. Auf einen Stofffetzen hat jemand geschrieben: »Was 40 Jahre SED nicht schafften/Rote Socken und ihre Zuhälter aus West-Germany vollbrachten/Arbeitslosigkeit, Wild-West in der Wirtschaft.«

Werner Schulz vom Bündnis 90 spricht vor den Demonstranten. Er sieht erschöpft aus, ist grau im Gesicht. Doch seine Stimme hat noch die alte Kraft: »Offensichtlich ist dieser Kanzler mehr an Stimmen interessiert gewesen, als sich heute ein Bild über die Stimmung in den Ostländern zu machen.« Die Menschen jubeln, man hört im Hintergrund Männer grölen. Schulz: »Aber noch lebt in uns etwas, noch lebt der Geist des Herbstes 89, und wir sollten uns nicht niederdrücken lassen, wenn der Kanzler nicht zu uns kommt, dann sollten wir zu diesem Kanzler gehen … Sie alle haben ein Recht darauf, dass eigentlich der Kanzler hier steht und sich zu seinen Versprechungen bekennt. Ich schlage vor, einen Sternmarsch aus den ostdeutschen Ländern im Frühjahr auf die idyllische Stadt Bonn …« – Schulz kann zunächst nicht weitersprechen, die Menschen jubeln zu laut – »… um dort den Herren deutlich zu machen, unter welchen Problemen die Leute hier stehen.«

Von den 500 000 Einwohnern Leipzigs sind inzwischen 40 000 arbeitslos und 100 000 auf Kurzarbeit null gesetzt. Am 30. Juni laufen viele der Kurzarbeiterverträge aus. Ein Stadtbeamter sagt einer Zeitung, dann komme »ein Umbruch in Dimensionen, in Größenordnungen auf uns zu, den kaum jemand richtig begreift«.[2]

In der Nikolaikirche, vor zwei Jahren eine Keimzelle der Widerstandsbewegung gegen die SED-Regierung, wird die Demonstration mit Gebeten und einer Andacht begleitet. Seit September gibt es dort Gesprächskreise unter dem Motto: »Hoffnung für Arbeitslose«. Der Pfarrer Christian Führer kritisiert in seiner Ansprache das »unverantwortliche Vertrauen auf die Selbstheilungskräfte der Marktwirtschaft«. Er stellt eine »verhängnisvolle Resignation und Aggression« unter den Leipzigern fest. Die »Erniedrigten und Beleidigten« sollten am kommenden Montag wieder demonstrieren.[3]

Am Nachmittag zuvor hat die Körber-Stiftung zu einer Diskussion in Dresden eingeladen: »Die Rolle der Treuhandanstalt beim Umbau des Industriestandortes Sachsen«.[4] Unter anderen ist Birgit Breuel aus dem Treuhandvorstand erschienen. Den ganzen Nachmittag wird sie mit vehementer Kritik konfrontiert. Sie verteidigt sich und die Anstalt: »Wir haben 9000 Betriebe in unserem Computer. 1000 haben wir verkauft, 500 sind in der Abwicklung. Unser Hauptziel ist zu verkaufen, nicht zu schließen … Wir geben lieber billiger an den ab, der investieren will. Ein massiver Abbau in der Textilindustrie ist zum Überleben notwendig. Aber wir finanzieren alle Unternehmen während der Übergänge. Das sind Hunderte Millionen Mark pro Monat. Sonst würde es keine Textil- und Chemie-Industrie mehr geben. Und wenn wir nach westlichen Grundsätzen vorgehen würden, wären 70 Prozent der Betriebe weg.«

Auf der Konferenz wird Breuel auch von lokalen Politikern attackiert. Die werfen der Treuhand vor, den Umbau der ostdeutschen Wirtschaft zu blockieren. Breuel ist konsterniert: »Die Kommunen haben fast einen verbitterten Hass auf die Treuhand entwickelt.«

Der Geistliche Kurt Domsch aus Neustadt in Sachsen schildert den Managern und Politikern in Dresden die Realität, wie er sie erlebt: »In Ostsachsen funktioniert keine Industrie mehr. Die Textilindustrie ist futsch. Die Landmaschinenindustrie ist futsch. Und die Kunstblumenindustrie ist futsch. Ich sage Ihnen: Wie verkraften keine vier Millionen Arbeitslose, von denen schon gesprochen wird. Zwar hat Herr Lothar Späth aus Stuttgart behauptet: ›Das federn wir alles sozial ab!‹ Aber das ist nicht abzufedern, nicht bei uns! Für die Menschen hier ist Arbeit nämlich ein Wert an sich, nicht ein Job.«

Alle Redner scheinen mit ihrem Latein am Ende zu sein. Der ehemalige Hamburger Bürgermeister Klaus von Dohnanyi, Vorgänger von Detlev Karsten Rohwedder als Staatssekretär im Bundeswirtschaftsministerium, ruft aus: »Wir wagen ein unvorstellbares Wagnis! Es wäre viel leichter gewesen, Frankreich mit Deutschland zu vereinigen. Hier paßt nichts aufeinander, paßt nichts zusammen – nur der Wille zur Vereinigung. Ich kann mich über die Treuhand nicht beschweren. Aber natürlich ist es ein höchst absurdes Unternehmen. Sie sagt zu allem: ›Privatisieren!‹ Sie selbst aber ist das größte Monopolunternehmen der Welt. Was der Treuhand fehlt, ist die Konkurrenz. Wir müßten sieben bis acht Treuhände haben!«

Birgit Breuel, zermürbt und müde, wird schließlich wütend: »Langsam reicht es mir; in jeder Zeitung, von jedem Verband, von den Kommunen, wohin man schaut und hört, wird die Treuhand beschimpft.« Der Vorstand könnte mit der Kritik leben, aber die 2000 Mitarbeiter, die unter miesesten Bedingungen arbeiten müssten, würden nach und nach demotiviert.[5] »Unsere Arbeitszeit bei der Treuhand beginnt um sieben und endet um 23 Uhr. In nur vier Monaten haben wir 1000 Unternehmen verkauft. Madame Thatcher hat in zwei Jahren nur 25 geschafft, und die Bundesregierung braucht ein Jahr für eines. Was wir geleistet haben, hätte keine andere Behörde der Welt geleistet. Und doch werden wir in einer Art und Weise ins Kreuzfeuer genommen, die nicht mehr erträglich ist.«[6]

19. März 1991,
Bonn

Auf der wöchentlichen Kabinettssitzung am Dienstag werden die Demonstrationen in Leipzig und in anderen ostdeutschen Städten »mit keinem Wort erwähnt«.[7] Der Regierungssprecher, Dieter Vogel, teilt der Presse in Bonn nach der Sitzung mit, die Proteste hätten gar nicht auf der Tagesordnung gestanden: »Die Schwierigkeiten, die es heute in der einstigen DDR gibt, sind auch nicht die Folge der Politik dieser Regierung, sondern die der vorangegangenen vierzigjährigen Mißwirtschaft.«

Vogel betont, dass die Bundesregierung 103 Milliarden D-Mark für Ostdeutschland zur Verfügung gestellt hat – vor wenigen Tagen habe man ja das Programm »Aufschwung Ost« verabschiedet. Dies hätten die Demonstranten wohl nicht gewusst. Die Regierung sei verärgert über die politischen

Anheizer, die den Menschen eintrichterten, an allen Problemen sei die Bundesregierung schuld, so Vogel.

Eine Zeitung zitiert ein anonymes Regierungsmitglied: Man habe derzeit keine Vorstellung, wie der Unzufriedenheit und Verzweiflung vieler Demonstranten über ihre wirtschaftliche Lage, insbesondere über die Arbeitslosigkeit, begegnet werden könne.[8] Der Bundesregierung bereite zudem Sorge, dass sie immer mehr Briefe von Westdeutschen bekomme, die sich über die hohen Zahlungen an Ostdeutschland beschweren.[9]

Am Nachmittag des Vortages sagte Bundeskanzler Kohl am Rande der CDU/CSU-Fraktionssitzung, dass er immer auf die Opfer und die Schwierigkeiten hingewiesen habe, die mit der Umwandlung der Wirtschaft verbunden seien – eine Angleichung der Lebensverhältnisse in Ost- und Westdeutschland sei aber erst in drei bis vier Jahren möglich.[10] Also nach der nächsten Bundestagswahl. Nach Ostern, kündigt Kohl dann noch an, würde er sich in Ostdeutschland den Menschen stellen. Zunächst fährt er für zwei Wochen nach Bad Hofgastein in Österreich zu seiner alljährlichen Fastenkur.

20. März 1991,
Bonn

Mittwoch. Der Tag nach der Kabinettssitzung. Im Bonner Büro des Verteidigungsstaatssekretärs Holger Pfahls wird ein kompliziertes Geschäft zum Abschluss gebracht. Pfahls, Mitglied der CSU, ist seit vier Jahren im Bundesverteidigungsministerium, davor hat er zwei Jahre lang als Präsident das Bundesamt für Verfassungsschutz geleitet. Bis dahin war der ehemalige Staatsanwalt in verschiedenen führenden Funktionen für seinen Entdecker, Franz Josef Strauß, tätig. Heute kann Pfahls nach einem langen Prozess ein Geschäft abschließen.

Die Firma Thyssen-Henschel hatte, unter anderem im Zuge des Golfkrieges, ein großes Geschäft an der Angel: Das Königreich Saudi-Arabien will für seine Armee 36 ABC-Spürpanzer Fuchs kaufen. Da die Firma nicht so schnell liefern kann, soll die Bundeswehr ihre Panzer in der Zwischenzeit an Saudi-Arabien abgeben. Thyssen-Henschel will die Panzer dann später für die Bundeswehr gleichsam nachbauen. Seit mehreren Monaten hat Pfahls die Bundesregierung, Parlamentarier und Bundesbeamte bearbeitet, um dieses Geschäft zustande bringen zu können – immerhin sollten Bestände der Bundeswehr in ein anderes Land verkauft werden. Heute nun kann er notieren: »TSK Heer stellt der FA. 10 TPz ABC kurzfristig inner halb von 14 Tagen – sowie 26 TPz (Basismodelle) als Sachdarlehen zur Verfügung.«[11] Das Ende des Golfkrieges ist zu diesem Zeitpunkt bereits absehbar.

23. März 1991,
Berlin

Die PDS versucht auf den Protestzug aufzuspringen und organisiert vor der Treuhand am Alexanderplatz eine Demonstration gegen die Politik der Anstalt. Mehrere Zehntausend Menschen kommen auch zu dieser Veranstaltung.

Detlef Scheunert, der inzwischen fast sieben Monate bei der Treuhand arbeitet, kommt die Lage »immer bedrohlicher« vor. Er guckt, eher instinktiv, über die Schulter, wenn er nachts sein Büro verlässt. Er hat in einer Arbeitsgruppe fast rund um die Uhr damit zu tun, für seinen Vorstand Klaus-Peter Wild herauszufinden, was die ehemaligen DDR-Staatsbetriebe wirklich wert sind und wie viele Liquiditätskredite die Firmen brauchen werden. Ein Leitfaden wird entwickelt, den man den Betrieben vorlegt.

Trotz all der Arbeit entgeht Scheunert nicht, dass Morddrohungen bei der Treuhand eingehen. Regelmäßig. Meist sind es Drohbriefe, die bei den Sekretärinnen landen. Vor allem der Chef der Anstalt, Detlev Karsten Rohwedder, wird persönlich bedroht. Am Alexanderplatz 6 versucht man Ruhe zu bewahren. Scheunert selber sieht sich als einer der wenigen Ostdeutschen in der Nähe des Vorstandes nicht in Gefahr: »Man wurde eher beschimpft nach dem Motto: ›Wie kannst du hier mitmachen, und wie kannst du dich hergeben dafür? Hast du denn überhaupt keine Ehre im Leib?‹ Solche Sprüche musste ich mir anhören. Wir rechneten dann mit massiveren Protesten, so wie 1989 gegen die DDR-Machthaber. Wir dachten, dass hier irgendwann eine Million Leute auf dem Alexanderplatz stehen.«

25. März 1991,
Leipzig

Eine Million Menschen sind es nicht, die sich erneut in Leipzig treffen. Aber diesmal protestieren schon 80 000. Das Fernsehen berichtet am Abend in Sondersendungen. Die Demonstranten sind aufgebracht. SPD-Spitzenpolitiker reisen nach Leipzig, ebenso Gewerkschaftler aus dem Westen. Vertreter der CDU sind nicht gekommen. Der Oberbürgermeister von Dresden, Hinrich Lehmann-Grube, der aus Hannover stammt, nimmt die Bundesregierung in Schutz: Die SED habe die Misere angerichtet. Er wird gellend ausgepfiffen. Es dämmert bereits. Eine Frau, Mitte vierzig, graue Windjacke mit vielen Reißverschlüssen, sagt einem NDR-Team: »Wir haben so das Gefühl, als wenn se warten, bis wir ganz und gar unten sind, nichts mehr wert sind, und dann sacken se uns ein, für nüscht und wieder nüscht.« Ein Mann, zurückgekämmtes Haar, schimpft in eine andere Kamera: »Das is 'ne große Katastrophe. Honecker machen sie verantwortlich für die, die an der Mauer gestorben sind, dann muss jetzt Kohl verantwortlich gemacht werden für die, die sich selber aufhängen, weil sie nicht mehr weiter können.«

Protestplakate, überall in der Stadt: »Gestern Honecker u. Konsorten/ Heut wieder betrogen an allen Orten«, ein anderes: »Kohl und Treuhand = Deutschlands größte Schand!« Eine ältere Frau bekennt einem Fernsehjournalisten: »Ich sag's Ihnen mit meinem sächsischen Gemüt. Die bei der Treuhandanstalt, das sind für mich Verbrecher.«[12]

Während die Menge durch Leipzig zieht, ertönen Sprechchöre: »Schließt euch an!« Der Slogan ist derselbe, und auch die Strecke, die der Protestzug nimmt, ist dieselbe wie im Herbst vor zwei Jahren: Die Demonstranten ziehen über den Innenstadtring, dann am »Hotel Astoria« vorbei und am »Runden Eck«, einem Verwaltungsgebäude, in dem bis vor kurzem die Staatssicherheit untergebracht war und nun das Arbeitsamt seine Geschäftsstelle hat.[13] Ein alter Mann in der Menge, Schiebermütze, schwarze Fahne über der Schulter, sagt: »Die Investitionspolitik von Kohl ist verkehrt gewesen. Die Treuhand hat uns belogen und ausgebeutet.« Eine ältere Frau mit grauem Barett fügt an: »Es fehlt nicht mehr viel, entweder man resigniert oder es eskaliert.«

Am selben Tag erscheint im »Spiegel« erneut ein Artikel über die Arbeit der Treuhand. Vor drei Wochen hat das Magazin geschrieben: »Ohne die Treuhand geht im Osten nichts, mit ihr läuft auch nicht viel ... Sie ist ein Staat im Staat, eine Konzentration wirtschaftlicher Macht, wie es sie kein zweites Mal gibt – und wie es sie eigentlich auch ein erstes Mal nicht geben dürfte ... Es ist absurd, die Verantwortung dafür einer Einrichtung zu überlassen, die sich jeder parlamentarischen Kontrolle entzieht. Mit der Treuhand, der mächtigsten Institution im Lande, beschäftigt sich in Bonn, wenn überhaupt, ein Unterausschuss des Haushaltsausschusses – ein Witz, wenn nicht mehr: ein Skandal.« Der Artikel schließt mit dem Satz: »Die Zukunft Ostdeutschlands ist zu wichtig, um sie einer Institution wie der Treuhand zu überlassen.«[14]

An diesem Montag legen die Reporter vom »Spiegel« nach: »›Einmalig‹ und ›in der Geschichte ohne Vorbild‹ sei die Aufgabe der Treuhand, den sozialistischen Trümmerhaufen in eine funktionierende Marktwirtschaft zu verwandeln, sagte Detlev Karsten Rohwedder, als er im August 1990 die Geschäftsführung der Mammut-Holding übernahm. Inzwischen ist Rohwedder zum bestgehaßten Mann unter ostdeutschen Werktätigen geworden, zum Buhmann von Managern und Investoren … Alles laufe prima, die Treuhand sei ein ›effizientes Unternehmen‹, prahlte Rohwedder noch Ende Februar, als die Stimmung in Ostdeutschland längst umgekippt war.«[15]

Der Treuhandvorstand bespricht diesen Artikel auf einer Sitzung. Vor allem die Formulierung »der bestgehaßte Mann unter ostdeutschen Werktätigen«, ohne Angabe einer Quelle, macht der Treuhandführung Sorge. Die Wut auf die Treuhand wird immer stärker personalisiert. In Erfurt sind zudem Graffiti aufgetaucht: »Rohwedder ermorden« war da auf einer Häuserwand zu lesen.

Unter anderem um die Treuhandmitarbeiter, die alten der ersten Stunde und die vielen neuen Kollegen, zu beruhigen, schreibt Detlev Karsten Rohwedder vor Ostern einen Brief, der Ende der Woche an alle Mitarbeiter geschickt wird. Er läutet jedoch keine Umkehr in der Treuhandstrategie ein, sondern bestätigt den Kurs: »Die Treuhand erfüllt ihren Auftrag. Schnelle Privatisierung – entschlossene Sanierung – behutsame Stillegung … Die Entscheidung für die deutsche Einheit war zugleich eine Entscheidung für die Soziale Marktwirtschaft in ganz Deutschland … Priorität wird auch weiterhin die Überführung von Unternehmen in privates Eigentum haben. Dies ist der beste Weg, um mit neuem Wissen, neuem Kapital und neuen strategischen Unternehmenszielen ein Unternehmen und seine Arbeitsplätze zu erhalten und ihm seine Zukunft zu geben. Privatisierung ist die wirksamste Sanierung … In einem Prozeß, den das ganze deutsche Volk wollte, hat die Treuhandanstalt eine schwere Aufgabe, schmerzliche, aber unvermeidliche Umstellungen zu verantworten, die nötig sind, um das gemeinsame Ziel zu erreichen … Vorstand und Mitarbeiter müssen wohl volles Verständnis dafür haben, daß diese Arbeit mit kritischer Aufmerksamkeit begleitet wird. Anfeindungen und Verleumdungen sind aber keine Kritik und können uns daher nicht treffen.«[16]

Obwohl Ostern vor der Tür steht, hat Detlev Karsten Rohwedder jede Menge Termine. Eine der letzten Besucherinnen beim Präsidenten der Treuhand ist die Bundesministerin für Frauen und Jugend, Angela Merkel. Sie bringt ihm einen Strauß Blumen vorbei, um sich bei ihm für seine Arbeit zu bedanken.[17]

Bevor er die Ministerin empfängt, bittet Rohwedder seinen Vorstand Klaus-Peter Wild, sich eine Lösung für das Kombinat Carl Zeiss Jena einfallen zu lassen. Noch hat sich kein Investor für das Unternehmen gefunden, 27 000 Arbeitsplätze stehen auf dem Spiel. »Rohwedder sagte zu mir: ›Herr Wild, drei Dinge gehören zum Stolz der DDR, die dürfen nicht untergehen. Das ist die Leipziger Messe, das ist das Meißener Porzellan und das ist Zeiss Jena. Überlegen Sie sich etwas und rufen Sie mich Ostern noch mal an.‹«

Rohwedder steht inzwischen in Kontakt mit dem Hamburger Journalisten Franz Wauschkuhn. Der soll ein weiterer Pressesprecher der Treuhand werden, damit man das Image der Treuhand in den Griff bekommt. Wauschkuhn telefoniert mit Rohwedder am Mittwoch vor Ostern am späten Abend. Er sitzt dabei auf der Treppe seines Hauses und blickt auf die Elbe: »Das war das längste Gespräch, glaub ich, das ich am Telefon geführt hab. Da klagte er mir sein Leid über die Politik, über das Unverständnis in Bonn, sowohl von Kohl als auch von der SPD. Er klagte natürlich auch über den Widerstand der Industrie. Ich konnte mich auch, genau so wie Rohwedder, nicht des Eindrucks erwehren, dass die schlechte Presse, die die Treuhandanstalt und er hatten, im Wesentlichen darauf beruhte, dass die großen Zeitungsverlage ihn drücken wollten. Die SED-Parteizeitungen hatten wunderbare Auflagen. Zum Beispiel die ›Sächsische Zeitung‹ hatte damals eine Auflage von 450 000 Abo-Exemplaren. Herr Rohwedder aber sagte: ›Wir wollen keine Monopole, wie wir sie in Westdeutschland haben. Wir wollen freie Presseunternehmen haben, und deshalb wünschen wir, dass wir eine Investorensuche durchführen, die ganz neutral ist.‹«[18]

Wauschkuhn trifft Rohwedder in dieser Zeit zwei Mal, einmal privat in Berlin und einmal offiziell: »Da hat er gesagt: ›Ich kriege von Herrn Waigel keine richtige Unterstützung. Ich muss hier die Drecksarbeit machen, und Bonn hält sich völlig raus. Wir sind hier die Leute, die quasi das Vehikel sind, um aufzuräumen.‹ Er fühlte sich eigentlich von Bonn im Stich gelassen. Er war ja ein Mann von wirklich großer persönlicher Stärke. Ich kannte ihn aus dem Jahr 1970, als er noch Staatssekretär war in Bonn. Das war ein Menschenfänger, ein bravouröser Manager, der an und für sich keine Angst hatte. Das war eben das Erschreckende, dass ich bemerkte, dass er im Unterton Angst ausstrahlte. Offensichtlich hat er gefühlt, dass sich da etwas gegen ihn zusammenbraut.«

Am Gründonnerstag telefonieren die beiden noch einmal – und da scheint sich Rohwedders Stimmung schon wieder aufgehellt zu haben.

29. März 1991,
Berlin

Karfreitag. Drei Uhr am Morgen. Zwei Brandsätze explodieren im ersten Stock der Berliner Treuhand-Niederlassung in der Schneeglöckchenstraße in Prenzlauer Berg. Zwei Büros brennen aus. Die Polizei kann zwei weitere Brandsätze entschärfen.

Einen Tag später, am Ostersonnabend, geht ein Bekennerschreiben im Berliner Büro der Deutschen Presseagentur (dpa) ein. Eine Gruppe, die sich »Thomas Münzers Wilder Haufen«[19] nennt, behauptet in dem Schreiben, den Anschlag begangen zu haben:

> »Sie haben dem Volk die Stimme geraubt und haben
> an seiner statt das Geld zum Herrgott gesetzt.«
> (Thomas Münzer)
>
> Die Treuhand – sie ist die neue Superbehörde schlechthin, nach der Annexion der DDR. Rohwedder, der eigentliche Herrscher des Ostens, hat sich um die Interessen des westdeutschen Großkapitals – Deutsche Bank, Bayer, VEBA, Thyssen, Siemens und wie sie alle heißen – verdient gemacht. Er hat die DDR-Industrie und Landwirtschaft im Auftrage der Herrn aus Bonn kaputtsanieren lassen: »Abwickeln«, wie es in der Amtssprache des Finanzministers Waigel heißt. Derselben Sprache und derselben Worte bedienten sich die Nazis, um das jüdische Kapital zu »arisieren« …
>
> Das westdeutsche Kapital hat kein Interesse an mehr Produktionskapazitäten, deshalb ist der eigentliche Auftrag der Superbehörde Treuhand, so viel wie möglich kaputtzuschlagen. Wir wollen dem nicht tatenlos zusehen und haben der Berliner Zweigstelle der Treuhand einen feurigen Besuch abgestattet. Wir haben die Zimmer der Abteilung Finanzen, Wirtschaft und Recht in Brand gesetzt. Zuvor haben wir etliche Akten und Disketten mitgehen lassen, um mal genauer zu sehen, in welche Hände tatsächlich die vielen Milliarden aus Bonn fließen und wer dadurch geschmiert wird oder sich »saniert«. Die im realen Sozialismus auch nur auf dem Papier volkseigenen Betriebe sollen endlich in des Volkes, der ArbeiterInnen Hände übergehen. Sie sollen allein entscheiden, was sie mit den Sanierungsmilliarden machen. Schließlich sind es ArbeiterInnen, die die Profite der Kapitalisten und die Steuereinnahmen der Staatsbürokratie erwirtschaften. Ihnen gehört die Kohle, ihnen gehören die Häuser und Ländereien!

»Es ist nicht möglich, dass ein Mensch dieser Tyrannei zum Nachdenken kommt. Ganz Deutschland schuftet, damit einige Herren prassen können. Die Leute wachen auf. Sie wollen keine Ochsen sein, die Prunkkarren ziehen« (Thomas Münzer).

Berlin, 29.3.1991

Thomas Münzers Wilder Haufen

Der Brief der Brandstifter ist mit einer Schreibmaschine geschrieben. Der Staatsschutz des LKA in Berlin stuft ihn als authentisch ein. Die Gruppe »Thomas Münzers Wilder Haufen« wurde schon 1988 mit drei Brandanschlägen in Berlin in Verbindung gebracht.[20] Die Staatsschützer vermuten seit längerem, dass die Mitglieder aus der autonomen Szene Berlins stammen. Da auch das Büro des Vertrauensbevollmächtigten angezündet worden ist, spekuliert ein Sprecher der Treuhand, dass auch ehemalige Stasi-Mitarbeiter hinter dem Anschlag stecken könnten.

Zwei Tage später schicken die mutmaßlichen Attentäter einen zweiten Brief, geschrieben auf dem Papier der Treuhand-Niederlassung Berlin:

> Wir sind weder die Stasi noch Wirtschaftskriminelle oder deren HelferInnen. Daß wir vom Osten (bzw. jetzt vom Stasi [sic]) bezahlt werden, hören wir schon seit Jahrzehnten. Uns war aus revolutionärer Sicht (die gibt's tatsächlich noch) daran gelegen, die Arbeit des Superkonzerns Treuhand ein wenig zu sabotieren und einige Machenschaften aufzudecken …
> Mit revolutionären Grüßen
> Thomas Münzers Wilder Haufen[21]

Das erste Bekennerschreiben wird auch an das Landeskriminalamt Nordrhein-Westfalen weitergeleitet, das für den Schutz des Treuhandpräsidenten zuständig ist, wenn der sich – wie über Ostern – zu Hause in Düsseldorf angemeldet hat.

30. März 1991,
Frankfurt

Das letzte Interview mit Detlev Karsten Rohwedder erscheint in der »Frankfurter Allgemeinen Zeitung«. Jetzt leitet er doch eine Wende ein: »Ich habe eine hundertprozentige Privatisierung nie für möglich gehalten.« Die Zeitung schreibt: »Viele Großunternehmen – zum Beispiel der Schwermaschinenbau, die Werften und die Stahlindustrie – werden nach Rohwedders

Einschätzung mit hohen staatlichen Beteiligungen aus dem Privatisierungsprozess hervorgehen, selbst wenn sie keine Verluste mehr erwirtschaften.« Rohwedder hat begriffen: Die reine Marktwirtschaft wird die Probleme in Ostdeutschland nicht lösen können. Aber noch will er von einem Staat, der die ganze Wirtschaft in der ehemaligen DDR finanzieren muss, nichts wissen. Er sucht nach einem Mittelweg. An diesem Samstag spricht er in der Pforzheimer Industrie- und Handelskammer. Die Treuhand dürfe nicht einfach nur den bisherigen Status quo finanzieren. Die Sanierung sei das Wichtigste, aber er will immer noch, dass die Investoren – und nicht der Staat – die Betriebe sanieren. In diesem Punkt bleibt er sich treu.

1. April 1991,
Düsseldorf

Detlev Karsten Rohwedder wohnt mit seiner Frau in einer kleinen Villa in der Nähe des Rheinufers. Das Haus aus dunkelrotem Backstein gehört dem Hoesch-Konzern, die Rohwedders dürfen trotz Treuhand-Engagement weiterhin dort wohnen. Hier, im Oberkasseler Kaiser-Friedrich-Ring am westlichen, also linksrheinischen Ufer leben Ärzte, Rechtsanwälte, Manager.

In der Villa neben den Rohwedders wohnt der ehemalige Thyssen-Vorstandsvorsitzende Dieter Spethmann.[22] Spethmann hat vor einer Woche seinen Posten als Thyssen-Chef aufgegeben, hat sich in seinem Vertrag jedoch zusichern lassen, dass er auf Lebenszeit in dem Anwesen wohnen darf.

Die »Villa Maximilian« der Rohwedders ist verglichen mit dem Haus der Spethmanns bescheiden. Sie ist nur durch eine Hecke und einen Stahlzaun, nicht etwa durch eine hohe Mauer, von der Straße getrennt. Eine eigene Auffahrt, wie die Villa nebenan, hat das Haus nicht. Von der Eingangstür bis zum Bürgersteig sind es keine zehn Meter; man kann das Haus von der Straße aus gut sehen.

Als die Personenschützer des LKA Nordrhein-Westfalen den Treuhandpräsidenten am Donnerstag nach Hause bringen, erzählt Hergard Rohwedder ihnen, dass sich »etwas zusammenbraut«. Sie sei um zwei Uhr am Morgen angerufen worden, niemand hätte sich am anderen Ende gemeldet. Auch hätte es eines Nachts an der Gartenpforte geklingelt. Die Beamten erklären, dass sie nicht die ganze Zeit mit einem Boot auf dem Rhein auf und ab fahren können. Der Treuhandpräsident sei durch das »Fahndungskonzept 106« erfasst, und das sieht vor, dass gefährdete Personen durch verdeckte Ermittlungen geschützt werden in der Annahme, dass sie vor der Tat ausgespäht werden. Frau Rohwedder wäre ein Wachposten vor dem Haus lieber.

Als die Rohwedders am Sonntag von einer Trauerfeier aus Essen zurückkehren, fällt ihnen ein Jeep neben dem Haus auf, in dem ein Pärchen sitzt. Hergard Rohwedder will nachfragen, wer die beiden sind, doch Rohwedder bittet sie, ins Haus zu kommen.

Gegenüber der Villa, auf der anderen Straßenseite, wachsen Pappeln, dahinter fällt ein grasbewachsener Wall ab, so dass es aussieht, als lägen die Häuser und die Straße auf einem Deich. Am Fuß der Böschung verläuft ein Trampelpfad an großzügigen Schrebergärten entlang. Von dem Schrebergarten aus, der genau gegenüber der Rohwedder-Villa liegt, sieht man die drei Fenster im ersten Stockwerk des Hauses, die untere Etage wird von dem Wall verdeckt. Nur im Winter, wenn die Pappeln keine Blätter tragen, hat man einen freien Blick auf die Sprossenfenster im ersten Stock. Das ungefähr ist die Perspektive des Schützen, der sich in der Nacht zum Ostermontag in dem Schrebergarten versteckt hält. Im Dunkeln hat er oder sie einen guten Blick auf die erleuchteten Fenster. Indem der Wall die Sicht auf das Haus nach unten begrenzt, wird sie gleichzeitig nach oben konzentriert.

Um 20.10 Uhr fährt zum letzten Mal routinemäßig eine Polizeistreife am Haus der Rohwedders vorbei. Um 23.45 Uhr soll der nächste Wagen die Straße abfahren. Personenschützer rund um die Uhr, wie in Berlin, hat Rohwedder hier nicht.

Um 23.30 Uhr steht Detlev Karsten Rohwedder in seinem Arbeitszimmer im rechten Teil des oberen Stockwerkes. Er macht das Licht an. Rohwedder muss in diesem Moment sehr gut für den Schützen im Schrebergarten zu erkennen sein, der sich etwa 63 Meter entfernt versteckt hält. Der Schütze feuert. Die Kugel durchschlägt das Glas. Der Schuss trifft Rohwedder in den Rücken. Das Geschoss zerreißt die Aorta, die Luft- und die Speiseröhre.

Hergard Rohwedder hört den Schuss und läuft zu ihrem Mann in das Arbeitszimmer. Der Schütze feuert noch einmal. Der Schuss wird durch ein in Plexiglas gegossenes Buch aus Draht abgelenkt und zerschmettert Hergard Rohwedders linken Ellenbogen. Der dritte Schuss schlägt in einem Bücherregal neben ihrem Kopf ein. Es gibt im oberen Stockwerk des Hauses einen Notfallknopf, der sofort die Polizei alarmiert. Doch die unter Schock stehende Hergard Rohwedder schleppt sich ins Erdgeschoss zum Telefon, um von dort den Notruf, 112, anzurufen. Mehrere Minuten vergehen.

Die nächste Polizeiwache ist nur einen Kilometer vom Tatort entfernt, zudem patrouilliert eine Streife in der Nebenstraße. Kurz vor Mitternacht sind die ersten Polizisten von der Wache aus Oberkassel am Tatort. Eine

Ringfahndung wird ausgelöst, aber erst nach Mitternacht, also 30 Minuten nach den Schüssen, sind die Straßensperren in der Umgebung aufgebaut.

Der Kaiser-Friedrich-Ring 71 in Oberkassel liegt zwischen zwei Rheinbrücken, der Oberkasseler Brücke im Süden und der Theodor-Heuss-Brücke im Norden. Über die Theodor-Heuss-Brücke gelangt man zur Danziger Straße, die wiederum weiter im Norden auf die A 44 trifft. Vom Tatort bis zur Autobahn braucht man in der Nacht keine zehn Minuten.[23]

Um 0.45 Uhr meldet sich ein Mann telefonisch bei der Nachrichtenagentur Agence France Presse (AFP) in Paris. Der AFP-Redakteur Nicola Botzev nimmt das Gespräch an. Der unbekannte Mann sagt erst auf Deutsch, dann auf Englisch: »Hier ist die Rote Armee Fraktion. Wir haben jemand Wichtiges in Düsseldorf getötet.«[24]

Um 1.09 Uhr meldet die dpa die Ermordung Detlev Karsten Rohwedders. Der Treuhandpräsident ist seiner Schussverletzung erlegen, noch bevor der Notarzt am Tatort eintrifft. Um 1.25 Uhr übernimmt die Bundesanwaltschaft offiziell das Verfahren.

Die Ermittler am Tatort finden in der Nacht in dem Schrebergarten neben einem schwarzen Campingstuhl drei Patronenhülsen, Kaliber 7,62 × 51 mm. Standardmunition für militärische Sturmgewehre, wie sie auch die NATO-Soldaten benutzen. Ein blaues Frotteehandtuch, durchnässt vom Regen in der Nacht, hängt in dem Busch neben dem Stuhl. Vor dem Stuhl liegt ein Fernglas im Gras, darunter ein Blatt Papier. Ein Bekennerschreiben:

> WER NICHT KÄMPFT, STIRBT AUF RATEN –
> FREIHEIT IST NUR MÖGLICH IM KAMPF UM BEFREIUNG
> GEGEN DEN SPRUNG DER IMPERIALISTISCHEN BESTIE –
> UNSEREN SPRUNG IM AUFBAU DER REVOLUTIONÄREN
> GEGENMACHT!
> DIE BEDINGUNGEN FÜR MENSCHENWÜRDIGES UND
> SELBSTBESTIMMTES LEBEN IM KAMPF GEGEN DIE
> REAKTIONÄREN GROSSDEUTSCHEN UND WESTEUROPÄISCHEN
> PLÄNE ZUR UNTERWERFUNG UND AUSBEUTUNG DER
> MENSCHEN HIER UND IM TRIKONT DURCHSETZEN!
> ZUSAMMEN KÄMPFEN UND WIR WERDEN ZUSAMMEN SIEGEN!
> ROTE ARMEE FRAKTION
> KOMMANDO ULRICH WESSEL.[25]

Auf dem Schreiben ist der fünfzackige rote Stern der RAF abgebildet.

Business as usual

2. April 1991,
Berlin

Detlef Scheunert kehrt spät am Abend mit seiner Familie aus dem Osterurlaub nach Berlin zurück. Bevor er ins Bett geht, schaltet er noch einmal den Fernseher ein. Das ZDF zeigt »Der Maulwurf« mit Lino Ventura. Ein Schriftband läuft über den unteren Teil des Bildschirms: »Detlev Rohwedder in seiner Wohnung in Düsseldorf erschossen«.

Franz Wauschkuhn, designierter Pressesprecher der Treuhand, liegt schon im Bett, als ihn ein Kollege im Berliner »Grand Hotel« anruft: »Hör mal zu, Franz, gerade eben ist in den Nachrichten gekommen, dass dein neuer Boss, Rohwedder, erschossen worden ist.«

Wauschkuhn springt auf und entscheidet, zur Treuhand am Alexanderplatz zu fahren, obwohl er noch gar nicht offiziell im Amt ist: »Ich stand dann da im Dunkeln, dann kamen die Kollegen vom SFB, vom Deutschlandfunk und so weiter. Ich konnte nur letztlich den tiefen Schock ausdrücken, den viele Mitarbeiter der Treuhandanstalt fühlten. Am nächsten Morgen haben Frauen in der Treuhand fassungslos geweint. Denn Rohwedder war das eigentliche Herz der Treuhandanstalt. Und die Attentäter haben mit ihm das Herz der Treuhandanstalt erschossen.«

Klaus-Peter Wild stellt sich seinen Radiowecker immer auf die Nachrichten um sechs Uhr morgens. Er ist sofort hellwach, als er hört: Rohwedder ist ermordet worden, seine Frau schwer verletzt. In den nächsten Stunden wird er als einer der Nachfolger gehandelt. Er hofft, dass hinter der Tat kein Ostdeutscher steckt. Denn könnte das Deutschland, gerade vereint, verkraften, wenn ein Ostdeutscher den westdeutschen Chef der Treuhandanstalt erschießt? Sind die vielen Demonstrationen vielleicht doch umgeschlagen in mörderischen Hass?

Im Morgengrauen, gut sichtbar für die vielen Fernsehkameras hinter der Absperrung am Tatort, trägt ein Ermittler das Bekennerschreiben in einer Klarsichthülle den kleinen Wall zu den Pappeln hinauf – der rote fünfzackige Stern ist kurz zu erkennen. Trotzdem spekulieren ein Hamburger

Verfassungsschützer und der Bundesfinanzminister Theo Waigel, dass die Staatssicherheit hinter der Tat steckt. In den letzten Wochen waren detaillierte Berichte über die Unterstützung der RAF durch die Staatssicherheit veröffentlicht worden.[1]

Um kurz nach acht Uhr wird der Leichnam aus dem Haus getragen und in den Wagen eines Bestattungsunternehmers geladen. Um kurz nach neun Uhr am Morgen trifft der Bundesinnenminister Wolfgang Schäuble vor dem Haus Rohwedders ein. Schäuble sitzt, seit er im Oktober 1990 von einem Attentäter angeschossen wurde, im Rollstuhl. Er wird vom seinem Innenstaatssekretär Hans Neusel begleitet, der im Juli 1990 ein Bombenattentat der RAF auf sein Auto überlebt hat. Beide geben am Tatort keinen Kommentar ab.

Auch der Innenminister des Landes Nordrhein-Westfalen, Herbert Schnoor, besucht den Tatort an diesem Vormittag für eine halbe Stunde. Sein Ministerium war für den Schutz des Treuhandchefs verantwortlich, wenn dieser sich in Düsseldorf aufhielt. Es stellt sich heraus, dass nur die unteren Scheiben des Hauses gepanzert sind, die oberen nicht. So konnten die Schüsse ohne Probleme und Widerstand die Scheiben durchschlagen.

Ein Gutachten der Kriminalpolizei hatte schon im September 1990 gefordert, alle Fenster gemäß DIN 52290 mit sogenanntem Panzerglas zu versehen. Auf einer Pressekonferenz deutet der Düsseldorfer Kripochef an, dass Rohwedder selbst die Panzerung nicht gewollt habe: »Wir können nur empfehlen, niemanden zwingen.« Tatsächlich hatte sich das Innenministerium darauf verlassen, dass die Firma Hoesch, Eigentümerin der Villa, der Empfehlung folgen würde.[2] Doch ob sie es auch tut, wurde nicht kontrolliert. Der BKA-Präsident Hans-Ludwig Zachert sagt später, dass sein Amt Rohwedder als Ziel »Nummer eins« eingeordnet habe. Niemand in Deutschland war nach Einschätzung des BKA mehr gefährdet. Bei Zellendurchsuchungen von inhaftierten RAF-Mitgliedern nach der Ermordung von Deutsche-Bank-Chef Alfred Herrhausen im November 1989 waren Notizen gefunden worden, die darauf hindeuteten, dass Rohwedder ein potenzielles Ziel der RAF sein könnte.[3] Vor diesem Hintergrund sei die »Schutzgewährleistung« in Düsseldorf ein »bisschen dünn und dürftig« gewesen, so Zachert.

Die Witwe, Hergard Rohwedder, wird später aussagen, es sei eine Legende, dass ihr Mann selber auf den Schutz verzichtet habe. Er habe es nur seiner Frau überlassen, mit den örtlichen Behörden den Einbau des schusssicheren Glases zu organisieren. Die hatten Hergard Rohwedder versprochen, sich um alles zu kümmern.

3. April 1991,
Berlin

Der Bundesfinanzminister besucht zwei Tage nach dem Mord am Treuhandpräsidenten zum ersten Mal die Zentrale der Anstalt am Alexanderplatz. Er will den Vorstand treffen, mit den Treuhändern über den möglichen Nachfolger oder die Nachfolgerin sprechen. Vor dem Gebäude am Alexanderplatz 6 wartet ein Pulk von Kamerateams, als Waigel am späten Vormittag mit seinen Personenschützern vorfährt. Später bauen die Teams ihre Kameras in einem kleinen Saal in der Treuhand auf. Der Minister gibt eine Pressekonferenz in dem überfüllten Raum. Links von ihm sitzt sein Staatssekretär, Horst Köhler, und lächelt unsicher. Rechts von Waigel blickt Jens Odewald mit hochgezogenen Schultern ängstlich in die Runde. Der Treuhand-Aufsichtsratschef hat bereits verlauten lassen, als Nachfolger von Rohwedder nicht zur Verfügung zu stehen.

Gegen Ende der Pressekonferenz hält Waigel eine dicke Broschüre hoch. Die Blitzlichter der vielen Fotoapparate erhellen den Raum: »Ich habe mich sehr darüber gefreut, dass mir der Vorstand dieses offizielle Firmenverzeichnis übergeben hat. Das wollte eigentlich heute Herr Rohwedder der Presse vorstellen. Es ist das ›Who is Who‹, wenn ich so sagen darf …« Er blickt zu Horst Köhler, der lächelt zerknittert. Waigel fährt fort: »… der Treuhandanstalt. Und wenn die Stunde nicht so bitter wäre, dann würde ich sagen, der Bundesfinanzminister würde sich natürlich darüber freuen, Herr Odewald, wenn dieses große, gewichtige Buch, wo alle Firmen enthalten sind, von Mal zu Mal kleiner würde.«

Detlef Scheunert ist auch wegen dieser Reaktion von Theo Waigel tief getroffen, geschockt von der kühlen Attitüde der Verantwortlichen überhaupt. Zunächst hatte in der Treuhand nicht einmal ein Kondolenzbuch ausgelegen. Birgit Breuel geht auf der ersten Sitzung nach dem Attentat mit den Direktoren sofort zur Tagesordnung über.

»Die ist eiskalt«, denkt Scheunert.

Zum ersten Mal kommen dem jungen Sachsen Zweifel an seiner Aufgabe bei der Treuhand: »Bei mir hat sich Wut entwickelt. Auf die Politik, auch auf Journalisten, die meinten, diese Hetzjagd entfachen zu müssen. Ich habe damals zu einem ZDF-Journalisten gesagt: ›Der Osten hat sich im Nachhinein als ein wirklich furchtbares, ein menschenfeindliches System entpuppt, obwohl es sich anders verkauft hatte. Die Ostelite hat sich diskreditiert, aber die Westelite schießt ja aufeinander.‹ Ich war überzeugt, das war kein Ossi, der geschossen hat. Die hätten ja schon '89 auf die Demonstranten in Leipzig geschossen. Warum sollten sie jetzt noch schießen? Das System war tot. Die Logik habe ich nicht gesehen. Wenn sie das Ganze hätten aufhalten wollen, dann hätten sie '89 geschossen, im Herbst.«[4]

Scheunert sagt dem Reporter weiter: »Wenn die aufeinander schießen, weiß ich nicht, ob ich in dem Land bleiben will. Ich brauche Vorbilder, ich muss mich ja an etwas ausrichten. Wir müssen hier ein Land aufbauen. Und ihr habt eure ideologischen Kämpfe und tragt die sogar mit der Waffe aus. Das hat mich sehr deprimiert und auch eine kurze Zeit schwer überlegen lassen, ob man dem Land nicht den Rücken kehren sollte. Aber ich hatte eine Familie, kleine Kinder, da ist so eine Entscheidung nicht so ganz einfach. Als junger, alleinstehender Mann hätte ich mich vielleicht entschieden, nach Tegel zu fahren und mich in ein Flugzeug zu setzen. Dieser Zustand hielt aber nur zwei, drei Tage an, und dann rollte schon wieder der nächste Tsunami auf uns zu. So war die Treuhand.«

Nachdem Jens Odewald nicht als neuer Treuhandpräsident zur Verfügung steht, gibt es Gerüchte, dass die politische Führung in Bonn überlege, ob der bayerische Beamte Klaus-Peter Wild Rohwedder im Amt folgen solle. Aber Wild erkennt, vor allem in der Pressekonferenz am Tag nach der Tat, die er gefasst und nüchtern abhält, dass er nicht den Instinkt von Birgit Breuel, der Berufspolitikerin, hat. Sie hat die Situation und die Reporter im Griff.

Rohwedder selber hatte sich wenige Tage vor seinem Tod dazu geäußert, wer ihn beerben solle. Sein Freund Otto Gellert, der Wirtschaftsprüfer aus Hamburg und Mitglied im Verwaltungsrat der Treuhand, erinnert sich, dass sich Mitte März der Vorstand und das Präsidium des Verwaltungsrates getroffen hatten. Man saß abends in einem italienischen Restaurant in der Kölner Innenstadt zusammen, nachdem die Treuhänder zuvor in Bonn mit der Bundesregierung und den Gewerkschaften das Paket »Aufschwung Ost« verhandelt hatten. Es war also wieder die Runde aus dem »Excelsior Hotel Ernst« versammelt, in der Horst Köhler einst gefordert hatte, es »müsse auch mal gestorben werden«. Beiläufig, so Gellert, wurde in dem Gespräch die Frage aufgeworfen, wer Rohwedder nachfolgen solle: »Die Fragestellung beantworte Rohwedder mit einer galanten Handbewegung, wie es so seine Art war, auf die neben ihm sitzende Birgit Breuel.«[5]

Die letzten Monate hat sich Breuel vor allem um den Aufbau der Niederlassungen gekümmert, denen so plötzlich im Oktober ein Großteil der Verantwortung zugefallen war. Bei der Treuhand hat man das Gefühl, dass sie diese Aufgabe gut bewältigt. Das Problem ist Birgit Breuels persönliche Situation. Im vergangenen Herbst ist erst ihr Vater und nur wenig später Philip, einer ihrer drei Söhne, nach langer Krankheit an Knochenkrebs gestorben. Und nun ist ihr direkter Vorgesetzter ermordet worden.

Aber ein anderer Kandidat, der das Amt übernehmen will, findet sich nicht. Die Bundesregierung handelt sich nur Absagen ein. Also fällt die Wahl auf die 53-jährige gebürtige Hamburgerin,[6] deren Vater Alwin Münchmeyer unter anderem Präsident des Deutschen Industrie- und Handelstages war. Breuel hat einige Semester Politikwissenschaften studiert, bricht das Studium aber ohne Examen ab. Danach absolviert sie eine Ausbildung zur Einzelhandelskauffrau, wird Direktionsassistentin in Wirtschaftsinstituten in New York und Hamburg.[7] 1966 tritt sie in die CDU ein, vier Jahre später wird sie zum ersten Mal in die Hamburger Bürgerschaft gewählt. 1978 wird sie Wirtschaftsministerin des Landes Niedersachsen, wo sie durch das Postulat eines knallharten marktwirtschaftlichen Kurses bekannt wird und zwölf Jahre als Ministerin in verschiedenen Ämtern mitregiert. In der Bundespolitik ist sie bis dahin nicht aktiv.

Immer wieder macht Breuel ihr Hauptziel öffentlich klar: »Entscheidend geht es aber darum, Verantwortung wieder zurückzuverlagern auf den Bürger, auf die Wirtschaft und damit dort die Entscheidungsfreiräume zu stärken. Auf der anderen Seite wird der Staat wieder stark gemacht für seine ursächlichen Aufgaben, nämlich die Sicherung des inneren und des äußeren Friedens.«[8] Sie scheint damit auf das Konzept des »Nachtwächter-Staates« zurückzugreifen. Allerdings hat sie in Niedersachsen, wenn es politisch opportun schien und wenn Landesfirmen gestützt werden mussten, Subventionen durchaus verantwortet.

In einem ihrer Bücher – »Es gibt kein Butterbrot umsonst« – schreibt sie 1976: »Heute ist das Staatsvermögen größer als das aller privaten inländischen Unternehmen. Diese fortschreitende Vermögensbildung beim Staat bringt dem Bürger keine Vorteile. Allerdings ist nicht alles Wirtschaftsvermögen des Staates verkäuflich, zumindest nicht innerhalb eines kurzen Zeitraums. Aber das veräußerungsfähige staatliche Wirtschaftsvermögen wird auf 150 Mrd. DM geschätzt. Man könnte sich einen Veräußerungszeitraum von 20 Jahren vorstellen.«[9]

In einem Interview mit dem Berliner ARD-Korrespondenten Claus Richter einen Tag nach dem Attentat auf Rohwedder zeigt sie sich geschäftsmäßig, gefasst, fast unbeeindruckt und entrückt, als sei sie gar nicht wirklich anwesend. Dieses Verhalten sollte später typisch für sie werden. Tatsächlich hat in diesem Moment eine möglicherweise traumatisierte Frau, die drei Todesfälle kurz hintereinander verkraften musste, den schwersten und undankbarsten Posten in der Bundesrepublik übernehmen müssen, weil sich kein anderer fand, der den Mut aufbrachte, dieses Amt anzutreten.

Bevor das offizielle Interview beginnt, fragt Breuel den Journalisten: »Haben Sie da unten nur die Karten ausfüllen müssen?«

Richter: »Ja.«

Breuel: »... Ausweis zeigen müssen?«

Richter: »Ja. Presseausweis, Personalausweis.«

Breuel: »Na immerhin schon besser als nichts ...«

Richter: »Wieso, wollten Sie es noch verbessern oder was ...?«

Breuel: »Sicher, die Leute werden ja schon unruhig hier im Haus.«

Breuel guckt auf ihre Fingernägel, und das Interview beginnt.

Richter: »Frau Breuel, wie geht es nun weiter mit der Treuhand?«

Breuel antwortet abwesend: »Die Treuhand ist voller Kummer und Schmerz, wie jeder verstehen wird, aber wir sind uns alle einig: Die Arbeit geht so weiter wie bisher.«

Die Hanseatin, die immer lange Röcke trägt und oft an einem Mundstück zieht, in dem ein qualmender Zigarillo steckt, polarisiert die Treuhänder. Viele nehmen ihr übel, dass sie unmittelbar, nachdem sie Treuhandpräsidentin geworden ist, ein Treffen der wichtigsten Treuhandmitarbeiter einberuft und ihnen erklärt, dass es nun darum gehe, sich selber und damit die Treuhand schnellstmöglich abzuschaffen. Die große Frau überragt einige männliche Vorstandskollegen, kann durchaus gewinnend oder verschmitzt lächeln, tut das aber nur selten. Über die Jahre ist der rötliche Schimmer in ihrem Haar verblasst. Manchmal läuft sie im Büro ohne Schuhe über den Teppich und gibt sich formlos. Einige Kollegen lassen auf Breuel nichts kommen. Sie sei loyal und geradeheraus. Andere Treuhänder finden, sie benehme sich zu elitär, zu sehr wie eine reiche Bankierstochter. Als einmal ein Vorstandskollege scherzhaft anmerkt, sie gehöre wohl zu den hundert wichtigsten Familien in Hamburg, verbessert sie ihn: zu den wichtigsten zehn.

Klaus-Peter Wild, dem Vorstandsmitglied, hat die Art Rohwedders mehr gelegen. Beide kommen aus Familien, die nie viel besessen haben. Birgit Breuel dagegen kennt das nicht, sie hatte immer Einfluss. Und jetzt hat sie einen der wichtigsten Posten in Deutschland inne.

10. April 1991,
Berlin

Für einen Augenblick verändert sich die Stimmung in Deutschland: Auf der ersten Montagsdemonstration nach Rohwedders Tod wird eine Gedenkminute für den ermordeten Treuhandpräsidenten eingelegt.

Am Alexanderplatz geht der Alltag nach dem Attentat unverändert weiter. Nur wenige Tage nach dem Mord an Rohwedder wird eine digitale Unternehmerbörse vorgestellt. In einer Datenbank sind alle Betriebe der Treuhand erfasst, über 8000 Firmen. Potenzielle Käufer sollen sich ein Bild von den Angeboten machen können. Die Anstalt hat noch immer eine Mammutaufgabe vor sich: Allein fünfzehn Großunternehmen – jedes einzelne mit mehr als 20 000 Mitarbeitern – sind noch nicht privatisiert.[10]

Die Arbeit wird an diesem Mittwochvormittag kurz unterbrochen: Gut eine Woche nach dem Attentat findet um 11 Uhr ein Staatsakt für den ermordeten Präsidenten statt. Im Schauspielhaus am Gendarmenmarkt, wo sich vor nicht einmal einem Jahr zum ersten Mal die Parlamentarier beider deutscher Staaten getroffen haben, versammelt sich die wirtschaftliche und politische Elite Deutschlands. Treuhandmitarbeiter werden mit Sonderbussen vom Alexanderplatz zur Gedenkfeier gebracht. Die Sonne strahlt, Hubschrauber kreisen, Scharfschützen beobachten von den Dächern am Rande des Platzes die eintreffenden Gäste. Der Platz ist weiträumig abgesperrt.

Die Kinder von Detlev Karsten Rohwedder, die beide in New York leben, sind angereist. Die Tochter wird in den USA zur Journalistin ausgebildet, der Sohn arbeitet bei der Deutschen Bank. Sie sitzen in der ersten Reihe neben dem Ministerpräsidenten Nordrhein-Westfalens, Johannes Rau. Die Witwe Hergard Rohwedder liegt noch im Krankenhaus.[11] Weil die Sicherheitsvorkehrungen der Landesbehörden in Nordrhein-Westfalen sich als mangelhaft erwiesen haben, findet die Trauerfeier auf Wunsch der Familie in Berlin und nicht in Rohwedders Wohnort Düsseldorf statt. Das Bundeskabinett und fast alle Ministerpräsidenten der Bundesländer sind anwesend.[12]

Bundespräsident Richard von Weizsäcker spricht zu der Trauergemeinde: »Wieder sind wir versammelt, doch Detlev Rohwedder ist nicht mehr unter uns ... Wir verneigen uns vor dem Opfer dieses Lebens. Das Leid können wir nicht mindern. Aber unsere Achtung vor diesem verantwortungsbewussten und starken Mann gebietet uns, das Werk nach dem Beispiel fortzuführen, das er uns gegeben hat ... [es] gab böse Angriffe, unter denen er litt. Und es traf ihn, daß mancher, der es besser wußte und dazu berufen war, ihn dann allein ließ. Mut kann nur im Angesicht der Wahrheit wachsen, nicht auf der Flucht vor ihr.«[13]

Nach einer Stunde ist die Trauerfeier zu Ende. Die Politiker und Wirtschaftsmanager verlassen Berlin wieder, viele in ihren Privatjets.[14] Die Treuhänder werden in den Sonderbussen zurück zur Arbeit gefahren.

16. April 1991,
Berlin

Das Bundesamt für Verfassungsschutz stellt ein Dossier von siebzig Seiten zusammen, Titel: »Bekämpfung der organisierten Wirtschaftskriminalität mit DDR-Bezug«. Insbesondere geht es darin um Ermittlungen gegen die Firma WAN-Warimex, die von Ottokar Hermann geführt wird.

Hermann ist einer der schillerndsten Embargohändler und hat für die KoKo von Alexander Schalck gearbeitet. Er wurde in der Tschechoslowakei geboren, wird Mitglied der Waffen-SS, ist nach dem Krieg angeblich für die US-Gegenspionage aktiv und landet schließlich bei Schalck.[15] In den 1970er Jahren übersiedelt Hermann in die Schweiz, wo er einige Firmen für die DDR betreut, über die Geschäfte und Scheingeschäfte abgewickelt wurden. Über die Intrac in Lugano lässt Hermann Embargogüter in die DDR schmuggeln, darunter eine Passdruckmaschine, die die Staatssicherheit bestellt hat.[16]

Aus dem Dossier des BfV geht hervor, dass Waltraud Lisowski und Ottokar Hermann zusammenarbeiten. Nach Ansicht der Verfassungsschützer ist es höchste Zeit zu handeln. In einem Schreiben an das Polizeipräsidium Berlin, dem ein Exemplar des Dossiers beigefügt ist, heißt es: »Die neuere Entwicklung zeigt, daß Ottokar Hermann sich mit Hilfe der Waltraud Lisowski in den Besitz der treuhänderisch für die ehemalige DDR verwalteten Firmen setzen will. Es wird deshalb angeregt, diesen Bemühungen von Lisowski und Ottokar Hermann auch unter dem Gesichtspunkt der Eilbedürftigkeit Rechnung zu tragen. Die Asservate, die in der Staatsanwaltschaft des Kammergerichts liegen, lassen – einer ersten Durchsicht zufolge – durchaus den Eigentumsbeweis zugunsten der ehemaligen DDR als gesichert erscheinen.«

Birgit Breuel, bisher schon mit diesem Komplex betraut, ist seit drei Tagen Treuhandpräsidentin. Der Verwaltungsrat hat sie offiziell gewählt. Einige Wochen später sagt sie in einem Interview: »Die Vorwürfe lauten, in der Treuhand sitzen noch viele Ostdeutsche mit Vergangenheit. Dahinter steckt Methode: Die Enttäuschung darüber, daß man Honecker, Tisch und

Schalck-Golodkowski nicht belangen kann, führt zu Ersatzbefriedigung. Das heißt, man sucht nach Opfern bei der Treuhand … Das macht einem zu schaffen. Im Augenblick erleben wir eine emotionale Krise nach dem Motto: Wie bewältigen wir unsere Vergangenheit? Da wir die Großen nicht finden, suchen wir uns die Kleinen. Da war die Treuhand als Opfer gerade recht … Bei der Gründung der Treuhand haben am Alexanderplatz mit Sicherheit auch Mitarbeiter mit dunkler Vergangenheit gesessen. Darum haben wir sehr sorgfältige Prüfungen vorgenommen … Bei Stasi- und ZK-Vergangenheit sind wir rigoros. Die bloße SED-Mitgliedschaft interessiert uns dagegen nicht.«[17] Aber gegen die effektivste KoKo-Kraft Waltraud Lisowski geht die neue Treuhandpräsidentin nicht vor, obwohl Breuel seit Monaten vor ihr gewarnt wird.

19. April 1991,
Halle

Auch für die Treuhand-Niederlassung in Halle-Neustadt hat der Tod Rohwedders Konsequenzen: Der Bürotrakt in der »Scheibe D« bekommt im Eingangsbereich, hin zu den Fahrstühlen, schusssichere Glastüren. Eine Firma aus dem Westen fertigt die Türen an.[18] Ansonsten geht der Alltag in der »Scheibe D« weiter wie bisher. Die Niederlassung wächst, immer mehr Mitarbeiter aus dem Westen kommen. Klaus Klamroths Arbeitstage bleiben unverändert lang. Er unterschreibt Verträge, trifft die Geschäftsführer der Betriebe in seinem Büro, versucht sich einen Überblick zu verschaffen. Da es keine verlässlichen Grundbücher gibt, entscheidet er gemeinsam mit dem Personaldirektor der Niederlassung über strittige Grundstücke. Ohne Rücksprache mit der Zentrale können sie festlegen, ob ein Investor oder die Kommune den Zuschlag für ein Stück Land bekommt. Abends beim Bier diskutieren sie ihr neues Leben: Im Westen wäre es unvorstellbar, dass man zwei Männern allein so viel Macht und Verantwortung gibt. Klamroth denkt in dieser Zeit oft über seinen Vater nach. Der hat es bis zum Bundesrichter gebracht und würde sich sehr wundern, was »sein Junge« da in Halle macht.

Der Niederlassungsleiter Dr. Dickerhof ist immer noch selten im Büro. Die Zentrale in Berlin lässt den Mitarbeitern in den Filialen weitgehend freie Hand. Klamroth ist inzwischen aus dem Interhotel ausgezogen. Er hat sich eine Wohnung in einer anderen Plattenbausiedlung am Rande von Halle genommen. Aus den Fenstern der Zweizimmerwohnung in der Hanoier Straße blickt er auf die triste Siedlung Silberhöhe, die in diesem Frühjahr ihrem Namen selten Ehre macht. Klamroth hat sich diese Gegend nicht nur ausgesucht, weil in den oberen Stockwerken der Empfang für sein tragbares Telefon besser ist, sondern auch, weil er unter den Menschen sein will. Seinen alten Dienstwagen, einen Audi Quattro Sport, den er aus Heidelberg mitgenommen hat, parkt er ohne Bedenken vor der »Platte«. Die Nachbarn passen auf und alarmieren ihn, wenn ein Betrunkener dem Auto zu nahe kommt.

Inzwischen hat sein Direktorenkollege, der Privatisierungschef Tim Olaf Alexander, einen neuen Kollegen, den 40-jährigen Werner Sauer, eingestellt. Sauer kommt ebenfalls aus der Gegend von Stuttgart, hat schon viele Jobs in seinem Leben gehabt und einiges ausprobiert, mal mit mehr, mal mit weniger Erfolg. Das Einzige, was der Polizistensohn zu einem offiziellen Abschluss bringt, ist seine Lehre als Maschinenbauschlosser. Die Wirtschaftsoberschule bricht er ab. Da er nicht zur Bundeswehr will, meldet er sich bei der Bereitschaftspolizei. Zu spät begreift er, dass er sich mehrere Jahre bei der Polizei verpflichten muss, um den Wehrdienst wirklich zu vermeiden. Also läuft er viele Monate lang in Böblingen Streife – und verlässt die Polizei, nachdem er seine Zeit abgerissen hat. Sauer wird Unternehmer und gründet mit einem Kompagnon mehrere Firmen, von denen eine bald Konkurs anmelden muss. Er verkauft Autos, Motorräder, Sportartikel, Metallreinigungsmaschinen. 1983 versucht er sich als Berater für verschiedene Banken und findet hier seine wahre Bestimmung: Er wird Liquidator und lernt, wie man »Vermögensgegenstände« bei Firmenliquidationen oder -sanierungen zu Geld macht.

Bald will er mehr. 1988 steigt er in ein neues, boomendes Geschäftsfeld ein: die Multimedia-Werbung. Er kauft Anteile an einer Firma, die für Daimler-Benz, Michelin und Continental wirbt. 1990 verkauft er seinen Anteil, macht sich selbstständig und berät erneut Banken und Leasingfirmen. Er beurteilt die Kreditwürdigkeit der Kunden. Doch nichts, was er macht, ist von Dauer. Im April 1991 bewirbt er sich nach Absprache mit Tim Olaf Alexander direkt bei der Treuhand in Halle. Mit Erfolg. Er wird rückwirkend zum 1. April als Abteilungsleiter im Bereich Maschinenbau eingestellt.

Ein Detail aus seinem Leben hat Sauer der Treuhand verschwiegen: Das Amtsgericht Böblingen hat ihn 1986 wegen Konkursverschleppung, fortgesetzten Betrugs durch schlampige Buchführung und fortgesetzten Bankrotts zu einer Geldstrafe verurteilt. Das fällt weder in der Niederlassung Halle noch in der Zentrale in Berlin jemandem auf. Niemand überprüft den eingereichten Lebenslauf. So können Sauer, Alexander und Dachsner ungestört an die Arbeit gehen und ihren Plan umsetzen.

Die Festung

Ende April 1991,
Berlin

Schon vor dem Tod Detlev Karsten Rohwedders stand fest, dass die Treuhand schnell viel mehr Platz benötigen wird und das Gebäude am Alexanderplatz daher verlassen muss. Inzwischen ist ein neues Gebäude gefunden und der Umzug abgeschlossen. Die Zentrale, in der schon fast 2000 Menschen arbeiten, ist nun im ehemaligen Reichsluftfahrtministerium an die Otto-Grotewohl-Straße (seit 1993 wieder Wilhelmstraße) untergebracht.[1] Die Treuhand residiert damit in dem größten Bürogebäude der Stadt, das noch vor dem Zweiten Weltkrieg erbaut wurde. Die Fassade des ehemaligen Ministeriums ist von Ruß und Dreck überzogen. Dass die neue Treuhandzentrale aus hellem Naturstein gebaut ist, ahnt man Anfang 1991 kaum. Der unter Denkmalschutz stehende Komplex wirkt wie eine düstere, uneinnehmbare Festung und damit ganz anders als das Provisorium am Berliner Alexanderplatz 6. Die Wände sind mit dunkelbraunem Holz getäfelt, haben kleine Waschnischen. Boden und Wände in den Fluren sind aus Marmor. Die Treuhänder werden später unterscheiden zwischen der Pionierzeit am Alexanderplatz, wo permanent Chaos zu herrschen schien, frustrierte Arbeiter und Investoren über die Flure liefen, und der Zeit an der Otto-Grotewohl-Straße. Dort entwickelt sich die Treuhand immer mehr zu einer riesigen Behörde, hinter deren dicken Mauern am Ende 4000 Menschen arbeiten.

Aus der Luft sieht das Gebäude wie ein gigantisches »B« aus. Der Architekt Ernst Sagebiel, der später auch den Flughafen Tempelhof entwirft, stößt mit diesem Entwurf in eine neue Größenordnung vor. Das Ministerium wird 1935 in nur zehn Monaten hochgezogen, 5000 Bauarbeiter schuften hier Tag und Nacht. Über 2000 Zimmer haben in dem Komplex Platz, der längste Flur ist über 400 Meter lang.[2] Das Gebäude wirkt, als sei es aus massivem Sandstein gebaut, doch tatsächlich lässt Sagebiel, der einen jüdischen Lehrmeister hatte, zunächst riesige Stahlskelette errichten, die mit Beton und Backsteinen ausgefacht werden. Die Fassaden werden mit hellem Naturstein verkleidet. Das Gebäude ist nicht sehr hoch, hat aber, da man sich bereits für den Krieg rüstete, vier unterirdische Geschosse, die gegebenenfalls als Bunker dienen können. Görings Reichsluftfahrtministerium sollte der Welt signalisieren: Die Deutschen bauen eine Luftwaffe auf und scheren sich nicht um den Vertrag von Versailles.

Das Ministerium wird im Krieg mehrfach bombardiert und ist am Ende schwer beschädigt. Die Büros sind verwüstet, Leichen und Munition liegen überall herum. Der Kommunist Willi Stoph, der das Gebäude nach Kriegsende inspiziert, findet nur zehn Räume, die noch genutzt werden können. Aber, und das ist überlebenswichtig im Berlin der Nachkriegszeit: Der hauseigene Brunnen ist noch intakt. Die Führung der Sowjetarmee zieht hier mit ihrer zentralen Besatzungsbehörde ein und lässt das Gebäude renovieren. Am 7. Oktober 1949 wird im großen Saal des ehemaligen Ministeriums die DDR ausgerufen. Nach und nach ziehen die DDR-Fachministerien ein, zuständig für Industrie und Wirtschaft – schon 1947 war hier die »Deutsche Wirtschaftskommission« untergebracht, die zentrale Verwaltungsorganisation für die Sowjetische Besatzungszone. Das ehemalige Reichsluftfahrtministerium wird danach offiziell zum Haus der Ministerien (HdM).

Am 16. Juni 1953 kommt es in Ost-Berlin zu Unruhen wegen der beschlossenen Normenerhöhung. Vor allem die Bauarbeiter treibt die Entscheidung auf die Straße. Mehrere Tausend Arbeiter schließen sich zusammen und marschieren Richtung Haus der Ministerien. Sie skandieren: »Kollegen reiht euch ein, wir wollen freie Menschen sein!«[3] Um 14 Uhr treffen sie vor dem HdM ein, wo sie vor den Augen der Regierung ihrem Ärger Luft machen wollen. Doch die SED-Parteiführung und die DDR-Regierung sind mittlerweile in einen anderen Teil der Stadt gezogen. Am nächsten Tag demonstrierten Arbeiter und Unzufriedene im ganzen Land. Schon in den frühen Morgenstunden rollen Sowjetpanzer durch Berlin, die SED schickt Polizeikräfte. Die Proteste werden niedergeschlagen, 16 000 Ostdeutsche verhaftet. Über fünfzig Tote sind zu beklagen, unter ihnen mehrere minderjährige Schüler.

Das Ministerium an der Otto-Grotewohl-Straße steht später unmittelbar an der innerdeutschen Grenze: An der Südseite des Gebäudes verläuft von 1961 an die Mauer. Eine weitere kleinere Begrenzung wird parallel zum eigentlichen »Schutzwall« gebaut. Sie durchschneidet die Otto-Grotewohl-Straße und schließt mit der Außenwand des Ministeriums ab.

Detlef Scheunert kennt das HdM. Er hat hier schon als Referent im DDR-Ministerium gearbeitet. Von den Toiletten im Südflügel konnte er über die Mauer in das andere Deutschland hinüberschauen. Jetzt kehrt er zurück in das Gebäude, in dem seine Karriere begann. Hier lernte er, dass man immer einen Schritt hinter dem Vorgesetzten geht – die Genossen sollten sofort erkennen, wer der Chef ist. Hier wurde er eingeweiht in alle Tricks und die täglichen Lebenslügen des DDR-Systems. Nun muss er neue Kniffe und Regeln lernen.

22. April 1991,
Leipzig

Heute findet die letzte Montagsdemonstration statt. Gerade einmal 500 Menschen sind auf den Augustusplatz gekommen. Nach dem Attentat auf den Treuhandpräsidenten scheinen auch die Protestler in Ostdeutschland für kurze Zeit unter Schock zu stehen.

Eine Woche später rollt der letzte Trabant in Zwickau von Band. Noch vor dem 1. Mai, dem Tag der Arbeit, absolviert auch die Interflug ihren letzten Flug. Nach 35 Jahren stellt sie ihren Betrieb mit dem Flug einer Tupolew von Berlin nach Wien ein. Die Zukunft der letzten 2600 Mitarbeiter ist ungewiss. Die drei geleasten, modernen Airbusse übernimmt die Flugbereitschaft der Bundeswehr. Die Maschinen sollen unter anderem zwischen Bonn und Berlin eingesetzt werden und die Abgeordneten und Ministerialen zwischen den beiden Städten hin und her fliegen.[4]

10. Mai 1991,
Halle

Die Chemiewerke in Leuna bei Merseburg feiern ihr 75. Jubiläum. 1916, im dritten Jahr des Weltkriegs, geht BASF in Ludwigshafen der Stickstoff aus, den das Unternehmen in großen Mengen braucht, um Ammoniak und damit wiederum Sprengstoff herzustellen. In Leuna findet die BASF-Führung einen günstigen Standort für ein zweites Werk. In der Nähe wird Braunkohle gefördert, die man als Energieträger braucht.

Die Forscher in Leuna machen 1926 eine bahnbrechende Entdeckung: Es gelingt ihnen, aus Braunkohle synthetisches Benzin herzustellen. Allerdings kostet die Produktion des synthetischen Produkts sehr viel mehr als die Herstellung von normalem Treibstoff. BASF hat sich inzwischen mit Hoechst und Bayer zu einer Aktiengesellschaft zusammengeschlossen, der Interessen-Gemeinschaft Farben (I.G. Farben).

Für die I.G. Farben ist die Unterstützung des deutschen Staates von großer Bedeutung. Man ist auf staatliche Schutzzölle angewiesen, damit sich die Produktion des synthetischen Benzins überhaupt rentiert. Abgesandte der I.G. Farben treffen sich auch deswegen 1932 mit Adolf Hitler. Der versichert den Managern, dass synthetisches Benzin in Zukunft äußert wichtig für das Deutsche Reich sein werde. Carl Bosch, Vorstandsvorsitzender der I.G. Farben, spendet daraufhin 400 000 Reichsmark für den Wahlkampf der NSDAP.

Den Wissenschaftlern der I.G. Farben gelingt es schließlich, auch Kautschuk künstlich herzustellen. Dieses Produkt, »Buna« genannt, wird in der Nähe des Leuna-Werkes hergestellt. Die Werke Leuna und Buna werden in der Folge zu den wichtigsten und größten Chemiewerken im Deutschen Reich. Zur I.G. Farben gehören in der Region Halle daneben noch viele weitere Werke, unter anderem eine Aluminiumhütte in Bitterfeld und eine Filmfabrik in Wolfen, wo der erste Farbfilm der Welt entwickelt wird. Die Sowjets machen nach dem Krieg aus den größten Werken »russische Aktiengesellschaften«, demontieren einen Großteil der Anlagen und überlassen den Rest der DDR-Regierung. Die lässt, was übrig ist, notdürftig von den Arbeitern zusammenflicken. Für einen Neubau fehlen die Mittel und das Material. Leuna wird trotzdem nach und nach zum geschundenen Herzen der ostdeutschen Chemie-Industrie.

1990 sind die ehemaligen Chemiekombinate die größte Bürde der Treuhand. Sie alle befinden sich im sogenannten Chemiedreieck um Halle herum. Bitterfeld im Nordosten von Halle bildet die Spitze dieses Dreiecks, Leuna und Buna liegen an den beiden unteren Ecken, direkt übereinander im Süden der Saale. Die riesigen Chemiebetriebe befinden sich in einer schweren wirtschaftlichen Krise – eine Umweltsünde sind sie schon viel länger. Die Währungsunion hat den Firmen erheblich zugesetzt, zudem sind die technischen Einrichtungen marode. Über 90 Betriebsteile wurden bereits stillgelegt, weil sie zu den giftigsten Chemie-Unternehmen Europas gehörten.[5]

Die Treuhand hat noch keine ernsthaften Interessenten für die ehemaligen Kombinate gefunden, in denen noch mehr als 100 000 Menschen arbeiten; noch weit mehr Arbeitsplätze in der Gegend hängen von der Chemie-Industrie ab. Intern rechnet die Treuhand inzwischen damit, dass lediglich 13 000 Arbeitsplätze erhalten werden können, wenn man entsprechende Investoren findet. US-amerikanische Unternehmensberater, die Ende 1990 für die Treuhand die Firmen untersuchten, kamen zu dem Ergebnis: »Die Freisetzung von über 150 000 Beschäftigten, ein drastisches Sinken der Kaufkraft und damit ein Dominoeffekt weit in den Tertiärsektor hinein, soziale Unruhen und die Verarmung eines großen Teils der neuen Bundesländer wären nicht zu vermeiden.«[6]

Bundeskanzler Helmut Kohl kennt die brisante Lage der Region, als er zu seinem dritten Besuch nach dem Bundestagswahlkampf im Dezember

1989 in Ostdeutschland eintrifft, um den 75. Geburtstag von Leuna zu begehen. Er fliegt mit einem Hubschrauber des Bundesgrenzschutzes direkt zum Buna-Werk nach Schkopau in Sachsen-Anhalt. Ein Chemie-Arbeiter hat sich neben dem Feld, auf dem der Hubschrauber landet, mit einem Schild aufgebaut: »Denkt an unsere Familie!« Helmut Kohl geht auf den Mann zu und sagt: »Mein Lieber, deswegen bin ich ja hier.«[7] Er erzählt davon, dass er selbst 18 Jahre alt gewesen sei, als man nach der Währungsreform daranging, Deutschland aus den Trümmern wieder aufzubauen. Kohl hat nach dem Krieg im BASF-Werk in Ludwigshafen gearbeitet und wurde später so etwas wie ein Patron der deutschen Chemie-Industrie.

Im Tross des Bundeskanzlers befindet sich unter anderen der Umweltminister Klaus Töpfer, der sich ein Bild von der Umweltzerstörung in der Region machen will. Mit einem Bus fährt die Gruppe aus Bonn über das Gelände der Buna-Werke, das in großen Teilen in Trümmern zu liegen scheint. Überall werden die Reste von riesigen Hallen mit Baggern abgetragen. Die ehemaligen Arbeiter schweißen Rohre ab, zersägen sie, werfen die glühenden Reste auf Schrotthaufen. Im Vereinsheim des Leuna-Werks sagt Kohl zu den Arbeitern: »Ich bin nicht hier, um Ihnen Versprechungen zu machen.« Aber: »Ich bin hergekommen, um Ihnen zu sagen, wir wollen, dass hier in diesem Chemiedreieck die Chemie weiter existiert. Und zwar nicht so duldend und zähneknirschend.« Die Treuhand wird von dieser Aussage, die ja im Kern tatsächlich ein Versprechen ist, überrumpelt.

Am Nachmittag gegen 16 Uhr 45 zeigt sich Kohl vor dem Rathaus in Halle. Hinter Absperrgittern stehen Demonstranten. Sie rufen ihm etwas zu, skandieren Parolen. Kohl hält inne, geht auf die Absperrungen zu. Er will einigen Schaulustigen die Hand schütteln. Doch bevor er das Gitter erreicht, wird er von rohen Eiern getroffen. Hinter der Absperrung steht ein junger Mann mit einer»JuSos«-Fahne. Er hält einen Karton mit Eiern in der Hand und wirft ein Ei nach dem anderen auf Kohl, der weiter zum Gitter drängt und die Hände eines alten Mannes und einer älteren Frau schüttelt. Die Leibwächter zerren an dem Kanzler, können ihn aber nicht zur Umkehr bewegen. Als es ihnen dennoch gelingt, Kohl von dem Gitter wegzuziehen, reißt der sich wieder los und rennt zurück. Da öffnet sich das Gitter und schwingt in Richtung der Kohl-Delegation. Der Kanzler und die Demonstranten stehen sich ohne Barriere gegenüber. Einen Moment scheint es, als wolle der Kanzler seine Gegner verprügeln. Schließlich gelingt es den Leibwächtern, ihn wegzuführen. Schon einmal, im letzten Jahr, ist Kohl in Halle mit Eiern beworfen worden.

23. Mai 1991,
Berlin

Uwe Schmidt vom LKA Berlin hat bei der Treuhand noch immer nicht erreichen können, dass man ihm in Sachen Waltraud Lisowski hilft. Also wird er selber tätig und lädt die Treuhandangestellte zur Vernehmung ins Präsidium. Die rechte Hand von Schalck gibt sich »total unwissend«. Inzwischen hat der ermittelnde Staatsanwalt, unterstützt von einem Staatssekretär aus dem Bundeswirtschaftsministerium, immerhin durchgesetzt, dass Waltraud Lisowski ein Aufpasser an die Seite gestellt und sie selbst als Geschäftsführerin der »Effect« abgesetzt wird. Allerdings fällt internen Wirtschaftsprüfern der Treuhand später auf, dass sich durch diese Maßnahme kaum etwas ändert. Der neue westdeutsche Chef kann sich gegen Lisowski nicht durchsetzen. Sie ist die stärkere und geschultere Persönlichkeit, stellt der Prüfer fest. Sie schließt weiter »merkwürdige« Verträge mit ehemaligen Geschäftsführern der Auslandsfirma der Ex-SED ab. An manche Akten, gibt der neue Geschäftsführer zu, hat Lisowski ihn nicht richtig herangelassen.[8]

Entlassen wird sie noch immer nicht, obwohl die internen Prüfer vor ihr warnen und in der Presse immer offener über die Geschäfte von Schalck und seiner Vertrauten berichtet wird: »Die Geschäftsführer DDR-gesteuerter Firmen mußten erst einmal ein bleistift-geschriebenes Rechenwerk der Einnahmen und Ausgaben vorlegen, bevor es Dokumentencharakter erhielt und dem westdeutschen Fiskus eingereicht wurde. Hatte ein Unternehmen beispielsweise bei einem Umsatz von 300 Millionen Mark rein rechnerisch einen Gewinn von 25 Millionen gemacht, verlangte Traudl Lisowski energisch Korrekturen. Fürs Finanzamt, so die Weisung, sei die Summe ›auf sieben bis acht Millionen‹ zu drücken. Und stets lautete die offizielle Begründung für derlei Manipulationen gleich, wie aus dem Lehrbuch für billige Propaganda: ›Jede abgezwackte Mark ist ein Garant mehr dafür, daß die BRD weniger Panzer baut.‹«[9] Noch immer reagiert die Treuhandführung nicht. Im Gegenteil. Die Pressestelle lässt verlauten: »Beanstandungen bezüglich der fachlichen und loyalen Mitarbeiter … haben sich nicht ergeben. Das gilt auch für Frau Lisowski.«[10]

11. Juni 1991,
Berlin

Zwei Monate nach der Ermordung Rohwedders gehen die Bundesregierung und die Treuhandführung verstärkt dazu über, partiell Industriepolitik zu betreiben – also ostdeutsche Großunternehmen massiv mit Steuergeld zu unterstützen. Für Birgit Breuel ist das, wie sie immer wieder geschrieben und gesagt hat, ein politischer Irrweg. Doch für viele Betriebe gibt es keine Interessenten. Wenn man diese Unternehmen einfach schließen würde, drohen soziale Verwerfungen. Als generellen Kurswechsel will die Treuhandführung diese Strategie, die dem Dogma der »Entstaatlichung« der Betriebe widerspricht, daher nicht verstanden wissen.

Der junge Detlef Scheunert verfolgt in diesem Sommer mit Staunen, wie geschmeidig Politiker sein können. Meinungen, die sie seit Jahrzehnten vertreten haben, scheinen von heute auf morgen vergessen.

Scheunerts Chef, der Vorstand Klaus-Peter Wild, ist auch für das ehemalige Kombinat Carl Zeiss Jena zuständig. Es macht in diesem Jahr mehr Verlust als Umsatz: Zwischen 1,5 und zwei Millionen D-Mark verliert das Unternehmen jeden Tag.[11] Zeiss in Jena ist wie viele andere DDR-Firmen vom Export abhängig: Zwei Drittel seiner Produktion hat das Kombinat nach Osteuropa verkauft. Doch seit dem 1. Januar 1991 haben die Sowjets keinen Kaufauftrag mehr unterschrieben.

In Thüringen gibt es seit Jahrhunderten Tüftler und große Wissenschaftler. Hier gründet Carl Zeiss Ende des 19. Jahrhunderts einen kleinen Betrieb und schafft es als Erster, ein Mikroskop zu konstruieren, dessen Objekt sich scharfstellen lässt, ohne dass man den Tisch verrücken muss. Das Mikroskop ist an einer Säule befestigt, die sich hoch und runter schrauben lässt. Die Konkurrenz aus Wien und Paris gerät ins Hintertreffen. Das Unternehmen wächst rasend schnell und verdient ordentlich an den beiden Weltkriegen: Zeiss fertigt Ferngläser für die Marine, dazu Staubbrillen für die Panzerfahrer, Zielfernrohre für Präzisionsgewehre, Sehrohre für die U-Boote. Das weiß auch die Führung der US-Armee. Als klar ist, dass das Zeiss-Werk in Jena im Einflussbereich der Sowjets liegen wird, lässt die Armeeleitung wichtige Teile der Fabriken abbauen und ordnet zudem an, dass die hundert besten Wissenschaftler aus Jena weggebracht werden. 350 Kilometer südwestlich werden die Forscher in der von den USA kontrollierten Zone neu angesiedelt und das Werk in Rekordzeit wieder aufgebaut. Oberkochen und Heidenheim in der baden-württembergischen Provinz werden die neue Heimat des Unternehmens Carl Zeiss.

Der Betrieb in Jena ist ein Torso, nachdem die Sowjets die letzten nützlichen Reste der Fabriken abgebaut hatten, rappelt sich aber bald wieder auf. Er firmiert weiterhin unter dem Namen »Carl Zeiss«, was über Jahre zu rechtlichen Streitereien zwischen Ost und West führt.[12] In Thüringen werden nach und nach ehemalige feinoptische und feinmechanische Einzelbetriebe enteignet und zu einem großen »sozialistischen Super-Konzern« zusammengefasst: dem volkseigenen Kombinat Carl Zeiss Jena. Man steigt wieder in die Rüstungsindustrie ein, stellt Spezialteile für sowjetische Panzer her, darunter Nachtsichtgeräte und Feuerleitanlagen.[13]

1990 bietet die Zeiss-Stiftung aus dem Westen an, dem Kombinat beim Übergang in die Marktwirtschaft zu helfen. Der ostdeutsche Generaldirektor nimmt dankend an. Die westdeutschen Chefs der Firma Zeiss in Baden-Württemberg ordnen Mitarbeiter ab, die sich in Jena umsehen. Die US-amerikanische Beratungsfirma Boston Consulting, die für Zeiss im Westen arbeitet, untersucht den Jenaer Betrieb im Auftrag der Westdeutschen ganz genau. Das Ergebnis: Nur 5000 Arbeitsplätze sind zu retten. Beide Teile von Zeiss sollten unter einem Dach, dem der Stiftung im Westen, zusammengeführt werden. Das Hauptquartier von Zeiss läge dann im Westen.[14]

Doch als die Treuhand die Wartburg-Werke in Thüringen schließt, wird Josef Duchač, der Ministerpräsident des Landes, aufmüpfig. Ihm wird klar, dass das Konzept der Westdeutschen Zeiss in Jena zu einer »verlängerten Werkbank« degradieren würde. Zeiss in Ost und West stellen in großen Teilen die gleichen Produkte her und würden auf dem Weltmarkt in Konkurrenz treten. Die Westdeutschen mit ihren modernen Modellen sind allerdings weit im Vorteil, und es ist vorauszusehen, dass sie sich durchsetzen werden. Duchač fordert daher eine andere Lösung und verhandelt mit der Treuhand. Als spezieller Jena-Berater dient sich Anfang 1991 Lothar Späth an.

Späth, noch im Jahr zuvor als der Mann gehandelt, der Helmut Kohl stürzen könnte, ist seit Januar arbeitslos. Nach fast zwölf Jahren im Amt des Ministerpräsidenten von Baden-Württemberg war er darüber gestolpert, dass er sich Urlaubsflüge und einen Segeltörn durch die Ägäis von einem Konzern bezahlen ließ. Anfang des Jahres muss er zurücktreten. Seit April verhandelt er im Auftrag Thüringens zäh mit der Treuhand, obwohl er so gut wie nichts über das Unternehmen Carl Zeiss weiß, wie er später selber zugibt.[15] Detlef Scheunert erlebt diese Verhandlungen mit.

Lothar Späth, der in seinem Bundesland studieren konnte, wie viel Geld in einen neuen Industriearbeitsplatz, noch dazu in der Hightech-Branche, investiert werden muss, pokert. Immer wieder fordert er im Namen des Landes Thüringen mehr Geld für Zeiss. Er wolle nicht den »Todesengel« in Jena spielen, sagt er an einer Stelle, er brauche mehr Mittel, um Zeiss retten zu können.[16] Schließlich bietet die Treuhand im Juni 1991 rund 2,4 Milliarden D-Mark als Anschubfinanzierung für Carl Zeiss Jena. Späth scheint zu akzeptieren. Man trifft sich in der Otto-Grotewohl-Straße, um die letzten

Details zu verhandeln. Verblüfft beobachtet Scheunert, dass Späth nach mehreren Stunden Verhandlung noch mehr Geld fordert, mindestens 300 Millionen D-Mark. Während der Diskussionen sieht er Späth in einem kleinen schwarzen Buch blättern, in dem Zahlen und Namen stehen. Der ehemalige Ministerpräsident kennt fast jeden Konzernchef in Deutschland. Nun will er selbst einer werden. Klaus-Peter Wild, der spät in der Nacht oft die besten Ergebnisse bei Verhandlungen erzielt, weil seine Gegenüber müde werden, scheint seinen Meister zu finden. Um neun Uhr am Morgen ist eine Pressekonferenz angesetzt. Um vier Uhr, im Morgengrauen, gibt Klaus-Peter Wild nach. Scheunert und er gehen drei Stunden später zu Birgit Breuel, die sie im Bademantel empfängt, und stellen ihr das Ergebnis vor. So wird Standortpolitik also gemacht, denkt Scheunert. Unter dem Strich hängt es von einem einzelnen Strippenzieher und seinem Einfluss ab. Die Treuhand, somit der Steuerzahler, investieren 258 000 Mark pro Arbeitsplatz, der erhalten wird. Ein ordnungspolitischer Sündenfall, findet Scheunert.

Die Präsidentin und CDU-Politikerin, die jahrzehntelang gepredigt hat, der Staat solle sich aus der Wirtschaft heraushalten, segnet das Verhandlungsergebnis in den Morgenstunden des 12. Juni ab. Der Zustimmung des Bundesfinanzministeriums scheint sie sich sicher. Die Treuhand gibt mehr als 2,7 Milliarden Mark. Sie übernimmt zudem die Altschulden, die bis zum Sommer 1990 angefallen sind, und sie hilft dabei, die Abfindungen für die zu entlassenden Arbeiter aufzubringen. Die liegen bei der Firma Zeiss um ein Vielfaches höher als bei anderen Betrieben. Schließlich garantiert die Anstalt, dass sie die Verluste von Carl Zeiss Jena in den nächsten Jahren ausgleichen wird. Das Land Thüringen wird hundertprozentiger Eigentümer einer neu zu gründenden Jenoptik AG, deren Vorstandsvorsitzender Lothar Späth wird. Die Zeiss-Stiftung hat in Zukunft ihren Sitz in Ost- und Westdeutschland.

Ein ehemaliger CDU-Ministerpräsident, der sein Leben lang Politiker war, übernimmt eines der wichtigsten Unternehmen der ehemaligen DDR-Industrie, das de facto Konkurs ist, wie er später selber sagt. Aber das »Cleverle« Lothar Späth bekommt für die neue Firma genügend Subventionen, um überleben zu können. Das Ergebnis wird wie geplant am Vormittag auf einer Pressekonferenz in der Zentrale der Treuhandanstalt vorgestellt.

Wenige Tage später fliegt Birgit Breuel nach Japan, um dort Käufer für ostdeutsche Betriebe zu finden. Die japanischen Konzerne halten sich noch immer zurück oder kommen wie im Falle von Zeiss in Jena – auch die Investmentbank Nomura hatte sich um Zeiss beworben – nicht zum Zuge.

Kurz vor dem Abflug erfährt die Präsidentin, dass die Maschine eine englischsprachige Broschüre in hoher Auflage geladen hat, die von der Presseabteilung vorbereitet worden ist und in Japan verteilt werden soll. Der Titel: »The Sale of the Century«. Breuel lässt die Broschüre wieder ausladen.

Der Fall der Firma Zeiss in Jena hat noch weitere Konsequenzen. Der Direktor, der bisher für die Glas- und Keramikindustrie und damit auch für Zeiss in Jena zuständig war, hatte bei den Verhandlungen in den letzten Monaten kein gutes Bild abgegeben. Die Treuhand trennt sich von ihm. Eine Stelle wird frei. Klaus-Peter Wild findet, dass die Zeit reif ist für einen Direktor aus dem Osten. 46 Direktoren gibt es in der Treuhand, die den einzelnen Vorständen unterstellt sind, alle kommen aus dem Westen.[17] Im Vorstand ist nur noch der Ostdeutsche Wolfram Krause übrig, immer noch zuständig für die Finanzen. Der zweite Ostdeutsche im Vorstand, Gunter Halm, wurde gerade entlassen.

Wild schlägt Birgit Breuel vor, es mit Detlef Scheunert zu versuchen. Der habe in den letzten Monaten als sein Assistent in den hektischen und chaotischen Zeiten am Alexanderplatz eine gute Figur abgegeben, schnell gelernt und viel gearbeitet. Breuel akzeptiert. Detlef Scheunert aus Döbeln in Sachsen wird im Sommer 1991 Direktor bei der Treuhand und ist damit einer der beiden mächtigsten Ostdeutschen in der Anstalt. Die restlichen Führungspositionen werden von Westdeutschen besetzt, was später von westdeutschen Wissenschaftlern kritisiert wird: »Für einen derart radikalen Austausch einheimischer Eliten findet sich so schnell keine Parallele – am ehesten noch, horribile dictu, unter Kolonialregierungen und Besatzungsverwaltungen.«[18]

Zahltag

27. Juni 1991,
Halle

Werner Sauer, Abteilungsleiter in der Niederlassung Halle und Komplize des Privatisierungsdirektors Tim Olaf Alexander, schlägt als Verkäufer ein wie eine Bombe. Er privatisiert einen ehemaligen Staatsbetrieb nach dem anderen. Sauer selber prägt einen Satz, der auf den Fluren der Treuhand-Niederlassung zum geflügelten Wort wird: »Von Sauer lernen heißt siegen lernen.« Die beruflichen Rückschläge, die er im Leben schon einstecken musste, merkt man ihm nicht an. Große, teure Uhr, auffällige Sakkos und Krawatten, ein abschätzender, fast gelangweilter Blick. Sauer sieht aus, als habe er schon alles, was er brauche. Während der Unterhaltung guckt er manchmal ungeduldig an seinem Gesprächspartner vorbei. Aber seine helle Stimme und sein weicher schwäbischer Singsang nehmen seiner Arroganz die Spitze. Seit Anfang Juni hat er innerhalb von gut zwei Wochen vier Firmen an einen Interessenten aus Baden-Württemberg verkauft: den Schwaben Dr. Walter Schneider *(Name geändert)*. Der Westdeutsche besitzt einen Autozuliefererbetrieb und ist auf den ersten Blick ein durch und durch bodenständiger Unternehmer: wohlgenährt, stämmig, nur die tiefen, dunklen Augenringe deuten an, dass mit seiner Firma möglicherweise nicht alles zum Besten steht.

Schneider, Sohn einer Unternehmerfamilie, hat Volkswirtschaftslehre und Soziologie studiert. Im letzteren Fach wird er promoviert. Nebenbei arbeitet er im Unternehmen seiner Eltern, macht Praktika bei einer Bank und einem Wirtschaftsprüfer. Alles ist darauf ausgerichtet, dass er eines Tages die Firma seiner Familie übernimmt. Doch in den 1970er Jahren heiratet er die Tochter eines Unternehmers, der eine wesentlich größere Firma besitzt: die Palino GmbH *(Name geändert)*. Sein Schwiegervater drängt ihn, in das Geschäft einzusteigen. Palino, fast hundert Jahre alt, soll unbedingt weiter bestehen, so der Wunsch des Schwiegervaters, der bislang keinen geeigneten Nachfolger gefunden hat. Schneider gibt nach und stolpert ins Chaos.

Das Unternehmen gerät noch unter der Führung des Schwiegervaters in eine Krise. Um es zu retten, wird Schneider alleinhaftender Gesellschafter.

Seine beiden Töchter werden geboren, eine zusätzliche Verantwortung. Er schafft es schließlich, Palino zu retten, indem er die Produktion umstellt. Es werden keine Töpfe und Teller mehr produziert, sondern Pressteile und Werkzeuge für die Autoindustrie in Serienfertigung. Das Unternehmen wirft wieder Gewinne ab, Palino kann sich aus dem Gröbsten herausarbeiten.

Bis 1989 geht alles gut. Doch dann setzen die großen westdeutschen Autohersteller ihre Zulieferer unter Druck: Sie müssen billiger produzieren, sonst können die deutschen Marken mit den Herstellern aus Japan nicht mehr mithalten. Der Fall der Mauer macht alles noch schlimmer. In der ehemaligen DDR lassen sich niedrige Löhne durchsetzen, behaupten die Autobauer. Schneiders Kunden, darunter Mercedes-Benz, drängen, er solle doch im Osten und damit kostengünstiger produzieren. Schneider macht sich, wie es ein Richter später formuliert, »von wirtschaftlicher Notwendigkeit, aber auch von einer damals allgemein herrschenden ›Goldgräberstimmung‹ getrieben, … wie viele andere westdeutsche Unternehmer auf, aus dem Angebot der Treuhandanstalt zu seinem Unternehmen passende Betriebsstätten zu suchen«.[1]

Schneiders Problem: Palino ist eigentlich gar nicht liquide. Hohe Verbindlichkeiten drücken, die Banken drängeln. Dennoch geht Schneider auf das Angebot eines Bekannten ein, ihn mit einem Treuhänder aus Halle bekannt zu machen. Im April 1991 treffen sich Werner Sauer und sein bald bester Kunde Dr. Walter Schneider in Baden-Württemberg. Die beiden verabreden, sich ein mögliches Kaufobjekt in Halle anzusehen: die Baumechanik Halle. Die Firma hat sechs verschiedene Betriebsgrundstücke, die man teurer weiterverkaufen oder beleihen könnte. Schneider zeigt sich interessiert, und Werner Sauer nennt, wie es zuvor mit Tim Olaf Alexander ausgemacht worden war, die Bedingung: Schneider muss unabhängig vom vereinbarten Kaufpreis zusätzlich 500 000 Mark Schmiergeld zahlen. Nur dann bekommt er die Grundstücke zum Preis von 4,4 Millionen Mark.

Der Mann aus Baden-Württemberg willigt ein. Er trifft Sauer am 23. Mai in dessen Stuttgarter Wohnung und übergibt ihm eine halbe Million Mark in bar. Keine drei Wochen später, am 10. Juni 1991, wird der erste Verkauf von Sauer an Schneider notariell beglaubigt. Zwischen dem 21. und 27. Juni kauft Schneider innerhalb von einer Woche drei weitere Firmen und Liegenschaften von Sauer.[2] Für das zweite Geschäft übergibt Schneider eine Million Schmiergeld, ebenfalls in bar. Dann schließlich, am 5. Juli, schmiert er nach einem gemeinsamen Essen Sauer mit zwei Millionen für den dritten Verkauf. Die zwei Millionen reicht Schneider auf einem Parkplatz aus seinem

Auto hinüber in den Sportwagen des Treuhänders. Innerhalb von nur knapp sechs Wochen hat sich Werner Sauer mit dreieinhalb Millionen D-Mark bestechen lassen und im Gegenzug dafür gesorgt, dass andere Interessenten das Nachsehen haben.

18. August 1991,
Moskau

Während der Parteichef der KPdSU, Michail Gorbatschow, im Urlaub auf der Krim weilt, putschen kommunistische Apparatschiks und Offiziere gegen die Regierung in Moskau. Genau diese Gegenbewegung hatte die Bundesregierung schon im Jahr zuvor befürchtet. Die Putschisten gründen ein »Staatskomitee für den Ausnahmezustand« und lassen verlauten, dass der Staatsstreich auch mit der wirtschaftlichen Krise im Land zu tun hat, die immer schlimmer werde, weil Moskau nicht mehr alle Teilrepubliken unter seiner Kontrolle habe: »Die Machtkrise hat katastrophale Auswirkungen auf die Wirtschaft«, so die Putschisten. Die Sowjetunion würde »chaotisch und spontan« in die Marktwirtschaft rutschen.[3]

Tatsächlich bestätigen verschiedene westliche Forschungsinstitute, dass die Wirtschaft in der Sowjetunion in einer schlimmen Verfassung ist. Im ersten Vierteljahr 1991 ist das Bruttosozialprodukt um acht Prozent zurückgegangen. Die Lebenshaltungskosten sind in den ersten Monaten aufgrund der Wirtschaftsreformen im Vergleich zum Vorjahr um fast ein Viertel gestiegen. Konsumgüter können nur in geringen Mengen importiert werden, da die Devisen fehlen. Das Land ist im Westen hoch verschuldet und hat kaum noch Barmittel auf den Konten im Ausland. Die Schulden bei ausländischen Gläubigern haben sich in den letzten fünf Jahren verdoppelt.[4]

Tausende Demonstranten und Präsident Boris Jelzin stellen sich den Putschisten trotzdem entgegen und verhindern, dass diese dauerhaft die Macht übernehmen können. Um 14 Uhr am Mittwoch, den 21. August, ziehen sich die Luftlandetruppen in die Kasernen zurück, wenig später fliehen die Anführer des Putsches, der Staatsstreich bricht zusammen. Gorbatschows Tage scheinen dennoch gezählt, man nimmt ihm übel, dass er die Stadt verlassen hat und in Urlaub gefahren ist: »Die Hauptstadt und seinen Posten zu verlassen, war offensichtlich ein grober Irrtum, das zeugt von Leichtfertigkeit«, sagt der Außenminister Eduard Schewardnadse.[5] Für die Treuhand bedeutet der Putsch vor allem: Die Sowjetunion, die einst einer der wichtigsten Abnehmer von Produkten der DDR-Industrie war, fällt als Kunde auch weiterhin aus. Vorläufig wird sich das Land nicht stabilisieren.

26. August 1991,
St. Margrethen (Schweiz)

Im Sommer 1991 werden viele Geschäfte im Verborgenen zum Abschluss gebracht. Große Summen Bargeld wechseln den Besitzer. Das Geschäft mit den Spürpanzern der Bundeswehr, die nach Saudi-Arabien verkauft werden sollen, ist inzwischen erfolgreich über die Bühne gegangen. Heute ist Zahltag. Im Hintergrund hat ein CSU-Mitglied die Strippen gezogen: Karlheinz Schreiber, der sich selbst manchmal als »der kleine Karlheinz aus Hohegeiß im Harz« bezeichnet. Schreiber ist ein »Amigo« des 1988 verstorbenen bayerischen Ministerpräsidenten Franz Josef Strauß. Er betreibt eine gutgehende Firma für Straßenmarkierungen und ist außerdem ein erfolgreicher Lobbyist. Schreiber lässt sich von mehreren deutschen Konzernen dafür bezahlen, dass er Politiker im In- und Ausland schmiert und sie auf diese Weise dazu überredet, Großaufträge an seine Kunden zu vergeben. Das Geld, das Schreiber für diese Dienste erhält, schleust er am deutschen Fiskus vorbei.[6]

Zu Schreibers Kunden gehört unter anderen Airbus, ein Unternehmen, bei dem Franz Josef Strauß jahrelang Vorsitzender des Aufsichtsrates war. Schreibers treuester Klient ist jedoch Thyssen. Seit 1985 hilft er dem Konzern dabei, die kanadische Regierung zu überreden, sich von den Deutschen eine Panzerfabrik bauen zu lassen. Schreiber selber bekommt dafür knapp vier Millionen kanadische Dollar von Thyssen.[7] Seit sechs Jahren arbeitet Schreiber an dem Projekt, doch solange die Konkurrenz von General Motors nicht ausgestochen ist, kann es nicht verwirklicht werden. Kürzlich hat Schreiber Thyssen bei einem weiteren Waffendeal geholfen. Seine Aufgabe war es, Widerstände beim Spürpanzergeschäft mit Schmiergeld zu brechen. Dem Staatssekretär Ludwig-Holger Pfahls, der im März den Verkauf im Bundesverteidigungsministerium durchgesetzt hat, bezahlt Schreiber dafür über drei Millionen Mark.

An diesem Mittwoch trifft sich Schreiber mit zwei führenden CDU-Politikern auf einem Parkplatz in St. Margrethen an der schweizerisch-österreichischen Grenze, knapp vier Kilometer vom Ufer des Bodensees entfernt.[8] Lindau liegt nur eine halbe Autostunde weiter nördlich. Schreiber hat eine Million Mark in bar in einem Lederkoffer bei sich. Den Koffer übergibt er Walther Leisler Kiep, dem Schatzmeister der CDU, und Horst Weyrauch, einem Finanzberater der Partei. Kiep nimmt das Geld an, zahlt es wenig später auf ein CDU-Treuhandkonto und verteilt es dann an CDU-Männer, die der Partei lange und verlässlich gedient haben. Weyrauch erhält mit 421800 D-Mark die größte Summe, Kiep nimmt sich selbst 300000 D-Mark, und ein weiterer CDU-Veteran, Uwe Lütje, der Generalbevollmächtigte der CDU-Schatzmeisterei, bekommt 370000 D-Mark.[9]

Kiep ist erst im Mai vom Landgericht in Düsseldorf zu einer Geldstrafe von 675000 D-Mark wegen Beihilfe zur Steuerhinterziehung verurteilt worden. Er hat als Schatzmeister der CDU davon gewusst, dass westdeutsche Konzerne zum Schein an die Staatsbürgerliche Vereinigung (SV) Spenden zahlten. Das Geld wurde von der SV an Gesellschaften in Liechtenstein und der Schweiz überwiesen, auf die Kiep Zugriff hat. Die Spender konnten so gegenüber dem Finanzamt angeben, das Geld nicht einer Partei, sondern für einen gemeinnützigen Zweck gespendet zu haben, und den Betrag von der Steuer absetzen. So machte es unter anderen die Deutsche Bank. Kiep hat auf diese Weise in den 1970er Jahren dabei geholfen, 175 Millionen Mark von Schweizer Konten in die Kasse der CDU zu schleusen.[10]

Das Urteil gegen Kiep ist noch nicht rechtskräftig, sein Anwalt hat Revision eingelegt. Und jetzt kassiert er schon wieder Schwarzgeld von einem deutschen Lobbyisten.

1. September 1991,
Berlin

Der »Kugelblitz« Uwe Schmidt kann einen Erfolg feiern, wenn auch nur einen kleinen. Vor einigen Wochen hat er sich an seinen Schreibtisch gesetzt und einen Brief an das Bundeskanzleramt geschrieben. Er weist in dem Schreiben darauf hin, dass die Kripo Berlin überfordert ist. Bislang muss sie alle Fälle, bei denen sich Gangster im Zuge der Wende illegal bereichert haben, allein aufarbeiten.

Schmidt fordert die Einrichtung einer speziellen Einheit, die sich nur um Wendeverbrechen kümmern soll. Die Bundesregierung entspricht seinem Wunsch: Die Zentrale Ermittlungsgruppe für Regierungs- und Vereinigungskriminalität – kurz ZERV – wird in der Hauptstadt gegründet und dort beim chronisch überlasteten Berliner Polizeipräsidenten angesiedelt. Schmidt bekommt einen neuen Titel, er wird einer der Leiter der ZERV. Doch der Bund schickt immer noch nicht genügend Ermittler nach Berlin, das BKA hält sich weiter zurück. Die anderen Bundesländer ordnen zunächst ebenfalls nur wenige Polizisten und Staatsanwälte zur ZERV ab. Schmidt und viele andere Ermittler können sich des Eindrucks nichts erwehren, dass sie von der Bundesregierung und vom Rest des Landes allein gelassen werden.[11]

12. September 1991,
Berlin

Michael Rottmann und seine Komplizen bereiten einen weiteren Zahltag vor. Der Diplomingenieur aus Essen gründet die Projekt Development Anstalt (PDA) mit Sitz in Vaduz im Fürstentum Liechtenstein.[12] Zwei Wochen später überweist die Geschäftsführung der WBB dieser Briefkastenfirma 39 Millionen Mark, liquide Mittel, die dem Wärmeanlagenbau Berlin fehlen werden.

Obwohl Rottmann ganz andere Pläne mit der Firma zu haben scheint, lässt er sich seit einigen Wochen von einem TV-Team bei seiner Aufbauarbeit im Osten begleiten. »Der Kraftakt« wird die Reportage heißen.[13] Das Team filmt Rottmann dabei, wie er die alte Geschäftsführung in die Marktwirtschaft einführt. Er versammelt die ostdeutschen WBB-Manager um sich und erklärt: »Ich weiß, dass es schwer ist momentan, aber verdammt noch mal, lassen Sie doch Ihre Mitarbeiter nicht blöd sterben, die sind doch am unsichersten zurzeit! Wenn das Arbeitsvolumen so ist, dass sie darin ersticken, dann sind die überhaupt nicht mehr unsicher, dann haben die auch von alleine eine Perspektive, denn sie können über den Arbeitsberg nicht gucken.«

Während des Treffens fragt Rottmann den ehemaligen ostdeutschen Geschäftsführer Gerhard Brückner: »Können Sie mir denn erklären, was die Angebote bei den Aufträgen zu suchen haben? Nee, ne? ... Ich habe die Meldung, die ich heute von Ihnen bekommen habe, genau angeguckt. Da haben Sie sich aber wirklich schwer vergaloppiert.« Dann belehrt er Brückner: »Sie müssen mit 97 Prozent Vollständigkeit Ihre Entscheidungen treffen, Sie können nicht auf 103 Prozent warten. Sonst kommen Sie nicht in Ihre Socken, kriegen Ihre Sachen nicht geschafft.« Ein anderes Mal kritisiert Rottmann: »Sie haben immer noch nicht das Thema der unautorisierten Frühstückspause im Griff. Ist eigentlich keinem von Ihnen klar, dass Frühstückspause etwas ist, was gar nicht existiert? Die verbraten Ihr Geld aus den Budgets. Und die Leistung kriegen Sie nicht für die dreißig Minuten, und hintendran geträumt wird sowie nur.«

Einen Monat später, im Spätsommer, gibt er dem Team in seiner Berliner Wohnung ein Interview. Rottmann erläutert dem Reporter, dass WBB vor allem darauf hofft, von den Kommunen den Auftrag zu bekommen, deren Kraftwerke instandzusetzen. Doch noch ist nicht geklärt, ob die Gemeinden oder die westdeutschen Energiekonzerne über die Auftragsvergabe entscheiden werden. Hundert Kommunen haben vor den Bundesverfassungsgericht geklagt, um den Zugriff auf die Kraftwerke zu bekommen. Über diese Klage wurde noch nicht entschieden. Solange das Gericht nicht entschieden hat, gibt es keine Aufträge in Ostdeutschland.

Der Journalist stellt daher die Frage: »Macht Rottmann die eben geschilderte Situation Angst?« Rottmann: »Wissen Sie, mit dem Gedanken dürfen Sie nicht antreten, dann haben Sie verloren, bevor Sie angefangen haben. Sie müssen schon wollen, es ist der schiere Wille, der dieses Schiff bewegen wird.« Der Reporter fragt aus dem Off: »Was ist denn Ihr Risiko dabei?« Rottmann: »Das ist recht einfach zu sagen. Geht's in den nächsten 24 Monaten daneben, dann wird man mich trotzdem als Unternehmer akzeptieren. Geht's in fünf Jahren daneben, dann hab ich mich zur Flasche degradiert.« Dann erläutert er seine Vision für den Wärmeanlagenbau: »Ich möchte ein gut funktionierendes, international wirkendes Ingenieurunternehmen mit modernster Technologie, das bis 1995 alle vergleichbaren Ingenieurunternehmen im Energiebereich Europas überholt hat. Mit modernster Technologie und hochspezialisierten Mitarbeitern Kraftwerke wie Brötchen herstellen.«[14]

Während er das erzählt, kocht er Spaghetti in der kleinen Küche seiner Übergangswohnung. Bald wird Rottmann umziehen. Er lässt sich gerade das Dachgeschoss der WBB-Zentrale in der Wallstraße mit Mitteln der Firma zu einem Penthouse ausbauen. Kosten: zehn Millionen Mark. Rottmann hat sehr schnell einen weiten Weg zurückgelegt, vom Rande der A 44 hierher, über die Dächer von Berlin-Mitte.

Im Frühsommer hat ein früherer Mitbewerber um die WBB die Treuhand gewarnt, dass es bei dem Wärmeanlagenbau nicht mit rechten Dingen zugehe; die neuen Eigentümer würden sich selber bedienen. Die zuständige Abteilung in der Treuhand sieht unter Führung des Generalbevollmächtigten für den Energiebereich, Hans-Peter Gundermann, jedoch keine Handhabe, gegen Rottmann vorzugehen, zumal sich regelmäßig Konkurrenten, die bei einem Verkauf nicht den Zuschlag erhalten haben, bei der Anstalt beschweren. Ist ein Unternehmen erst einmal verkauft, kümmert sich die Treuhand nicht mehr um die Firma, die ihr einst gehörte. Prüfungen in den Betrieben selber finden nicht statt. Niemand kontrolliert, was aus dem ehemaligen »Volkseigentum« geworden ist.

20. September 1991,
Berlin

Nachdem sie fast anderthalb Jahre beinahe ungestört in der Firma »Effect« als Geschäftsführerin die Abwicklung der SED- und KoKo-Firmen im Ausland betreuen durfte, wird Waltraud Lisowski von der Treuhand entlassen. Der Sprecher der Treuhand, Wolf Schöde, sagt einer Zeitung: »Die Aufgabe von Frau Lisowski war erfüllt, wir brauchen sie nicht mehr. Wir hatten keinen Grund, Frau Lisowski zu mißtrauen. Ihre Kenntnisse über das KoKo-Firmengeflecht waren sehr hilfreich. Die Entflechtung von KoKo ist abgeschlossen.«[15]

Detlef Scheunert ist verblüfft, als er erfährt, dass eine Figur wie Waltraud Lisowski so lange für die Treuhand arbeiten durfte: »Die Westdeutschen haben gar nicht verstanden, dass zur Ausbildung dieser Leute die Geleitzugtechnik gehörte – also, dass sie sich absichtlich in das System reintreiben lassen, um es von innen heraus zu korrumpieren. Da habe ich manchmal über die Naivität der Westkollegen gestaunt, die dann meinten, die kriegen wir schon in den Griff.«

Detlef Scheunert arbeitet sich inzwischen in sein Direktorat ein. Seine Firmen gehören zu den Bereichen Glas, Keramik, Optik und Feinmechanik. Zeiss in Jena ist offiziell noch ihm unterstellt, er ist persönlich für die großen Überweisungen an Lothar Späth verantwortlich. Mehr als einmal lässt er Transfers von 40 Millionen Mark von dem Finanzvorstand Wolfram Krause absegnen. Späth braucht das Geld dringend, damit er bei Zeiss überhaupt die Gehälter bezahlen kann. Als Scheunert die Liste der Firmen durchgeht, für die er ab jetzt verantwortlich ist, entdeckt er viele große Glaswerke in Thüringen und fast hundert weitere kleinere Unternehmen überall in der ehemaligen DDR. Zu seinem Entsetzen ist auch das Döbelner Beschläge- und Metallwerk, DBM, darunter. Seinen westdeutschen Kollegen sagen die meisten Orte auf den Bestandslisten nichts. Die kennen sich besser in New York aus, denkt Scheunert. Doch er weiß sofort, wo Döbeln liegt und was DBM bedeutet. Er hat in Döbeln Abitur gemacht. DBM ist der größte Arbeitgeber in der Stadt mit ihren 23 000 Einwohnern. Ganz in der Nähe ist er auf dem Hof der »Junker«-Witwe aufgewachsen.

Er kennt das DBM-Gelände genau, die alte Fabrik aus Backstein, den schlichten Neubau daneben und den runden DBM-Turm, der das Gelände dominiert. Im Anbau des Turmes wurden Teile der russischen Kalaschnikow produziert, davor, im Zweiten Weltkrieg, noch das komplette Maschinengewehr 42. Waffen dürfen die ehemaligen ostdeutschen Staatsbetriebe nach der

Wiedervereinigung nicht mehr herstellen. Auch ein weiteres Produkt fällt in Döbeln weg: die Sicherheitsgurte für den Trabant, denn der wird nicht mehr hergestellt.

Detlef Scheunert besucht DBM und Döbeln. Seine Eltern wohnen immer noch auf dem alten Hof in der Nähe. Das DBM-Gelände ist in einem schlimmen Zustand, genau wie er es erwartet hat. Altöl ist an vielen Stellen in den Boden eingesickert, die alten Fabrikhallen aus dem letzten Jahrhundert müssten grundsaniert werden, die Hallen sind für eine moderne Fertigungskette völlig ungeeignet, da die Produktion auf mehrere Stockwerke verteilt ist. In den 1990er Jahren werden große Fabrikhallen nur noch ebenerdig gebaut, mit rollbaren Modulen, so dass die Produktionsstätte bei Bedarf schnell umgebaut werden kann.

In seinem ersten Jahr bei der Treuhand hat sich Detlef Scheunert immer mehr zum Gegner von staatlichen Subventionen entwickelt. Er glaubt an die »kreative Zerstörung«, er liest die Bücher des österreichischen Ökonomen Friedrich August von Hayek und Joseph Schumpeters, der schrieb: »Die Eröffnung neuer, fremder oder einheimischer Märkte und die organisatorische Entwicklung vom Handwerksbetrieb und der Fabrik zu solchen Konzernen wie dem U.S.-Steel illustrieren den gleichen Prozess einer industriellen Mutation – wenn ich diesen biologischen Ausdruck verwenden darf –, der unaufhörlich die Wirtschaftsstruktur von innen heraus revolutioniert, unaufhörlich die alte Struktur zerstört und unaufhörlich eine neue schafft. Dieser Prozess der ›schöpferischen Zerstörung‹ ist das für den Kapitalismus wesentliche Faktum. Darin besteht der Kapitalismus und darin muss auch jedes kapitalistische Gebilde leben.«[16]

Scheunert ist fasziniert von diesem Konzept, er zweifelt daher nicht daran, dass auch die Fabrik in Döbeln abgerissen werden muss. Auf dem dann sanierten Gelände könnten neue Wohnungen gebaut werden. Kleine »industrielle Kerne« will Scheunert bewahren, um das Know-how, sprich die Facharbeiter, in der Stadt zu halten und mit ihnen von vorn anzufangen.

Scheunert kennt das Urteil der Treuhand über Betriebe wie DBM. In der Anstalt hat man sich auf Noten als Bewertungskriterium für die Firmen geeinigt. Die Note 1 bekommen nur Unternehmen, die leicht zu verkaufen sind, die Note 6 heißt: sofort stilllegen. Hinter DBM steht in den Akten unter dem Strich die Note 6.[17] Scheunert weiß aber auch: DBM ist das Rückgrat der Stadt. »Wie es in der früheren DDR üblich war, haben die Betriebe ja über ihr reines Produktionsgeschäft hinaus auch gesellschaftliche und soziale Aufgaben übernommen. Das hieß umgekehrt, wenn wir dem Zustand des Unternehmens entsprechend DBM komplett liquidieren würden, wäre natürlich diese Stütze weggefallen.«

Als Scheunert wieder in Berlin ist, meldet sich sein Vater aus Döbeln bei ihm. »Er rief mich eines Nachts an, was er nie getan hatte. Es war nach elf Uhr. Er war seit 1990 pensioniert. Er hatte an einer lokalen Parteiveranstaltung der CDU teilgenommen. Dort wurde das Thema DBM diskutiert, sehr emotional und kontrovers. Mit großer Bestürzung wurde darüber geredet, was denn diese Treuhänder in Berlin mit diesem schönen und wichtigen Unternehmen DBM machen würden. Es hatte sich herumgesprochen, dass das Unternehmen zur Gesamtvollstreckung, also zur Liquidation freigegeben war.«

Scheunerts Vater sagte: »Junge, das kannst du nicht machen. Das verkraften die Leute hier nicht. Finde eine Lösung, aber eine andere.« Der Sohn denkt die ganze Nacht über Döbeln nach: »Das war natürlich schon eine Herausforderung, wenn der eigene Vater mit so einem nächtlichen Anruf kommt. Da bin ich am nächsten Tag in mein Büro in der Treuhandanstalt in Berlin gefahren und habe gedacht: ›Ja, was nun, Herr Scheunert?‹«

Der Vater macht ihm auch klar, dass er vorläufig nicht in Döbeln auftauchen soll. Er will nicht, dass der Name Scheunert im Zusammenhang mit DBM in den örtlichen Zeitungen genannt wird. Sein Vater, ehemals Chef der Landwirtschaftlichen Produktionsgenossenschaft in dem Ort, weiß, wie es ist, als exponierte Figur in der kleinen Stadt angefeindet zu werden. Der Familie gefiel es schon nicht, dass Detlef Scheunert mit seinem neuen Dienstwagen der Treuhand in Döbeln vorfuhr.

Scheunert schickt schließlich seinen ältesten und erfahrensten Mitarbeiter, einen Ostdeutschen, als Unterhändler nach Döbeln. Er soll die Wogen glätten und den Kontakt zur Geschäftsführung von DBM halten. Doch der Mann kann den Menschen in Döbeln nichts Neues berichten. Scheunert und seinem Team gelingt es nicht, einen Investor zu überreden, das Werk zu übernehmen und dort weiterhin Sicherheitsgurte zu produzieren. Die Treuhand selber kann das Werk jedoch auf Dauer nicht weiterführen: »Kapital hatten wir selber, aber Know-how und Kundenbeziehungen nicht – darum ging es.« Längst ist der Treuhandführung klar: Man muss Know-how und Potenzial von westdeutschen Unternehmen einkaufen, indem man ihnen zusätzlich Subventionen verspricht. Manche Unternehmen wollen jedoch die ehemaligen Staatsbetriebe nicht einmal geschenkt haben, ob mit oder ohne Subventionen. Das gilt zunächst auch für DBM. Scheunert: »Viele potenzielle Investoren haben sich halt gesagt: ›Okay, ich gehe nach Mosel [in

Sachsen], wo Volkswagen hingegangen ist, und setze mich da in einen Industriepark auf die grüne Wiese. Da muss ich mich nicht mit den Altgemäuern und mit irgendwelchen Kalaschnikow-Gebäuden auseinandersetzen.‹ Das den Menschen hier zu vermitteln, war schwer. Da kamen natürlich auch Verschwörungstheorien auf. Aber in Döbeln gab es keine Einflussnahmen, von niemandem. Weder von der Politik noch von irgendwelchen Wettbewerbern.«

Weil er seinen Vater nicht enttäuschen will, lässt Scheunert sein Team weiter potenzielle Investoren kontaktieren. Schließlich haben die Treuhänder doch noch Erfolg. Nach langer Suche finden sie einen schwedischen Investor, der schon zu DDR-Zeiten Geschäfte mit DBM gemacht hat. Die Schweden übernehmen das Gelände, die Treuhand die Kosten für die Sanierung der Altlasten und den Abriss der Waffenfertigungshallen sowie die Altschulden. »Supersubventionen«, wie sie Zeiss in Jena bekommen hat, zusätzliches Geld für jeden Arbeitsplatz, gibt es nicht. Von den ursprünglich 2000 Arbeitsplätzen erhalten die Schweden am Ende 27.[18] Die Entlassungen müssen wie in den meisten anderen Fällen dieser Art auch die ostdeutschen Geschäftsführer vor Ort aussprechen. Auf einem Klassentreffen in Döbeln wird Scheunert später angefeindet. Die ehemaligen Mitschüler sagen: »Aha, du bist auch so einer, habe ich es doch gewusst!« Was Scheunert daran stört: »Das waren Leute, die teilweise irgendwo im öffentlichen Bereich warm und trocken saßen und überhaupt keinen Bruch erlebt hatten.«

Detlef Scheunert wird während dieser Zeit von einer Nachrichtenagentur porträtiert und als ein typischer Treuhand-Yuppie beschrieben, der einem amerikanischen Banker erklärt, dass die Musik nicht in New York, sondern in Berlin spielt.[19] Er ist der Jüngste unter den Direktoren. Er spürt, dass die westdeutschen Kollegen auf dieser Ebene ihn anfeinden und neidisch sind. Wenn er abends nach Friedrichshain fährt, parkt er den Dienstwagen weit weg von der Wohnung. Er will seine Familie nicht gefährden. Manch einer der alten Weggefährten gibt ihm nicht mehr die Hand. Scheunert hält mit seiner Meinung auf Festen und Abendessen mit ostdeutschen Bekannten dennoch nicht hinter dem Berg: »Da wurde ich immer gefragt: ›Du bist auch so einer, du schließt auch Fabriken, oder?‹ Dann habe ich wahrheitsgemäß gesagt: ›Ein Drittel der Firmen werden wir wohl zumachen müssen, ja.‹ Das war meine ehrliche Antwort.« Doch die kommt bei seinen ostdeutschen Freunden nicht gut an. Irgendwann werden Scheunert die Anfeindungen zu heftig. Er will sich, die Treuhand und seine Arbeit nicht mehr andauernd erklären müssen und bleibt den Partys fern.

27. September 1991,
Halle

Dr. Walter Schneider schlägt wieder zu. Er kauft seine fünfte und sechste Firma von Werner Sauer. Zum ersten Mal zahlt er das Bestechungsgeld, 1,5 Millionen D-Mark, an den Treuhandverkäufer in zwei Raten – 1,2 Millionen hinterlegt Schneider in einem Schließfach in einer Bank in Heilbronn. Sauer überweist sich das Geld von dort aus auf eine Bank in Luxemburg.[20] Die restlichen 300 000 Mark kann Schneider erst im nächsten Jahr zahlen. Dann bekommt der Treuhänder das Geld wieder in bar.

Sauer hat inzwischen fast fünf Millionen Mark zur Verfügung. Das gibt er nicht nur an der Bar des Interhotels aus. Der Autofan Sauer schafft sich einen Bentley an, den er, wenn er in der Treuhand-Niederlassung zu tun hat, am Fuß der »Scheibe D« parkt, in dem abgesperrten Bereich für die Treuhanddirektoren. Und er zieht in einen Gutshof in dem kleinen Ort Stichelsdorf in der Nähe von Halle. Bernd Capellen, dem »Sheriff« von Klaus Klamroth, fällt das auf. Doch es gibt dafür eine Erklärung: »[Sauer] hat damals verkündet, er käme aus gutem Haus und habe vermögende Eltern, da kann man auch so 'n Auto mal fahren.« Sauer, so Capellen, war »ein äußerst netter Kollege … Der war einfach in Ordnung – glaubte ich. Der hat ein anderes Leben geführt als der Herr Klamroth oder als ich. Der war auch damals noch jünger. Er feierte gerne. Er sah das auch als Motivation an, mit seiner Truppe von Kollegen, die er hatte, mal freitags oder samstags abends zu feiern oder vielleicht auch mal nach Mallorca zu fliegen. Die einen sagen, das war Motivation, die anderen sagen vielleicht, der hat nur versucht, alle einzuseifen. Ich hätte fast meine Hände ins Feuer gelegt, dass er nicht zu der Kategorie der sogenannten Glücksritter zählt. Aber die Glücksritter haben es nun einmal nicht auf der Stirn stehen.«

Klaus Klamroth hält Werner Sauer zwar für einen »Windhund«, aber einen, den man im Bereich Verkauf nun einmal braucht, eben einen Verkäufer, der mit allen Wassern gewaschen ist, wie die Käufer auch. Seine Assistentin Sabine Silberberg, die Ostdeutsche, traut dem Stuttgarter Verkäufer von Anfang an nicht über den Weg: »Ich kann mich erinnern, dass bei Herrn [Sauer] immer der Kühlschrank sehr gut gefüllt war mit Sekt. Ich weiß nicht, ob es nicht sogar Champagner war. Er hat es sich gutgehen lassen. Er hat immer so 'n lockeren Eindruck gemacht, ja und am Donnerstagabend manchmal oder am Freitag waren er und viele andere schon wieder weg.«

Die Stimmung in der Niederlassung hat sich inzwischen verändert. Im

Juli sind der Niederlassungsleiter und die Direktoren zum Koordinator der Außenstellen, Norman van Scherpenberg, eingeladen worden. Der ehemalige BASF-Manager war nach seiner Karriere in der Chemie-Industrie die rechte Hand von Birgit Breuel in Niedersachen. Bei dem Treffen im Sommer will der Koordinator von den Mitarbeitern der Außenstellen wissen, wie schnell die Filialen mit der Arbeit fertig werden können. Klamroth ist überrascht, als sein Kollege Tim Olaf Alexander, der Chefprivatisierer in Halle, antwortet: sehr schnell. Klamroth erinnert sich, dass die Niederlassung Halle Ende 1991 noch 410 Firmen zu privatisieren hat. Alexander meint dennoch, bis zum 30. September 1992 könne der Bestand »vollständig abverkauft oder liquidiert sein«.[21] Dann fällt Klaus Klamroth der Kollege Tim Olaf Alexander im Zusammenhang mit den Liquidierungen noch einmal auf. Eher zufällig entdecken Klamroth und der für das Personal zuständige Direktorenkollege Gustav Scholten, dass Alexander Anwälte einsetzt, die Betriebe liquidieren und dann die Reste an Firmen verkaufen, die ihnen, den Anwälten selbst, gehören. Scholten und Klamroth bitten Alexander, damit aufzuhören und mit anderen Juristen zusammenzuarbeiten.[22] Die Revision der Treuhand informieren Klamroth und Scholten über diese Vorgänge allerdings nicht.

In Berlin denkt die Treuhandleitung über die Schließung der Niederlassung in Halle nach, obwohl man immer noch nicht weiß, wie viele Unternehmen man dort überhaupt hat. Die Computer, die in der Niederlassung installiert werden, stoßen bereits an ihre Grenzen, so Bernd Capellen: »Ich hatte eine Liste bekommen, wo immer schon mal gekennzeichnet wurde, was eventuell wie zu prüfen ist. Und plötzlich meldeten sich Firmen, die in der Liste gar nicht drin standen. Firmen wie Zitza in Zeitz, beides mit Z, die waren gar nicht abgespeichert worden. Die Speicherkapazität reichte damals gar nicht aus, um alle Firmen problemlos aufzunehmen.«

Die Zentrale in Berlin hat ähnliche Probleme: Während die Treuhand einerseits immer mehr Unternehmen verkauft, tauchen andererseits immer mehr Firmen auf, weil Kombinate zerlegt werden oder die Treuhänder sich erst nach und nach einen Überblick über den gesamten Bestand verschaffen können. Offizielle Schätzungen gehen am Ende davon aus, dass die Treuhand für 13 000 Firmen verantwortlich gewesen ist. Ihr Sprecher Franz Wauschkuhn sagt: »Ich schätze, dass es mindestens 16 000 Firmen gewesen sind, die in der DDR gearbeitet haben – Betriebe, die also mindestens über 20 Mitarbeiter gehabt haben. Aber alle hat die Treuhandanstalt gar nicht erfasst. Eine richtige Übersicht haben wir nie gehabt. Diese U-Boote sind weiter geschwommen, und ich wette, dass es heutzutage noch welche gibt, die eines Tages auftauchen werden.«

23. November 1991,
Berlin

Im Spätherbst werden immer mehr angebliche Treuhandskandale und -betrugsfälle öffentlich. Nach dem Tod ihres Präsidenten hatte die Anstalt eine kurze Schonfrist bekommen. Die ist nun vorbei. Ende September enthüllt ein Reporter, dass ein Treuhanddirektor das Geräte- und Reglerwerk in Teltow bei Berlin an einen Frankfurter Immobilienspekulanten für eine Mark verkauft hat. Der Wert wird später auf über 270 Millionen Mark geschätzt. Treuhänder und Neu-Eigentümer kannten sich.[23] Das Geschäft kann die Treuhand noch stoppen und einen besseren Preis aushandeln. Wenig später wird die Treuhand durchsucht, weil ein anderer Direktor dabei zugesehen haben soll, wie ehemalige Staatssicherheitsagenten 100 Millionen Mark unterschlagen. Der Sprecher Franz Wauschkuhn verkündet die Suspendierung des Mannes. Es dauert jedoch nicht lange, da darf der Direktor seine Arbeit bei der Treuhand wieder aufnehmen. Das Image der Treuhand wird in diesem Herbst immer schlechter. »In der Treuhand bekommt man nichts, wenn man vergißt zu schmieren«, behauptet die »Neue Zeit«.[24]

Um die Moral der Mitarbeiter aufzubauen, lässt der Treuhandvorstand einen Kongress organisieren unter dem schlichten Motto: »Miteinander«. Dem Ehrengast, Bundesfinanzminister Theo Waigel, soll eine Kristallkugel übergeben werden, in die das Wort »Miteinander« eingraviert ist. Doch der Minister sagt ab, er ist unpässlich, eine Erkältung. So bleiben die Treuhänder größtenteils unter sich. Auch die Direktoren der Niederlassung Halle werden zu der Veranstaltung eingeladen. Auf einem der Treffen am Rande des Kongresses wird ihnen erneut klargemacht: Im September 1992 müssen die Niederlassungen mit der Arbeit fertig sein.

Der Treuhandführung ist es mit der Abwicklung der eigenen Außenstellen offensichtlich ernst. Tim Olaf Alexander gefällt das nicht. Das ist das Ende für sein Geschäftsmodell. Er überlegt, wie er aus der Treuhand aussteigen kann, ohne zu viele Spuren zu hinterlassen. Sein Komplize Sauer dagegen verkauft weiter Unternehmen an Dr. Schneider. Der ist inzwischen dazu übergegangen, bereits erworbene Firmen in Halle zu beleihen, um sich mit den Krediten wiederum andere Betriebe zu kaufen. Immer öfter bleibt Schneider der Treuhand den Kaufpreis schuldig. Ende 1991 hat er bereits sieben Firmen von Sauer gekauft. Der Treuhand hat er versprochen, über acht Millionen Mark für die Betriebe zu zahlen. Sauer hat er dafür mit fast fünf Millionen geschmiert. Die Firmen, die er erwirbt, haben alle nichts mit seinem Kerngeschäft – dem Bau von Autoteilen – zu tun. Schneider hat die Betriebe wegen der Grundstücke gekauft, wohl in der Hoffnung, dass sie bald zu Gewerbegebieten gemacht und dann mehr wert sein würden. Der Unternehmer setzt auf den Aufschwung Ost.

Ausgerechnet.

31. Dezember 1991,
Jena

Zum letzten Tag des Jahres 1991 entlässt der ehemalige Staatsbetrieb Carl Zeiss Jena unter der Führung von Lothar Späth 16 000 Arbeiter. Die Firma macht, wie so viele andere Firmen in der ehemaligen DDR, mehr Verlust als Umsatz – Zeiss nimmt 250 Millionen Mark ein und verliert dabei 600 Millionen. Erst wenn sich Umsatz und Verlust wenigstens decken, ist die sogenannte »Ostnull« erreicht. Doch davon ist »Carl Zeiss« noch weit entfernt, wie der neue Chef Lothar Späth feststellen muss. Er versucht, Ferngläser an einen Unternehmer im Westen zu verkaufen. In Korea bekäme der dieses Produkt zum Stückpreis von 78 Mark. Zeiss in Jena müsste 735 Mark nehmen, um die Produktionskosten zu decken.

Die Post erklärt Späth, dass sie es nicht schaffe, 16 000 Einschreiben – die Entlassungspapiere – zum 31. Dezember zuzustellen. Also entscheidet der Chef, dass die Firma das selber übernehmen muss: »Daraufhin haben wir – durchaus makaber! – eine Organisation aufgebaut, in der die zu Entlassenden sich im Rahmen einer Arbeitsbeschaffungsmaßnahme gegenseitig die Entlassungsschreiben zugestellt haben.«[25]

1992 – 1994
DIE LANGE ABWICKLUNG

Wie das Geld bekämpfen und es dabei noch bezwingen?
Wie sich seinem Einfluß und seiner Tyrannei entziehen,
ohne ihm dabei aus dem Weg zu gehen?
Die einzige Methode war – es zu erwerben, es in so großen
Mengen zu erwerben, daß sein Einfluß nicht spürbar
werden konnte; und je größer die erworbene Menge wäre,
desto freier wäre ich von seinem Einfluß.

FERNANDO PESSOA
Ein anarchistischer Bankier

Money ain't got no owners, only spenders.

OMAR LITTLE
in *The Wire*

Projekt Kronos

14. Januar 1992,
Berlin

Klaus Schucht, ehemals Vorstandssprecher bei der »Ruhrkohle«, führt Tagebuch über seine Zeit als Mitglied des Treuhandvorstandes. Immer wieder ärgert er sich über die Unternehmen aus dem Westen: »Fast alle westdeutschen Interessenten kommen mit den anmaßendsten und teilweise dreistesten Forderungen. Niemand geniert sich, und keiner hat Bedenken, die Staatskasse, denn um nichts anderes handelt es sich, in dieser skrupellosen Form auszuplündern.«[1] Während erneuter Verhandlungen mit den Stromkonzernen notiert er: »Die Verhandlung heute in Bonn ist wieder einmal makaber. Einerseits erklärt die Stromwirtschaft ständig, dass sie nicht investieren wolle, ehe nicht die Lieferverträge unterschrieben seien, was doppelt makaber ist, denn sie investieren nicht etwa ihr, sondern unser Geld. Das Ganze ist eine unglaubliche Erpressung.«[2] Zunehmend wendet er sich deshalb auch an ausländische Firmen und sucht sie zu bewegen, in Ostdeutschland zu investieren. Auch die Leuna-Werke hat er mit Hilfe der Investmentbank Goldman Sachs international ausgeschrieben. Die Treuhand will das ehemalige Chemiekombinat endlich loswerden: Allein die Raffinerie macht jeden Tag eine Million D-Mark Verlust. Die Investmentbank darf Leuna im Paket mit der Tankstellenkette Minol anbieten – sonst, so vermutet man bei der Treuhand, wird sich gar kein Bieter für die Chemiewerke finden.

Heute entscheidet der Treuhandvorstand in Berlin, welches Bieterkonsortium den Zuschlag erhalten soll. Der Verbund aus einer Thyssen-Tochter und Elf Aquitaine hat die besten Aussichten. Elf gehört zu 51,5 Prozent der französischen Staatsholding Erap, wirft von allen staatlichen Beteiligungen den meisten Gewinn ab und ist eine verlässliche Stütze der französischen Wirtschaft. Die Franzosen sind außerordentlich höflich, bemerkt Schucht. Vor allem der Chef des Konzerns, Monsieur Loïk Le Floch-Prigent, ist sehr zuvorkommend. Schucht schreibt in sein Tagebuch: »Die Franzosen sind sehr kultiviert, sehr bemüht um Entgegenkommen, um Ausgleich. Wir reden eine Stunde bei starkem Kaffee und Croissants.«[3]

Seit 1989 ist der Sozialist Le Floch-Prigent Chef des Unternehmens. Der

Bretone hat nichts von einem aalglatten Manager, er trägt einen Vollbart, wirkt bodenständig und ist ein enger Vertrauter von Staatspräsident François Mitterrand.

Le Floch-Prigent hat nicht, wie es für Manager und Politiker in Frankreich üblich ist, an einer der Elite-Universitäten in Paris studiert, sondern seine Abschlüsse in Grenoble und an einer Hochschule in Missouri gemacht.[4] Er schlägt die Beamtenlaufbahn ein und wird 1981 Kabinettsdirektor im Industrieministerium. Als die Gaullisten 1982 die Parlamentswahlen verlieren, schlägt seine Stunde als Manager: Er wird Chef des Pharmakonzerns Rhône-Poulenc, der kurz zuvor verstaatlicht worden ist. Le Floch-Prigent gilt in der Pharmabranche als »roter Manager«, der das Unternehmen aber in den Griff bekommt. Nach dem Machtwechsel in Paris 1986 muss er wieder gehen. Er berät Staatspräsident François Mitterrand nun in wichtigen Fragen der Wirtschaft. Als Elf 1989 einen neuen »Generaldirektor-Präsidenten« sucht, bringt sich Le Floch-Prigent ins Spiel. Unter anderem arrangiert seine rechte Hand, Alfred Sirven, der schon bei Rhône-Poulenc für ihn gearbeitet hat, ein Dinner mit dem Außenminister Roland Dumas. Bei diesem Abendessen stellen Sirven und Le Floch-Prigent dem Sozialisten Roland Dumas eine junge Dame vor, die schließlich die Geliebte von Dumas wird.[5] Für ihre Dienste wird sie später von Le Floch-Prigent bezahlt, nachdem sich seine Kampagne ausgezahlt hat und er tatsächlich zum Präsidenten von Elf ernannt wurde.

Chef bei Elf Aquitaine, das ist eine große Chance für Le Floch-Prigent: 60 Milliarden D-Mark Umsatz, 87 000 Mitarbeiter, aber verglichen mit den Erdölmultis Exxon, Shell und BP ein schlafender Riese. Le Floch-Prigent hat schon als Berater dafür plädiert, dass die Staatskonzerne aggressiv expandieren müssen, damit Frankreich auch auf der Weltbühne eine Rolle spielt. Ende 1989, mit dem Fall der Mauer, ist Le Floch-Prigent genau an der richtigen Stelle. Er beginnt den Konzern zu vergrößern: Elf schließt als erstes westliches Unternehmen 1990 einen Vertrag über die Ausbeutung von Ölfeldern mit der sowjetischen Regierung ab.[6] Elf übernimmt Unternehmen in den USA und kauft Ölfelder in Nigeria und Norwegen. Von 1991 an wird es als erstes französisches Unternehmen an der New Yorker Börse gehandelt.

Le Floch-Prigents Büro im 44. Stock des Elf-Büroturms in Paris ist spartanisch eingerichtet. Der Chef gibt sich bescheiden, fokussiert und knallhart.[7] Das Erdölgeschäft, das weiß der Bretone, hat seine ganz eigenen Gesetze. Denn trotz aller Zukäufe: Die wichtigsten Geldquellen von Elf sind die Ölfelder im Golf von Guinea vor der Küste Westafrikas. Dort liegt der kleine

Staat Gabun, die Keimzelle für den Erfolg von Elf Aquitaine. Frankreich hat gerade die Kolonie Algerien und damit den Zugriff auf die Rohstoffvorkommen dort verloren, als vor der Küste der ehemaligen französischen Kolonie in den 1960er Jahren Erdöl entdeckt wird. Staatspräsident Charles de Gaulle und seine wichtigsten Berater bemühen sich umgehend darum, das Ölgeschäft Gabuns in die Hand zu bekommen – und zu behalten. Elf stellt in den folgenden Jahren offiziell französische Geheimdienstagenten an, die Gabun auch politisch unter Kontrolle halten sollen. Vor allem soll ein Machthaber gefunden werden, der sich gegenüber Frankreich loyal verhält.[8] Von 1967 an ist das für mehrere Jahrzehnte Omar Bongo, den die Franzosen kräftig unterstützen. Bongo, der einer Minderheit in Gabun angehört, könnte sich ohne die französischen Truppen im Land gar nicht halten. So sind beide – das Unternehmen Elf und Bongos Staat Gabun – voneinander abhängig. In manchen Jahren steuert Gabuns Erdöl 75 Prozent zum Gewinn von Elf Aquitaine bei, im Gegenzug kommt das Unternehmen für drei Viertel der ausländischen Investitionen in dem Land auf.[9] Der Berater des Präsidenten de Gaulle, Jacques Foccart, erfindet schließlich ein System, die Erdölgewinne zum Machterhalt Bongos und zur illegalen Finanzierung der gaullistischen Partei zu nutzen.[10]

Die Geldquelle sprudelt im Wesentlichen dank eines simplen Tricks: Dem jeweiligen staatlichen Erdölverkäufer in Afrika wird das Öl unter dem Weltmarktpreis abgekauft, und die gelieferte Menge wird – zum Schein – heruntergerechnet. Die abgezweigte Menge wird dann wie der Rest teurer weiterverkauft, und zwar zu Weltmarktpreisen. Der Gewinn fließt in die Schwarzen Kassen von Elf und auf die Konten von Omar Bongo. Elf lässt den Diktator von Gabun kräftig von dieser Schieberei profitieren und bindet ihn so in die Geschäfte ein. In anderen afrikanischen Staaten geht Elf später ebenso vor.

Elf gründet außerdem eine Schwesterfirma in Afrika – Elf Gabun. Die gehört zu 50 Prozent dem Staat Gabun, unterliegt den dortigen Gesetzen und ist für die Behörden in Europa nicht zu kontrollieren. Elf und dem Clan von Omar Bongo gehört darüber hinaus eine Bank – die Fiba (French Intercontinental Bank of Africa).[11] Bongo selber besitzt mehrere Bankkonten im europäischen Ausland, unter anderem in der Schweiz. So kann Elf über verschiedene Kanäle das Schwarzgeld, das im Wesentlichen der Bevölkerung Gabuns und Frankreichs vorenthalten wird, nach Europa schleusen. Organisiert wird dieser Geldfluss seit den 1970er Jahren von André Tarallo, Chef von Elf Gabun und allseits bekannt als »Monsieur Afrique«.[12]

Le Floch-Prigent feuert Tarallo keineswegs, als er Elf übernimmt, sondern bedient sich vielmehr der Dienste des korsischen Gaullisten. Er weiß, dass er als Chef des Ölkonzerns den Schlüssel zu Frankreichs Schwarzer Kasse in Händen hält. Bis zu seinem Amtsantritt finanzierte der Staatskonzern die Gaullisten. Das soll sich ändern, denn auch die Sozialisten, so der Wunsch des sozialistischen Staatspräsidenten Mitterrand, sollen sich nun bedienen können. Und dafür sorgt Le Floch-Prigent. Mit den Schwarzgeldern werden die Geschenke bezahlt, die Roland Dumas von seiner Geliebten bekommt. Die Politiker Frankreichs, ganz gleich welcher Partei sie angehören, dürfen die konzerneigene Fluglinie benutzen, sooft sie wollen. Wie die Elf-Manager vor ihm sucht Le Floch-Prigent Einfluss auf die jeweilige französische Regierung zu nehmen, egal ob die Gaullisten oder die Sozialisten sie stellen.

Als Le Floch von Staatspräsident François Mitterrand gebeten wird, für einen seiner Freunde und Golfpartner ein Haus zu kaufen, erledigt Le Floch das mit den geheimen Mitteln von Elf. Auch den Unterhalt und die Miete bestreitet er aus dieser Quelle.[13] Elf ist 1992 wie all die Jahre zuvor der Selbstbedienungsladen von Teilen der französischen Elite.

Die griechische Göttin Gaia bringt ihren Sohn Kronos, einen Titanen, im Verborgenen zur Welt, denn sie fürchtet die Wut ihres Mannes Uranus, der ihre anderen Kinder umgebracht hat. Doch sie treibt Kronos dazu, den eigenen Vater mit einer Sichel zu entmannen. Kronos wird zum Herrscher der Welt, heiratet seine Schwester, frisst dann aber die gemeinsamen Kinder auf aus Angst, von ihnen entmachtet zu werden.

Unter der Bezeichnung »Projekt Kronos« läuft bei der Investmentbank Goldman Sachs der Verkauf der Leuna-Raffinerie. Heute, am 14. Januar 1992, stellt das Team von Goldman Sachs dem Treuhandvorstand die Kaufinteressenten vor. Der Treuhandvorstand muss zwischen drei Bewerbern auswählen: British Petroleum (BP) hat in einem Konsortium mit anderen europäischen Ölkonzernen geboten, darunter Total, Agip und Statoil. Ferner bewirbt sich das sogenannte Mannai-Konsortium, angeführt von der Mannai Corporation aus Katar und der Kuwaitischen Petroleum Corporation. Der dritte Kandidat ist das Konsortium TED um Elf Aquitaine und die Thyssen Handelsunion.

Goldman Sachs macht klar: Die Bank bevorzugt TED. Das Konsortium hat bereits einen unterschriftsreifen Vertrag vorgelegt, bietet mit dem Investitionsversprechen von fünf Milliarden D-Mark am meisten Geld und verspricht zudem, eine neue Raffinerie in Leuna zu bauen. BP bietet nur

4,3 Milliarden D-Mark und legt sich in Sachen Raffinerie nicht fest. Außerdem streuen anonyme Quellen in der Presse, dass BP in erster Linie an das Tankstellennetz von Minol herankommen will, um es auszuschlachten und als Konkurrenz zu beseitigen.[14]

Der Treuhandvorstand entscheidet sich bereits am folgenden Tag für das TED-Konsortium. Der Elf-Chef Le Floch-Prigent schickt den unterschriebenen Vorvertrag – ein »Principles of Agreement« – mit dem Firmenjet.[15] Die Treuhand scheint eines ihrer größten Sorgenkinder loszuwerden. Die Presse ist begeistert: »Schneller als erwartet ist der Treuhandanstalt in Berlin ein wichtiger Schritt zur Erhaltung der großen Chemie-Standorte im Chemie-Dreieck Halle – Bitterfeld gelungen.«[16]

Im Sommer soll der Hauptvertrag von den beiden Parteien ausgearbeitet und unterschrieben sein. Jetzt werden das Bundesfinanzministerium und der Bundestag informiert. Die Erfolgsmeldung hat die Treuhand dringend gebraucht. Die Arbeitslosenzahlen werden immer verheerender. Der Pressesprecher Franz Wauschkuhn zweifelt bereits daran, ob die Treuhand die DDR-Wirtschaft wirklich umstrukturieren kann: »Ich gab Pressemitteilungen raus und sah, dass innerhalb eines Vierteljahres 374 000 Menschen ihren Arbeitsplatz verloren hatten. Als ich mir die Zahl vergegenwärtigte, da sah ich erst die Dimension des Elends. Sonst hat man immer einen Betrieb, der legt sich flach und der andere kommt wieder hoch, da hat man immer ein bisschen Hoffnung. Aber wenn man dann so diese nackten Zahlen sieht: Ich war äußerst deprimiert und zweifelte auch daran, dass unsere Arbeit gelingen würde.«[17]

15. Januar 1992,
Halle

Die Treuhandprivatisierer hören immer wieder, dass sie schnell verkaufen sollen, und legen sich mächtig ins Zeug. In internen Datenbanken lässt sich abrufen, welches Direktorat und welche Niederlassung am meisten und schnellsten ehemalige DDR-Betriebe verkauft hat. Klaus Klamroth, der Beteiligungsdirektor in Halle, notiert: »Der Vorstand der Treuhandanstalt brachte fortan eine monatliche Information heraus, in der mit schönen Statistiken die performance, wie man heute sagen würde, der Niederlassungen graphisch dargestellt wurde. Das Windhundrennen war in vollem Gang. 18 Unternehmensbereiche in der Berliner Zentrale und die 15 Niederlassungen wurden monatlich miteinander verglichen in der Entwicklung des Unternehmensbestandes … Diese Berichte wurden weit gestreut und waren beileibe keine Verschlusssache. Immer wichtiger wurde, wer stand oben, wer stand unten auf dem Treppchen dieser Statistiken.«[18]

Norman van Scherpenberg, Generalbevollmächtigter der Treuhand und die rechte Hand von Birgit Breuel, drückt besonders aufs Tempo. Er erklärt den Mitarbeitern: »Ihr handelt mit so etwas Ähnlichem wie Frischgemüse.« Wenn man die Unternehmen einige Monate lang liegen lasse und auf bessere Angebote warte, könnte es sein, dass man am Ende weniger Geld bekommt, weil der Wert des Unternehmens in der Zwischenzeit rapide gesunken ist. Van Scherpenberg: »Ich habe sehr wohl das Risiko gesehen und in Kauf genommen, dass die Geschwindigkeit, mit der wir gearbeitet haben, dazu führt, dass manches nicht hundertprozentig korrekt war. Es gab [mehrere] Dinge, auf die wir sehr geachtet haben. Das eine ist, dass das Tempo nicht dazu führte, dass irgendjemand in die eigene Tasche gewirtschaftet hat. Das war ganz klar ein Kriterium. Das haben wir auch mit dem Vier-Augen-Prinzip und anderen Kontrollsystemen, gerade auch in den Niederlassungen, versucht abzusichern. Nicht immer mit Erfolg.«

Van Scherpenberg hat sich noch etwas einfallen lassen, um die Mitarbeiter anzuspornen: ein Bonussystem.[19] Die Treuhandführung will, dass die Filialen, die für 80 Prozent der Firmen verantwortlich sind, schnell fertig werden. Vor allem die Niederlassung Halle bereitet der Zentrale Sorgen. Halle hat noch über 400 Unternehmen im Bestand, was nicht zuletzt an den vielen Unternehmen aus der Metallbranche liegt, die weiterhin als unverkauft geführt werden müssen, denn die Branche ist inzwischen im ganzen Land in der Krise und unter starken Kostendruck geraten. Genau wie es Dr. Walter Schneider mit seiner Firma Palino erlebt. Da die Treuhand für die Gehälter und die Liquidität all dieser Betriebe aufkommen muss, beschließt man in Berlin, den Direktoren in der Niederlassung einen Bonus zu zahlen, wenn sie mit ihrer Arbeit besonders schnell fertig werden. Klaus Klamroth ist entsetzt. Im Sommer 1990 hatte er in der Anzeige der Treuhand gelesen, dass die Arbeit bis zu fünf Jahre dauern würde. Nun soll Schluss sein, nach gerade einmal zwei Jahren. Dabei gäbe es noch genug zu tun in Halle.

Das Prämienprogramm sieht vor, dass der Finanzdirektor einen Bonus bekommt, wenn er weniger Geld als geplant für die Betriebe ausgibt. Will Klamroth Betriebe sanieren, braucht er aber Geld, und nun hat er die Befürchtung, dass der Finanzdirektor ihm die Mittel nicht mehr bewilligt, weil das seinen Bonus schmälern könnte. Die Privatisierer bekommen einen Bonus, wenn sie die Betriebe schneller verkaufen.[20] Klamroth sorgt sich, dass gar nicht mehr genau hingeschaut wird, an wen die Firmen verkauft werden.

Er setzt sich einen Tag mit dem Personaldirektor Gustav Scholten, dem Ex-BMW-Manager, zusammen, um zu beraten, wie man mit diesem Zielsetzungsprogramm umgehen soll. Ihr Niederlassungsleiter Dickerhof ist begeistert. Klamroth: »Das war nach seinem Geschmack, ein definitiver Endtermin für den ungeliebten Aufenthalt in Halle und eine Menge Geld beim Abschied dazu. Unter uns vier Direktoren waren die Meinungen zunächst geteilt. [Sauer] war enthusiastisch dafür, [der Finanzdirektor] Harrer indifferent, Scholten und ich wollten zunächst spontan unsere Ämter niederlegen. Wir ahnten, dass der schnöde Mammon fortan unser Verhalten untereinander und gegenüber den uns anvertrauten Menschen und ›Körperschaften öffentlichen Rechts‹ verändern würde.«[21]

Obwohl Klamroth das Bonussystem für eine »abgrundtiefe Sauerei« hält, kündigt er nicht. Er ist nach Halle gekommen, um zu helfen und um hier seine letzte Arbeitsstelle zu finden. Jetzt muss er sich neu orientieren. Das tut er, rasend schnell. Er denkt ab sofort an sich, seine Familie, das Geld, das er noch verdienen, die paar Jahre, die er bis zur Rente überbrücken muss. Noch am selben Tag, am 15. Januar 1992, verfasst er ein Memorandum, das er dem Niederlassungsleiter schickt. Er skizziert darin eine Idee: »Ich schlage vor, die in Halle besonders günstige Platzierung, Strukturierung und inzwischen erreichte Effizienz unserer Organisation ab einem bestimmten, noch festzulegenden Stichtag innerhalb des Jahres 1992 auf eigene Rechnung weiter zu nutzen ... Der Vorstand der Treuhandanstalt könnte mit dieser Idee ein weiteres, in der Öffentlichkeit sicher positiv aufgenommenes Beispiel setzen unter dem Stichwort ›die Treuhandanstalt privatisiert sich selbst‹.«[22] Klamroth will also die Treuhand-Niederlassungen privatisieren und sie mit Kollegen als Unternehmensberatung weiterführen. Wenn seine Idee zündet, dann könnte er vielleicht nicht nur sich selbst, sondern auch der Stadt helfen, glaubt er. Klamroth macht sich umgehend an die Umsetzung seines Vorschlags.

Auch Werner Sauer zieht das Tempo an. Am 6. Februar 1992 verkauft er drei Unternehmen an Dr. Walter Schneider, darunter das ehemalige Ferienheim einer Baufirma, eine Softwarefirma und eine weitere Immobilie. Für alle drei Objekte gibt es auch andere Interessenten, die Sauer wie gewöhnlich ignoriert.[23]

Der Privatisierungsdirektor Tim Olaf Alexander erklärt dagegen seinen Abschied. Er lässt durchblicken, dass er Angst vor Anschlägen habe und ihm alles zu viel werde. Bevor er geht, trifft er sich noch einmal mit seinen Privatisierungsmitarbeitern, darunter Werner Sauer. Man sichtet die Akten und überprüft, ob man irgendwelche Spuren hinterlassen hat.[24] Am 18. Februar verabschiedet sich Tim Olaf Alexander mit einer Party in dem an der Magistrale von Halle-Neustadt gelegenen Ufa-Palast. Zu seinem Nachfolger wird Werner Sauer vom Niederlassungsleiter bestimmt. Sauer ist nun, wie Klamroth, Direktor. Sein Vorleben als Konkursbetrüger fällt immer noch nicht auf.

Tim Olaf Alexander ist während seiner Zeit bei der Treuhand-Niederlassung wie geplant Millionär geworden. Jahrelang hat er das zuvor vergeblich in verschiedenen Anwaltskanzleien versucht. Er sei Anwalt geworden, um reich zu werden, sagt er später. Tatsächlich hat er in Halle 4,75 Millionen D-Mark an Schmiergeldern kassiert.[25] Eingetrieben hat das Geld, wie man es im Januar 1991 bei dem Treffen im »Grand Hotel« Berlin geplant hatte, der Liquidator und Anwalt Kurt Dachsner. In einem Fall hat er Grundstücke rund acht Millionen Mark unter Wert verkauft. Die Käufer aus Waiblingen in Baden-Württemberg haben ihn dafür im Gegenzug mit 1,1 Millionen Mark geschmiert und für das Grundstück später mehr als 100 Millionen Mark bekommen.[26]

Vier Mal lässt Alexander sich bestechen, drei Mal bekommt er mehr als eine Million Mark, in einem Fall nehmen Dachsner und er sich das Geld direkt aus dem Barmittelbestand der Firma – der Omnibus- und Nutzfahrzeuge GmbH – und bestechen sich damit quasi selber. Die Millionen bringt Alexander – wie Sauer – zumeist in bar und in Koffern nach Luxemburg oder in die Schweiz. Er schafft sich wie sein Stuttgarter Kollege teure Wagen an, darunter einen Mercedes 600 SEL, einen Porsche 911 und einen BMW 750. Ende Februar verschwindet Alexander mitsamt seinen teuren Autos für immer aus Halle.

16. Januar 1992,
Berlin

Bundeskanzler Helmut Kohl besucht zum ersten – und letzten – Mal die Treuhandzentrale. Das ehemalige Haus der Ministerien soll umbenannt werden und fortan Detlev-Karsten-Rohwedder-Haus heißen. Kohl enthüllt in der Lobby des riesigen Gebäudes eine kleine Tafel, keine vierzig Zentimeter breit, auf der nur Name, Titel, Geburts- und Sterbedatum Rohwedders stehen. Der Sohn Rohwedders hilft dem Kanzler, das weiße Tuch von der Plakette zu ziehen. Anschließend spricht Kohl mit einigen Treuhändern, darunter Detlef Scheunert: »Er hat dann zweimal gefragt, ob ich als Ostdeutscher denn wirklich hier in der Zentrale arbeiten würde und nicht in den

Niederlassungen. Ich antwortete: ›Nein, nicht in der Provinz, hier in der Zentrale.‹ Da war er beeindruckt, er wusste wohl zu dem Zeitpunkt nicht, dass in der Treuhand auf der Ebene Ostdeutsche arbeiten.«

Ende Februar 1992,
Paris

Loïk Le Floch-Prigent und Alfred Sirven, seine rechte Hand, überlassen bei der internationalen Expansion des Elf-Konzerns nichts dem Zufall. Sie wissen, dass es gerade im Erdölgeschäft nicht nur darum geht, das bessere Angebot auf den Tisch zu legen. Man muss die Geschäftspartner auch auf andere Art motivieren: mit Geld. Am besten schmiert man sie so mit Geld, dass die lokalen Steuerbehörden nichts davon mitbekommen. Da sie das Geld als Manager eines der angesehensten französischen Konzerne nicht selber, etwa bar in einem Aktenkoffer, übergeben können, unterhalten die beiden ein Heer von Zwischenhändlern, Lobbyisten und Boten. Die sollen Widerstände beseitigen, politische Probleme lösen, Regierungen bestechen, ganz so, wie es die Elf-Manager aus Afrika kennen.[27] Im Fall der spanischen Tankstellenkette, die Elf 1991 gekauft hat, haben sie einen der reichsten Geschäftsmänner in Großbritannien um Hilfe gebeten, einen Iraker mit guten Kontakten: Nadhmi Auchi. Er bekommt für seine Hilfe bei der Vermittlung des Geschäfts 3 Milliarden Spanische Peseten (umgerechnet etwa 40 Millionen Mark), muss aber fast die Hälfte, 1,4 Milliarden Peseten (rund 16 Millionen Mark), auf ein Konto zurücküberweisen, das Sirven ihm nennt.[28] Loïk Le Floch-Prigent und Alfred Sirven haben sich also entschlossen, an der Expansion von Elf mitzuverdienen.

Für das Geschäft mit der Raffinerie in Leuna stellen sie gleich mehrere Männer an. Hauptverantwortlich für das Projekt wird der Berater Hubert Le Blanc Bellevaux, der intern bei Elf bald »007« genannt wird, weil er so geheimnisvoll tut.[29] Le Blanc Bellevaux spricht hervorragend Deutsch und ist daher bestens geeignet, das Leuna-Geschäft zu organisieren.[30] Sirven engagiert zusätzlich einen Mann, der für Schmiergelder und die Geschäfte im Schatten zuständig sein soll: Pierre Lethier, ein ehemaliger Geheimdienstagent.[31]

Lethier ist so etwas wie ein Wunderkind in der französischen Geheimdienstszene. Er ist Absolvent der französischen Militärakademie in St. Cyr, tritt danach in den französischen Auslandsgeheimdienst DGSE ein und wird 1982, mit nur 27 Jahren, Stabschef des Dienstes. Er dient unter mehreren Regierungen und knüpft nach dem Ende des Kalten Krieges gute Kontakte zur CIA und nach Deutschland. 1988 verlässt er offiziell den Geheimdienst, zieht nach Genf und wird Berater. Er widmet sich seinem Hobby, dem Springreiten, wo er zur Weltklasse gehört, arbeitet aber außerdem – freiberuflich – für Elf. »Monsieur Afrique« André Tarallo kennt er aus Geheimdienstzeiten recht gut. Gabun war die Operationszentrale für den Auslandsgeheimdienst in Afrika.

1990 nimmt Alfred Sirven in Genf Kontakt zu Lethier auf. Die beiden treffen sich regelmäßig und tauschen sich aus über die in Zukunft lukrativsten Ölfelder. Lethier erwähnt dabei seine guten Kontakte nach Deutschland, so sagt er später. Der Ex-Karriere-Agent ist der ideale Mann für Sirven. Lethier soll sich um Kontakte zur bundesdeutschen Regierung kümmern und Informationen beschaffen. Wer wenn nicht er könnte durchsetzen, dass Leuna ein profitables Geschäft für Elf wird.

29. Februar 1992,
Bonn

Ludwig-Holger Pfahls, Staatssekretär im Bundesverteidigungsministerium, hat im Februar seinen letzten Arbeitstag. Er hält noch einmal eine Rede vor dem Kabinett, in der er beklagt, dass die Zukunft der »deutschen wehrtechnischen Industrie« nicht »rosig« aussehe: Der Bedarf sinke, die Konkurrenz werde nach dem Fall der Mauer härter, überdies störten die Rüstungsexportkontrollen sehr.[32] Dann verabschiedet er sich und kündigt an, dass er demnächst als Belgien-Chef bei Daimler-Benz antreten werde. Er soll bei einer Daimler-Tochter an Rüstungsprojekten mitarbeiten.

Pfahls war in den letzten Monaten unter Druck geraten, da er von verbotenen Geschäften des Bundesnachrichtendienstes wusste. Der Nachrichtendienst hatte mehrmals Waffen der Nationalen Volksarmee an den Mossad nach Israel geliefert. Der israelische Geheimdienst wollte die Waffen im Hinblick auf einen möglichen Golfkrieg studieren, da die irakische Armee auch russische Waffentechnik benutzte. Die fünfzehnte Waffenlieferung flog jedoch auf, da der BND nur den Zoll gebeten hatte, wegzuschauen, nicht jedoch die Wasserschutzpolizei im Hamburger Hafen. Pfahls hatte weder seinen Minister, Gerhard Stoltenberg, noch das Parlament über das Geschäft im Vorfeld informiert. Er wusste warum: Der Bundestag hatte gerade erst ein neues BND-Gesetz erlassen, das Waffenlieferungen wie diese verbietet.[33]

Trotz seines unrühmlichen Abgangs muss sich Pfahls keine Sorgen um die Zukunft machen. Er hat den neuen Job bei Daimler-Benz – und ausreichend stille Reserven. Immerhin hatte der Lobbyist Karlheinz Schreiber im

September des Vorjahres versprochen, ihm 3,8 Millionen Mark zukommen zu lassen – aus Dankbarkeit für das erfolgreiche Panzergeschäft.[34]

Das alles reicht Pfahls aber nicht, und so lässt er sich als Anwalt in München nieder. Hier kennt er sich gut aus: Bevor seine politische Laufbahn ihn nach Bonn führte, war er Wirtschaftsstaatsanwalt in Bayern. Es dauert nicht lange, da wird Pfahls von einem Mann kontaktiert, den er seit langem kennt: dem wohlhabenden Industriellen Dieter Holzer. Holzer ist unter anderem im Erdölgeschäft tätig. Er hat von einem engen Freund und ehemaligen französischen Geheimdienstagenten erfahren, dass der französische Konzern Elf Hilfe bei einem Geschäft in Ostdeutschland braucht. Es geht um eine neue Raffinerie in Leuna. Pfahls' Kontakte in Bonn könnten bei dem Geschäft von großem Wert sein. Demnächst werde man sich mit den zuständigen Managern aus Frankreich treffen und alles besprechen. Es gäbe einiges zu verdienen als Lobbyist für Elf Aquitaine. Der ehemalige Staatssekretär aus dem Bundesverteidigungsministerium schlägt ein.

Für Mitarbeiter der Treuhandanstalt – Durchfahrt auf eigene Gefahr!

3. März 1992,
Halle

Der Generalbevollmächtigte der IG Metall in Halle an der Saale, Günter Lorenz, ist der Prototyp eines unbequemen Gewerkschafters. Lorenz – gelernter Lehrer, runder Bauch, Halbglatze, Brille, trägt gern gemusterte Pullis – wird leicht unterschätzt. Zehn Jahre hat er bereits als Gewerkschafter in Ulm gearbeitet und dort gelernt, hartnäckig, verbissen und genauso umtriebig wie die Arbeitgeber um die eigenen Ziele zu kämpfen. Sein Anliegen ist klar: Er will so viele Arbeitsplätze wie möglich erhalten, auch in Halle.

Die bundesdeutschen Gewerkschaften suchen mit dem Thema Treuhandanstalt seit 1990 gern und offensiv für die eigene Arbeit Werbung zu machen. Eine wirkliche Strategie in Bezug auf die Treuhand haben sie jedoch nicht. Der IG-Metall-Vorsitzende Franz Steinkühler versuchte sich 1991 als Scharfmacher, indem er die Treuhand »Verkaufsagentur und Schlachthaus« nannte. Einen Sitz im Verwaltungsrat der Behörde lehnt er dagegen zunächst ab.[1] Nach dem Rohwedder-Mord ist man bei den Gewerkschaften vorsichtiger. Steinkühler setzt durch, dass gewerkschaftseigene Unternehmensberatungsfirmen ehemaligen DDR-Firmen zur Seite stehen dürfen – bezahlt von der Treuhand, was die Gewerkschaften nicht an die große Glocke hängen.

Wie durchschlagskräftig die Gewerkschaften sind, hängt von den Vertretern vor Ort ab. Lorenz wird zunächst von seiner Gewerkschaft in Leipzig eingesetzt, dann bittet man ihn, nach Halle zu gehen, auch da gebe es Probleme. In Leipzig wie in Halle hat er zunächst schlaflose Nächte. Lorenz kannte die DDR von Besuchen, hatte dabei aber stets die wirkliche Lage ausgeblendet: die Verfolgung durch die Staatssicherheit, den Verfall der Wohnungen und Betriebe. Später wirft er sich selbst vor, dass er die DDR aus seiner linken Position heraus in Westdeutschland zu oft verteidigt hat. Nach diversen Treffen mit ostdeutschen Bürgerrechtlern, Akademikern und Oppositionellen schämt er sich für diese Haltung.

Lorenz zögert lange, nach Halle zu gehen. Er spürt, dass er mit seinem alten Leben brechen müsste, und er registriert, dass man im Westen kaum noch Interesse und Verständnis für Ostdeutschland hat. Schließlich gibt er dem Drängen seiner Vorgesetzten aber nach. Allerdings lässt er sich von der Leitung der IG Metall zusichern, dass er eine »Rückfahrkarte« bekommt und nach vier Jahren an seinen Arbeitsplatz im Westen zurückkehren kann.

Je mehr Zeit Lorenz in Halle verbringt, desto klarer wird ihm: Obwohl sie die gleiche kulturelle Geschichte haben, sind die Deutschen in Ost und West grundverschieden. Man spricht die gleiche Sprache und versteht sich doch nicht. Das macht die Aufgabe in Halle schwieriger als eine Mission im Ausland. Günter Lorenz verzweifelt anfangs an dem einen oder anderen Betriebsrat: »Am Anfang wurden Illusionen, die es in Bezug auf den Kapitalismus gab, ausgenutzt. Da hat man dann Betriebsräte dazu gebracht, dass sie Massenentlassungen unterschreiben. ›Dann wird man konkurrenzfähig‹, hieß es. Die Betriebsräte haben das auch wirklich geglaubt. Ich habe dann irgendwann mal aufgegeben, ihnen zu sagen, dass sie immer Mist bauen.«

Da es in Halle viele metallverarbeitende Betriebe gibt, ist die IG Metall und damit Lorenz für das Wirtschaftsleben der Stadt sehr wichtig. Schon in Leipzig hat er mit der Treuhand zu tun: »Die Westkonkurrenz wollte konkurrenzlos werden. Wenn man sich dann noch irgendwas unter den Nagel reißen konnte, dann hat man das gemacht und so auch noch eine verlängerte Werkbank bekommen. Dann werden eben einfache Arbeiten im Osten gemacht, das ist billiger. Oder aber, wenn die Firmen technologisch interessant sind, hat man entschieden: Wir brauchen die Firma ganz.«

In Halle versucht er sofort mit der Treuhand in Kontakt zu treten: »Da die Treuhandanstalt die Arbeitgeberfunktion hatte, war klar, dass man mit denen zusammenarbeiten muss. Deswegen bin ich von mir aus dahin marschiert und habe Gespräche gesucht; da traf ich auf den Herrn Scholten, Personalchef, der hat mir dann als Beruhigungspille ein älteres Büchlein, so vom Anfang des Jahrhunderts, in die Hand gedrückt, das hat er irgendwo in der Betriebsbibliothek gefunden. Dann wurde ich etwas fordernder und habe gesagt: Ich will, dass wir uns zusammensetzen mit den Geschäftsführern und den Betriebsratsvorsitzenden. Ich möchte gerne wissen, was ist in den einzelnen Betrieben los? Wohin soll die Reise gehen? Das ist hier Volkseigentum, und ich denke, da hat das Volk ein Wörtchen mitzureden. Aber ich lief gegen eine Gummiwand.«

Lorenz macht zunächst das, was er immer in solchen Situationen macht: Demonstrationen organisieren. Im Februar ruft er die Arbeiter auf, vor der »Scheibe D« in Halle-Neustadt gegen die Plattmacher-Politik der Treuhand zu protestieren. Er lässt sie damit zwar gegen die Schließung eines Unternehmens protestieren, das der Zentrale untersteht, aber es geht ihm in erster Linie um das Signal. Der Gewerkschafter hat extra einen gelben Spielzeugbagger besorgt, den er einem Treuhänder – einem »Plattmacher« – übergeben will. Klaus Klamroth, der zu den Demonstranten spricht, nimmt den Bagger an.[2] Doch die Veranstaltung ist ein Flop. Es protestieren lange nicht so viele Arbeiter, wie Lorenz erwartet hatte. So kann er keinen Druck aufbauen.

Seit den großen Demonstrationen im März 1991 sind die Menschen müde, viele haben resigniert. Lorenz braucht eine neue Strategie. Er erfährt von Mitgliedern, dass es Probleme mit einer Firma gibt. Beim Dampfkesselbau Hohenthurm, Arbeitgeber von 400 Menschen, brodelt es. Ein westdeutscher Investor hat das Unternehmen gekauft, sich verpflichtet, 280 Arbeitsplätze zu erhalten und 18 Millionen Mark zu investieren.[3] Obwohl der neue Eigentümer eine Strafe zahlen muss, wenn er sich nicht an diese Abmachung hält, hat er noch keine einzige Mark investiert, aber bereits einige Arbeiter entlassen. Lorenz erfährt, dass der Investor Dr. Walter Schneider heißt und aus der Nähe von Ulm stammt, wo er selber lange gearbeitet hat. Er lässt seine Kontakte in die alte Heimat spielen und erhält schnell eine Rückmeldung: Mit Schneider stimmt etwas nicht, sein Betrieb, die Palino GmbH, hat Probleme, die Rechnungen zu bezahlen. Lorenz beschließt, alles über diesen Investor in Erfahrung zu bringen.

25. März 1992,
Berlin

Michael Rottmann und seine Partner haben inzwischen auf verschiedenen Wegen 63 Millionen D-Mark aus den Beständen der WBB auf Konten ins Ausland fließen lassen. Noch ist WBB nicht ernsthaft in Gefahr: Die Immobilien haben einen Wert von mindestens 100 Millionen D-Mark, und das Barvermögen beläuft sich noch auf 92 Millionen D-Mark. Zu diesem Zeitpunkt könnte Rottmann WBB noch zum »führenden europäischen Kraftwerksbauer« machen. Inzwischen ist er Alleininhaber der Firma; seine Partner, die Schweizer und die ostdeutschen Geschäftsführer, hat er ausgezahlt und ihre Anteile übernommen.

Rottmann kümmert sich auf ganz spezielle Weise um die WBB-Belegschaft. Schon im Juni 1991 hat er einen kleinen Kongress abgehalten: »Mut zum Neuen – wbb-Management-Konferenz«. Veranstaltungsort ist das Berliner Congress Center, wo Treuhandpräsident Rohwedder im Frühjahr 1991 mit Betriebsräten über den Zusammenbruch der ostdeutschen Wirtschaft diskutiert hatte. In einem Workshop sollen die Angestellten unter anderem

Vorschläge erarbeiten, wie man im Bereich Energietechnik einen Auftragseingang von 280 Millionen D-Mark bis 1993 erreichen kann. Schließlich soll in Arbeitsgruppen die Frage beantwortet werden: »Wie können wir Mut zum Neuen in einer kooperativen Führungs- und Team-Atmosphäre umsetzen«. Die Mitarbeiter machen alles mit, sie schlucken auch am Morgen Vitamin C, wie ihnen empfohlen wird. Das gehört zur neuen Zeit, denken sie.[4]

Michael Rottmanns Penthouse an der Wallstraße ist inzwischen fertig geworden. Anfang März 1992 feiert er hier seinen 50. Geburtstag. Er erscheint zu dem Fest als Robin Hood, seine Gäste sind ebenfalls kostümiert, darunter seine neue Freundin, 21 Jahre alt, Praktikantin bei WBB, samt ihrer Familie. Eine Tänzerin mit Schlange um den Hals tritt im Laufe des Abends auf. Bis hierhin ist alles glatt gelaufen für den ehemaligen Babcock-Manager und Diplomingenieur aus Essen-Kupferdreh. Doch nun bekommt er ein Problem, das alle seine Pläne zunichte machen könnte: Die WBB wird verklagt. Der Vorwurf: Das Unternehmen hat eine offene Rechnung von knapp 128 Millionen Mark nicht bezahlt.

Wie alle DDR-Unternehmen durfte die WBB keine Geschäfte mit ausländischen Firmen abschließen, die mussten immer über ein Außenhandelsunternehmen laufen, ein AHB. Für die WBB war das AHB Industrieanlagenimport (IAI) zuständig. Die Wärmeanlagenbauer hatten mit dem Bau eines Gasturbinenkraftwerks in Berlin-Ahrensfelde begonnen und dafür die Hilfe französischer Anlagenbauer in Anspruch genommen. Die IAI hatte den Franzosen dafür umgerechnet 127,9 Millionen D-Mark überwiesen, also eine Dienstleistung bezahlt, die die WBB benötigte, um das Werk bauen zu können. Da diese Außenhandelsunternehmen mit der Einführung der Marktwirtschaft ihre Funktion verloren, ließ die Treuhand sie umgehend von Liquidatoren abwickeln. So auch die IAI. Der eingesetzte Anwalt entdeckt in den Bilanzen aber den offenen, unbezahlten Posten von knapp 128 Millionen und macht das, was von Liquidatoren und Konkursverwaltern nun einmal erwartet wird: Er verklagt den Schuldner, also die WBB. Rottmann ist außer sich, denn dieser Posten tauchte in der Eröffnungsbilanz nicht auf, also in jener Bilanz, die erst von den ostdeutschen Geschäftsführern gefälscht wurde, um den wahren Wert des Unternehmens zu verschleiern. Dabei hatten die beiden die offene Forderung des IAI übersehen.

An diesem 25. März erhebt der Liquidator Anklage vor dem Landgericht Berlin. Rottmann reagiert umgehend und überträgt nach und nach alles, was an WBB wertvoll ist, auf die Firma PCE, die einst die Chematec gekauft hatte. Dafür benutzt er die ostdeutschen Geschäftsführer, die oft gar nicht überblicken, welche Urkunde und welchen Vertrag sie gerade unterschreiben und welchen Teil des Unternehmens sie gerade der PCE übertragen. Rottmann lässt sich bei diesen Aktionen von Rechtsanwälten aus Hamburg und München helfen, die solche Transfers organisieren können, ohne dass Steuern anfallen. Insgesamt siebzehn Briefkastenfirmen gründen sie im Ausland. Die Hamburger Anwälte kennen sich auch mit Schuldenmoratorien aus: Rottmann macht zum Schein Schulden, bekommt dafür von den Anwälten einen Beleg und muss keine Steuern zahlen. Mit Hilfe seiner Anwälte schlachtet Rottmann den Kraftwerksbauer in den nächsten Monaten systematisch aus, bis am Ende nichts mehr übrig ist.

18. April 1992,
Tegernsee

Der Springreiter, Ex-Geheimdienstchef und jetzige Elf-Berater Pierre Lethier hat einen dringenden Termin in Deutschland. Da in Deutschland die Flugsicherung streikt, nimmt Lethier den Firmenjet des Elf-Chefs Le Floch-Prigent. Er wird von Hubert Le Blanc Bellevaux begleitet, dem Leiter des Leuna-Projekts.[5] Sie treffen den ehemaligen Staatssekretär Holger Pfahls in dessen Haus in der Prinz-Karl-Allee in Tegernsee, malerisch gelegen, nur wenige Schritte vom Ufer entfernt. Pfahls und der französische Ex-Agent Lethier haben einen gemeinsamen Bekannten, der ebenfalls angereist ist: den Berater und Industriellen Dieter Holzer.

Holzer lebt in Monaco und ist in seinem Leben weit herumgekommen.[6] Geboren wurde er im Saarland. Dort übernahm er von seinem Vater einen Tierfettbetrieb, aus dem er die Firma Delta International mit Sitz in Monaco machte. »Delta« handelt immer noch mit Tierfetten, ist inzwischen aber vor allem eine internationale Beratungsfirma und zudem im Erdölgeschäft aktiv. 1967 heiratet Holzer in Heidelberg eine Cousine des ehemaligen libanesischen Staatspräsidenten Amin Gemayel, wird Honorarkonsul des Libanon und kann so Kontakte im Nahen Osten aufbauen. Holzers Frau kümmert sich schließlich um die Fette, Holzer um die Beratung. Seine guten Kontakte in die Region nutzt auch der Bundesnachrichtendienst.[7]

Holzer ist auch in München gut vernetzt, nennt viele CSU-Spitzenpolitiker seine Freunde, darunter Franz Josef Strauß. Die Familie von Edmund Stoiber macht in einem von Holzers Häusern regelmäßig Urlaub.[8] Holzer bezeichnet sich selbst als »Patrioten«.[9] Er vermittelt vor allem bei schwierigen Geschäften rund um die Welt und kassiert dafür zwei Prozent Gebühr. Der Ex-Agent Lethier ist ein guter Freund von ihm, man schätzt sich. Pfahls und

Holzer tragen Brillen, Seitenscheitel, wirken wie biedere Beamte. Nichts an ihren Gesichtern ist außergewöhnlich oder prägt sich ein. Bei Lethier lässt nichts auf seine Vergangenheit in einer Elite-Militärschule schließen. Er ist eher schmal, nicht muskulös, hat eine lange Nase und schmale Lippen.

Die beiden Deutschen und die beiden Franzosen Lethier und Le Blanc Bellevaux besprechen, wie die Lobby-Kampagne von Elf in Deutschland aussehen könnte. Jetzt, da der Vorvertrag unterschrieben ist, geht es darum, möglichst viele Subventionen vom deutschen Staat abzukassieren; die Subventionskultur der Treuhand hat sich inzwischen bis nach Frankreich herumgesprochen.

30. April 1992,
Ilmenau

Detlef Scheunert hat einen unangenehmen Termin. Er muss mit seinem Vorstand Klaus-Peter Wild in den Thüringer Wald fliegen. In dem kleinen Ort Ilmenau, 45 Kilometer von Erfurt entfernt im Tal der Ilm gelegen, müssen die beiden die Zerschlagung des wichtigsten Arbeitgebers verkünden. Die Arbeitslosenquote in Südthüringen ist ohnehin schon verheerend hoch – in Ilmenau ist jeder Vierte ohne Arbeit –, und jetzt auch das noch.

Seitdem er Direktor ist, beschäftigt ihn die Glasring AG in Ilmenau. Einst war der »Ring« ein volkseigenes Kombinat mit 18 Betrieben und über 12 000 Mitarbeitern. Die ganze Stadt hat kaum mehr als 20 000 Einwohner. In dem Stammwerk, dem Glaswerk Ilmenau, wurden mehrere Sorten Spezialglas für den osteuropäischen Markt hergestellt, darunter Gläser für die Pharma- und Chemie-Industrie. Zwölf Produktionslinien hatte das Werk einst. Aus der Luft betrachtet scheint die Fabrik größer als der ganze Ort zu sein. Mit Hilfe von westdeutschen Beratern wurde das Kombinat nach der Wende umstrukturiert und in eine Aktiengesellschaft umgewandelt, die 1992 nur noch gut 2000 Arbeiter beschäftigt. Seit längerem hat der Treuhanddirektor versucht, die gesamte AG zu verkaufen. Ohne Erfolg. Das Spezialglasgeschäft ist übersichtlich, es gibt nur wenige Hersteller auf diesem kleinen Markt.

Scheunert hat den Marktführer Schott in Mainz besucht. Schott ist wie Zeiss in Jena groß geworden, und genau wie Zeiss wurde Schott von der US-Armee in den Westen verpflanzt. Schott Mainz hat sein altes Werk in Jena übernommen und kein Interesse, den Betrieb oder gar die ganze AG in Ilmenau auch noch zu übernehmen. Einen neuen Konkurrenten will man aber auch nicht, so Scheunert: »Die haben gesagt, um Gottes willen, die

Kapazität. Wenn das Ding ausgefahren wird, können wir hier zumachen. Die haben natürlich der Politik gesagt, wenn ihr uns jetzt durch die Wettbewerbssituation im Osten kaputtmacht, kriegt ihr keine Steuergelder mehr.«

Da sich für den Gesamtkomplex kein Käufer finden lässt, schlägt Scheunert vor, die sechs Betriebe der Glasring Holding einzeln zu verkaufen. Das kommt in Ilmenau nicht gut an. Bei den verbliebenen Arbeitern setzt sich nur fest, dass dann noch mehr Arbeitsplätze abgebaut werden. Es tauchen Konzepte auf, die der westdeutsche Geschäftsführer der AG hat erstellen lassen: Die Banken würden den Glashersteller als Verbund weiter finanzieren, Besitzer könnten die Manager werden. Gegenüber einem Reporter sagt Scheunert: »Die wollen doch nur die Reste des alten Kombinats retten.« Der ehemalige Generaldirektor und Vorsitzende des Vorstands der Aktiengesellschaft, Wolfgang Fox, greift Scheunert daraufhin an: »Gerade von einem Ostdeutschen, der keine Ahnung von der Glasindustrie hat, würde ich mehr Unterstützung erwarten.«[10]

Es bleibt persönlich. Für die lokale Presse ist der Glasring das Hauptthema, im Rest des Landes spielt der Fall dagegen kaum eine Rolle. Die AG gehörte nach der Wende zu den 25 größten ostdeutschen Unternehmen. Jetzt ist sie in den Augen der Westdeutschen nur noch eine Firma mehr, die um ihr Überleben kämpft. Scheunert wird in der Presse zur Zielscheibe der Enttäuschten: »Immer mehr Fragezeichen, so die Betriebsräte gegenüber FREIES WORT, würden sich um die Person Scheunert ranken.«[11] Die Glasring-Arbeiter blockieren Straßen, richten Anfragen an den Landtag und demonstrieren vor dem Landratsgebäude, als der Kreistag dort eine Sitzung abhält. Als sich die Arbeitgebervertreter in Ilmenau treffen, recken Protestler ein selbstgemaltes Plakat in die Höhe. In sauberen, geraden Lettern ist dort zu lesen: »Für Mitarbeiter der Treuhandanstalt – Durchfahrt auf eigene Gefahr!«[12] Doch es ist gar kein Treuhänder anwesend. »Der Treuhandvertreter Scheunert hatte vorsichtshalber abgesagt«,[13] bemerkt eine Zeitung.

Nun sitzen das Vorstandsmitglied Klaus-Peter Wild und Scheunert in dem Hubschrauber, der sie zu der für heute, den 30. April, angesetzten öffentlichen Sitzung in Ilmenau bringt, wo sie vor den 2000 Glasarbeitern sprechen sollen. Es ist bereits durchgesickert, dass die Treuhand den Ring auflösen will. Um 8 Uhr 45 soll das Treffen beginnen. Ein Betriebsrat hat einer Zeitung angekündigt, man wolle »der Treuhand einen gebührenden Empfang bereiten«.[14] Scheunert erinnert sich: »Vorne saßen wir, die Bösen, also Dr. Wild und ich. Daneben saßen die Guten, also der Betriebsrat, die Geschäftsführung, die Lokalpolitik und der Ministerpräsident Thüringens, das war damals schon der Herr Bernhard Vogel, der auch zu Besuch da war. Dann wurde eben Stimmung gemacht in so einem Saal mit zweitausend Leuten. Wir mussten damals die Realität vertreten. Die Realität ist immer schlecht dran, oder? Die Utopien werden geliebt. Wir haben das Werk dann geschlossen. Ich habe das gegen allen Widerstand durchgezogen.« Scheunert will keine Steuergelder verschleudern und alte Fabriken durchpäppeln, das ist sein Grundsatz. Vogel verspricht den Arbeitern, dass seine Mitarbeiter noch einmal Druck auf die Treuhand machen, um eine bessere Lösung zu finden.

Scheunert hat in Abstimmung mit Wild bereits entschieden, den Glasring aufzubrechen und die rentablen Firmen einzeln zu verkaufen. Für den Rest der Betriebsstätten, auch für die große Glasfabrik, bedeutete das die Schließung. So könnten rund tausend, also die Hälfte der Arbeitsplätze gerettet werden, rechnen die Treuhänder aus. Der Einzelverkauf ist für die Treuhand billiger und der Erfolg – der Erhalt eines Teils der Industrie – sicherer. Scheunert: »Ich war auf die Schließung nicht stolz. Die Anerkennung der Wettbewerber West ist zwar gekommen; die wussten nämlich, was das bedeutet – die hatten auch schon Fabriken im Westen geschlossen. Aber ich habe mir ausbedungen, die sollen mich gefälligst in Ruhe lassen. Ich habe auch nicht anschließend irgendwelche Gespräche geführt. Ich brauchte ja auch einen Job. Es war ja klar, dass es mit der Treuhand in zwei, drei Jahren zu Ende geht. Ich hätte mir natürlich einen Job in der Glasindustrie im Westen besorgen können. Ich kannte die ja alle. Aber das hätte ich wirklich als unanständig empfunden. Das hätte jeder als Judaslohn betrachtet.«

Die Anfeindungen gehen an Scheunert nicht spurlos vorbei: »Dieser Fall hat mich wirklich viel Kraft gekostet. Ich konnte natürlich nicht in meinem Freundeskreis thematisieren, wie ich mich damit fühle. Die haben sowieso dauernd gesagt: ›Na, dann mach's doch einfach nicht, wenn du dich schlecht fühlst.‹ Die waren alle bereit, so weiterzumachen, immer alles weiter zu subventionieren. Aber da war ich fest überzeugt, dass das der falsche Weg ist. So werden dann Strukturen zementiert, wie man sie im Westen in der Stahlindustrie kennt oder in der Bergbauindustrie. Da wäre diese Dauersubvention im Osten weitergegangen. Da war ich völlig überzeugt, das will ich nicht, da mache ich nicht mit. Das hat mich natürlich einsam gemacht.«

Nicht jeder stellt sich diesem Konflikt: »Ich habe später entsetzt festgestellt, dass mancher meiner Direktorenkollegen West sich diesem Druck entzogen hat. Die haben Fabriken, die wirklich hätten geschlossen werden müssen, einfach weitergepäppelt. Weil der Spielraum da war. Die haben sich nur in bester politischer Manier West aus dem Druck mit Steuergeldern rausgekauft. Die haben das Objekt an irgendeinen Investor mit viel Geld verschenkt, und der ist dann drei Jahre später pleitegegangen. Aber von diesen Raffinessen wusste ich noch nichts.«

11. Juni 1992,
Bochum

Das Landgericht Bochum verurteilt heute den Geschäftsführer einer SED-Firma im Ausland zu drei Jahren Gefängnis. Der Mann hat Steuern hinterzogen, das sieht das Gericht als bewiesen an.[15] Den Anklägern, die ihn vor Gericht gebracht haben, half eine mehrstündige Aussage von Waltraut Lisowski vom 3. Januar des Jahres. Die Wirtschaftsstaatsanwaltschaft Bochum hat sich des Falls unabhängig von Uwe Schmidts ZERV und der Berliner Staatsanwaltschaft angenommen. Der Ankläger in Berlin ist nicht begeistert: Er fühle sich in seinen Ermittlungen gestört, schließlich gehe es nicht um ein paar Millionen D-Mark Steuern, sondern um Geldbewegungen von 50 Milliarden D-Mark, die man erst einmal verstehen müsse.

Lisowski sagt in Bochum fünf Stunden aus, so hält es die Staatsanwaltschaft fest. Sie beschreibt detailliert, dass sie SED- und KoKo-Firmen in Westdeutschland angehalten hat, für frei erfundene Handelsgeschäfte Provisionen an andere DDR-Firmen zu zahlen. So wurde der Gewinn der Firmen gemindert, die auf diese Weise Steuern sparten. Genau das hatten Lisowski und die KoKo auch dem Geschäftsführer der Firma Noha GmbH aufgetragen. Am Ende erklärt der Oberstaatsanwalt Dieter Koenen Frau Lisowski, dass sie nun selber verdächtig ist, dabei geholfen zu haben, in der Bundesrepublik Steuern zu hinterziehen.[16] Der Angeklagte wird wegen Steuerhinterziehung von 5,2 Millionen D-Mark verurteilt. Dass er für das Bundesamt für Verfassungsschutz als Spitzel gearbeitet hat, was er während der Hauptverhandlung in Bochum zugibt, hilft ihm zunächst nichts. Der Richter des Bochumer Verfahrens ist verblüfft: »Es ist schon verwunderlich, daß Schalck und Frau Lisowski nicht angeklagt wurden. Die Autorität der Strafrechtspflege gerät in Gefahr, wenn sie sich den berechtigten Vorwurf einhandelt, man hänge die Kleinen und lasse den großen Schalck-Golodkowski laufen.«[17]

Seit Herbst tagt der Bundestagsuntersuchungsausschuss, der ebenfalls versucht, den Bereich KoKo von Alexander Schalck zu ergründen und zu verstehen, warum nicht durchgegriffen wird. Eine Woche nach dem Urteil in Bochum muss Waltraud Lisowski in Bonn vor dem Ausschuss aussagen. Drei Tage zuvor hat die Treuhand – wohl auch in Anbetracht ihrer bevorstehenden öffentlichen Aussage und mehrerer Zeitungsberichte – Strafanzeige gegen Lisowski gestellt.[18] Die Schalck-Vertraute wird von einem Anwalt aus Saarbrücken begleitet, der Bonn gut kennt. Professor Egon Müller ist einer der profiliertesten und teuersten Strafverteidiger Deutschlands. Vor wenigen Jahren hat er den FDP-Politiker Otto Graf Lambsdorff in einem Strafverfahren wegen illegaler Parteispenden vertreten. Lambsdorff wurde zu einer Geldstrafe in Höhe von 180 000 Mark verurteilt. Auf die Frage der Abgeordneten im Ausschuss, wie sie sich diesen Anwalt leisten könne, antwortet Lisowski: »Er ißt unsere Rente auf.« Sie sei 56 Jahre alt, arbeitslos und lebe immer noch in Berlin. In der DDR hat sie 2500 Mark Ost pro Monat verdient.[19]

Vor dem Ausschuss gibt sich Lisowski wortkarg. Sie ist sich keiner Schuld bewusst: »Ich gehörte nicht zum Leitungskern und war in operative Entscheidungen nicht einbezogen.« Nach der Auflösung des KoKo-Bereichs habe sie dabei geholfen, die Auslandsfirmen der SED aufzulösen und deren Vermögen zu retten. Sie sagt aus: »Ich bin nicht dageblieben, um etwas zu vertuschen, sondern um so weit wie möglich alles aufzuklären.«[20] Alles andere sei eine Verleumdung. Ihr sei »Verschleierung und Verschleuderung des Volksvermögens« nicht vorzuwerfen. Die Treuhand habe sich dagegen gar nicht um die Vermögenswerte gekümmert. Vielleicht habe die Anstalt ihre Arbeit auch deshalb geschätzt. An das Treffen mit ihrem alten Chef Alexander Schalck auf dem Flughafen in München im Juni 1990 erinnert sie sich erst, als ein SPD-Abgeordneter sie auf ihre Wahrheitspflicht hinweist. Plötzlich habe sie ein Flugticket im Briefkasten gehabt, dann sei sie eben dorthin geflogen.[21] Über genau dieses Treffen hatte Schalck den Innenminister in seinem Brief informiert. Als Schäuble vor dem Ausschuss im November 1991 auf die Briefe angesprochen wird, kann er sich nur erinnern, dass der Brief persönlich gewesen sei.[22] Insgesamt habe er drei Schreiben von Schalck erhalten, alle privater Natur. Er habe in seinem Ministerium und in seinem Privathaus nach den Briefen suchen lassen, ohne Erfolg. Der Kurier – Pfarrer Karl-Heinz Neukamm – sagte dem Ausschuss jedoch, dass er die Briefe beim Innenministerium persönlich abgegeben habe. Obwohl dort alle Briefe registriert werden, tauchen die Schreiben von Schalck in der Registratur des Ministeriums nicht auf.

Waltraud Lisowski fährt nach der Aussage zurück nach Berlin und setzt ihr Leben als Frührentnerin ungestört fort.

26. Juni 1992,
Berlin

Die Vergangenheit holt die Treuhandzentrale an der Otto-Grotewohl-Straße ein. Der letzte Ostdeutsche im Vorstand, Wolfram Krause, der SED-Ökonom, der früh auf die wirtschaftlichen Probleme in der DDR hingewiesen hat, tritt als Finanzchef der Anstalt zurück. Milliarden hat er seit 1990 bewegt, unterstützt von einem ehemaligen Bundesbanker, damit er, der Ostdeutsche, nicht den Überblick verliert. Jetzt ist durch Veröffentlichungen bekannt geworden, dass Krause »Gesellschaftlicher Mitarbeiter« der Staatssicherheit gewesen ist.[23] Dass er als hoher Funktionär der SED ohnehin die Aktionen der Staatssicherheit mitgetragen hat, spielt keine Rolle. Krause will sich den Anfeindungen nicht mehr aussetzen. Im Monat zuvor ist bekannt gegeben worden, dass er in Zukunft nur noch für Verwaltungsaufgaben eingesetzt werde, doch das hat die Kritiker nicht besänftigt.[24] Im Vorstand mag man den Mann und hätte es gern gesehen, dass die Präsidentin Breuel ihn gegen den großen öffentlichen Widerstand hält. Doch sie gibt nach. Klaus-Peter Wild, der bayerische Beamte, droht daraufhin mit Rücktritt: »Ich bin zur Frau Breuel gegangen und habe gesagt: ›Frau Breuel, ich weiß nicht, ob ich jetzt noch am richtigen Platze hier bin.‹ Sie hat dann gesagt: ›Bleiben Sie.‹ Ok, ich bin geblieben. Ich würde mich heute vielleicht wohler fühlen, wenn ich nicht geblieben wäre.« Denn: »Jetzt sind neun Leute aus dem Westen im Vorstand der Treuhandanstalt mit der Aufgabe betraut, die Wirtschaft der ehemaligen DDR auf neue Beine zu stellen. Nun kann man sagen, das konnten nur Leute aus dem Westen. Aber ich bin der Meinung, die ungünstige Reputation, die die Treuhandanstalt in der Bevölkerung in Ostdeutschland hat, hat auch damit zu tun, dass es keinen Repräsentanten des Ostens mehr im Vorstand gab.« Die Vorstandskollegen schenken Krause zum Abschied einen Silberteller. Er kommt auf Vermittlung von Birgit Breuel für die nächsten Jahre bei der Commerzbank in Moskau unter. Seine alten ostdeutschen Freunde haben sich schon lange von ihm abgewandt. Wilds Protegé, Detlef Scheunert, ist nun neben einem weiteren ostdeutschen Direktor der einflussreichste Manager aus der ehemaligen DDR bei der Treuhand.

2. Juli 1992,
Monaco

Dieter Holzer, einer der Elf-Lobbyisten, hat sich in den letzten Wochen intensiv um das Leuna-Projekt gekümmert. Seine Auftraggeber erwarten von der Bundesregierung, dass sie den Bau der Raffinerie mit zwei Milliarden

D-Mark subventioniert und eine entsprechende Erklärung abgibt. Holzer telefoniert lange mit dem Elf-Berater und Freund Pierre Lethier und verfasst zudem ein persönliches Schreiben, in dem die Situation deutlich wird: »Die Forderung von Herrn Le Blanc, dass irgendein Minister in Deutschland eine Erklärung dahingehend abgibt, dass Subventionen in Höhe von zwei Milliarden gezahlt werden, ist unrealistisch und ist von keinem Minister zu erwarten, da dieser nicht autorisiert ist, solch eine Erklärung abzugeben.« Aber: »Die Treuhand muss den Vertrag dem Aufsichtsgremium vorlegen. Es handelt sich dann um eine politische Entscheidung, ob man das Projekt Leuna will oder nicht. In Bonn ist man von diesem Projekt überzeugt und will es.« Die Gefahr, dass ein anderes Konsortium den Zuschlag bekomme, sei daher nicht relevant. Außerdem habe die Treuhand aus Bonn eindeutige Anweisungen. Holzer schreibt an Lethier: »Vertraulich: Bonn erwartet von der Treuhand einen Vertrag, wie wir ihn hier vorgeschlagen haben.« Holzer schreibt noch: »Ich bedauere es außerordentlich, dass ich am Samstag nicht nach Paris kommen kann, da ich einer Einladung Folge leisten möchte, zu der auch mit großer Wahrscheinlichkeit der Bundesfinanzminister, Theo Waigel, kommen wird.«[25]

Sechs Tage später reisen der Herr der Schwarzen Elf-Kassen, Le Floch-Prigent, und sein Leuna-Beauftragter, Hubert Le Blanc Bellevaux, nach Deutschland. Zunächst treffen sie am 8. Juli den Treuhandvorstand Klaus Schucht in der Berliner Otto-Grotewohl-Straße. Schucht fällt auf, dass vor allem Le Blanc sich seiner Sache inzwischen sehr sicher zu sein scheint, und schreibt in sein Tagebuch: »Daher die Spendierlaune und Großzügigkeit von Le Blanc, der sich nun in Berlin nicht mehr um Pfennige kabbeln wollte, nachdem er wusste, dass er den großen Coup in Bonn zu landen beabsichtigte.«[26] Le Blanc Bellevaux wiederum informiert Pierre Lethier: »Letzte Information von Hubert [Le Blanc Bellevaux]: 1) Im Anschluss an das von Dr. Schucht geführte Treffen vom Mittwoch, den 8. Juli bei THA, sind sämtliche technische Punkte geregelt und wurde eine Vereinbarung getroffen: Während der Woche von 15./19. Juli plant die THA die Verfassung sämtlicher Texte, sodass HR BREL [sic] und Hr. LE FLOCH-PRIGENT am Donnerstag, den 23. Juli in Berlin den Vertrag unterzeichnen können.«[27]

Zwei Tage später, am 10. Juli, kommen Le Floch und Le Blanc nach Bonn zu einem Termin im Bundeskanzleramt. Der Ministerpräsident des Landes Sachsen-Anhalt, Werner Münch, und sein Wirtschaftsminister Horst Rehberger sind ebenfalls eingeladen.[28] Die Runde wird vom Chef des Bundeskanzleramtes, Friedrich Bohl, geleitet. In der Elf-Delegation entdeckt Bohl an der Seite des Lobbyisten Dieter Holzer einen alten Bekannten, der bis vor drei Monaten noch sein Regierungskollege war: Ludwig-Holger Pfahls. Auf höchster Ebene wird in Bonn diskutiert, wie Elf Aquitaine eine 35-prozentige Subventionszulage für Leuna erhalten kann. Die Parteien vereinbaren schriftlich, dass die Treuhand mit dem Kaufpreis noch einmal um 230 Millionen heruntergeht. Offen bleibt dann noch eine »Subventionslücke« von 700 Millionen Mark. Das ist das eine Problem. Das andere: Wenn die Subventionen so hoch angesetzt werden, dass das TED-Angebot faktisch keine fünf Milliarden D-Mark mehr schwer ist, dann hätte das BP-Konsortium technisch das höchste Angebot abgegeben – dann wäre Leuna rechtswidrig an TED gefallen und die Vergabe müsste rückgängig gemacht werden. Hier springt nun Goldman Sachs ein. Die Investmentbank testiert, dass TED noch immer das beste Angebot unterbreitet.

Im Sommer bekommt einer der Pressesprecher der Treuhand, Wolf Schöde, Besuch von dem Reporter, einem alten Bekannten aus Nordrhein-Westfalen. Der Journalist, der unter anderem für den »Spiegel« schreibt, ist seit kurzem mit einer Frau bekannt, die beim Wärmeanlagenbau arbeitet. Die hat dem Reporter gesteckt, dass etwas bei ihrer Firma nicht stimmt: Die neuen westdeutschen Eigentümer würden alles ausgründen, was irgendeinen Wert hat. Schöde hört aufmerksam zu, denn er weiß, der Mann ist hartnäckig und ernstzunehmen. Er legt einen Vermerk an und leitet ihn an das zuständige Direktorat weiter. Doch nichts passiert. Der Verdacht reicht der Treuhand nicht, um einzugreifen. Der Reporter selber hat zunächst versucht, Michael Rottmann mit seinem Wissen zu erpressen. Er will Geld von dem Ingenieur aus dem Ruhrpott – dann würde er die Story für sich behalten. Rottmann beauftragt den Reporter daraufhin, bei einem Grundstücksgeschäft zu vermitteln, und stellt dafür eine sechsstellige Provision in Aussicht. Als die nicht gezahlt wird, verklagt der Journalist den Manager und geht zur Treuhand.[29] Doch die handelt nicht. So versickert das WBB-Geld weiter, Mark für Mark.

Im Rausch

16. Juli 1992,
Halle

Klaus Klamroth, der Treuhand-Beteiligungsdirektor der Niederlassung Halle, arbeitet unter Hochdruck daran, seine Zukunft in Halle zu sichern. Seit er im Januar erfahren hat, dass die Filiale im Herbst schließen soll, versucht er seine Idee, die Niederlassung Halle zu privatisieren, mit Leben zu füllen. Er will mit anderen Treuhändern eine Firma gründen, die praktisch die Arbeit der Anstalt in Halle weiterführt. Einen Namen hat Klamroth schon: Mitteldeutsche Unternehmensberatung (MUB). Klamroth schreibt Konzepte, sucht Büroräume, konferiert mit Kollegen in Berlin. Er will weiter als Manager arbeiten, obwohl er bereits auf die sechzig zugeht. Er ist noch nicht mit Halle fertig. Die MUB soll von der Treuhand privatisierte DDR-Betriebe beraten, ihnen Aufträge und Kunden verschaffen, sie durch die ersten Jahre der Marktwirtschaft bringen – das alles mit dem Segen der Treuhandzentrale.

Noch läuft die Arbeit der Treuhand in Halle weiter, aber die Niederlassung hat schon fast alle Firmen, die ihr einst anvertraut waren, verkauft. Klamroth investiert so ohne schlechtes Gewissen viel Zeit in die Vorbereitung seiner neuen Karriere als Unternehmensberater in Halle. Jetzt muss noch der Treuhandvorstand dem MUB-Konzept zustimmen – und die Abteilung VIII von Eckart John von Freyend im Bundesfinanzministerium. Doch die MUB reicht Klamroth nicht, er will noch ein weiteres Projekt anschieben: Der Manager hat das Haus seiner Großeltern in Halberstadt wieder in seinen Besitz gebracht. Dort, wo die angesehene Kaufmannsfamilie einst große Feste feierte und er als Kind immer wieder zu Besuch war, will er nun seinen persönlich Beitrag zum »Aufschwung Ost« leisten: Aus dem Haus soll ein Nobelhotel werden. Die riesige Villa mit Park scheint dafür ideal. Allein: Sie ist in einem jämmerlichen Zustand. Zwar hat sie in den vergangenen Jahrzehnten auch als Hotel gedient, doch der ostdeutsche Staat konnte und wollte nicht viel in den Bau investieren. Trotzdem zahlt Klamroth andere Erben aus und findet Investoren, die Geld in das Projekt stecken. Er beantragt Fördermittel beim Bundesland Sachsen-Anhalt, um das Haus zu renovieren und Arbeitsplätze zu schaffen.

Doch heute muss er den Mitinvestoren schreiben: Sie bekommen vom Land sehr viel weniger Fördermittel als erhofft, nur insgesamt 480 000 Mark. Damit klafft ein riesiges Loch im Finanzierungsplan der zukünftigen Hotelbetreiber. Klamroth zögert einige Zeit, geht dann aber das Risiko ein und beauftragt eine Baufirma, mit der Renovierung zu beginnen. Wenn die Unternehmensberatung einschlägt, so seine Hoffnung, dann kann er das Hotel mit den Gewinnen der MUB die ersten Jahre mitfinanzieren.

Klamroth pendelt zwischen Berlin, Halle, Halberstadt und seinem Zuhause in Heidelberg hin und her. Ständig rast er mit seinem Audi Quattro über die Autobahnen. Noch zweifelt er nicht daran, dass er alle Probleme in den Griff bekommen wird.

23. Juli 1992,
Berlin

Von einer Sommerpause ist an diesem Tag in der Treuhand an der Otto-Grotewohl-Straße nichts zu spüren. Der Innenhof vor dem Haupteingang ist zugestellt mit schwarzen Dienstlimousinen. Um das riesige Gebäude herum gibt es keine Parkplätze mehr.[1] Die gesamte Berliner Presse scheint angerückt zu sein. Der Festsaal im ehemaligen Haus der Ministerien ist hergerichtet worden, soweit es eben geht. Eine überdimensionierte französische Fahne steht in der Ecke, ein großes Schild – »Treuhandanstalt« – hängt über einem flachen Podium, auf dem ein langer Tisch steht. Im Hintergrund verdeckt ein roter Samtvorhang die Stirnseite des Saals. Vor dem Tisch steht ein Blumengebinde, in der Mitte der Tafel baumelt ein deutscher Wimpel.

Ein staatstragendes Geschäft soll zum Abschluss kommen. Der Bundeswirtschaftsminister Jürgen Möllemann, die Treuhandpräsidentin Birgit Breuel, der Elf-Chef Loïk Le Floch-Prigent und der Chef der Thyssen Handelsunion Dieter H. Vogel wollen endlich den Kaufvertrag Minol/Leuna-Raffinerie unterschreiben. Bis vor wenigen Stunden haben die Treuhand und die Käufer, das TED-Konsortium, um die Details gerungen. Alle Konflikte konnten dennoch nicht gelöst werden, obwohl die Bundesregierung und die Treuhand immer mehr Zugeständnisse machten. Vor allem in Bonn, beim Bundeskanzleramt, setzt das Elf-Management durch, dass die Vertragsrisiken auf die Treuhand abgewälzt werden. Die Anstalt beschwert sich darüber beim Abteilungsleiter im Bundesfinanzministerium, Eckart John von Freyend. Der informiert seinen Minister Waigel eine Woche vor der Unterzeichnung: »Die Franzosen führen bestimmte Forderungen in Berlin [bei der Treuhand] gar nicht ein, weil sie davon ausgehen, dies in

Bonn mit der Drohung, das Geschäft platzen zu lassen, besser durchsetzen zu können.«[2]

Doch weder die Treuhand noch Elf oder Thyssen wollen den Termin verschieben. Vor allem das Bundeskanzleramt in Bonn wünscht, dass man endlich zum Vertragsabschluss kommt. Dass das Bundesfinanzministerium den kompletten Vertrag gar nicht kennt, ignoriert das Kanzleramt. Und so unterschreibt Birgit Breuel vor laufenden Kameras ein dickes Dokument in einem weißen Aktenordner, mehrere Hundert Seiten lang, in dem vieles geregelt ist, aber eines fehlt: der genaue Kaufpreis. Eines der wenigen rentablen Unternehmen, die Minol AG, gehört nun dem TED-Konsortium, und niemand weiß, was genau der Käufer bezahlt hat.

Nonchalant sehen die Beteiligten darüber hinweg. Nach der Unterschrift stößt man mit Sekt an. Klaus Schucht, der zuständige Treuhandvorstand, sieht erleichtert aus, und Hermann Rappe, Chef der IG Chemie, wirkt sogar regelrecht ausgelassen. Die Presse kommentiert: »... die größte Transaktion in der kurzen Treuhandgeschichte, die blockierten Stromverträge ausgenommen, [ist] perfekt.«[3] Auch Breuel und Loïk Le Floch-Prigent stoßen mit Sektkelchen an, blicken heiter in die Kameras. Breuel überragt den kleinen Franzosen um einige Zentimeter. Dieter Vogel von Thyssen verkündet: »Solch ein gigantisches Vertragswerk binnen weniger Wochen und Monate zu Ende zu bringen, zeugt von Professionalität und großem Verantwortungsbewusstsein gegenüber den Menschen in Sachsen-Anhalt.«[4]

Tatsächlich unterschreiben Vertreter des Thyssen-Konzerns allem Anschein nach mit Wissen des Chefs Dieter H. Vogel am selben Tag in den Räumen der Treuhand einen Nebenvertrag mit Elf, ein »Cooperation Agreement«. Die Vereinbarung regelt, wie sich Thyssen aus dem Konsortium zurückziehen kann und was das Unternehmen dann bekommt. Elf gesteht Thyssen 33 Prozent des Substanzwertes von Leuna zum Zeitpunkt des möglichen Ausstiegs zu.[5] Zu diesem Wert würden alle Investitionen und staatlichen Subventionen gehören, die bis dahin bezahlt worden sind. Thyssen scheint einen schnellen und lukrativen Ausstieg vorzubereiten. Diesen Nebenvertrag legt Le Floch seinem Aufsichtsrat nicht vor.[6]

Das Geschacher um die Details des Hauptvertrages geht auch danach weiter. Der Vertrag wird eine Woche nach der Unterzeichnung notariell beglaubigt, ohne dass das Bundesfinanzministerium das vollständige Dokument vorher zu sehen bekommt.[7]

Für Loïk Le Floch-Prigent, den Elf-Chef, ist Leuna nur ein Deal unter vielen. Elf war inzwischen in Venezuela aktiv, hat dort politische Parteien mit US-Dollars bestochen, um dort Förderkonzessionen für neu entdeckte Ölfelder zu bekommen. Die Elf-Manager Alfred Sirven und André Tarallo schöpfen dabei mehrere Millionen Dollar in bar ab und legen das Geld auf Konten in der Schweiz an. Doch Le Floch-Prigent und seine Komplizen sind längst dazu übergegangen, nicht mehr nur Geld abzugreifen, das abfällt, wenn Schmiergeld gezahlt werden muss. Sie zweigen Mittel aus den Kassen von Elf in Gabun inzwischen direkt ab. Le Flochs Vorgänger hatte rund 300 Millionen Franc im Jahr aus den Ölgeschäften abgezogen, unter dem neuen Chef sind es jährlich 700 Millionen Francs (umgerechnet knapp 200 Millionen Mark). Le Floch kann es sich deshalb leisten, eine Villa im 16. Arrondissement, dem teuersten Stadtviertel von Paris, und einen Landsitz in der Normandie zu kaufen.[8] Auch seine Ex-Frau, die zu viel von seinem Geschäftsgebaren mitbekommen hat, stellt er mit Mitteln aus den Schwarzen Kassen ruhig. Die Manager von Elf bereichern sich immer schamloser.

In Halle glaubt sich Klaus Klamroth kurz davor, seine Unternehmensberatung mit Segen der Treuhandzentrale gründen zu können. Klamroth hat den MUB-Businessplan Norman van Scherpenberg und Wolfgang Klinz, der inzwischen für die Niederlassungen zuständig ist, vorgelegt. Er hatte nur zwei Exemplare von seinem Konzept drucken und in roten Stoff binden lassen, damit möglichst niemand außer dem Vorstand der Treuhand etwas von den Details seines Plans erfährt. Nun ist die Antwort vom Vorstand eingetroffen: Der Vorstand will von dem Konzept – eine Niederlassung privatisiert sich selbst – nichts mehr hören. Der Antwort ist ein langes Schreiben der Abteilung VIII des Bundesfinanzministeriums beigefügt: »Im Übrigen wird der Öffentlichkeit nur schwer zu vermitteln sein, dass die Treuhandanstalt die Beschäftigung ihrer eigenen ehemaligen Mitarbeiter durch entsprechende Auftragsvergabe sicherstellt, dies aber für die Mitarbeiter der Treuhand-Unternehmen nicht tut …«

Das Konzept stirbt »sang- und klanglos«, wie Klamroth selbst bemerkt. Aber dennoch hält er grundsätzlich an der Idee fest, sich mit einer Beratungsfirma in Halle eine Zukunft aufzubauen. Die Widerstände verdrängt er. Er schickt ein Fax an das Finanzministerium in Bonn, diesmal direkt an den Minister Theo Waigel, und bricht damit ein eisernes Beamtengesetz: Übergehe niemals deinen direkten Vorgesetzten! Immerhin, Klaus Klamroths Geschäftspartner springen nicht ab. Auch Werner Sauer bleibt an Bord.

18. September 1992,
Bonn

Eckart John von Freyend, der Aufseher der Treuhandanstalt, hat nun fast täglich mit dem Leuna-Vertrag zu tun. Noch immer rückt die Treuhand nicht mit dem ganzen Vertrag heraus. Der genaue Kaufpreis ist unklar, viele Details sind nicht geregelt.

Heute tagt der Verwaltungsrat der Treuhand, und John von Freyend fordert von der Anstalt, endlich »alle finanziellen Aspekte des Vorhabens nachvollziehbar dazustellen und die Bestbieterfrage zu klären«.[9] Das Ultimatum verstreicht ergebnislos. Dass etwas mit dem Vertrag nicht stimmt und dass die Verhandlungen über die Details beinahe chaotische Züge angenommen haben, dringt nun auch an die Öffentlichkeit.

Thomas Kohlmorgen, Chef der deutschen Esso, einer Tochter des US-amerikanischen Exxon-Konzerns, zieht öffentlich über den Leuna-Deal her. Der sei ein »massives ordnungspolitisches Fehlverhalten« und »ein kühner Handstreich gewesen«. Der ganze Fall sei »höchst kritisch«. Von einem »Verkauf« zu sprechen, verbiete sich nach allem, was inzwischen bekannt ist, kommentiert eine Zeitung das Gespräch mit dem Erdölmanager.[10] Kohlmorgen legt den Finger in die Wunde: Die letztlich getroffenen Vereinbarungen sehen »wesentlich anders« aus als die ursprüngliche Ausschreibung. »Auch andere Umstände legten den Verdacht nahe, ›daß sehr viel politische Hilfe mitgespielt hat‹«, moniert der Esso-Chef. Unklar sei fernerhin, welche Kapazität die Raffinerie habe – 12, 10, 8 Millionen Tonnen? Und was investiert TED wirklich – 6, 5 oder nur 4,3 Milliarden? Und wie viel bezahlt davon am Ende in Wahrheit der Staat? Ein Hamburger Unternehmensberater und ehemaliger Esso-Mitarbeiter schreibt dazu in einem Branchenblatt, dass Elf & Co. mindestens zwei Milliarden Mark an Steuergeldern zugesichert worden sind: »Die Treuhand ist mit der Vergabe an TED den teuersten Weg gegangen.«[11]

In der Treuhand und im Bundesfinanzministerium wird man unruhig, zumal die Erdölkonzerne Veba Öl, DEA und Deutsche Shell bei der EG-Kommission Beschwerde gegen das Leuna-Geschäft einlegen. Auch dem Treuhandvorstand Klaus-Peter Wild fällt auf, wie ungeordnet das Verfahren läuft: »Leuna war nicht mein Verantwortungsbereich. Ich habe das nur in den Vorstandssitzungen miterlebt, und mir wurde dann ziemlich unverhohlen bedeutet, dass ich allzu freimütige und allzu insistierende Fragen bitte vielleicht nicht stellen sollte. Man muss nicht alles wissen. Der Mut zur Lücke war auch für den Vorstand ein Element, das man durchaus mit in seine Überlegungen einbeziehen konnte. Ein gewisser Erfahrungshorizont hilft einem, nicht zu sehr den Elefanten im Porzellanladen zu spielen.«[12] Die Treuhandpräsidentin Birgit Breuel kann keine kritischen Fragen zum Thema Leuna brauchen.

Fast jeder führende Treuhänder trägt eine Zeit lang die Verantwortung für die Niederlassungen. Obwohl die Außenstellen in Bezug auf die Arbeitsplätze die Hauptlast der Arbeit schultern, sind sie die ungeliebten Kinder der Treuhandfamilie. Die Verantwortung für die Filialen wird im Vorstand hin und her geschoben. Anfangs ist Birgit Breuel zuständig, später Wolfgang Klinz, dann Klaus-Peter Wild. Die Treuhänder in der Zentrale bezeichnen die Mitarbeiter in den Niederlassungen herablassend als »Privatisierungsbauern«, die sich um den Kleinkram kümmern müssen, um kleine Unternehmen, die außerhalb ihrer jeweiligen Region niemand kennt. Die Treuhandführung lässt den Niederlassungsleitern viel Handlungsfreiheit, weil man in der Zentrale genug zu tun hat mit Fällen wie Leuna oder dem Stahl- und Walzwerk Hennigsdorf, Vorgängen, die die komplette öffentliche Aufmerksamkeit zu absorbieren scheinen. Ende 1991 fällt Norman van Scherpenberg, der ebenfalls für einige Zeit mit der Koordination der Niederlassungen betraut ist, allerdings auf, dass die Autonomie Probleme verursacht hat.

Viele Akten sind unvollständig oder schlampig geführt. In einigen Niederlassungen hat es schon konkrete Probleme gegeben. Ein Privatisierungsdirektor in Cottbus lässt zu, dass ein Ingenieurbüro unter Wert an einen vorbestraften Betrüger aus Stuttgart verkauft wird. Dann werden die Wirtschaftsprüfer in Magdeburg fündig. Der dortige Privatisierungsdirektor Thomas Schönewald *(Name geändert)* hat Verkäufe im Frühjahr 1991 nicht ordentlich abgewickelt und Grundstücke preiswert an einen bestimmten Interessenten veräußert, ohne die besseren Angebote von Mitbewerbern zu beachten. Überdies hat sich Schönewald, ein Anwalt aus Osnabrück, anschließend von dem Käufer der Grundstücke als Rechtsberater engagieren lassen. Als Honorar bekommt er 9000 Mark pro Monat. Der Käufer ist Antonio Luca Siderno *(Name geändert)* aus Ludwigsburg, Eigentümer eines Unternehmens, das unter anderem Lastwagen mit Hydraulikhebebühnen ausstattet. Mit Schönewalds Unterstützung erwirbt Siderno in Magdeburg ein Grundstück in der Innenstadt, auf dem er einen Gewerbepark errichten und damit geschäftlich in andere Dimensionen vorstoßen kann.[13] Er bedankt sich bei Schönewald für die kleine Gefälligkeit mit einem Porsche 911 im Wert 133 000 Mark. Wie die Prüfer erfahren, soll der Treuhänder Schönewald außerdem eine Geschäftsführerin, die sich gegen den Verkauf eines der Betriebsgrundstücke ihrer Firma zu einem zu niedrigen Preis gewehrt hatte, unter Druck gesetzt und schließlich gefeuert haben.

Im März 1992 trennt man sich von Schönewald angeblich im »gegenseitigen Einvernehmen«. Die Treuhand macht aber die Staatsanwaltschaft in Magdeburg auf den Fall aufmerksam. Die beantragt im April Haftbefehle gegen Schönewald und Siderno.[14] Siderno wird verhaftet. Schönewald erklärt in einem Interview: »Ich habe keine großen Kollisionen darin gesehen, einem Investor bei der Lösung eines juristischen Problems zu helfen, dessen Inhalt mir sowieso bekannt war … In der ersten Zeit …, da waren wir acht Mann und hatten zwei Büros. Wir haben 50 bis 100 Besucher pro Tag bewältigt und oft sogar im Flur verhandelt, im Stehen. Die Notizen haben wir an der Wand geschrieben, weil wir noch keine Schreibtische hatten.«[15] Nach dem Interview setzt er sich in die Schweiz ab und ist für die Behörden nicht mehr auffindbar. Besonders bitter ist für die Treuhandführung, dass sie Schönewald der Öffentlichkeit als schnellen und effektiven Privatisierer präsentiert hatte. »Riesenschaden durch Blitz-Privatisierer«,[16] meldet die Presse, »nun scheint sich Birgit Breuels größter Stolz als Schieberzentrale zu entpuppen … Bei den Verantwortlichen der Breuelschen Mammut-Unternehmung geht nun die Furcht um vor noch mehr – und vor allem größeren Verfehlungen.«[17]

Für den Treuhandvorstand führt nun kein Weg mehr an der Einsicht vorbei, dass man die Niederlassungen genauer kontrollieren muss. Helfen soll dabei ein Computerprogramm, das die Verkaufsdatenbank nach ungewöhnlichen Vorgängen durchsucht, etwa ob der Name des Käufers und des Verkäufers identisch sind, also innerhalb der Familie Geschäfte gemacht werden.

Im Oktober stößt die Revision mit Hilfe dieses Programms auf Unregelmäßigkeiten in der Niederlassung Halle. Zwei interne Wirtschaftsprüfer werden losgeschickt. Sie sollen den Fall vor Ort näher untersuchen.

13. Oktober 1992,
Halle

Maximal 88 000 D-Mark bekommt ein Privatisierer von der Treuhand als Prämie, wenn er besonders schnell Firmen verkauft. Obwohl Werner Sauer über fünf Millionen D-Mark an Bestechungsgeldern kassiert hat, will er auf den Bonus der Treuhand nicht verzichten. Dafür muss er alle Firmen loswerden, die in seinen Bereich fallen. Ein störrischer Ladenhüter steht seiner Prämie jedoch im Weg: die Rannische Lager- und Service GmbH (RLS). Niemand will die RLS kaufen, da sie nur der wertlose GmbH-Mantel eines ehemaligen Kombinats ist und faktisch kein Eigentum hat. Die GmbH hat ihren Sitz zwar in einer renovierten Villa in der Innenstadt, doch diese Villa ist nur angemietet. Dass sie eine Million D-Mark wert ist, nützt nichts: Das Haus gehörte ursprünglich einer jüdischen Familie, die noch nicht ausfindig gemacht werden konnte. Sauer greift kurzerhand zu einem Trick und verkauft die RLS an einen Berater der Treuhand, Dr. Heinrich Müller *(Name geändert)*. Den Mann kennt Sauer gut, beide wohnen gemeinsam auf dem Gut in Stichelsdorf. Dr. Müller zahlt der Treuhand einfach eine D-Mark für die GmbH. Sauer hat damit eine Firma weniger auf seiner Liste und ist seiner Prämie wieder näher gekommen. Da die Villa zentral gelegen ist, liebevoll renoviert wurde und sehr beeindruckend aussieht, mieten Sauer und Klaus Klamroth in dem Gebäude Büros für ihre Unternehmensberatung. Am 1. November soll die MUB ihre Arbeit im Hochparterre aufnehmen. Mitte Oktober laufen die Vorbereitungen auf Hochtouren.

An diesem Dienstag treffen Mitarbeiter der zentralen Revisionsabteilung der Treuhand in der »Scheibe D« in Ha-Neu ein.[18] Die Revisoren wollen in einige Unterlagen schauen und sich mit Werner Sauer unterhalten. Ihnen geht es um die Rannische Lager- und Service GmbH. Sauer sagt, schon halb im Gehen, die Firma »ist verkauft«.[19] Das genügt den Revisoren aus Berlin nicht. Sie fahren zum Firmensitz in die Philipp-Müller-Straße 85. Dort entdecken sie, dass die MUB in der Villa eingemietet ist und der Käufer der RLS, Dr. Heinrich Müller, bei der MUB arbeitet, die wiederum von Treuhändern geführt wird. Das wirkt auf die Revisoren sehr merkwürdig. Sie kehren zurück nach Ha-Neu, um dort mit dem Niederlassungsleiter Dr. Dickerhof zu sprechen. Doch der ist vor kurzem vom Treuhandvorstand befördert worden und arbeitet inzwischen in der Zentrale als Direktor. Technisch ist für die letzten Wochen Klaus Klamroth der Chef. Die Revisoren sagen Klamroth offen, dass sie den Verkauf der GmbH durch Sauer anrüchig finden und dass man mit ihm noch einmal sprechen wolle.[20]

Dass Sauers Verkaufsvorgänge nur lückenhaft belegt sind, merken die Prüfer nicht. Sie fragen auch nicht nach den Akten der Verkäufe an Dr. Walter Schneider oder nach den Vorgängen, die Tim Olaf Alexander betreut hat.[21] Sauer wird über die Anschuldigung informiert und wehrt sich. Einen Tag nach dem Besuch der Revisoren schreibt er an die Treuhandzentrale: »Überraschenderweise wurde ich gestern von oben genannten Revisionären mit dem Vorwurf konfrontiert, der Verkauf des Mantels Rannische Lager- und Service GmbH an Herrn Dr. Müller sei ein Insidergeschäft.« Davon könne keine Rede sein, seine Rechtsanwältin sehe das auch so. Werner Sauer scheint sich keine ernsten Sorgen zu machen, dass seine anderen Geschäfte auffliegen, denn das kann nur geschehen, wenn seine Komplizen oder Dr. Schneider auspacken. Die Überprüfungen der Treuhandzentrale waren bisher so lasch, dass Sauer auch nicht befürchten muss, es könnte auffallen, dass Schneider den Großteil der Kaufpreise schuldig geblieben ist. Sauer behält die Nerven und bleibt in Halle, als sei nichts geschehen.

Klaus Klamroth hält weiter an der MUB fest, die als Aktiengesellschaft aufgezogen werden soll. Dafür braucht man einen Aufsichtsrat. Noch immer glaubt er, dass ihm ein großer Wurf gelingen kann. Er kenne Lothar Späth persönlich, hatte Sauer behauptet, als es darum ging, einen Aufsichtsratsvorsitzenden für die MUB zu finden. Da Späth kein Interesse zeigt und sich nicht meldet, sprechen Sauer und Klamroth den Niederlassungsleiter Dr. Dickerhof, einen Banker und ausgerechnet Dr. Walter Schneider an, ob sie nicht den Aufsichtsrat bilden wollen. Schneider sagt zu. Klamroth kennt Schneider erst seit wenigen Wochen. Er ist höflich, scheint aber permanent beschäftigt, spricht ständig am Handy. Klamroth fragt, was Schneider so mache. Seine Palino GmbH baue die vordere Tür für die Mercedes-S-Klasse, antwortet der. Klamroth ist beeindruckt. Schneider ist zwar nicht Späth, aber immerhin. Am 17. Oktober werden die Aufsichtsratsmitglieder der MUB notariell beurkundet und Klaus Klamroth zum Vorstandsvorsitzenden ernannt.

Dr. Schneider hat nach dem bewährten Prinzip noch weitere Unternehmen in Halle gekauft. Für die meisten ist er den Kaufpreis noch schuldig. Keines seiner Unternehmen, auch nicht die Palino GmbH im Westen, wirft momentan Geld ab. Trotzdem baut Schneider sein Privathaus für 600 000 Mark um. Gemeinsam mit seinem Freund Werner Sauer fährt er in den Urlaub nach Kalifornien. Dort kaufen die beiden eine Drei-Zimmer-Wohnung für 315 000 US-Dollar. Um das alles bezahlen zu können, hat Schneider seinen Firmen in Halle Geld entzogen und dieses auf seine Privatkonten überweisen lassen.[22]

31. Oktober 1992,
Berlin

Gräfin Christine von Kageneck ist seit fast anderthalb Jahren nicht mehr bei der Treuhand. Sie arbeitet wieder für die Dresdner Bank und baut in Dresden deren Investmentbüro mit auf. Während ihrer Zeit bei der Anstalt hatte sie vor allem darauf geachtet, dass ihr Team Kaufverträge aushandelt, die verhindern, dass die neuen Eigentümer Grundstücke ausgliedern und dann einzeln verkaufen können. Nun ruft sie eines Tages der Treuhandvorstand Wolfgang Klinz an, der auch für ihren Bereich verantwortlich war. Mit dem Verkauf der »Holzhandel Berlin Brandenburg« an Martin Schlaff stimme etwas nicht, erklärt er am Telefon: »Es passieren fürchterliche Sachen. Gucken Sie mal in die Akte ... Alles, was da an Vertragswerk ist, deckt sich nicht mit der Vorstandsvorlage.«[23] Kageneck hatte als Abteilungsleiterin der Treuhand die Verhandlungen in Sachen Holzhandel begleitet und danach die Ergebnisse in einer Vorstandsvorlage zusammengefasst. Wichtigster Punkt: eine Sperrfrist für den Verkauf der Grundstücke des Unternehmens. Kageneck hatte extra ausgehandelt, dass mit den Liegenschaften über eine Zeit von siebeneinhalb Jahren nicht spekuliert werden darf. Diese Klausel gibt es in dem Holzhandel-Vertrag nicht. Das Ganze wirkt so, als hätte jemand einen Vertrag durchgesetzt, der allein den Interessen des Käufers dient.

Kageneck fährt noch einmal zur Treuhand, diesmal in die Otto-Grotewohl-Straße, wo sie selber nie gearbeitet hat. Sie trifft sich mit den zuständigen Controllern. Sie erkennt, dass ohne ihr Wissen ein neuer Vertrag in Wien ausgehandelt worden ist, in dem bestimmte Klauseln fehlen. In Wien waren nur Deparade und der Anwalt des Privatisierungsteams anwesend. Bei den Verhandlungen in Österreich konnte der Käufer, die Robert Placzek Holding, alle seine Forderungen durchsetzen. Vielleicht, so vermutet die Gräfin, konnten die beiden Treuhandvertreter dem ausgebufften Verhandlungsteam der Österreicher nichts entgegensetzen.[24]

Peter Deparade kann die Gräfin zu dem Vorfall nicht mehr befragen. Der hatte Ende Oktober seinen letzten Arbeitstag. Er ist auf eigenen Wunsch aus der Treuhand ausgeschieden, nachdem er seinen Auftrag erfüllt und Schlaff noch weitere Firmen in der ehemaligen DDR organisiert hat, darunter den Holzhandel in Dresden. Bereits am 1. November 1992 tritt er eine neue Stelle an – in Österreich bei der Robert Placzek Deutschland Beteiligungs AG. Deparades Ehefrau bekommt ebenfalls eine Stelle bei der Firma. Das Unternehmen im Besitz von Martin Schlaffs Holding verwaltet und vermarktet die Grundstücke, die einst dem Volkseigenen Betrieb Holzhandel Berlin Brandenburg und dem Holzhandel Dresden gehörten. Die neuen Eigentümer können sie auf Grundlage der neuen Verträge ausgliedern und damit dem gekauften Betrieb wegnehmen. Kageneck sagt dazu: »Ich bekam noch eine Version des Vertrages, in dem das, was ich verhandelt hatte, drin war. Das weiß ich ganz genau noch, weil mir das so wichtig war: die Siebeneinhalb-Jahre-Spekulations- und Veräußerungsklausel, denn der kritische Inhalt dieses Falles waren die Liegenschaften, das war klar ... Wenn das in dem [endgültigen] Vertrag nicht mehr drin war, dann verstehe ich die Welt nicht mehr.«[25]

Weil sich die Belegschaft seit dem Sommer 1991 mehrfach über die neuen Eigentümer beschwert hat, weiß auch die Stabsstelle Recht der Treuhand von dem Fall »Holzhandel«. Doch bislang haben die internen Ermittler nicht gehandelt. Peter Deparade bleibt unbehelligt und kann in aller Ruhe seine neue Stelle in Wien antreten. Eine »Cooling Off«-Periode, also eine Frist, in der Treuhänder nicht bei Firmen arbeiten dürfen, denen sie Unternehmen verkauft haben, gibt es nicht. Deparade kann einfach die Treuhand verlassen und bei Schlaff anfangen. Niemandem in der Treuhand fällt das auf.

Wie man mit den ausgegliederten Immobilien Geld machen kann, zeigt Schlaff in Berlin. Eine seiner Firmen vermietet das ehemalige Verwaltungsgebäude der Firma »Holzhandel« an die Stadt. Die bringt in dem Gebäude an der Prenzlauer Allee ein Asylbewerberheim unter und zahlt pro Jahr 1,5 Millionen Mark Miete. Das Geld treibt die Mühlenberg Immobilienverwaltung GmbH ein. Die ehemalige Finanzchefin des Bürgermeisters von Dresden, Wolfgang Berghofer, leitet diese Firma, die zum Firmenimperium von Martin Schlaff gehört. In seinen Kassen landen letztlich die Berliner Steuergelder.

20. November 1992,
Halle

Reimund Schwarz ist ein blutjunger Journalist, gerade 21 Jahre alt. Er stammt aus Gera, war dort während der Wende in der Bürgerrechtsbewegung aktiv, hat die Staatssicherheit in Jena mit aufgelöst und schließlich in seiner Heimatstadt als Reporter bei einer neu gegründeten Boulevardzeitung angefangen. Die Treuhand ist in Gera noch kein Thema, so Schwarz: »Ich kann mich nicht entsinnen, dass wir irgendeine Geschichte, nicht mal eine Meldung, im Lokalteil hatten. Natürlich wusste man, dass diese Treuhand arbeitet und jetzt privatisiert wird, weil nun Kapitalismus gespielt wird, aber ansonsten hat man die nicht wahrgenommen.« Schwarz ist schmächtig und dünn, trägt eine Hornbrille, die Haare kurz geschoren. Wenn es der Termin erfordert, erscheint er in Anzug, Trenchcoat und mit Hut, als sei er ein Reporter im Berlin der 1920er Jahre.

Im Frühjahr 1991 wechselt Schwarz von Gera nach Halle zu einer ebenfalls neuen Zeitung, dem »Mitteldeutschen Express«, ein Boulevardblatt. Die

Zeitung ist mit westdeutschem Kapital gegründet worden und soll der »Bild«-Zeitung vor Ort Konkurrenz machen. Mit den Kollegen aus dem Westen kommt Schwarz gut zurecht. Er lernt viel von ihnen und berichtet über Themen, die, wie sie ihm erklären, eine Boulevardzeitung nun einmal braucht, um sich gut zu verkaufen. Morde gehen gut, Verbrechen sind beim Leser beliebt, Geschichten über die »Jugo-Mafia« und die Zigarettenschmuggler aus Vietnam schaffen es meist auf die Titelseite.

Schwarz kennt Halle-Neustadt, sieht, wie dort viele ehemalige Leuna-Arbeiter allmählich vor die Hunde gehen. Er sieht, wie sie saufen, sich prügeln und auf den Treppen herumlungern. Oft berichtet er über kleine Betrügereien, über Großmütter, die zwanzig Versicherungen abgeschlossen haben. Er schreibt aber auch Geschichten über westdeutsche Unternehmen, die ihren Müll in Halle illegal abgeladen haben. Schwarz und seine Kollegen beschäftigen sich mit den vielen alltäglichen Problemen von Menschen, die von den Spielregeln der Marktwirtschaft überfordert sind: »Man hat gemerkt, das diese Einheit in diesem Tempo, in dieser Form nicht durchdacht war. Diese ganz normalen Menschen konnten damit nicht umgehen. Zu schnell, zu viel und zu viel mediale Beeinflussung.«

Von der Treuhand bekommt Schwarz nur am Rande etwas mit: »Die haben uns relativ selten zu ihren Pressekonferenzen eingeladen. Das waren ganz langweilig harmonische Veranstaltungen mit unheimlich vielen Zahlen, und keiner von uns war da wirklich interessiert. Wie die Treuhänder oder die neuen Besitzer aufgetreten sind, das hat man schon so gehört, aber das war auch relativ unspektakulär. Die haben nicht im Dunkeln agiert, dass man jetzt sagen könnte, das wäre eine dubiose Veranstaltung gewesen, von der man überhaupt gar nichts wusste. Es gab zudem einfach auch genug andere Geschichten, die uns wirklich beschäftigt haben, gerade hier in Halle. Wir hatten den Sparkassen-Skandal, eine Riesengeschichte. Wir hatten eigentlich fast täglich große, kleine, mittlere Umweltskandale, wo irgendwelche Westfirmen Chemikalien in großen Mengen in alten LPG-Ställen oder sonst wo gelagert haben. Da gab es jeden Tag mehr als genug andere Geschichten, so dass die Treuhand schön in Ruhe vor sich hinwerkeln konnte.«

Das ändert sich erst am 20. November 1992. Eine brisante Geschichte landet auf dem Schreibtisch von Schwarz. Ausgerechnet kurz vor dem Wochenende, denkt er. Die Deutsche Presseagentur greift eine Meldung der Treuhand auf, die mitteilt: »Die Treuhandanstalt hat Strafanzeige gegen zwei Unternehmensberater und zwei Mitarbeiter der Treuhand-Niederlassung Halle bei der Staatsanwaltschaft Stuttgart gestellt. Nach Feststellung der

Stabsstelle ›Besondere Aufgaben‹ beim Direktorat Recht der Treuhand sind Gesellschaftsanteile der Rannischen Lager- und Service GmbH (RLS), Halle, pflichtwidrig an einen beschuldigten Unternehmensberater veräußert worden, der in einem Werksverhältnis zur Treuhand steht. Von besonderer Bedeutung ist, daß in dem Vertrag, unter Umgehung der Insider-Richtlinien der Treuhandanstalt, der Kaufpreis mindestens um eine Million DM zu niedrig angesetzt worden ist.«[26]

Schwarz reicht die Pressemitteilung nicht, er telefoniert herum und erfährt, dass es um eine Villa in der Philipp-Müller-Straße 85 gehen muss, die zur RLS gehört. Schwarz fährt dorthin und begegnet Klaus Klamroth: »Ich traf dort die Leute, die man sonst auch von der Treuhand auf den Pressekonferenzen gesehen hat. Die haben versucht abzuwiegeln. ›Das ist alles ein Missverständnis, das klärt sich auf.‹ Dann kam auch wieder diese Rede: ›Was wir hier machen, das wird gar nicht gewürdigt, wir sorgen für den Aufschwung und helfen hier beim Aufbau.‹ Schnell war man der undankbare böse Ossi, der das überhaupt nicht würdigen kann, wie sie uns helfen. Dann wurde uns noch erzählt, sie hätten eine Unternehmensberatung gegründet, und da werden ganz tolle Sachen passieren. Sie haben uns dann noch eine Einladungskarte mitgegeben zum Tag der offenen Tür bei dieser Unternehmensberatung. Dann haben die uns wieder vor die Tür gesetzt.«

Reimund Schwarz schreibt einen Aufmacher für den »Express«, der es auf die Titelseite schafft: »Millionenbetrug! Staatsanwaltschaft ermittelt gegen Treuhand-Chefs. Bericht Seite 24.« Bebildert wird die Geschichte auf dem Titel mit einem Foto von Klaus Klamroth. Auf Seite 24 berichtet Schwarz: »Gestern 8 Uhr, Treuhandanstalt Halle. Pünktlich zum Dienstbeginn stehen Staatsanwaltschaft und Kripo vor der Tür, durchsuchen Büros … Eine Revision der Treuhand ergab: das Kaufangebot eines Dritten über eine Million Mark habe vorgelegen. Trotzdem ging die GmbH für eine Mark übern Tisch an Treuhand-Berater [Müller]. Mit dem Deal wollten sich Klamroth und Sauer offensichtlich ihre Existenz nach der Auflösung der Behörde im Dezember sichern … Klaus Klamroth zum Express: ›Alle Vorwürfe sind haltlos.‹ Auch Halles Ex-Treuhanddirektor Michael Dickerhof wehrt ab: ›Für mein Gefühl kann es sich nur um ein Missverständnis handeln.‹«

Dass Schwarz mit der Einladung zum »Tag der offenen Tür« der MUB den wichtigsten Zipfel einer Spur in der Hand hält, die ihn zu einer viel größeren Geschichte führen wird, das kann er in diesem Moment noch nicht wissen. Er recherchiert zunächst nicht weiter.

An diesem Freitag durchsuchen Polizeibeamte auch das Privathaus von Klaus Klamroth in Heidelberg. Sie suchen nach Unterlagen, Faxlisten, Verträgen. Klamroths Ehefrau ruft in Halle an und informiert ihren Mann, dass die Polizei gerade im Haus war. Er selber wird zur gleichen Zeit von den Revisoren der Treuhand und den Polizisten in seinem Büro in der »Scheibe D« aufgesucht.

Klamroth ist perplex, kann sich nicht erklären, was der Trupp von ihm will. Sie fordern Akten über den Verkauf der RLS. Klamroth gibt sie heraus. Danach fährt er zu der Villa. Dort trifft er die Kollegen der MUB, Sauer und Müller. Sauer und er beschließen, am nächsten Tag eine Pressekonferenz zu geben, um das, wie sie finden, Missverständnis aufzuklären und ihre Unschuld zu beteuern. Klamroth sitzt bei der Veranstaltung rechts auf dem Podium, in der Mitte Sauers Lebensgefährtin und Anwältin Sophie Eichler *(Name geändert)*, die ebenfalls beschuldigt wird. Links sitzt Werner Sauer und führt das Wort, hält Dokumente in die Höhe. Fotos werden gemacht, Klamroth neben Sauer, dem Privatisierungsdirektor, der sich mit Millionen hat schmieren lassen – das wissen in diesem Moment jedoch weder Klamroth noch die anwesenden Journalisten. Die Vorwürfe seien haltlos, das alles sei ein Missverständnis, erklärt das Trio der lokalen Presse.

Die Treuhand ist nicht beeindruckt. Am Montag wird Klaus Klamroth in das Büro des ehemaligen Personalchefs von Halle und jetzigen BMW-Managers Scholten gebeten. Klamroth ist ab sofort beurlaubt. Seine Zeit bei der Treuhand endet an einem grauen Tag im November. Auch Sauer wird gefeuert. Dass weder die Revision noch die Stabsstelle Recht oder der Treuhandvorstand zu diesem Zeitpunkt ahnen, welche Geschäfte Walter Schneider und Werner Sauer miteinander gemacht haben, wird eine Woche später, am 30. November, deutlich. Die Zentrale in Berlin ist zuständig für ein großes, traditionsreiches Unternehmen: die Stamag Stahl- und Maschinenbau Aktiengesellschaft in Regis-Breitingen südlich von Leipzig. Die Stamag ist als erster DDR-Betrieb in eine Aktiengesellschaft umgewandelt worden. Sie war der Reparaturbetrieb für die großen Braunkohlebergwerke. Das Unternehmen setzte 1991 – vor einem guten Jahr – 220 Millionen Mark um und beschäftigte 2000 Arbeiter.[27] Klaus Klamroth hatte im September 1992 über den Ehemann seiner Cousine, den Aufsichtsratsvorsitzenden der Firma, erfahren, dass die Stamag liquidiert werden solle. Klamroth bringt daraufhin Dr. Schneider als Käufer ins Spiel, mit dem er am 15. September nach Sachsen zur Stamag fährt. Schneider ist interessiert, erhält Einblick in die Bücher. Das Kaufkonzept, das Schneider bei der Zentrale einreicht, schreibt die MUB.[28]

Die Privatisierer in der Zentrale erkundigen sich jedoch nicht bei Schneiders Hausbank oder in Schneiders Heimatstadt, was von dem Investor zu halten ist. Dort könnte man etwas erzählen von den Geldsorgen, die in Schneiders Betrieb immer offensichtlicher werden. Auch fällt den Privatisierern nicht auf, dass Schneider für viele der Betriebe, die er in Halle gekauft hat, den Kaufpreis nicht entrichtet hat. Seit Mai 1992 hat er der Treuhand überhaupt kein Geld mehr überwiesen. Dennoch verkauft ihm die Zentrale an diesem Tag 98 Prozent der Stamag-Aktien, die restlichen zwei Prozent gehen an seine Tochter.[29] Schneider verpflichtet sich, 500 Arbeitsplätze zu erhalten und bis 1994 mindestens 18 Millionen Mark zu investieren.[30] Die Stamag ist im Besitz eines 110 000 Quadratmeter großen Areals – das sind knapp 15 Fußballfelder. Der Kaufpreis wird auf eine Million D-Mark festgelegt, den Schneider am 29. Dezember bezahlt.[31] Wenig später veranlasst Schneider, dass zehn Millionen D-Mark von der Stamag auf seine westdeutschen Konten überwiesen werden. Da die Firma demnächst Altschulden tilgen muss, hilft die Treuhand dem Unternehmen mit 40 Millionen Mark aus. Auf die hat Schneider nun ebenfalls Zugriff.

24. Dezember 1992,
Liechtenstein

Die Elf-Manager müssen nach erfolgreichem Vertragsabschluss ihre beiden Leuna-Lobbyisten bezahlen. Sie tun das, wie in anderen Fällen auch, aus ihren Schwarzen Kassen. Damit die Überweisungen der Steuerfahndung oder den Finanzprüfern im eigenen Haus nicht auffallen, wird das Geld von einer Liechtensteiner Firma angewiesen. Diese Firma, Nobleplac, gehört einem ehemaligen Rennfahrer und Fischereimagnaten: André Guelfi. Der Mann ist Korse wie André Tarallo und hat den Elf-Managern schon bei Geschäften in Russland geholfen. Pünktlich zu Weihnachten überweist der Elf-Manager Hubert Le Blanc Bellevaux 256 Millionen Francs (umgerechnet knapp 80 Millionen Mark) auf das Konto von Guelfis Liechtensteiner Firma. Am selben Tag werden von diesem Konto 220 Millionen Francs an die Firma Standby Establishment in Vaduz, Liechtenstein, überwiesen, zudem 36 Millionen Francs an die Firma Showfast in London. Im neuen Jahr werden die 220 Millionen Francs dann aufgeteilt: 160 Millionen gehen auf das Konto von Dieter Holzers Firma Delta International und 60 Millionen an eine Stiftung in Liechtenstein, für die Pierre Lethier als wirtschaftlich Berechtigter zeichnet.[32]

In Halle ist der Teufel los

Januar 1993,
Berlin

Nachdem sie mehrere Niederlassungen scheinbar erfolgreich abgewickelt hat, gibt die Treuhandführung Anfang 1993 ein klares Ziel für die inzwischen 4000 Mitarbeiter aus: Ende des Jahres soll das operative Geschäft abgeschlossen sein. Man könne trotz Wirtschaftskrise das Tempo beibehalten und sich nach zweieinhalb Jahren Arbeit selbst auflösen.[1] Inzwischen geht man davon aus, dass die Treuhand knapp 13 000 Unternehmen übernommen und bis auf 2900 alle verkauft hat, von denen jedoch nur noch 1500 im operativen Geschäft sind. In den letzten Monaten hat die Treuhand 100 Firmen pro Monat verkauft. Bei diesem Tempo kann die Behörde Ende des Jahres bis auf einen kleinen Rest alle Firmen verkauft haben, so die Rechnung der Behördenchefin Birgit Breuel – es sei denn, man muss Unternehmen wieder zurücknehmen. Aber das hat die Treuhand bisher immer vermieden, egal, wie sich die neuen Eigentümer aufführten.

5. Februar 1993,
Halle

Günter Lorenz, der Generalbevollmächtigte der IG Metall in Halle, erfährt, dass die Dinge im Dampfkesselbau Hohenthurm endgültig aus dem Ruder laufen. Der Eigentümer Dr. Walter Schneider hat einen neuen Geschäftsführer eingesetzt. Der zahlt die Gehälter nicht und entlässt die Arbeiter in Scharen. Im Kaufvertrag hatte sich Schneider verpflichtet, 350 Arbeiter weiterzubeschäftigen, doch inzwischen arbeiten nur noch 150 Menschen in der Firma.

Günter Lorenz wendet sich in mehreren Briefen an die Treuhandzentrale. Dann beruft er in einer verrauchten Kneipe eine Pressekonferenz ein, die vom lokalen Fernsehen aufgezeichnet wird. Auch die neuen Geschäftsführer vom Dampfkesselbau Hohenthurm stellen sich der Presse und versprechen Investitionen für die nächste Zeit. Lorenz beeindruckt das nicht: »Es machen uns bestimmte Dinge schlicht und einfach misstrauisch. Statt zu investieren, sind 1,6 Millionen Mark aus dem Betrieb entnommen worden. Von daher werden wir jetzt keine Ruhe geben, wir werden nachbohren und die Beweise sammeln, die gesammelt werden müssen. Wir werden alle Institutionen, sprich die Treuhand und auch die Staatsanwaltschaft, auffordern, das [auch] zu tun. Wenn die Staatsanwaltschaft das nicht von sich aus tun wird, werden wir Strafantrag stellen.«[2] Lorenz hört sich um, wer in Halle Wirtschaftsfragen recherchiert, und wird auf Reimund Schwarz aufmerksam. Der Investor Schneider arbeite nicht koscher, erklärt der Gewerkschafter dem Journalisten. Der Name sagt dem Reporter nichts. Er hat noch nie von dem für Halle angeblich so wichtigen Investor gehört. Doch dann erinnert er sich an die Einladung der Mitteldeutschen Unternehmensberatung, die Klaus Klamroth ihm im November gegeben hat: Im Briefkopf war als Aufsichtsratsvorsitzender ein Dr. Walter Schneider aufgeführt. Der Firmenaufkäufer im Aufsichtsrat einer Unternehmensberatung, die von lauter Treuhändern gegründet wurde? Schwarz und Lorenz vermuten, dass Schneider eventuell Helfer bei der Treuhand hatte, die es ihm ermöglicht haben könnten, die Unternehmen in Halle zusammenzukaufen, ohne sich an die ausgehandelten Verträge zu halten.

Die Treuhand geht in ihr letztes Jahr, diese Stimmung hat mit dem Jahreswechsel auch Detlef Scheunert erfasst. Er macht sich Gedanken, was er demnächst tun soll. Er träumt davon, Unternehmer zu werden. Ein Konzept kursiert in der Treuhand: Treuhänder sollen die ehemaligen DDR-Betriebe selber übernehmen. Management KG heißt dieses Modell, das mit öffentlichen Fördermitteln unterstützt wird.[3] So etwas Ähnliches schwebt Scheunert vor. Er will die restlichen Unternehmen seines Direktorats, die er noch nicht verkauft hat, zu einem kleinen Konzern bündeln und sie mit der Anschubförderung der Treuhand hochpäppeln. So könnte man ostdeutsches Unternehmertum fördern, meint er. Risikokapital aus dem Ausland hat er inzwischen auch schon akquiriert – Philip Wright, der Wirtschaftsprüfer von Price Waterhouse, hat ihm geholfen, potenzielle Geldgeber in England zu finden. Das ganze Konzept – ein kleiner Konzern, auf die Beine gestellt mit Fördergeldern der Treuhand und Kapital aus dem Ausland – nennt er »Portfolio X«. Er verfasst ein entsprechendes Papier und reicht ein Konzept beim Vorstand der Treuhand ein.

Scheunert, der lange das Gefühl hatte, ein besonderer Protegé von Birgit Breuel zu sein, bekommt nun aber plötzlich keinen Termin mehr bei der Treuhandpräsidentin. In den Augen der politischen Akteure in Bonn ist er kein leuchtendes Beispiel: Er ist nicht der eine Ostdeutsche, der es dank der Treuhand geschafft hat, sondern droht vielmehr zum Auslöser eines Skandals zu werden: Ein SED-Kader und NVA-Offizier, der mit dem Geld der Treuhand seinen eigenen kleinen Konzern hochzieht, zusammengestellt aus Firmen, die er als Treuhänder nicht verkaufen konnte oder wollte. So könnte der Vorwurf in der Presse lauten. Das kann die Treuhandführung nicht wollen.

Auch in Halle wollten einige Manager einen Teil der Treuhandarbeit privat weiterführen, aber davon weiß Scheunert nichts, und er ahnt nicht, dass ein großes Reinemachen bevorsteht. Vieles deutet darauf hin, dass der Bundestag noch in der laufenden Legislaturperiode einen Untersuchungsausschuss einsetzen wird, zumal Ende 1994 gewählt wird.

26. Februar 1993,
Halle

Für Walter Schneider wird es immer enger. Die Deutsche Bank in Halle will dem Unternehmer keinen Kredit mehr gewähren. Schneider kann die Bank nicht davon überzeugen, dass er noch Rücklagen hat. Einige Tage später lässt er die Geschäftsführer seiner Firmen warten, indem er zu spät zu einem Krisentreffen erscheint. Diese kommen ins Gespräch über den neuen Eigentümer. Einige erzählen, dass Schneider sie nach kurzer Zeit gezwungen habe, Firmengeld auf sein Privatkonto zu überweisen – bis zu 20 000 Mark im Monat. Andere berichten, dass sie Rechnungen von Steuerberatern und Anwälten zahlen müssen, die gar keine Leistungen für ihre Firma erbracht haben. Mehrere Geschäftsführer wollen sich das nicht mehr gefallen lassen. Sie versorgen den IG-Metaller Günter Lorenz mit Dokumenten. Die Unterlagen belegen, dass Schneider die Geschäftsführer des Dampfkesselbau Hohenthurm angewiesen hat, seiner westdeutschen Firma Palino zwei Millionen Mark zu überweisen. Dafür mussten diese die firmeneigenen Plattenbauten beleihen lassen. Das Geld sollte auf ein Geschäftskonto von Schneider überweisen werden. Doch der westdeutsche Unternehmer ändert Details auf dem Überweisungsträger, tippt mit der Schreibmaschine »xxx« über die alte Kontonummer und trägt stattdessen seine private Kontonummer ein. Lorenz übergibt dem Reporter Reimund Schwarz die Kopie der Überweisung und weiteres Material. Der darf jedoch zunächst keine Zeile veröffentlichen. Sein Lokalchef will offizielle Ermittlungen der Staatsanwaltschaft abwarten.

Günter Lorenz verliert die Geduld. Er setzt alles auf eine Karte – »Hopp oder Top«, denkt er sich. Heute lädt er eine Handvoll Journalisten zu einem Gespräch ein. Er eröffnet ihnen, dass es in Halle eine »Mafia« aus Treuhandmitarbeitern und westdeutschen Investoren gebe. Er habe bereits die Staatsanwaltschaft in Halle, den Landtag, die Treuhandzentrale und das Bundeskanzleramt informiert. Teil dieser Mafia seien Klaus Klamroth, Werner Sauer, Dr. Heinrich Müller. Lorenz erwähnt weitere Namen, gegen deren Träger er eigentlich keine Beweise in der Hand hat. Die »Schaltzentrale dieser Mafia« sei ein Industriellenzirkel in Halle.[4] Den Club hat unter anderen Klamroth Anfang des Jahres als Treffpunkt für Unternehmer, Politiker und Investoren gegründet.

Die anwesenden Reporter wissen nicht so recht, was sie mit der Information anfangen sollen. Sie scheuen sich vor Ärger und Klagen. Sollen sie wirklich Investoren und die Treuhand an den Pranger stellen, die sie vor kurzem noch für den Verkauf aller Firmen in Halle gefeiert haben? Am nächsten Tag bringt nur das »Hallesche Tageblatt« die Story unter der Überschrift »Mafia agiert in Halle«. Die anderen Zeitungen, auch der »Express« von Reimund Schwarz, halten weiter still. Lorenz erreicht trotzdem das, was er wollte: Er wird angezeigt. Zunächst von Klaus Klamroth als Chef des Industrie-Clubs,[5] dann von Walter Schneider, der versucht, eine einstweilige Verfügung zu erwirken: Lorenz solle seine »Rufmordkampagne« stoppen, andernfalls müsse er 500 000 Mark zahlen. Der Fall landet vor Gericht. Die Kammer weist Schneiders Antrag zurück; Lorenz' Vorwürfe scheinen Substanz zu haben, urteilt der Richter. Lorenz hat die Bombe explodieren lassen und dadurch die Öffentlichkeit mobilisiert, so wie er es geplant hat. Und er bekommt nun das, worauf er gehofft hatte: mehr Akten, mehr Details, mehr Aufmerksamkeit.

6. April 1993,
Halle

Dr. Walter Schneider sucht sein Heil in der Flucht nach vorn. Heute erwartet er Prominenz in seinem größten Betrieb in Halle. Der Bundesumweltminister Klaus Töpfer von der CDU besucht den Dampfkesselbau Hohenthurm. Hier soll, so hat man dem Minister gesagt, ein Vorzeigeprojekt im Osten entstehen: die Mitteldeutsche Recycling und Versorgungsentwicklung GmbH. Ein westdeutscher Unternehmer plane mit Förderung durch den ADAC, den Autohersteller Ford und die Preussag AG auf dem Gelände eine neuartige Auto-Recycling-Anlage zu errichten, die Autoteile aufbereiten und nach Afrika verkaufen soll. Töpfer und der ebenfalls eingeladene Chef des ADAC werden mit ihrem Tross in Bussen zu dem Gelände gefahren. Fotografen, Fernsehteams und Journalisten begleiten die Delegation aus Bonn. Doch am Eingang zu dem Gelände stellen sich ihnen streikende Arbeiter in den Weg. Sie schwenken Fähnchen der IG Metall und blasen in Trillerpfeifen; im Hintergrund hat Günter Lorenz die Blockade mit organisiert. Minister Töpfer geht zu den Streikposten. Der erschöpfte Anführer erklärt dem CDU-Politiker: »Wir können nicht mehr. Weil der Investor Herr Dr. Schneider nur Geld herausgeholt hat aus dem Unternehmen und nicht eine müde Markt investiert hat.« Niemand hatte Töpfer gesagt, dass inzwischen regelmäßig über Schneider berichtet wird und die Staatsanwaltschaft seit Anfang April gegen ihn ermittelt.[6] Auch die Preussag und der ADAC hatten den Investor Schneider nicht überprüft.

Schneider, der diesen Besuch wohl nicht zuletzt für die Banken inszeniert hat, darf trotzdem seine Pressekonferenz abhalten. Hinter ihm hängt ein Schild mit der Aufschrift »Aufschwung Ost«. Während er spricht, windet sich Töpfer, dreht den Kopf zur Seite, als wolle er nicht auf die Fotos mit Schneider kommen. Er versucht jeden Blickkontakt mit dem Investor zu vermeiden. Noch während der Veranstaltung muss der Minister erfahren, dass Schneider gar keine Baugenehmigung für das angebliche Fünf-Millionen-Projekt hat. Reimund Schwarz schildert ihm detailliert, was in Halle los ist. Der Geschäftsführer der Preussag Recycling GmbH erklärt Schneider daraufhin, dass man »nur mit sauberen Investoren arbeitet«. Der spricht von einem Missverständnis: Wenn Millionen aus dem Osten in die Westteile seiner Firma geflossen seien, so aus Gründen des »Cash-Managements«. Darauf antwortet der Preussag-Mann kühl: »Ich verstehe darunter was anderes, als Firmengelder zu verschieben und in die eigene Tasche zu stecken.«[7] Schneiders Projekt ist geplatzt. Neue Einnahmequellen sind nicht in Sicht.

Eine Woche später reagiert die Treuhandzentrale, nachdem sie bis dahin alle Briefe und Warnungen von Günter Lorenz ignoriert hat: Eine »Task Force« aus Wirtschaftsprüfern und Anwälten wird nach Halle geschickt. Priorität: »Der Fall Schneider«. Erste Ergebnisse sollen bis zum 30. April vorliegen.[8] Noch hofft man in Berlin, die Lage unter Kontrolle zu bekommen.

27. April 1993,
Berlin

Das Mobile Einsatzkommando steht bereit, die Mikrofone und Kameras sind installiert, doch plötzlich zögert der Treuhandmitarbeiter Gunther Parl *(Name geändert)*. Jetzt will er das Schmiergeld doch nicht mehr in einem Zimmer im »Hotel Metropol« an der Friedrichstraße bekommen haben, sondern in seinem Auto auf dem Hotelparkplatz. Vier Briefumschläge, gefüllt mit 350 000 D-Mark in gebrauchten Scheinen, hatte Parl von einem Investor verlangt. Der Treuhandmitarbeiter ist zuständig für bautechnische

Gutachten, kann eigentlich nicht viel bestimmen, macht aber einem potenziellen Investor weis, dass er ein lukratives Grundstück ganz sicher bekommen wird, wenn er die 350 000 D-Mark zahlt.

Seit 1991 arbeitet der Diplomingenieur Parl als Referatsleiter bei der Treuhand Liegenschaftsgesellschaft (TLG). Von Februar 1992 an gehört der unauffällige Mitarbeiter zu dem Team, das ein Grundstück in Berlin-Lichtenberg vermarkten soll. Sechs Unternehmer bieten für das Grundstück, die drei am besten platzierten springen wieder ab, der Nummer vier bietet Parl seine Hilfsdienste an. Doch der Investor informiert die Treuhand. Die informiert die Stabsstelle Recht, die wiederum das Landeskriminalamt alarmiert. Das legt sich mit dem Mobilen Einsatzkommando auf die Lauer. Dass Parl den Ort der Übergabe ändert, hilf ihm am Ende nicht. Er wird verhaftet, nachdem er das Bestechungsgeld angenommen hat.[9]

Es ist der Beginn eines langen, unerfreulichen Sommers. Auch im weiteren Verlauf des Jahres läuft nicht alles so glatt, wie die Treuhandführung gehofft hatte. Die Berichte über ein geordnetes Ende der Anstalt werden von Skandalgeschichten überlagert.

3. Mai 1993,
Berlin

Zum zweiten Mal ist Dr. Walter Schneider in die Treuhandzentrale nach Berlin geladen worden. Beim letzten Treffen hat sich der Schwabe verpflichtet, dem Dampfkesselbau Hohenthurm die entnommenen zwei Millionen zurückzuzahlen. Heute geht es darum zu klären, welche seiner Verpflichtungen er als neuer Eigentümer überhaupt erfüllt hat. Das Ergebnis der Sitzung: außer Geschäftsführer zu bestellen – keine. Doch zurücknehmen will die Treuhand die Schneider-Unternehmen nicht. Verkauft ist verkauft.

Der MDR in Halle berichtet regelmäßig über den Fall Schneider, doch nun rächt sich, dass die Niederlassung in Halle fast aufgelöst und führungslos ist. Nur der Finanzdirektor Eduard Harrer ist von dem Treuhand-Führungspersonal noch da und versucht den Komplex Schneider zu erklären. Der eigentliche Niederlassungsleiter Dickerhof hält sich in Berlin bedeckt. Anfang Mai stammelt Harrer in einem Interview, jeder wisse, dass meistens der Kollege Sauer die Firmen an Schneider verkauft habe: »Es ist ja bekannt, dass der Privatisierungsdirektor [Sauer] aus der Wohngegend von Herrn Dr. [Schneider] kommt. Aufgrund dessen hat [Sauer] die Verhältnisse des Herrn Dr. [Schneider] persönlich gekannt. Und das hat [als Beweis für Schneiders Bonität] an und für sich ausgereicht.«

Inzwischen ist der Unterausschuss des Bundestages mit dem Fall Schneider befasst. Dort wird bemängelt, dass die Treuhand das Bundesfinanzministerium »unzureichend informiert« habe. Dann sagt der zuständige parlamentarische Staatssekretär Joachim Grünewald dem Ausschuss bei der Anhörung etwas Erstaunliches: Die Treuhandanstalt sei ein eigenständiges Unternehmen, und das Bundesfinanzministerium »habe nur begrenzt Einfluss über die bloße Rechts- und Fachaufsicht« hinaus.[10] Das hatten einige Abgeordnete in dem Ausschuss, zu denen untern anderen Werner Schulz von Bündnis 90/Die Grünen gehört, schon lange befürchtet. Die Kontrolle der Treuhand scheint nicht effektiv organisiert zu sein. Das wird nun, fast drei Jahre, nachdem die Treuhand ihre Arbeit aufgenommen hat, den Ausschussmitgliedern der Opposition zum ersten Mal deutlich.

1. Juni 1993,
Halle

Walter Schneider stellt an diesem Dienstag bei den Behörden in seiner Heimat Baden-Württemberg einen Antrag auf Eröffnung eines Vergleichsverfahrens. Seine Firmengruppe Palino ist zahlungsunfähig. In Halle schreibt Reimund Schwarz im »Express«: »Der Skandal-Schwabe – Sein Imperium zerbricht. Der Vergleich bei den [Palino] Metallwerken bringt das Kartenhaus des Skandal-Schwaben ins Wanken. Denn nur mit Hilfe von Finanztransaktionen aus seinen 23 Ostfirmen konnte er [das Stammwerk] halten.«[11] Der junge Reporter musste inzwischen erfahren, dass seine Recherchen nicht immer geschätzt sind: »Man kommt dann auch ganz schnell in die Ecke des Arbeitsplatzvernichters. Wenn ich dann in den Firmen war, um Kontakte zu knüpfen, bin ich schon einige Male angelappt worden. Die hätten sich lieber weiter mit einem betrügerischen Unternehmer eingelassen, um ihren Arbeitsplatz zu sichern.«

Ein Vergleichsverwalter für Palino wird eingesetzt, Michael Pluta aus Ulm. Der spricht offen mit der Presse. Hätte die Treuhand herausfinden können, dass Schneider pleite ist? »Ein Anruf bei der Hausbank hätte wohl Klarheit gebracht«, sagt der eingesetzte Sequester einer Zeitung.[12] Jetzt steht die Treuhandzentrale in Berlin noch mehr unter Druck. Anfang Juni beantragt die Staatsanwaltschaft Stuttgart den ersten Haftbefehl gegen Schneider, der aber nicht sofort vollstreckt wird. Die Staatsanwaltschaft ist erst im April aktiv geworden, lange nach Günter Lorenz. Die Stuttgarter Staatsanwälte ziehen den Fall an sich, als sie erkennen, dass die Kollegen in Halle völlig überfordert sind.

8. Juni 1993,
Halle

Die Niederlassung der Treuhand in Halle wird symbolisch besetzt. Im Eingangsbereich der »Scheibe D« postiert sich ein Häuflein Arbeiter mit einem selbstgemalten Plakat. Zwei schwarze Hände sind darauf zu sehen, daneben steht: »Treuhand – Zu treuen Händen?« Die Arbeiter kommen nicht von einer der Firmen, die Walter Schneider übernommen hat. Ihr Betrieb ist von einem anderen angeblichen Investor aufgekauft worden: Georg Nass *(Name geändert)* aus Bayern. Im Schatten des Schneider-Falls entwickelt sich ein weiterer Skandal, den auch niemand hat kommen sehen.

Nass, Mitte dreißig, stammt aus München. Ein Mitarbeiter der Treuhand Halle sagt über ihn: »Nass kommt aus einer Münchener Industriellenfamilie. Das unternehmerische Know-how hat er mit der Muttermilch mitbekommen.«[13] Tatsächlich ist Nass wie Werner Sauer ein vorbestrafter Betrüger. In München hat er Jura studiert und ist bereits Referendar, als den Behörden auffällt, dass er jemanden engagiert hatte, der für ihn im 1. Staatsexamen die Klausuren schrieb. Nass wird wegen Urkundenfälschung und Betrug verurteilt und muss die Bezüge als Referendar zurückzahlen: 66 000 Mark in 100-Mark-Raten. Anwalt will Nass trotzdem werden, also studiert und promoviert er im österreichischen Salzburg. Sein Abschluss wird in Westdeutschland jedoch nicht anerkannt.[14] Daher reist Nass kurz vor der Wiedervereinigung nach Ost-Berlin, wo er die Staatsbürgerschaft der DDR beantragt und als Anwalt zugelassen wird.

Der Münchner arbeitet als Berater für die Treuhandzentrale in Berlin und die Privatisierungsabteilung von Tim Olaf Alexander in Halle, bis er im Spätsommer 1992 – als der endgültige Ausverkauf anläuft – selber Firmen erwirbt. Nass übernimmt acht Firmen und wird in einer davon Geschäftsführer. Er gibt vor, der Vertreter einer britischen Investmentfirma zu sein, die im Hintergrund bleiben will. Tatsächlich ist er immer noch pleite und macht das, was auch Schneider getan hat: Er bezahlt die Firmen mit ihren eigenen Einlagen und schleust Geld der Unternehmen auf Konten ins Ausland. Als er im Juni 1993 den Geschäftsführer der Polsterfabrik Annaburg anweist, ihm 388 000 Mark auf sein privates Konto zu überweisen, weigert dieser sich. Nass droht ihm daraufhin mit sofortiger Entlassung. Der Geschäftsführer gibt nach, beschwert sich aber bei der Treuhand-Niederlassung oder dem, was davon übrig ist. Die Filialleitung informiert die Staatsanwaltschaft Halle. Die beantragt einen Haftbefehl. Doch zunächst bleibt Georg Nass auf freiem Fuß.

22. Juni 1993,
Bonn

Das Vorstandsmitglied der Thyssen Handelsunion Herbert Brenke hat bereits mehrere hochrangige Lobbyisten eingekauft, die das Projekt Leuna begleiten sollen. Er setzt dabei vor allem auf Albert Schedl von der CSU. Schedl ist 67 Jahre alt und in Bonn berüchtigt als eine Art Skandalnudel. Der ehemalige Bundestagsabgeordnete ist übergewichtig, erinnert entfernt an Franz Josef Strauß und ließ es während seiner Abgeordnetenzeit in Bonn gern »krachen«. Unter anderem fiel er auf, weil er in einem Bordell die Zeche prellte, Fahrerflucht beging, sich angeblich an einer Frau vergriff, die er als Sekretärin einstellen wollte, und von einer Assistentin mit dem Auto angefahren wurde. Schedl hat sich seine guten Kontakte dennoch bewahrt und gilt weiterhin als ausgezeichnet vernetzt. Seit 1991 betreibt er eine Lobbyfirma mit Sitz in Bonn. Seit 26. November 1991 erhält er monatlich 35 000 D-Mark von Thyssen. Schedl hat dafür etwas getan: Er schrieb an seine CSU-Parteikollegen und übersandte ihnen ein Papier, das für den Leuna-Verkauf an das TED-Konsortium warb. Empfänger waren unter anderen Bundesfinanzminister Theo Waigel und Anton Pfeifer, Staatsminister im Bundeskanzleramt.[15] Bis 1994 ist es nicht strafbar, Abgeordneten Geld zukommen zu lassen – oder als Abgeordneter Geld von einer Firma anzunehmen.

Vor einer Woche hat Schedl seine Auftraggeber in Düsseldorf getroffen: Die Thyssen-Vorstände betrauen den CSU-Mann mit einer neuen Aufgabe. Der Konzern rechnet wegen der Vorfälle beim Metallurgiehandel mit politischen Problemen. Thyssen will so früh wie möglich informiert werden, sollte der Fall vor den Untersuchungsausschuss kommen. Schedl bekommt 50 000 D-Mark im Monat, darüber hinaus wird ein Erfolgshonorar von 250 000 Mark in Aussicht gestellt. Nun spricht Schedl einen Parteifreund an, den seit 1990 im Bundestag sitzenden Josef Hollerith. Der CSU-Abgeordnete soll sein Mann im Bundestag werden. Hollerith will. Er berichtet, dass die SPD droht, einen Treuhand-Untersuchungsausschuss einzusetzen. Die ostdeutschen CDU-Abgeordneten könnten die Oppositionspartei dabei unterstützen. Wenn man einen Untersuchungsausschuss verhindern will, habe man nur noch wenige Wochen Zeit, so Hollerith. Die beiden gehen ans Werk.

Die SPD scheint nun Ernst zu machen. Ihr parlamentarischer Geschäftsführer Peter Struck sagt in einem Interview: »Frau Breuel muss uns gegenüber aufklären, ob sie sich ihrer Mitarbeiter sicher ist. Sie muss alle von uns monierten Fälle aufrollen und gegebenenfalls rückabwickeln … Sonst kommt es zum Untersuchungsausschuss. Ich bekomme haufenweise Briefe, die mich dazu ermuntern, jetzt zum Beispiel vom Mineralölwirtschaftsverband. Der behauptet steif und fest, bei der Privatisierung des Komplexes Leuna/Minol seien öffentliche Gelder in Milliardenhöhe vergeudet worden.«[16]

23. Juni 1993,
Berlin

Wolf Schöde, ehemaliger Spitzenbeamter in Nordrhein-Westfalen und seit 1990 einer der Sprecher der Treuhand, versucht verzweifelt, den Fall Halle unter Kontrolle zu bringen. »Das Wort-Maschinengewehr« nennen ihn manche Reporter, da er immer sehr lange Pressekonferenzen gibt. Ein Korrespondent fasst diese Veranstaltungen so zusammen: »Guten Tag, hier spricht der automatische Dementi-Dienst der Treuhandanstalt in Berlin.«[17]

In den vergangenen Tagen hat Schöde immer wieder mit Nachdruck behauptet, die Treuhand werde selbstverständlich die Firmen, die Walter Schneider in Halle gekauft hat, nicht zurücknehmen. Doch dann rudert er zurück, denn die Anstalt muss genau das tun, um die Arbeitsplätze zu retten, und schafft damit einen Präzedenzfall. In ihren Pressemitteilungen behauptet die Treuhand, sie selber sei Schneider auf die Schliche gekommen, eine Sonderprüfung der Niederlassung Halle habe den Fall ans Licht gebracht. Doch die Presse reagiert mit kritischen Artikeln: »... trotz Zeit- und Erfolgsdruck sowie teilweise überhasteter Personalauswahl muss sich die Treuhand fragen lassen, ob sie die Straftaten nicht mit viel mehr Nachdruck untersuchen und verfolgen müsste. Die Stabsstelle [Recht] könnte, wenn sie personell besser ausgestattet wäre, schneller und öfter in kriminelle Vorgänge eingreifen. Denn Verdachtsmomente sind meistens schon gegeben, wenn das Unternehmen noch nicht völlig ausgeschlachtet wäre. Wäre die Abteilung mehr als ein Feigenblatt, würde so mancher kriminelle Vorgang vielleicht erst gar keiner werden.«[18]

Noch am selben Tag reagiert Schöde, persönlich betroffen, mit einem dreiseitigen öffentlichen Brief: »Wir sind überzeugt von der Effektivität der Stabsstelle Recht in der Kooperation mit den übrigen Kontrollabteilungen und Direktoraten. Mit über 200 Strafanzeigen im Namen der Treuhandanstalt hat die Stabsstelle Recht in den vergangenen Jahren Erhebliches geleistet. Deshalb tut es schon weh, wenn Sie meinen, die Stabsstelle Recht könne zu einem Feigenblatt verkommen.«[19] Schöde rechnet vor, dass »die geballte Kontrollmacht« der Treuhand »bald 700 Mitarbeiter« umfasst, Innenrevision und verschiedene Direktorate mitgerechnet. Wie sollte eine solche »Macht« die Kontrolle über die Niederlassung Halle verlieren?

Am 22. Juni wird Walter Schneider verhaftet. Die Treuhand ist endgültig blamiert. Trotzdem will der Treuhandsprecher Schöde die schwere Niederlage in einen Sieg umdeuten und der Öffentlichkeit weismachen, es sei die Treuhand, die agiert habe. 16 Uhr, kurz vor Redaktionsschluss, wird folgende Meldung verschickt: »Eilt! Treuhandanstalt löst rechtliche Schritte gegen Schneider aus. Dr. Schneider, der von der Treuhandanstalt verschiedene Unternehmen erworben hat, ist heute verhaftet worden. An dem Ermittlungsverfahren der Staatsanwaltschaft Stuttgart hat die Treuhandanstalt ganz wesentlich mitgewirkt.«

Am Tag darauf findet um 11 Uhr eine Pressekonferenz in der Treuhandzentrale statt. Wolf Schöde erläutert den Fall Schneider. Kein Wort von den Warnungen und der Hilfe von Günter Lorenz. Kein Wort von Georg Nass. Schöde sagt auch nichts, was den Eindruck zerstreuen könnte, dass die Anzeige gegen Sauer und Klamroth die Ermittlungen ausgelöst habe. Zwischen den verschiedenen Fällen – Schneider, Sauer, die Villa und Klamroth – wird nicht unterschieden. Ein Reporter notiert: »In den letzten Tagen seien von der THA ›kistenweise Belege‹ an die Staatsanwaltschaft überstellt worden, die beweisen, daß, so Schöde, ›in Halle der Teufel los gewesen‹ sei.«[20] Abends berichten auch die »Tagesthemen« der ARD von der Pressekonferenz: »Alle Käufer seien gründlich geprüft worden, sagt die Treuhand. Und wenn doch etwas schiefgelaufen sei, dann habe in aller Regel die Treuhand selbst Polizei und Staatsanwalt informiert.« Ein Ziel hat Wolf Schöde erreicht. Die Reporter berichten, dass die Anstalt gehandelt hat.

Reimund Schwarz hat einen anderen Eindruck. Nur einmal habe die Treuhand von sich aus in Halle gehandelt: Als sie Klaus Klamroth und Werner Sauer anzeigte, weil die beiden die Villa unter Wert an einen Komplizen verkauft haben sollen. Ausgerechnet diese Anschuldigung kann von der Treuhand später nicht bewiesen werden. Schwarz: »Sie hat nur reagiert und hat das natürlich als Agieren verkauft. Die hingen ja schon aus dem Fenster, die Treuhänder in Halle. Ich habe den Eindruck, dass Halle das Bettlaken war, was die Treuhand-Führung über alles drüberhängen konnte. Die hatten dann ihren Präzedenzfall, sie konnten für alle Welt sichtbar sagen: ›Halle! Guckt mal! Da ist aber richtig Scheiße gelaufen, und jetzt räumen wir da ordentlich auf.‹ Es sind natürlich noch andere Skandale bekannt geworden. Aber ich habe die Vermutung, dass das nur die Spitze des Eisberges ist. Wenn ich, nicht als Journalist, sondern nur als Bürger in meine thüringische Heimat gucke: Da sind viele komische Sachen gelaufen, die nie irgendeiner angefasst hat.«

Es kommt noch schlimmer für die Treuhandanstalt. Am Tag der Pressekonferenz von Wolf Schöde wird Georg Nass, der sich ebenfalls in Halle bedient hat, verhaftet. Auch ein weiterer Mitarbeiter der Niederlassung Halle wird in diesen Tagen festgenommen. Er hat ein Unternehmen unter Wert verkauft und ist anschließend Geschäftsführer dieses Unternehmens geworden. Die Skandalmeldungen überschlagen sich. In Halle ist tatsächlich der Teufel los. Zuständig für die Filiale war Michael Dickerhof. Er erklärt, nur einen Tag pro Woche überhaupt in Halle gewesen zu sein und seinen Direktoren Werner Sauer und Klaus Klamroth schriftlich erlaubt zu haben, in seinem Namen Verkaufsverträge zu unterzeichnen.

Werner Sauer, der eigens nach Halle gekommen war, um Geld zu hinterziehen, hatte damit von seinem Chef einen goldenen Schlüssel in die Hand bekommen. Niemandem fiel auf, dass Sauer ein Konkursbetrüger war. Die Ermittlungen, die gegen ihn geführt werden, hat die Staatsanwaltschaft Stuttgart aufgenommen. Die wird von Hans Richter geleitet, bis er zur Treuhand geht. Tim Olaf Alexander, der Sauer in die Anstalt schleuste, wurde 1990 mit dem Segen Birgit Breuels eingestellt, als sie damals unter großem Druck die Niederlassung Halle aufbaute. Das geht im Skandalsommer 1993 unter. Ebenso die Tatsache, dass die Filiale von Oktober 1992 an letztlich ohne Führung sich selber abwickeln sollte.

Zu viele Geschichten laufen parallel, die Berichterstatter und die Öffentlichkeit verlieren den Überblick.

Klaus-Peter Wild, als Vorstand zeitweilig auch für die Niederlassungen zuständig, sagt später, dass man der Filiale in Halle zu viel Freiraum gelassen habe: »Halle ist eine der großen Katastrophen der Treuhandanstalt und sicherlich ein Markstein für die negative Beurteilung über die Treuhandanstalt. Der Schaden war irreparabel. Irgendwann vernarbt das auch, aber die Narben sind nicht zu beseitigen und offensichtlich.«

Klaus Klamroth kann durchsetzen, dass die Treuhand die fristlose Kündigung aufheben muss. Die Beweise, dass es in der Villa nicht mit rechten Dingen zuging, haben nicht getragen. Es hat beinahe den Anschein, als hätte man gezielt nach einem Grund gesucht, um ihn und Sauer loszuwerden.

Doch eine Zukunft in Halle hat er nicht mehr. Die Unternehmensberatung macht nur Verlust, hat kaum Kunden. Klamroth bleibt nichts anderes übrig, als die MUB zu schließen und abzuwickeln. Auch das Haus seiner Großeltern muss er aufgeben. Die Renovierung des Hotels hat zu viel Geld verschlungen. Ein Mann aus Halle, der einst in der Ex-DDR-Herberge als Kellner gearbeitet hat, übernimmt das Hotel und führt es mit Hilfe von staatlichen Subventionen weiter. Klaus Klamroth packt seine Sachen zusammen, setzt sich in seinen Wagen und fährt gen Westen. Zum zweiten Mal in seinem Leben muss er Ostdeutschland überstürzt verlassen. Dieses Mal geht er für immer. In Heidelberg meldet er sich arbeitslos. Er wird Frührenter und arbeitet nie wieder als Manager. Im Programmheft des Heidelberger Theaters liest er später, er sei der Prototyp des korrupten Treuhänders.

27. Juni 1993,
Bad Kleinen

1992 gelingt dem Bundesamt für Verfassungsschutz, einen V-Mann im RAF-Umfeld zu gewinnen: Klaus Steinmetz. Der trifft sich mehrmals mit Birgit Hogefeld, führendes Mitglied der »Roten Armee Fraktion«. Die beiden verabreden ein weiteres Treffen für den 27. Juni auf dem Bahnhof von Bad Kleinen in Mecklenburg-Vorpommern. Steinmetz informiert seinen V-Mann-Führer. Die GSG 9 steht am Bahnhof bereit, als kurz vor 14 Uhr Wolfgang Grams, ein gesuchtes Mitglied der RAF, das »Billard Café« auf dem Bahnhofsgelände betritt und dort mit Hogefeld und Steinmetz zusammentrifft. Um 15 Uhr 15 verlassen die drei das Café auf dem Bahnsteig und gehen die Treppen in die Unterführung hinunter. Hogefeld bleibt kurz stehen, die beiden Männer setzen sich einige Meter ab.[21]

Sekunden später greift die GSG 9 zu. Ein Beamter steht zufällig neben Hogefeld, zieht seine Waffe und hält sie der Frau an den Kopf, die sich sofort ergibt und auf den Boden drücken lässt. Grams flüchtet die Treppe hoch, zurück auf den Bahnsteig. Sieben GSG-9-Beamte verfolgen ihn. Grams dreht sich um, zieht eine Pistole der Marke »Brünner«, schießt und trifft den vorn laufenden Michael Newrzella. Der Beamte stirbt noch am selben Tag im Krankenhaus. Die GSG-9-Beamten feuern auf Grams, der zurückschießt. Schließlich stürzt Grams auf die Gleise und soll sich dabei, so die kriminaltechnische Untersuchung, mit der eigenen Waffe in den Kopf geschossen haben. Grams stirbt am Tatort. Die Staatsanwaltschaft geht von Suizid aus.[22]

Acht Jahre später wird das Bundeskriminalamt technisch in der Lage sein, die DNA von Grams mit der DNA der ausgefallenen Haare auf dem blauen Frotteehandtuch zu vergleichen, das nach dem Mord in dem Schrebergarten vor dem Haus von Detlev Karsten Rohwedder gefunden wurde. Die DNA ist identisch.[23]

Das stille Sterben hat ein Ende

Sommer 1993,
Berlin

Michael Rottmann und seine Komplizen waren fleißig, seit der Wärmeanlagenbau WBB auf Rückzahlung von 127 Millionen Mark verklagt wurde. Nun sind sie mit ihrem Werk fertig. Rottmann weist einen seiner Rechtsanwälte an, die restlichen Vermögenswerte zu Geld zu machen und auf seine Konten im Ausland zu überweisen. Die WBB ist völlig ausgehöhlt. Es arbeiten offiziell nur noch fünf Mitarbeiter bei der Firma WBB, der Rest ist auf die PCE und ihre Tochtergesellschaften verteilt worden. Gläubiger können bei der WBB nichts mehr holen. Die Rückzahlung der 127 Millionen für den Außenhandelsbetrieb ist nicht mehr möglich. Bei den Überweisungen helfen Rottmann zum Teil die Buchhalterinnen, die schon zu DDR-Zeiten für den »Volkseigenen Betrieb« gearbeitet haben. Sie halten auch verräterische Unterlagen in der Schreibtischschublade unter Verschluss, wenn Wirtschaftsprüfer die Firma turnusmäßig aufsuchen. Die Treuhand selber schickt keine Mitarbeiter zur Wallstraße, die überprüfen, was aus dem ehemaligen Treuhandeigentum geworden ist, obwohl sie mehrmals gewarnt wird, dass etwas bei der WBB nicht stimmt.

Diese Zeit des Niedergangs nehmen die Mitarbeiter des Wärmeanlagenbaus sehr unterschiedlich wahr. Es gibt Führungskräfte wie den Ingenieur Wolfgang Adolph, die bis zum Schluss glauben, dass ihr Unternehmen eine Zukunft hat und die neuen Eigentümer es gut mit ihrer Firma meinen: »Unser Bereich, der Anlagenbau, war sehr gut aufgestellt. Auf dieser 100-Meter-Strecke waren wir 20 Meter vor dem Ziel. Die haben ja noch in der Rhinstraße ein großes Bürogebäude für die PCE gebaut. Da wurde von Rottmann und seinen Leuten gesagt: Die Rhinstraße wird Olympiagelände, das lohnt sich.« Diese Investition in die Zukunft macht vielen Mitarbeitern Hoffnung. Andere Kollegen finden die Geschäfte von Michael Rottmann dagegen merkwürdig, etwa Vera Teller, die in der Betriebsorganisation arbeitet. Rottmann trennt die Immobilien von der Firma, schiebt die Mitarbeiter in andere Bürogebäude ab, lässt Bewerbungsfristen für Projekte verstreichen. Vera Teller sieht das, traut sich aber nicht, etwas dagegen zu unternehmen, obwohl sie den WBB »liebt« und die Firma ihre zweite Familie ist: »Diese Angst vor der Arbeitslosigkeit hat tatsächlich gelähmt. Da hatte jeder mit sich so viel zu tun, man dachte nur daran, seine Arbeit zu behalten. Das wurde ausgenutzt. Diese Entlassungen, die wir ständig erleben mussten, die hielten uns ziemlich klein.« Wenn ein ostdeutscher Mitarbeiter dennoch einmal fragt, was da mit dem Wärmeanlagenbau geschehe, dann »bügelt« der neue Besitzer Michael Rottmann die Frage ab. »Der Herr Rottmann«, so Teller, »hat zu verstehen gegeben, dass er der Herr im Hause ist, und es geziemt sich nicht, Fragen an ihn zu stellen. Das ist wirklich ein machtloses Gefühl, weil man nicht weiß, was mit einem passieren wird. Aber wenn man nur Spekulationen hat, kann man nicht zur Staatsanwaltschaft gehen. Und dass keine Papiere an uns rausgehen, da hat Herr Rottmann schon sehr darauf geachtet. Da wussten selbst andere leitende Angestellte in der Firma nicht, was da eigentlich läuft und laufen wird bis 1994.«

Als sich eine Kollegin doch einmal zu fragen traut, wohin das viele Geld überwiesen werde, sagt man ihr: »Das ist in guten Händen.« Die Investitionen und Neubauten, die Rottmann veranlasst, sind aber tatsächlich nur noch Fassade und Ablenkung. WBB oder das, was von dem Betrieb übrig ist, wird bald zahlungsunfähig sein. Rottmann und seine Anwälte haben alle Mittel abgezogen und auf Konten im Ausland verteilt. Mit dem Geld muss der Diplomingenieur aus dem Ruhrgebiet Anwälte, ehemalige Komplizen und seinen aufwändigen Lebensstil finanzieren. Unter anderem leistet sich Rottmann einen Fahrer, den er regelmäßig zum Delikatesseneinkauf ins »Kaufhaus des Westens« schickt. Der Chauffeur fährt dorthin mit einem brandneuen Mercedes-Cabriolet, das sich Rottmann mit Firmengeld gekauft hat.

2. August 1993,
Bischofferode

Der Bundestag hat sich in die Sommerpause verabschiedet, ohne über die Einsetzung eines Untersuchungsausschusses Treuhand zu entscheiden. Doch zur Ruhe kommt die Treuhand dennoch nicht. Seit Anfang Juli sind vierzig Kalikumpel in dem kleinen Ort Bischofferode im Hungerstreik. Ihr Schacht »Thomas Müntzer« soll geschlossen werden. Alle ostdeutschen Kalibergwerke hat die Treuhand in der Mitteldeutschen Kali AG (MdK) zusammengefasst. Die Investmentbanker von Goldman Sachs sind zu dem Ergebnis gekommen, dass nur ein Zusammenschluss des ostdeutschen Kalikonzerns mit dem größeren Anbieter aus dem Westen – Kali+Salz in Kassel (K+S) – sinnvoll ist. Im Zuge der Fusion müssen mehrere Kalibergwerke im

Osten und im Westen geschlossen werden. Die betroffenen ostdeutschen Schächte liegen alle in Thüringen. Die Kaliwerke in Sachsen-Anhalt sollen dagegen weiter arbeiten. Ein Unternehmer aus dem Westen will den Schacht in Bischofferode übernehmen, bekommt den Zuschlag aber nicht.

Die Treuhand hat das bei großen Geschäften übliche Paket geschnürt: Sie übernimmt die Verluste der Kalibetriebe im Osten, dazu noch die Altlasten und Altschulden. Die Anstalt hält 49 Prozent des mit K+S zu gründenden Konzerns und schießt eine Milliarde D-Mark für die Sanierung der Kaliwerke zu. Ein Gerücht hält sich hartnäckig: Mit der Milliarde sollen auch die K+S-Werke im Westen modernisiert werden.[1] K+S-West muss für die Fusion nichts zahlen, sondern nur die eigenen Werke einbringen. Umgehend wird der Vorwurf laut, die Treuhand saniere mit Steuergeldern einen Westkonzern. Berichte tauchen auf, dass K+S den Schacht in Bischofferode schließen will, weil dort Salz gefördert wird, das nur die Konkurrenz von K+S auf dem Düngemittelmarkt braucht. Trotzdem stehen die Treuhandführung, der Verwaltungsrat, der Bundestagsausschuss weiterhin hinter der Fusion. Doch die ostdeutschen Arbeitnehmer lassen sich solche Entscheidungen nicht mehr so einfach bieten. »Wir haben Auffangnetze gebaut, Arbeitsförderungsgesellschaften gegründet, die Leute beruhigt und vertröstet. Vielleicht waren sie deshalb zu lange brav«, vermutet Brandenburgs Sozialministerin Regine Hildebrandt in einem Interview.[2] Heiner Brodhun, Betriebsrat der Kaliwerke, schreibt: »Hätten wir uns in das stille Sterben gefügt, keiner würde groß Notiz von uns nehmen.«[3] Stattdessen werden Solidaritätskonzerte organisiert, über die das Fernsehen live berichtet. Als der Treuhandunterausschuss des Bundestags Bitterfeld besucht, blockieren Frauen aus Bischofferode das Tagungshotel. Sie halten Schilder hoch: »Wir wollen nicht nur Konsumenten, sondern auch Produzenten sein!«; »Soll die Arbeitslosigkeit im Osten zum Bürgerkrieg führen? Dann weiter so!« Als die Bergleute vor dem Thüringer Landtag in Erfurt demonstrieren, kommt es zu Rangeleien mit bewaffneten Zivilpolizisten, die sich unter die Protestler gemischt haben.

Birgit Breuel wird nach Bischofferode eingeladen, doch sie lehnt ab. Stattdessen startet sie eine Interviewkampagne. Sie ahnt: Das Image der Treuhand könnte in diesen Wochen durch den Hungerstreik und durch einen möglichen Untersuchungsausschuss endgültig ruiniert werden. Das Selbstbewusstsein von Anfang des Jahres, als man glaubte, das operative Geschäft bis Dezember abschließen zu können, ist längst verflogen. In mehreren Interviews wählt die Treuhandchefin immer wieder eine griffige Formulierung:

»Die Treuhand lebt in gewisser Distanz zur Politik – bei aller Nähe, die wir in schwierigen Fragen immer wieder zu spüren bekommen. Die Treuhand ist nach meiner Einschätzung auch ausdrücklich gegründet worden, um diese Distanz zu ermöglichen. Keine Regierung der Welt hätte so schnell so viele, auch schwierige und bittere Entscheidungen treffen können, wie wir sie treffen mußten.«[4]

Damit suggeriert die Treuhandpräsidentin, dass die Bundesregierung Entscheidungen wie etwa die Schließung des Kaliwerkes in Bischofferode nicht mitgetroffen hat. Dabei hätten das Bundesfinanzministerium und die Abteilung VIII jede Entscheidung der Treuhand überstimmen und ändern können. Zustimmen muss die Bundesregierung sowieso. Doch Birgit Breuel wiederholt ihr Mantra: »Die Treuhandanstalt hat Entscheidungen getroffen und verantwortet, die keine Regierung der Welt hätte treffen können. Das wäre ihr in keinem Parlament durchgegangen. Dieses Stück Distanz, das die Volkskammer der DDR schuf, war nötig, um den Strukturwandel hier in Gang zu bringen.«[5] Tatsächlich waren es die Bonner Berater, die schon im Frühjahr 1990 darauf gedrängt hatten, dass die Treuhand diesen Abstand bekommt. Viele ostdeutsche Politiker hatten dagegen lange geglaubt und gehofft, dass das Parlament in Sachen Treuhand das letzte Wort haben würde.

Dass nun der Bundestag doch eingreifen und die Arbeit der Treuhand in einem Untersuchungsausschuss überprüfen könnte, besorgt Breuel: »Das sind abgeschlossene Fälle der Vergangenheit. Die Frage ist doch: Wem helfe ich damit, diese jetzt aufzurollen? Wenn es einen Untersuchungsausschuss geben sollte, werden wir unsere Fakten auf den Tisch legen. Es ist nur die Frage, ob es der richtige Zeitpunkt ist, wenn wir noch mitten bei der Arbeit sind.«[6] Die Devise der Treuhand-Verantwortlichen lautet in diesen Tagen: Man kümmert sich um das Tagesgeschäft, man hat keine Zeit, Fehler zu reflektieren. Der Generalbevollmächtigte Norman van Scherpenberg sagt später: »Wir hatten auch keine Zeit, zu prüfen, womit wir uns Feinde gemacht haben und ob wir Feinde hatten. Wir haben einfach gearbeitet. Und da wir uneingeschränkte Rückendeckung der Bundesregierung hatten, war es eigentlich auch ziemlich wurscht, ob wir uns Feinde machten oder nicht. Wir haben durchaus eine Reihe von Fehlern gemacht, aber wir haben nichts falsch gemacht. Das heißt, alle grundsätzlichen Entscheidungen – im Rahmen, der uns vorgegeben war – waren wohl richtig, auch die Organisationsentscheidungen waren richtig, auch die strukturellen Entscheidungen waren richtig.«

Klaus Schucht schreibt in sein Tagebuch: »Ob es gelingt, den Untersuchungsausschuss abzuwenden? Frau Breuel ist so demotiviert, dass sie an den geschlossenen Rücktritt des Vorstandes denkt, wenn alles danebengehen sollte. Ich halte dagegen, dass wir uns damit selbst in schlechtes Licht setzen würden.« Öffentlich gibt sich Breuel jedoch weiterhin martialisch und argumentiert ungebrochen ideologisch, als sie auf Bischofferode angesprochen wird: »Man kann nicht Arbeitsplätze überall garantieren. Das wäre der Stillstand, das wäre der Tod, und das wäre letztendlich wieder Planwirtschaft.«

Birgit Breuel unterscheidet sich in der Sache gar nicht so sehr von ihrem Vorgänger. Doch zu selten findet sie die richtigen Worte. Auch sie wird, wie Rohwedder, von dem Druck zermürbt. Einmal sagt sie beinahe scherzhaft: »Die Treuhand ist also zum gegenwärtigen Zeitpunkt, wenn Sie so wollen, eine große Industrieholding, vermutlich die größte der Welt. Mit einem Unterschied zu allen anderen Holdings auf der Welt – wir haben nämlich einen einzigen Ehrgeiz: Wir möchten gern jeden Tag kleiner, jeden Tag unbedeutender werden, damit wir auch endlich mal in Ruhe gelassen werden.«

7. September 1993,
Bonn

Albert Schedl und Josef Hollerith, die beiden CSU-Politiker und Lobbyisten für Thyssen, wissen, dass viel Arbeit auf sie zukommt. Der Thyssen-Vorstand Hans Ulrich Gruber hat im letzten Monat weitere Zahlungen an Hollerith genehmigt, die Schedl angeregt hat. Hollerith soll unter anderem mit Birgit Breuel über Leuna sprechen. Auch das Thema Metallurgiehandel wird immer drängender, denn inzwischen ist auch die ZERV in den Fall eingeschaltet worden. Hollerith erhält nach den Notizen von Albert Schedl in den kommenden Monaten 300 000 Mark für seine nebenberuflichen Lobbydienste.[7] Nun trägt der Thyssen-Vorstand Gruber dem CSU-Politiker Schedl am Telefon ein weiteres Anliegen vor: Er soll Hollerith beauftragen herauszufinden, welche Wirtschaftsprüfer und Juristen die Treuhand im Fall Metallurgiehandel einsetzt. Thyssen will Namen.

14. Oktober 1993,
Berlin

Uwe Schmidt lässt seine ZERV-Ermittler im Fall Metallurgiehandel zuschlagen. Die Aktion genehmigt nicht die Staatsanwaltschaft, sondern er selber. Schon Ende des letzten Jahres haben die internen Treuhandprüfer um Bruno Weber und Wilfried Kroll in einem Revisionsbericht Thyssens Methoden scharf kritisiert: Die Verträge vom Dezember 1990 seien so angelegt, dass die Gefahr der finanziellen Selbstbedienung bestehe.[8] Doch der Bericht bewirkt nichts. Die Treuhandführung hält still. Als Uwe Schmidt von den Entdeckungen der internen Prüfer erfährt, lässt er 33 Büros und Privatwohnungen in Deutschland durchsuchen, darunter die Thyssen-Zentrale in Düsseldorf, Geschäftsräume der Thyssen Handelsunion und der Thyssen Handel Berlin. Mehr als 130 Beamte sind im Einsatz. Sie durchsuchen auch die Privatwohnungen von Thyssen-Managern, unter anderen die vom Chef der Handelsunion, Dieter H. Vogel.[9] Der Verdacht: Untreue zum Schaden der Treuhandanstalt und damit des Bundes. Bei der Liquidation der Ost-Berliner Metallurgiehandel GmbH seien Gelder veruntreut und Grundstücke des ehemaligen DDR-Unternehmens zu billig und zudem an Thyssen verkauft worden – mit Wissen des Chefs, Dieter H. Vogel. Insgesamt könnte die Schadenssumme bis zu 200 Millionen Mark betragen.

Für Thyssen, einen der besten Kunden der Treuhand, ist die Razzia äußerst peinlich. Ein Sprecher erklärt, die Vorwürfe seien ungeheuerlich und in keiner Weise haltbar.[10] Die Treuhand erklärt, man habe in mehreren Gesprächen versucht, die Probleme mit Thyssen zu klären – ohne Erfolg. Deswegen habe man den Geschäftsbesorgungsvertrag für den Metallurgiehandel aufgehoben. Allerdings geschieht das erst am Tag der Durchsuchung.

Der Konflikt zwischen der Treuhand und Thyssen, der bisher im Verborgenen ausgetragen wurde, wird nun öffentlich und schmutzig, weil Uwe Schmidt nicht länger zusehen will. Thyssen reagiert auf seine Weise: Der Lobbyist Albert Schedl wird erneut in Bewegung gesetzt. Er soll sich sofort mit Josef Hollerith in Verbindung setzten. Der CSU-Abgeordnete hat am Montag nach der Durchsuchung einen Termin beim CSU-Vorstand und Bundesfinanzminister Theo Waigel in Sachen Metallurgiehandel. Hollerith spricht außerdem mit Eckart John von Freyend, Chef der Abteilung VIII, und Joachim Grünewald im Finanzministerium. Bei John von Freyend ist er an der falschen Adresse. Dem Chef der Abteilung VIII ist das Geschäftsgebaren von Thyssen und von den Konzernanwälten schon länger ein Dorn im Auge. Er plädiert für eine härtere Linie.

Zwei Wochen nach der Durchsuchung übernimmt der Berliner Staatsanwalt Joachim Erbe, einst einer der jüngsten Oberstaatsanwälte der Republik, das Verfahren. Bei den Kripo-Ermittlern ist Erbe unbeliebt, da er ihre Fälle selten vor Gericht bringt. Er klagt nur an, wenn er sicher ist, dass er gewinnt, so ein Vorwurf. Das Verfahren gegen Dieter H. Vogel und die meisten anderen Thyssen-Manager stellt Erbe sofort wieder ein. Aus seiner Sicht haben die Vorwürfe, die Uwe Schmidt und sein Team sowie die Treuhandrevisoren zusammengetragen haben, keinerlei strafrechtliche Relevanz und würden vor Gericht nicht bestehen. Die vor zwei Wochen beschlagnahmten Beweise hat Erbe allerdings noch gar nicht sichten lassen. Hinter den Kulissen ist politischer Druck auf die Staatsanwaltschaft ausgeübt worden, das Verfahren einzustellen.[11]

Der Chef der Handelsunion, Dieter H. Vogel, wendet sich nun an die Presse: »Für das Unternehmen war die vergangene Woche ein Alptraum.« »Mit klassenkämpferischen Tönen« habe die Berliner Polizei die Büros und Privatwohnungen von fünfzehn Thyssen-Managern durchsucht.[12] Vogel: »Mir tut besonders leid, daß wir als Unternehmen, das in den neuen Bundesländern mit viel Elan und Engagement tätig geworden ist – wir haben 10 Mrd. DM Investitionen in Ostdeutschland auf den Weg gebracht, wobei mehr als 10 000 Arbeitsplätze geschaffen werden –, nun so an den Pranger gestellt werden – zu Unrecht.«[13] In einem anderen Artikel wird dieses Engagement konkretisiert und Vogel in Sachen Leuna zitiert: »Als Modell, wie die Belegschaft eines DDR-Betriebs gleitend in eine moderne Zukunftsfabrik wechselt, erwähnt Vogel Leuna: Während 200 Leute an Europas modernster Raffinerie bauen, arbeitet das alte Werk solange weiter, bis die neue Fabrik mit dann 2500 Arbeitsplätzen steht. Vogel: ›Diese Arbeitsplatzkontinuität halten wir für eine exemplarische Lösung.‹« Sollte der Chef der Thyssen Handelsunion in diesem Moment wirklich geglaubt haben, der Fall Metallurgiehandel sei für ihn ausgestanden, dann irrte er. Der Sonderprüfer der Treuhand, Wilfried Kroll, hat gerade erst angefangen, Thyssens Machenschaften aufzuklären. Übereilte Aktionen, wie die von Uwe Schmidt, sind nicht seine Sache. In der Treuhand nennt man den Kriminalbeamten intern nur noch »Milliarden-Schmidt«, weil er die Schäden durch Wirtschaftskriminalität immer sehr hoch ansetzt. Doch in einem Punkt ist Kroll mit Schmidt einer Meinung: Der Fall Metallurgiehandel ist noch nicht am Ende. Der Staat kann sich hier eine Menge Geld holen, so Krolls Hoffnung.

1. Dezember 1993,
Bonn

Seit Oktober tagt der Untersuchungsausschuss zur Treuhandanstalt in Bonn. Schon am ersten Tag wird klar, dass die Arbeit nicht einfach werden wird. Die Bundesregierung stellt sich quer und verweigert die Herausgabe zentraler Akten. Bundesfinanzminister Theo Waigel nimmt dem Ausschuss zudem Wind aus den Segeln, indem er nach der ersten Sitzungswoche verkündet, dass es zum Ende des nächsten Jahres keine Treuhand mehr geben wird, da diese ihre Arbeit schneller als erwartet beenden werde.

Ein Trick. Waigels Beamte schlagen tatsächlich vor: Die Treuhand soll unter einem anderen Namen fortgeführt werden, der »die verbliebenen Aufgabengebiete als Erbe der DDR kennzeichnet«, wie Waigel verklausuliert erklärt. Er selber gibt zu, dass eine Auflösung der Treuhand »unabsehbare rechtliche und praktische Schwierigkeiten auslösen« würde. So sieht das Konzept vor, auch im übernächsten Jahr 3000 der 4000 Treuhandmitarbeiter weiter zu beschäftigen. Die Anstalt soll ihre hoheitlichen Aufgaben behalten, nur Kredite darf sie nicht mehr aufnehmen, das macht in Zukunft der Bund für sie. Die Treuhand soll also eigentlich bleiben, wie sie ist, aber einen anderen, unbelasteten Namen bekommen.

In Bonn sagt an diesem Tag als einer der ersten Zeugen der Vizepräsident des Bundesrechnungshofes, Ernst Heuer, aus. Der Bundesrechnungshof prüft die Treuhand seit ihrer Gründung und hat die Anstalt in seinen jährlichen Berichten immer wieder kritisiert. Vor allem die Überprüfung der Verträge sei nur mangelhaft, hat der Rechnungshof festgestellt. Nachverhandlungen gehen immer von den Käufern, nie von der Treuhand aus. Die Frage, ob sich die Investoren an das halten, was sie versprochen haben, kann oft nicht beantwortet werden. Das zentrale Problem: Das Vertragsmanagement hat bisher – auch in Bezug auf die Computertechnik – nicht funktioniert. Manche Vorgänge sind nur lückenhaft erfasst.[14] Der Treuhand sind dadurch nicht mehr »behebbare Nachteile« entstanden.[15] Heuer sagt vor dem Ausschuss: »Typisches Thema, das ja weit in die Zukunft reicht, ist das Vertragsmanagement. Da gab es einmal Regelungen – sehr unzureichende. Die sind verbessert worden. Unsere Hinweise sind auch eingearbeitet worden. Und nun kommt das Interessante. Da werden wunderbare Regelungen gemacht, auch sehr schnell umgesetzt, verbessert, weiterentwickelt. Nur, es kümmert sich kein Mensch darum, ob diese Regelungen eingehalten werden … Es ist intern in der Treuhandanstalt – das kann ich hier ganz klar und deutlich sagen – … ein Defizit in der Fachaufsicht.«[16] Der Zeuge Heuer fasst zusammen, wie er die Selbstwahrnehmung der Treuhänder empfunden hat: »›Was immer ich tue, das ist in Ordnung und freigestellt … Bei uns gehören Fehler immanent zur Philosophie unseres Handelns.‹ – Da haben wir ein bisschen die Sorge, ob diese Formulierung, die sich gut anhört, nicht zu einem überzogenen Selbstverständnis und zu wenig Selbstkritik führt.«[17]

Das alles hat das Bundesfinanzministerium laufen lassen, kritisiert Heuer weiter, und nicht auf Anregungen des Bundesrechnungshofes reagiert: »Wir haben vom BMF ja kaum Stellungnahmen bekommen – vielleicht ein, zwei Fälle; Interhotel, aber so schmal, wie ich es [vorhin] gesagt habe. Sonst kann ich mich nicht erinnern, daß der BMF [in diesem Fall der Bundesminister für Finanzen] uns gegenüber förmlich reagiert hat ... Wir haben dann zu unserem Erstauen [in den Akten des BMF] gelesen: ›Na ja, der Bundesrechnungshof wird wohl dieses oder jenes beanstanden, und dann müssen wir wohl dieses oder jenes einrichten.‹ ... Es ist eigentlich nicht Aufsichtsaufgabe zu hoffen, daß der BRH etwas nicht sieht, sondern da bin ich der Meinung, ihr müßt eigentlich sagen: Das ist nicht in Ordnung. Da gehe ich ran.«[18]

Vor allem habe es sich das Ministerium bieten lassen, dass ihm die Unterlagen von der Treuhand sehr spät vorgelegt wurden: »In diesem Riesenkomplex Interhotel, ein Milliardengeschäft, waren die Unterlagen dem BMF ... zwei oder drei Tage vorher [zugestellt worden]. Da sind ja dann Unterlagen ausgetauscht worden, sind tatsächlich als Tischvorlagen[19] in die Sitzung gekommen, so daß der BMF selbst überhaupt keine Chance hatte, sich im Vorfeld der Entscheidung zu beteiligen ... Da wurde uns gesagt: Jede Diskussion danach darf eigentlich kaum noch stattfinden und ist belastet mit der Erwägung: Jeder Tag [Diskussion] kostet ungefähr ... 16 000 DM Zinsen. Unter den Umständen kann dann natürlich keine unbefangene Prüfung mehr stattfinden.«[20]

Aufmerksame Zuhörer in diesem Ausschuss sind Werner Schulz, der Bürgerrechtler aus Ostdeutschland, der von seiner Fraktion in den Ausschuss entsandt worden ist, und Josef Hollerith von der CSU. Der soll nach den Sitzungen seinem Kunden Thyssen und dem Parteifreund Albert Schedl berichten, was in dem Untersuchungsausschuss vor sich geht und ob von dort Ärger zu erwarten ist.

3. Dezember 1993,
Berlin

Die Treuhand als Idee und die Treuhand als Name werden abgewickelt. Die Auswirkungen spürt Detlef Scheunert, der Treuhanddirektor aus Sachsen, schon seit längerem in seinem Arbeitsalltag. Seit Anfang 1993 hat das Controlling eine andere Dimension angenommen, zumal auch die Kritik des Rechnungshofes immer massiver geworden ist. Siebzig Kontrollpunkte muss er nun überprüfen und auf einer Checkliste abhaken, ehe er dem Vorstand einen Vertrag vorlegen darf. Die Treuhand in dem ehemaligen Haus der Ministerien fühlt sich für Scheunert immer mehr wie eine Behörde an. Die Zeit der Macher, der schnellen Entscheidungen, der Fehler und der Erfolge, als die Treuhand noch am Alexanderplatz saß, ist vorbei. Das langweilt

Scheunert. Sein »Portfolio X«, seinen eigenen kleinen Konzern, wird es nicht geben, die Idee wurde abgelehnt. Ein anderer Investor übernimmt jetzt die verbliebenen Firmen aus seinem Bereich und bündelt sie, ganz genau so, wie Scheunert es wollte. Er hat genug. Ende des Jahres will er die Treuhand verlassen. Mit der Politik im Osten kannte er sich aus, die Politik im Westen bleibt ihm fremd: der Lobbyismus, die Absprachen, die angeblichen Grundsätze, an die man sich dann doch nicht hält, der ständige Druck der Medien, die willkürlich wirkenden Entscheidungen.

An diesem Freitag feiert Scheunert seinen größten Erfolg als Treuhandmanager. Er hat ein Glaswerk an den Samsung-Konzern aus Korea verkauft. Zuvor musste er klären, ob amerikanische Patentrechte, die mit dem Glas zusammenhängen, abgegolten sind. Das gelingt seinem Team. Scheunert: »Wir haben anderthalb Jahre mit Samsung verhandelt. Das war sehr aufreibend und anstrengend. Die waren bereit, 1000 Arbeitsplätze zehn Kilometer vor der polnischen Grenze in der Region Cottbus zu Brandenburg zu garantieren und dort auch zwei Millionen zu investieren. Links und rechts war in der Gegend nur Braunkohle und Volksarmee, da war dieses Werk ein Leuchtturm für diese Region. Für mich war das auch eine persönliche Krönung nach drei Jahren Treuhandanstalt, so eine internationale Privatisierung hinzubekommen. Leider war das in einer Phase der Treuhand, in der ein solcher Abschluss eigentlich nicht mehr die gebührende Anerkennung gefunden hat, weil der Vorstand zu viel mit politischen Dingen beschäftigt war.«

Scheunert ist bei der Unterschrift mit seinem Team im »Grand Hotel« in Berlin allein. Kein Treuhandvorstand taucht auf. Reporter ebenfalls nicht. Nur ein firmeneigenes Fernsehteam von Samsung filmt die Zeremonie. Die koreanische Delegation – zwanzig Mann stark – hat eine komplette Hoteletage gemietet, ein Banner gedruckt und es in einem Festsaal aufgespannt: »Signing Ceremony – Samsung Corning acquisition of Fernsehglas Tschernitz GmbH – Treuhandanstalt, 3rd December 1993«. Es werden Reden gehalten, es wird wie immer Sekt getrunken, der Samsung-Fotograf hält den Handschlag von Scheunert mit dem »Vice-President« von Samsung fest. Es sieht aus, als träfen sich zwei Staatsoberhäupter. Die Pressestelle der Treuhand gibt jedoch nicht einmal eine Mitteilung heraus. Es ist Scheunerts großer Auftritt für die Anstalt. Und sein letzter. Wenig später verlässt er die Behörde. Er wartet ihr Ende nicht ab und sucht sich Arbeit im Westen. Bis zum Schluss hat Scheunert weniger verdient als seine Direktorenkollegen aus Westdeutschland – allein weil er Ostdeutscher war.

Die neun Leben der alten Katze Leuna

Januar 1994,
Berlin

Schon 1991 will Christoph Partsch zur Treuhand. Doch er ist zu jung und mit dem Studium noch nicht fertig. Partsch hat viele Interessen. Er studiert außer Jura noch Kunstgeschichte und Medizin. Um später bei der Treuhand angenommen zu werden, lernt Partsch an der Duke University in den USA überdies, wie man Unternehmen saniert. Das schlechte Image, die permanente Kritik an der Anstalt, all das stört ihn nicht: »Ich habe mir als Jurist gesagt: ›Das ist eine faszinierende Aufgabe, die es so allenfalls 1945 schon mal gegeben hat und an der ich gerne teilnehmen möchte.‹ Natürlich waren viele Menschen in den neuen Bundesländern sehr kritisch gegenüber der Treuhand eingestellt – aber die Treuhand hatte ihre Aufgabe, sie war notwendig. Irgendwie musste mit der Situation umgegangen werden.«

Es läuft wie geplant: Der Anwalt bekommt die erhoffte Stelle bei der Anstalt und wird Vertragsmanager in der Zentrale, Abteilung VM 5. Dass die Treuhand nur noch ein Jahr bestehen soll, spielt keine Rolle bei seiner Einstellung. Juristen wird die Treuhand, oder wie immer sie 1995 heißen wird, noch lange brauchen. Partsch soll bereits geschlossene Verträge überprüfen oder neue aushandeln. Er verdient bei der Treuhand weniger, als ihm eine Kanzlei gezahlt hätte. Seine Kollegen, die früher als Beamte gearbeitet haben, bekommen dagegen bei der Anstalt sehr viel mehr Geld als in ihren alten Jobs. Der Chef seiner Abteilung war zuvor Richter an einem kleinen Verwaltungsgericht. Nun hat er einen eigenen Fahrer und erhält ein wesentlich höheres Gehalt als zuvor.[1]

Partsch ist am Ziel. Doch fast vom ersten Tag an ist er von der Treuhand enttäuscht. Er trifft zwar auf Kollegen, die durchaus idealistisch handeln, aber viel häufiger scheinen ihm die Aktionen »politisiert«. Es herrscht eine gewisse »Geschäftehuberei«, so Partsch: »Es liefen einige sogenannte Investoren über die Flure, denen ich wahrscheinlich noch nicht mal einen Gebrauchtwagen verkauft hätte, die aber dort mit geradezu aufreizender Freundlichkeit empfangen und bedient wurden. Ich hätte diese Leute sofort verwiesen. Ich war, glaube ich, einer der Ersten, die anfragten, ob man nicht erst mal eine ›Creditreform‹-Anfrage machen sollte, bevor man überhaupt ein Treffen mit einem sogenannten Investor ansetzt. Diese Ideen waren alle offensichtlich neu.« Als Investor musste man nichts vorweisen, um einen Termin bei der Treuhand zu bekommen, »außer einer sehr guten Verbindung zu einer Person in der Treuhand. Dann bekam man einen Termin und konnte im Prinzip kaufen, was man wollte. Wenn man zu einer Firma Thyssen gehörte, bekam man sichtlich alles. Wenn man nur ein normaler Investor war, der niemanden in der Treuhand kannte, dann blieb man oft außen vor.«

In der Treuhand gibt es mehrere elektronische Datenbanken, darunter die ISUD (Informationssystem Unternehmensdatenbank), in der alle Treuhandunternehmen erfasst sind. Partsch hat als Vertragsmanager auf diese Datenbank Zugriff: »Es fiel einfach auf, dass, so aus meiner kleinen Sicht, drei Viertel der Verträge offensichtlich mit irgendwelchen Thyssen-Firmen gemacht wurden. Es waren sicher mehr als 200 Unternehmen, die Thyssen gekauft hatte.« Partsch kommt die Kontrolle bei vielen Verträgen seltsam lasch vor. Anfangs denkt er sogar, eine Revision gibt es in der Treuhand gar nicht. Viele Verträge, die er kontrolliert, sind stümperhaft geschrieben und verhandelt worden, nur hat er nicht das Gefühl, dass irgendjemand in der Treuhand diese abgeschlossenen Geschäfte wieder aufschnüren und wirklich überprüfen will.

Auch bei neuen Geschäften geht es locker zu. Als Partsch einen Verkauf abwickelt, braucht er ein Konto der Treuhand, damit der Käufer den Kaufpreis darauf überweisen kann. Es geht um 100 Millionen Mark. Niemand in der Treuhand ist zunächst bereit und in der Lage, ihm ein Konto zu nennen. Er muss sich selber eines suchen und hätte auch ein eigenes Konto in Luxemburg angeben können, das wäre nicht aufgefallen: »Der Kaufpreis wurde dann auch anstandslos auf das Konto gezahlt, das ich angegeben habe, ohne dass jemand irgendwie richtig nachgesehen hat, ob das auch das richtige Konto ist.«

Die Arbeit bei der Treuhand ist immer auch ein Charaktertest. Obwohl er Berufsanfänger ist, bekommt Partsch schon bald eine wichtige Aufgabe zugeteilt: Er soll die Nachverhandlung zur Privatisierung der Leuna-Raffinerie an Elf Aquitaine leiten und überwachen. Er wird für diese Aufgabe ausgesucht, weil er fließend Französisch spricht.

20. Januar 1994,
Bonn

12. Wahlperiode, 2. Untersuchungsausschuss des Deutschen Bundestags. 17. Sitzungstag. Die Zeugin: Dr. Marion Wilde, 39 Jahre alt, ehemals Referentin bei der Treuhandanstalt, Direktorat U6. Verantwortlich für die Privatisierung der Bergbaubetriebe, darunter die STAMAG bei Leipzig. Käufer: Dr. Walter Schneider. Wilde ist Diplom-Ingenieurökonomin für den Bereich Bergbau und hat an der Bergakademie Freiberg studiert. Bevor sie zur Treuhandanstalt kam, war sie beim sächsischen Wirtschaftsministerium im Referat Bergbau beschäftigt. Der Vorsitzende des Ausschusses, Otto Schily von der SPD, führt durch die Befragung. Verschiedene Abgeordnete stellen Fragen.

Vorsitzender Otto Schily: Hatten Sie eigentlich das Gefühl, daß Sie einem Verhandlungspartner nach der Statur des [Dr. Schneider] gewachsen waren?

Zeugin Dr. Wilde: Ja, ich habe das Gefühl gehabt.[2] [Im Anschluss erklärt die Ex-Treuhänderin, wie schwer es war, überhaupt seriöse Investoren zu finden.] Also zu dem damaligen Zeitpunkt, wo ich einbezogen wurde, das war Anfang des Jahres, da war ich an ein, zwei Gesprächen beteiligt, ... und es hat sich dann herausgestellt ..., daß einer dieser Kaufinteressenten doch von der Zuverlässigkeit her sehr fragwürdig war.[3] Es hat sich dann auch teilweise herausgestellt, daß es wirklich teilweise [Kaufinteressenten] waren, die wirklich nur dieses Geld [die liquiden Mittel von 35 Millionen auf dem Konto der STAMAG] haben wollten.[4]

Ulrich Petzold (CDU/CSU): Inwieweit waren Sie überhaupt in Geschäfte oder geschäftliche Beziehungen der STAMAG eingeweiht; was kriegen Sie da mit als Privatisierungsbeauftragte?

Zeugin Dr. Wilde: Da die STAMAG ja eine Aktiengesellschaft war mit Aufsichtsrat, waren bestimmte Vorgänge, normale zustimmungspflichtige Geschäfte, die eine GmbH hat, nicht an die Treuhandanstalt zu geben. Das hat also dort der Aufsichtsrat entschieden, so daß wir – die Aufsichtsratsprotokolle hatten wir als Treuhandanstalt auch nicht vorgefunden, als wir das Unternehmen übernommen haben – also über den normalen Geschäftsbetrieb gar nicht einbezogen wurden.

Ulrich Petzold (CDU/CSU): Über innere Vorgänge in der STAMAG hatten Sie als Treuhand Berlin so gut wie keinen Überblick und konnten das auch nicht haben?

Zeugin Dr. Wilde: Ja, das ist nicht möglich gewesen.[5]

Horst Jungmann (SPD): Frau Dr. Wilde, Sie haben vorhin gesagt, Sie haben die STAMAG übernommen, und die war eine Aktiengesellschaft und hatte einen Aufsichtsrat. Wer war denn Eigentümer nach der Übernahme?

Zeugin Dr. Wilde: Anteilsinhaber der Aktien war die Treuhandanstalt, im Prinzip immer; die ganze Zeit war das schon so gewesen …

Horst Jungmann (Wittmoldt, SPD): Die Treuhand ist Eigentümer. Der Eigentümer hat nach dem Aktienrecht einen bestimmten Anteil von Aufsichtsräten, und die Teile des Aufsichtsrats, die vom Anteilseigner bestimmt sind, ob es nun die Treuhand sind [sic], vertreten Interessen des Eigentümers. War das denn in dem Fall nicht so?

Zeugin Dr. Wilde: Also ich kann nur sagen, daß von der Treuhand niemand im Aufsichtsrat vertreten war. Das war so gewesen. Wie das entstanden ist, kann ich Ihnen nicht sagen.[6]

Direkt nach Dr. Wilde wird der Zeuge Günter Lorenz von der IG Metall in Halle an der Saale aufgerufen.

Vorsitzender Otto Schily: Herr Lorenz, ich begrüße Sie um 23.56 Uhr. Wir haben leider hier schon eine Tages- und Nachtordnung … Ich darf noch einmal zu unserer Nachtordnung sagen: Wir können nur noch bis halb eins nachten – tagen können wir nicht mehr –, weil unsere Protokollführerin auch irgendwann mal ihre Tätigkeit beenden muß.

Ulrich Petzold (CDU/CSU): Herr Lorenz, daß hier nicht etwa im Raum stehen bleibt, was Herr [Schneider] heute früh behauptet hat, daß Sie durch Ihre – ich sage jetzt mal so, wie es ist – Kampagne im Prinzip diese Betriebe in den Konkurs getrieben haben …

Zeuge Lorenz: Das höre ich nicht zum ersten Mal, das sage ich gleich dazu. Er hat sich ja auch schriftlich in der Presse geäußert in entsprechender Weise. Das ist ein absoluter Unfug. Also ich würde mal behaupten, daß wir uns heute über diese Firmen nicht mehr unterhalten müßten, daß es sie schlicht nicht mehr gäbe, wenn wir nicht an die Öffentlichkeit gegangen wären. Herr [Schneider] hat die Fakten gesetzt; die haben wir ja nicht erfunden, sondern sind von ihm gesetzt worden.[7]

Die Vernehmung von Günter Lorenz dauert aufgrund der fortgeschrittenen Stunde keine sechzig Minuten. Auch Werner Sauer versucht der Ausschuss als Zeugen nach Bonn zu laden. Doch der ist weder für die Abgeordneten noch auch für die Kriminalpolizei auffindbar.

Der Ausschuss wird noch sehr häufig bis in die Nacht tagen, da er nur sehr wenig Zeit für die Beweisaufnahme hat. Einige wichtige Zeugenaussagen werden vom stenografischen Dienst nicht mitgeschrieben, weil sich die Befragungen bis weit nach Mitternacht hinziehen. Die Bundesregierung und das Bundesfinanzministerium arbeiten immer noch intensiv daran, dass der Ausschuss nicht alle Dokumente zur Einsicht bekommt. Werner Schulz schreibt später: »Die Akten, die Ausschußmitglieder und -mitarbeiter in Tresoren in elektronisch gesicherten Räumen und erst nach persönlicher Überprüfung durch den Verfassungsschutz lesen durften, waren im Bundesministerium der Finanzen und in der Treuhand ganz normalen Mitarbeitern frei zugänglich. Ungefähr 80 Prozent der beigezogenen Akten wurden von der Treuhand oder dem Bundesministerium der Finanzen als vertrauliche Verschlußsache eingestuft und mußten wie beschrieben behandelt werden.«[8] Im Ausschuss dürfen die Abgeordneten nicht aus den fraglichen Akten zitieren, eben weil sie zur geheimen Verschlusssache gemacht worden sind.

23. Februar 1994,
Düsseldorf

Fast zweieinhalb Jahre nachdem Thyssen und Elf Aquitaine verbindlich für die Leuna-Raffinerie geboten haben, steuern die Verhandlungen trotz eines bindenden Vertrages auf einen neuen Tiefpunkt zu: Elf will endgültig aussteigen. Alle Interventionen der Lobbyisten haben nicht geholfen. Nun trifft sich die Treuhandpräsidentin Birgit Breuel am Düsseldorfer Flughafen mit dem neuen Elf-Chef Philippe Jaffré und dem Chef der Thyssen Handelsunion Dieter H. Vogel.

Nachdem die Sozialisten die Wahl in Frankreich verloren hatten, wurde der alte Elf-Chef Loïk Le Floch-Prigent abgelöst. Breuel wird von dem zuständigen Treuhandvorstand Klaus Schucht begleitet. Sie weist ihre Gesprächspartner darauf hin, dass laut Vertrag die Bauarbeiten bis Ende Februar beginnen müssen. Die neue Elf-Führung ist unbeeindruckt.[9] Einen Brief von Bundeskanzler Kohl an den Premier Balladur ignoriert die Elf-Delegation ebenfalls.

Zwei Tage später telefoniert Bundesfinanzminister Theo Waigel mit seinem französischen Amtskollegen und bittet ihn, Druck auf Elf auszuüben und so dafür zu sorgen, dass der Konzern nicht aussteigt. Auch das ändert nichts. Die Elf-Manager diktieren Birgit Breuel die Bedingungen: Der Konzern steigt aus, es sei denn, die Treuhand findet einen Partner, der sich mit einem Drittel an dem Betreiberkonsortium beteiligt. Das könne auch die

Treuhand selber sein, schlagen sie vor. Diese »Rückverstaatlichung« lehnt das Bundesfinanzministerium jedoch strikt ab.[10] Der Vorschlag verstößt auch gegen den von Birgit Breuel immer wieder vertretenen Grundsatz, dass der Staat sich nicht an Unternehmen beteiligen soll. Aber wieder einmal zeigt sie sich flexibel. Sie setzt sich über die Anweisung des Finanzministeriums hinweg und trifft sich am 8. März mit Helmut Kohl im Bundeskanzleramt. Breuel schlägt dem Kanzler vor, dass ein Tochterunternehmen der Treuhand, die Buna AG, das fragliche Drittel übernehmen könne. Kohl stimmt zu. Sein Berater für die ostdeutsche Wirtschaft hatte schon im Februar gesagt, man müsse notfalls auf die Franzosen zugehen.[11] Breuel lässt ein entsprechendes Angebot nach Paris schicken. Der Bundeskanzler hat auf der ganzen Linie nachgegeben.

Der Leiter der Abteilung VIII, Eckart John von Freyend, erfährt zwei Tage später durch Zufall von dem Treffen. Die Treuhandpräsidentin Breuel schert sich nicht um die Zustimmung ihres »Kontrollorgans«. Die Dinge werden im Vier-Augen-Gespräch mit dem Kanzler geklärt, unter engen Parteifreunden. Auch Theo Waigel wurde von dem Treffen nicht in Kenntnis gesetzt. Jetzt kann das Bundesfinanzministerium nur noch darum bitten, dass es die neue schriftliche Vereinbarung zwischen Elf und der Treuhand – ein »Memorandum of Understanding«[12] – möglichst schnell zu sehen bekommt. Der zuständige Staatssekretär Joachim Grünewald notiert auf einer internen Vorlage: »Ein schneller Abschluss ist auch aus einem ganz anderen Grund dringlich: In einem Gespräch mit dem Vorsitzenden und den Obleuten des Treuhand-Untersuchungsausschusses habe ich heute nur mit Mühe erreichen können, dass der Ausschuss noch einmal weitere vier Wochen (also bis Mitte April) auf die Einsicht in die Elf-Privatisierungsakten verzichtet.«[13]

Christoph Partsch arbeitet sich derweil in den Leuna-Vertrag ein oder versucht es zumindest. Ihm werden nur Auszüge des Vertrags vorgelegt, und die sind zum Teil geschwärzt. Selbst der Vertragsmanager darf bei der Treuhand nicht den gesamten Vertrag einsehen. Partsch wundert sich darüber hinaus über viele Punkte in dem »Unding von einem Vertrag«. Mit dem Lehrbuch hat dieses Dokument nichts zu tun. Vor allem fällt ihm auf, dass der eine Partner des Konsortiums TED, die Thyssen Handelsunion, aus dem Vertrag aussteigen darf, ohne Nachteile fürchten zu müssen. Für ein Projekt auf diesem Niveau ist das äußert ungewöhnlich. Partsch merkt schnell, dass er als Berufsanfänger kaum eine Chance gegen die ausgebufften Anwälte von Elf und Thyssen hat, mit denen er immer wieder verhandeln muss. Niemand in der Treuhand hat ihm vorher gesagt, wer sein Ansprechpartner bei Elf ist oder was seine Vorgaben sind. Die ersten Planungsunterlagen, die er von TED bekommt, machen ihn noch misstrauischer. Neue Mitarbeiter, erfahrene Männer aus dem Bereich des Raffineriebaus, bestätigen seinen Verdacht: Etwas stimmt mit Leuna nicht.

21. März 1994,
Austin, USA

Die USA sind inzwischen Werner Sauers zweite Heimat geworden. Als das Privathaus seines Geschäftspartners Dr. Walter Schneider im Juni letzten Jahres durchsucht wurde, reiste Sauer in die USA und blieb dort. Im Januar 1994 fliegt er für eine Woche nach Europa, hebt bei seiner Bank in Luxemburg 5,7 Millionen Mark von seinem Konto ab und kehrt zurück in die USA. Er lebt in einem Apartment in Newport Beach, einem kleinen Strandort an der Costa Mesa, südlich von Los Angeles. Noch scheint er nicht zu befürchten, dass die Behörden ihn suchen. Er benutzt weiter seinen deutschen Pass sowie den deutschen Führerschein und fliegt um die Welt: nach Japan, auf die Philippinen und nach Brasilien.

Ende Januar 1994 hat die Staatsanwaltschaft Stuttgart genug Informationen zusammengetragen und beantragt einen Haftbefehl gegen Werner Sauer. Die Öffentlichkeit erfährt nichts von diesem Schritt. Auch Sauer nicht. Er wird allerdings von seiner Bank informiert, dass die Polizei seine Kreditkarten kontrolliert. Noch immer ist er nicht besonders vorsichtig. Am 21. März rast er mit einem Freund in einem geliehenen Buick durch Texas und wird in Austin von »State Troopers« gestoppt.[14] Die »Troopers« überprüfen seinen Namen per Computer und stellen fest, dass Sauer mit internationalem Haftbefehl gesucht wird. Mit dem alten Vorwurf, die Villa samt GmbH unter Wert an einen Kollegen verkauft zu haben, hat diese Verhaftung nichts mehr zu tun. Die Verkehrspolizisten bringen den Ex-Treuhänder in das kleine Hays-County-Gefängnis in San Marcos am Highway 35. Hier wird er die nächsten Monate verbringen.

Die Staatsanwaltschaft Stuttgart beantragt die Auslieferung des Treuhanddirektors – zunächst ohne Erfolg. Mitte April gibt sie öffentlich bekannt, dass der 44-Jährige in Texas verhaftet wurde. Zum ersten Mal tauchen Berichte in der Presse auf, dass Sauer »5 bis 6 Millionen« D-Mark Schmiergelder kassiert habe.[15] Im August wird er schließlich ausgeliefert.

12. April 1994,
Berlin

Die Staatsanwaltschaft Berlin und die ZERV lassen die Büros und Privatwohnungen führender Liquidatoren durchsuchen. Der Vorwurf: Die Abteilung Abwicklung hat ehemaligen Mitarbeitern Millionenaufträge zugeschoben. Wie viele andere Direktorate auch genoss die »Abwicklung« vor allem in der Anfangszeit große Freiheiten. Der ehemalige Reporter und Verlagsmanager Ludwig Tränkner, einst von Detlev Karsten Rohwedder eingestellt, ist in der Treuhandanstalt wegen seiner unorthodoxen Methoden bekannt. Er sucht sein Team zu einer Einheit zusammenzuschweißen, organisiert Reisen und Ausflüge für die Mitarbeiter zum Karneval und zum Oktoberfest (was andere Treuhänder als »Freizeit-Kommunismus« belächeln). Wenn aber jemand in seinem Direktorat nicht mitzieht, kann der große, schwere Mann mit dem Dreitagebart ungemütlich werden. Angeblich wirft er auch mal eine Schreibmaschine an die Wand, um seiner Meinung Nachdruck zu verleihen. Er sieht sich als Manager, nicht als Beamter, mit den Spesenabrechnungen nimmt er es nicht so genau. Er mietet, um schneller bei einem Unternehmen in der ostdeutschen Provinz zu sein, schon einmal einen Helikopter – zu oft, wie einige Kollegen in der Treuhand finden. Als ihn die Präsidentin Breuel wegen der hohen Kosten zum Rapport nach Berlin bittet, ist er gerade weit weg in der ehemaligen DDR unterwegs. Also mietet er einen Hubschrauber, um schnell in der Zentrale bei Breuel zu sein.

Klaus Peter Wild, sein Vorstand, hält schützend die Hand über Tränkner, denn der erledigt den Job mit hohem Einsatz. Liquidieren heißt nicht bloß die Unternehmen zu schließen, sondern die Teile, die noch etwas wert sind, wenn es irgendwie geht in eine neue Firma oder ein neues Unternehmen zu überführen. Das gelingt Tränkner und seinen Kollegen, wie der Vorstand der Treuhand findet, erstaunlich oft. 1993 ist auch die Presse noch wohlwollend. Ein Blatt schreibt: »Abwicklung erhält kaum weniger Arbeitsplätze als Privatisierung«.[16] Treuhandkollegen wissen zu schätzen, dass Tränkner nicht nur den »Müllmann« gibt, sondern sich – anders als viele Vorstände der Treuhand – den betroffenen Arbeitern stellt und seine Entscheidungen den Belegschaften in den Betrieben persönlich erklärt. Wie viele seiner Kollegen will er auch in Zukunft Geschäfte mit ehemaligen DDR-Unternehmen machen, so Tränkner in einem Interview: »Ich möchte bei der Treuhand Unternehmen erwerben. Allerdings muß da noch ein transparentes Verfahren gefunden werden, bei dem ich nicht wie ein Hühnerdieb dastehe.«[17]

Ludwig Tränkner hat wie Detlef Scheunert und Klaus Klamroth nicht gespürt, dass sich 1993 der Wind gedreht hat und ihr Geschäft fast ausschließlich politisch und nicht betriebswirtschaftlich bewertet wird. Die Zeiten des Alexanderplatzes, als es um die Sache und nicht um Vorschriften zu gehen schien, sind endgültig vorbei. Das ärgert Tränkner. Diesen Ärger behält er nicht für sich und macht sich so Feinde in Bonn. Tränkner wird in einem Artikel zitiert: »Die Treuhand werde von der Politik in zunehmendem Maße als Sündenbock mißbraucht. Die Bonner Beamten verlangten immer detailliertere Erläuterungen und Begründungen für einzelne Verträge. ›Die Folge ist, daß uns für das eigentliche Privatisierungsgeschäft immer weniger Zeit bleibt. Wir werden von der Politik in die Zange genommen.‹ … Tränkner [sieht die] Auseinandersetzungen um die Schließung des Thüringer Kalibergwerkes als Präzedenzfall: Die Treuhand könne kaum noch nach vernünftigen volkswirtschaftlichen und betriebswirtschaftlichen Gesichtspunkten entscheiden. Angesichts des anstehenden Bundestagswahlkampfes 1994 versuchen viele Landespolitiker und Bundestagsabgeordnete, Beschlüsse der Treuhand anzufechten.«[18] Auf die Frage, ob er sich auch vorstellen könne, in einer Management KG der Treuhand mitzumachen, antwortet Tränkner einem anderen Reporter: »Dann wäre ich wieder nur ein bezahlter Angestellter des Finanzministers – und mit den Erbsenzählern dort habe ich lange genug zu tun gehabt.«[19]

Eine »Erbsenzählerin« schlägt nun zurück. Dr. Gisela Otto, eine Beamtin aus dem Finanzministerium, hat bereits Klaus Klamroths Pläne durchkreuzt, mit der MUB die Arbeit der Treuhand weiterzuführen. Vor kurzem erschien ihr Name in einem Artikel, abgekürzt als »Frau Dr. O.« aus dem Bundesfinanzministerium. Sie soll durchgesetzt haben, dass ein Treuhanddirektor, zuständig für die Außenhandelsbetriebe, abgesetzt wurde. Er hatte Verträge verantwortet, die zu viel Geld kosteten. Die Konsequenz: Dr. Otto soll auf Druck von Birgit Breuel in eine andere Abteilung versetzt worden sein.[20] Dort ist sie nun zuständig für die Rechnungslegung und Grundsatzfragen der Abwicklung, mithin Tränkners Abteilung. Sie macht sich an die Arbeit. Sie stellt fest, dass bislang – von November 1990 bis Februar 1993 – über Abwicklungsverträge nicht nach dem Vier-Augen-Prinzip entschieden worden ist. Sie sagt im April 1993 vor dem Untersuchungsausschuss: »Diese erhebliche Aufgabe … – es waren ja teilweise 1000 oder mehr Unternehmen, die in einem Monat in die Abwicklung kamen – muß von einer bestimmten Anzahl von Leuten durchgeführt werden. Dann ist natürlich eine gewisse Neigung da, daß man die Arbeit einfach verteilt und froh ist, wenn das halt einer macht. Aber da es um erhebliche Summen geht, waren wir der Auffassung, wir müssen das Vier-Augen-Prinzip einführen.«[21]

Bald stößt sich die Beamtin an der Vergütung der Liquidatoren. Sie erscheinen ihr sehr hoch. Sie weiß: »Die Liquidatorenvergütung muss mit uns nicht abgestimmt werden. Das kann die Treuhandanstalt in eigener Zuständigkeit machen.« Die Treuhandführung nimmt einfach den Regelsatz, den die »Vergütungsverordnung« vorschlägt. Trotzdem kommen unter dem Strich sehr hohe Honorare heraus.[22] Da vor allem Außenhandelsbetriebe oft eine sehr große Teilungsmasse haben, sind auch die Honorare der Liquidatoren ungewöhnlich hoch. Dr. Otto meldet sich beim Bundesministerium der Justiz, weil dort die Entscheidung getroffen werden muss. Sie telefoniert mit dem zuständigen Ministerialrat Heinz Lanfermann von der FDP: »[Ich] habe im Bundesministerium der Justiz beim zuständigen Referat angerufen, habe denen einmal [die Abrechnung] vorgelesen und mit denen gesprochen. Und da sagte man mir: Na ja, im Grunde genommen, das wäre okay, das wäre richtig so, da könnte man nichts dagegen sagen. Der [Ministerialrat Heinz Lanfermann] stellt mir also dieses schwierige Leben der Liquidatoren dar, die von einem Flugzeug ins nächste steigen müssen und sich dann immer in aller Schnelle um die Angelegenheiten kümmern müssen, daß ich mir danach dachte: Wenn ich mich länger mit ihm unterhalte und ihn einschalte, wird die Sache sehr wahrscheinlich eher teurer. Dann dachte ich: Na ja, lassen wir die Sache einmal ruhen; es scheint doch nicht so unangemessen zu sein.«[23]

Doch wenig später hat Dr. Otto in der neuen Abteilung mit einer konkreten Abrechnung zu tun, die ihr endgültig zu weit geht: Der Liquidator Karl Tynek bekommt von der Treuhand acht Millionen Mark für die Abwicklung eines einzigen Außenhandelsbetriebes; insgesamt stellt er 24,9 Millionen Mark in Rechnung: »Und dann dachte ich: Gut, schicke ich das mal dem BMJ zur Mitzeichnung. Dann können die Herren im Grund genommen klarlegen, daß das alles richtig läuft. Und da war jetzt ein anderer Beamter im BMJ befasst, und der sagte: Nein, das ist viel zu hoch ... Seit dieser Zeit sind wir in der Diskussion, und wir haben jetzt gerade kürzlich ein neues Liquidatorenvergütungsmodell beschlossen, das also deutlich niedriger ist.«[24] Im April 1994 ist das neue Abrechnungsmodell ausgehandelt, aber noch nicht in Kraft.

Dr. Otto gibt keine Ruhe: »Dann ist uns auch aufgefallen und hat uns mißfallen, daß zum Beispiel zehn Liquidatoren die Hälfte der Masse betreuen. Aber wir sind der Auffassung – auch ein bißchen unter Wettbewerbsgesichtspunkten –, man muß versuchen, das Ganze zu entzerren.«[25] Die Beamtin errechnet, dass allein diese »Top Ten« über 200 Millionen Mark nur an Honoraren bekommen. Durch die bevorstehenden Wahlen und den Untersuchungsausschuss werden die Zahlen nun politisch – und sie sehen in der Presse verheerend aus. Nur weil sich die Finanzbeamtin Otto dahinterklemmte, wurde die Bezahlung geändert. Die »Abwickler« bekamen die bis dahin hohen Honorare mit Billigung des Vorstandes und der Bonner Ministerien. Trotzdem werden die Privatwohnungen von Treuhändern durchsucht, weil der Verdacht der Untreue im Raum steht. Ludwig Tränkner verlässt schließlich die Treuhand Ende April 1994, desillusioniert wie Detlef Scheunert. Auch viele andere Treuhänder sind tief enttäuscht. Sie fühlen sich von Bonn, von der Bundesregierung, im Stich gelassen. Aber in sechs Monaten sind Wahlen. Jetzt gelten andere Gesetze.

25. Mai 1994,
Leuna

Dreizehn Schornsteine, wie an einer Perlenschnur aufgereiht. Tauchen diese Schlote am Horizont auf, wissen die Bombercrews der britischen und der US-amerikanischen Luftwaffe, dass Leuna gleich unter ihnen liegen wird. Die Alliierten haben diese Achillesferse der deutschen Kriegsmaschinerie erst spät entdeckt: Die Panzer und U-Boote brauchen den Kraftstoff aus Merseburg, fast der gesamte Treibstoff der Luftwaffe kommt von hier. Er wird nach dem Patent der I.G. Farben in den Raffinerien von Leuna synthetisch hergestellt. Die Deutschen verteidigen Leuna wie kaum ein anderes Ziel im »Dritten Reich«. Sie beordern Kampfflugzeuge nach Merseburg, um die Bomberstaffeln abzufangen. Luftabwehrgeschütze werden aus anderen Städten abgezogen, weil die Werke für die Kriegsindustrie wichtiger sind als das Leben der Zivilisten.[26] Das ständige Flakfeuer hüllt Leuna in schwarzen Rauch, zusätzlich wird künstlicher Nebel durch kleine Kraftwerke erzeugt, in den die Piloten blind hineinfliegen müssen. Die Bomberbesatzungen nennen Merseburg nur »Flak Hell Leuna«.[27]

Jede der insgesamt zwanzig Angriffswellen während des Zweiten Weltkrieges setzt Leuna zu. Die Raffinerie muss ihre Produktion erst für Tage, dann für Wochen einstellen, produziert aber immer weiter: »Das Werk hat neun Leben, wie eine alte Katze«, schreibt ein US-amerikanisches Magazin 1945.[28] Als die US-amerikanischen Bodentruppen Leuna erreichen, produzieren Teile der Raffinerie noch immer Kraftstoff, allerdings nur kleine Mengen. Fast zehn Prozent der alliierten Luftangriffe richteten sich gegen Leuna, 18 328 Tonnen Bomben wurden hier abgeworfen. »Wir hatten keine Ahnung, wie nah unsere Bomben dem Ziel kamen«, sagte ein Bomberpilot. Die

Umgebung der Raffinerie ist daher auch nach Kriegsende mit Blindgängern und Bombensplittern übersät. Kaum ein ideales Gelände für eine neue Raffinerie, die einen Anschluss an die russische Erdölpipeline bekommen soll. Doch genau dort, südlich der alten Leuna-Raffinerie, auf einem Feld neben dem Dorf Spergau, soll sie aus dem Boden gestampft werden, die neue Raffinerie »Leuna 2000«. Das sehen die Planungen von Thyssen und Elf vor. Das alte Leuna, das einst Ziel der vielen alliierten Luftangriffe war, wird dem Erdboden gleichgemacht, wenn die neue Raffinerie fertig ist.

Heute soll der Bundeskanzler den Baubeginn mit einem Spatenstich zelebrieren. Hastig müssen einige Mitarbeiter der alten Leuna-Raffinerie ein kleines Kiesbett präparieren, damit der Kanzler und seine Gäste, darunter der Elf-Chef Philippe Jaffré, nicht im Matsch versinken und auch damit die Senke auf dem Acker ein wenig nach Baustelle aussieht. Denn hier wird so schnell keine Raffinerie ihren Betrieb aufnehmen. Doch was zählt, sind der Fototermin und der Wahlkampf. Helmut Kohl ist ohnehin in der Gegend: Am Nachmittag wird er eine BASF-Fabrik in Bitterfeld eröffnen, an der Nordspitze des »Chemiedreiecks«. Der westdeutsche Chemiekonzern hat 80 Millionen in eine Anlage investiert, die Pulver herstellt, das Tapetenkleister dickflüssiger macht, und beschäftigt 42 Arbeiter. Kohl drückt auf einen roten Knopf, und die Produktion beginnt.

Am Vormittag, in Leuna, kann kein Knopf gedrückt werden. Einheimische Frauen in der Landestracht stehen Spalier. In vier Wochen, am 26. Juni, sind Landtagswahlen in Sachsen-Anhalt. Knapp vier Monate später, am 16. Oktober, wird ein neuer Bundestag gewählt. In der Presse feiert man den Beginn der Bauarbeiten in Leuna, wobei die meisten Reporter übersehen, dass von einem Baubeginn gar keine Rede sein kann.[29] Nicht an diesem 25. Mai und auch nicht in den nächsten Monaten. Wie auch: Noch immer haben sich die Treuhand und Elf nicht auf die endgültigen Vertragsbedingungen geeinigt. Schlimmer noch: Die Thyssen Handelsunion ist, was der Vertrag aus dem Jahr 1992 zugelassen hat, im April ganz plötzlich aus dem Konsortium ausgestiegen. Für die Treuhand wurde es deshalb kurzzeitig noch schwieriger, das Projekt »Leuna 2000« am Leben zu halten. Sie musste nicht nur mit der Buna AG selber einsteigen, sondern auch noch Ersatzpartner für Thyssen finden. An die Stelle von Thyssen treten russische Ölfirmen.[30]

Thyssen ist zwar aus dem Betreiberkonsortium ausgetreten, doch die Raffinerie darf die Thyssen Handelsunion trotzdem wie geplant mitbauen. Darüber hinaus wird Thyssen ein Teil der Summe ausgezahlt, die ihr das

»Cooperation Agreement« vom Juli 1993 durch das alte Elf-Management zusichert.[31] Der Vertrag, der noch mit Le Floch-Prigent & Co. abgeschlossen wurde, sieht eigentlich vor, dass Thyssen beim Ausstieg ein Drittel der Subventionen, also 330 Millionen Mark, zusteht. Der neue Elf-Präsident Jaffré drückt Thyssen auf 55 Millionen D-Mark.[32]

Bis zum Spatenstich an diesem Tag hat die Treuhand die Änderungswünsche des Bundesfinanzministeriums zum Leuna-Vertrag mit Elf nicht umgesetzt. Birgit Breuel macht im Fall Leuna, was sie will – und was das Bundeskanzleramt für richtig hält. Beim Fototermin in Leuna fehlt sie allerdings. Sie muss am selben Tag vor dem Untersuchungsausschuss in Berlin aussagen. Der ganze Ausschuss ist extra für die Treuhandpräsidentin in die designierte Hauptstadt gereist, um sie dort in einem Sitzungssaal des Roten Rathauses acht Stunden lang zu befragen. Hauptsächlich geht es um die Honorare der Abwickler. Birgit Breuel lässt sich nicht aus der Ruhe bringen. Sie sagt stoisch: »Die gemachten Fehler sind normal.«[33] Schließlich fragt der Vorsitzende Otto Schily: »Wie hoch sind die Erlöse der Privatisierung?« Breuel antwortet: »49 Milliarden DM.« Schily: »Das sind Zusagen. Wie viel davon sind eingegangen?« Breuel: »Wesentlich weniger. Acht Milliarden.«[34] Der Ausschuss hat noch sieben Sitzungstage, und kaum eine zentrale Frage ist geklärt.

24. Juni 1994,
Bonn

Kurz vor der Sommerpause stellt ein weiterer Untersuchungsausschuss des Bundestags seinen Abschlussbericht vor. Das Thema: die »Kommerzielle Koordinierung« des Alexander Schalck. Fast 5000 Seiten hat der Bericht – und ist doch unvollständig.[35] Bis zum Abschluss der dreijährigen Arbeit hat der Ausschuss viele Unterlagen vom Bundesnachrichtendienst nicht bekommen, darunter die Dokumente, die der Überläufer Willi Koch 1990 im Auto seines erhängten Chefs fand. Das hatte der Oberst der Staatssicherheit hinter dem Bürohaus Alexanderplatz 6 geparkt, wo er von Bürgerrechtlern aufgegriffen wurde.

Die SPD und die Parteien der Regierungskoalition einigen sich darauf, den Ausschuss auch in der nächsten Legislaturperiode weiter arbeiten zu lassen. Strafrechtlich hat sich gegen Alexander Schalck nichts Neues ergeben. Wegen »Veruntreuung von Volkseigentum« kann er nicht mehr angeklagt werden, weil die frei gewählte Volkskammer diesen Paragrafen 1990 abgeschafft hat. Einen anderen Teil des Untersuchungsergebnisses bekommt der

Bundestag erst gar nicht zu sehen. Dieser Teil wurde bereits als »geheim« eingestuft und in der Geheimschutzstelle des Deutschen Bundestages eingelagert, wo er dreißig Jahre unter Verschluss bleiben soll. Es handelt sich um den abweichenden Bericht der Abgeordneten Ingrid Köppe zum KoKo-Ausschuss.

Köppe ist 36 Jahre alt und Mitglied von Bündnis 90/Die Grünen. Sie war Mitglied des Neuen Forums und zum Zentralen Runden Tisch abgeordnet. Die Behörden erlaubten ihr nicht, in der DDR zu studieren, weil sie nicht gutheißen wollte, dass Wolf Biermann ausgewiesen wurde. Sie durfte sich zur Bibliothekarin ausbilden lassen, engagierte sich schon vor dem Mauerfall politisch, wurde schließlich 1990 in den Deutschen Bundestag gewählt und vertrat hier ihre Partei im KoKo-Ausschuss. Schon 1991 hatte sie genug und beschloss, nicht mehr für das Parlament zu kandidieren.[36] Köppe macht es sich zur Aufgabe, in dem Ausschuss die Rolle der westdeutschen Geheimdienste aufzuklären. Obwohl sie nur wenig Fragezeit und kein Stimmrecht hat, ist ihre Arbeit sehr effektiv. Oft gibt sie Pressemitteilungen heraus, die für großes Aufsehen sorgen.[37] Im Herbst 1991 fragt sie öffentlich, ob Franz Josef Strauß und westdeutsche Politiker bei der »Vermittlung des Milliardenkredites an die DDR ›Provisionen und Schmiergelder‹ erhalten haben«.[38]

Köppe macht sich mit ihrer Offenheit Feinde. Bärbel Bohley, ehemals wie Köppe beim Neuen Forum, behauptet, die Abgeordnete sei bei der Stasi gewesen. Sie muss sich als »Giftspritze« beschimpfen und von Helmut Kohl sagen lassen, sie vertrete den »Geist, der mir aus totalitären Regimen ziemlich vertraut ist«.[39] Schließlich wird der Bericht von Köppe von der Mehrheit des Untersuchungsausschusses im Mai als »geheim« eingestuft, weil Köppe aus vielen Geheimdienstquellen zitiert hat, die der Ausschuss nur nach großen Kämpfen vom BND oder dem BfV bekommen hat. Die Abgeordneten befürchten, dass sie in Zukunft noch weniger Informationen von den Geheimdiensten bekommen. Ende Mai wird der Bericht per Post anonym – unter anderem aus Orten in Schleswig-Holstein – an mehrere Zeitungsredaktionen verschickt. Es wird darin unter anderem detailliert Waltraud Lisowskis Rolle in der Treuhandanstalt geschildert. Die Bundestagspräsidentin Rita Süssmuth ermächtigt daraufhin die Bonner Staatsanwaltschaft, gegen Köppe wegen Bruchs des Dienstgeheimnisses zu ermitteln.[40] Der Bericht bleibt unter Verschluss. Köppe verabschiedet sich aus der Politik. Viele Politiker aus der DDR hätten ihre Rolle in Bonn gefunden, sagt sie, doch »ich bin nicht angekommen«.[41] Man könne den Bundestag nicht ändern: »Nicht, weil die Strukturen so verfestigt sind, sondern weil die meisten Abgeordneten das so wollen.«[42]

21. September 1994,
Bonn

Bereits im August präsentieren CDU, CSU und FDP ihre Abschlussberichte zum Treuhand-Untersuchungsausschuss, obwohl der noch einige Sitzungstage vor sich hat. Die mitternächtlichen Sitzungen sind zur Gewohnheit geworden. Viele Befragungen haben deutlich gemacht, dass die Abgeordneten erst einmal selber verstehen mussten, wie die Treuhand überhaupt funktioniert. Das Urteil der drei Parteien, die die Mehrheit im Ausschuss stellen, ist dennoch eindeutig: »Die sechsmonatige Beweisaufnahme hat nach Ansicht der Koalitionsmehrheit im Ausschuß ergeben, daß die Treuhandanstalt gute Arbeit geleistet hat ... Der Ausschuß hat nicht feststellen können, daß westdeutsche Konkurrenzunternehmen versucht hätten, die Treuhand zu beeinflussen, Ost-Konkurrenten aus dem Markt zu nehmen ... Das Gehaltssystem mit seinen Bonuszahlungen habe nicht zu einem vorschnellen Verkauf von Unternehmen geführt, sondern nachweislich die Leistung motiviert«, fasst eine Zeitung die Thesen der Regierungsparteien zusammen.[43]

Die SPD wettert dagegen am 5. September, als sie den gesamten Bericht der Bundestagspräsidentin Rita Süssmuth übergibt: »Die Bundesregierung und Treuhandanstalt haben unerläßliche Aufsichtspflichten verletzt und das parlamentarische Kontrollrecht in einem Ausmaß außer Kraft gesetzt, wie es keine demokratisch legitimierte Regierung in Deutschland nach 1846 gewagt hat.«[44] In ihrem Bericht verweist die SPD darauf, dass sich das Bundesfinanzministerium nur 130 von 14000 Verträgen zur Überprüfung habe vorlegen lassen – also weniger als ein Prozent. Die SPD kann durchsetzen, dass am 21. September 1994 in einer Sondersitzung über den Bericht debattiert wird. Es ist der letzte Sitzungstag der ersten Wahlperiode eines gesamtdeutschen Parlaments seit dem Krieg. Feierlich ist den Abgeordneten allerdings nicht zumute: Fast siebzehn Stunden tagt der Bundestag an diesem Mittwoch.

Die Tagesordnung ist fast so prall wie Mitte 1990 ein gewöhnlicher Sitzungstag in der Volkskammer. Das jüngste Urteil des Bundesverfassungsgerichts – »Soldaten sind Mörder« kann eine zulässige Meinungsäußerung sein – muss das Parlament auch noch debattieren, bevor die Arbeit der Treuhand am Abend aufgegriffen wird. Die SPD hält an der zentralen Aussage ihres Ausschussberichtes fest. Otto Schily sagt, dass der Schaden, den die Treuhand durch die schnelle Privatisierung angerichtet hat, weit in die Zukunft reichen werde.[45] Am Ende zahlt sich die Strategie der Regierungskoalition dennoch aus: Von dem Ausschussbericht und der Parlamentsdebatte nimmt die Öffentlichkeit so kurz vor der Wahl kaum Notiz.[46]

Auch Werner Schulz hat einen Bericht über den Ausschuss für Bündnis 90/Die Grünen geschrieben. Allerdings hat seine Fraktion den Abgabetermin verpasst, so dass der Bericht nie offiziell gedruckt wird.[47] Schulz fasst darin die Arbeit der Treuhand zusammen: »Nur sechs Prozent des Firmenvermögens wurden an Bürger der neuen Bundesländer privatisiert. Dem stehen 85 Prozent gegenüber, die an westdeutsche Unternehmen und Privatpersonen gingen.«[48]

Knapp vier Wochen nach der letzten Sitzung des Bundestages gewinnt Helmut Kohl mit der CDU erneut die Wahl. CDU und CSU verlieren 2,4 Prozentpunkte, erreichen aber noch insgesamt 41,4 Prozent. In Ostdeutschland bekommen sie 3,3 Prozentpunkte weniger. Bei der Treuhand läuft alles so weiter wie bisher: Sie wickelt ab, verkauft, wird besetzt – im Dezember von der PDS, die damit gegen den Steuerbescheid des Berliner Finanzamtes protestiert. Das hat verfügt, dass die Partei für das Jahr 1990 an Körperschaftssteuer 67 Millionen zahlen muss. Altlasten, wie üblich.[49]

Klaus Schucht, der so viele brenzlige Deals für die Treuhand zu verantworten hat, verlässt die Anstalt und übernimmt das Amt des Wirtschaftsministers in Sachsen-Anhalt. Er wird von Reinhard Höppner berufen, dem ehemaligen Vizepräsidenten der Volkskammer, der als Spitzenkandidat der SPD zum Ministerpräsidenten in Sachsen-Anhalt gewählt wird. Halle an der Saale gehört zu seinem Bundesland. Die Erkenntnisse über die Zustände in der Niederlassung dort kommen zu spät, so Höppner: »Bevor wir im Grunde genommen die Dinge durchschaut haben, waren eigentlich alle Messen gesungen. Dann hat man natürlich auch noch andere Kriegsschauplätze, die man mit der Treuhand zu verhandeln hat. Die Treuhand hatte eben auch die Macht, eine Industrieansiedlung dort zu genehmigen und da zu verweigern. Wir waren diesen Machtgeflechten der Treuhand auch als Ministerpräsidenten ausgeliefert.«

30. Dezember 1994,
Berlin

An einem ungewöhnlich milden Dezembertag lässt sich die Öffentlichkeit ein letztes Mal täuschen. Ermüdet von dem Thema »Privatisierung des ehemaligen DDR-Volkseigentums« berichten die Journalisten auf fast allen Kanälen und Titelblättern über das Ende und den letzten Arbeitstag der Treuhand, obwohl sich an der Arbeit der Institution fast gar nichts ändert. Im Januar werden Tausende von Treuhändern wie gewöhnlich ins ehemalige

Reichsluftfahrtministerium zur Arbeit kommen, nur ihr Arbeitgeber wird dann einen anderen Namen tragen.[50] Bundesfinanzminister Theo Waigel ist nicht eigens in Berlin erschienen. Die Treuhandführung hat seine Vorgabe bereits umgesetzt und sich einen neuen Namen für die Treuhand ausgedacht. Der Generalbevollmächtigte Norman van Scherpenberg kreiert die neue Bezeichnung: Bundesanstalt für vereinigungsbedingte Sonderaufgaben – BvS. Van Scherpenberg sagt dazu: »Es fällt vermutlich auf, dass das ein entsetzlicher Name ist. Ich bin auch sehr stolz darauf, dass ich ihn erfunden habe. Denn der Sinn dieses Namens war, dass er nicht mehr eingängig ist. Und dass damit einfach diese ganze BvS etwas unter den Wahrnehmungshorizont heruntergezogen wurde.« Ein anderer Treuhandmitarbeiter bestätigt, dass man auf einer Klausur in Potsdam ganz bewusst einen Namen ausgesucht hat, den sich »kein Schwein merken kann«.

Der Treuhandvorstand stellt an seinem letzten Tag eine Publikation vor: die »Treuhand-Dokumentation«, 15 Bände, weit über 15 000 Seiten. Fast ausgelassen wie ein Kind schneidet der Treuhandsprecher Wolf Schöde die Hülle um die verpackten, druckfrischen Bücher auf. Man bleibt am letzten Tag der bewährten Taktik treu: Spezifische Fragen werden nicht beantwortet, stattdessen wird die Öffentlichkeit mit Publikationen zugeschüttet.[51] Die Transparenz wie der Abschied sind nur simuliert. Auf der letzten Pressekonferenz für die Treuhand sagt die Präsidentin, die demnächst die Expo in Hannover vorbereiten wird: »Die Menschen können uns für das nicht lieben, was wir hier getan haben, aber ich hoffe, dass in ein paar Jahren die Ergebnisse so sind, dass die Menschen wissen, dass wir wirklich versucht haben, für sie zu kämpfen und zu streiten, und insofern ein bisschen besser hier angesehen sind, als das vielleicht bei manchen heute der Fall sein kann.« Später schraubt Birgit Breuel ein Schild mit dem Namen und dem Logo der Treuhandanstalt neben dem Haupteingang ab, hält es für die Fotografen und Kameraleute in die Höhe und fährt dann mit dem Paternoster wieder nach oben in ihr Büro. Im April wird Birgit Breuel ihr Büro bei der Expo-Gesellschaft beziehen. Es liegt in der Wallstraße, dort wo einst Michael Rottmann und Waltraud Lisowski gearbeitet haben. Die BvS wird später an den alten Sitz der Treuhand, Alexanderplatz 6, zurückkehren. Der aktuelle Aufsichtsratsvorsitzende der Treuhand, Manfred Lennings, sagt bei der letzten Pressekonferenz in der Wilhelmstraße, zwischenzeitlich Otto-Grotewohl-Straße, noch: Ende 1995 wird die Industrie in Ostdeutschland wieder so viel produzieren wie die DDR 1989.[52]

Alles auf Anfang.

1995 und danach
ALTLASTEN

Everybody knows that the dice are loaded
Everybody rolls with their fingers crossed
Everybody knows that the war is over
Everybody knows the good guys lost
Everybody knows the fight was fixed
The poor stay poor, the rich get rich
That's how it goes
Everybody knows

LEONARD COHEN

Der Bundestag entscheidet sich zu Beginn des Jahres 1995, einen neuen Untersuchungsausschuss einzusetzen, der am Ende des Jahres seine Arbeit aufnimmt. Eine Delegation um den neuen Ausschussvorsitzenden Volker Neumann besucht das Bundesministerium der Finanzen in Bonn. Man zeigt den Abgeordneten dort einen Keller, wo die Akten zum Thema Treuhand lagern: Es sind Tausende von Ordnern, bis unter die Decke gestapelt. Die Parlamentarier lassen die Tür wieder schließen, diese Menge können sie niemals in der kurzen Zeit, die ihnen zur Verfügung steht, durcharbeiten. Schließlich geht es ihnen um das »DDR-Vermögen« insgesamt; auch in das KoKo-Reich von Alexander Schalck will man mehr Licht bringen.[1] Der Ausschuss ist von Anfang an überfordert, und so kann auch der letzte Untersuchungsausschuss des Bundestages, der die Treuhand zum Thema hat, die Arbeit der Anstalt nicht systematisch aufarbeiten.

Für Günter Lorenz, den Generalbevollmächtigten der IG Metall in Halle, ändert sich nichts, nur weil die Treuhand nun BvS heißt. Einen Bruch oder eine Veränderung nimmt er nicht wahr. Zunächst kümmert er sich mit anderen darum, dass die von Walter Schneider gekauften Unternehmen neue Eigentümer bekommen und wenigstens einige Arbeitsplätze gerettet werden. Das gelingt. Die Treuhand in Halle hätte sich also von Anfang an mehr Zeit lassen können. Lorenz rechnet der lokalen Presse vor, wie viel Geld alle Skandale der Niederlassung zusammengenommen gekostet haben: »Drei Milliarden Mark volkswirtschaftlicher Schaden. Das war eine vorsichtige Schätzung. Das heißt Vernichtung von Arbeitsplätzen, Kosten der Arbeitslosigkeit; alles, was da so zusammenkommt.« Er hört daraufhin umgehend von dem neuen Niederlassungsleiter in Halle, Karl-Heinz Rüsberg, der zuvor die Treuhandfiliale in Schwerin geleitet hat. Lorenz: »Dann kriegte ich einen Brief von Herrn Rüsberg, ich solle das, bitte schön, zurücknehmen. Dann habe ich den angerufen und gesagt: ›Herr Rüsberg, ich nehme gar nix zurück, ich lege eher noch was drauf.‹ Und dann war das Thema erledigt.«

Die lokale Presse hat der neue Filialchef dagegen schnell im Griff. Er bringt immer wieder seine Botschaft an den Mann: Er, Rüsberg, räume Halle auf.[2] Schon in Schwerin hat er selbst Rechnungen überprüft und Verträge noch während der Verlesung beim Notar gestoppt. In Schwerin kam es zu keinen nachweislichen Korruptionsfällen. Rüsberg ist aber auch ein großer Fan von Birgit Breuel, also lautet seine Botschaft dementsprechend: Halle war ein regionales Problem, der Fehler lag nicht bei der Treuhandzentrale. Und das regionale Problem hat er jetzt mit seiner neuen Truppe gelöst. Er zieht mit der Niederlassung von der »Scheibe D« in einen Altbau in der Nähe des Bahnhofs, gleich neben der Spielbank, unweit des ehemaligen Interhotels, das jetzt »Maritim« heißt. Für Lorenz ändert sich nur die Adresse.

Auch nachdem sich Rüsberg zurückgezogen und verkündet hat, die Arbeit der Niederlassung sei – diesmal Ende 1994 – beendet, ist Lorenz in Halle mit neuen Korruptionsfällen konfrontiert. Eine Schweizer Aktiengesellschaft kauft die Hallesche Metall- und Stahlbau AG (Hamesta). Lorenz besorgt sich den ersten Geschäftsbericht und lässt ihn von einem Wirtschaftsprüfer kontrollieren. Der stellt fest, dass die Hamesta 150 000 Mark für die »Bewirtung und Unterbringung« von zwei Mitarbeitern der BvS abgerechnet hat, die zu Verkaufsverhandlungen mit dem neuen Eigentümer an den Luganer See gereist waren. Dieses Geld nahm der neue Eigentümer aus den Kassen der Firma. Lorenz konfrontiert die Zentrale der BvS damit: »Mit dieser Information bin ich mit einem alternativen Investor nach Berlin gefahren und habe denen gesagt: ›Hört zu, Leute, das müsst ihr mir mal erklären.‹ Die haben alles zurückgewiesen. Diese Kosten wären ganz normal. Da habe ich gesagt: ›Ihr seid bestechlich.‹« Bei der BvS in Berlin bekommt Günter Lorenz nach diesem Besuch Hausverbot.

Dieses eine Mal kämpft Lorenz noch. Er beobachtet jeden der Schritte des Unternehmers genau, er sitzt ihm »auf der Pelle«, schafft es, dass der Mann angeklagt wird, aber: »Der Betrieb war insolvent. Kurz vorher hat der sogenannte Investor noch die gesamte Bude ausgeräumt, ist mit VW-Bussen voll Akten verschwunden, hat alles in die Schweiz gebracht.« Der Gewerkschafter wird wieder kritisiert, von der Industrie- und Handelskammer und anderen Stellen in Halle: »›Du machst uns die Investoren kaputt, Lorenz.‹ Aber das Schema kannte ich ja schon. Es ist ärgerlich, dass sich das nicht verändert hat. Das hat auch dazu beigetragen, dass ich dann gesagt habe: Jetzt möchte ich gerne mal irgendwohin wechseln, wo es ein bisschen anders zugeht, nicht immer ständig kämpfen, und dann am Schluss steht eben doch nur das Aus der Firma.«

Im Jahr 2000 verlässt Günter Lorenz Halle: »Als ich in den Westen nach Darmstadt zurückgekehrt bin, sind einige Illusionen geplatzt. Die Zeiten haben sich natürlich auch im Westen verändert. Es gab einen erheblichen Arbeitsplatzabbau, Betriebsschließungen. Man hatte das im Osten zuvor alles ausprobiert. Das war ein Versuchslabor, ganz klar: Verlängerte Arbeitszeiten, Bruch der Tarifverträge, Leute für lau arbeiten lassen, gar nicht bezahlen – das war an der Tagesordnung.« Heute sagt Lorenz über die Treuhand: »Die eigentliche Funktion der Treuhand war die Enteignung der Ostdeutschen von ihrer Wirtschaft, vom Volkseigentum, und das zugunsten der Industrie im Westen, denn das ist das Ergebnis, dass sich die Industrie im Westen, alles was an Besitz im Osten zu verteilen war, unter den Nagel gerissen hat. Letzten Endes auch auf Kosten der Steuerzahler in Ost und West.«

Ein Jahr nachdem mit Helmut Kohls Spatenstich in Leuna die Bauarbeiten an der Raffinerie angeblich begonnen haben, findet am 11. Mai 1995 tatsächlich die offizielle Grundsteinlegung statt. Helmut Kohl ist nicht dabei, dafür wieder Philippe Jaffré, der einen Bauhelm mit Elf-Logo trägt; dieses Mal wird ja auch wirklich gebaut. Im Hintergrund singt ein Kinderchor den französischen Klassiker »Sur le pont d'Avignon«. Reinhard Höppner von der SPD, seit wenigen Monaten Ministerpräsident in Sachsen-Anhalt, hat ebenfalls einen Helm mit Elf-Logo auf dem Kopf und schichtet mit einer Kelle Beton auf den Grundstein. Er hat die letzte Phase der nervenaufreibenden Vorgeschichte der Leuna-Planung intensiv miterlebt. Klaus Schucht ist als Wirtschaftsminister in Höppners Regierung für Leuna verantwortlich. Höppner sagt heute: »Man wusste, die Raffinerie muss unbedingt kommen. Dann hat man ja noch versucht, Elf zu locken. Die andere Richtung, die da mal im Gange war, Elf hätte noch Bestechungsgelder gezahlt, um die Raffinerie zu bekommen, die ist abwegig, weil die Kräfteverhältnisse andersrum waren.«

Für Christoph Partsch ist die Sache Leuna mit der Grundsteinlegung noch lange nicht erledigt, sind die Streitereien um den Vertrag keineswegs ausgestanden. Er hat sich immer tiefer in die Materie eingearbeitet. Seine Kollegen, die erfahrenen Raffineriebauer, stimmen ihm zu: Elf und Thyssen, die die Raffinerie zusammen bauen wollen, tricksen schon bei den Planungskosten. Als die ersten Rechnungen des Konsortiums bei der BvS eingehen, bestätigt sich dieser Verdacht bei Partsch: »Da waren sehr viele weiche Positionen, zum Beispiel Lizenzzahlungen an Gesellschaften, die mit Elf verbunden sind.« Partsch lässt die Lizenzgebühren überprüfen: Was würde man für eine solche Lizenz bei einem unabhängigen Dritten auf dem Weltmarkt bezahlen? Das Ergebnis ist immer das Gleiche: sehr viel weniger. Der Verdacht: Elf und Thyssen treiben die zu subventionierenden Kosten künstlich in die Höhe, und zwar so weit, bis die Raffinerie in den Büchern so teuer wird, dass das Konsortium fast gar nichts mehr investieren muss und »Leuna 2000« praktisch umsonst bekommt. Auch die erfahreneren Kollegen raten Partsch schließlich, einen externen Schätzer zu beauftragen. Zunächst ist es gar nicht so leicht, in der Welt der Mineralölindustrie einen unabhängigen Gutachter zu finden. Schließlich hat er in London Erfolg: Die dortige Beratungsgesellschaft Solomon Associates übernimmt die Aufgabe. Der Solomon-Bericht gibt Partsch recht: Die Raffinerie soll dreimal so teuer gebaut werden, wie es auf dem Weltmarkt üblich wäre. Partsch hat also ein Gutachten, mit dem er der BvS und damit dem Steuerzahler sehr viel Geld sparen kann.

Doch die Führung der BvS ist ganz und gar nicht begeistert. »Man hat auf dieses Gutachten entsetzt reagiert«, sagt Partsch. »Ich bekam dann von einem uns beratenden Anwalt den kollegialen Rat: ›Jetzt müssen Sie schnell ein Gegengutachten erstellen.‹ Nur so könnte man dieses Gutachten wieder aus der Welt bekommen.« Diesen Rat erhält Partsch von einem Anwalt, der für Shearman & Sterling arbeitet: »Es gibt ja in Deutschland genügend Rechtsanwälte, auch mit internationaler Erfahrung, und es war nicht verständlich, warum man gerade diese Kanzlei beauftragte, die auch bei einem großen Investor der Treuhand unter Vertrag war. Die Kanzlei Shearman & Sterling war damals die Leib- und Magenkanzlei von Thyssen und ist heute eine der erfolgreichsten Kanzleien Deutschlands.« Partsch hört in diesem Zusammenhang einen Satz: »Die Treuhand gibt es nur kurze Zeit – aber Thyssen existiert seit über 100 Jahren.«

Der junge Anwalt bohrt bei seinen Vorgesetzten weiter. Aber niemand reagiert. Es werden zwar Memos geschrieben, aber jede Hierarchiestufe dünnt diese inhaltlich aus, so dass bei der Führung der BvS nichts Substanzielles mehr ankommt. So kann sie das Problem aussitzen: »Das empfand ich als zutiefst zerstörend, dass bei einem so wichtigen Projekt, wo es um so viel Geld ging, versucht wurde, das Ganze sowohl juristisch wie politisch niedrig zu halten.« Als Partsch merkt, dass er mit seinen Klagen innerhalb der BvS nicht weiterkommt, wendet er sich an das Bundesfinanzministerium in Bonn. Dort ist man zwar an seiner Aussage interessiert, doch niemand handelt. Partsch wendet sich an das Bundeskanzleramt und bekommt einen Termin. Er wird vom Generalsekretär der CDU empfangen: »Zu meiner Überraschung stand ich Herrn Hintze gegenüber und zwei, drei anderen Leuten, die sich mir dann lieber nicht vorstellten. Dort habe ich mein Anliegen vorgetragen. Mir wurde gesagt: ›Nun seien Sie mal ruhig, wir kümmern uns schon darum. Wie Sie wissen, hat das Projekt eine hohe Wertigkeit zwischen Deutschland und Frankreich.‹ Man war sehr freundlich, hat mir jedoch deutlich zu verstehen gegeben, dass man nichts tun wolle und dass ich jetzt doch bitte nach Hause gehen solle.«

Dann wendet sich Partsch an die Justiz: »Ich habe eine Aussage bei der Staatsanwaltschaft gemacht, und die ist dann auch im sachsen-anhaltinischen Sand versandet. Die Akte ist einmal kreuz und quer durch die Republik geschickt worden, wie ich später erfahren habe.« Einige der Vorwürfe von Partsch waren an die Öffentlichkeit gelangt, also musste die Staatsanwaltschaft ermitteln. Die stellt ihre Ermittlungen jedoch bald wieder ein. Partsch wird auch nicht als Zeuge vor den aktuellen Untersuchungsausschuss geladen – eben weil die Staatsanwaltschaft wegen Subventionsbetrug ermittelt.[3] Christoph Partsch zieht seine Konsequenzen: »Dann habe ich letztlich aufgegeben. Ich habe nun allen mitgeteilt, was da los war. Wenn sämtliche Institutionen nicht handeln wollen, dann müssen wir es leider lassen.« Eine Zukunft kann er sich in der Anstalt nicht mehr vorstellen. Er kündigt bei der BvS und lässt sich als Anwalt in Berlin nieder.

Reinhard Höppner weiß ebenfalls, welches Spiel Elf mit den deutschen Behörden und den gewählten Vertretern gespielt hat: »Ich glaube zwar, man hätte gewissenhafter sein können, aber wenn ich jetzt die Wahl hätte, ob man noch 500 Millionen draufgelegt hätte oder nicht, ja oder nein, im Blick auf die Raffinerie, dann würde ich sagen: Es war besser, auch wenn wir da erpresst worden sind, das Ding dann wirklich zu bauen, als dass wir hier sehr viel langfristigere Schäden hätten verkraften müssen, wenn die Raffinerie nicht gebaut worden wäre. So ist das einmal, wenn man erpressbar ist. Da ist die Frage des kleineren Übels manchmal nicht so richtig zu übersehen. Übrigens sind die Verträge dann auch so schlitzohrig oder kompliziert angelegt, dass die Staatsanwälte sich verzweifelt die Haare gerauft haben. Da hatte auch keine Staatsanwaltschaft irgendein Interesse daran, in diese Akten reinzugucken.«[4]

Die mangelnde rechtliche Aufklärung der Arbeit der Treuhand und ihre Entscheidungen, die selten transparent waren, haben jedoch bis heute Folgen, so Höppner: »Wenn man jetzt mal Umfragen liest, ob die DDR-Bürger die Demokratie gut finden, dann ist ja eine Mehrheit dagegen. Die Ostdeutschen haben das sogenannte demokratische System in Form der Treuhand erlebt und festgestellt: Das wollte man eigentlich nicht. So war das schon damals, in der DDR: Von oben wird durchgestellt, was die da unten machen müssen. Da hatten wir eigentlich gedacht, das kommt jetzt anders. Ich glaube, die Treuhand hatte eine Wirtschaftsmacht wie ehemals die staatliche Plankommission. Der Zentralismus der DDR und der Dirigismus der Wirtschaft ist durch die Treuhand ein Kapitel weit fortgesetzt worden. Man konnte offenbar die DDR nur mit DDR-Methoden abschaffen, habe ich manchmal den Eindruck.«

Erst als die WBB Ende 1994 zahlungsunfähig wird, trauen sich einige Mitarbeiter aus der Deckung, nicht zuletzt weil ihre Betriebsrenten in Gefahr sind. Eine Abfindung können sie auch nicht mehr erwarten. Einige gründen einen Verein und machen der BvS Druck. Im Juni 1995 reagiert die Anstalt und erstattet Anzeige. Kurz darauf lässt die Staatsanwaltschaft mehrere Objekte durchsuchen. Auch bei der Chematec in der Schweiz können deutsche Ermittler viele Akten sicherstellen, allerdings hilft ihnen dabei der Zufall. Als sie vor dem Büro der kleinen Aktiengesellschaft eintreffen, liefert gerade ein Kurier die WBB-Akten aus Berlin an, die von dort in die Schweiz geschickt worden sind. Die nimmt die deutsche Polizei in Empfang. Ein weiteres Mal haben die Ermittler Glück: Ein Unbekannter hat Dokumente von einem Computer in der Kanzlei der Hamburger Steueranwälte Rottmanns heruntergeladen, die Daten auf zehn Disketten gespeichert und dann anonym zum Bundesfinanzministerium geschickt.[5]

Es dauert einige Zeit, bis die Ermittler das verschachtelte Finanzsystem von Michael Rottmann und seinen Komplizen verstanden haben. Jede Überweisung muss überprüft und nachvollzogen werden. Der zuständige Berliner Oberstaatsanwalt, Claus-Peter Wulff, erlässt zunächst keinen Haftbefehl gegen Michael Rottmann, da er keine Fluchtgefahr erkennen kann. Er sagt einem Fernsehreporter später, dass es auch kein Problem sei, wenn sich Rottmann ins Ausland absetzen würde: »Den krieg' ich doch überall. Selbst wenn er in den USA ist oder in Liechtenstein. Den liefern sie mir doch aus. Aus der Schweiz habe ich schon so viele Leute rausgeholt.«[6]

Wenig später verschwindet Rottmann aus Deutschland, allerdings flieht er nicht in die Schweiz. Der Manager ist mit seiner neuen und dritten Ehefrau auf der Flucht. Die Sächsin hatte ein Praktikum bei der WBB gemacht, dort den Chef kennengelernt und schließlich geheiratet. Yasmin Rottmann schreibt ihrem Vater von unterwegs: »Hallo Papa, die Presseberichte sind alle inhaltlich falsch und bestehen nur aus Verleumdungen und Halbwahrheiten … Michael soll der Buhmann der Nation werden, und die Fehler bei der Treuhand sollen dadurch vertuscht werden … Fast die ganze Welt ist gegen uns, wir haben kaum noch Freunde.«[7]

Tatsächlich hat Rottmann einige Probleme, das Geld der WBB wegzuschaffen. Seine Banken in der Schweiz und in Liechtenstein werden bei einer Barabhebung misstrauisch und erstatten Anzeige wegen mutmaßlicher Geldwäsche. Um ein Haar wäre der Ingenieur nicht mehr an das Geld herangekommen. Aber Rottmann schafft es dann doch, mindestens acht Millionen Mark auf die Bahamas überweisen zu lassen.

Im Januar 1997 lässt die zuständige Staatsanwältin mehrere Personen festnehmen, darunter die Steueranwälte und Berater von Michael Rottmann sowie die ostdeutschen Geschäftsführer der WBB. Zwei Jahre später werden Franz Kleinert zu drei Jahren und Peter Herzog zu zwei Jahren Haft verurteilt. Herzogs Strafe wird zur Bewährung ausgesetzt.[8] Im September 2000 ruft Rottmann einen Freund in Deutschland an. Der Anruf wird von den Zielfahndern des Bundeskriminalamts abgefangen, die Michael Rottmann in England lokalisieren können. Rottmann hat all die Jahre auf einem Anwesen in dem kleinen Ort Hazlemere, Bezirk High Wycombe, in der Magnolia Dene 58, mit seinen Kindern gelebt. Das »Clarence House« aus braunem Klinker hat fünf Schlafzimmer, zwei Bäder sowie eine Doppelgarage und liegt in einer besonders friedlichen Ecke, so ein Makler später. Im Sommer 2011 beträgt der Preis für das leer stehende Haus 795 000 Pfund, umgerechnet knapp 900 000 Euro.[9] In Hazlemere, knapp sechzig Kilometer nordwestlich von London, hat Rottmann unter anderem als Lehrer gearbeitet und sich um seine Segelyacht an der Küste gekümmert. Er wird nun von der britischen Polizei verhaftet, kommt aber nach gut drei Wochen wieder frei. Die Staatsanwaltschaft in Berlin stellt einen Auslieferungsantrag. Neun Jahre lang wird der nicht bewilligt, denn Deutschland gehört nicht zu den Nationen, deren Europäischen Haftbefehl das Vereinigte Königreich anerkennt. Das macht die Lage kompliziert. Während Rottmann sich in England versteckt hält, vereinbaren die britische und die deutsche Regierung eine neue Auslieferungspraxis, die 2005 in Kraft tritt. Ebenfalls im Jahr 2005 einigt sich die BvS mit Rottmanns Anwälten vor einem Zivilgericht darauf, dass Rottmann 20 Millionen Euro an die Anstalt zahlt. Tut er das nicht, werden weitere 30 Millionen fällig. Kurz darauf meldet der Ingenieur in seiner neuen Heimat London Privatinsolvenz an.[10]

Im Juli 2009 sind die Gesetze so weit angepasst und umgesetzt, dass Rottmann nach Deutschland ausgeliefert werden kann. Britische Polizisten fliegen mit ihm nach Berlin, wo er in das Untersuchungsgefängnis Moabit gebracht wird. Im Oktober beginnt der Prozess vor dem Landgericht Berlin. Rottmann ist jetzt 66 Jahre alt, er war vierzehn Jahre auf der Flucht. Seine

Haare sind stoppelig und grau, seine Wangen noch voller, er hat einige Kilo zugenommen. Seine Frau Yasmin hat ihn angeblich in der Zwischenzeit verlassen. In langen Stellungnahmen beschuldigt er die Treuhand, die WBB in den Bankrott getrieben zu haben. Dann wird ganz überraschend nach nur wenigen Verhandlungstagen das Urteil gesprochen, ohne dass man zuvor die Presse informiert. Die Anwälte von Michael Rottmann haben sich, wie es scheint, mit Anklage und Richtern auf die Abkürzung des Verfahrens verständigt. Heimlich, still und leise wird Rottmann zu drei Jahren und neun Monaten Gefängnis verurteilt. Die Berliner Generalstaatsanwaltschaft hält sich bedeckt. Sie weiß warum: Rottmanns Anwälte legen Berufung ein – mit Erfolg. Der Bundesgerichtshof spricht Michael Rottmann am 28. Oktober 2010 frei. Die Generalstaatsanwaltschaft in Berlin hatte während des Gerangels um die Auslieferung den Überblick verloren: Als die Staatsanwälte 2004 einen Europäischen Haftbefehl an die Behörden nach London schickten, zogen sie gleichzeitig das ursprüngliche Auslieferungsersuchen zurück. Das »Home Office«, also das britische Innenministerium, fragt mehrfach schriftlich nach: Wollen die Behörden das Ersuchen wirklich immer noch zurücknehmen? Die zuständige Generalstaatsanwaltschaft versäumt es, zu antworten und erneuert das Auslieferungsersuchen nicht rechtzeitig. Ende 2004 beginnt so die Verjährungsfrist für die Taten des Michael Rottmann, die im November 2008 abläuft.[11]

Aufgrund dieses Fehlers muss der ehemalige Babcock-Manager entlassen und freigesprochen werden. Das veruntreute Geld, weit über 100 Millionen Mark, kann die Staatsanwaltschaft nicht mehr sicherstellen und Rottmann nicht mehr bestraft werden. Der ehemalige WBB-Ingenieur Wolfgang Adolph sagt im Rückblick: »Ich meine, die ganze Wirtschaft der DDR ist ja irgendwo weggenommen worden. Det war Volkseigentum, und da ich mich als Volk fühle, bin ick natürlich sauer. Aber das kann ich dem Rottmann nicht vorwerfen. Det war so gewollt. Das System wurde gewollt. Da haben sie eben in Leipzig und in Dresden alle ›Helmut!‹ geschrien, und dann haben sie Helmut gekriegt. Das ist natürlich nicht gemeint worden, dass viele arbeitslos werden oder auf der Strecke bleiben, aber det war det System. Insofern bestand die Möglichkeit, det eben auch so auszuschlachten.«

Auch Thyssen bekommt noch einmal wegen der Wendegeschäfte Ärger. Der Prüfer Wilfried Kroll und seine Kollegen waren so gründlich, dass sich der Konzern mit der BvS in einem Vergleichsverfahren darauf einigt, wegen der Vorfälle beim Metallurgiehandel über 230 Millionen Mark an die Anstalt zu zahlen. Als die Staatsanwaltschaft Berlin 1996 davon erfährt, lässt sie erneut gegen die Thyssen-Manager ermitteln. Inzwischen ist ein anderer Staatsanwalt für den Metallurgiehandel zuständig. Er arbeitet noch einmal Akten durch, die schon 1993 beschlagnahmt worden sind. Der Vorgänger, Joachim Erbe, der die Ermittlungen gegen Thyssen eingestellt hat, ist inzwischen ausgerechnet der Leiter der Stabsstelle Recht bei der BvS geworden.

Am 8. August 1996 lässt Erbes Nachfolger fünf Manager von Thyssen verhaften. Dieter H. Vogel ist gerade im Urlaub. Der Konzern muss für ihn dennoch eine Kaution in Höhe von 2,5 Millionen Mark hinterlegen. Erst im März hat Vogel den Gipfel seiner Karriere erreicht als Vorstandsvorsitzender des gesamten Thyssen-Konzerns. Doch den Makel der Untersuchungen wird er nie mehr ganz los. Der Ärger bleibt. Im März 1997 wehrt er einen feindlichen Übernahmeversuch durch den kleineren Konkurrenten Krupp ab und muss in den folgenden Monaten mit dem Krupp-Hoesch-Chef Cromme über eine Fusion der beiden Stahlkonzerne verhandeln. Als die Verhandlungen vor dem Abschluss stehen und es nur noch darum geht, wer Chef des neuen Stahlkonzerns wird, schließt auch die Staatsanwaltschaft Berlin ihre Ermittlungen gegen Vogel und die anderen Thyssen-Manager ab. Im Dezember 1997 wird der Thyssen-Chef als Beschuldigter vernommen, wenig später angeklagt. Die Thyssen-Anwälte versuchen durch eine öffentliche Kampagne – die Anklage gegen Vogel sei »grob rechtswidrig« – Stimmung gegen die Berliner Staatsanwaltschaft zu machen. Doch das nützt nichts. Vogels Zeit bei Thyssen ist abgelaufen, er ist nicht mehr zu halten. Von der Aktionärsversammlung wird Dieter H. Vogel mit stehendem Applaus und Bravorufen verabschiedet.[12]

Über seine Zukunft macht sich Vogel keine Sorgen. Einem Magazin erklärt er: »Ich kann wählen. Ich bin eine Vielzweckwaffe. Ich gehöre an die Front.«[13] Immer wieder machen die Anwälte von Vogel und den anderen beschuldigten Thyssen-Managern, mehr als zwanzig an der Zahl, der Staatsanwaltschaft Berlin klar, dass man sie für die nächsten Jahre mit diesem einen Verfahren lahmlegen kann. Einen Tag vor Weihnachten, am 23. Dezember 1998, stellt das zuständige Landgericht in Berlin das Verfahren gegen eine einmalige Zahlung von 10 Millionen Mark ein.[14]

Ein Berliner Ermittler kommentiert Fälle wie diesen so: »Um in Deutschland als Täter in diesem Genre Wirtschaftskriminalität verurteilt zu werden, müssen Sie schon richtig Pech haben. Also Pech, hartnäckige Polizei, ein bissiger Staatsanwalt und ein Richter, der richtig ran will und nicht gleich wieder einstellt.« Aber das alles komme nur extrem selten zusammen.

Der Fall Metallurgiehandel hat noch eine ganz andere Konsequenz. Am 3. Dezember 1996, also wenige Monate nachdem der Haftbefehl gegen Vogel publik geworden ist, laden Thyssen-Manager zu einem Treffen im Conference Center am Frankfurter Flughafen, unter ihnen auch Hans-Ulrich Gruber, Vorstand der Thyssen Handelsunion und zuständig für den Raffineriebau.[15] Gruber war auch im Fall Metallurgiehandel angeklagt und ist der Thyssen-Vorstand, der die CSU-Politiker Schedl und Hollerith mit Geld und Anweisungen versorgte. Zu dem Treffen in Frankfurt hat Gruber die Firmen eingeladen, die »Leuna 2000« für Elf und die anderen Partner bauen, darunter Thyssen Rheinstahl, die Schweizer Firma Lurgi und Technip. Der größte Aktionär von Technip ist der Elf-Konzern. Die Firmen bauen als TLT »Leuna 2000«.

Wie ein Augenzeuge Journalisten erzählt, haben sich Manager der TLT-Mitglieder bereits Ende November getroffen.[16] Damals ging es um das Solomon-Gutachten, das Christoph Partsch veranlasst hatte. Bei TLT macht man sich Sorgen, dass publik werden könnte, wie viel die Unternehmen wirklich am Bau der Raffinerie in Leuna verdienen. Die Planer haben mit einer Rendite von zwanzig Prozent gerechnet – üblich wären maximal fünf Prozent. Man vereinbart auf dem Treffen im November, dass der hohe Gewinn am besten gar nicht erst bei dem Konsortium anfallen sollte. Dafür muss er aus den Büchern verschwinden. Man einigt sich auf elf Methoden, um die Baukosten nachträglich hochzurechnen, erklärt der »Kassenwart« den Journalisten. Unter anderem werden Material- und Ingenieurkosten höher angesetzt. Bei so einem riesigen Bauvorhaben, das wissen die erfahrenen Anlagenbauer, ist es sehr schwer, nachträglich zu überprüfen, welche Kosten wirklich angefallen sind.

Schon wenige Wochen nach Baubeginn in Leuna fließen 1,6 Milliarden Mark in die Kassen der TLT. Elf zahlt diesen Betrag, immerhin fünfzig Prozent der veranschlagten Bausumme. Auf den Konten des Konzerns in Frankreich gehen die vielen Subventionen ein, die Elf sich gesichert hat und eigentlich gar nicht in voller Höhe für den Bau der Anlage aufwenden kann, wie schon Partsch im Vorfeld aufgefallen war. Dieses Geld muss irgendwo hin. Also legt der »Kassenwart« (und *Whistleblower*) es auf dem Kapitalmarkt an. Das bringt der TLT noch einmal 200 Millionen D-Mark Zinsen. Der Gewinn, der bis zum Herbst 1997 anfällt, wird nicht auf einmal, sondern in Tranchen über drei Jahre ausgezahlt, damit er in den Bilanzen der TLT-Mitglieder nicht sofort auffällt. Der Thyssen-Tochter wird wie vereinbart ein Gewinn von 280 Millionen Mark überwiesen, der allein durch die fingierten Baukosten angefallen ist. Das ist – Zufall oder nicht – fast genau die Summe, die der Konzern an die BvS in Sachen Metallurgiehandel zahlen musste.

Da inzwischen auch die EU Subventionen an die Leuna-Betreiber zahlt, leitet der zuständige EU-Kommissar Karel van Miert ein Prüfverfahren ein. Er erhält anonym ein Schreiben, in dem behauptet wird, bei der TLT gehe es nicht mit rechten Dingen zu. Aber weder Thyssen noch Elf kooperieren mit der EU bei der anschließenden Untersuchung. Die EU gibt ein weiteres Gutachten in Auftrag, das ebenfalls bestätigt, dass die Baukosten für die Raffinerie viel zu hoch sind, mindestens 700 Millionen Mark seien zu viel ausgegeben worden. Doch die Bundesregierung, seit 1998 von der SPD und Bündnis 90/Die Grünen gebildet, reagiert nicht.

Unter dem Strich hat Elf so viele Subventionen eingestrichen, dass der Konzern kein eigenes Geld in Leuna investieren muss. Die Konzernmanager haben sich auf ganzer Linie durchgesetzt. Die genauen Baukosten von Leuna und der genaue Gewinn der beteiligten Firmen sind nie öffentlich geworden. »Leuna 2000« nimmt nach vielen Problemen während der Bauzeit 1998 die Arbeit auf. Fast sechs Jahre nach der Vertragsunterzeichnung wird das erste Benzin ausgeliefert. Kein Untersuchungsausschuss und keine Staatsanwaltschaft haben versucht, die beteiligten Firmen zur Offenlegung der Baufinanzierung zu zwingen, die fast komplett mit dem Steuergeld der Bundesbürger erfolgte. Die Recherchen der Leipziger Journalisten Arndt Ginzel und Martin Kraushaar, die sie in der Wochenzeitung »Die Zeit« veröffentlichen, haben keinerlei Konsequenzen.[17] Keine Staatsanwaltschaft scheint sich an diesem Fall die Finger verbrennen zu wollen.

Leuna setzt fünf Milliarden Euro im Jahr um und ist damit, was den Umsatz betrifft, das zweitgrößte Unternehmen in Ostdeutschland.[18] Den Gewinn schöpft Elf ab – inzwischen nach mehreren Fusionen umbenannt in Total. Die Raffinerie ist eine GmbH und Tochter des Total-Konzerns. Für notwendige Modernisierungskosten muss die Leuna-Betreibergesellschaft selber aufkommen. Leuna ist ein todsicheres Geschäft für den französischen Erdölmulti. Der Konzern hat damit die Firmengeschichte um ein typisches Kapitel fortgeschrieben.

Der Fall, der Eva Joly bekannt machen und auf die Spur von Leuna führen wird, beginnt mit einer Gerichtsverhandlung in New York. Die US-Firma Rexnord hat den Modekonzern Bidermann verklagt, der den Amerikanern noch Geld schuldet. Rexnord versucht, den Besitz von Bidermann in den

USA und die Aktien in Paris pfänden zu lassen. Die Pariser Börsenaufsicht wird eingeschaltet und stößt auf große Überweisungen an Bidermann, die, wie es scheint, ohne Gegenleistungen erfolgt sind. Der »Palais de la Justice« wird alarmiert. Dort übernimmt am 18. August 1994 Eva Joly den Fall. Joly und ihre Ermittler stellen fest, dass Bidermann 236 Millionen Mark von Elf erhalten hat, allerdings nicht von offiziellen Elf-Geschäftskonten. Schließlich stößt Joly auf viele weitere dubiose Überweisungen: Bidermann bezahlte nicht nur die Alimente – und das Schweigegeld – für die Ex-Frau von Loïk Le Floch-Prigent, sondern kam außerdem für die Kosten ihrer Wohnung in London auf. Joly: »Von Anfang an gibt es da diese seltsame Asymmetrie zwischen Ausmaß der Unruhe, die ich auslöse, und der Bedeutung, die ich diesem Fall beimesse.«[19] Die Finanzermittler untersuchen die Konten, von denen Bidermann das Geld erhielt, genauer und legen so Schritt für Schritt das illegale System frei, mit dem das Elf-Management Gelder aus Afrika in Europa versickern lässt.

Joly lässt Le Floch-Prigent 1996 verhaften und klagt in den folgenden Jahren insgesamt 37 Elf-Manager, Politiker und ihre Helfershelfer an. In der Haft beginnen die Männer zu reden. Der Ex-Rennfahrer André Guelfi, bei seiner Verhaftung 77 Jahre alt, erklärt bei einem Verhör Ende 1997, dass ein Teil des Geldes, das über sein Konto an den Deutschen Dieter Holzer geflossen ist, an die CDU weitergereicht werden sollte. Der Ex-Chef von Elf Le Floch ergänzt in Verhören und Interviews, dass François Mitterrand auf diesem Weg Kohls Wiederwahl sicherstellen wollte.[20] Den ehemaligen französischen Staatschef kann man dazu nicht mehr befragen – er ist 1996 gestorben. Am Ende bleiben die Manager vor Gericht den Beweis schuldig, dass CDU-Politiker als aktive Regierungsmitglieder bestochen worden sind. Dass Elf französische Parteien regelmäßig geschmiert hat, gibt Le Floch dagegen vor Gericht zu.

Das neue Elf-Management hatte umgehend Anzeige gegen unbekannt erstattet, als es im April 1995 von den Ermittlungen gegen Le Floch & Co. erfuhr.[21] Das Gleiche tat Philippe Jaffré, da einige Spuren in die Schweiz führten. So ermittelt Eva Joly zeitweise gemeinsam mit Schweizer Kollegen. Die französischen und Schweizer Ermittler treffen sich auch mit deutschen Staatsanwälten. Deutsche Politiker seien eventuell mit diesem Geld geschmiert worden, so ihr Verdacht. Eva Joly verliert dabei für einen Moment aus den Augen, dass es sich bei den fraglichen Personen – Dr. Hans Friderichs (FDP), Agnes Hürland-Brüning (CDU) und Ludwig-Holger Pfahls (CSU) – ausschließlich um ehemalige deutsche Politiker handelt.[22] Belege dafür, dass noch aktive Politiker Geld bekommen haben, finden sich in den Elf-Unterlagen tatsächlich nicht.[23]

Die Strippenzieher des afrikanischen Systems werden in Paris zu hohen Haft- und Geldstrafen verurteilt.[24] Während das Verfahren noch läuft, gibt Pierre Lethier, das ehemalige Geheimdienst-Wunderkind, der »International Herald Tribune« mehrere Interviews, in denen er sich verteidigt. Die Gerüchte, dass man CDU-Politiker bestochen habe, seien Teil der abgesprochenen Strategie gewesen. Man wollte von den Kickback-Zahlungen und der eigenen Schuld ablenken, erklärt er.[25]

Als Waltraud Lisowski, die in einer Beteiligungsfirma der Treuhand lange schalten und walten konnte, wie sie wollte, schließlich vor Gericht gestellt wird, interessiert das die deutsche Öffentlichkeit nicht mehr. Sie wird 1998 zu zwei Jahren und sechs Monaten Haft verurteilt, weil sie rund 3,2 Millionen Mark aus dem KoKo-Bereich veruntreut haben soll. Die Nachricht wird in einer Berliner Zeitung in wenigen Zeilen abgehandelt.[26] Das Interesse am Erbe der DDR und der Aufarbeitung der chaotischen Wendezeit ist im vereinten Deutschland inzwischen fast erloschen. Wie viele Unternehmen der SED Lisowski unter Wert an ehemalige KoKo-Mitarbeiter verkauft hat, konnten Wirtschaftsprüfer und die ZERV nicht ermitteln, da sie nie genügend Ressourcen und Unterstützung hatten.

Lisowski will heute über ihre Zeit bei der Treuhand nicht mehr sprechen.[27] Gegen ihren ehemaligen Vorgesetzten Alexander Schalck liefen zeitweilig sieben Verfahren, unter anderem wegen Waffenschmuggels, Untreue und Verstoßes gegen die Embargorichtlinien. Schalck wurde in einem Verfahren – Waffengeschäfte – zu einem Jahr Haft auf Bewährung verurteilt. Alle Instanzen, Bundesgerichtshof und Bundesverfassungsgericht, haben das Urteil bestätigt. In einem zweiten Verfahren – Embargogeschäfte – wurde der zwischenzeitlich an Krebs Erkrankte zu sechzehn Monaten Haft auf Bewährung verurteilt.[28] Die Bundesregierung habe von den Geschäften gewusst, sagt Schalck mehrmals während der Verhandlung. Kurz nachdem das Urteil rechtskräftig ist, veröffentlicht er seine Memoiren.[29] Zu einer langen Gefängnisstrafe, die Schalck auch hätte antreten müssen, wird er von einem deutschen Gericht nicht verurteilt.

Einer der Geschäftsmänner, die Schalck geholfen haben, Waren in die DDR zu bringen, ist Martin Schlaff. Er wird in Deutschland wegen seiner anrüchigen Geschäfte mit der Treuhand ebenfalls nie verurteilt. Schlaff ist der

Mann, an dem sich Uwe Schmidt die Zähne ausgebissen hat. Auch die Wirtschaftsprüfer der BvS bekommen nie genug Unterstützung, um die Geschäfte des Wieners aufzuklären. Peter Deparade, ehemals Treuhandmanager und anschließend als Angestellter von Martin Schlaff zuständig für die Verwaltung der Immobilien, die er an Schlaff verkauft hat, steht nie vor Gericht. Das Verfahren wird immer wieder von den Ermittlern auf die lange Bank geschoben, weil andere Fälle vorgehen oder es an Ressourcen fehlt. Bis 2007 ist Deparade laut Handelsregister der Geschäftsführer einer Schlaff-Tochtergesellschaft, die Grundstücke in Berlin verwaltet und vermarktet.[30]

Martin Schlaff ist inzwischen einer der reichsten Männer Österreichs. Er hat ein weiteres Vermögen verdient, indem er bei der Privatisierung einiger staatlicher Telefonfirmen in Osteuropa half. Er ist eine vielbeachtete Figur im österreichischen Gesellschaftsleben, seine Scheidung macht Schlagzeilen. Immer wieder wird auch in Österreich gegen ihn ermittelt, bislang ohne Erfolg. Uwe Schmidt hat auf Dienstreisen oft erfahren, dass die österreichischen Behörden nicht besonders interessiert sind, bei Ermittlungen gegen Schlaff zu helfen. Schlaffs Apartment direkt am Wiener Stephansdom haben die deutschen Ermittler immerhin von innen gesehen; es war noch eindrucksvoller als das Apartment von Michael Rottmann in der Wallstraße.

Der Schaden, der durch die Wendekriminalität entstanden ist, wurde nie genau berechnet. Nur einige Hundert Millionen Mark, sagen viele ehemalige Treuhänder. Die üblichen drei bis vier Prozent des Gesamtvolumens der Treuhand, sagen andere, was ungefähr acht Milliarden D-Mark entsprechen würde. Aber auch diese Zahl bleibt im Ungefähren. Uwe Schmidt und andere Ermittler, Strafverfolger und Staatsanwälte gehen von einem »volkswirtschaftlich relevanten Schaden aus«. Ein ehemaliger leitender Ermittler sagt, der Schaden liege bei 25 Milliarden Mark: »Alle anderen rechnen sich das schön.« Aber auch in diesem Punkt konnte noch kein Untersuchungsausschuss und kein anderes Gremium festlegen, wie sich eine solche Zahl genau zusammensetzen würde. Mittelbar gehören die vielen Hundert Millionen Mark, die in Leuna an überhöhten Subventionen flossen, auch in diese Summe. Doch es besteht seit Jahren seitens der Bundesregierung, wer auch immer sie gerade bildet, kein Interesse mehr, die Kriminalität der Wendezeit aufzuklären.

Nach fünfeinhalb Jahren hat die Staatsanwaltschaft Stuttgart das Ermittlungsverfahren gegen Klaus Klamroth eingestellt. Die Vorwürfe gegen den gebürtigen Halberstädter haben sich als substanzlos herausgestellt. Erst als eine Zeitung über die Einstellung des Verfahrens berichtet, sprechen seine Nachbarn wieder mit ihm. Klamroths Kollege Bernd Capellen gerät am Ende noch mit dem neuen Niederlassungsleiter der Treuhand aneinander. Er habe nicht sauber gearbeitet, wird ihm vorgeworfen. Auch er muss gehen. Die Vorwürfe wurden ebenfalls nicht bestätigt. Inzwischen arbeitet Capellen als Sanierer und Liquidator im Ruhrgebiet. Er wickelt unter anderem Babcock ab. Seine Sekretärin dort hat einst für Michael Rottmann gearbeitet.

Dass sein ehemaliger Kollege und Geschäftspartner Werner Sauer ein Konkursbetrüger war, erfährt Klamroth erst im Gerichtssaal. Die bundesweite Öffentlichkeit nimmt sein Verfahren kaum noch zur Kenntnis. Die Details über das Versagen der Zentrale bei der Aufsicht von Halle kommen erst bei dem Gerichtsverfahren gegen Sauer, Dr. Walter Schneider, Kurt Dachsner und Tim Olaf Alexander heraus. Alle vier werden vom Landgericht Stuttgart verurteilt. Alle vier bekommen ähnlich hohe Haftstrafen von um die fünf Jahren. Dachsner wird zu vier Jahren und neun Monaten Haft verurteilt und bekennt, dass es ihm damals »nur noch ums Geld ging«.[31]

Werner Sauers Strafe: fünf Jahre und sechs Monate Haft. Sauer gibt sich am Ende reuig, verspricht Steuerschulden und Schmiergeld zurückzuzahlen, belastet denn Anwalt Kurt Dachsner, der einen Teil des Schmiergelds – wie verabredet – bekommen habe. Sauers Richter schreibt in seinem Urteil: »Ungünstig für den Angeklagten wirkt sich ferner aus, daß durch die Berichterstattung der Medien über sein Handeln am Ansehen der Marktwirtschaft bei den Bürgern Ostdeutschlands großer Schaden zugefügt worden ist. Korruption im besonders sensiblen Bereich der Privatisierung von ehemaligen Ost-Betrieben, bei der es nicht um die Übertragung von Anlagegegenständen, sondern auch um die Existenz von Arbeitsplätzen ging, ist ein ethisch besonders verwerfliches Verhalten, dessen Ahndung auch abschreckend wirken muss.«[32] Ein ähnlicher Satz steht im Urteil gegen Dr. Schneider, doch die Kammer gesteht ihm zu, dass er zumindest am Anfang »von einem Pioniergeist bestimmt war, um beim Ausbau der Wirtschaft im Osten mitzuwirken«.[33]

Dr. Walter Schneider bekommt fünf Jahre und drei Monate Haft nach einem vergleichsweise kurzen Prozess. Tim Olaf Alexander wird zu fünf Jahren und sechs Monaten Haft verurteilt. Dass er der eigentliche Strippenzieher und Ideengeber war, nimmt die Öffentlichkeit nicht wahr, weil das Verfahren als Letztes verhandelt wird und in Halle nicht ein Gesamtkomplex vor Gericht kommt. Das hätte eigentlich passieren müssen. Die Staatsanwaltschaft hätte Alexander, Sauer und Dachsner wegen organisierter Bandenkriminalität anklagen müssen, da sie sich zu einer kriminellen Handlung verabredet hatten. Diese Schlagzeilen hat man der BvS und der Bundesregierung erspart.

Der Betrüger aus München, Georg Nass, wird 1996 vom Landgericht Halle nach 26 Monaten Prozessdauer zu fünf Jahren und fünf Monaten Gefängnis verurteilt. Der vorsitzende Richter sieht es als strafmildernd an, dass die Treuhand-Niederlassung Nass die Taten außerordentlich leicht gemacht habe. Man habe Nass die Firmen ohne jede Bonitätsprüfung regelrecht aufgedrängt.[34] Auch die Vorstrafen wegen Betrugs aus seiner Studienzeit hätten zum Nachteil des Angeklagten niemanden interessiert. In keiner anderen Niederlassung, nicht einmal in der Zentrale, werden so viele Treuhänder verurteilt wie in Halle. In keiner anderen Niederlassung wird allerdings auch so genau hingeschaut. Nur die Akten dieser Niederlassung werden so genau geprüft, eben weil in Halle der Skandal – von einem Gewerkschafter und einem Journalisten – aufgedeckt worden ist.

Detlef Scheunert hat Ostdeutschland 1994 den Rücken gekehrt und ist nicht mehr dorthin zurückgegangen. Den Hof des Vaters wollte er nicht übernehmen: »Ich kam im privaten Bereich überhaupt nicht auf Idee, mich so einer Sache zu stellen. Da war mein Bedürfnis einfach zu groß, diese neuen Möglichkeiten zu nutzen, hinaus in die Welt zu gehen. Ich war damals noch nicht so weit, dass ich verstanden habe, wie wichtig Wurzeln sind. Heute weiß ich das.« Scheunert hat als Manager für verschiedene Unternehmen unter anderem in Nordrhein-Westfalen gearbeitet und einige der Firmen auf ihren Verkauf vorbereitet. Unternehmer ist er selber nicht geworden. Von den 78 000 Arbeitsplätzen, für die er als Treuhanddirektor die Verantwortung trug, gab es bei seinem Abschied noch 13 000.

Scheunert hat lange Zeit nicht mehr über seine Zeit als junger Funktionär in der DDR-Regierung und als Treuhänder gesprochen: »Mich hat vor allem gestört, dass man die Treuhand als Schuldigen für alles sah. Also den, der sozusagen den Müll wegräumen sollte, und dabei ganz vergessen, dass Honecker & Co. diejenigen waren, die es angerichtet hatten. Die Leute waren so vergesslich. Ich habe da immer gesagt: Was redet ihr denn von der Treuhandanstalt? Wir sind doch nur Leichengräber. Aber die Leiche hat doch jemand anderes fabriziert. Das wollte man alles nicht wahrhaben.«

Die Bürgerrechtler Matthias Artzt und Gerd Gebhardt arbeiten für ein Landesministerium in Brandenburg. Artzt im Ministerium für Wirtschaft, Gebhardt in dem für Infrastruktur und Landwirtschaft. Gebhardt hat in führender Position mit dem Flughafenbau in Schönefeld zu tun. Über ihre Idee, die Treuhand zu gründen, sagt Matthias Artzt: »Eigentlich war es schon vom 1. März 1990 an nicht mehr unser Kind, diese Treuhand. Es ist ja historisch immer wieder zu beobachten, dass man im positiven Sinne etwas anregt, aber etwas ganz anderes daraus wird. Insofern fühlt man sich schon auch ein bisschen verantwortlich für das, was dann passiert ist. Aber ich denke, das Ergebnis war überhaupt nicht unsere Intention. Wir sind auch ein bisschen traurig, wenn es heißt: ›Also, da waren irgendwelche Spinner am Runden Tisch, die haben da was vorgeschlagen, wir haben da was Ordentliches dann draus gemacht.‹ Diese Selbstüberschätzung der Akteure, glaube ich, ist nicht haltbar.«

Gerd Gebhardt ergänzt: »... das ist so ähnlich wie bei Einstein und der Atombombe. Das, was draus gemacht worden ist, haben andere gemacht und willentlich. Es ist uns das Konzept aus der Hand genommen worden.« Matthias Artzt fällt ihm ins Wort: »... Einstein hat die Atombombe mit entwickelt – aber wenn man Otto Hahn, also die Kernspaltung, nimmt, da würde ich dir zustimmen. Was dann aus der Kernspaltung gemacht wurde, war eine andere Sache.«

Beide treffen sich noch immer wie einst in den späten 1980er Jahren mit den Mitgliedern der Freien Forschungsgemeinschaft, um die Entwicklung der Gesellschaft zu diskutieren. Wolfgang Ullmann ist 2004 gestorben, der »Mann des Geldes«, Hans-Jürgen Blüher, hat Karriere im Bankenwesen gemacht. Artzt, Gebhardt und ihre Mitstreiter glauben, dass die deutsche Gesellschaft heute genauso unfähig zur Selbstkritik ist wie die DDR in ihren letzten Jahren. Sie erkenne nicht, dass sie ihr Wirtschaftssystem grundsätzlich überdenken muss und eine erneute Zeitenwende ansteht. Die Freie Forschungsgemeinschaft glaubt, dass ihre Idee von einer Gesellschaft, die sich intensiver in das Wirtschaftsleben einmischt, bald wieder gefragt sein könnte.

Nachwort

Die Treuhandpräsidentin Birgit Breuel hat bei der Abschlusspressekonferenz der Treuhand 1994 die Hoffnung geäußert, die Menschen würden mit einigem Abstand die Arbeit der Treuhand objektiver beurteilen. Siebzehn Jahre später ist klar: Das Gegenteil ist eingetreten. Je länger die Zeit der Treuhand zurückliegt, desto unversöhnlicher stehen sich zwei Lager gegenüber.

Auf der einen Seite viele Ostdeutsche, die sich bestohlen fühlen. Auf der anderen Seite die westdeutschen Politiker und Treuhänder, die jede Kritik an der Treuhand als undankbar empfinden und glauben, dass die historische Leistung der Anstalt nicht genügend gewürdigt wird, weil gerade vielen Ostdeutschen das wirtschaftliche Grundverständnis fehle. Je vehementer behauptet wird, dass das »Volkseigentum« der DDR vor allem von Westdeutschen veruntreut worden ist, desto deutlicher betonen die politisch Verantwortlichen, dass die Volkswirtschaft marode und unter dem Strich nichts wert war, dass, wie ein US-Banker sagte, »die DDR ein schlechter Kauf« gewesen ist. Was hätte man dort schon stehlen können? Ohne unser westdeutsches Geld hatten die Ostdeutschen keine Chance, heißt das zwischen den Zeilen.

Betrachtet man den Vorgang wie ein Buchhalter, mag das in der Endabrechnung stimmen: Die Treuhand hat 245 Milliarden D-Mark Verlust gemacht. Psychologisch ist dieser Ansatz jedoch verheerend, denn man gibt damit den Ostdeutschen immer und immer wieder zu verstehen, dass ihre Lebensleistung und ihre Heimat nichts wert gewesen seien. Je stärker betont wird, das Land sei »Schrott« gewesen, desto stärker identifizieren sich viele Ostdeutsche aus Trotz mit der alten DDR. Die Ostdeutschen haben ein Anrecht darauf, dass ihnen erklärt wird, warum die Treuhand mit dem Verkauf der gesamten ostdeutschen Volkswirtschaft nur 34 Milliarden Euro erzielt hat. Etwas mehr als 50 Milliarden Euro hat die Versteigerung der UMTS-Mobilfunklizenzen erbracht. Frequenzen in der Luft über Westdeutschland waren also sehr viel mehr wert als die Volkswirtschaft der gesamten DDR.

Bis heute plagt viele Ostdeutsche das Gefühl, ihr Eigentum sei verschleudert worden. Ohne Zweifel war die Modernisierung der Infrastruktur, der Firmen, Fabriken und Gebäude ein gigantisches Geschäft, an dem vor allem westdeutsche Unternehmen verdient haben – siehe Leuna.

Die Bundesregierung und viele ehemalige verantwortliche Treuhänder versuchen bis heute, die Arbeit der Treuhand unter rein betriebswirtschaftlichen Aspekten zu betrachten. Dabei standen sie in erster Linie vor einer psychologischen Herausforderung. Auch den Verantwortlichen war schon 1990 klar, dass es zu einem gigantischen Eigentumstransfer kommen musste: Auf der einen Seite stand die Volkswirtschaft der Ostdeutschen zum Verkauf, die größtenteils kein Kapital hatten und kaum Privateigentum besaßen. Auf der anderen Seite standen Westdeutsche, die Kapital im Überfluss investieren konnten. Dass vor allem Westdeutsche große Teile Ostdeutschlands kaufen würden, wurde nach der Wiedervereinigung nie deutlich und ehrlich erklärt. Der Transfer mag unvermeidlich gewesen sein, schmerzhaft ist diese Umkehr der Vermögensverhältnisse trotzdem. Die damalige Bundesregierung hat Managern, Betriebswirten und Wirtschaftspolitikern wie Birgit Breuel, deren Stärke es gerade nicht ist, politische Prozesse zu erklären, die Moderation dieses einmaligen Transfers überlassen.

Alle Westdeutschen müssen der Wahrheit ins Auge sehen, dass sich »ihr« System nach der Wende oft von der schlechtesten Seite gezeigt hat. Man hat bewusst zugelassen, dass mit der Treuhand »ein Fremdkörper in den Verfassungsorganismus der Bundesrepublik« gepflanzt wurde, wie es der Chefjustitiar der Treuhand einmal gesagt hat. In der Phase des Übergangs glaubte die Bundesregierung es sich leisten zu können, eine Superbehörde zu schaffen, die nicht vom Parlament kontrolliert wurde. Die Regierung, aber auch viele führende Treuhänder haben angenommen, dass es für Deutschland am besten sei, wenn die Treuhand eine Art Schutzwall für den Staat bilde. Sie sollte das »schmutzige Geschäft« – die Abwicklung maroder Firmen und den Eigentumstransfer – organisieren, den Sündenbock geben und Ziel aller Enttäuschung werden. Auf diese Weise wollte man verschleiern, dass die Bundesregierung selbstverständlich die politische Verantwortung für die Entscheidungen der Treuhand trug. Im Schatten der Anstalt, so die Idee, sollte das neue demokratische System in den neuen Bundesländern in Ruhe Wurzeln schlagen. Das ist gründlich misslungen. Das politische System und der Glaube an die Demokratie überhaupt sind massiv beschädigt worden, trotz oder gerade wegen der scheinbar unkontrollierten Macht der Treuhand. Bei vielen Betroffenen blieb das Gefühl zurück, einer Institution hilflos ausgeliefert gewesen zu sein, die ihre Handlungen nicht erklären musste. Es war der Treuhand überlassen, wann und wie sie mit den Betroffenen redete. Nicht immer, aber zu oft offenbarten die Treuhänder die Grundlage ihrer Entscheidungen nicht. Zu selten standen die Verantwortlichen der Behörde zu ihren Fehlern, da man nicht in laufende Geschäfte eingreifen könne. Diese scheinbar willkürliche Autonomie der Anstalt hat die Ostdeutschen, die gerade ein Leben in der Diktatur hinter sich hatten, sehr enttäuscht und verletzt.

Die Treuhand wurde ganz bewusst nicht effektiv demokratisch kontrolliert. Wie sollte da bei den Ostdeutschen Vertrauen in die Demokratie entstehen? Warum sollten sie überhaupt Vertrauen in das demokratische System setzen, wenn die westdeutsche Regierung den Volksvertretern offenbar selber nicht zutraut, diesen Prozess kompetent zu begleiten?

Von 1990 an wurde das eingeübt, was alle Deutschen dann in der Finanzkrise ab 2008 wieder erlebten: die Sozialisierung der Verluste; die Ausschaltung des Parlaments, eine Exekutive, die nicht erklären kann oder will, warum sie wirtschaftspolitisch wie handelt. Bis heute nehmen sich das Bundesfinanzministerium und die Nachfolgeeinrichtungen der Treuhand heraus zu bestimmen, was die Deutschen, die Bürger, die Wähler über die Treuhand wissen dürfen – und was nicht. Unter anderem wird versucht, mit Verweis auf das Aktien- und Steuerrecht zu rechtfertigen, dass die Arbeit der Anstalt nicht transparent und durchschaubar sein kann und darf. Man hat ohne Not aus vielen Vorgängen ein Geheimnis gemacht und damit Verschwörungstheorien Vorschub geleistet. Die Verantwortlichen geben der Öffentlichkeit durch diese Geheimniskrämerei seit 1990 das Gefühl, die Treuhand habe etwas zu verbergen. Wie der Fall Halle zeigt, wissen selbst führende Treuhänder nicht, wie viele Betrugsfälle nie öffentlich geworden sind, weil gerade die Anfangszeit der Treuhand nicht systematisch aufgearbeitet wurde.

Viele Treuhänder finden es ungerecht, dass ihre Arbeit auf spektakuläre Kriminalfälle reduziert wird. Tatsächlich haben die Bundesregierung und die meisten Landesregierungen nach der Wende die Wirtschaftskriminalität als unvermeidlichen Faktor einkalkuliert nach dem Motto: »Schwund ist immer.« Sie haben aber gleichzeitig versäumt, dafür zu sorgen, dass die Staatsanwaltschaften und Ermittler genügend Ressourcen bekommen, um diese komplexen Fälle zeitnah und umfassend aufzuklären. Sie haben zugelassen, dass Fälle verjährten oder es erst sehr spät zu Gerichtsverhandlungen kam, in denen man sich aus Zeitnot nur mit einem Teil der Tat befasste. So entstand bei den Menschen, die sich in dem neuen System zurechtfinden mussten, das Gefühl, dass es letztlich willkürlich ist, wer vom Rechtsstaat erfasst wird und wer nicht. Dabei wäre es gerade für sie wichtig gewesen, unmittelbar zu erleben, dass der Rechtsstaat in der Lage ist, schnell zu handeln. Natürlich ist der Schaden, den ein Fall wie der Wärmeanlagenbau angerichtet hat, im Gesamtprozess nicht volkswirtschaftlich entscheidend. Aber der ideelle Schaden, der Vertrauensverlust in das neue System, ist verheerend.

Die DDR stand vor dem Bankrott. Da das Wirtschaftssystem des gesamten Ostblocks zusammengebrochen war, brauchte sie gewaltige Mengen an Kapital, um an der Marktwirtschaft teilnehmen zu können. Die Bundesregierung wusste seit Anfang 1990, dass sie der Konkursverwalter der DDR sein würde. Aber ein Konkursverwalter muss darüber Rechenschaft ablegen, was genau er mit der Konkursmasse gemacht hat. Dazu gehört, die Akten und die Abrechnungen offenzulegen. Schon 1990 schrieb ein Journalist, es dürfe nicht sein, dass die Akten der Staatssicherheit für die Bürger einsehbar sind, die der Treuhand aber nicht. Heute obliegt es dem Bundesarchiv im Zusammenspiel mit dem Bundesfinanzministerium, den Zugang zu den Akten zu regeln. Da einige Unterlagen steuerrelevant sind, werden sie noch bis ins Jahr 2050 gesperrt bleiben. Man traut den Bürgern, wie in so vielen anderen Bereichen auch, nicht zu, dass sie mit der Wahrheit umgehen können. Selbst Wissenschaftlern werden Informationen vorenthalten.

Die Treuhand und die damalige Bundesregierung haben immer versucht, das letzte Wort in Sachen Treuhand zu haben. Sie haben der Öffentlichkeit versichert, dass im Großen und Ganzen alles mit rechten Dingen zugegangen sei. Es ist Zeit, dies durch Fakten zu belegen. Das Bundesfinanzministerium muss zulassen, dass ein neutrales Urteil über die Geschichte der Treuhand gesprochen wird. Die Akten müssen von Wissenschaftlern systematisch aufgearbeitet werden, eben weil das Thema so polarisiert. Das muss geschehen, solange die Zeitzeugen noch leben, sonst bleibt die Treuhand immer ein Mythos und eine schwelende Wunde, die das Klima in einem Land vergiftet, das eigentlich vereint sein sollte.

Dank

Der Ausgangspunkt für dieses Buch war meine Arbeit an dem Dokumentarfilm »Goldrausch«. Sehr schnell wurde mir während der Recherchen klar, dass das viele Material und die ausführlichen Interviews mit den Protagonisten auch in einem Buch festgehalten werden müssen, ehe die Erinnerung der Zeitzeugen an die Wendezeit verblasst.

Dass ich so lange an dem Thema arbeiten konnte, verdanke ich vielen Institutionen und Personen, denen mein herzlicher Dank gilt: Ditta Ahmadi, Heike Specht und Claudia Feldtenzer vom Pantheon Verlag für ihre unermüdliche Unterstützung. Dr. Thomas Weymar für die Idee, das Thema Treuhandanstalt zu recherchieren. Der Produktionsfirma Zero-One aus Berlin dafür, Förder- und Produktionshilfen für dieses Projekt zu gewinnen. Der europäischen Filmförderung Media, der Filmförderung Hamburg Schleswig-Holstein (FFHH), der Filmförderung des Bundes (FFA) und den ARD-Sendern SWR, NDR und MDR, die dieses Projekt unterstützt haben. Den Redakteurinnen Martina Zöllner, Barbara Denz und Katja Wildermuth für ihre Geduld. Der Filmstiftung Nordrhein-Westfalen und der Defa-Stiftung für ihre Stipendien, die meine Arbeit gefördert haben.

Für dieses Projekt habe ich weit mehr als 200 Interviews mit beinahe 100 Zeitzeugen geführt, einige für den Film, andere nur für das Buch. Ich hoffe, ich konnte der Arbeit der vielen, vielen Kollegen, die jahrelang über die Treuhand geschrieben und berichtet haben, gerecht werden. Auch auf ihren Recherchen baut dieses Buch auf. Herzlichen Dank vor allem an Martin Kraushaar und Reimund Schwarz für ihre kollegiale Hilfe. Viele Freunde haben mir bei der Arbeit geholfen: Julia Möhn und Peter Dwertmann – ich danke euch. Ohne die Hilfe, die Zeit, das Verständnis und den Mut vieler ehemaliger Treuhänder würde es dieses Buch nicht geben. Mein besonderer Dank gilt Detlef Scheunert und Christoph Partsch.

Ich widme dieses Buch meinem Vater K.D. Laabs.

Dirk Laabs
Hamburg, im September 2011

Anmerkungen

Prolog

1 Operativplan zum OV »Lärm« – Abteilung X/1 – MfS Potsdam.
2 Dass ein Demonstrant in dieser Nacht getötet worden ist, bestätigt sich später nicht.

Der Verrat

1 Alexander Schalck-Golodkowski: *Deutsch-deutsche Erinnerungen,* Hamburg 2001.
2 Ebd., S. 27.
3 Seit 1990 heißt Karl-Marx-Stadt wieder Chemnitz.
4 Andreas Förster schreibt am 16. März 1994 in der *Berliner Zeitung:* »Am 20. November 1989 erscheint im Nachrichtenmagazin ›Der Spiegel‹ ein Artikel, der Schalck und seine bis dahin nur Insidern bekannte KoKo urplötzlich ins Scheinwerferlicht rückt. Der ›Fanatiker der Verschwiegenheit‹ (Spiegel-Titel) wird als skrupelloser Deviseneintreiber der SED, der unter anderem Brillantcolliers für Margot Honecker besorgte, an den Pranger gestellt. Was bisher niemand wußte – der Artikel war lanciert. Das bestätigt später in kleiner Runde Regierungsdirektor Klaus Ahrend vom Kölner Bundesamt für Verfassungsschutz, dessen damalige Erkenntnisse – und Fehleinschätzungen – den wesentlichen Inhalt des Artikels bilden.«
5 *Neues Deutschland* vom 4. Dezember 1989: »Bürgerinitiative enttarnte geheimes Waffenlager«.

Bedingungslose Kapitulation

1 Häufig falsch als: »Wer zu spät kommt, den bestraft das Leben« übersetzt. Vgl. *Frankfurter Allgemeine Sonntagszeitung* vom 3. Oktober 2004.
2 Dieter Grosser: *Das Wagnis der Währungs-, Wirtschafts- und Sozialunion*, Stuttgart 1998, S. 163.
3 Jens Schöne: »Es war keiner da, dem etwas einfiel ... Die deutsch-deutsche Währungsunion 1990, Thilo Sarrazin im Gespräch ...«, in: *Deutschland Archiv,* 3/2010, S. 421.
4 Thilo Sarrazin: »Die Entstehung und Umsetzung des Konzepts der deutschen Wirtschafts- und Währungsunion«, in: Theo Waigel und Manfred Schell: *Tage, die Deutschland und die Welt veränderten,* München 1994, S. 160 – 225.
Sarrazin selber beschreibt seine Karriere so: »Ich habe am SPD-Parteiprogramm 1973 gearbeitet, damit die Passagen zur Ökonomie einigermaßen vernünftig waren. Ich habe als Ministerbüro-Leiter den Bundeshaushalt saniert, ich habe die Deutsche Bahn konsolidiert, ich war in den Achtzigerjahren Leiter des Referats Finanzfragen des Verkehrs, Bundesbahn und Bundespost. Eigentlich ein unscheinbarer Titel, aber wenn ich nein sagte, stand alles still – einschließlich des Bundespostministers. Ich habe die deutsch-deutsche Währungsunion gemacht, ich habe die Treuhandanstalt beaufsichtigt, ich habe

den rheinland-pfälzischen Haushalt sechs Jahre lang saniert, ich war ein paar Jahre Geschäftsführer der Treuhandliegenschaftsgesellschaft.« In: Magazin der *Süddeutschen Zeitung* vom 29. Juli 2011.

5 Sarrazin, »Die Entstehung«, S. 175.

6 Ebd., S. 162. Der DDR-Ökonom Heinz-Dieter Haustein sagt am 30. Januar 1990, dass er berechne, dass man 1350 Milliarden D-Mark brauche, um die DDR-Wirtschaft auf westliches Niveau zu bringen. Vgl. Hannes Bahrmann und Christoph Links: *Chronik der Wende*, Bd. 2, Berlin 1995, S. 90.

7 Sarrazin, »Die Entstehung«, S. 187.

8 Ebd., S. 190.

9 *Wirtschaftswoche* vom 9. Februar 1990: »Keine Kompromisse möglich«.

10 *Bild-Zeitung* vom 25. Januar 1990: »Bis zum 6. Mai hält die DDR-Wirtschaft nicht durch«.

11 Tatsächlich hat diese Spezialisierung nie funktioniert, da ein RGW-Staat allein nicht alle Mitgliedsländer etwa mit Straßenbahnwaggons ausstatten konnte. Also mussten die RGW-Staaten zum Teil doch Produkte herstellen, die eigentlich andere Mitglieder liefern sollten.

12 *Der Spiegel* vom 12. Februar 1990: »Sie lernt ja täglich dazu«.

13 *Wirtschaftswoche* vom 9. Februar 1990: »Keine Kompromisse möglich«.

14 Ebd.

15 *Der Spiegel* vom 12. Februar 1990: »Sie lernt ja täglich dazu«.

16 *Wirtschaftswoche* vom 9. Februar 1990: »Keine Kompromisse möglich«.

17 Ebd.

18 *Bild-Zeitung* vom 2. Februar 1990: »Beschlossen: Deutschland!«.

19 *Dokumente zur Deutschlandpolitik. Deutsche Einheit.* Sonderedition aus den Akten des Bundeskanzleramtes 1989/90, München 1998, S. 752.

20 *Süddeutsche Zeitung* vom 5. Februar 1990: »Kohl kündigt rasche Wirtschaftshilfe für die DDR an«. Tatsächlich hat Modrow seinen Deutschland-Plan in Davos gegenüber Kohl verteidigt. Vgl. *Deutsche Einheit*, S. 749f.

21 *Frankfurter Rundschau* vom 8. Februar 1990: »Von Stufenplan zu Stufenplan im Stolperschritt«.

22 Die SPD-Politikerin Ingrid Matthäus-Maier hatte bereits in einem Beitrag für *Die Zeit* am 19. Januar 1990 vorgeschlagen, die D-Mark in der DDR einzuführen: »Eine Währungsunion mit der D-Mark wäre für die Bürger in der DDR ein einsichtiges und überzeugendes Signal für eine rasche wirtschaftliche Besserung, das sie zum Bleiben in ihrer Heimat veranlassen könnte.« Waigels Antwort damals auf dem Jahresempfang der Industrie- und Handelskammer Siegen: »Eine vorgeschlagene Währungsunion käme entschieden zu früh. Sie bliebe nicht nur wirkungslos, sondern würde auch die Geldwertstabilität in der Bundesrepublik ernsthaft gefährden.« *Frankfurter Allgemeine Zeitung* vom 26. Januar 1990: »Waigel: Für eine Währungsunion ist es zu früh«.

23 Horst Teltschik: *329 Tage*, München 1993, S. 129.

24 Helmut Kohl: *Ich wollte Deutschlands Einheit*, Berlin 1996, S. 259f.

25 Theo Waigel hat zwar am 5. Februar mit Karl Otto Pöhl über eine Währungsunion gesprochen, aber der Bundesbank-Chef hatte wohl nicht glauben können, dass man der DDR eine Währungseinheit anbietet, ohne dass er vorher abschließend gefragt wird. Vgl. Grosser, *Das Wagnis*, S. 184.
Sarrazin sagte später zum Umgang mit der Bundesbank: »Jedenfalls wurde die Bundesbank auf, also, kaltem Wege erwischt. Und nachdem dann die Ankündigung raus war … besuchten am Donnerstagmorgen, dem 8. [Februar], der Schlesinger, Vizepräsident der Bundesbank, und Tietmeyer … Horst Köhler. Gerd Haller als Abteilungsleiter und

ich waren dabei, und der Schlesinger hatte meinen Vermerk in der Hand und sagte wutbebend, also, da, Herr Sarrazin, alles völlig unakzeptabel und 1 : 1-Wechselkurs, auch völlig unsinnig. Und ich wollte immer widersprechen und Köhler trat mich unterm Tisch, beim dritten Mal habe ich es kapiert … Tietmeyer hat immer finster geschwiegen, der wusste genau, dass die Sache entschieden war, der hat einfach nichts gesagt, und Schlesinger hat sich an mir abgearbeitet. Und dann hat Köhler dann besänftigt und begütigt. Danach sage ich zu ihm, aber Herr Köhler, sage ich, das war doch alles Unsinn, was der Schlesinger gesagt hat. Ja, sagt er, Herr Sarrazin, Sie müssen jetzt mal Folgendes verstehen: Wir haben entschieden, dass die Währungsunion kommt, ab sofort brauchen wir die Bundesbank, und ab sofort läuft alles so, wie die Bundesbank das will, damit die auch mit eingebunden sind.
Frage: Aber sie wollte es eigentlich nicht?
Sarrazin: Ja, nein, natürlich wollte sie das nicht.« *Deutschlandradio Kultur,* 28. Juni 2010: »Sarrazin: Deutsch-deutsche Währungsunion war alternativlos«.

26 Die ehemalige US-Außenministerin und 1990 Osteuropa-Beraterin des US-Präsidenten, Condoleezza Rice, sagte dem *Spiegel* im September 2010 auf die Frage, wie sie Kohls Rolle beurteilt: »Dynamisch. Visionär. Das gilt sogar für die deutsche Währungsunion. Viele Wirtschaftsexperten haben heftig kritisiert, dass die Währung 1 : 1 angepasst wurde. Aber Kohl war klar, dass die ›Allianz für Deutschland‹ im Osten die ersten freien Wahlen zur Volkskammer gewinnen musste, um mit der CDU/CSU die Weichen für die Wiedervereinigung stellen zu können. Politisch war die Einführung der D-Mark eine der brillantesten Maßnahmen überhaupt.« In: *Der Spiegel* vom 27. September 2010: »Es ging um den Jackpot«.

27 *Stuttgarter Zeitung* vom 10. Februar 1990.

28 Teltschik, *329 Tage,* S. 135.

29 Ebd.

30 U.a. *Süddeutsche Zeitung,* 10. Februar 1990. Teltschik schreibt, dass ihn die Resonanz überrascht habe: »Obwohl Modrow, Späth, de Maizière und Pöhl sich während der vergangenen Tage und Wochen ganz ähnlich über die Lage in der DDR geäußert haben, ist es, als ob ich in ein Wespennest gestochen hätte. Die Zusammenfassung dessen, was im Grunde alle wissen, wird zur Meldung des Tages.« Siehe Teltschik, *329 Tage,* S. 135. Tatsächlich hat sich Modrow in dem Gespräch nicht so drastisch ausgedrückt. Er sagte zwar, »die lokale Verwaltung zerfasere«, Kohl dagegen behauptete, dass der Zerfall der Staatsautorität in der DDR auf allen Ebenen festzustellen sei. Eine Woche später wird Modrow Kohl erklären, dass das Problem der Zahlungsunfähigkeit erst in der zweiten Jahreshälfte akut werden würde – dann müsse die DDR drei Milliarden für die Schuldentilgung aufbringen. Vgl. *Deutsche Einheit,* S. 754f. und S. 817.

31 Konservative Politiker, einige Beobachter, aber auch Akteure wie Thilo Sarrazin (Mitglied der SPD) behaupten, Gorbatschow habe während der Kohl-Reise zum ersten Mal gesagt, die Sowjetunion würde einer deutschen Einheit nicht mehr im Wege stehen. Hier deuten die Sieger die Geschichte um. Siehe auch: Sarrazin, »Die Entstehung«, S. 194. Der *Stern* schrieb zum Beispiel schon am 8. Februar 1990 vor der Kohl-Reise nach Moskau: »Endstation Einheit – Spätestens seit Hans Modrows Stufenplan und nach Gorbatschows Einverständnis ist klar: die Einheit wird kommen. Die Frage ist nur noch: Wann und zu welchen Bedingungen?« Gorbatschow selber sagt in dem Gespräch mit Kohl, eine der »Hauptsachen« sei die Bitte der DDR-Vertreter, von der Bundesrepublik nicht »als kleine Kinder« behandelt zu werden. *Deutsche Einheit,* S. 801.

32 Erschienen in: *Deutsche Zeitschrift für Philosophie,* 38 (1990), S. 413ff.

33 *Tagesschau* vom 9. Februar 1990, sowie *The New York Times* vom 10. Februar 1990.

34 Vgl. Joint-Venture-Verordnung der DDR vom 25. Januar 1990. Durch Artikel 14a des

Gesetzes zur Änderung und Ergänzung der DDR-Verfassung vom 12. Januar 1990 wurde die Gründung von Unternehmen mit ausländischer Beteiligung für zulässig erklärt.

35 Lothar de Maizière, Teilnehmer der Gespräche am Runden Tisch, schreibt: »Doch die geradezu euphorische Verklärung des Runden Tisches kann ich nicht teilen. Zum einen deswegen nicht, weil die Mitglieder nicht durch Wahlen legitimiert waren. Zum anderen wurden am Runden Tisch unrealistische Vorstellungen über den weiteren Verlauf der Geschichte der DDR entwickelt … Ich selbst habe zunehmend seltener an den Tagungen des Runden Tischs teilgenommen und mich stattdessen auf den Wahlkampf konzentriert.« Siehe Lothar de Maizière: *Ich will, dass meine Kinder nicht mehr lügen müssen*, Freiburg im Breisgau 2010, S. 118f.

36 Produktionsmaterial des NDR, Studio Ost-Berlin, Sitzung des Runden Tisches vom 12. Februar 1990.

37 Ebd.

38 Ebd.

39 Sarrazin, »Die Entstehung«, S. 193.

40 Originalreportage der *Tagesschau* vom 13. Februar 1990.

41 Sarrazin, »Die Entstehung«, S. 193.

42 *Berliner Zeitung* vom 15.Februar 1990: »Rettet eine Holding das Volkseigentum?«.

43 *Märkische Volksstimme* vom 14. Februar 1990: »Bildung einer Treuhandgesellschaft – Volkseigentum – Holding«.

44 Edgar Most: *Fünfzig Jahre im Auftrag des Kapitals*, Berlin 2009, S. 151.

45 *Süddeutsche Zeitung* vom 9. Juli 1990: »Eine Musterkarriere – auch im neuen System«.

46 *DDR 1990. Zahlen und Fakten*, hrsg. vom Statistischen Bundesamt, Wiesbaden 1990.

47 Über die Umstände und den Anlass des Treffens sagt Most im Interview nichts, er klärt diesen Punkt auch nicht in seinem Buch auf. Most, *Fünfzig Jahre*, S. 152.

48 Ebd.

49 Ebd., S. 152f.

50 *Süddeutsche Zeitung* vom 9. Juli 1990: »Eine Musterkarriere – auch im neuen System«.

Windhundrennen

1 Fünfzehn Millionen Deutsche gelten 1989 als »Lutheraner«. Sie sind mit Abstand die größte Gruppe im Lutherischen Weltbund.

2 *Capital*, Heft 3, 1990: »Geldfieber«.

3 *Impulse*, Heft 5, 1990: »Deutsche Bank, Siemens und Daimler Benz werden sich verdoppeln«.

4 Wolfgang Ullmann nimmt das Treffen der beiden mit Sato später »mit reserviertem Staunen zur Kenntnis«. Siehe Marc Kemmler: *Die Entstehung der Treuhandanstalt*, Frankfurt am Main 1994, S. 76.

5 Aufzeichnung der DFF-Talkshow »Zur Sache« vom 19. Februar 1990.

6 Rudolf Streich löste Christa Luft als Rektor der Hochschule für Ökonomie »Bruno Leuschner« ab, als Luft DDR-Wirtschaftsministerin wurde.

7 *Die Zeit* vom 13. September 1991: »Zwischen Baum und Borke«.

8 Kemmler, *Die Entstehung*, S. 94.

9 DFF-Sendung »Donnerstagsgespräch: Zuschauer fragen – Politiker antworten« vom 22. Februar 1990. Deutsches Rundfunkarchiv. Bei dem Gespräch ist auch Rainer Schönfelder anwesend, ein Mitglied der Forschungsgruppe um Matthias Artzt und Gerd Gebhardt. Er kommt jedoch kaum zu Wort. Die meiste Zeit redet Matuschka, der zudem am häufigsten gefragt wird.

10 1991 gerät die Matuschka-Gruppe in Schwierigkeiten, macht 110 Millionen Mark Schulden und bricht später zusammen: Matuschka hatte weltweit zu viele Filialen eröffnet und sich auf zu viele Geschäftsfelder begeben. Das *Manager Magazin* schreibt am 1. Januar 1992 unter der Überschrift »Verarmter Adel«: »Matuschka ist – wie viele vor ihm – dem eigenen Größenwahn erlegen.«

11 *Frankfurter Allgemeine Zeitung* vom 10. März 1990: »Zum Allianz-Jubiläum ein Feuerwerk von Neuheiten«.

12 Barbara Eggenkämper, Gerd Modert und Stefan Pretzlik: *Die Staatliche Versicherung der DDR*, München 2010, S. 174f.

13 Vogel wurde nach der Ausreise von Alexander Schalck verhaftet, seine Wohnung durchsucht. Er galt als ein Vertrauter von Schalck.

14 Eggenkämper u.a., *Staatliche Versicherung*, S. 176.

15 Später ermittelte die Berliner Staatsanwaltschaft gegen mehrere Allianz-Manager sowie gegen Günter Hein und Günter Ullrich wegen Bestechung, beziehunsgweise wegen Untreue und Bestechlichkeit. Das Verfahren wurde eingestellt. Die Manager waren anonym angezeigt worden. Reinhold Wutzke, Chef des DDR-Amtes für Wettbewerbsschutz, sagte zum Fall Allianz: »Ich hätte den Zusammenschluß aus reinen Wettbewerbsgründen nicht durchgehen lassen dürfen. Doch die Ministerien für Finanzen und Wirtschaft sowie der Ministerpräsident machten Gründe des Gemeinwohls geltend. Die Aufrechterhaltung des Versicherungsschutzes für 33 Millionen bestehender Verträge und die Sicherung der Arbeitsplätze von 12000 Beschäftigten erschienen ihnen wohl nur von dem Giganten in München garantiert«, in: *Der Spiegel* vom 9. Juli 1990: »Da geht …«.

16 *Frankfurter Allgemeine Zeitung* vom 5. März 1990: »Riesen-Ansturm auf die Leipziger Frühjahrsmesse«.

17 Nikolaus Piper, »Auf fremden Parkett«, in: *Die Zeit* vom 16. März 1990.

18 Ebd.

19 *Die Zeit* vom 18. Dezember 1987: »Blick nach vorn im Zorn«.

20 Produktionsmaterial des NDR, Studio Ost-Berlin, 12. März 1990.

21 Most, *Fünfzig Jahre*, S. 155.

22 *The Sunday Times* vom 11. März 1990: »Opinion polls show Kohl's star is rising in the East«.

23 Der heutige Augustusplatz.

24 Albrecht Hinze in: *Süddeutsche Zeitung* vom 14. März 1990: »Nostalgie in der Heldenstadt«.

25 *Frankfurter Allgemeine Zeitung* vom 16. März 1990: »Konfrontiert mit großen Erwartungen«.

26 Bahrmann/Links, *Chronik*, Bd. 2, S. 169.

27 *Die Welt* vom 15. März 1990: »Kohl vor 120000 Menschen: Nacht und Dunkelheit sind jetzt vorbei«.

28 *Der Spiegel* vom 17. Juni 1991: »Tricks und teure Versprechen«.

29 *Wirtschaftswoche* vom 16. März 1990: »An allen Fronten«.

30 *Der Spiegel* vom 17. Juni 1991: »Tricks und teure Versprechen«.

31 Hintergrundgespräch mit einem Treuhandmitarbeiter.

32 *Impulse*, Heft 5, 1990: »Die Handelsketten teilen sich den DDR-Markt auf«.

33 Ebd.

34 *Süddeutsche Zeitung* vom 2. Juli 1990: »Vereinigung nach Art der Allianz«.

35 Eggenkämper u.a., *Staatliche Versicherung*, S. 179.

36 Ebd., S. 188.

37 Pressekonferenz der DDR-Regierung vom 14. März 1990, Produktionsmaterial des NDR, Studio Ost-Berlin.

38 *Sächsische Zeitung* vom 5. Dezember 2009: »Es ist vorbei, Herr Generalmajor«.
39 *Focus* vom 8. Mai 2006: »Das Sterben der Anderen«.
40 Bürgerrechtler hatten behauptet, dass es eine schriftliche »Überlebensordnung« geben soll. Das Dokument selber wurde in Papierform nicht gefunden. Vgl. Deutscher Bundestag, Drucksache 13/10900. Abschlussbericht des Untersuchungsausschusses »DDR-Vermögen«, 28. Mai 1998, S. 370.
41 Ebd., S. 178.

Die Lobby

1 Most, *Fünfzig Jahre,* S. 155.
2 Ebd., S. 175.
3 *Die Zeit* vom 23. März 1990: »Das ist schon eine Revolution«.
4 Most, *Fünfzig Jahre,* S. 155.
5 Ebd.
6 Michael Jürgs: *Die Treuhändler,* München 1997, S. 73.
7 Manfred Görtemaker: »Beginn der deutschen Einigung«, in: *Der Weg zur Einheit* (= *Informationen zur politischen Bildung,* Heft 250), Bonn 2009.
8 *Der Freitag* vom 29. September 2000: »Gruppenbild mit Banane«.
9 De Maizière, *Ich will,* S. 57f.
10 Ed Stuhler, *Die letzten Monate der DDR,* Berlin 2011, S. 58.
11 Ebd., S. 78.
12 Gunhild Freese: »Spiel mit der Angst«, in: *Die Zeit* vom 6. Juli 1990.
13 Die Bayernwerk AG war zu diesem Zeitpunkt mehrheitlich im Besitz des Landes Bayern.
14 *Der Spiegel* vom 9. April 1990: »Katzenjammer kam hinterher«.
15 Wolfgang Schäuble: *Der Vertrag,* Stuttgart 1991, S. 99.

Das Buch des Jüngsten Gerichts

1 *Die Zeit* vom 30. September 1983: »Ausverkauf in London – Der Rückzug des Staates aus der britischen Wirtschaft«.
2 Interviews des Autors mit Kilian Krieger und Philip Wright, 2010.
3 *Financial Times Deutschland* vom 27. August 2009: »Im Land der schwarzen Löcher«.
4 DFF vom 3. April 1990: »Die Verwandlung des Volkseigentums«.
5 *Berliner Zeitung* vom 10. Juni 2000: »Bei Geld hört die Freundschaft auf«.
6 Ebd.
7 Sarrazin, »Die Entstehung«, S. 200.
8 Ebd., S. 204.
9 Interview des Autors mit Reinhard Höppner, 2010.
10 Bahrmann/Links, *Chronik,* Bd. 2, S. 204.
11 *Der Spiegel* vom 26. März 1990: »Die drücken uns an die Wand«.
12 Ebd.
13 *Berliner Zeitung* vom 10. Juni 2000: »Bei Geld hört die Freundschaft auf«.
14 *Die Welt* vom 30. April 1990: »DDR-Bürger erhalten die Hälfte des Vermögens aller Kombinate«.
15 Bahrmann/Links, *Chronik,* Bd. 2, S. 224.

16 *die tageszeitung* vom 16. Mai 1990: »Wählen bevor es zu spät ist«; *The New York Times* vom 16. Mai 1990: »Kohl in a Hurry«.
17 Sarrazin, »Die Entstehung«, S. 212f.
18 *Berliner Zeitung* vom 10. Juni 2000: »Bei Geld hört die Freundschaft auf«. Angeblich soll Walter Romberg gefordert haben, dass Steuern, die in Ostdeutschland gezahlt werden, auch im Osten bleiben. Im Gegenzug hätten die dann neuen Bundesländer auf alle Zuschüsse aus dem Westen verzichtet. Das soll ein weiterer Grund für seine Entlassung gewesen sein. Vgl. Stuhler, *Die letzten Monate*, S. 67ff.
19 Bahrmann/Links, *Chronik*, Bd. 2, S. 226.
20 *Frankfurter Allgemeine Zeitung* vom 19. Mai 1990: »Eigentumserwerb in der DDR verbindlich geklärt«.
21 *Frankfurter Rundschau* vom 19. Mai 1990: »Eine Republik ohne ›Ossis‹ und ›Wessis‹«.
22 Sarrazin, »Die Entstehung«, S. 213.
23 *Berliner Zeitung* vom 10. Juni 2000: »Bei Geld hört die Freundschaft auf«.
24 Kemmler, *Die Entstehung*, S. 157.
25 Was sie ja tatsächlich doch taten, wie die Vertragsabschlüsse auf der Leipziger Messe 1990 zeigen.
26 Wolfgang Seibel: *Verwaltete Illusionen*, Frankfurt am Main 2005, S. 105.
27 SMH wurde unter anderen von Alwin Münchmeyer gegründet, einem in ganz Deutschland sehr angesehenen Hamburger Bankier. Er war der Vater von Birgit Breuel, der späteren Treuhandpräsidentin. 1983 ging SMH Bankrott. Die Bank hatte einem Investor eine Milliarde D-Mark an Kredit gewährt, der den größten Baumaschinenhersteller der Welt zusammenkaufen wollte. Der scheiterte, hinterzog Geld, zahlte die Kredite nicht zurück. Die Bank war einem Blender aufgesessen, war fast bankrott und konnte nur durch andere Banken gerettet werden. Alwin Münchmeyer und sein Familie verloren große Teile ihres Privatvermögens. Einer seiner Söhne, Geschäftsführer bei SMH, wurde zu einer Gefängnisstrafe verurteilt. Besonders peinlich waren die Pleite und ihre Folgen für Münchmeyers Tochter Birgit Breuel, die zu dem Zeitpunkt des SMH-Skandals Wirtschaftsministerin des Landes Niedersachsen war. Der Ruin des Vaters hat ihrer Karriere nicht geschadet: Sie wurde 1986 trotzdem Finanzministerin in Hannover. Die Reste der SMH wurden von der britischen Lloyds Bank übernommen und hochgepäppelt.
28 Kemmler, *Die Entstehung*, S. 158.
29 Ebd., S. 403f.

Das Recht des Stärkeren

1 *Capital* vom 1. Oktober 1990: »Elefantenjagd«.
2 *Frankfurter Allgemeine Zeitung* vom 23. Mai 1900: »Babcock in einer Umstellungsphase«.
3 *Die Welt* vom 10. Mai 1990: »Die Sowjetunion steht vor dem Bankrott«.
4 Rüdiger von Voss gegenüber Marc Kemmler. Vgl. ders., *Die Entstehung*, S. 159.
5 Einer der Verfasser war der Rechtswissenschaftler Peter Hommelhoff, damals an der Universität Bielefeld tätig.
6 Kemmler, *Die Entstehung*, S. 172.
7 Ebd., S. 406.
8 Ebd., S. 156.
9 Ebd.
10 Außerdem gehörte der Arbeitsgruppe noch Stephan Supranowitz vom Amt für den Rechtsschutz des Vermögens in der DDR an. Er hatte jahrelang verschiedene Positio-

nen im Justizapparat der DDR inne. Fünftes Mitglied der Gruppe war Ludwig Penig, ein ostdeutscher Anwalt und juristischer Berater von Ministerpräsident de Maizière.

11 Während dieser Zeit lernt Thomas de Maizière auch Angela Merkel kennen, die Pressesprecherin des Ministerpräsidenten. Thomas de Maizière wird erst Kanzleramtschef, dann Innenminister und schließlich Verteidigungsminister in den Kabinetten Merkel.

12 Lothar de Maizière und seine Berater aus dem Westen behaupten, dass der DDR-Ministerpräsident immer souverän entschieden hat. Ob er bei seinem Arbeitsvolumen immer im Bild sein konnte, woher welche Idee in welchem Gesetz stammte, ist jedoch fraglich.

13 Kemmler, *Die Entstehung*, S. 165.

14 10. Wahlperiode der Volkskammer, Drucksache 100055, 6. Juni 1990.

15 Rede von Günter Nooke am 7. Juni 1990, siehe 10. Wahlperiode der Volkskammer, 11. Tagung, S. 355ff.

16 Die Bemerkungen zeigen, dass Günter Nooke und andere Abgeordnete des Bündnis 90 inzwischen Matthias Artzt und Gerd Gebhardt als Berater hinzugezogen hatten.

17 Rede von Günter Nooke am 7. Juni 1990, siehe 10. Wahlperiode der Volkskammer, 11. Tagung, S. 355ff.

18 Die Befisa in Lugano ist eine Holding, die verschiedene Firmen in Europa besaß und für die Abteilung KoKo führte. Die Geschäftsbeziehungen mit der DDR umfassten: »Finanzielle Beteiligungen an anderen Geschäften, Import, Export und Handel sowie Übernahme von Vertretungen.« Die Intrac in Lugano ist nicht zu verwechseln mit der Intrac Handelsgesellschaft mbH in Berlin. Die Intrac/Lugano ist ein Schweizer Unternehmen, das Waren in die DDR lieferte. Geschäftsführer ist im Sommer 1990 Ottokar Hermann. Vgl. Siegfried Suckut u.a. (Hrsg.): *Anatomie der Staatssicherheit Geschichte, Struktur und Methoden – MfS-Handbuch*, Berlin 1995ff.

19 Reinhard Höppner hatte mit dem stellvertretenden Botschafter der UdSSR vereinbart, dass das Treffen als Kulturveranstaltung bezeichnet wird. Da die Volkskammer sich nicht im Reichstag versammeln durfte, wird das Schauspielhaus (heute das Konzerthaus) als Veranstaltungsort gewählt (siehe Stuhler: *Die letzten Monate*, S. 85).

20 *Süddeutsche Zeitung* vom 18. Juni 1990: »Kohl: Ein Augenblick, der unter die Haut geht«.

21 *Frankfurter Allgemeine Zeitung* vom 18. Juni 1990: »Der Antrag auf Beitritt in der Volkskammer«.

22 Stuhler, *Die letzten Monate*, S. 87.

23 Kemmler, *Die Entstehung*, S. 170.

24 Ebd., S. 166.

25 Die *Süddeutsche Zeitung* zitiert ein Interview, das Rohwedder der *Westfälischen Rundschau* gegeben hatte und das die Nachrichtenagenur AP zusammenfasste. *Süddeutsche Zeitung* vom 19. Februar 1990: »Rohwedder warnt vor schneller Währungsunion«.

26 *Capital*, Heft 6, 1990: »Neue Chancen für Geldanleger«.

27 Kemmler, *Die Entstehung*, S. 188.

28 Rohwedders Ehefrau Hergard wird später Richterin am Landgericht in Düsseldorf.

29 *Business Week* vom 3. Dezember 1990: »You think your job is tough, try turning East Germany around«.

30 *Der Spiegel* vom 26. Januar 1970: »Neues Liedchen«.

31 *Stuttgarter Zeitung* vom 1. September 1990: »Ein Wanderer zwischen Wirtschaft und Politik«.

32 Die SPD wurde zwar nicht stärkste Partei, stellte aber mit der FDP später die Bundesregierung und beendete die große Koalition mit der CDU/CSU.

33 Die EWG war die Keimzelle, aus der 1993 die Europäische Gemeinschaft (EG) hervorging.

34 *Stuttgarter Zeitung* vom 1. September 1990: »Ein Wanderer zwischen Wirtschaft und Politik«.
35 *Frankfurter Allgemeine Zeitung* vom 17. Januar 1970: »Wer? Detlev Rohwedder«.
36 Ein Ergebnis ist eine umfangreiche Akte über Rohwedder beim Ministerium für Staatssicherheit.
37 *Stuttgarter Zeitung* vom 1. September 1990: »Ein Wanderer zwischen Wirtschaft und Politik«.
38 Ebd.
39 Ebd.
40 *Der Spiegel* vom 23. Februar 1987: »Die Ängste und Nöte sind zurückgekommen«.
41 *Frankfurter Rundschau* vom 25. September 1990: »Spiel auf Zeit«.
42 *Der Spiegel* vom 23. Februar 1987: »Die Ängste und Nöte sind zurückgekommen«.
43 *Stuttgarter Zeitung* vom 1. September 1990: »Ein Wanderer zwischen Wirtschaft und Politik«.
44 *Die Zeit* vom 6. Juli 1990, Rubrik »Bonner Kulisse«.
45 So Johannes Ludewig am 1. April 2011 auf der Gedenkveranstaltung für Detlev Karsten Rohwedder im Bundesministerium für Finanzen zu Berlin.
46 Otto Gellert, 1. April 2011. Rede anlässlich des 20. Todestags von Detlev Karsten Rohwedder im Bundesministerium für Finanzen zu Berlin. Andere Quellen behaupten, die DDR-Regierung habe Rohwedder ausgesucht. Tatsächlich bestätigt auch der Kanzlerberater Ludewig bei der Veranstaltung am 1. April 2011 und in einem Interview mit dem Autor, dass die Entscheidung in Bonn getroffen worden sei.
47 Interview mit Werner Schulz. Auch Weggefährten Rohwedders bestätigen, dass er sich an der Gesetzgebung beteiligte – so Otto Gellert: »Die Treuhandanstalt wurde mithin mit der Gesetzesverkündung am 17. Juni 1990 bis zum 3. Oktober 1990 in den Gesetzesblättern der Deutschen Demokratischen Republik gesetzlich und verordnungsmäßig geregelt, in die sich Rohwedder mit seiner großen Erfahrung als Staatssekretär einfädelte« (Gellert am 1. April 2011). Kanzlerberater Johannes Ludewig sagte am 1. April 2011 ebenfalls, wenn es Probleme mit der Gesetzgebung gab, »dann ging Rohwedder zu (Ministerpräsident) de Maizière, und dann wurde das Gesetz geändert«.
48 *Die Zeit* vom 6. Juli 1990: »Das Spiel mit der Angst«.
49 Vertrag zitiert ebd.
50 Ebd.
51 *Frankfurter Allgemeine Zeitung* vom 23. Juni 1990: »Auch der Bundesrat billigt den Staatsvertrag«.
52 *Neues Deutschland* vom 20. Juni 1990, zitiert bei Kemmler, *Die Entstehung*, S. 198.
53 Matthias Geis in *die tageszeitung* vom 22. Juni 1990: »Keine große Stunde der Volkskammer«.
54 Hans-Joachim Tschiche war Mitglied von Bündnis 90 und Mitglied im Finanzausschuss der Volkskammer.
55 *Frankfurter Allgemeine Zeitung* vom 22. Juni 1990: »Die Volkskammer billigt den Staatsvertrag mit 302 gegen 82 Stimmen«.
56 »Es war keiner da, dem etwas einfiel …« Die deutsch-deutsche Währungsunion 1990, Thilo Sarrazin im Gespräch mit Jens Schöne, in: *Deutschland Archiv* 3/2010, S. 424.
57 *Süddeutsche Zeitung* vom 2. Juli 1990: »Vereinigung nach Art der Allianz«.
58 Als die Treuhand später den Alleingang der Allianz verhindern will, veranstalten Mitarbeiter der »Staatlichen Versicherung« ein »Sit-in« in der Berliner Niederlassung des Bundesfinanzministeriums. Die Belegschaft will so die vollständige Übernahme durch die Allianz durchsetzen. Ein Muster, das sich fortsetzen sollte: Die DDR-Belegschaften bevorzugten meist denjenigen Bewerber, der den Angestellten versprach, das Unter-

nehmen komplett zu übernehmen. Vgl. Paul Windolf: »Die Transformation der ostdeutschen Betriebe«, in: *Berliner Journal für Soziologie,* Berlin 1996, S. 486.

59 Most, *Fünfzig Jahre,* S. 170ff.

60 *Handelsblatt* vom 2. Mai 1990: »Ein Dummer für die Altlasten gesucht«.

61 Ebd.

62 *Handelsblatt* vom 1. Juni 1990: »Weiter Gerangel mit der Staatsbank um uneinbringliche Forderungen«.

63 *Handelsblatt* vom 30. April 1990: »Gegenüber der Kartellaufsicht haben wir recht gute Karten«.

64 Most, *Fünfzig Jahre,* S. 170.

65 Die Parallele zur Finanzkrise 2008 und in den Folgejahren ist offensichtlich.

66 *Frankfurter Allgemeine Zeitung* vom 19. Mai 1990: »Dresdner Bank: 100 DDR-Filialen bis August«.

67 Das geht aus dem Interview von Edgar Most mit dem Deutschlandfunk vom 1. Juli 2010 hervor: »Das Ende der Ost-Mark«. Später ermittelt die Staatsanwaltschaft gegen Most, weil der Verdacht besteht, dass er die Jobs bei der Staatsbank und der Deutschen Bank nicht strikt genug getrennt und quasi für zwei Banken gleichzeitig gearbeitet hat. Das Verfahren wurde eingestellt.

68 Ebd.

69 *Handelsblatt* vom 6. Juni 1990: »Die bange Frage: Wandert die D-Mark auf die Konten der kampferprobten westdeutschen Konkurrenz?«.

70 *Frankfurter Rundschau* vom 2. Juli 1990: »Sekt und Feuerwerk für die Bunten«.

71 *Süddeutsche Zeitung* vom 2. Juli 1990: »Silvesterstimmung mitten im Jahr«. In diesem Artikel berichtet der Korrespondent auch, dass der Sonntag dagegen sehr ruhig verlaufen ist und die Menschen für das Westgeld gelassen angestanden haben.

Nach dem Urknall

1 Birgit Breuel: *Treuhand intern,* Frankfurt am Main 1993, S. 44.

2 *Die Zeit* vom 27. Juli 1990: »Der Kreislauf versagt«.

3 Die westdeutschen Gewerkschaften und Arbeitgeberverbände haben die Tarife ausgehandelt, vgl. *Die Zeit* vom 20. Juli 1990: »Maßlos oder machbar?«.

4 *Financial Times* vom 27. Juli 1990: »On your marks, get set, wait«.

5 *Berliner Morgenpost* vom 5. Juli 1990: »Rohwedder: Montags startet die Treuhand«.

6 In Anlehnung an das Buch von Sebastian Junger: *The Perfect Storm,* New York 1997.

7 *Die Zeit* vom 27. Juli 1990: »Der Kreislauf versagt«.

8 So fordert die Deutsche Maschinen- und Schiffbau AG in Rostock 333 Millionen D-Mark und die Mansfeld AG in Eisleben 285 Millionen D-Mark. Vgl. *Manager Magazin* vom 1. September 1990: »Der Coup des Kontrolleurs«. Am Ende des dritten Quartals hat die Treuhand 24,5 Milliarden Liquiditätskredite verbürgt. Vgl. Breuel, *Treuhand intern,* S. 64.

9 Diese Regelung wird in den Medien vehement kritisiert, vgl. *Der Spiegel,* »Gefährliche Spirale abwärts«, vom 23. Juli 1990: »Den drohenden Konkurs haben die Regierung und die Treuhandanstalt in Ost-Berlin zu verantworten. Die hatten ganz einfach entschieden, jedem Antragsteller nur 41 Prozent der gewünschten Summe zukommen zu lassen.«

10 *Stuttgarter Zeitung* vom 10. August 1990: »Wir schlittern dem totalen Notstand entgegen«.

11 So zum Beispiel Kurt Biedenkopf in einem Interview mit *Capital* vom 1. August 1990:

»Wir haben den Deutschen in der DDR zu viel versprochen. Wir haben gesagt, es gäbe ein Wirtschaftswunder. Wir haben gesagt, die Einheit kostet nichts. Wir haben hohe Wachstumsraten vorausgesagt. Namhafte Politiker gingen sogar soweit, die DDR-Bürger zur Dankbarkeit aufzufordern, daß wir ihnen die D-Mark auf dem Silbertablett präsentieren. Mit solchen Reden haben wir unerfüllbare Erwartungen erweckt. Sie können von der Realität nicht eingelöst werden. Das muß zu Enttäuschungen führen.«

12 *Die Welt* vom 7. Juni 1990. Interview mit Klaus Reichenbach: »Der größte Konkurs der Weltgeschichte«.

13 *Hamburger Morgenpost* vom 3. Juli 1990: »Statt Kaufrausch gab's gepfefferte Preise«.

14 Tengelmann nennt die Supermärkte »Kaiser's« – nicht »Kaisers«.

15 Redebeitrag von Franz Schmitz (Stellvertretender Vorsitzender der Geschäftsleitung der Unternehmensgruppe Tengelmann) am 13. Juli 1990. Ein Transkript der Rede wurde nicht als Drucksache der Volkskammer veröffentlicht. Die Aufzeichnung der Rede ist aber in der Mediathek des Deutschen Bundestages online abrufbar.

16 Breuel, *Treuhand intern,* S. 80.

17 *Der Spiegel* vom 9. Juli 1990: »Notfalls liquidieren«.

18 Er scheidet im Oktober 1990 aus, da sich die Volkskammer auflöst und die Verwaltungsratsmandate an die Regierungen der neuen Bundesländer fallen.

19 Otto Gellert am 1. April 2011, Redemanuskript.

20 *Frankfurter Allgemeine Zeitung* vom 17. Juli 1990: »Gohlke übernimmt den Vorsitz der Treuhand«.

21 *Der Spiegel* vom 9. Juli 1990: »Notfalls liquidieren«.

22 Ein ähnliches Problem lähmte die Wirtschaft nach der Finanzkrise im Anschluss an den Zusammenbruch der Investmentbank Lehman Brothers 2008. Die Banken trauten einander und den Unternehmen nicht mehr und vergaben keine oder kaum noch Kredite.

23 Zwanzig Jahre später betonen sowohl Johannes Ludewig als auch der Bundesfinanzminister Wolfgang Schäuble auf der Gedenkveranstaltung für Detlev Karsten Rohwedder, wie hoch diese Leistung einzuschätzen ist. Schäuble sagt in seiner Rede: »Und im Juli 1990 musste Detlev Rohwedder eine dramatische Liquiditätskrise der Treuhand und ihrer Tochtergesellschaften lösen. Was ihm – in enger Zusammenarbeit mit dem Bundesfinanzministerium und mit dem Bundesfinanzminister – auch gelang. In kurzer Zeit wurde ein Liquiditätsrahmen von 100 Milliarden D-Mark geschaffen. Das sind Zahlen, an die wir uns inzwischen fast schon gewöhnt haben. Damals waren das noch völlig unvorstellbare Größenordnungen, aber es hat eben entscheidend dazu beigetragen, dass sich die Geldversorgung der Treuhandbetriebe, jedenfalls bis Oktober 1990, wieder normalisiert hat.« Redemanuskript des Bundesfinanzministers Wolfgang Schäuble vom 1. April 2011.

24 Otto Gellert, 1. April 2011, Redemanuskript.

25 NDR-Produktionsmaterial, Studio Ost-Berlin, 22. Juli 1990.

26 *The Guardian* vom 2. Juli 1990: »The stunning price of unity«.

27 Most, *Fünfzig Jahre,* S. 178.

28 *Stuttgarter Zeitung* vom 10. August 1990: »Wir schlittern dem totalen Notstand entgegen«.

29 Trotzdem kritisiert Edgar Most die Treuhand und die Bundesregierung wenig später öffentlich. Die Politik müsse jetzt Sicherheit in die Wirtschaft bringen – sprich bürgen. Wenn die Unternehmen nicht genügend Geld bekämen, um ihre Geschäftsbeziehung untereinander aufrechtzuerhalten, »dann bricht alles zusammen«, so Most. Außerdem verteidigt er die Banken: »Die Banken können doch gar nicht von sich aus aktiv werden, solange es keine D-Mark-Eröffnungsbilanz der Unternehmen gibt«, noch fehle ein entsprechendes Gesetz. Vgl. *Der Spiegel* vom 23. Juli 1990: »Gefährliche Spirale abwärts«.

30 Peter Christ schildert diesen Ablauf in *Die Zeit* vom 31. August 1990: »Wie auf dem Bazar«.
31 *Süddeutsche Zeitung* vom 27. Juli 1990: »Steigenberger zieht in die Interhotels ein«.
32 *Die Zeit* vom 31. August 1990: »Wie auf dem Bazar«.
33 Otto Gellert am 1. April 2011, Redemanuskript.
34 *Financial Times* vom 27. Juli 1990: »A slow trickle of foreign capital«.
35 De Maizière, *Ich will*, S. 267f.
36 Den »Vertrag über die abschließende Regelung in Bezug auf Deutschland« unterzeichen die DDR, die Bundesrepublik, die USA, Frankreich, Großbritannien und die Sowjetunion. Der Vertrag – er wird auch als Souveränitätsvertrag bezeichnet – regelt die außenpolitischen Aspekte wie auch sicherheitspolitischen Bedingungen der deutschen Vereinigung und wird hinsichtlich seiner Wirkung als Friedensvertrag zwischen Deutschland und den Siegermächten des Zweiten Weltkrieges behandelt, auch wenn er »ausdrücklich diese Bezeichnung nicht erhielt«.
37 De Maizière, *Ich will*, S. 269.
38 Ebd., S. 270f. Helmut Kohl stellt das Treffen anders dar und behauptet, de Maizière sei ihm mit der Pressekonferenz in den Rücken gefallen. Vgl. *Frankfurter Allgemeine Zeitung* vom 1. September 2010: »Der Endspurt in die deutsche Einheit«.
39 *Frankfurter Allgemeine Zeitung* vom 6. August 1990: »Die Treuhandanstalt wird mit der Einheit zur Bundesanstalt«.
40 *Die Zeit* vom 17. August 1990: »Banken: 85 Milliarden an die Treuhand«.
41 In dem Papier steht auch noch, dass die Kreditbank nach der Entschuldung liquidiert würde – das gibt Egdar Most die Chance, seine Unabhängigkeit zu demonstrieren und seinen Chef Hilmar Kopper zu kritisieren. Most sagt einer Bonner Zeitung, eine Liquidierung der Kreditbank käme für ihn nicht infrage: »Ich bin auch für die 250 Mitarbeiter der Kreditbank verantwortlich«. Siehe *Die Welt* vom 16. August 1990: »DDR-Kreditbankchef Edgar Most kontert Deutschbankchef Kopper«.
42 *Süddeutsche Zeitung* vom 16. August 1990: »Wir müssen den Teufelskreis durchbrechen«.
43 *Frankfurter Allgemeine Zeitung* vom 16. August 1990: »Bauern und Landwirte in der DDR fordern Sofortmaßnahmen«.
44 Walter Romberg zieht sich zunächst aus der Politik zurück, beschäftigt sich dann jedoch intensiv mit den internationalen Finanzmärkten und wird Mitglied von Attac. Vgl. *Frankfurter Rundschau* vom 1. Juli 2000: »Diese Währungsunion war die Übergabe der Souveränität«.
45 *Frankfurter Allgemeine Zeitung* vom 1. August 1990: »Gohlke: Kaum ein DDR-Betrieb ist wettbewerbsfähig«.
46 *Der Spiegel* vom 20. August 1990: »Die warten auf Konkurse«.
47 *Die Zeit* vom 31. August 1990: »Falscher Anschluss«.
48 Ebd.
49 *Der Spiegel* vom 9. Juli 1990: »Bei mir geht die rote Lampe an«.

Die Schattentreuhand

1 Breuel, *Treuhand intern*, S. 64.
2 Einer der Besitzer der Firma Porst – Hannsheinz Porst – wurde 1969 als mutmaßlicher DDR-Spion zu einer Gefängnisstrafe verurteilt. Danach verschenkte er Teile seines Betriebs an die Mitarbeiter.
3 *Manager Magazin* vom 1. September 1990: »Der Coup des Kontrolleurs«.

4 Die Szene hat ein ZDF-Team an seinem ersten Drehtag für die Dokumentation »Der Kraftakt« dokumentiert. Ausstrahlung 2. Oktober 1990.

5 Rohwedder lässt sich hier wohl von Bertolt Brecht inspirieren. Brecht schrieb den »Kälbermarsch« als Parodie des »Horst-Wessel-Lieds« für »Schweyk im Zweiten Weltkrieg«: »Hinter der Trommel her/Trotten die Kälber/Das Fell für die Trommel/Liefern sie selber. Der Metzger ruft. Die Augen fest geschlossen/Das Kalb marschiert mit ruhig festem Tritt./Die Kälber, deren Blut im Schlachthof schon geflossen/Sie ziehn im Geist in seinen Reihen mit.«

6 *Frankfurter Allgemeine Zeitung* vom 9. Juli 1990: »Lufthansa bekommt 26 Prozent an Interflug«.

7 *Der Spiegel* vom 9. Juli 1990, Interview mit Reinhold Wutzke: »Bei mir geht die rote Lampe an«.

8 *Die Welt* vom 27. September 1990: »Interflug in dicken roten Zahlen«.

9 *Die Zeit* vom 31. August 1990: »Alle roten Lampen an«.

10 *Financial Times* vom 24. September 1990: »East German industry gaining liquidity and West German trust«.

11 Einige »Übernahmeschlachten« werden in dieser Zeit über die Presse ausgefochten, vor allem, wenn es zwei Kaufinteressenten aus dem Westen gibt. Viel Aufmerksamkeit bekommt der Fall des Zementwerkes Rüdersdorf. Der Betrieb hat eigenständig eine Verkaufsausschreibung organisiert. Gewonnen hat das Hamburger Unternehmen Alsen-Breitenburg. Die Treuhand machte das Verfahren rückgängig und übergab das Werk der Firma Readymix. Alsen-Breitenburg startete daraufhin eine Öffentlichkeitskampagne. Readymix produziert noch heute in Rüdersdorf in einer neuen Fabrik. Große Teile des alten Werkes sind verfallen und dienen als Filmkulisse; so unter anderem für den Weltkriegsfilm »Enemy At The Gates«. Auch die Wiesbadener Linde AG klagte gegen die Treuhand in dieser Zeit, weil die DDR-Firma Tega an ein französisches Unternehmen ging, obwohl Linde bereits mehrere Millionen investiert hatte.

12 Es existieren Filmaufnahmen vom NDR, die ein Gespräch von Detlev Rohwedder mit seinem Nachfolger im Wirtschaftsministerium, Dieter von Würzen, dokumentieren. Darin ist zu hören, wie Rohwedder – in dem Glauben, der Ton wird nicht aufgezeichnet – zu von Würzen sagt: »Was soll ich davon halten, wenn der Zimmermann sagt … [unverständlich] … Der lügt mich doch an.« Gemeint ist der damalige Bundesverkehrsminister Friedrich Zimmermann von der CSU.

13 Der komplette Kauf der Interflug wurde schließlich für die Lufthansa uninteressant, als es Ruhnau gelang, die Landerechte der Linie PanAm für den Flughafen Berlin-Tegel für 100 Millionen Dollar zu kaufen.

14 Kemmler, *Die Entstehung*, S. 209.

15 10. Wahlperiode der Volkskammer, 35. Tagung, S. 1659.

16 Ebd., S. 1680.

17 Ebd.

18 Ebd., S. 1681.

19 Ebd., S. 1686.

20 So zum Beispiel das *Handelsblatt* vom 17. September 1990: »Rohwedder: Holpriger Start ist überwunden«.

21 10. Wahlperiode der Volkskammer, 35. Tagung, S. 1687.

22 Ebd.

23 Ebd.

24 Ebd., S. 1657ff.

25 *Der Spiegel* vom 15. Oktober 1990: »Politischer Sturm«.

1 *Die Zeit* vom 14. September 1990: »Zonenkolller in Schwerin«; und *Neue Zeit* vom 20. August 1990: »Schweriner Treuhand steht unter erheblicher Kritik«.
2 *Der Spiegel* vom 1. Dezember 1990: »Ein Stück Kriminalgeschichte«.
3 *Die Zeit* vom 19. Oktober 1990: »Völlig ahnungslos«.
4 *Mecklenburger Morgenpost* vom 1. August 1990: »Zelte und Container für westliche Handelsketten«.
5 *Frankfurter Allgemeine Zeitung* vom 22. September 1990: »Die Treuhandanstalt ist nicht der Garderobenständer der DDR«.
6 10. Wahlperiode der Volkskammer, 35. Tagung, S. 1680.
7 *Frankfurter Allgemeine Zeitung* vom 5. Oktober 1990: »Die Herrschaft der alten Kader«.
8 Die Anzeige erschien am 23. Juli 1990 in mehreren deutschen Tageszeitungen, unter anderem im *Neuen Deutschland*. Sie grenzt im Übrigen sehr genau die Zeit ein, die es die Treuhand offiziell geben wird: viereinhalb Jahre.
9 *Handelsblatt* vom 12. Oktober 1979: »Durch Neuentwicklung Emaillegeschäft belebt«.
10 Der Gründer der Werke hatte einst die Idee, nicht Holz-, sondern Stahltanks für Brauereien zu nutzen. Damit die Tanks für eine Brauerei geeignet sind, hat Pfaudler sie innen emailliert, also die Innenwand mit einer Spezialschicht überzogen. Die Oberfläche wurde so glatt wie Glas.
11 Der GEA-Konzern hat zu diesem Zeitpunkt über 10 000 Mitarbeiter und wird 1989 an die Börse gehen. GEA wurde bekannt durch Entstaubungs- und Luftkühlungsanlagen.
12 Hans Georg – HG – Klamroth ist der Vater der Autorin Wibke Bruns. Bruns, die Cousine von Klaus Klamroth, hat 2005 über ihren Vater und ihre Kindheit in dem Haus der Klamroths in Halberstadt das Buch *Meines Vaters Land – Geschichte einer deutschen Familie*, Berlin 2005, geschrieben. Klaus Klamroth kann sich nur an ein Treffen mit seinem Onkel HG Klamroth erinnern.
13 *Handelsblatt* vom 5. Oktober 1990: »Pentacon-Exitus kommt nicht überraschend«. Die westdeutschen Traditionsmarken Rolleiflex und Contax ließen schon länger wegen der hohen Kosten ihre Kameras in Japan produzieren.
14 Interview des Autors mit Jobst Wellensiek.
15 *Frankfurter Rundschau* vom 4. Oktober 1990: »Zeit und Geld verplempert«.
16 *Wirtschaftswoche* vom 7. September 1990: »Wir kaufen Zeit«.
17 Stuhler, *Die letzten Monate*, S. 216.
18 *Die Zeit* vom 5. Oktober 1990: »Am Ende eine bittere Abrechnung«.
19 Stuhler, *Die letzten Monate*, S. 217.
20 Die IMs sind inoffizielle Mitarbeiter, Informeller Mitarbeiter ist ein »Nachwendebegriff«.
21 *Frankfurter Rundschau* vom 1. Oktober 1990: »Stasi-Mitarbeiter sogar an der Spitze der Treuhand«.
22 Es ist später nur bekannt geworden, dass de Maizière als »IM Czerni« geführt worden sein soll. Seine eigentliche Akte beim Ministerium für Staatssicherheit ist vernichtet worden. De Maizière selber sagt, er habe nie für das MfS gearbeitet, Joachim Gauck dagegen behauptete, die Indizien würden eindeutig belegen, dass de Maizière mit »IM Czerni« identisch sei. Vgl. De Maizière, *Ich will*, S. 323.
23 10. Wahlperiode der Volkskammer, 38. Tagung, S. 1868.
24 Die Hans-Beimler-Straße wird 1995 in Otto-Braun-Straße unbenannt. Hans Beimler war ein Reichstagsabgeordneter der KPD, der unter anderem im Spanischen Bürgerkrieg kämpfte.

Ladenhüter

1 *Der Spiegel* vom 15. Oktober 1990: »Die wollen gar keine Hilfe«.
2 *Berliner Morgenpost* vom 5. Oktober 1990: »Treuhandanstalt ernennt 15 neue Regionalmanager«.
3 *Die Welt* vom 5. Oktober 1990: »Bei der Treuhand rollen die Köpfe – Neue Mannschaft für Außenstellen«.
4 *Hamburger Abendblatt* vom 1. Dezember 1990: »Klagen aus Magdeburg«.
5 Klaus Boers, Ursula Nelles und Hans Theile: *Wirtschaftskriminalität und die Privatisierung der DDR-Betriebe*, Baden-Baden 2011, S. 197.
6 *Stern* vom 25. Oktober 1990: »Goldgräber«.
7 Klaus Klamroth: *Eine Chronik aus dem 20. Jahrhundert*, Heidelberg 2010 (Eigenverlag), S. 288.
8 *Die Zeit* vom 19. Oktober 1990: »Konzept ohne Risiko«.
9 Die Daimler-Benz AG macht zum Beispiel 1990 über 86 Milliarden D-Mark Umsatz und hat fast 370 000 Beschäftigte. Die Daimler-Autosparte Mercedes-Benz ist für fast 70 Prozent des Umsatzes verantwortlich und hat 230 000 Angestellte.
10 *Der Spiegel* vom 22. Oktober 1990: »Das ist die reinste Erpressung«.
11 Pressemitteilung der Treuhand vom 18. Oktober 1990.
12 *Süddeutsche Zeitung* vom 20. Oktober 1990: »Staatsanwälte durchsuchen Zentrale der PDS in Ost-Berlin«; *Neues Deutschland* von 20. Oktober 1990: »PDS-Zentrale in Nacht- und Nebelaktion durchsucht«.
13 *Der Tagesspiegel* vom 21. Oktober 1990: »Sisyphusarbeit der Parteivermögenkontrolleure«.
14 *Frankfurter Rundschau* vom 24. Oktober 1990: »Millionenbeträge auf seltsamen Wegen«.
15 *Frankfurter Allgemeine Zeitung* vom 24. Oktober 1990: »Die Überweisung der PDS-Millionen war ein klarer Verstoß gegen das Gesetz«.
16 *Frankfurter Rundschau* vom 24. Oktober 1990: »Millionenbeträge auf seltsamen Wegen«.
17 Ebd.
18 *Neues Deutschland* von 20. Oktober 1990: »PDS-Zentrale in Nacht- und Nebelaktion durchsucht«.
19 Otto Gellert, 1.April 2011.
20 Breuel, *Treuhand intern,* S. 103.
21 In einem Interview wird Rohwedder später darauf angesprochen. »Frage: Die von der Treuhand verwalteten DDR-Unternehmen haben Sie kürzlich als ›Salat, der 600 Milliarden wert ist‹, bezeichnet. Das stieß eine Menge unserer Leser vor den Kopf. War das Ihre Absicht? Rohwedder: Nein. Das sagte ich in Wien. Es war ein sprachlicher Ausrutscher, zu dem ich mich bekennen muß. Man weiß aber auch gar nicht so recht, ob diese Zahl auch wirklich genau ist. Was ich eigentlich in dieser etwas laxen Form sagen wollte, ist dies: Das der Treuhandanstalt überantwortete Gesamtvermögen ist sehr hoch.« Siehe *Sächsische Zeitung* vom 3. November 1990.
22 Auch *Der Spiegel* zitiert am 22. Oktober 1990 in dem Artikel »Das ist die reinste Erpressung« Rohwedder mit dem Satz »Der ganze Salat ist 600 Milliarden wert«, erwähnt aber nicht, dass er schon lange den möglichen Verlust zugegeben hat. Schon am 17. Juli 1990 sagte Rohwedder in einem Interview mit der Zeitung *Neues Deutschland:* »Die Formel vom Volkseigentum sollte in der DDR wie in allen sozialistischen Ländern euphemistisch verdecken, daß das Eigentum als Individualrecht abgeschafft war. Die behauptete Enteignung des Einzelnen durch Privatisierung findet also nicht statt; dem

Einzelnen wird dadurch nichts genommen, was er vorher gehabt hätte. Im übrigen: Die Kapitalbedürfnisse für die Strukturanpassung der Wirtschaft und die Sanierung der zerrütteten Staatsfinanzen der DDR sind so groß, daß nach meiner Meinung die Bürger der DDR nicht so bald mit dem Ersatz umgewerteter Spareinlagen rechnen können.« Die Formulierung »Ersatz umgewerteter Spareinlagen« wählt Rohwedder als Antwort auf die Frage, ob verloren gegangene Spareinlagen der DDR-Bürger durch Anteile etwa an den Betrieben ersetzt werden.

23 Otto Gellert am 1. April 2011, mündliche Ergänzung zur Rede. Die Zahl »600 Milliarden« wird bis heute immer wieder zitiert. Sie wird von vielen Autoren benutzt, als würde sie den tatsächlichen Wert der DDR widerspiegeln. Eine einfache Rechnung wird aufgemacht: Die DDR war 600 Milliarden D-Mark wert. Die Treuhand hat 245 Milliarden Verlust gemacht. Wo sind die 845 Milliarden geblieben? Vgl. als nur eines von sehr vielen Beispielen: Otto Köhler: *Die große Enteignung*, München 1994. Köhler rechnet dort vor, dass die Treuhand pro DDR-Bürger 60 000 D-Mark zum »Verschwinden« gebracht habe. Auch in der ZDF-Dokumentation »Beutezug Ost« aus dem Jahr 2010 wird diese Rechnung aufgemacht.

24 *Berliner Zeitung* vom 20. Oktober 1990: »Der ganze Salat ist 600 Milliarden wert«.

25 Die Tschechische Republik und später die Russische Föderation führen tatsächlich ein Anteilsscheinmodell ein, jedoch nicht aufgrund der Gespräche mit Artzt und Gebhardt. In Slowenien bleiben die meisten Unternehmen dagegen zunächst indirekt im Staatsbesitz.

26 Seibel, *Verwaltete Illusionen*, S. 161.

27 *Berliner Morgenpost* vom 22. Oktober 1990: »Treuhand kommt unter die Kontrolle des Bundestages«.

28 *Der Spiegel* vom 29. Oktober 1990: »Dinger, die glaubt man nicht«.

29 *Frankfurter Rundschau* vom 21. Oktober 1990: »Treuhandanstalt kämpft gegen die Vergangenheit«.

30 *Frankfurter Rundschau* vom 20. Oktober 1990: »Privatisieren geht vor Sanieren«.

31 *Frankfurter Rundschau* vom 21. Oktober 1990: »Treuhandanstalt kämpft gegen die Vergangenheit«.

32 *Der Spiegel* vom 15. Oktober 1990: »Die wollen gar keine Hilfe«.

33 *Der Spiegel* vom 29. Oktober 1990: »Dann ist hier der Ofen aus«.

34 Hintergrundgespräch mit einem Teilnehmer dieser Sitzung.

35 *Die Welt* vom 22. September 1990: »Die Treuhand gibt es noch Jahrzehnte«.

36 *Sächsische Zeitung* vom 3. November 1990: »Manche glauben, Gras aus Ruinen sprießt besonders grün«. Es ist umstritten, ob Rohwedder seine Rücktrittsdrohung ernst meinte oder nur eine bessere Verhandlungsposition gegenüber der Bundesregierung durchsetzen wollte.

37 Ebd.

38 Sorg war stellvertretender Minister für Erzbergbau, Metallurgie und Kali, Schulz stellvertretender Minister für Allgemeinen Maschinen-, Landmaschinen- und Fahrzeugbau. Wolfgang Rauchfuß war Mitglied des Politbüros des Zentralkomitees der SED und stellvertretender Vorsitzender des Ministerrates der DDR. Vgl. *Bild am Sonntag* vom 12. August 1990: »Bonzen-Wirtschaft statt Marktwirtschaft«.

39 Klaus Klamroth: *Im Dienste der Treuhandanstalt*, Heidelberg 1999 (Eigenverlag), S. 12.

40 *Der Spiegel* vom 19. November 1990: »Der mittelenglische Umgang«.

41 Der damalige Polizeipräsident Georg Schertz sagt später: »Einen Einsatz wie die Räumung der Mainzer Straße hat es in der Bundesrepublik bis dahin nicht gegeben. Das war Bürgerkrieg.« In: *die tageszeitung* vom 12. November 2010.

42 Zwei Tage nach der Räumung zerbricht die Berliner Koalition aus SPD und Alternativer

Liste um Renate Künast und Hans-Christian Ströbele. Die nächste Wahl gewinnt die CDU, die eine große Koalition mit der SPD eingeht.

43 Klamroth, *Im Dienste der Treuhand*, S. 11.

44 Unter anderem berichtet die *Süddeutsche Zeitung* unter der Überchrift »Ruhekissen für den alten Schalck-Clan« schon am 9. August 1990: »So ist unter den Antragstellern, die der Treuhandanstalt ein unternehmerisches Konzept vorgelegt haben, eine Vielzahl von fragwürdigen Firmengründungen ... In vorderster Reihe stehen die Getreuen aus dem früheren Firmenimperium ›Kommerzielle Koordinierung‹ des Devisenbeschaffers Alexander Schalck-Golodkowski.«

45 Breuel, *Treuhand intern*, S. 165.

46 In dem Partnerschaftsvertrag heißt es unter anderem: »Abhängig von der Bilanz per 01.07.1990 und deren Bewertung durch die Treuhandanstalt gehen die Partner davon aus, daß sich ein Kaufpreis von DM ca. 15 Mio verhandeln läßt ... Der heutige Personalbestand von ca. 800 Personen der WBB GmbH (i.A.) muß auf ca. 300 Personen reduziert werden. Zur Erreichung dieser Vorgabe muß dem gesamten Personal vorsorglich gekündigt werden ... Nach dem Kauf der WBB werden die Partner die Chematec A.G. und die WBB Strukturen neu ordnen und in eine dann in der Schweiz zu gründende HOLDING einbringen ... Nach der Gründung der Holding erwirbt diese die Grundstücke der WBB und beleiht danach die Liegenschaften durch schweizer [sic] Bankinstitute und löst den Vorfinanzierungskredit ab ... Meinungsverschiedenheiten sollen durch freundschaftliche Gespräche gütlich geregelt werden ...«

Winterbruch

1 Peter F. Müller in *Die Zeit* vom 28. Juli 1995: »Kredit ohne Wiederkehr«.

2 *Stern* vom 7. März 1991: »Ein einziger Beschiss«.

3 *Handelsblatt* vom 18. Juli 1995: »Sparkasse hakt Skandal ab«.

4 *Süddeutsche Zeitung* vom 6. September 1993: »Aufschwung Ost à la Halle«. Im März 1991 fliegt der Sparkassen-Skandal auf. Der neue Chef der Bank hatte sich über die hohen Kredite gewundert. Das meiste Geld – 430 Millionen D-Mark – blieb verschwunden.

5 Hintergrund-Interview mit einem hochrangigen CDU-Politiker.

6 *Der Spiegel* vom 9. Juli 1990: »Wer hat Angst vorm bösen Wolf«.

7 *Der Spiegel* vom 9. März 1970: »Ständig mitspielen«.

8 *Frankfurter Rundschau* vom 3. November 1990: »Szenen aus Halle – Westdeutsche Seilschaft gibt die Richtung an«.

9 Ebd. Die *Rundschau* zitiert die *Hildesheimer Allgemeine Zeitung*.

10 Deutscher Bundestag, Drucksache 13/10900, S. 257.

11 Ministerium für Staatssicherheit, AG BKK, Aktennotiz vom 25. April 1984. BIEG steht für Berliner Import- und Export GmbH. Die BIEG war eine KoKo-Firma und gehörte zum Bereich von Alexander Schalck.

12 Andreas Förster: *Auf der Spur der SED-Millionen*, Berlin 1998, S. 84.

13 Ebd., S. 161.

14 Deutscher Bundestag, Drucksache 13/10900, S. 257.

15 Deutscher Bundestag, 13. Wahlperiode, 2. Untersuchungsausschuss, 53. Sitzung, 20. Februar 1997, S. 42.

16 *Der Spiegel* vom 6. Oktober 1986: »Thyssen und die guten deutschen Sitten«.

17 *Die Zeit* vom 11. April 1980: »Verkaufen, was man nicht hat«.

18 *Stern* vom 7. Februar 1991: »Geheimprojekt ›Diyala‹«.

19 *IHK-Magazin* Düsseldorf, August 2008: »Ich bin dann mal weg«.
20 *Capital* vom 1. Juli 1990: »Hoffnungsträger«.
21 *Der Spiegel* vom 1. Dezember 1997: »Post von Egon: Aktion Beschiß Ost«.
22 Im Sommer 1990 hat die Handelsunion gerade Probleme im Irak; ihre Ingenieure, die eine Raffinerie in Basra fertigstellen wollen, stecken fest, da jederzeit mit dem Einmarsch der alliierten Truppen gerechnet werden muss.
23 *Die Welt* vom 20. August 1990: »Wir wagen uns mit mutigen Schritten in die DDR«.
24 *Stuttgarter Zeitung* vom 29. März 1997: »Dieter H. Vogel«.
25 *Frankfurter Allgemeine Zeitung* vom 2. Juli 1990: »Werkstoff-Handel in der ganzen DDR«.
26 *Die Welt* vom 20. August 1990: »Wir wagen uns mit mutigen Schritten in die DDR«.
27 Deutscher Bundestag, Drucksache 13/10900, S. 145. Dieter H. Vogel behauptete später, dass die Treuhand ihm 50 Prozent des Gewinns versprochen habe und er dann – aus Kulanz – 25 Prozent vorgeschlagen habe. Hierfür gibt es keine Belege. Vgl. *Die Welt* vom 16. November 1993: »Bärendienst für den Aufschwung Ost«.
28 Treuhandvertreter verteidigten sich später und behaupteten, dass sie keinen höheren Kaufpreis hätten herausschlagen können, da die westdeutschen Banken bereits faktisch die Filialen und Banken übernommen hatten. Der Bundesrechnungshof sah das anders und kritisierte das Geschäft, vor allem da die Übernahme schriftlich kaum dokumentiert wurde und nicht mehr nachvollziehbar war, wie sich der Kaufpreis zusammensetzte. Die Deutsche Bank zahlte am Ende 310 Millionen D-Mark für die Anteile an der ostdeutschen Kreditbank und 164,4 Millionen Mark für die Immobilien. (Die Dresdner Bank überwies für ihren Anteil 113 Millionen Mark und 87,3 Millionen Mark für die Immobilien.) Die Deutsche Bank expandierte in dieser Periode international. Für die Banca d'America e d'Italia bezahlte sie 1986 umgerechnet fast eine Milliarde D-Mark (damals 600 Millionen Dollar) und bekam dafür die 100 Filialen. Die Deutsche Bank bezahlte also schon Ende der 1980er Jahre durchaus hohe Summen für Zukäufe in Europa. Der Geschäftsbesorgungsvertrag, auf dessen Grundlage die Deutsche Bank die Altschulden eintreibt, wurde erst im November 1991 von der Kreditbank nach Mosts Weggang gekündigt. Wirtschaftsprüfer hatten den Vertrag bemängelt. Das ganze Potenzial des Altschuldengeschäfts konnten die Banken also nicht ausschöpfen.

Der Tornado

1 Zitat aus: »Hüter des verlorenen Schatzes«, Dokumentation der ARD, ausgestrahlt am 7. März 1991.
2 *Der Spiegel* vom 28. Januar 1991: »Alles muss hoppla-hopp gehen«.
3 *Die Welt* vom 2. Januar 1991: »Dimension des normalen Denkens gingen verloren«.
4 Bulletin der Bundesregierung vom 5. Dezember 1990: »Gesamtkonzept 1990 für die Privatisierungs- und Beteiligungspolitik des Bundes«.
5 Seibel, *Verwaltete Illusionen*, S. 119f.
6 *Der Tagesspiegel* vom 28. September 2005: »Schüsse in der Tiefgarage«.
7 Wolfgang Antes wird später zu fünf Jahren Haft verurteilt.
8 *Die Welt* vom 26. Mai 2001: »Faust mit Schnauze«.
9 Der Vertrauensbevollmächtigte in der Zentrale beim Vorstand ist Albrecht Krieger. Krieger war zuvor Ministerialdirektor im Bundesministerium der Justiz. Auch in jeder Niederlassung der Treuhand gibt es jeweils einen Vertrauensbevollmächtigten.
10 Förster, *Auf der Spur*, S. 16.
11 Deutscher Bundestag, Drucksache 13/10900, S. 255.

12 Ebd., S. 257. Der Satz: »Bei solchen Dingen bin ich fast nie zum Abschluß gekommen« meint: In solchen Fällen hat Kageneck die Unternehmen unter diesen Bedingungen nicht an die Interessenten verkauft.
13 Klamroth, *Im Dienste der Treuhand*, S. 23. Diese Haftungsfreistellung wurde am 23. Juli 1992 noch einmal bekräftigt.
14 Horst Köhler war von 2000 bis 2004 geschäftsführender Direktor des Internationalen Währungsfonds (IWF) der Weltbank und von 2004 bis 2010 Bundespräsident. Kurz nach seiner Wiederwahl in dieses Amt trat er überraschend zurück.
15 *Die Zeit* vom 5. April 1991: »Zum Sündenbock gestempelt«.
16 *Spiegel TV-Magazin* vom 3. Februar 1991.
17 Nach mehreren Beinahe-Insolvenzen müssen die Simson-Werke 2002 doch aufgeben; der Firmenbesitz wird im Mai 2003 versteigert.
18 Britta Bannenberg und Wolfgang Schaupensteiner: *Korruption in Deutschland*, München 2004, S. 202.
19 *Berliner Zeitung* vom 13. Februar 1997: »Zielgerichtet ausgeplündert«.
20 Deutscher Bundestag, Drucksache 13/10900, S. 269f.
21 Interview des Autors mit dem WBB-Mitarbeiter Wolfgang Adolph.
22 Dieses Vorgehen haben die Beteiligten in dem Dokument vom 23. November 1990 festgehalten.
23 *Handelsblatt* vom 1. März 1991: »Betriebsräte konfrontieren Rohwedder mit heftiger Kritik«.
24 *Frankfurter Allgemeine Zeitung* vom 2. März 1991: »Treuhand-Chef brachte Mahnwache heißen Tee«. Das Werk wurde im Juni 1991 geschlossen.
25 Peter Christ und Ralf Neubauer: *Kolonie im eigenen Land*, Reinbek bei Hamburg 1991, S. 131.

Das Attentat

1 *Die Welt* vom 20. März 1991: »Zum entliehenen Schick gehört der entliehene Zorn«.
2 *Frankfurt Rundschau* vom 20. März 1991: »Als nächstes ein Sternmarsch auf das idyllische Städtchen Bonn«.
3 Ebd.
4 Das Treffen in Dresden schildert Günter Stiller im *Hamburger Abendblatt* vom 19. März 1991: »Gewitter über der Treuhand«.
5 *Frankfurter Allgemeine Zeitung* vom 28. März 1991: »Aufhören, die Treuhand zu beschimpfen«.
6 *Hamburger Abendblatt* vom 19. März 1991: »Gewitter über der Treuhand«. Die *Frankfurter Allgemeine Zeitung* vom 28. März 1991 zitiert Breuel in dem Artikel »Aufhören, die Treuhand zu beschimpfen«, so: »Wer in der Welt hätte es sonst fertig bekommen, so viele Betriebe in private Hand zu überführen. Die Bonner schon lange nicht, die schaffen nur eine Privatisierung im Jahr; und Maggie Thatcher hat nur 23 Betriebe in mehreren Jahren privatisiert.«
7 *Frankfurter Allgemeine Zeitung* vom 20. März 1991: »Die Bundesregierung sieht im Osten Deutschlands ›politische Anheizer‹ am Werk«.
8 Ebd.
9 *Der Spiegel* vom 25. März 1991: »Von Kohl hintergangen«.
10 *Frankfurter Allgemeine Zeitung* vom 20. März 1991: »Die Bundesregierung sieht im Osten Deutschlands ›politische Anheizer‹ am Werk«.
11 Deutscher Bundestag, Drucksache 14/9300, S. 291.

12 Zitiert in: *Die Zeit* vom 5. April 1991: »Zum Sündenbock gestempelt«.

13 *Stern* vom 27. März 1991: »Wut im Bauch«.

14 *Der Spiegel* vom 4. März 1991: »Irrwege im Niemandsland«. Der Artikel ist von Armin Mahler. Er verweist in dem Beitrag darauf, dass die Machtkonzentration der Treuhand auch in Bonn gern gesehen wird, schließt aber, dass die Treuhand sich selbst ändern muss und nicht die verantwortliche Bundesregierung die entsprechenden Änderungen durchsetzen müsste.

15 *Der Spiegel* vom 25. März 1991: »Am Geld wird nichts scheitern«.

16 Breuel, *Treuhand intern*, S. 224ff.

17 NDR-Interview mit einem Treuhandmitarbeiter, Produktionsmaterial Studio Berlin, 2. April 1991.

18 Zehn der ehemaligen sechzehn SED-Bezirkszeitungen wurden von der Treuhand unter der Aufsicht der Investmentbank J.P. Morgan versteigert. Gruner + Jahr hatte schon zuvor den Berliner Verlag von der PDS erworben. Auch die restlichen SED-Zeitungen wurden an große westdeutsche Presseverlage verkauft. Eine Forscherin, die die Übernahme untersucht hat, urteilte: »Der Treuhand ging es nur um schnellen Verkauf, möglichst hohe Verkaufserlöse, Arbeitsplatzsicherung und Investitionszusagen. Weder das Amt für Wettbewerbsschutz der DDR noch das Bundeskartellamt ... haben dieser Entwicklung entgegengewirkt ... Es ist eine Folge verpasster Gelegenheiten ... Zweieinhalb Jahre nach dem Beginn des Strukturwandels ist die Presse noch stärker als in der DDR hochgradig konzentriert.« Beate Schneider: »Die ostdeutsche Tagespresse – eine (traurige) Bilanz«, in: *Media Perspektiven* 1992, Heft 7, S. 434.

19 Thomas Müntzer war ein Pfarrer und Führer im Bauernkrieg im 16. Jahrhundert in Thüringen. Er kämpfte mit einer Bauernarmee gegen den alteingesessenen Adel. Nach der Schlacht bei Frankenhausen wurde er festgenommen, später gefoltert und geköpft. In der DDR war Müntzer hoch angesehen. Sein Geburtstort Stolberg führte den Zusatz »Thomas-Müntzer-Stadt«, sein Porträt war auf dem Fünf-Mark-Schein der DDR abgebildet und ein Kali-Werk in Bischofferode wurde nach dem Pfarrer benannt.

20 Dabei wurde unter anderem im März 1988 das »Technologiezentrum« des Verbandes Deutscher Ingenieure in West-Berlin angezündet. Vgl. *Der Tagesspiegel* vom 6. März 1988: »Brandanschlag auf Zentrum für Informationstechnik«. Der stellvertretende Leiter des Berliner Staatsschutzes sagt zudem am 3. April 1991 im *Tagesspiegel*: »Der Berliner Anschlag war die typische Tat einer Revolutionären Zelle, was auch dadurch bestätigt wird, daß wir ›Thomas Münzers Haufen‹ seit der Weltbanktagung 1988 kennen.«

21 Die Gruppe schreibt sich im ersten Schreiben mit und im zweiten Schreiben ohne Apostroph; bei der Wiedergabe wurde einheitlich die Schreibweise ohne Apostroph gewählt.

22 Spethmann hat unter anderem die Lieferung der Fuchs-Panzer der Firma Thyssen-Henschel an Saudi-Arabien zu verantworten.

23 In vielen Quellen heißt es, die Ringfahndung sei innerhalb von wenigen Minuten eingeleitet worden. Wahrscheinlich innerhalb von Minuten nach dem Anruf von Hergard Rohwedder, nicht innerhalb von Minuten nach dem Schuss. Es sind also mindestens 20 bis 30 Minuten vergangen, ehe die Ringfahndung stand und etwa die Rheinbrücken abgesperrt waren.

24 *Stern* vom 4. April 1991: »Das Attentat«.

25 Zitiert – inklusive Großschreibung – nach Klaus Pflieger: *Die Rote Armee Fraktion*, Baden-Baden 2004, S. 166. Trikont steht für Asien, Afrika, Lateinamerika – drei Kontinente: Trikont.

Business as usual

1 Das MfS hatte zehn Mitgliedern der RAF in der DDR Unterschlupf gewährt. Die »Aussteiger« bekamen zudem eine neue Identität. Sie wurden im Juni 1990 in der DDR verhaftet. In den 1980er Jahren hatte das MfS zudem Aktivisten der RAF militärisch ausgebildet.

2 Herbert Schnoor in einem Interview der Sendung *ZDF-History*, 3. Oktober 2010.

3 Das BKA stellt aufgrund dieser sichergestellten Papiere eine Liste von 32 Personen zusammen, darunter Rohwedder, Horst Köhler, Theo Waigel, Wolfgang Schieren (Vorstandsvorsitzender der Allianz), Helmut Kohl sowie weitere Minister, Staatssekretäre und Manager. Vgl. *Der Spiegel* vom 8. April 1991: »Langer Kampf«.

4 Am 4. April veröffentlichte die »Rote Armee Fraktion« ein zweites Bekennerschreiben. Darin nimmt sie detailliert zu der Tat Stellung.

5 Otto Gellert 1. April 2011, mündliche Ergänzung zur seiner Rede.

6 Munzinger Personenarchiv zu Birgit Breuel, 15. Juli 2010.

7 Breuel war Direktionsassistentin beim »Hamburgischen Weltwirtschaftsarchiv« (HWWA) und bei »International Report« in New York.

8 *Welt am Sonntag* vom 24. Februar 1980: »Privat ist billiger als Staat – und der Bürger hat wieder mehr Freiheit«.

9 Birgit Breuel: *Es gibt kein Butterbrot umsonst*, Düsseldorf u.a. 1976, S. 122.

10 *die tageszeitung* vom 10. April 1991: »Die 50 größten Treuhandunternehmen«.

11 Sie wird fast zwei Jahre in Behandlung bleiben müssen, weil das Attentat sie auch psychisch sehr mitgenommen hat.

12 *Frankfurter Allgemeine Zeitung* vom 11. April 1991: »Er lebte und arbeitete für das, wonach wir streben«.

13 Bulletin der Bundesregierung vom 12. April 1991.

14 *die tageszeitung* vom 11. April 1991: »Der Überfall auf dem Gendarmenmarkt«.

15 Egmont Koch: *Das geheime Kartell*, Hamburg 1992, S. 81.

16 Ottokar Hermann hatte auch mit Detlev Karsten Rohwedder zu tun, als der noch Chef von Hoesch war. Eine Hoesch-Tochter, die FUBA, hatte zwei Leiterplattenwerke an die Firma Robotron in die DDR geliefert, obwohl das den Embargo-Bestimmungen widersprach. Das Geschäft wurde über die KoKo-Firma Intrac in der Schweiz abgewickelt. Rohwedder hatte sich Ende 1989 beim Bundeswirtschaftsministerium dafür eingesetzt, dass die FUBA auch ein drittes Werk in der DDR bauen durfte. Dann kam die Wende. Hermann behauptete später, er habe Rohwedder vor und nach dem Mauerfall getroffen, um mit ihm persönlich über die Zahlungsabwicklung für die ersten beiden Leiterplattenwerke zu sprechen, die 1990 fertiggestellt worden waren. Das letzte Mal, so behauptet Ottokar Hermann vor Mitarbeitern des KoKo-Untersuchungsausschusses des Bundestages, habe er sich mit Rohwedder zwei Wochen vor dessen Ermordung getroffen. In der ZDF-Dokumentation »History: Rohwedder« (2010) wird daraus ein mögliches Mordmotiv konstruiert: Rohwedder sei einer »KoKo-Verschwörung« auf der Spur gewesen. Die mündliche Erklärung von Hermann vor den Aussschussmitarbeitern am 11. April 1994 stützt diese spektakuläre Behauptung nicht. Vgl. Deutscher Bundestag, Drucksache 12/7600, S. 4751ff.

17 *Die Welt* vom 27. Mai 1991: »Wir sind der Prügelknabe – dahinter steckt Methode«.

18 Auch in anderen Außenstellen der Treuhand wurden die Sicherheitsvorkehrungen verstärkt. In der Niederlassung Leipzig wurde beispielsweise ein Röntgengerät am Eingang installiert, wie man es von Flughäfen kennt. Vgl. Günter Heribert Münzberg: *Zu treuen Händen*, Leipzig 2001, S. 141.

Die Festung

1 Otto Grotewohl war von 1949 bis zu seinem Tod 1964 der erste Ministerpräsident der DDR. Grotewohl war zunächst SPD-, später SED-Mitglied. Die Otto-Grotewohl-Straße wurde 1993 in Wilhelmstraße umbenannt. Im Briefkopf der Anstalt steht ab April 1991 jedoch Leipziger Straße 5/7 – die Stirnseite des riesigen Gebäudes liegt an der Leipziger Straße. Das Bundesfinanzministerium hat heute die Adresse: Wilhelmstraße 97, wo sich der Haupteingang befindet. Bei der Treuhand hatte man wohl Vorbehalte gegen den Namen Grotewohl.

2 *Das Detlev Rohwedder Haus*, Broschüre des Bundesministeriums der Finanzen, Berlin 2008.

3 Bundeszentrale für politische Bildung, Onlinepublikation: <http://www.17juni53.de/chronik/530616.html>.

4 *Die Welt* vom 2. Mai 1991: »Wehmut und Tränen beim letzten Start der Interflug«. Eine Delegation von Interflug-Mitarbeitern war noch im März nach Bonn geflogen, um den Bundespräsidenten um Hilfe zu bitten. Mitarbeiter von Carl Zeiss Jena und der Halbleiterwerke Frankfurt an der Oder hatten die Interflug-Mitarbeiter begleitet. Bundespräsident Weizsäcker war jedoch nicht in Bonn, sondern unterwegs in Indien.

5 *Frankfurter Rundschau* vom 11. Mai 1991: »Chemieindustrie im Osten – Nagelprobe für Bonner Sanierungsstrategie«.

6 Diese Untersuchung geht von 150 000 Arbeitsplätzen aus, weil sie die Zuliefererindustrie mit einbezieht. Mit Tertiärsektor ist der Dienstleistungssektor gemeint, also unter anderem Supermärkte, Einzelhandelsgeschäfte, Autohäuser, aber auch Banken und Versicherungen.

7 Die Defa-Dokumentation »Der letzte Abstich« von Heinz Brinkmann, 1991, dokumentiert diesen Besuch von Helmut Kohl.

8 Zeugenaussage von Wilfried Kroll vor dem Untersuchungsausschuss »DDR-Vermögen«, Deutscher Bundestag, 13. Wahlperiode, 25. April 1996.

9 *Der Spiegel* vom 6. Mai 1991: »Der macht keinen Fehler«.

10 Pressemitteilung der Treuhandanstalt vom 10. Juli 1991.

11 *Frankfurter Allgemeine Zeitung* vom 13. Juni 1991: »Das Land Thüringen übernimmt Carl Zeiss Jena«.

12 *Die Zeit* vom 15. März 1991: »Offene Wunden der Teilung«.

13 Ebd.

14 *Capital* schreibt am 1. Januar 1991: »Artig bedankt sich Klaus-Dieter Gattnar, Chef von Carl Zeiss Jena für die faire Beratung durch seinen westlichen Kollegen, Horst Skoludek, 63, Chef bei Carl Zeiss West. Genauso gut hätte er sich für sein Ende bedanken können. Denn die geplante Wiedervereinigung der bisher getrennten Stiftungen bedeutet die bedingungslose Kapitulation der Ostseite.«

15 Lothar Späth: »Jenoptik – Perspektiven eines erfolgreichen Unternehmens«, in: Birgit Breuel (Hrsg.): *Ohne historisches Vorbild*, Berlin 2005, S. 112. Kurz vor der Ernennung von Lothar Späth zum Berater ehrenhalber fordert Matthias Wissmann, wie Späth aus dem CDU-Landesverband Baden-Württemberg, dass die Treuhand drei Milliarden D-Mark für Zeiss Jena zur Verfügung stellen muss. Vgl. *Frankfurter Allgemeine Zeitung* vom 18. April 1991: »Treuhand wehrt sich gegen Einmischung«.

16 *Frankfurter Allgemeine Zeitung* vom 11. Mai 1991: »Lothar Späths Pokerspiel«.

17 Seibel, *Verwaltete Illusionen*, S. 175.

18 Ebd., S. 153.

Zahltag

1 Die Schilderung beruht auf einem Urteil des Landgerichts Stuttgart.
2 Dabei handelt es sich zum einen um die Feinmechanischen Werke in Halle. Die Treuhand übernimmt hier 15,5 Millionen D-Mark Altschulden. Schneider garantiert, 230 Arbeiter bis zum 30. Juni 1992 weiter zu beschäftigen. Eine Investitionsgarantie gibt er nicht ab. Der Kaufpreis beträgt 500 000 Mark. Der zweite Kauf betrifft die Germaplast GmbH. Hier geht es nur um ein Grundstück – Kaufpreis 450 000 Mark. Vgl. Deutscher Bundestag, Drucksache 12/8404, S. 300f. Das Geld hat Dr. Schneider von seinen Privatkonten abgezogen.
3 *Frankfurter Allgemeine Zeitung* vom 20. August 1991: »Die Talfahrt der sowjetischen Wirtschaft hat sich beschleunigt«.
4 Ebd.
5 *Frankfurter Allgemeine Zeitung* vom 22. August 1991: »Der Putsch in der Sowjetunion ist zusammengebrochen«. Tatsächlich tritt Gorbatschow am 25. Dezember 1991 zurück. Er war der letzte Präsident der Sowjetunion.
6 *Frankfurter Rundschau* vom 18. Januar 2010: »Der Amigo und die Mäuse«.
7 CBC News vom 27. März 2009: »The Early Years«.
8 *Der Spiegel* vom 10. August 2009: »Strahlende Altlast«. Eine Version besagt, es war ein Supermarktparkplatz, eine andere, es war der Parkplatz einer Schweizer Pizzeria, vgl. CBC, 27. März 2009.
9 *Der Spiegel* vom 10. August 2009: »Strahlende Altlast«. Wofür Schreiber das Geld bezahlt hat, ist nie ermittelt worden.
10 Über die Staatsbürgerliche Vereinigung wurden zwischen 1969 und 1980 insgesamt 214 Millionen Mark in die Kassen der FDP, CDU und CSU geschleust.
11 Mehrere Ermittler und Staatsanwälte aus Berlin haben dem Autor übereinstimmend erklärt, es fehlte vor allem am »politischen Willen«, die Kriminalität in der Wendezeit effizienter zu bekämpfen.
12 Deutscher Bundestag, Drucksache 13/10900, S. 270.
13 Der Film heißt damit genauso wie die ZDF-Reportage über die Treuhand aus dem Jahr 1990; er wird von Wolfgang Dick für den MDR produziert: »Der Kraftakt – Eine Ostfirma sucht einen Markt«; Ausstrahlung am 21. Januar 1993.
14 Ebd.
15 *Hamburger Morgenpost* vom 20. September 1991: »Schalcks frühere Vertraute von der Treuhand entlassen«.
16 Joseph Schumpeter: *Capitalism Socialism and Democracy*, New York 1942.
17 Die Noten wurden insgesamt wie folgt aufgeteilt: Note 1: Unternehmen arbeitet rentabel. Kein weiterer Sanierungsbedarf. Privatisierung zügig vorantreiben. Note 2: Unternehmen erreicht die Rentabilitätsschwelle voraussichtlich in 1991. Kaum Sanierungsbedarf. Privatisierung zügig vorantreiben. Note 3: Sanierungskonzept scheint erfolgreich. Note 4: Sanierungsfähigkeit scheint gegeben, das Konzept ist noch nicht ausreichend, Alternativkonzepte sollten erstellt werden. Note 5: Sanierungsfähigkeit erscheint zweifelhaft. Eingehende Untersuchung erforderlich. Möglicherweise können folgende Bereiche verwertet/privatisiert werden. Note 6: Unternehmen nicht sanierungsfähig, Entscheidung, ob Konkurs oder stille Liquidation, muss getroffen werden. Es wird empfohlen: stille Liquidation oder Gesamtvollstreckung (vgl. Klamroth, *Im Dienste*, S. 25f.).
18 Fast ein Jahrzehnt später hat der schwedische Investor Autoliv den Standort ausbauen lassen. In Döbeln arbeiten 2011 fast 400 Menschen.
19 *Frankfurter Rundschau* vom 30. Juli 1991: »Treuhand-Yuppies basteln in Berliner Anstalt an ihrer Karriere«.

20 Die Schilderung beruht auf einem Urteil des Landgerichts Stuttgart.
21 Klamroth, *Im Dienste*, S. 35.
22 Ebd., S. 23.
23 Es handelt sich um die Geräte- und Reglerwerke in Teltow, vgl. die Schilderung des Falles in dem Buch vom Dieter Kampe: *Wer uns kennenlernt, gewinnt uns lieb*, Berlin 1993.
24 Zitiert im *Stern* vom 5. Dezember 1991: »Schnäppchen-Jäger und ›rote Socken‹«.
25 Späth, »Jenoptik«, S. 105.

Projekt Kronos

1 *Der Spiegel* vom 24. Juli 2000: »Wie im Wilden Westen«.
2 Ebd.
3 Ebd.
4 *Financial Times* vom 5. Juli 1990: »Elf-Aquitaine expansion quickens«.
5 Dabei handelt es sich um das ehemalige Unterwäschemodell Christine Deviers-Joncour.
6 *The New York Times* vom 24. Mai 1990: »Oil Deal By Soviets and French«.
7 *Financial Times* vom 5. Juli 1990: »Elf-Aquitaine expansion quickens«.
8 *Le Monde Diplomatique* (deutsche Ausgabe) vom 14. April 2000: »Elf – Erdölriese in staatlicher Mission«. Elf war auch in anderen Staaten Afrikas politisch aktiv, darunter in Angola und im Kongo.
9 *The Guardian* vom 12. November 2003: »Gigantic sleaze scandal winds up as former Elf oil chiefs are jailed«.
10 *International Herald Tribune* vom 1. Februar 2002: »Lengthy Elf Inquiry nears explosive finish«.
11 *Le Monde Diplomatique* (deutsche Ausgabe) vom 14. April 2000: »Elf – Erdölriese in staatlicher Mission«.
12 *Der Tagesspiegel* vom 16. Juni 2003: »Öl und andere Quellen«.
13 *Frankfurter Allgemeine Zeitung* vom 18. Juli 2003: »Ein Betrugssystem«.
14 *Frankfurter Rundschau* vom 14. Januar 1991: »BP-Konsortium hat beim Poker um Minol schlechte Karten«.
15 *Wirtschaftswoche* vom 24. Januar 1992: »Minol: Letztes Sahnestück«.
16 *Frankfurter Allgemeine Zeitung* vom 17. Januar 1991: »Minol und Leuna gehen an französisch-deutsches Konsortium«.
17 Interview des Autors mit Franz Wauschkuhn, Juli 2010.
18 Klamroth, *Im Dienste*, S. 38.
19 Mit dem Hay-System bewerten Firmen die Arbeit von Mitarbeitern. Je nach der Qualität der geleisteten Arbeit zahlt der Arbeitgeber einen Bonus an den Mitarbeiter.
20 Der Bundesrechnungshof hat errechnet, dass ein Abteilungsleiter der Treuhand sein Gehalt durch die Prämien bis zu 53 Prozent aufbessern konnte und ein Direktor um bis zu 35 Prozent. Deutscher Bundestag, Drucksache 12/5650, S. 188.
21 Klamroth, *Im Dienste*, S. 36.
22 Ebd., S. 41f.
23 Deutscher Bundestag, Drucksache 12/8404, S. 304.
24 Später werden Revisoren feststellen, dass die Verkäufe in Halle, die Alexander oder Sauer zu verantworten haben, anhand der Akten kaum nachvollziehbar sind – wesentliche Dokumente fehlen.
25 *Mitteldeutsche Zeitung* vom 25. März 1998: »Treuhand-Mann geht hinter Gitter«.

26 *Der Spiegel* vom 9. Februar 1998: »Stets unter Wert«.
27 *International Herald Tribune* vom 13. Oktober 2000: »Imbroglio Over the Elf-Kohl Payoff: Was It a Hoax to Hide Kickbacks?«.
28 *The Guardian* vom 7. Mai 2003: »Oil scandal billionaire tells French court of bribes«.
29 *International Herald Tribune* vom 13. Oktober 2000: »Imbroglio Over the Elf-Kohl Payoff: Was It a Hoax to Hide Kickbacks?«.
30 Deutscher Bundestag, Drucksache 14/9300, S. 319.
31 *International Herald Tribune* vom 13. Oktober 2000: »Imbroglio Over the Elf-Kohl Payoff: Was It a Hoax to Hide Kickbacks?«.
32 *Die Zeit* vom 20. März 1992: »Die Lobby macht mobil«.
33 *Die Zeit* vom 20. Dezember 1991: »Pannen beim Ausverkauf«.
34 Angeblich wurden ihm dann nur 900 000 Mark ausgezahlt – vgl. *Frankfurter Allgemeine Zeitung* vom 24. Dezember 2010: »Aufstieg und Fall eines Karrierebeamten«.

Für Mitarbeiter der Treuhandanstalt – Durchfahrt auf eigene Gefahr!

1 *Der Spiegel* vom 19. November 1990: »Steinkühler baut vor«.
2 Der Bagger steht bis heute im Keller von Klaus Klamroth.
3 Die Schilderung beruht auf einem Urteil des Landgerichts Berlin.
4 Interview des Autors mit Michael Materson, ehemaliger WBB-Mitarbeiter.
5 *International Herald Tribune* vom 13. Oktober 2000: »Imbroglio Over the Elf-Kohl Payoff: Was It a Hoax to Hide Kickbacks?«.
6 *Die Welt* vom 21. Januar 2000: »Ein Mann für gewisse Geschäfte«. In einem seiner seltenen Interviews bezeichnet Holzer den Ex-Agenten Lethier als »guten Bekannten«. Vgl. auch: Deutscher Bundestag, Drucksache 14/9300, S. 320.
7 Wie intensiv die Mitarbeit Dieter Holzers war, ist unklar: Er hatte den Decknamen »Baumholder« und soll bei den Verhandlungen über die Freilassung deutscher Geiseln im Libanon eine Rolle gespielt haben.
8 *Süddeutsche Zeitung* vom 20. Januar 2000: »Im Profil: Dieter Holzer«, und *Abendzeitung* vom 16. November 1999: »Deckname Baumholder«.
9 *Die Welt* vom 21. Januar 2000: »Ein Mann für gewisse Geschäfte«.
10 *Wirtschaftswoche* vom 15. Mai 1992: »Drei Perlen in petto«.
11 *Freies Wort* vom 28. April 1994: »Fragezeichen bleiben«.
12 *Freies Wort* vom 10. April 1992: »Für Treuhand ›Betreten verboten‹?«.
13 *Ilmenauer Allgemeine* vom 16. April 1992 und *Freies Wort* vom 16. April 1992: »Protestaktionen lohnen sich langsam«.
14 *Thüringer Allgemeine* vom 30. April 1992: »Verbundlösung ist nicht zu erwarten«.
15 *die tageszeitung* vom 12. Juni 1992: »Schalcks Mann in Bochum verurteilt«.
16 *Der Spiegel* vom 15. Juni 1992: »Wie Al Capone«.
17 Ebd.
18 So unter anderen *Der Spiegel* vom 15. Juni 1992: »Wie Al Capone«.
19 *Frankfurter Allgemeine Zeitung* von 19. Juni 1992: »Dreistigkeit und Lügen«.
20 *Frankfurter Rundschau* vom 19. Juni 1992: »KoKo-Zeugin bekundet Unwissen«.
21 *Süddeutsche Zeitung* vom 19. Juni 1992: »Unklarheit über Treffen am Flughafen«.
22 Ebd.
23 Als »Gesellschaftlicher Mitarbeiter für Sicherheit« wurde im Ministerium für Staatssicherheit (MfS) der DDR eine Kategorie Inoffizieller Mitarbeiter bezeichnet, die Informationen sammelten und dabei offen staatsloyal auftraten.
24 *Der Spiegel* vom 11. Mai 1992: »Schlussverkauf bei der Treuhand«.

25 Abgedruckt in: Thomas Kleine Brockhoff: *Das System Leuna*, Hamburg 2001, S. 207f.
26 *Der Spiegel* vom 24. Juli 2000: »Wie im Wilden Westen«.
27 Abgedruckt in: Brockhoff, *Das System Leuna*, S. 211.
28 Deutscher Bundestag, Drucksache 14/9300, S. 306.
29 *Berliner Zeitung* vom 13. Februar 1997: »Zielgerichtet ausgeplündert«, und *Focus* vom 17. Juli 1997: »Der große Bluff«. Der Reporter schrieb 1997 noch für den *Spiegel*, vgl. die Ausgabe 30/1997. Er hat später auch an Geschichten über Rottmann und die WBB mitgearbeitet.

Im Rausch

1 *Frankfurter Rundschau* vom 25. Juli 1992: »Chemie-Dreieck um Halle – Auch Kanzler-Versprechen garantiert keine Jobs«.
2 Bericht des Bundesministeriums der Finanzen an den 1. Untersuchungsausschuss des 14. Deutschen Bundestages, S. 1495.
3 *Frankfurter Rundschau* vom 25. Juli 1992: »Chemie-Dreieck um Halle – Auch Kanzler-Versprechen garantiert keine Jobs«.
4 Ebd.
5 *Die Zeit* vom 9. November 2006: »Absahner im Osten«, und *Berliner Zeitung* vom 13. Juni 1997: »Elf-Affäre: Thyssen bestätigt ›Geheimvertrag‹«.
6 Thyssen-Vertreter behaupten, dieser Vertrag sei nicht geheim gewesen und es habe Augenzeugen der Treuhand bei der Unterzeichnung gegeben. Der zuständige Vorstand Klaus Schucht sagte jedoch später, er habe von diesem Vertrag nichts gewusst.
7 Bericht des Bundesministeriums der Finanzen, S. 1532f.
8 *Frankfurter Allgemeine Zeitung* vom 21. Juni 2003: »Die unzufriedene Frau Joly«.
9 Bericht des Bundesministeriums der Finanzen, S. 1497.
10 *Frankfurter Rundschau* vom 24. September 1992: »Der Fall Leuna-Minol steckt voller Eigentümlichkeiten«.
11 *Handelsblatt* vom 10. September 1992. »Viele Fragen bleiben auch in Zukunft noch offen«.
12 Interview des Autors mit Klaus-Peter Wild, 2. November 2010.
13 *Forbes* vom 1. Mai 1992: »Verdiener zweier Herren«.
14 Ebd.
15 *Forbes* vom 1. Mai 1992: »Am Anfang im Stehen auf dem Flur«.
16 *Frankfurter Rundschau* vom 22. Juli 1992: »Riesenschaden durch Blitz-Privatisierer«.
17 *Forbes* vom 1. Mai 1992: »Verdiener zweier Herren«.
18 In anderen Quellen wird behauptet, es war der 15. Oktober – vgl. Deutscher Bundestag, Drucksache 12/8404, S. 308.
19 Klamroth, *Im Dienste*, S. 56.
20 Ebd., S. 75.
21 Deutscher Bundestag, Drucksache 12/8404, S. 308.
22 Bannenberg/Schaupensteiner, *Korruption*, S. 200.
23 Deutscher Bundestag, Drucksache 13/109000, S. 258.
24 Deutscher Bundestag, 13. Wahlperiode, 2. Untersuchungsausschuss, 53. Sitzungstag, Protokoll S. 54f.
25 Deutscher Bundestag, Drucksache 13/10900, S. 258.
26 Pressemitteilung der Treuhandanstalt vom 20. November 1992.
27 *Handelsblatt* vom 9. März 1993: »Lohnsenkung um 15 Prozent scheiterte am heftigen Widerstand des Betriebsrates«.

28 Klamroth, *Im Dienste*, S. 62.
29 Deutscher Bundestag, Drucksache 12/8404, S. 309.
30 Ebd.
31 Klamroth, *Im Dienste*, S. 63.
32 Deutscher Bundestag, Drucksache 14/9300, S. 316f.

In Halle ist der Teufel los

1 *Frankfurter Allgemeine Zeitung* vom 2. Januar 1993: »Schlußspurt bei Privatisierung und neuer Akzent auf Sanierung«.
2 Ausgestrahlt im MDR, 5. Februar 1993.
3 Management KG steht für Management Kommanditgesellschaft. Ein Manager von außen übernimmt nach diesem Modell mit Treuhandmitteln das Unternehmen. Ein anderes Modell ist ein MBO – ein Management Buy-Out. Hier kauft das Management das eigene Unternehmen.
4 *die tageszeitung* vom 18. Oktober 1993: »Die Paten von Halle«.
5 *Mitteldeutsche Zeitung* vom 6. März 1993: »Chef des Industrie-Clubs stellt Strafanzeige«.
6 *Südwestpresse* vom 14. Mai 1993: »Nach dem Festakt verflog die Laune«.
7 Ebd.
8 Deutscher Bundestag, Drucksache 12/8404, S. 311.
9 *Der Tagesspiegel* vom 29. April 1993: »Treuhand-Referatsleiter bleibt hinter Gittern«.
10 Deutscher Bundestag, Drucksache 12/8404, S. 311.
11 *Mitteldeutscher Express* vom 3. Juni 1993: »Der Skandal-Schwabe – Sein Imperium zerbricht«.
12 *Die Welt* vom 17. Juni 1993: »Investor soll Ost-Firmen geplündert haben«.
13 *Hamburger Abendblatt* von 28. Juni 1993: »Investoren prellen die Treuhand«.
14 *Der Tagesspiegel* vom 25. Februar 1996: »Ein dubioser Jurist und 13 Millionen«.
15 *Focus* vom 20. Mai 2005: »Das geheime Tagebuch des Schattenmanns«.
16 *Die Woche* vom 17. Juni 1993: »Ohne Rücksicht auf Verluste«.
17 Kampe, *Wer uns kennenlernt*, S. 60.
18 *Frankfurter Allgemeine Zeitung* vom 21. Juni 1993: »Die Treuhand und ihre Kriminellen«.
19 Offener Brief des Pressesprechers Wolf Schöde an die *FAZ*-Autorin Kerstin Schwenn, 21. Juni 1993.
20 *Mitteldeutsche Zeitung* vom 24. Juni 1993: »Treuhandsprecher: In Halle ist der Teufel los«.
21 Pflieger, *Die Rote Armee Fraktion*, S. 174f.
22 Kurz nach den Vorfällen behauptet das Magazin *Der Spiegel* unter Berufung auf einen namentlich nicht genannten Polizisten vor Ort, dass Grams mit einem aufgesetzten Kopfschuss regelrecht hingerichtet worden sei. Der Autor, Hans Leyendecker, distanzierte sich später von dieser Version. Bis heute ist nicht klar, ob das kriminaltechnische Gutachten den Hergang der Erschießung von Grams richtig deutet. Das Landgericht in Bonn wies eine zivilrechtliche Klage der Eltern von Grams mit der Begründung zurück, es könne nicht mehr geklärt werden, wie genau Grams getötet worden ist.
23 Ob Grams selber am Tatort war, ob er geschossen hat oder ob nur seine Haare an dem Handtuch klebten, er sich selber aber nie am Tatort aufgehalten hat, ist bis heute unklar. Das Bundeskriminalamt hat bisher nicht herausfinden können, wer Detlev Karsten Rohwedder erschossen hat. Von dem Attentat haben sich RAF-Mitglieder, die sich öffentlich äußern, jedoch nie distanziert. 1997 wurde Birgit Hogefeld, die in Bad Kleinen

verhaftet worden war, in einem Interview auf den Mord angesprochen. Frage: »Der letzte tödliche Anschlag der RAF traf 1991 den Chef der Treuhandanstalt Detlev Karsten Rohwedder. Warum gerade er?« Hogefeld: »In unseren Diskussionen spielte damals eine Rolle, sich stärker als bisher auf reale Bewegungen in der Gesellschaft zu beziehen. Die Aktionen der siebziger und achtziger Jahre hatten ja praktisch nichts mit der legalen Linken zu tun, grenzten sich zum Teil sogar bewußt von ihr ab. Das sollte sich ändern. Es ging in dieser Zeit um die Annäherung an die legale Linke, aber noch nicht um den Verzicht auf Aktionen.« Frage: »Die unmittelbare Folge war der Abbruch der Proteste gegen die Treuhand und eine öffentliche Diskussion darüber, ob die Stasi an dem Anschlag beteiligt war.« Hogefeld: »Der Stasi-Verdacht war natürlich Quatsch. Daß es zu solchen Theorien überhaupt kommen konnte, war auch ein Ergebnis von Fehleinschätzungen, die sich aus der Abschottung der Illegalen von der realen Gesellschaft ergaben.« *Der Spiegel* vom 13. Oktober 1997: »Wir waren sehr deutsch«. Trotz dieser Antwort gibt es noch immer Stimmen, die behaupten, dass ehemalige Staatssicherheitsagenten Rohwedder erschossen haben. Hogefeld ist inzwischen als letztes RAF-Mitglied aus dem Gefängnis entlassen worden.

Das stille Sterben hat ein Ende

1 Birgit Breuel sagte später, dass nach den Verträgen das Geld für Ostschächte ausgegeben werden musste. Allerdings sind die Verträge bis heute nicht offengelegt worden.

2 *Frankfurter Rundschau* vom 2. August 1993: »10 000 bei Aktionstag in Bischofferode«.

3 Ebd.

4 *Berliner Zeitung* vom 24. Juli 1993: »Keine Regierung der Welt hätte so viel Bitteres entschieden«.

5 *Die Zeit* vom 30. Juli 1993: »Stillstand, das wäre der Tod«.

6 *Berliner Zeitung* vom 24. Juli 1993: »Keine Regierung der Welt hätte so viel Bitteres entschieden«.

7 *Focus* vom 20. Juni 2005: »Das geheime Tagebuch des Schattenmanns«.

8 *Frankfurter Rundschau* vom 19. Oktober 1993: »Bei Metallurgiehandel Bock zum Gärtner gemacht«.

9 *Frankfurter Rundschau* vom 15. Oktober 1993: »Razzia bei Thyssen-Managern«.

10 *Frankfurter Allgemeine Zeitung* vom 16. Oktober 1993: »Ermittlungen gegen Thyssen-Mitarbeiter«.

11 Hintergrundgespräch mit Mitgliedern der Berliner Staatsanwaltschaft

12 *Handelsblatt* vom 22. Oktober 1993: »Für das Unternehmen war die Woche ein Alptraum«.

13 *Handelsblatt* vom 4. November 1993: »Vogel ›Es war nichts da, also war nichts zu finden‹«.

14 Deutscher Bundestag, Drucksache 12/5650, S. 180.

15 Ebd. sowie S. 173: »So sollen bis Ende Mai 1993 mehr als 12 000 Privatisierungsverträge abgeschlossen sein. Damit seien Investitionen in Höhe von 179 Mrd. verbunden; davon seien allerdings Investitionen von 88,2 Mrd. DM in einklagbarer Form vereinbart. Von den zugesicherten Arbeitsplätzen seien rd. 852 000 einklagbar vertraglich abgesichert.«

16 Deutscher Bundestag, 12. Wahlperiode, 2. Untersuchungsausschuss, 8. Sitzungstag, Protokoll S. 49ff.

17 Ebd., S. 63.

18 Ebd., S. 42ff. Bundesfinanzminister Theo Waigel hat im Oktober 1993 noch gesagt, die

Treuhand solle nur behutsam geprüft werden, der Untersuchungsausschuss dürfe nicht zur Inquisition werden, »vordergründige Enthüllungsstories könnten Investoren abschrecken«. *Frankfurter Rundschau* vom 13. Oktober 1993: »Waigel warnt vor ›Inquisition‹«.

19 Die von den Referenten vorbereiteten Tischvorlagen für die Vorstandssitzungen sind ein bis zwei Seiten lang und dienen als Entscheidungsgrundlage für das tagende Gremium.

20 Deutscher Bundestag, 12. Wahlperiode, 2. Untersuchungsausschuss, Beweisprotokoll, 8. Sitzungstag, S. 53f.

Die neun Leben der alten Katze Leuna

1 Der Kollege wird später Vorstandsmitglied des Vattenfall-Konzerns.

2 Deutscher Bundestag, 12. Wahlperiode, 2. Untersuchungsausschuss, 17. Sitzungstag, Protokoll S. 502.

3 Ebd., S. 462.

4 Ebd., S. 479.

5 Ebd., S. 464.

6 Ebd., S. 465f.

7 Ebd., S. 506.

8 Deutscher Bundestag, Drucksache 12/8504, S. 3.

9 Bis heute behaupten führende Treuhänder, Birgit Breuel hätte Elf dazu gebracht, Leuna zu bauen, weil sie das französische Management darauf aufmerksam gemacht hat, dass es schon in einem Börsenprospekt für die New Yorker Börse auf den Leuna-Bau verwiesen habe: Der Konzern müsste in den USA also eine empfindliche Strafe zahlen, wenn er Leuna nicht baut. Angeblich, so Presseberichte, habe sie durchgesetzt, dass in dem Kohl-Brief an den Premier Balladur betont wird, dass Elf wegen der Ankündigung im Börsenprospekt verpflichtet sei, die neue Raffinerie in Leuna zu bauen. *Berliner Zeitung* vom 23. Januar 1998: »Birgit Breuel kommt in Erklärungsnot«, und *Der Spiegel* vom 28. Februar 1994: »Böse Blamage in Leuna«. Allerdings geht aus den Akten des Bundesfinanzministeriums hervor, dass Breuel tatsächlich vorschlug, den Franzosen entgegenzukommen.

10 Bericht des Bundesministeriums der Finanzen, S. 1534.

11 *Der Spiegel* vom 22. April 1996: »Freunde oder Fälscher?«.

12 Ein »Memorandum of Understanding« – MoU – ist eine Absichtserklärung, die künftige Vertragspartner miteinander abschließen. In der Erklärung werden die Eckpunkte des Vertrages festgelegt, der noch ausgehandelt werden muss.

13 Bericht des Bundesministeriums der Finanzen, S. 1510.

14 In ersten Berichten und auch später wurde behauptet, Sauer sei in einem Rolls-Royce erwischt worden. Er hatte wohl einen Rolls-Royce in der Garage in Newport, fuhr aber mit einem Buick in die Radarfalle. Vgl. den Artikel vom Reimund Schwarz, *Mitteldeutscher Express* vom 19. April 1994.

15 *Süddeutsche Zeitung* vom 21. April 1994: »Ex-Treuhand Direktor in den USA verhaftet«.

16 *Frankfurter Allgemeine Zeitung* vom 13. Oktober 1993: »Abwicklung erhält kaum weniger Arbeitsplätze als Privatisierung«.

17 *Berliner Morgenpost* vom 10. Januar 1993: »Ein ›Totengräber‹, der nicht zum ›Hühnerdieb‹ werden will«.

18 *Süddeutsche Zeitung* vom 22. Juli 1993: »Von der Politik in die Zange genommen«.

19 *Top Business* vom April 1993: »Lotsen aus dem Chaos«.

20 *Frankfurter Rundschau* vom 6. Oktober 1993: »Kompetenz ist bei Theo Waigel nicht gefragt«.
21 Deutscher Bundestag, 12. Wahlperiode, 2. Untersuchungsausschuss, 37. Sitzungstag, Protokoll S. 258.
22 Die Vergütungsverordnung regelt, wie viel ein Insolvenzverwalter als Honorar bekommt – das Honorar orientiert sich an der Insolvenzmasse. Beträgt die etwa 50 Millionen, kann der Insolvenzverwalter zwei Prozent, also eine Million Mark, als Vergütung in Rechnung stellen. Mit diesem Honorar muss er aber auch seine Unkosten und Mitarbeiter bezahlen.
23 Deutscher Bundestag, 12. Wahlperiode, 2. Untersuchungsausschuss, 37. Sitzungstag, Protokoll S. 270.
24 Ebd., S. 271.
25 Ebd., S. 274.
26 Wolfgang Birkenfeld: *Der synthetische Treibstoff 1933–1945*, Göttingen 1964.
27 *Airforce Magazine* April 2007: »Twenty Missions To Hell«.
28 *Popular Science* November 1945: »The Nine Lives Of Leuna«.
29 So unter anderen *Der Tagesspiegel* vom 22. Mai 1994: »Den Spatenstich von Leuna behält sich der Kanzler vor«.
30 *die tageszeitung* vom 27. Mai 1994: »Ein roter Knopf und viele Trümmer«. Dieter Holzer behauptet in einem Interview mit der Zeitung *Die Welt*, dass er bei der Suche der russischen Partner geholfen habe.
31 *Berliner Zeitung* vom 23. Januar 1998: »Birgit Breuel kommt in Erklärungsnot«.
32 *Die Zeit* vom 9. November 2006: »Absahner im Osten«, und *Berliner Zeitung* vom 13. Juni 1997: »Elf-Affäre: Thyssen bestätigt ›Geheimvertrag‹«.
33 *Süddeutsche Zeitung* vom 26. Mai 1994: »Die gemachten Fehler sind normal«.
34 *Der Tagesspiegel* vom 26. Mai 1994: »Eine Präsidentin präsentiert sich auf dünnem Eis«.
35 Deutscher Bundestag, Drucksache 12/7600.
36 *Die Zeit* vom 10. Juni 1994: »Bonn als Beruf? Nein danke!«.
37 *Frankfurter Rundschau* vom 1. Juni 1994: »Was ›Knickebein‹ und ›Zuckerrübe‹ alles wußten«.
38 *Die Zeit* vom 10. Juni 1994: »Bonn als Beruf? Nein danke!«.
39 *die tageszeitung* vom 1. Juni 1994: »Mitwisser im Schatten«.
40 Das Verfahren wird später eingestellt.
41 *Die Zeit* vom 10. Juni 1994: »Bonn als Beruf? Nein danke!«.
42 *Der Tagesspiegel* vom 1. Juni 1994: »Wie viel Dummheit darf man einem Staat durchgehen lassen?«.
43 *Frankfurter Allgemeine Zeitung* vom 23. August 1994: »Ärger über Abschlußbericht des Treuhand-Untersuchungsausschusses«.
44 *Der Tagesspiegel* vom 6. September 1994: »Schlußakt(e) eines Trauerspiels«.
45 *Frankfurter Allgemeine Zeitung* vom 22. September 1994: »Schily: Treuhand-Schaden wirkt lange nach«.
46 Die Treuhand hat während der meisten Sitzungen des Ausschusses einen eigenen Anwalt im Zuschauerraum, der sich rege beteiligt. Außerdem engagiert der Pressesprecher Wolf Schöde für 50 000 Mark einen Bonner Lobbyisten, der ihm Termine mit Journalisten vermittelt, die über den Ausschuss berichten. Vgl. *Süddeutsche Zeitung* vom 24. August 1994: »Der Tragikkomödie letzter Akt«.
47 Der Bericht liegt dem Autor vor. Deutscher Bundestag, Drucksache 12/8504.
48 Ebd., S. 24.
49 Später gibt das Berliner Verwaltungsgericht der PDS recht.

50 So kommentiert die *Frankfurter Allgemeine Zeitung* am 29. Dezember 1994: »Auftrag erledigt – Die Treuhand verabschiedet sich«. *Der Spiegel* schreibt am 19. Dezember 1994: »Abschied eines Buhmanns«.

51 Die Treuhand hatte bereits zuvor das Buch *Treuhand intern* veröffentlicht und eine Sammlung akademischer Texte unterstützt, Titel: *Das Unmögliche wagen*. Die Anstalt wollte offenbar der Geschichtsschreibung zuvorkommen.

52 *Frankfurter Allgemeine Zeitung* vom 31. Dezember 1994: »Treuhand: Osten erst 1995 wieder auf DDR-Niveau«.

Altlasten

1 Der Abschlussbericht des Untersuchungsausschusses des Bundestages zum Thema »DDR-Vermögen« erscheint am 28. Mai 1998 als Drucksache 13/10900.

2 So die *Mitteldeutsche Zeitung* am 8. Juli 1993: »Neuer Chef Rüsberg will dubiose Fälle klären«, *Bild Zeitung Halle* vom 27. Oktober 1993: »Treuhand räumt auf«, und *Der Tagesspiegel* vom 12. Februar 1994: »Treuhand räumt in Halle auf«.

3 Bundestags-Untersuchungsausschüsse dürfen laufende Ermittlungen von Staatsanwaltschaften nicht beeinflussen.

4 Interview des Autors mit Reinhard Höppner, Juli 2010.

5 *Der Spiegel* vom 8. Dezember 1997: »Zehn Disketten für Waigel«.

6 ZDF: »Zündstoff: Begräbnis für 200 Millionen«, Ausstrahlung am 18. Dezember 1996.

7 Ebd.

8 Ein Jurist aus Bayern, der bei der WBB gearbeitet hat und Rottmann bei der Hinterziehung des Geldes half, kooperierte mit den Behörden und sagte umfangreich aus. Er wird 1999 zu drei Jahren Haft verurteilt und bekommt damit die härteste Strafe in dem ganzen WBB-Komplex. Die Verfahren gegen die Hamburger Anwälte, Vater und Sohn, die den Geldfluss so geregelt haben, dass für Rottmann keine Steuern anfielen, werden eingestellt. Auch die Schweizer Komplizen kommen ohne Strafe davon.

9 So das Angebot des Maklers Fine & Country im Sommer 2011.

10 *Der Spiegel* vom 8. November 2010: »Kaufhaus des Ostens«.

11 Beschluss des Bundesgerichtshofs vom 28. Oktober 2010, Aktenzeichen 5 STR 263/10. Das Landgericht hatte argumentiert, die Generalstaatsanwaltschaft Berlin sei nicht befugt gewesen, das Auslieferungsersuchen zurückzuziehen.

12 *Börsen-Zeitung* vom 21. März 1998: »Aktionäre: ›Thyssen soll Thyssen bleiben‹«. Dieter H. Vogel war danach in diversen Aufsichtsräten aktiv, darunter bei Klöckner & Co. und bei Bertelsmann. Die rot-grüne Bundesregierung berief ihn zum Aufsichtsratsvorsitzenden der Deutschen Bundesbahn.

13 *Stern* vom 5. Februar 1998: »Wackel-Posten Front-Kämpfer«.

14 *Frankfurter Allgemeine Zeitung* vom 24. Dezember 1998: »Strafverfahren gegen Vogel eingestellt«. Die Thyssen AG zahlt die Verfahrenskosten, acht Millionen an die Staatskasse und zwei Millionen für gemeinnützige Zwecke. Die 19. Große Strafkammer des Landgerichts Berlin, die Staatsanwälte und die Anwälte von Thyssen einigen sich auf die Sprachregelung, dass die Entscheidung eine »verurteilungslose Friedensstiftung ohne Schuldspruch« sei. Am Ende der Hauptverhandlung hätte, so das Gericht, eventuell nur eine geringe Schuld der Angeklagten festgestellt werden können.

15 *Die Zeit* vom 9. November 2009: »Absahner im Osten«.

16 Die Hintergründe der Absprache von Elf und Thyssen haben die Reporter Arndt Ginzel und Martin Kraushaar mehrere Jahre recherchiert. Veröffentlich in: *Die Zeit* vom 9. November 2009: »Absahner im Osten«.

17 Interview des Autors mit Martin Kraushaar.
18 *Die Welt* vom 3. Dezember 2007: »Rotkäppchen und die hundert Zwerge«. Leuna ist damit auch zentral für das Aufkommen der Gewerbe- und Einkommenssteuer in dieser Region.
19 Eva Joly: *Im Auge des Zyklons*, München 2003, S. 27.
20 *Frankfurter Allgemeine Zeitung* vom 18. Mai 2001: »Wir müssen Kohl helfen«.
21 Joly, *Im Auge*, S. 265.
22 Auch heute sagt Joly, unter anderem in einem Interview mit dem Autor: Es sei doch erwiesen, dass deutsche Politiker bestochen worden sind. Es ist eben Auslegungssache, ob man damit aktive oder ehemalige Politiker meint.
23 Das ist auch die Einschätzung der Bundesanwaltschaft in Karlsruhe, die die Beweise aus der Schweiz einsehen durfte. Ein Bundesanwalt verweist in einem Schreiben an den Untersuchungsausschuss des Bundestages (zum Thema CDU-Parteispenden) überdies darauf, dass die Aussagen der Elf-Manager in Haft extrem widersprüchlich sind. Bundesanwaltschaft, 19. Dezember 2001, Aktenzeichen 3 ARP 772/01-1.
24 Le Floch wird zu fünf Jahren und einer Geldstrafe von 375 000 Euro verurteilt. Sirven bekommt fünf Jahre und muss eine Million Euro zahlen. Tarallo wird zu vier Jahren Haft verurteilt. Seine Geldstrafe: zwei Millionen. Guelfi muss drei Jahre in Haft, zwei Jahre werden zur Bewährung ausgesetzt. Lethier wird zu 15 Monaten Gefängnis und zu einer Strafe von 1,5 Millionen Euro verurteilt. Vgl. *Financial Times* vom 13. November 2009: »Investigating Iceland's financiers«.
25 *International Herald Tribune* vom 13. Oktober 2000: »Imbroglio Over the Elf-Kohl Payoff: Was It a Hoax to Hide Kickbacks?«.
26 *Berliner Zeitung* vom 17. September 1998, Rubrik Nachrichten.
27 Waltraud Lisowski sagte in einem Telefonat mit dem Autor, man könne doch jeden Tag sehen, dass eine neutrale Position in diesem Fall nicht gefragt sei. Sie wolle nicht über die Vergangenheit sprechen, weil sie das nervlich nicht durchhalte.
28 Munzinger Personenarchiv zu Alexander Schalck-Golodkowski, 19. Mai 2007.
29 Vgl. Schalck, *Deutsch-deutsche Erinnerungen*.
30 Amtsgericht Charlottenburg, Ausdruck Handelsregister B, HRB 57488 B.
31 *Der Spiegel* vom 9. Februar 1998: »Stets unter Wert«.
32 Die Schilderung beruht auf einem Urteil des Landgerichts Stuttgart.
33 Die Schilderung beruht auf einem Urteil des Landgerichts Stuttgart.
34 *Der Tagesspiegel* vom 9. März 1996: »Treuhandbetrüger muss in Haft«.

Ausgewählte Literatur

Allgemeine Literatur

Baale, Olaf: *Abbau Ost,* München 2008.
Bahrmann, Hannes, und Christoph Links: *Chronik der Wende*, Bd. 2, Berlin 1995.
Bannenberg, Britta, und Wolfgang Schaupensteiner: *Korruption in Deutschland*, München 2004.
Boers, Klaus, Ursula Nelles und Hans Theile (Hrsg.): *Wirtschaftskriminalität und die Privatisierung der DDR-Betriebe*, Baden-Baden 2011.
Breuel, Birgit (Hrsg.): *Treuhand intern,* Frankfurt am Main 1993.
Christ, Peter, und Ralf Neubauer: *Kolonie im eigenen Land*, Reinbek bei Hamburg 1991.
Dokumente zur Deutschlandpolitik. Deutsche Einheit. Sonderedition aus den Akten des Bundeskanzleramtes 1989/90, München 1998.
Eggenkämper, Barbara, Gerd Modert und Stefan Pretzlik: *Die Staatliche Versicherung der DDR*, München 2010.
Fischer, Wolfram (Hrsg.): *Das Unmögliche wagen*, Berlin 1993.
Flug, Martin: *Treuhand-Poker,* Berlin 1992.
Joly, Eva: *Im Auge des Zyklons*, München 2003.
Jürgs, Michael: *Die Treuhändler*, München 1997.
Kampe, Dieter: *Wer uns kennenlernt, gewinnt uns lieb*, Berlin 1993.
Kemmler, Marc: *Die Entstehung der Treuhandanstalt*, Frankfurt am Main 1994.
Kleine-Brockhoff, Thomas, und Bruno Schirra: *Das System Leuna,* Reinbek bei Hamburg 2001.
Koch, Egmont: *Das geheime Kartell,* Hamburg 1992.
Köhler, Otto: *Die große Enteignung*, München 1994.
Maizière, Lothar de: *Ich will, dass meine Kinder nicht mehr lügen müssen*, Freiburg im Breisgau 2010.
Most, Edgar: *Fünfzig Jahre im Auftrag des Kapitals*, Berlin 2009.
Münzberg, Günter Heribert: *Zu treuen Händen*, Leipzig 2001.
Pflieger, Klaus: *Die Rote Armee Fraktion*, Baden-Baden 2004.
Port, Andrew I.: *Die rätselhafte Stabilität der DDR*, Berlin 2010.
Sarrazin, Thilo: »Die Entstehung und Umsetzung des Konzepts der deutschen Wirtschafts- und Währungsunion«, in: Theo Waigel und Manfred Schell (Hrsg.): *Tage, die Deutschland und die Welt veränderten,* München 1994.
Schalck-Golodkowski, Alexander: *Deutsch-Deutsche Erinnerungen*, Reinbek bei Hamburg 2001.
Seibel, Wolfgang: *Verwaltete Illusionen,* Frankfurt am Main 2005.
Stuhler, Ed: *Die letzten Monate der DDR,* Berlin 2011.
Suckut, Siegfried, u.a. (Hrsg.): *Anatomie der Staatssicherheit Geschichte, Struktur und Methoden – MfS-Handbuch*, Berlin 1995ff.
Teltschik, Horst: *329 Tage,* München 1993.
Thießen, Friedrich (Hrsg.): *Die Wessis,* Köln 2009.
Wenzel, Siegfried: *Was war die DDR wert?,* Berlin 2006.

Drucksachen des Deutschen Bundestages

Drucksache 12/3250. Privatisierung der Deutschen Interhotel AG durch die Treuhandanstalt. Bemerkungen des Bundesrechnungshofes 1992, Nr. 54, vom 21. September 1992.
Drucksache 12/5650. Rechts- und Fachaufsicht des Bundesministeriums für Finanzen über die Treuhandanstalt. Bemerkungen des Bundesrechnungshofes 1993, Nr. 13, vom 17. September 1993.
Drucksache 12/7600. Abschlussbericht des Untersuchungsausschusses »Kommerzielle Koordinierung« vom 27. Mai 1994.
Drucksache 12/8404. Abschlussbericht des Untersuchungsausschusses »Treuhandanstalt« vom 29. August 1994.
Drucksache 12/8490. Kontrollsystem der Treuhandanstalt über die Abwicklung der Privatisierungsgeschäfte. Bemerkungen des Bundesrechnungshofes 1994, Nr. 71, vom 24. Oktober 1994.
Drucksache 13/2600. Vergütung der Liquidatoren für die Abwicklung von Beteiligungsunternehmen der Treuhandanstalt. Bemerkungen des Bundesrechnungshofes 1995, Nr. 51, vom 9. Oktober 1995.
Drucksache 13/10900. Abschlussbericht des Untersuchungsausschusses »DDR-Vermögen«, 28. Mai 1998.
Drucksache 14/9300. Abschlussbericht des Untersuchungsausschusses »CDU-Spenden«, 13. Juni 2002.

Veröffentlichungen der Treuhandanstalt

Bundesanstalt für vereinigungsbedingte Sonderaufgaben [vormals Treuhandanstalt]: *Abschlussbericht,* Berlin 2003.
Treuhandanstalt (Hrsg.): *Dokumentation 1990–1994. Medienarchiv der Treuhandanstalt,* CD ROM, Berlin 1994.
Treuhandanstalt (Hrsg.): *Dokumentation Treuhandanstalt 1990–1994.* 15 Bände und Register, Berlin 1994.

Personenregister

Aus juristischen Gründen sind die Namen einiger zentralen Akteure geändert worden. Diese Namen sind nicht im Register aufgeführt.